桑切斯家的孩子們

Oscar Lewis
奧斯卡・路易士＿＿＿＿＿＿＿＿著
胡訢諄＿＿＿＿＿＿＿＿＿＿＿＿譯

——一個墨西哥家庭的自傳

The
Childre
of
Sánchez

Autobiography of a Mexican Fami

目錄

導讀
他們不是貧窮，他們是人

方怡潔

當路易士出現在墨西哥城桑切斯家門口之際，他抱持著的問題並非「貧窮」是什麼，甚至也不是要為他創造出來的「貧窮文化」這個概念找證據。他在問：在一個過度擁擠、髒亂、缺乏隱私、步調快速、物質貧乏、高度社會性的環境下，人究竟如何經歷工業化與城鎮化？他們怎麼想，他們怎麼看，他們如何思考與感受？

貧窮可以是具體事實，貧窮也可以是抽象概念，貧窮可以是日常生活，貧窮也可以是需要介入的問題。「對貧窮作戰」是某些人政策辯論的主題，但卻是另一些人的生活方式與「命運」。我們或多或少都嚐過貧窮的滋味，看過貧窮的處境，或是讀過小說看過電影，可以設身處地去同理貧窮。甚至，我們還會更進一步採取行動，去當志工，去參加貧民窟小旅行，去讓自己親身走過那些街道、跟那些人談話。眼前的場景與活生生的生命撞擊你的心臟，在湧出各種難以名狀的激動情緒中，你想介入，你想幫助，於是你又去參與了探討社會階級與不平等的講座，你對於資本主義或是新自由主義造成的結構性問題朗朗上口。但在這一切之後，你知道你終究還是不了解「他們」，你還是站在一個遠遠的距離旁觀，你僅是以概念來填補空白，這個時候，《桑切斯家的孩子們》將是你會需要的一本書。

相較於有些人相信弱勢者無法表述自己，必定需要別人來幫他表述，路易士展現了對窮人的平等態度與信任感。路易士先拋下所有能夠類別化這些人的概念，採用了一種即使是人類學著作也很少見的寫作方式，他刻意減少研究者的分析，幾乎完全讓桑切斯的家人們用他們自己的話講出自己的故事。《桑切斯家的孩子們》表明了弱勢者也能夠看穿自己的處境並且深知自己是自身以及社會危機的受害者；他們的自白，可能比任何社會科學家所希望能夠說出的都還要準確。與其他充滿術語的人類學著作相比，它生動、精準、幽默且栩栩如生，讀起來會給人一種情感上的滿足感，這讓《桑切斯家的孩子們》一出版就馬上變成暢銷書，而且是人類學著作史無前例的暢銷，但也因為同樣的原因，在學術界引發了諸多討論與褒貶兩極的評價。

用概念來理解一群人，與用生活來理解一群人，會有多大的不同？同時被恩格斯與作家羅伯茲描述過的經典工人社區可以作為例子。

「這個人家裡出身很『低』，你們不要跟他玩」，這句話聽起來像是出自宰制階級的父母警告他們小孩遠離底層階級的孩子，但實際上卻是發生在英國公認最貧窮的「經典」貧民窟沙佛爾德（classic Salford slum）「之中」。這個貧民窟是恩格斯的著作《英國工人階級狀況》（*The condition of the working class in England*）的取材來源。同樣的貧民窟，也一樣被作家但同時也是該地居民羅伯特・羅伯茲所描繪。[1]在羅伯茲的筆下，沙佛爾德貧窮、骯髒、過度擁擠、生活將就、高自殺率、教育失敗、向上流動機率極低，也無怪恩格斯稱其是個「經典工人社區」。但羅伯茲旋即用他栩栩如生的描述挑戰我們對工人社區的刻板印象。該社區內部並沒有像馬克思預言的「同質化」趨勢，反而是一個高度分層、井然有序的小社會。在這個分層的小社會裡，位於最高階的是「菁英」、「貴族」，由幾個領頭的家族來擔任，通常是街角的小店主、酒吧老闆、技術工人與商人，他們在社區中深具影響力，並懷著向上流動的抱負。而社會底層則是由被鄙棄為「低中之低」（the 'lowest of the low'），或被簡單稱之為「沒級」（no class）的人群來組成，包括無技術工人或季節性工人（如碼頭工人）、街頭小販、砍柴販售者，以及乞丐。社區內女性普遍參與勞動，多半在紡織廠工作，但也因她們從事的工種而有分層。織工（weaver）被認為是「頂級」，接著是絡筒工（winders），細紡工（spinner）則被認為是不體面的，因為這向來是愛爾蘭人從事的工作、薪資比其他部門低，加上工作環境潮濕炙熱且地板滑溜，女人工作時常赤腳、衣著輕便，還會被認為在道德上「漫不經心」。社區裡的每個人都清楚這個分層體系，並對每個人的社會位置了然於心。這個社會位置決定並維繫著個人在工人社區內的信用能力與影響力。即使普遍貧窮，皆從事勞力工作，居民們仍努力用「誠

1　羅伯特·羅伯茲（Robert Roberts）以此地為場景，出版過《經典貧民窟：世紀初的沙佛爾德》（*The Classic Slum: Salford Life in the First Quarter of the Century*, 1990[1971]）、《衣衫襤褸的教育：在經典貧民窟長大》（*A Ragged Schooling: Growing up in the classic slum*, 1997[1976]）、與《被關住的舌頭》（*Imprisoned Tongues*, 1968）等書與相關文章，被譽為工人階級自傳的經典。

實」、「體面」（respectable）來建立並提升自己在社區中的地位，盡可能地在各方面維持聲望（prestige），對於那些聲名狼藉之人，則避之唯恐不及。

在這個經典工人社區裡的所謂的「工人階級」，沒有自然因「共同的目標和文化聯合起來」並擁抱他們「歷史命運」。在居民的心中，階級鬥爭確實存在，但並非是聯合一致對抗主宰階級，而是發生在社區內部。鬥爭更多是關於如何在社區內部爭奪社會位置的搏鬥，是「與命運的奮鬥」而非「對雇主開戰」。[2]在這個所謂「工人社區」裡的「工人階級」，因而呈現一個社會金字塔，與外界人士對所謂「工人階級」流於同質且感傷的描繪，英雄且正氣的塑造，或是斥之粗魯低能的鄙視印象都截然不同。

路易士試圖超越這種研究者與作家、觀察者與內部居民觀點的二元對立。我們對於貧窮的概念性解釋普遍是指經濟上的剝奪、生活中缺乏組織或是物資缺乏，但路易士主張窮人所身處的貧窮，以及他們每天面對的日常，不能將之僅僅定義為此。長期生活在貧困狀態會成為結構性的存在，為人帶來特定的理性（rationale），並發展成一種人在動盪、擁擠的生活條件下能夠繼續每一天的防衛機制。路易士將之稱為「貧窮文化」，並主張貧窮文化比貧窮更難消除。

貧窮作為一種文化

我們可以試想當我們面對貧困的處境時會有什麼感受？我們可能會覺得自憐、無奈、憤恨、控訴。那再試想如果是長期處於貧困的狀態，或是一出生就是在這樣的社區中呢？以上這些情緒可能還是會有，但很快你就要超越這些並學會生存。你可能要習慣家裡只有一個房間但永遠會擠很多人；你可能要學著跟爸爸後來的伴侶與他們生下的姊妹們相處；你可能要夠機靈、夠狠、知道如何打架，混幫派結盟並同時在社區中爭取地位與尊重；你可能要知道如何用五分錢讓大家都吃得開心還可以招待朋友；你可能要知道離家出走時可以去哪裡住；你可能要有能力在被情人拋下時毅然走出來自己帶孩子；你可能要學會如何應付街上無故找你麻煩的警察，被丟入監獄的處境……。除此之外，你還要學會接受這一切但又不至於絕望，一無所有還懂得慷慨，你要有幽默感、要知道如何苦中作樂，你甚至還能時時幫助你的親戚，你會尊重那個在捉襟見肘的情況下還堅持著責任感並餵飽你的人，即使他對你滿懷愛意卻從不假辭色也不願靠近，你渴望愛的證明，卻總挫折於得不到半句溫言溫語。你與所有的機構、制度、工會都保持距離，覺得事不關己且懶以聞問，或打從心底不信任他們，你還比較相信靠著自己的機巧

2　讀到這裡，我們可能會想起本書的爸爸赫蘇斯對於工會的看法：「我不覺得工會幫到工人什麼，工會只是個坑洞、陷阱，剝削廣大勞工。勞工領袖拿了工人的錢後變得富有，我常在想，政府為什麼允許這種事，難道沒有了這些工會領袖，我們就幫不了勞工嗎？……所以我完全不擔心我自己，只擔心工作。對政治，什麼蘿蔔馬鈴薯我不懂，我在報紙上看過一、兩篇文章，但也沒認真看，新聞對我來說不重要。幾天前我讀了一些關於左派人士的東西，但我不知道什麼是左，什麼是右，什麼是共產主義。我只關心一件事……賺錢來打平開銷，讓我的家人過著小康的生活。工人應該只要煩惱家裡需要什麼，要怎麼餵飽家人。政治很複雜，讓那些天生想搞政治的處理就好。」（本書頁六六九～六七〇）

遊走在非正式的經濟與政治領域中的功效。你可能有機會當老闆，但會因為你的堅持（如善待你的員工）很快使你再次回到貧窮。安頓在貧窮中，需要一些慣習、心態、行為模式，這些長期下來就累積成文化。這「貧窮文化」幫助你適應貧窮的狀態並在其中存活下來，只是一旦你浸淫在這種文化中，它也阻止你脫離貧困，你會開始認同這是你的一部分，你會不想往上爬，你會即使離開了，最終還是選擇回到這個最熟悉且你知道如何「尊嚴」地活著的地方。最辛苦的是那些身在底層卻有「中產階級心態」的人，如康蘇薇若，掙扎著往上爬，卻總是挫折不堪的回到原處。

「貧窮文化」因而透過家庭一代傳給一代，成為一種持續的狀態，其特徵包括失業或是不充分就業、從事低薪與不需要技術的工作、童工普遍、缺乏現金無法儲蓄、需要錢時就靠高利貸或非正式金融，無多餘食物等。因無法提前計畫，遭受貧窮的人們普遍不負責任，喝酒與訴諸暴力是對壓力的經常反應。但貧窮文化也並非沒有積極正向的面向，在持續的不穩定中，人們養成一股對自由的強烈堅持，一種活在當下的生活能力，以及對財產豁達的態度。

即使已有「貧窮文化」這樣的理論假設，在訪談時心中也必定有對貧窮、工人、剝削、不平等、資本主義等的種種概念，但當我們在閱讀《桑切斯家的孩子們》時，卻沒看到路易士馬上拿出這些概念來結構、解釋人們的生活處境。我想路易士清楚當這些概念一端出來，就像擦了阿拉丁神燈，巨大的精靈將盤旋在所有的材料之上，研究者與讀者就難以避免地會把它當「濾鏡」來篩選我們所能看見的東西。若我們用貧窮這個概念去看人，我們只會看見「窮人」，看到「窮的」

桑切斯：一家人只能擠在一間房間裡、墊著麻布袋睡在地上、沒有什麼家具、工作時有時無、混幫派、性早熟、不信任、痛苦、憤怒，強烈的無價值感。但我們可能就會因為不知如何安放那些「不典型」、「不符合」的其他事實，而只好視而不見，從分析中刪除：如桑切斯家持續請傭人、餐桌上永遠不缺麵包、他們都樂在工作、爸爸是工人但也做著利潤頗高的生意同時有三個家養著二十五個人、他們常去跳舞、看電影，適當的時候想寫詩，想看見人生的美好。雖然擦一擦就跳出神燈的精靈，可以幫助我們（讀者與研究者皆然）很快地在混亂無序的日常生活中找到理解的方向與一條通往結論的捷徑，但這個精靈也會反過來偷走所有真實卻無法放入概念框架中的細節。結果是，吃掉這些不符合概念的真實的精靈越來越胖，但我們手握著的神燈卻越來越老，且過度使用。最糟的是，我們再也沒有機會找到新的神燈。

換句話說，把貧窮放在前景，把窮人的生活作為證據，可以方便我們去思考、理解或改善貧窮，但可能也容易產生「確認偏誤」（confirmation bias），只看到符合貧窮狀態的特徵，而對其他不符合貧窮的事實忽略不計，或存而不論，進而把身於貧窮狀態下的人給同質化、他者化甚至受害者化（victimized）了。到底誰是「窮人」？在經濟上被剝奪、生活中物資缺乏的人們都有一樣的心理狀態嗎？他們需要什麼？這些都不是能夠直接從概念就「預設」答案的問題，我們必須一直去問，一直去尋找答案。《桑切斯家的孩子們》這本書在這個時候出版，再次提醒著我們去重新了解，重新概念化身邊正發生的貧窮。

今日，我們知道許多專門研究工人社群的社會科學家都在反思把人群同質化後可能產生的問題，如保羅・威利斯（Paul Willis）呼籲我們除了要關注工人階級的「物質世界」之外，更要關注他們的「意義世界」。強尼・裴瑞（Johnny Parry）則關注工人階級的內部分層，不停思考「工人」這個集體名詞是否遮蔽了群體內部的階級分化，並主張應把階級看作一個與其他社會身分與地方歷史脈絡相互作用後產生「階級化」過程的結果。

我們是想要透過人來了解貧窮？還是想要透過貧窮來了解人？我想如果拿這個問題來問路易士，他的答案肯定是後者。值得注意的是，路易士選擇這麼寫，讓民族誌讀起來像「小說」，絕對不只是同理與濫善而已（即使這些不言而喻），他畢生都在思考如何精進人類學的方法論，並找到一種可以用在現代社會研究中的民族誌書寫。他出版的幾本著作一直持續關注工業化與城鎮化過程中人的處境與回應，他反思以理論概念為先、預設「歷史必然」、僅拿人的生活來驗證的做法，也反對並試圖修正各種「文化」概念下，過度同質化社區與人群的缺陷。

小說般民族誌的背後

路易士生於一九一四年，是一位猶太拉比的兒子，在紐約州北部的一個小農場長大。他原本主修歷史，在紐約城市學院遇見他的妻子與未來的研究伙伴茹絲・瑪斯洛。在哥倫比亞大學修讀歷史學碩士期間，深受人類系露絲・潘乃德與田野工作的吸引，決定轉到人類系就讀。因欠缺經費，他的博士論文並沒有真正進行田野，而是在圖書館中以結合歷史學的方式完成。他於一九四〇年畢業後，曾為人際關係區域檔案（Human Relations Area Files）工作，之後以美國代表的身分去位於墨西哥的美洲印第安人研究所工作，在這一段期間，路易士終於在迪波斯特蘭進行了他的第一個田野工作，也開始了他與拉丁美洲的終身聯繫。返美短暫的受聘於幾個工作之後，便到伊利諾大學香檳分校（the university of Illinois in Champaign-Urbana）設立了人類學研究的學程。

路易士在迪波斯特蘭進行田野調查的村莊曾是另一位人類學家羅伯特・雷非爾德（Robert Redfield）的田野地，路易士對此出版了《在墨西哥村莊的生活：迪波斯特蘭再研究》（*Life in a Mexican Village: Tepoztlán restudied*, 1960 [first edition 1951]）。出版此研究成果曾引起很大爭議，因為路易士批評了雷非爾德的發現。雷非爾德基本上把村莊描述成是靜態且同質的，主要差異存在於村莊之間與部落之間。路易士則反對這種同質化的描述，指出村莊內部就存在著財富差異與派系政治，並常造成深刻的內部分歧與政治糾紛，要理解迪波斯特蘭或其他農村，必須把這些分歧考慮進去。即使當初引起極大爭議，路易士這樣的觀點在現今的人類學研究中早已被普遍採納。

在迪波斯特蘭的研究之後，他出版了幾本關於墨西哥貧窮社區的著作，皆跟桑切斯家有關聯。包括《貧窮文化：墨西哥五個家庭一日生活的實錄》（一九五九），這五個家庭其中一個就是桑切斯，但並非是赫蘇斯・桑切斯與四個孩子在墨西哥城裡居住的那個家，而是在郊區新蓋的、讓他的情婦露碧塔與她的女兒們、加上赫蘇斯精心飼養的經濟牲畜共同居住的家。隨後路易士出版了本書《桑切斯家的孩子們》（一九六一），以及《一個桑切斯家人的死亡》（*A Death in the Sánchez Family*, 1969）。其間他則再度發表對迪波斯特蘭農民的研究（《佩德羅・馬丁內斯：一個墨西哥農民和他的家人》(*Pedro Martinez: A Mexican Peasant and His Family*, 1964));他也開始對波多黎各和紐約的波多黎各人產生興趣,記錄一位波多黎各前妓女的家庭故事。對此他發表了另一本被高度關注,卻也是爭議最大的書《拉維達:聖胡安與紐約貧窮文化中的波多黎各人家庭》(*La Vida: A Puerto Rican Family in the Culture of Poverty-San Juan and New York*, 1966)。

路易士這些著作的共同特點,是它們都採用了路易士獨樹一幟的「多重自傳法」與「家庭研究」來完成,這是他對於當時人類學方法論的反思而產生一種研究方法。路易士當時身處的學術環境是邏輯與統計大行其道,社會科學界正在積極追求普遍法則的年代,但路易士並未追隨潮流。路易士感興趣的是底層人民在社會變遷過程中的心理狀態。在路易士所處的年代,許多未發展國家正在進入工業化與城鎮化的變遷過程當中,他發現那些國家通常有很充足的地理、歷史、經濟、政治,甚至風俗的資訊,但卻對人們的心理狀況了解甚少,特別是底層人民。在這些歷史轉折過程中,他們遭遇的問題是什麼,他們如何思考與感受,他們在煩惱、爭辯、期待以及享受什麼?

或許我們會期待像羅伯斯那樣從貧民窟走出來的作家可以告訴我們這些問題的答案,但路易士認為這樣不夠。路易士承認貧民窟常產出很棒的作家,但這些人一旦變成偉大的作家之後,常常是以中產階級的眼光回看他們當年的生活,並用傳統文學的形式來寫作,這種「反思」的作品無法捕捉到貧民窟居民即時的、原初的經驗感受。路易士相信人類學家是最適合記錄工業化與城鎮化過程的專業人才,怎麼可以把這個記錄的工作都留給小說家、劇作家、記者與社會改革者呢？

那到底人類學家應該如何「科學的」呈現貧民窟居民的生活與他們的文化？如何表達完整又不失生活中的栩栩如生呢？這是路易士在思考的問題。他捨棄了傳統人類學民族誌的寫作方法，認為用那種方式寫作，即使做到最好，人都會在所謂的「文化模式」、「社會地位」、「社會角色」以及其他各種抽象概念中消失不見。他批評當時的民族誌，不管是關於部落或是農村的，都對於個體和文化之間的關係給出了過分機械和靜態的描述，在其中，個人僅僅只是被動且反射性的去做出社會預期的行為模式，卻太少有人類學者去討論個體和文化之間的互動關係，這使得為文化提出的各種理論概念，僅僅只是徒然增加了「一般化」（generalization）與「抽象化」（abstraction）的程度。路易士對此非常不滿，認為這樣的取徑「讓人類學家的工作變成在處理平均（average）和刻板印象，而遠離了真實的人與他們的個體性」。

他引用了人類學田野工作的始祖馬凌諾斯基所說的話「可以說，對於部落的組成，我們提供了絕佳的骨架，但這缺乏血和肉。我們知曉了社會的結構，但在結構中，我們無法得知或想像人們生活的真相」，來表明其反對一般化、抽象化的立場，他的研究是要能如實反映生活真相的「血和肉」。

在這樣的脈絡下，我們可以清楚看見，當路易士出現在墨西哥城桑切斯家門口之際，他抱持著的問題並非「貧窮」是什麼，甚至也不是要為他創造出來的「貧窮文化」這個概念找證據。他在問：在一個過度擁擠、髒亂、缺乏隱私、步調快速、物質貧乏、高度社會性的環境下，人究竟如何經歷工業化與城鎮化？他們怎麼想，他們怎麼看，他們如何思考與感受？

研究一個家庭，就是研究一個社會

他提出了「家庭研究」的研究方法來回答這個問題。他認為研究整個家庭，不管是核心家庭或是大家庭，可以幫助人類學者結合科學研究與人文研究的優勢。家庭研究在個體個性與文化整體之間搭建起橋樑。家庭是一個小的社會體系，是一個恰當的單位去研究個體的喜好、挫折、不適應。家庭研究也與更大的社會網絡研究重疊，我們可以透過家人，延伸出去理解與他們互動的親戚、鄰居、朋友、同事、同志、雇主、老師、宗教導師、警察、店主、社工等。透過家庭研究的方法，路易士相信能夠因此得到一個全景觀點：能夠既了解每個個體、同時了解一個家庭、也了解了墨西哥底層人群的生活。

路易士強調，他所提出的家庭研究與社會學、社工所做的家庭研究不同，不是針對一個特定議題進行片段研究（segmental studies），或僅關注某些「問題」家庭，而是把家庭看作是整合在一起相互關聯的整體。因不把家庭給「問題化」，路易士式的家庭研究需要與該家庭建立非常深刻的個人關係、才能觀看全貌並取得極端私密的資料。許多人讀完他的著作後會好奇路易士如何做田野，他說：「你不可能哄騙他們。他們知道你是中產階級。你的最佳策略就是花費大量的時間與他們相處。他們很快可以分辨你是不是真的把他們當人來看。」在這樣的狀況下，樣本數很難太多。但路易士卻也不是隨機挑選樣本，路易士對特定家庭進行研究的開端，通常是源自大量的家庭普查，像桑切斯的孩子們就是從他在墨西哥城七十一戶人家的調查中挑選出來的，他的研究中也常出現一些有趣的統計資料。

從一九四三年開始，路易士就一直在發展關於家庭研究的研究方法，並追求他所謂的「民族誌寫實主義」（ethnographic realism）。在《貧窮文化：墨西哥五個家庭一日生活的實錄》裡，他採「一日作息研究法」，記錄五個家庭平凡典型一日的生活樣態，觀察他們誰先起床，一個一個離開家，花多少時間準備食物，家人之間互動談話的內容、次數與狀態等，直到晚上陸續上床睡覺；他透過捕捉家庭一天生活的律動，來達到對家庭內部動力幽微的理解。

在《桑切斯家的孩子們》中，他採用的研究方法則是「羅生門式」或「多重自傳法」：他讓他的研究對象用他們自己的語言自陳生命故事，刻意地把學術分析的部分減到最低，路易士的存在幾乎隱形於全書之中。對一些批評者而言，這種做法無異於「逐字稿」的原文照登，是「原材料」（raw material），看不出研究者所扮演的角色，分不清敘事者與研究者之間的界線，甚至質問本書作者到底應該算誰。但對路易士而言，這種做法才能夠讓讀者從一個內部觀點來理解社會快速變遷之際，在拉丁美洲城市中心裡的貧民窟只有一個房間的屋裡長大意味著什麼。「羅生門式」雖不能釐清真相，但卻更能如實反應「報導人觀點」。當不同的家庭成員對同一個事件做出獨立的描述時，可以很大程度降低「調查者的偏見」，亦即不透過一個北美中產階級白種男性的眼光來篩選資料。路易士之所以採用這種方法，是因為他很有意識地要避開兩種窮人研究的危險：過度情緒化（over-sentimentalization）與殘酷化（brutalization），並把「聲音」與尊嚴，還給那些不曾被聽到的人。[3]

在《一個桑切斯家人的死亡》一書，路易士的研究法則是「重大事件法」。選一件特殊的事件，如對自己意義重大的親人死亡這樣的人生難關，來深入探討家庭成員各自做出什麼樣的回應。當對桑切斯的孩子們全都意義重大的精神支柱瓜達露佩阿姨死亡之際，路易士便去記錄了四個孩子的反應與口述史。

對人類學研究方式的反省

學術界對路易士的民族誌寫作方式評價褒貶不一。許多批判爭議聲音從墨西哥與波多黎各湧來，是因為路易士的著作傷害了他們的民族驕傲，暴露了國家中最不堪的一面。但也有本地學者則盛讚路易士的民族誌，認為這些民族誌對三方面做出卓越貢獻：方法論的、理論的，與資訊豐富。他不只歡迎這樣的民族誌，還表示許多墨西哥與波多黎各的研究都在「科學」的名號下迴避爭議，顯得保守，這映襯出路易士的科學嘗試顯的非常勇敢且新鮮。[4]

一九六七年《當代人類學》（*Current Anthropology*）曾一次邀集五十五位學者對路易士的三本民族誌《桑切斯家的孩子們》、《佩德羅．馬丁內斯》和《拉維達》做書評，並與路易士對話。這些評論者包括人類學家、社會學家，還有不少的兒童心理學家。其中最重要的學者大概是寫《歐洲與沒有歷史的人》的艾立克．沃爾夫（Eric Wolf）。即使他們倆的學風取向大不相同，但沃爾夫對路易士的著作仍給予非常高的評價。沃爾夫認為要評價路易士的著作必須先正視人類學在定義人類學研究的關鍵字「文化」時永恆的搖擺，我們是要將文化視為設計或機器，還是視為內部經驗的流動？他認為路易士試圖超越這個對立，因此用「硬」的方法（系統性可以重複操作的、盡可能靠近的觀察、盡可能精確的紀錄）來蒐集「軟」的資料（如報導人的心理狀態），而非使用「軟」的方法（如「我覺得、我相信、我認為……」式的研究者洞見）來理解文化。這種方法需要花很長時間、高強度的專注力，案例不可能太多，使得路易士必定得從社區研究移向家庭與個人。

沃爾夫認為路易士的研究成果是獨特的，並對人類學的研究工作帶來廣泛影響。其一是使人類學者反思如何蒐集和連結田野訊息，其二是反省人類學與內部殖民的關係。首先，儘管人類學家總是強調參與觀察的研究法，強調我們對於「人們做什麼」比「人們說他們做了什麼」更加感興趣，但我們仍然高度依賴語言資料來建構我們的抽象化理論。當我們建構抽象化理論時，我們是否意識到這看似客觀的抽象化過程，其實早已乘載了雙重主觀性？路易士的方法是對去除雙重主觀性並盡可能企及客觀性的嘗試與努力。其次，若人類學家不去區分村莊內部差異，對社會內部分層中那些無能為力、社會孤立與失範等視而不見，人類學就不只是殖民主義的後代與幫傭，

3 "The voices of these 'people who would otherwise not be heard.'"

4 Mendez, Eugenio Fernandez 1967 Book Review: The Children of Sanchez, Pedro Martinez, and La Vida. *Current Anthropology* 8(5): 487.

還是內部殖民主義的後代與幫傭。當人類學家已經成為批判殖民主義的急先鋒，在當下此刻，我們又對內部殖民採取了多少行動？

另外，批評者常會提出「典型」的、直至今天人類學家都要常常迎戰的問題來批評路易士：個案數量太少，如何說服人這些被挑選出來的單一家庭個案具有代表性與有效性？沃爾夫也替路易士回答了個案代表性的問題。沃爾夫認為人類學研究的主要貢獻，並非是發現並指認統計上的代表性，其研究價值的獨特在於「診斷」，亦即能對人們在特定條件下所遭受的各種力量進行診斷。沃爾夫認為讀完路易士的民族誌，他想不出哪本關於墨西哥與波多黎各的書，可以把多重力量如何作用在人身上描繪得更加生動，為我們帶來更多訊息。

總而言之，在人類學研究的光譜上，路易士旗幟鮮明的代表一端：反對同質化、捕捉差異性、強調生動表達，並對個人經驗賦予高度價值。在完備抽象化概念與理解活生生的人之間，他堅定地站在人這一邊。這也絕對不僅僅只是一個漂亮的口號而已，他花了非常大的時間跟努力去精進、改良他的研究方法與呈現方式，並一次又一次的說明與解說這樣做的意圖，試圖使「研究者偏誤」降到「可以容忍的範圍」。再回過頭去看那些問《桑切斯家的孩子們》作者在哪裡、誰是作者的批評，答案似乎不言可知。

半世紀後，如果還有一群桑切斯的孩子們……

西里爾．貝爾肖（Cyril Shirley Belshaw）認為，每個會選擇做人類學家的學者，內心其實都藏匿著一個小說家、戲劇家、藝術家或漫畫家。長期以來，人類學研究搖擺在科學的概括分析與說故事的藝術表達之間，路易士的民族誌看來獨樹一幟，是因為他比起其他人類學家更直接地將這種普遍潛藏的藝術衝動表達出來。桑切斯家的孩子們後來被改拍成電影，匿名的桑切斯一家人也被多事的記者挖出了真實的身分，大眾對他們的熱情不減。

作為史上少見的人類學暢銷書，我們是否能以此重新思考人類學民族誌的本質，並可能在現代模仿路易士的田野方法與寫作方式呢？即使路易士盡最大努力把研究者隱身在民族誌中，好盡可能地去除「調查者偏見」，認為這可以企及他所謂的客觀，但這種研究者隱身的做法，卻被批評為其將自身對於錄音檔的編輯與重組隱藏在看似坦白的報導人自白中，大家更會好奇他沒寫出來，或被他「編輯掉」的材料是什麼。路易士的回應是他願意提供錄音帶給有意查核的同行，以示他的研究能受科學公評。只是，那個追求客觀科學的年代已經過去了，現在的民族誌書寫更強調揭露書寫者自身的立場，坦承交代自身可能造成研究限制的調查者因素，並強調要與研究者互為主體。（當然，這也有成為另一種暢銷書的潛能。）

但路易士更讓人好奇的「留白」是在研究倫理與介入與否的抉擇上。他與桑切斯一家人建立了如此長期且親密的關係，他自己說就像「同時有兩個家庭」一樣，孩子們也都如父親般仰賴他與信任他。但路易士卻從來不曾在著作中提過當他們夫妻倆陪伴桑切斯一家人經歷人生起落時，他們是如何自處與回應，如何拿捏既是朋友又是研究者的位置，多大程度要冷眼旁觀，又什麼時候要伸出援手。這背後既是倫理上的抉擇，也反映了研究者的價值與立場。後記中曾提到路易士希望這家人保持匿名，我們很想知道路易士是如何思考這些問題的。他們夫妻的出現，讓桑切斯一家人與所謂外面主流世界產生連結，是否從根本的轉變了路易士所謂「貧窮文化」的孤立性？這個時代的人類學強調公共與參與（engaged），如果路易士生在當代，他又會怎麼說，怎麼做呢？

我真摯並充滿感激地，
將這本書獻給必須匿名的桑切斯一家。

男性
女性
已故
婚姻關係
父母
子女
同一個人
其他丈夫的孩子
2
結婚順序

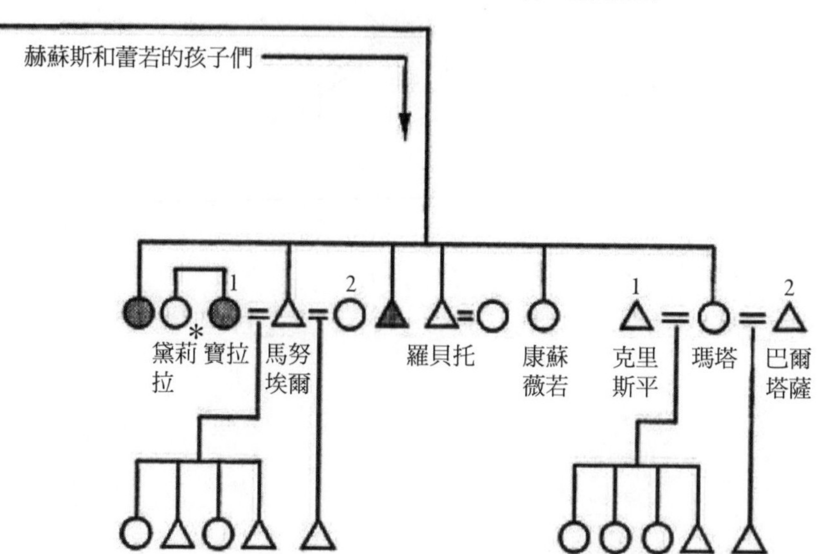
赫蘇斯和蕾若的孩子們
1
2
*
黛莉拉
寶拉
馬努埃爾
羅貝托
康蘇薇若
1
克里斯平
瑪塔
2
巴爾塔薩

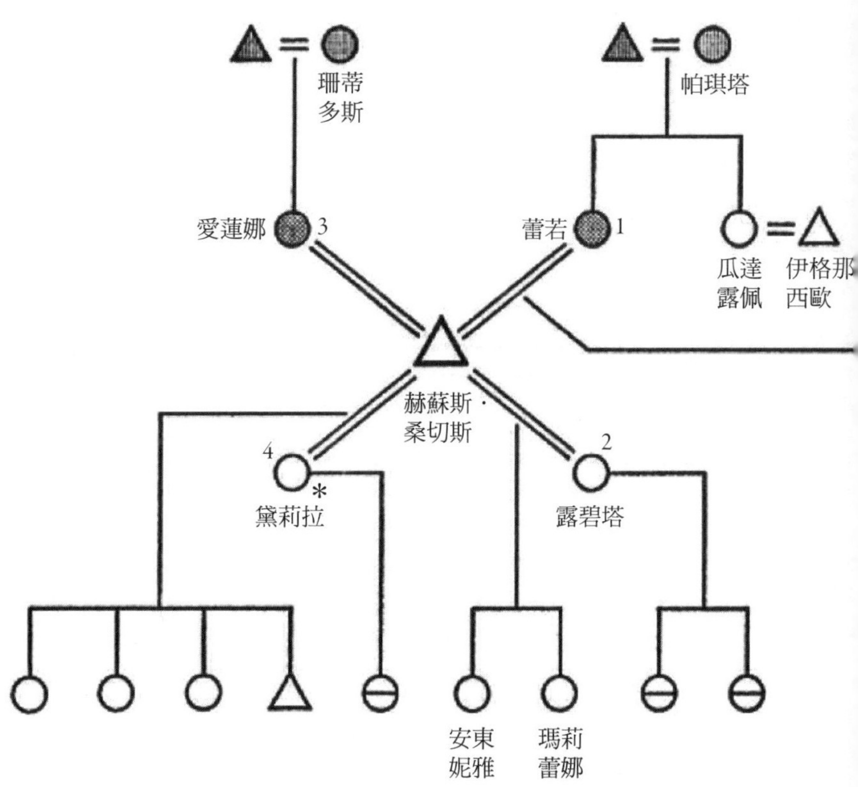
珊蒂
多斯
帕琪塔
愛蓮娜
3
蕾若
1
瓜達
露佩
伊格那
西歐
赫蘇斯·
桑切斯
4
黛莉拉
*
2
露碧塔
安東
妮雅
瑪莉
蕾娜

瑪格麗特・米德與《桑切斯家的孩子們》

Margaret Mead on the Children of Sánchez

當藍燈書屋請知名的人類學家瑪格麗特・米德為奧斯卡・路易士的書寫篇短評時，她親切地回覆了當時的總編輯，同時也是作家的傑森・愛波斯坦。

致　藍燈書屋　傑森・愛波斯坦先生

親愛的愛波斯坦先生：

非常高興能寄上關於路易士博士著作《桑切斯家的孩子們》的評論。之前沒這麼做，僅僅是因為書寄到研究室時，我人在歐洲，而當我回到研究室，媒體對這本書已是讚譽有加，我想，我的任何評論在當時只會顯得多餘。我最近在幾次研討會上與許多領域的人討論本書，對於本書所探討的幾個議題記憶猶新。

我認為，《桑切斯家的孩子們》是人類學有史以來極為出色的貢獻。奧斯卡・路易士多年來對於墨西哥的田野工作孜孜不倦、盡心盡力，憑藉著對墨西哥人的同情，他的研究成果獨特地結合了科學與人道主義。他將每一位受訪者的談話詳實記錄，因此得以保留研究材料的真實性，並且全面地呈現，這是所有優秀的人類學田野必須具備的。他的報導人在表達能力上天賦異稟，並沒有太受到正規教育的影響，但這不能被視為意外的收穫，畢竟桑切斯一家是奧斯卡從數百個家庭中挑選出來的。書的篇幅是個關鍵：篇幅太短的書可能無法在同情與駭人聽聞之間取得平衡，同樣地，在暴力與一些不被記得的善舉之間也是。他對貧窮特別感興趣，加上與貧窮為伍，突顯出本書與都市貧窮問題的關聯。除了生動的描述，以及強烈、栩栩如生的感受，本書亦在大蕭條的年代試圖建構「社會現實主義」。當時的社會現實主義只有同情與教條，缺乏科學與經驗的成分，因此顯得無足輕重。奧斯卡．路易士成功了，他選擇了能言善道的報導人，在殘酷的世界中喚起人們的惻隱之心，與墨西哥人的想望優美地合鳴，還有既得利益者對窮苦百姓種種的想像——不管他們如何想像。

瑪格麗特．米德謹上　一九六二年二月二十八日

致　伊利諾大學　奧斯卡．路易士教授

親愛的奧斯卡：

說真的，這不是客套話。我忽然想到露絲．潘乃德若還在，一定會非常高興。

瑪格麗特．米德筆　一九六二年二月二十八日

前言
Foreword

《桑切斯家的孩子們》於一九六一年首次出版時，各界讚譽它直接又熱切地向世人傳達貧窮世界中極大的不公不義。美國人類學家瑪格麗特．米德稱其為「人類學有史以來極為出色的貢獻」；西班牙導演路易斯．布紐爾表示，將本書的真人真事拍成電影是他職業生涯的「顛峰」；古巴共和國領導人卡斯楚則稱本書為「革命之作」，其「價值遠勝於五萬冊政治文宣」。美國作家伊莉莎白．哈德威克在《紐約時報》書評版上寫到，奧斯卡．路易士「推出極佳的作品，締造極為重要的成就，這是一部具有獨到觀點、充滿悲憫的著作，難以歸類」。《時代雜誌》更將此書列為十年精選。[1] 本書至今已被翻譯為多國語言，並改編為舞台劇與戲劇。

《桑切斯家的孩子們》一書始於一九五六年的一項傳統人類

1 出處分別如下：瑪格麗特．米德於一九六二年二月二十八日致傑森．愛波斯坦的信；路易斯．布紐爾於一九六六年二月六日致路易士的信；卡斯楚與路易士於一九六八年三月的對話；伊莉莎白．哈德威克，〈個人生命史的幾個章節〉（Some Chapters of Personal History）《紐約時報》書評版，一九六一年八月二十七日；《時代雜誌》，一九六九年十二月二十六日，頁五六。

學田野計畫，主題為墨西哥城鄉村移民的後續研究。在那幾個月間，作者路易士與桑切斯一家人來回訪談並調查他們的「維辛達」（*vecindad*）[2]，他發現研究對象具有難得的勇氣、觀察力與口語能力來訴說他們獨特的人生經驗。桑切斯一家人首次出現在《貧窮文化：墨西哥五個家庭一日生活的實錄》（一九五九）一書當中，《貧窮文化》是有關卡薩格蘭德與潘納德羅斯兩個維辛達的研究，是該研究的三本著作之一。當時路易士與他的妻子，也是他最重要的協同研究員茹絲・瑪斯洛・路易士已研究當地家庭與居民逾十年，正準備將他們龐大的研究資料化為「半小說、半人類學研究報告」的著作。《貧窮文化》結合了錄音訪談以及家戶的實地觀察，進而描繪每個家庭的一日生活。《桑切斯家的孩子們》則希望延續《貧窮文化》的研究，以當事人自述的方式，完整地呈現每個家庭。

《桑切斯家的孩子們》是《貧窮文化》出版後接續計畫的第一部，也是路易士首次讓主角交疊現聲，直接呈現一個家庭的故事，而未在其中給予任何評論。路易士稱之為「民族誌的寫實主義」，他甚至希望在不超過一段的簡單介紹之後，就直接呈現第一人稱的自述。但他意識到，當社會科學的作品被當成文學作品來閱讀時，讀者很可能沉浸在故事當中，而忽略了宏觀面向的重點。因此他在前面加了一段導論，除了補充背景資料，也闡述「貧窮文化」，這個由他在《貧窮文化》中首次提出的概念。

當《桑切斯家的孩子們》出版時，多數讀者將焦點放在這一家人以及他們的生活環境——一如路易士所希望的——而忽略了其社會學的面向。對於貧窮文化概念上的爭論始於麥克・哈靈頓一九六二年出版的暢銷書《另一個美國》。哈靈頓沒有註明出處的使用了路易士貧窮文化的概念來解釋全美國的貧窮，這是路易士本人絕不會做的事。路易士主張，資本主義的社會階級體系創造了貧窮的社會邊緣人，並且使他們無法翻身。與路易士一樣是個左派擁護者的哈靈頓發現路易士的觀點可以用來展開他所提出的民主社會主義。透過哈靈頓這本書，以及他協助美國總統甘迺迪與詹森提出的「反貧困作戰」政策，使貧窮文化的概念成為政策辯論的焦點。然而，這樣的斷章取義，卻正好將路易士所謂貧窮文化的概念，與經濟上的貧窮區分開來。身為一個研究文化的人類學家，路易士使用這個詞彙是著眼其人類學的概念，而非經濟學的；經濟學所指的貧窮文化，並不討論貧窮作為一種次文化如何解釋社會邊緣族群長久的貧窮原因與後果。這個詞彙的彈性讓它很快地為右派所用，一如其受到左派的利用。對這個概念的爭論至今仍持續不斷。

雖然《桑切斯家的孩子們》出版後引發了對貧窮文化的爭議，然而該書首先受到質疑的卻是，路易士是作者，抑或桑切斯一家是作者？這個誤解來自於多數評論者以為內文單純僅為訪談的錄音，接著由路易士依據他個人對該敘事的理解加以編輯。哈德威克表達了這種觀點最為極端的說

2 編註：拉丁美洲特有的一種社區類型，有大門、圍牆與外部區隔，每戶只有一或兩間房間。每個維辛達都有類似中庭的庭院，是居民活動的公共空間。有的維辛達會有自來水，各間也會有自己的浴室、廚房；有的則是在庭院旁有公共澡堂和廁所。

法，她形容路易士的工作就像個「電影導演，他用影像和場景創造出一齣連續劇，為現實之流賦予形式與意義」。[3] 這也是為什麼有些讀者把這本書當成小說。然而，此舉同時也引發兩種批評的聲浪，一方認為他將報導人的話以自己的方式編造成故事，另一方認為他不加思索地全盤接收報導人的話。

《桑切斯家的孩子們》發行時，路易士已經以一位專門從事社區研究的田野工作者而享有盛名。他在臨終前十年開始出版生命史主題的書籍，他總是試圖將個人在家庭的脈絡中呈現、將家庭在社會的脈絡中呈現，而將社會在國家的脈絡中呈現。因此，本書編纂取材之豐富，遠超過面談錄音的紀錄。[4] 桑切斯家每一個成員的描述都是基於對他們的心理與性格的評估，加上與鄰居、配偶、子女的訪談，以及社區調查的資料，當然也包括路易士夫婦多年來與這一家人密切聯繫接觸的深度了解。[5]

路易士是一位極具聲望又悲天憫人的訪談者，不同於他在迪坡斯特蘭、波多黎各、古巴等地的大型計畫，在桑切斯一家的研究中他幾乎包辦了所有的訪談。然而他很少編輯訪談稿或一日作息調查（day studies）[6]。這變成他妻子茹絲．路易士主要的工作（如他的致謝詞中所提）；每個故事的最終版本雖由他們夫妻倆共同決定，不過他與妻子的分工方式一直持續到路易士去世。

《桑切斯家的孩子們》確實令人以為，任何人只要按下錄音鍵，就可以寫出具有相似力道又有可讀性的書。但錄音機在成書過程中只是起碼的必備工具。除了多年的背景調查與茹絲．路易士絕佳的編輯功力，還必須找到像桑切斯一家這麼有魅力、能言善道的報導人。

這一家人生動的自述也引來一些批評，有人認為他們對貧窮與家庭生活的描述太直白且細瑣。這樣的批評特別容易出現在墨西哥。某些保守派的評論者受到愛國主義的鼓動（或如墨西哥文學家卡洛斯・富安蒂斯與本書的某些捍衛者所持的排外主義觀點），認為一個外國人怎能「揭露」墨西哥的貧窮現象，彷彿這是不准外洩的國家機密一般。一九六四年，政府資助的文化經濟出版公司發行了西班牙文的初版，此舉引發墨西哥地理與統計學會向墨西哥檢察長請求對路易士提出告訴，指控他猥褻與誹謗墨西哥人民與政府。他們懷疑路易士是美國聯邦調查局探員，赫蘇斯・桑切斯所描述的一黨獨大制的無用，以及政府官員收受販毒集團的賄賂，都是路易士「塞進他嘴裡」的。

有關本書正反兩方的爭論持續將近五個月，《倫敦時報》更形容為「墨西哥史上最激烈的公共知識辯論」。[7] 在各種會議、報章雜誌、電視媒體上充斥著對書本的評論，以及關於政府審查

3 伊莉莎白・哈德威克，〈個人生命史的幾個章節〉。

4 許多康蘇薇若的訪談由手寫記錄，非錄音，部分由她速記並繕打。她與馬努埃爾的部分故事由研究者指定題目寫成。

5 錄音帶、手稿、社區調查資料與其他本書所使用的第一手資料，已收錄在伊利諾大學圖書館館藏逾四十年，提供拉丁美洲研究、語言學、口述歷史與其他領域研究。

6 編註：一種研究方法，記錄從起床到睡覺，日常平凡一天的作息。

7 〈墨西哥貧民窟的故事擊敗審查制度〉（Mexican Slum Story Defeats the Censorship），《倫敦時報》，一九六五年五月二十日。

制度的辯論。[8] 反對審查制度的人士質疑，貧窮研究是否已經成為「顛覆科學」？其他人也提出，若一個外國人對墨西哥貧窮的描述造成國家任何傷害，為何幾年前《貧窮文化》出版時卻不見如此衝擊？檢察長調查未果前，書籍停售，而黑市的價格卻飆高三到四倍。桑切斯一家成為「墨西哥最有名的家庭」，《桑切斯家的孩子們》也成了暢銷書。

墨西哥檢察長於一九六五年四月裁定，這本書危害公共倫理與社會秩序的機會「微乎其微」，提起公訴對「自由與法律」的傷害更甚於讓該書繼續流通。[9] 這項裁決為文化經濟出版公司總監——阿根廷裔的歐非拉．雷諾洗刷十七年來的不白之冤，儘管如此，他依舊被迫辭職，出版社也必須放棄版權。（最近文化經濟出版公司又再度取得《桑切斯家的孩子們》的西班牙文出版權，並再度出版路易士的作品。）

毫無疑問地，最令那些試圖打壓本書的墨西哥人煩亂的是，窮人有能力且願意向一個外國人描述他們的生活，並將他們的憤怒指向政府與政客。有些人就是無法接受這些話不是來自於路易士。一九六三年，在墨西哥雜誌《雋永》的訪問中，路易士把這本書的文學價值歸功於桑切斯一家的好口才。「如果我寫得出像《桑切斯家的孩子們》這樣的書，我就不會去做人類學家了……（但）我始終是，而且只是一個人類學家。」[10] 話雖如此，但若不是他從桑切斯一家人的自述中發掘其價值，收集與編纂資料，並充滿同情也堅持將本書付梓，我們將無從得知這個桑切斯家的故事。

路易士思索良久，最後為本書下了一個可能是最貼切的副標題——「一個墨西哥家庭的自傳」

（Autobiography of a Mexican Family）。畢竟這本書是由一個了不起的家庭所著，內容描述了這個家族的歷史、家庭成員的性格與他們之間的互動。當您閱讀時，我期盼您能見到當中的人性與複雜，但絕不要忽略了哈德威克所說的，本書的「主角」仍是——籠罩著這個家庭的貧窮。

——蘇珊・里登

8 這一段相關的訴訟案與墨西哥國內的討論，包括卡洛斯・富安蒂斯與其他人的主張，收錄於西文期刊 *Mundo Nuevo*，一九六六年九月。

9 首席檢察官的決議，案件編號331/965。原文收錄在西班牙文版《桑切斯家的孩子們》（*Los Hijos de Sánchez*）第三至五版附錄，以及 *Mundo Nuevo*，一九六六年九月。

10 愛蓮娜・波妮亞托斯卡的訪談，《雋永》（*Siempre*），一九六三年六月十九日。譯自西班牙文。

致謝
Acknowledgments

在這本書的寫作過程中，有一些同事與朋友閱讀我的初稿並給予建議。我特別感謝諸位學者閱讀最終的版本：哥倫比亞大學的教授Conrad Arensberg與Frank Tannenbaum；康乃爾大學的教授William F. Whyte；伊利諾大學的教授Sherman Paul。我也感謝閱讀康蘇薇若早期版本的朋友：Margaret Shedd、Kay Barrington、Zelig Skolnik、Zella Luria教授、Charles Shattuck教授、George Gerbner教授；閱讀馬努埃爾部分故事的Richard Eells教授；閱讀羅貝托故事的Ralph W. England教授。我也感謝以下幾位嚴謹閱讀導論的教授：Irving Goldman、Joseph B.Casagrande、Louis Schneider、Joseph D. Phillips，以及我兒子Gene L. Lewis。

我並感謝墨西哥城的Mark Letso和Caroline Lujan協助分析羅夏測驗與主題統覺測驗，以及對桑切斯一家人性格的見解。有關測驗的規範分析與我個人的評量稍後將另行出版。另外，本書奠基於Asa Zatz對許多田野資料的精確翻譯、Gerald Markley協助翻譯瑪塔故事中出現的部分材料，我也都深表謝意。而我的妻子茹絲·路易士，同時也是我在墨西哥研究的協同研究員與良伴，感謝她在組織與編輯田野材料方面貢獻良多。

我還要感謝古根漢基金會於一九五六年提供的獎學金，溫拿格藍基金會的人類學研究資助，還有社會科學研究委員會在一九五八年的資助，以及一九五九年國家科學基金會的研究經費資助。最後，我要感謝伊利諾大學，謝謝學校研究委員會財務上的協助，以及高等研究中心指派我在墨西哥長達十四個月的研究，還有人類學系准許我留職停薪進行本計畫。

導論
Introduction

本書內容是關於在墨西哥城的一個貧窮家庭，五十歲的父親赫蘇斯．桑切斯和他的四個孩子：馬努埃爾，三十二歲；羅貝托，二十九歲；康蘇薇若，二十七歲；瑪塔，二十五歲。我的目的是提供讀者一個家庭生活的內部觀點，以及探討在拉丁美洲經濟與社會急速變遷之際，生長於核心重鎮的貧民窟裡、一個只有一間房間的家庭，究竟意味著什麼。

我從一九四三年開始在墨西哥做研究，在家庭研究中嘗試發展過幾個取逕。在《貧窮文化》裡，我嘗試呈現給讀者五個尋常墨西哥家庭無比尋常的日常生活。在本書中，我希望讀者深入窺探其中一個家庭，我用了新的技巧，請家庭裡每一位成員用自己的話，說自己的故事。這樣的方式使我們能層層堆疊出每一個人物不同且完整的面向，一個家庭的全景，以及墨西哥底層生活的各種面貌。不同家庭成員對於同一事件進行描述所提供的獨立視角，更能加強資料的可靠與真實性，某方面也消弭個人自傳中的主觀成分。同時，這還透露了不同家庭成員對於同一事件回憶的落差程度。

多重自傳的方法也有助於減少研究者的偏見，畢竟許多觀點並非由一個美國中產階級白人篩選，而是由主角自己提供。如此一來，我相信我已避開兩項窮人研究最常見的危險，過度同情和冷酷無情。最後，我也希望此研究方法為讀者帶來情感上的滿足，同時也能理解人類學家直接與研究對象合作的經驗，而這是在正式人類學著作中鮮少被傳達的。

目前不論在開發中國家或美國，窮人心理的深度研究相當稀少。本書所描述的那些生活在貧窮線以下的人們儘管不是社會最底層，卻也不曾從心理學或精神科學的角度深入研究。就連小說家也未能適切地描繪當代窮人的內心世界。貧民窟很難產出偉大的作家，而就算他們成為大作家，也會以中產階級的眼光回顧他們早年的貧窮生活，並以傳統文學的方式書寫，這樣的追溯往往已不是即時的原始經驗。

本書使用錄音機記錄人生故事，開啟了社會寫實主義新的文學形式。藉由錄音機的協助，從未受過訓練和教育、甚至不識字的人，也能不受限制、生動自然，且自發性地侃侃而談自己的經驗和觀察。馬努埃爾、羅貝托、康蘇薇若與瑪塔的故事藉由口說表達，相較於書寫，這樣的口說文學具有單純、真誠且直接的特點。儘管未受過正式訓練，這些年輕人的表達能力令人驚豔，尤其是康蘇薇若，她的表達有時甚至已企及詩意的高度。儘管他們仍身陷各自未解的難題與困擾中，但傳達出的訊息已足夠我們一窺他們的生活，並意識到他們的潛能與被浪費了的天分。

窮人的生活當然一點都不乏味。這本書裡面的故事揭露了一個暴力和死亡、苦難和剝奪、背叛和破碎的家庭，以及犯罪、貪腐、警察霸凌，甚至窮人互相欺負的世界。但這些故事也顯現了濃烈的情感與人性的溫暖，他們有強烈的個體意識，懂得找樂子，對美好人生有所企盼，也渴望愛與被了解；願意分享個人僅有的小事物，面對種種未解的難題仍有勇氣堅持到底。

這些人生故事的場景發生在卡薩格蘭德維辛達，一個座落於墨西哥城中心的大型一層樓貧民窟。我在一九五一年從上百個維辛達中發現卡薩格蘭德，當時我研究的主題是從阿茲提卡村遷移到墨西哥城的都市化農民。我從一九四三年就開始在阿茲提卡做研究了。後來，在村民的協助下，我知道城市的哪裡可以找到阿茲提卡人，並在卡薩格蘭德發現了兩個家庭。研究完鄉村移民後，我便擴大研究架構並開始調查整個維辛達的居民，不論他們來自哪裡。

一九五六年十月，在卡薩格蘭德的研究過程中，我認識了赫蘇斯．桑切斯，以及他的孩子們。儘管孩子們相繼搬進搬出，赫蘇斯卻已經是那裡超過二十年的房客，卡薩格蘭德的這個一室之家是他們生活的穩定核心。赫蘇斯的第一任妻子，也是孩子們的母親蕾若，在一九三六年去世了，當時他們才剛搬進卡薩格蘭德沒幾年。蕾若的姊姊瓜達露佩六十歲，住在貝克街上小一點的潘納德羅斯維辛達，只離這幾個路口。對孩子們來說，瓜達露佩阿姨代替了母親的角色，他們經常拜訪她，必要時也把她那兒當成避難所。因此這些人生故事便交替發生在卡薩格蘭德與潘納德羅斯的維辛達。

這兩個維辛達都在市中心附近，步行到主廣場、或有著大主教座堂和總統府的憲法廣場只要十分鐘。距離墨西哥守護神瓜達露佩聖母的聖殿僅半小時路程，全國的朝聖者都群聚到這。卡薩格蘭德與潘納德羅斯都在泰彼托區，這是個窮人區，有一些小工廠與倉庫、公共澡堂、破敗的三流戲院、擁擠的學校、髮廊、普逵酒吧（*pulquerías*，一種賣當地酒「普逵」〔*Pulque*〕的小酒館）和很多小店。泰彼托區有墨西哥城最大的二手市場，俗稱「賊仔市」，就在幾個路口外；其他大的市場，例如最近重建且現代化的拉莫塞德市場與拉古尼亞市場，都在步行可達的距離。這區的殺人案和犯罪率居高不下，酗酒也不少。這一區人口稠密，無論白天或入夜之後，街上和出入口總是有人來來去去，或是乾脆就擠在店家門口。女人在人行道上的小小廚房賣墨西哥捲餅（*taco*）或湯。街道與人行道寬廣，但無任何植樹、綠地或公園。大多數人住在中庭內側成排的、只有一個房間的屋子，商店或維辛達的圍牆遮擋了街景。

卡薩格蘭德位在理髮師街與錫匠街之間。七百個人散布住在整個街區，南北的水泥高牆還有東西兩邊成排的商店，把卡薩格蘭德圍成一個封閉的小世界。賣吃的、乾洗店、玻璃工、木工、美容院，還有一旁的市場和公共澡堂，這些商店提供了維辛達基本生活所需的一切，所以大多數的房客鮮少離開社區，對墨西哥城也非常陌生。這一區曾經是黑社會的溫床，即使到了現在，人們在入夜後也還是不敢踏入。不過大多數的不良分子都搬走了，現在的居民絕大部分是貧窮的小販、工匠和工人。

維辛達的東西兩側分別有個狹窄又不顯眼的入口，各有一道大門，白天打開，但到了晚上十點就會鎖起來。關門後任何人想要進出的人都得按鈴並付錢請守衛開門。這個維辛達也由兩位聖人守護，瓜達露佩聖母與薩波潘聖母的雕像立在玻璃櫃中，一道門前放置一座。奉獻的鮮花與蠟燭圍繞在她們腳邊，裙子上繫了閃亮的小紀念牌，每一個都是維辛達內某人蒙受奇蹟的見證。

很少有房客經過這兩位聖母時會沒有任何表示，即使只是倉卒地一瞥，或匆匆劃個十字。

維辛達內有四個水泥鋪成的露臺或庭院，大約四點五公尺寬。面向庭院有一百五十七戶公寓，每戶以大約三公尺半的固定間隔一字排開，一戶一房，沒窗戶，每戶都有個穀倉紅的門。白天的時候，大多數的門旁邊都有個簡陋的木梯子通往每一間公寓廚房上頭又矮又平的屋頂。這些屋頂有很多用途，通常堆滿曬衣繩、雞籠、鴿舍、花盆或草藥、開伙用的瓦斯桶，有時也有電視天線。

白天的時候庭院擠滿了人和動物，狗、火雞、小雞，還有幾隻豬。小孩在庭院玩耍，因為這裡比街上安全。女人排隊取水，或在曬衣服的時候互相叫嚣，街頭小販也會進來賣東西。每天早上，收垃圾的會推著一個大桶子，穿過庭院去收每一家的垃圾。到了下午，一夥大男孩會占著庭院來場粗暴的足球比賽。星期天晚上通常會有場戶外之舞。西邊的入口有個公共澡堂，還有個小花園和幾棵樹、幾片綠地給年輕人聚會，另外有個相對安靜的角落，老人們會坐著聊天、讀報。這裡也有個房間寫著「辦公室」，外面布告欄貼著積欠房租的家庭名單。

卡薩格蘭德的房客來自墨西哥全國三十二州中的二十四個。有些遠從南邊的瓦哈卡和猶加敦來，有些來自北邊的奇瓦瓦和錫那羅亞州。多數的家庭都已經在維辛達裡住了十五、二十年，有的甚至長達三十年。維辛達裡三分之一以上的住戶有血緣關係，四分之一有姻親關係或宗教上的關聯（*compadrazgo*，教父教子這種父母之間的禮節關係）。這樣的人際連帶，加上固定房租便宜，以及都市住房短缺，都使得房客保持穩定。收入比較好的家庭，在小小的公寓裡堆滿好家具和電器，等待時機搬到更好的住處，但絕大多數都很滿足，甚至自豪住在卡薩格蘭德。

維辛達裡的社區意識很強烈，尤其是年輕人，他們是同一夥，是一輩子的朋友，上同一所學校，在庭院裡是同一群跳舞的，往往也在維辛達裡結婚。成人們也會有一些固定往來和可以借錢的朋友。鄰居們聚集在一起買彩券跟組互助會（*tanda*），一起參加宗教朝聖，一起慶祝維辛達聖人相關的節日和聖誕節等其他節日。

不過這些小團體的努力只是一部分；大多數的成人還是「莫管閒事」，盡可能維持自家隱私。大多的門總是關著的，想拜訪別人得先敲門，等待許可，然後才能進入別人家中。有些人只拜訪親戚、宗教親屬（*compadre*），很少去別人家裡。一般很少邀請朋友或鄰居作客，除非是像生日或宗教慶典這類正式的節日。雖然鄰居間還是會互相幫忙，尤其是危急的時候，但仍維持在最低限度。在卡薩格蘭德常會見到家庭之間因為小孩搗蛋、幫派打架發生的爭執，以及男孩之間的個人結怨。

卡薩格蘭德的人從事各式各樣的工作謀生，有些工作就在維辛達裡。女人洗衣服或補衣服，男人可能是鞋匠、帽子清潔工，或賣水果和糖果的小販。有些出去到工廠或商店工作，或是當司機，不然就做點小生意。卡薩格蘭德的生活水準很糟，但絕不是墨西哥城最糟的，鄰里間還把這裡看作是個優雅的地方。

卡薩格蘭德與潘納德羅斯這兩個維辛達所呈現的貧窮文化形成強烈對比。潘納德羅斯是一個小小的維辛達，只有一排十二間一戶一房的公寓，沒窗戶，路過的人一目了然，沒圍牆，沒大門，只有一個垃圾場。這裡和卡薩格蘭德不同，沒有內用廁所也沒有自來水。兩個公共的洗手檯和兩間破磚爛瓦蓋的老舊廁所用張破麻布遮著，給八十六位居民使用。

如果一個人從潘納德羅斯搬到卡薩格蘭德，他會發現比較多人睡床上，睡在地上的比較少；煮飯用瓦斯而不用木炭和煤油；三餐較規律，除非是吃玉米餅或是要用湯匙，否則吃飯會用刀叉；喝啤酒而不是喝普逵酒；衣服和家具會買新的而不買二手的；慶祝亡靈節會上教堂望彌撒，而不是在家用傳統的薰香、蠟燭、食物跟水。整體來說就是從破磚爛瓦變成水泥，從土鍋變成鋁鍋，從草藥變成抗生素，從看當地醫生變成看西醫。

根據一九五六年的統計，卡薩格蘭德的房客百分之七十九有收音機、百分之五十五使用瓦斯爐、百分之五十四戴腕錶、百分之四十九使用刀叉、百分之四十六有縫紉機、百分之四十一有鋁鍋、百分之二十二有電動攪拌機、百分之二十一有電視。但潘納德羅斯的住戶幾乎沒有這些奢侈品。只有一間房子有電視，兩個人有腕錶。

在卡薩格蘭德，每人的月收入大約在二十三到五百披索之間（以當時的匯率計算大約是三到四十美元）。百分之六十八的人收入在兩百披索（十六美元）或以下，百分之二十二的人收入介於兩百零一到三百披索（二十四美元）之間，百分之十介於三百零一到五百披索。在潘納德羅斯，超過百分之八十五的家庭每月平均收入低於兩百披索，也就是十六美元，沒有任何住戶超過兩百披索，百分之四十一甚至不到一百披索。

卡薩格蘭德一房公寓的月租是三十到五十披索（二點四到四美元）；潘納德羅斯則是十五到三十

披索（一點二到二點四美元）。很多由丈夫、妻子和四個小孩組成的家庭，一天的伙食費是八到十披索（六十四到八十美分）。他們吃的東西包括黑咖啡、玉米餅、豆子和辣椒。

卡薩格蘭德的教育程度差異很大，從十二名從未就學的成年人到一名曾上學長達十一年的成年女子都有。平均就學期間大約是四點七年。只有百分之八的人完全不識字，同時有百分之二十的婚姻未辦理註冊手續。

在潘納德羅斯，平均就學期間是二點一年，沒有任何人小學畢業，百分四十的居民不識字，而百分之四十六的婚姻未辦理註冊手續。在卡薩格蘭德只有三分之一的家庭之間有血緣關係，四分之一有姻親關係或宗教上的關聯。潘納德羅斯則有一半的家庭之間有血緣關係，而所有的人都受到宗教關係的凝聚和約束。

桑切斯家是從卡薩格蘭德七十一個家庭研究中隨機選出的。赫蘇斯·桑切斯的收入在維辛達中算是中等，他在光芒餐廳做食物採購，每日收入大約十二點五披索，相當於一美元。但這個收入並不足以養活他自己，因此他還做了其他工作貼補收入：賣彩券、養豬來賣（還有鴿子、雞，以及觀賞的鳥），而且他很可能有在市場裡收「佣金」。赫蘇斯對這些額外收入的來源不願多說，不過這些收入讓他起碼能維持分散在城裡三個家庭的生活。研究期間，他和他年輕、也是他最喜歡的妻子黛莉拉住在失子街的房間，他養黛莉拉、他們的兩個小孩、黛莉拉與前夫生的兒子、黛莉拉的母親，還有他的兒子馬努埃爾生的四個孩子。赫蘇斯的另一個年紀較長的妻子露碧塔，還有他們的兩個女兒、兩個孫子，住在他在城郊金色殖民社區裡蓋的小房子，也都靠赫蘇斯的收入過日子。赫蘇斯還留著他在卡薩格蘭德的房間給女兒瑪塔和瑪塔的孩子、女兒康蘇薇若，還有兒子羅貝托住。

除了一台老收音機，卡薩格蘭德的桑切斯家沒什麼奢侈品，但這家人總是吃得飽，還能炫耀自己受的教育比鄰居多。赫蘇斯自己只上過一年的學校，但長子馬努埃爾完成小學六年的學業。康蘇薇若不只小學畢業，還上過兩年的商校。羅貝托三年級時輟學；瑪塔則是念完了四年級。

桑切斯家與一些鄰居不同的是，赫蘇斯的第一任妻子蕾若死後，小孩年紀還小，他們僱了一個傭人，白天來打掃、洗衣、煮飯。傭人是鄰居或親戚，通常是寡婦或棄婦，願意為微薄的酬勞工作。雖然聽起來好像是有錢人家才會做的事，但這並不是有錢的象徵，在維辛達裡也不罕見。

是一個維辛達的朋友介紹我認識桑切斯一家的。第一次拜訪時，我發現門是半開的，在等著有人來應門的時候，可以看到破舊不堪的屋內。門邊就是亟需粉刷的廚房和廁所，廚房裡只有兩個煤油爐、一張桌子，還有兩把沒上漆的木椅子。不管是廚房或後面大一點的臥室都顯得死氣沉沉，不像我看過的一些狀況較好的卡薩格蘭德房間。

康蘇薇若來應門。她看起來清瘦而且面無血色，她解釋這是因為自己剛從一場大病中痊癒。她的妹妹瑪塔抱著一個用披肩包好的嬰兒跟著她過來，但沒說半句話。我告訴她們我是美國的教授，是一個人類學家，在墨西哥已經住了好幾年，研究這裡的風俗習慣。我現在要比較城市裡維辛達的家庭和鄉村家庭的生活，正在卡薩格蘭德尋找願意幫助我的人。

我一開始先問她們覺得住在鄉下會過得比較好，還是住在城市？在我之前的訪談中，我會先問幾個這類的問題，然後再開始進行第一份問卷上的題目，包括家中每個成員的性別、年齡、出生地、教育程度、職業和工作史。

我快問完的時候，父親赫蘇斯突然闖進來，肩上揹著一袋食物。他是一個矮小結實、活力十足的人，有些印第安人的特徵，穿著藍色牛仔布質料的工作服、戴著草帽，半農夫半工人的樣子。他把那一大袋食物交給瑪塔，跟她們倆打招呼，接著猜疑地問我想做什麼。他簡短回答我的問題，並且說鄉下生活比城市生活好多了，年輕人一到城市就墮落了，特別是當他們不知道如何利用城市裡的機會的時候。他接著說他趕時間，像他闖進來那樣突然就走了。

我是在第二次訪談桑切斯一家時遇到二兒子羅貝托。他比其他家人高，皮膚也比較黝黑，有著訓練有素運動員的體格。他很和氣，說話又輕聲細語，反而給我一個過度有禮貌和恭敬的印象。他對我一直都很有禮貌，就連喝醉的時候也是。我一直都沒遇見長子馬努埃爾，直到好幾個月後才見到，原來他出國一段時間。

接下來幾個月，我持續調查維辛達裡的其他家庭。我對桑切斯一家做了四次訪談就收集完了我需要的資料，但我仍經常路過桑切斯家，進去和康蘇薇若、瑪塔、羅貝托閒聊，他們都非常友善，提供很多關於維辛達的生活資訊。當我開始了解家庭裡的每一個成員，我漸漸意識到這個家庭反映出許多墨西哥低下階層的社會與心理問題。於是我決定更深入調查。首先是康蘇薇若，接著羅貝托和瑪塔都同意告訴我他們的人生故事，他們都知悉這項研究且同意錄音。馬努埃爾回來後，他也願意配合。我和赫蘇斯的合作則始於與他的孩子開始合作的六個月後。取得他的信任很困難，但當他終於同意我錄下他的人生故事，也進一步加強了我和他子女間的關係。

錄製個別的人生故事需要隱私的空間，所以多數的錄音都在我的辦公室或我家完成。大部分的訪談都是針對個人，但我在一九五七、五八、五九年回去墨西哥時，安排了幾次兩到三位家庭成員的小組討論。有時候，我會在他們卡薩格蘭德的家中錄音。但他們在維辛達以外的地方談話比較自在。我也發現不讓他們看見麥克風，例如把麥克風別在衣服上，他們更能侃侃而談。

在取得這些人生故事較詳細與私密的部分時，我沒有使用任何祕密的技巧，沒有用說真話的藥，也沒有用精神分析的躺椅。人類學家最有用的工具就是對研究對象的同情與憐憫。一開始出於對他們生活的專業興趣，後來就發展成長久的友誼。我開始深深參與他們的問題，彷彿有兩個家庭要顧，一個是我自己的，一個是桑切斯一家。我花了數百個鐘頭和這一家人相處，我在他們家吃飯，參加他們的舞會與節慶，陪他們去工作，認識他們的親戚朋友，和他們一起朝聖，也和他們一起上教堂、看電影，一起去運動比賽。

桑切斯一家開始信任我，對我說真話。他們會在危急或需要幫助時打電話給我或我的妻子，我們也幫他們度過了生病、酒醉、和警察衝突、失業，以及家庭糾紛。我並沒有依照一般人類學研究的慣例把他們當成報導人（不是告密者！）而付錢給他們，我也很驚訝他們和我的關係中並沒有金錢上的動機。事實上，他們是看在友誼的份上才說出他們的人生故事。讀這些故事的人不應該低估，這家人將這些生命傷痛的回憶與經驗再次訴說出來所需要的勇氣。某個程度而言，這也抒發、減輕了他們的心理壓力。我持續關注他們讓他們很感動，而年復一年地回到墨西哥是增加他們信任的關鍵。在他們的印象中，美國是一個「優越」的國家，這無疑也提高了我在他們心中的地位，他們把我當成一個仁慈又有權威的人，而不是他們父親那種精疲力盡的形象。他們認同我的工作，明瞭自己正參與一項科學研究。雖然不完全了解這個計畫的終極目標，但他們因此產生滿足感與自我價值，日復一日的生活也有了突破。他們經常告訴我，如果他們的故事能幫助到世人，他們會很有成就感。

在訪談過程中，我問了馬努埃爾、羅貝托、康蘇薇若、瑪塔，還有赫蘇斯上百個問題。我身為一個人類學者的訓練、多年來對墨西哥文化的熟悉、我自己的價值觀，以及我的個性，自然都會影響這項研究最後的結果。我在訪談中的態度直接，鼓勵他們自由發揮，而且我善於傾聽。我嘗試涵蓋各種題目：他們早年的記憶、他們的夢想、他們的期盼、恐懼、喜悅與煎熬；他們的工作；他們和朋友、親戚、雇主的關係；他們的性生活；他們對正義、宗教、政治的概念；他們對地理和歷史的了解；簡單來說，就是他們整體的世界觀。我的很多問題激發他們表達自己的想法，而這是他們可能從來沒有思考過或自願表達的訊息。儘管如此，這些問題的答案仍是他們自己的。

在準備將這些訪談出版的時候，我把我的問題刪去，挑選他們提供的材料，編排組織出連貫的人生故事。誠如亨利・詹姆斯說的，生命是包容與雜亂，藝術是辨別與挑選，這些生命史同時具有生命與藝術的特質。而我相信這絕不會降低材料的可信度或其對科學的貢獻。同行間若對這些原始材料感興趣，我很願意提供訪談的錄音。

有些材料需要比其他的更多一點的編輯。在家庭成員中，馬努埃爾說起故事最流暢且有聲有色，他提供的材料相對而言需要的編輯較少。他的故事反映了大部分原始的結構。但經翻譯與謄寫後，馬努埃爾的故事比其他人的折損不少，因為他是個天生的演員，說話中充滿微妙的語調變化和精準回應。一個問題他往往能自己說上四十分鐘。羅貝托也很樂意分享他的經驗，雖然不那麼戲劇性，也略顯簡單，而且他在談起內心的感受和性生活時會變得比較拘謹和保守。康蘇薇若的部分需要很多編輯，因為材料太多了。除了訪談錄音，她對於我的提問也寫了大量的回覆。瑪塔則比較無法發展獨白或組織自己的想法。有好長一段時間，她都只用一句話或幾個字回答我的問題。這部分她跟她爸爸蠻像的。不過隨著時間以及鼓勵，他們的表達都變得比較流暢，有些時候也侃侃而談。

馬努埃爾說起貧民的俗語百無禁忌，包括很多髒話和性比喻。羅貝托說話也蠻自然的，不過他在一些粗魯的表達前會禮貌性地加一句「博士，請容我這麼說」。瑪塔說話也很自然。康蘇薇若和她爸爸的表達方式是最正式且「正確」的，錄音的時候很少說出粗鄙的字眼。

翻譯低下階層的墨西哥西班牙語可說極為困難，有些甚至無法翻譯，特別是俚語和黃色笑話。我儘量去捕捉這個語言的精髓和味道，而不去做字面的翻譯。談話中有些獨到與奧妙之處，以及個人說話風格，無可避免地會在翻譯的過程中流失。令人訝異的是，這些識字率相對低的人所說的話，得用高階的語言和字彙才能翻譯成英文。我也對墨西哥貧民窟居民與農民語言之流利和字彙程度感到驚訝。整體來說，馬努埃爾與康蘇薇若的語言程度比羅貝托和瑪塔要高些，也許是因為他們上學的期間比較長。馬努埃爾會使用一些複雜的詞彙，例如「潛意識」、「發光體」、「色厲內荏」等，看似驚人，但其實他平時就有閱讀西文版的《讀者文摘》，而且天資聰穎。更別說在這個時代，即使不識字的貧民窟居民也能從電視、收音機、電影學到一些高深的概念和用語。

對讀者來說，赫蘇斯・桑切斯和他的孩子們有個顯而易見的明顯對比。這個對比不只反映出都市與鄉村成長背景的差異，也反映出革命前與革命後的墨西哥。赫蘇斯於一九一〇年生在韋拉克魯斯州的一個小村莊，恰好是墨西哥革命的開端。他的孩子們出生在一九二八年到一九三五年墨西哥城的貧民窟。赫蘇斯成長過程的墨西哥沒有汽車、電影、收音機或電視，沒有國民教育，沒有自由選舉，沒有向上流動的希望，也不可能瞬間致富。他是在傳統的威權主義下成長，強調愛家、勤奮、自制。桑切斯家的孩子雖然受制於這樣的霸權和專制性格，但他們同時也生活在革命後的價值當中，強調個人主義與階層流動。可以想見，父親從沒想過不再當個小工人，脫離貧窮的社會底層，但令人訝異的是，孩子們也是如此。

十九世紀，當社會科學還處於起步階段時，往往是小說家、編劇、記者或社會改革者在記錄工業化與都市化對個人與家庭生活的影響。今天，類似的文化變遷也在低度發展國家的人民身上發生，但我們找不到類似的文學來幫助我們增進對這個過程，以及對這些人的了解。這種了解的需求從未如此迫切，今天，這些低度發展的國家儼然已成為世界的主力。

從非洲新興國家的案例中可以發現，這些國家從部落起家，沒有讀寫的文化傳統，缺乏描述下層階級的偉大本土文學一點也不令人意外。在墨西哥與其他拉丁美洲國家，縱然大部分的作家出身中產階級，但這個階級人數非常稀少。除此之外，墨西哥社會的階層特質也限制了不同階級之間的流通。在墨西哥還有另一個因素，當地的作家與人類學家都專注在印第安問題，而忽略了都市貧民。

這樣的情況讓社會科學（特別是人類學）有機會去填補缺口，發展它們自己的文學。社會學家曾經是研究都市貧民窟的先鋒，但現在他們的重心是郊區相對受到忽視的窮人。而現代的小說家忙於看穿中產階級的靈魂，他們已和貧窮問題與不停改變世界的現實脫節了。查爾斯．珀西．斯諾最近說道：「有時我對於富裕國家裡的人感到害怕……他們完全忘記處於貧窮是什麼感受，我們不再有同情心，也不再與不幸的人談話。這一切都得重新學習。」

過去人類學家是偏遠地區原始部落的發言人，現在則越來越多將焦點轉移到低度發展國家的廣大農民與都市群眾。儘管過去一個世紀以來社會與經濟層面已有進步，這些大眾還是極度窮困。在亞洲、非洲、拉丁美洲、中東地區等七十五個國家，有超過十億人口人均年收入低於兩百美元，而美國是高於兩千美元。研究這些地區人民生活的人類學家自然成為我所謂貧窮文化的學徒與發言人。

有些人認為窮人毫無文化，所以貧窮文化的概念對他們來說是一個矛盾的字眼。這樣做也看似給予貧窮一定的尊嚴與地位。但不是我的目的。人類學使用文化這個詞的本意是指傳遞世代的生活型態。以這個概念來理解貧窮，我想要強調的是，事實上在現代化國家，貧窮不只是經濟上的劣勢、混亂或物質匱乏。從正面的觀點來說，它具有結構、基礎和防衛機制，若缺少這些，貧窮便無以延續。簡言之，它是一種生活方式，非常穩固且長久，由家族世代傳遞。貧窮文化有自己的形式，並對其中的成員造成獨特的社會與心理後果。它是一個動態因素，既影響了更大的民族文化的參與，也成為其本身的次文化。

這裡所稱的貧窮文化並不包括原始部落由於與外界隔絕或未發展科技而造成的落後，而且這些社會在大多數情況下並沒有階級分層。這些人擁有一種相對團結、滿足且自給自足的文化。貧窮文化也不等於工人階級、無產階級或農民，這三種族群的經濟地位會因其身處世界何地而有很大的差異。例如，和低度發展國家的下層階級相比，美國工人階級的生活可媲美菁英。貧窮文化只適用於在社會經濟條件非常底層的人民，那些最窮的工人、最窮的農夫、田裡的勞動者，以及各式各樣的工匠與小販，而他們通常也被稱為「流氓無產階級」。

貧窮文化（或次文化）出現在各種不同的歷史脈絡中。最常見的情況是當一個成熟的社會經濟體系瓦解，或由另一個體系所取代，就像資本主義取代封建制度時，或是工業革命期間，就會發展出貧窮文化。有些情況是受到帝國主義的侵略影響，被征服的一方可能維持奴隸的地位長達數個世代。也可能發生於部落瓦解的過程，例如一九六〇年代的非洲，部落移民到城市發展出與墨西哥城維辛達類似的「庭院文化」。我們傾向於將這類貧民窟的情況視為過渡時期或伴隨著文化劇烈變遷而來的暫時現象。但這並不完全正確，即使在穩定的社會中，貧窮文化也往往是一種持續的情況。當然，在墨西哥，從一五一九年西班牙入侵，部落瓦解、農民開始遷徙到城市，這已經或多或少成了永久的現象。只是規模、地點與貧民窟的組成結構有所變化。我懷疑世界上許多國家都正在進行類似的過程。

我認為貧窮文化似乎有些普遍的特色，超越地區、城鄉、甚至國家。我在之前的著作《貧窮文化》（一九五九）中提出一個論點，即認為在倫敦、格拉斯哥、巴黎、紐約哈林區、墨西哥城這五個地區的低下階層居民，在家庭結構、人際關係、時間取向、價值系統、消費方式以及社區意識方面，有顯著的雷同。雖然在此我並無意廣泛分析比較貧窮文化，不過我希望以我在墨西哥的材料為基礎，具體描述一些特點，先行提供一個概念架構來理解這個文化。

在墨西哥，貧窮文化遍及至少三分之一的城鄉人口。這群人口主要的特色是相對高的死亡率、較低的預期壽命、其中青年人口所占比例較高，而且從童工與女工的現象，可以發現領薪受僱的比例也比較高。上述這些指數在貧窮的殖民社區（*colonias*）以及墨西哥城的比例，甚至比在墨西哥鄉下地區還要高。

墨西哥的貧窮文化是一種地方性且面向在地的文化。其成員只是局部被納入國家機構，即使住在大城市的中心，也仍是邊緣人。例如，在墨西哥，大多數窮人的教育與文化素養很低，不屬於工會，不是任何政黨的成員，不加入社會保險（*Seguro Social*），因而無從享有由國家福利機構提供的醫療保健、生育或老人福利，也幾乎不去城市裡的醫院、銀行、百貨公司、博物館、美術館和機場。

貧窮文化經濟上最顯著的特徵包括長久的生計困難、失業、低就業、低薪資、四處打零工、童工、缺乏儲蓄、經常身無分文、家中沒有備糧、有需要才購買少量的食物（甚至一日買上數次）、典當個人物品、向當地的高利貸借錢、參加鄰居發起的信用互助會、使用二手的衣物和家具。

社會與心理上的特徵則包括住在擁擠的地區、缺乏隱私、愛交際、酗酒的發生率高、有紛爭時經常訴諸暴力、經常以體罰教育子女、對妻子家暴、提早開始性生活、婚姻未經法定註冊、母親和孩子被遺棄的發生率相對較高、家庭傾向以母親為中心且對母系的親戚較為熟悉、核心家庭居多、強烈的威權傾向、非常強調家庭團結（但多半僅是空談）。其他特徵還包括強烈地活在當下，缺乏苦盡甘來或未雨綢繆的觀念；由於現實生活困難，多半有聽天由命的人生觀；相信男性是優越的，因而造成大男人主義（*machismo*）或推崇男子氣概；女性則相對懷有犧牲奉獻的情結；最後是對各種類型精神疾病具有高度的容忍力。

上述特徵並非墨西哥的貧窮文化所獨有，在中產與上流階級也會發現。然而，這些特徵的獨特模式決定了貧窮文化。例如大男人主義在中產階級間常被認為會牽涉到性剝削或唐璜情結，但對低下階層則是英雄與無畏的象徵。同樣地，飲酒在中產階級是社交活動，但在低下階層，喝醉酒有幾種不同的目的——逃避現實、展現酒力，或是藉酒壯膽來面對不如意的人生。

許多貧窮次文化的特徵可視為因地制宜的解決方法，現存的體制和機構基於許多原因無法協助他們，因為他們不符資格、負擔不起或不被信任。例如，銀行不給他們信用額度，他們就自組無利息的信用互助會。他們就連只有在非常緊急的時候才能請的醫生都負擔不起，而且也懷疑「去醫院只是送死」，所以就依賴藥草或其他家庭療法、在地療法，還有產婆。對神職人員的批評則是認為他們「同為人類，和我們一樣都是罪人」，因此不上教堂告解也不望彌撒，全靠對自己家中的聖人雕像禱告以及前往聖地朝聖。

他們嚴厲批評統治階級的價值觀和機構，仇視警察，毫不信任政府與高官，這種憤世嫉俗甚至蔓延到教會，這對貧窮文化造成負面的影響，並可能被針對現有社會秩序的政治運動所利用。最後，貧窮次文化還具有某種意義上的殘存性質，也就是其成員會試圖將他們源頭殊異的殘存信仰與習俗加以應用，並整合出可行的生活方式。

我必須強調，桑切斯一家絕不是墨西哥最底層的貧民。墨西哥城四百萬人口中，大約有一百五十萬人處於類似或更差的情況。在墨西哥大革命的五十年後，這個國家的第一座城市仍持續存在貧窮，這不禁令人質疑，大革命是否真的實現了社會改革的目標。從桑切斯一家，還有他們的朋友、鄰居與親戚看來，革命的核心承諾尚未實現。

我這番話是基於對墨西哥革命所帶來驚人且廣泛改變的充分了解：半封建經濟制度的轉型、土地分配給農民、印第安人得到解放、勞工地位鞏固、公民教育普及、石油與鐵路國有化，以及新的中產階級興起。一九四〇年起，經濟不斷擴張，國家意識到生產的重要。各大報的頭條每天報導農業和工業的突破，並驕傲地宣布國庫大量的黃金儲備。有一股繁榮的精神被創造出來，讓人回想起世紀初美國領土擴張的時光。從一九四〇年起，整個國家的人口增加了一千三百萬，一九六〇年到達三千四百萬的高峰。墨西哥城的發展速度更是驚人，一九四〇年人口約為一百五十萬，到了一九六〇年已超過四百萬。墨西哥城現在是拉丁美洲最大的城市，也是美洲大陸的第三或第四大城。

一九四〇年後，墨西哥最重要的趨勢就是美國對墨西哥人民生活的影響逐漸增加。在美墨悠久的歷史上，兩國關係從未如此變化急遽、互動頻繁。二戰期間兩國密切合作，美國加速在墨西哥的投資，到了一九六〇年已幾近十億美元；兩國互相湧入大量的觀光人次，每年有幾十萬的墨西哥農民移民美國，另外還有交換學生、技術人士和教授，越來越多的墨西哥人成為美國公民，而這為兩國建立了一種新型態的關係。

墨西哥主要的電視節目也由國外的大型企業贊助，例如雀巢、通用汽車、福特、寶僑、高露潔。和美國的差別只在於廣告是講西班牙語和墨西哥的藝人。沃爾沃斯超市、西爾斯百貨這類美國百貨業的銷售模式在大城市的商店迅速發展，自助服務超市也為日漸增加的中產階級進口了許多美國品牌的食品。在學校，英語取代法語成為第二語言，法國的醫藥傳統也正緩慢但勢必將被美國醫學所取代。

儘管產量增加、景氣看似繁榮，全國的財富分配不均卻使貧富差距比以往更加劇烈。同時，儘管大多數的人口生活水準提升，但在一九五六年仍有超過百分之六十的人口仍飽受飢餓、居無定所、衣衫襤褸之苦，百分之四十的人不識字，百分之四十六的兒童沒去上學。自一九四〇年以來，長期的通貨膨脹使窮人的實際所得更加縮水，而工人在墨西哥城的生活開銷自一九三九年來上漲了五倍。根據一項一九五〇年的人口普查（一九五五年公布），百分之八十九的墨西哥家庭月收入低於六百披索，依當時的匯率也就是低於六十九美元，依一九六〇年的匯率計算則是四十八美元（美金對披索為一比十二點五）。一九六〇年，墨西哥經濟學家伊菲赫尼亞·那瓦列德的研究指出，在一九五〇年到一九五七年間，約有三分之一的人民因實際所得減少而處於水深火熱當中。

大家都知道墨西哥的經濟發展並不能保障就業。一九四二年到一九五五年間，有約一百五十萬墨西哥人到美國當短工（*braceros*）或農業臨時工，這個數字尚不包括「濕背人」（wetback）或其他非法移民。如果美國忽然關閉美墨邊界，墨西哥將陷入重大危機。為了穩固國內經濟，墨西哥也越來越依賴美國人帶來的觀光收入。一九五七年間有超過七十萬名觀光客來自美國，在當地的消費高達六億美元，觀光業也因而成為墨西哥最大的單一產業。觀光帶來的收入相當於墨西哥聯邦預算的總和。

生活水準的層面上，自一九四〇年來，住宅的部分幾乎未獲改善。隨著人口急遽增加和都市化，大都市的居住密度和貧民窟的環境實際上正在惡化。根據墨西哥政府一九五〇年的普查報告，五百二十萬的住所中，百分之六十只有一間房間，百分之二十五有兩間；七成的房屋是泥磚、木頭、竿子、瓦礫蓋的，僅有百分之十八是用磚塊和石頭建造；另外，只有百分之十七的房子擁有私人的自來水。

墨西哥城的情況並沒有較好。為了迎接每年到來的美國觀光客，政府不斷美化城市，建設噴泉、在主要街道兩旁種花、蓋全新的市場、把乞丐和攤販趕出街道。但城市中有超過三分之一的人口住在像貧民窟的住宅區，也就是所謂的「維辛達」，那裡長期缺水，缺乏基本的衛生設施。

通常，維辛達裡有一到兩排一層樓的房屋，裡頭有一到二房，面對共有的庭院。房屋是由水泥、磚塊或土磚建造，形成一個明確的單位，具有小聚落的某些特徵。維辛達的規模和型態差異頗大。有些只有少數幾戶，有些則有幾百戶。有些位於城市的商業中心，隱匿在十六、十七世紀西班牙殖民時期破舊的兩、三層樓的房屋之中；有些在城市外圍，由木頭棚子或茅草棚（*jacales*）組成，看起來像亞熱帶的「胡佛村」。

對我來說，本書的材料對於我們思考未開發國家，特別是拉丁美洲，以及對他們的政策，具有重要意義。書中也特別呈現社會、經濟與心理的複雜性，而這是希望改變或消弭世界上的貧窮文化，必定要面對的問題。書中也暗示了，改善物質生活條件的同時，也必須改變貧民的態度與價值觀。

貧窮對窮人的影響深遠，因此在未發展的國家中，即使是最立意良善的政府，也會面臨許多艱難的阻礙。當然，本書大多數的角色都歷經跌跌撞撞。然而，正是這些不光彩的缺陷與弱點，使這些窮人成為當代墨西哥真正的英雄，因為他們為國家發展付出了代價。的確，墨西哥穩定的政局冷酷地見證了平民百姓對於苦難極大的忍耐力。然而，容忍苦難也有其限度，除非能對不斷增長的國家財富找到更公平的分配方式，並在工業化的嚴峻時期平等的犧牲，否則可以預期，社會動亂只是遲早的事罷了。

序曲
Prologue

赫蘇斯・桑切斯

Jesús Sánchez

我可以說，我沒有童年。我在韋拉克魯斯州一個又窮又小的村子出生。那真的很孤獨又很哀傷。在地方長大的孩子不像首都的孩子有那些機會。我父親不准我們跟任何人玩，他從來沒買過玩具給我們，我們一直都很孤單。我只上過一年的學，大概是八歲或九歲的時候。

我們一直都住在一個房間，就像我現在住的一樣，只有一個房間。我們全都睡在那裡，每個人有自己的小床，用板子或箱子做的。早上，我起床然後劃十字禱告。洗臉漱口，然後去提水。早餐後，如果他們沒派我去樹林裡，我就坐著等。通常，我會帶著彎刀（*machete*）和繩子，去鄉間找乾的木頭。回來的時候背上揹著一大捆。那就是我還在家時的工作。我很小就工作了。我根本不知道怎麼玩。

我父親年輕的時候是騎驢的。他會買東西，然後載到遠一點的鎮上賣。他完全不識字。後來他在我們出生的村莊附近的路上擺了個小攤。然後我們搬去另一個村子，我父親在那開了一家小雜貨店。他到那裡的時候口袋裡只有二十五披索，不過他用這一點資金開始經營自己的生意。他有個哥兒們用二十五披索賣他一隻大母豬，那隻大母豬每次都幫他生十一隻小豬。那時候，一隻兩個月大的豬值上十披索。一個人如果有個十披索就是「先生」了！披索真的很有價值！這就是我父親重新開始的方式，憑著他的毅力和積蓄，他再次抬頭挺胸。他開始學著盤算，增加他的帳戶數字，全靠他自己，他甚至學著認一點字。不久之後，他在瓦琴南果村開了一間有很多貨的大型商店。

我跟著父親的榜樣，把花了什麼都記下來。我把小孩的生日寫下來，彩券的號碼也寫下來，還有買豬花的錢和賣掉賺的錢。

我父親很少跟我提到他和他家人的事。關於他的事我只知道他的母親，就是我的祖母，另一個是我父親一半血緣的兄弟。我們不知道他父親是誰。我也完全不認識我母親那邊的家人，因為我父親從不和他們來往。

沒人可以幫我父親。你知道我的意思，有些家庭家人間處得不好，就像我女兒康蘇薇若和她的哥哥們。他們之間有點不合，然後就各走各的了。我父親和他那邊的人就是那樣，他們分開住。

在我自己的家裡，我們比較團結，但我哥哥長大後也都離家了，也是各走各的。因為我最小，所以我留在家裡。我大哥去從軍，在一次意外中死了。他的來福槍走火，把自己斃了。然後二哥毛利西歐，他在瓦琴南果開了第二家店，因為第一家店革命的時候關了。我哥哥毛利西歐在第二家店時，有四個男人進來搶劫。他抓住其中一個，而且還搶下那個人的槍。但另一個人從背後襲擊他，把他殺了。他很快就死了，肚子被剖開來。這是二哥的下場。我還有個姊姊尤塔琪亞。她死在瓦琴南果，她那時還很年輕，才二十歲。再來是我另一個哥哥李奧普多，他在墨西哥城的綜合醫院裡死掉的。其實我們不只有五個兄弟姊妹，但第六個很小就死了；我這胎是雙胞胎——所以我們有五個人，這五個人中，我是家裡僅存的一個。

我父親不是一個有愛或跟人親熱的人。很自然地，就像大部分的一家之主，他非常節儉。他從來沒確切地注意到我需要什麼，反正在小地方也沒什麼好花錢的。沒戲院、沒電影、沒足球，什麼也沒有。現在生活豐富多了，但那時候什麼都沒有。所以每個禮拜天，我父親會給我們幾分錢花。世界上有各種人，不是每個父親都會寵小孩。我父親相信太關心小孩會毀了他們。我也相信。如果小孩太寵就會長不大，學不會獨立。他會很膽小。

我母親在一個小鎮出生，我記不得那個鎮的名字了。她不是個多話的人，而且因為我最小，她從不跟我說什麼。我母親是一個安靜、心腸很好的女人，給了我很多愛。我父親固執、嚴厲，比較衝。我母親是一個正直善良的女人，對任何事都很認真，包括她的婚姻生活。但我父母會吵架，因為我父親有另一個女人，我母親嫉妒。

我父母分開的時候我大約七歲。革命已經把店給毀了……生意結束了，家沒了，我們的家破碎了，我自然跟著母親，還有一個哥哥，他在種糖的農場（*hacienda*）做日工（*peón*）。我也在田裡工作。兩年後我母親病了，我父親騎著驢子（*burro*）來看我們。我們住在一個很破的小屋子。只有一邊有屋頂；另一邊是沒遮的。我們借了一些玉米，因為真的沒東西吃。我們非常、非常窮！也沒有藥或什麼的給我母親，沒有醫生，什麼都沒有；她回去我父親的屋子等死。所以，他們兩人在最後和解了。

欸，我母親死了，我的悲劇就開始了。我搬去和父親住的時候大概十歲。我在那裡住了兩年就離家去工作了。我們很久以後才有繼母。那時我早就離家了。父親在那裡娶了一個女人，那個女人簡直是來搶劫的，她和她的兄弟把他所有的東西都拿走，還把他丟到街上。有一天晚上他們差點要把他殺了，為了他的錢，但一些鄰居阻止了他們，然後那個女人離開了他。他們舉行了合法的婚禮。那個女人和那裡的人一起把我父親的房子和財產都拿走了。

後來他在同一個鎮的另一邊買了另一間小房子，又開始做生意。但那時他得了很要命的病。的確，有時候我們男人想要很堅強、很有男人樣（*macho*），但說到底我們不是。談到道德問題或家人的事，就像在心頭上扎針一樣，令人心痛，但身為男人只能偷偷哭。你一定注意到很多人根本就是泡在酒裡，有些人抓了把槍就自我了斷，因為他們不能承受內心的感受。他們找不到管道表達，或沒有人可以訴苦，所以他們就抓了把槍，就只是這樣。他們完蛋了！有些自以為很「男人樣」的自己知道實際上才不是這樣。他們只是吹噓罷了。

我爸死後，留下一棟小房子和一些東西，我都接收了，我是他唯一還在的孩子。那時我已經在墨西哥城了，在一家餐廳工作。那裡的人發了封電報給我。

我去的時候，父親還活著，我看著他死的。他對我說：「我沒有留給你什麼，但我要給你一句忠告。不要跟朋友鬼混。最好走自己的路。」我這輩子都是這樣做的。

他留給我的東西很少。他那一半血緣的弟弟夥同身邊的人把我關進監獄。我給他父親遺囑裡說要給他的部分，我預計要給他一半。但他是一個很懶惰的人，一無是處，不愛工作。欸，我照著遺囑做又守法。為什麼，我甚至把屋裡一台勝家牌的老裁縫機給他。我跟他說：「叔叔，你可以把這個拿去。」我誠懇又好心地跟他說：「你看，這是你的，你可以給你太太。」欸，即使是這樣，他還是把我送進監獄。就為了一百披索！我跟他說：「你真的太慘了。」我給了他一百披索，其他人分一分後留給他十披索。你懂了嗎？即使是你的親戚，說到錢，還是一個都信不得。人就是能搶的都想搶。

從小我就喜歡工作。我很想賺錢買衣服。我看我父親做小生意賺錢，所以也想有點自己的東西，不多，但我想自己賺，靠我自己的手，而不是靠我父親的錢。我從來沒有貪求我父親的遺產，從來沒有。我曾經想過：「如果有一天我口袋裡有點錢，我希望那是我工作得來的，而不是因為誰給我，不是鄰居、親戚、叔叔或我爸，不，先生。我要靠我的雙手賺錢。」還有一點，當我離家後，我知道如果不工作，我就會沒飯吃。

我大約十二歲的時候離開我父親家。沒告訴任何人就跑了。一開始我在一家磨坊工作，然後在糖廠的田裡當農工，後來去做砍甘蔗的。在田裡工作很辛苦，我拿著鋤頭站在太陽下一整天。砍一千枝甘蔗才賺一點五披索，但我連一半都砍不到，所以一天只能賺七十五分，吃飯都不夠。我很餓，整天都沒吃的或一天只吃一頓。這就是為什麼我說，我沒有童年。我就這樣工作了四年。

後來我遇到一個西班牙人，他有一座玉米磨坊。他知道我做過一點測量、秤重的工作，然後有天他跟我說：「我要去墨西哥城，如果你想去，我可以給你工作。」

「是的，先生，我準備好了。」我全部的行李只有一小箱的衣服。我想去墨西哥城，我之前從來沒去過任何地方。我們隔天早上搭火車抵達塔庫巴，就是我們住的地方。我幫他工作了一陣子之後，他把我開除了。我們為磅秤的數字吵了一架。他根本在找藉口開除我。你知道人看到比自己無知又沒讀書的人會怎樣！他們想怎樣就怎樣，不是嗎？那時我只是個從農場來的小子，什麼都不懂。我像瞎子一樣。一條路都不認識！我已經花光身上那點錢。半毛都沒有，半個人也不認識。

欸，人家說「上帝關了一扇門，會幫你開一扇窗」。有一個人，他在附近磨坊工作。他每天都會路過。有天他看到我，跟我說他老闆想要我去他的磨坊工作。那天晚上我站在街角，裝衣服的小箱子挾在腋下，一毛錢也沒有，也不知道如何是好。如果我有錢，我就會回我的故鄉。那時候，那個人的出現，好像從天上掉下來一樣。他對我說：「你在這裡做什麼？」我告訴他了。他說：「別擔心，來我家，我會給你找個工作。」可是那是工會的事業。隔天我們去找他的老闆。他說我得加入工會才能在他的磨坊工作。我甚至連一毛錢都沒有。我們從特拉司帕納過來，我又走去泰彼托附近。磨坊工會在那裡。他們問我身上有多少錢。發現我沒錢後，他們就說沒辦法。於是我又餓著肚子一路走回去，在那裡我又遇到同樣的狀況，我餓了。這就是為什麼有時候我會罵小孩，因為我給他們吃又給他們住。

所以我開始去雜貨店問他們缺不缺跑腿的或幫手。我對雜貨店的工作有點經驗，可以馬上為客人服務。我問了一家又一家，但是運氣不好。到處都有麵包，但我卻在挨餓，你不知道那種感覺。過了幾天，我在特拉司帕納遇到一個男人，離我待的地方只有一個街區。他有一家雜貨店，他問我：「你想工作嗎？」

「是的，先生。」

「你有介紹人嗎？」

「沒有，我才剛從韋拉克魯斯來。」我拜託老天給我一份工作或什麼。我告訴他我唯一認識的人在附近有一間磨坊。他去問了那個人，然後告訴我，試用兩個禮拜。酬勞是一天五十分和吃的。隔天我就帶了裝著衣服的行李去雜貨店，我沒其他地方放它。我立刻就上工了。我動作很快，跑上跑下好像腳底裝了輪子一樣。我需要工作，我要吃飯。兩個禮拜過了，又過了一個月、三個月。我很快樂。每天早上六點上班，晚上九點下班，中間不休息。我在店裡吃冷冷的早餐，因為沒空加熱。客人很多。我拿到些訂單，拉著我根本搬不動的箱子，幾桶啤酒、幾袋鹽巴。

有天早上，我的老闆從村裡帶了另一個男孩回來，然後告訴我：「嗨，赫蘇斯，過來。這個小子要做你的工作，你做得不好，滾吧。」然後說了些好聽的話，但還是把我辭了。事情就是這樣，沒什麼好說的，隔天早上，我又回到街上了。

但這些苦難會幫助一個人變成男人，了解事物真正的價值。一個人會學到什麼叫作血汗錢。離開父母會讓你很快長大成熟。

我在那家店的時候，遇到一個男孩，他有個親戚在市區的大樓當警衛。我請那男孩幫我寫個便條，然後就去找他了。我給他看了便條。「好啊，為什麼不呢。大樓有空位。選個你喜歡位置把你的箱子放著。」他說。我口袋空空就住在那裡，然後又開始找工作。

我就是這個時候在光芒餐廳找到工作的。他們一個月付我十二披索，還包三餐。我帶著我裝衣服的行李進去，開始做他們叫我的所有事情。我拚命工作，但是有一次搬一個很重的箱子時，我忽然疝氣發作。我去廁所，看到鼠蹊部有個腫塊。我捏了一下，痛死我了。我去看醫生，他說我得了疝氣。我很幸運，因為那個醫生是綜合醫院的醫生，他讓我住院。那工作怎麼辦？我跟老闆講，老闆是西班牙人，是個規矩的好人，讓我請假去動手術。刀很快就開好了，但我做了件蠢事。手術結束後，縫的地方附近有點痛，我就把繃帶掀起來摸了一下，然後就發炎了。原本只要住院兩個禮拜，結果我住了五個禮拜。

我出院後回去那家餐廳，發現有人做了我的工作。但是老闆還是收了我。沒錯，我在那裡工作超過三十年了，很少漏掉一天。前十五年，我在內場當一般助手，學會烤麵包、做冰淇淋。我一天工作十四、十五個小時。接著我開始幫餐廳買東西，後來變成他們的食物採購。我一開始一天領八十分錢。三十年後，現在我每天至少賺十一披索。但是我永遠不能只靠這個薪水活下去。

三十年來我幾乎沒有一天不工作。就算生病了我也去。工作對我來說好像反而是藥。它讓我忘記煩惱。而且我喜歡我的工作。我喜歡四處跑，也喜歡跟市場的攤販說話。買了這麼多年的水果、蔬菜、起司、奶油和肉，我都認識他們了。我到處找最好的價格。你要知道什麼該買，每個水果都有它的時令，懂嗎？像香瓜，這個季節品質比較好，我就會買。之前的比較不好。很多地方產香瓜，莫雷洛斯、米卻肯和科塔薩爾。瓜納華托的就很好，杜蘭戈的黃色香瓜也很好。柳橙也一樣，它們都是從全國各地送來的。蔬菜也是。最好的酪梨來自阿特利斯科和西勞，但大多數都送去美國了。番茄也是。人要多觀察才會學到懂這些水果，才會買。

我每天幫餐廳買價值六百披索的食物。他們早上給我錢，我買菜就付現金。沒有帳單或收據。我自己記帳，然後交回一張採購清單。

我每天早上七點去餐廳開鐵捲門。然後在裡面做點事，吃早餐，九點半離開去市場。我帶兩個年輕人去，他們會把菜運回餐廳。我通常一點半回去，但總會少買些什麼，所以會再跑一趟市場。再回到餐廳時大約是三點，吃了午餐，差不多四點離開去照顧我的豬、賣彩券，看看我的女兒瑪塔和小孩子。

餐廳同事對我評價很好，也很看重我，因為我是開店以來最老的員工。我們常開玩笑跟取笑彼此，這也是消遣。我一直都很規矩，跟老闆也處得很好。很多人都很討厭他們的老闆，又不忠心，但我沒這個問題，因為我知道我老闆很尊重我。他為了表示感激，讓我一個禮拜工作七天，假日也上工，我才可以多賺點錢。這些年來我都是在星期三休假，但還是會上工。我尊敬老闆，而且盡我所能的做。他對我來說就像父親一樣。

我所有做的就是工作和照顧我的家庭。我從來不去慶典的派對（*fiesta*）。只有一次，我們住在古巴街的時候，我們維辛達的人辦了慶典派對，我去跳了一會兒。我沒喝多少就回家睡覺了。我不出門旅行、不參加派對，都沒有……只有工作和家庭。

我在工作的地方也沒有教父母。我覺得這種宗教親屬上的關係是很嚴肅的事，要互相尊重。我需要宗教親屬的時候會選老一點的人，不找年輕人也不找同事。你要知道，年輕人找你就是要一起喝酒鬼混。有時還會互砍，真的很糟。就算有人約我，我也不會去。

我就是在光芒餐廳遇見孩子們的母親蕾若。我愛上了她。她個子不高但肩膀挺寬的，皮膚黝黑。我那時候十六歲，她大概比我大兩、三歲吧。她在墨西哥城待得比我久，有個沒註冊的丈夫。我收留了她和她帶著的十個月大的小孩。我很高興這樣。對我來說很自然，但小孩沒多久就生病死了。我那時候每天只賺八十分，沒有辦法付十或十五披索的房租給我們兩人找個自己的地方，所以只好和她家人一起住。我當時很年輕、又窮又傻。我笨的像塊木頭一樣。但十五歲能有什麼經驗？我只知道我想跟她上床。

但就像我們這裡常說的，超過二十四小時，屍體跟客人都會發臭。她哥哥成天喝酒，回家就打老婆，我們生活變得很困難。我很努力找一個我們自己的地方，終於找到一個租金十披索的房間。我甚至連一張床都沒有。我妻子賣一些麵包塊和蛋糕邊，賺的比我多。有時候她一天可以賺到八披索。沒錯，賣東西很賺錢，但是當時我在餐廳工作忙死了。

蕾若個性很強，這也是為什麼我不能和她好好相處。她要我娶她，但這讓我很不高興，我覺得她想一輩子把我綁住！這是我的錯，但這就是我。

蕾若是我第一個女人。我們第一個小孩沒有保住，一個女孩，叫瑪利雅。她出生沒幾天就因為肺炎死了。有人說她小小的肚子爆開了。然後就生了馬努埃爾，我很高興我有了第一個兒子。我甚至覺得當父親好驕傲。我看著他好像是個不認識的人一樣。他那麼小，我又沒有經驗。雖然不一定馬上就有愛的感覺，但我的孩子總是帶給我很多快樂。可是那時候我們過得很慘。我一天只賺八十分，一下子就花掉了。而且蕾若生孩子時自然就不能工作，一天少了她那十或十二披索就什麼都不能買。她對家計貢獻真的很大。

馬努埃爾之後，我們又有一個男孩，幾個月就死了。他會死是因為我們沒錢又無知。我們沒經驗也沒有努力救小孩。蕾若是個好人但脾氣很壞，這會傷到她的心臟和膽。她餵奶老是有困難。她也不是那種會寵小孩的、很有愛的媽媽。我記得她不會打小孩，這一點她還好，可是對小孩很兇，又常說一些很重的話。她不會跟孩子親親或抱抱，但也不會虐待他們。她人一整天都在外面賣蛋糕。

我和小孩也不是很親。不知道是因為我從小沒什麼被關愛，或是因為我得自己一個人照顧小孩，或是因為我總是要擔心錢的事。我得很努力工作才能養活他們。我沒什麼時間陪他們。我想大多數的家庭，吵架跟衰事都是因為經濟問題，因為如果你一天要花五十披索但沒那個錢，你就會很煩，就容易跟太太吵架。我想大部分窮人家都是這樣。

蕾若懷了馬努埃爾後，我開始去找露碧塔。露碧塔也在光芒餐廳工作。蕾若和我常吵架，而且每次一吵，她就要把房屋都拆了。她很會吃醋，每次都搞得很嚴重。我下班回家常常發現她在生氣，一點小事就會惹到她。她會氣到生病。她的心臟幾乎不跳了，像要死掉一樣。醫生也不知道這是為什麼。我受不了。我想要愛。工作一整天，我想要有人可以說話，有人懂我，可以跟她說我的苦惱。你知道，世界上有很多種人，當窮人在家裡得不到愛，他就會去外面找。醫生有一次跟我說：「女人要滿足，就是找個丈夫，給她吃好穿好，床事也要辦好，那個男人要很厲害，要常常記得她。照著做，你就會看到效果。」

蕾若個性太強了，我相信那一定是原因之一……欸，否則她可能還活著……但是，欸，可是一天到晚在吵的女人就會讓她的丈夫忘記她。我也知道我這樣不對，但我就是那時候開始去餐廳找露碧塔。我不是很強勢的人，但是我也有需求啊。那是我的本性。露碧塔之前，我就去過玫瑰街的妓女戶幾次，可是我在那染了點病。純粹因為我不小心、沒經驗。那次之後我再也沒去過那些地方了。現在就算免費我也不去！

雖然我曾行為不檢，但我很好運，每個跟我在一起的女人都沒有對我不老實。她們都是皮膚黑，個性很熱情的女人……在墨西哥這裡，我們相信金髮的女人性能力比較不強……但即使我一段時間沒跟她們做，她們也不會出去找別的男人。一個老實的女人，特別是有小孩的，一定要控制自己，要等。我有過五個妻子……有一個我和她生了個兒子，但她跟別人結婚了。我那個兒子現在二十二歲了，我覺得是時候去找他相認了。的確，我有過五個女人，外面還有幾個，老天畢竟還是眷顧我的。一個像我這樣的無名小卒、沒上過學的文盲、沒財產、不高、不年輕，什麼都沒有，還有女人要跟我，你總不能說這不是好運吧？

如果是另一個男人，早就失去自由了！我很重視我的自由，所以從來不會找沒結過婚的女孩。不會！我交往過的女人跟我在一起前都結過婚，不然的話會很麻煩。如果她們還是處女，我可能就要跟其中一個在教堂或法院註冊，不然就會被送進監獄關個二十年。

總而言之，當我開始和露碧塔在一起的時候，我沒有想過要跟她共組家庭。但她很快就懷孕了。我會去她在玫瑰街的家找她，她跟她兩個女兒住在一起。她們年紀很小搞不清楚狀況。但後來都很尊敬我，甚至會叫我爸爸。那時候我賺得很少，沒辦法養露碧塔，她就繼續在餐廳工作。但過去十五年我都幫她付房租。

在墨西哥這裡，有男人願意接受一個帶著小孩的女人，就像我接受蕾若一樣，那女人通常不覺得自己有權利抱怨丈夫在外面做什麼。她知道自己理虧。這和跟處女上法院和教堂註冊結婚不一樣。那樣的妻子絕對有權利抱怨。但蕾若很難。欸，我跟她在一起很痛苦，但我從沒拋棄她。我忠於我的原則。我頂多因為吵架出去幾天。我還是會回家，因為我愛小孩。

她死的那天晚上真是個災難。晚上七點的時候，我們還在喝玉米粥（*atole*）、吃玉米粉做的麵餅（*gorditos*），她非常傷心地跟我說：「哎呀，赫蘇斯，我今年會死。」她常抱怨她頭痛。半夜一點的時候她說：「哎呀、哎呀，我快不行了，好好照顧我的孩子們。」啪嗒、啪嗒，死亡的聲音開始了。我什麼時候該做什麼？醫生來了，給她打了一針，但沒用。她肚子裡還有小孩，醫生說她腦袋裡的血管破了。我那時好痛苦啊！我像遊魂一樣在路上亂走。還好外祖母在家。她照顧那些孩子。

第一部

PART ONE

馬努埃爾
Manuel

我八歲的時候，母親死了。我在地板的墊子上睡覺，旁邊是我弟弟羅貝托。我的妹妹康蘇薇若、瑪塔和媽媽爸爸睡在床上。我好像在夢裡聽到父親叫我。父親看到母親從他身邊溜走，他覺得她快不行了，他就把我們都叫醒。我總是睡得很熟，父親都得大聲叫我。這次他真的用吼的。「起來，你這個王八蛋！起來，你這個狗娘養的。你他媽的死兒子（*Hijos de la chingada*）！你媽快死了你還躺在那。起來！混蛋（*cabrones*）！」於是我就起來了，嚇得要死。

我記得母親的雙眼和她看著我們的樣子。她口吐白沫，不能說話。他們從一個街口外找了個醫生來，但我母親還是沒捱過。她臉色發黑，那天晚上就死了。我母親死的時候，肚子裡還懷著我另一個弟弟，本來長得好好的，因為我記得媽媽肚子大大的。另一個女人在照顧我妹妹；所以瑪塔才這麼瘦小。

我不知道是懷孕的緣故，還是他們告訴我的「心肺淤塞」。但我母親斷氣的時候，她肚子裡的東西，也就是我弟弟，在裡面扭動。它還在動來動去，我父親一臉絕望。他不知道該怎麼辦，是讓他們把她的肚子打開，把那個東西拉出來，還是就讓它留在那裡。我父親哭得很慘，他邊哭邊出去告訴他所有的哥兒們這件事。

她的死把大家都嚇一大跳。她只有二十八歲，而且，哎呀，她很健康，真的很健康。大家都看到她在洗院子，早上還在做家事。怎麼會這樣？那天下午她還在幫爸爸抓蝨子。母親坐在門口，父親坐在她的腳邊。

那時候我們住在特諾奇蒂特蘭街的維辛達。晚上媽媽對我說，「出去買一些煎玉米餅和玉米粥。」我去街角向一個擺攤的女人買了吃的。我很確定那天是星期一，因為前一天是星期天，我和父親母親去了瓜達露佩聖母殿郊遊。

那個星期天晚上我們都吃了酪梨、辣椒、秘魯番荔枝（*chirimoya*），如果你在大發脾氣前後吃這些東西，對膽汁分泌很不好。欸，星期一早上我母親確實為了我弟弟羅貝托大發脾氣。她和隔壁的女人吵了一架。

一整天過去。我父親下班回家，他們兩個心情都不錯。我們小孩去睡覺的時候，他們還在吃晚飯。那天晚上我母親出事了，我父親連在她死前找個神父來證婚的時間都沒有。

很多人來參加喪禮，鄰居和市場的人都來了。我不知道你會讓遺體在屋子裡放多久，但我父親不想要他們把她帶走，然後大家開始抱怨，因為屍體已經腐爛了。在墓地，他們把我母親的棺材放到地下的時候，我爸爸還想跳進墓穴跟她一起。他哭得好像心都碎了。為了她，我父親早也哭晚也哭。

她下葬後，爸爸告訴我們，我們是他剩下的一切了，我們應該試著當乖孩子，因為他是我們的父親，也是母親。他確實遵守他說的話。他很愛我母親，因為他花了六年然後才再婚，然後他娶了愛蓮娜。

我相信父親很愛母親，雖然他們常吵架。我父親很嚴格，是個行動派。他常和我母親吵架，因為他總是堅持東西要非常乾淨。如果他發現東西不在正確的位置上，或有什麼不對勁，就會和她吵架。我看到他們大吵都會非常害怕。有一次他們吵得很兇，我父親很激動，甚至拿刀作勢揮向我母親。我不知道他是不是只想嚇嚇她，但我走到他們中間。我甚至還搆不到他們的腰。我一走過去，我父親立刻冷靜下來。我開始哭，然後他說：「不，兒子，不，我們不是在打架。不要怕。」

我爸爸打死不碰酒，他連聞到都討厭。有一次媽媽去慶祝瓜達露佩阿姨的命名日[1]，他們讓她喝了點酒。結果他們兩個大吵一架，我依稀記得他們還分居了。我一定已經三、四歲了吧。當時我們住在貝克街十四號的維辛達，只有一個房間，加個廚房。我母親跑去住在同一條街的瓜達露佩阿姨家。他們問我想跟爸爸在一起，還是跟媽媽。我猜我當時比較喜歡母親，我決定跟著她。他們分居了大約兩個禮拜。

我母親的本性和父親完全相反。她天性樂觀，喜歡跟大家聊天。我記得，早上她點燃木炭給我們做早餐的時候總是會唱歌，她一直唱、一直唱。她愛動物，我們也只有那時候養過狗。「悠悠」會照顧我和羅貝托。媽媽想要在屋子裡養很多會唱歌的鳥兒和植物，但那時候爸爸反對把錢

1 譯註：天主教徒慶祝和本人同名的聖徒紀念日。

花在那些地方。

媽媽喜歡開派對，喜歡大肆慶祝。她會在我父親的命名日辦慶祝派對，即使只是小小慶祝我們的生日，她也會準備一大鍋菜，邀請她的親戚朋友，還有宗教親屬來。她甚至喜歡喝個一、兩杯，不過只是在派對上。她是那種會把自己盤裡的菜分享給需要的人，也會讓一些無家可歸的人睡我們廚房的地板。

她在的時候，我們是很快樂的一家。她死後，我們的屋子裡再也沒有派對了，也沒人來拜訪我們。我從不知道我父親有朋友；他有宗教親屬，但我們從來沒看過。說到拜訪，我父親只會走進他自己的家。

大多數的時候我母親得工作來幫父親貼補家用。他付房租、給她錢買菜，但我阿姨告訴我，他從沒給我母親買衣服或其他東西的錢。母親在我們住的社區賣蛋糕邊，賣了五年。她通常跟穀倉麵包店買蛋糕切下來的邊邊角角，然後一小包賣五分或十分錢。後來她認識了一些買賣二手衣服的人。她曾帶我去羅馬區那一帶，批一些衣服在她的小攤上賣。

但是就在那裡，發生了一件令人難過的事，我是唯一知道的人。我母親的生命中還有另一個男人。我不知道，但我相信我母親是因為愛才和我父親結婚的。他們是在光芒餐廳工作的時候認識的。但那裡還有另一個女人露碧塔，她也在那裡工作，我母親很嫉妒她。有一次她告訴我，那個女人是我父親的愛人。也許這就是為什麼媽媽開始偷偷去見那個賣二手衣的男人。她曾帶我一起去，也許是為了保護自己或避免跟他太親密。我不知道他們是否曾經單獨見面。

我對這件事很生氣，例外是我們去看電影的時候，他就像男人對待小孩一樣，會給我錢花，或買些什麼給我。但除此之外，我不會讓我母親靠近他。我會用雙手抱住她，不讓她和他說話。有一次我還威脅要去跟父親告密。她說，「去，去跟他說。他會殺了我，沒有我，看你怎麼活下去。」欸，那之後我再也沒有勇氣威脅她了。我父親非常容易吃醋。

我不知道這個男人的事持續了多久，但我們只去看過三次電影，然後我母親就死了。他一定真的愛過她，因為他甚至來守靈。當我看到他走進屋子、站在那的時候，心裡一股對他的恨意油然而生。我父親在那裡，他竟然敢來？後來那個男人變成酒鬼，變得一文不名。一年內，他也死了。我現在能原諒他，因為他真心愛我母親。只是我當時不懂。

我媽媽很熱衷參加宗教朝聖。有一次她帶著我和羅貝托去查爾瑪的聖地。查爾瑪是很受窮人歡迎的聖地，那裡充滿愛與虔誠。上山得走上六十公里的路。你得揹著食物、衣服和毛毯，這真的是一趟苦行，是一種奉獻。我們去的時候人很多。我們花了四天才到那，晚上就睡在山坡上或鎮上，露天鋪著草蓆睡覺，羅貝托和我每天晚上都很害怕，因為我們聽到一個女人說，巫婆會來吸小孩子的血。一位女士（*señora*）告訴我母親：「看好妳的小孩，最近巫婆很常出沒。妳想想，昨天他們發現三個小孩，身上連一滴血都沒有。」

羅貝托說：「哥，你聽到了嗎？」我們都很害怕。我說：「你知道嗎？我們晚上用毛毯把頭蓋起來，這樣她們就不知道我們是小孩。」

沿路上到處可見十字架的標記，表示有人死在那裡，而且所有的女人都相信死人的靈魂在等著捉走路過的小孩。帶小孩的女人每次經過十字架時會大聲喊出小孩的名字，這樣小孩的靈魂就不會留在那裡。

在山上，我們看到火球從一個山頭滾到另一個山頭，人們說：「巫婆，那是巫婆！」接著大家會跪下並開始祈禱。母親會把她們的小孩遮住。我媽媽用雙臂環抱著我們，再蓋上毛毯，這樣巫婆就找不到我們了。他們說捉到巫婆最好的辦法，是在一把剪刀面前跪下，把剪刀打開成十字狀，同時禱唸《尊主頌》。每唸到「我們的天父」時就要在披肩上打一個結。最後一個結打好後，巫婆就會倒在你的腳邊，然後你再用新砍下的木頭把她燒了。

每次我們沿著山路走的時候，媽媽會告訴我們查爾瑪的傳說。她指著「車夫」（The Pack Driver）叫我們看，就是一塊岩石，看起來像穿著印第安服飾的男人，帶著一頭驢子和一隻狗。他們說這個馬車夫在山上殺了他的同伴，然後變成了石頭。接著我們經過「教父母」（The Compadres），就是幾個在河中央的岩石。以前有個男人和他孩子的教母在河中央通姦，罪大惡極，因此變成了石頭。還有一顆長得很奇怪的岩石，看起來像戴了帽子（*sombrero*）和斗篷的神父，手摸著臉頰，好像在思考一樣。誰知道他犯了什麼罪，但他也一樣，要受到上天的懲罰。老一輩的人相信這些岩石每年會朝向教堂轉一點點，當他們終於面向教堂時，詛咒就會解除，就會變回原來的模樣。

我們還看到一些懺悔的人，他們發誓要把膝蓋或是腳踝綁起來，沿著石頭路走到聖地。他們走得很慢，必須靠宗教親屬幫他們，抵達的時候流著血，皮肉都綻開了，有時候連骨頭都露出來。這是我印象最深刻的景象。

我媽媽和她家人定期會去查爾瑪朝聖。他們對聖胡安德斯拉哥斯聖母也非常虔誠，但那條朝聖之路更遠，我們每年都會和母親一起去。爸爸只陪過她一次；但他從沒去過查爾瑪。他不喜歡宗教朝聖，這也是他們常爭執的另一件事。爸爸老是說媽媽的家人：「他們很聖潔，都一路喝到聖地去。」

我母親的兄弟——何塞、阿弗雷德、盧西歐——真的都喝很兇，事實上，他們都是因為喝酒死的。我阿姨瓜達露佩每天也都喜歡喝上一小杯（*copita*）。但我不記得看過我母親的母親，我的外祖母喝酒。她是一位很有精神的老太太，走路直挺挺的，而且非常、非常整潔。她從不穿髒掉的衣服，即使是鞋子也都擦得發亮，她的衣著都很莊重，例如黑色的絲質上衣、黑色長裙。

外婆以前和瓜達露佩阿姨在畫家街的一個房間住過。每天早餐時間，我爸爸去上班後，外婆會來我們家。她幫媽媽把我們的臉、脖子和雙手洗乾淨。她會用草（*zacate*）用力刷，痛得每次我都想大叫。她會說：「你這個髒鬼，怎麼搞得這麼髒？」

我的外祖母沉浸在宗教裡，比我媽媽還深，她像我們的教母，教我們劃十字和禱告。她對天使長米迦勒很虔誠，教我們唸他的禱文，還有《尊主頌》，她說那是對付疾病最好的良藥。每逢節日她都會禱告一個小時，棕櫚節、五旬節、亡靈節……每一個節日都不例外。亡靈節的時候她會點蠟燭，放一杯水、給亡靈吃的麵包，還有花和水果。她和我母親死後，我們家就再也沒人那樣做了。只有我外祖母會重視傳統，而且想傳承給我們。

我父親的家人住在韋拉克魯斯的一個小鎮，我們對他們一無所知。羅貝托和我很小的時候，我爸爸的爸爸叫我們過去一趟。我爺爺孤單一人，因為我奶奶和伯父們都死了，我不知道他們怎麼死的。我爺爺開了瓦琴南果最大的雜貨店，村裡很多人都欠他錢。他說那家店是我們的，我父親最後把店賣了。但是我的一個叔公，我祖父一半血緣的兄弟，把我父親關進牢裡，還把他的錢都拿走。我想，他們想殺了他之類的，但那天晚上我母親偷溜進了監獄。那只是一個鄉下的監獄，她用棍棒把守衛打昏。我不知道她做了什麼，總之她把爸爸弄出監獄，我們用最快的速度搞定，回到墨西哥城。結果，我父親沒有從我爺爺的店那裡得到一毛錢。

康蘇薇若出生的時候我才六歲。我和羅貝托看到產婆來家裡，忙進又忙出，但當時我們什麼都不懂。我們被趕到房間外面，接著就聽到嬰兒的哭聲。我一直很喜歡聽嬰兒的哭聲，而且有個妹妹對我來說是件很好的事。但她和父母睡在床上，而且母親總帶著她、照顧她，說她是「我漂亮的小女兒」，我開始有一種討厭的感覺。母親注意到我在吃醋，便對我說：「別這樣，兒子，你知道我最愛你了。不要胡思亂想。」這是真的，因為每次她出去賣東西，總是、總是會帶著我一起。我們讓羅貝托跟著外婆，然後我跟著媽媽出門。我知道她很愛我，所以看到什麼我都要，如果她不買，我就會生氣。她曾經說：「哎呀，兒子，我真的很愛你，但你要求太多了。真不知道你長大會變成什麼樣子。」

有天我和媽媽去穀倉麵包店買蛋糕邊。她和她的宗教親屬（康蘇薇若的教母）在說話的時候，我注意到血沿著媽媽的腿流下來。我問她是不是割傷自己了，她低頭看到血也說：「看來我真的割傷自己了。」她回家躺在床上，把我父親叫回來。

然後，那個接生康蘇薇若的女人來了，我們又聽到一陣嬰兒哭聲。我和我弟弟看起來八成像兩隻嚇壞的兔子，接著爸爸走出來，叫我們不要怕，那個女人又幫我們接生了一個新的妹妹。我第一次看到瑪塔的時候，我覺得她很醜。我說：「哎呀，媽媽，妳應該要跟那個女人要一個白一點、漂亮一點的呀。」

我父親非常、非常高興有了女兒。他真的寧願只有女兒。他對妹妹總是比較關心，我本來沒注意到，因為當我母親還在世的時候，爸爸還是愛我的。至於對羅貝托，我就真的記不太清楚。我爸爸從來就不喜歡皮膚很黑的人，也許因為羅貝托的黑皮膚，所以我父親不喜歡他。但我們小的時候，他對我們沒這麼嚴厲。對我們講話的語調也不太一樣。我想對我和弟弟來說，發生在我們身上最糟的事就是長大，因為我八歲以前非常快樂。

差不多也是那個時候，我對性事有了懵懵懂懂的感覺。有一天媽媽在點炭火，叫我去隔壁借風扇。我跑到我們鄰居的屋子，沒敲門就進去了。裴碧塔和她丈夫在床上，她雙腿舉得高高的，她丈夫脫了褲子，整個光溜溜。我覺得很害臊，也不清楚到底發生什麼事，只覺得我做了壞事嚇到他們。裴碧塔看起來不太高興，他們不動了，但也沒有改變姿勢。她說：「沒錯，它在火盆旁邊，去拿吧。」於是我就回家了，有天我忽然想到要跟我母親講這件事。哎呀！她打了我一頓屁股！

那件事情之後，我想要親自體驗一下，於是找維辛達裡的女孩跟我玩「爸爸和媽媽」的遊戲。我母親找了個女孩在家裡幫她，只有我和她在家的時候，我就會跟她玩那個遊戲。有天她到屋頂上去晾衣服，我跟著她。我說：「來嘛，我們來玩。」我試著掀開她的衣服、脫掉她的褲子，她差不多要屈服的時候，我聽到有人敲窗戶的聲音。我們家當時面對著一間襪子工廠，我轉過去看是誰在敲，是工廠全部的工人，有男有女，在窗戶旁邊，指著我們大笑。有些人還大叫：「小混蛋（*Cabrón muchacho*），看看那個小王八蛋。」我還不飛快地逃離屋頂！

我母親帶我上學的第一天，我嚇得哭出來。趁老師沒在看，我馬上偷溜回家。我的第一個老師盧佩女士非常嚴格，誰不守秩序她就拿橡皮擦丟誰。有一次她用尺打我，竟然就在我的手腕上把尺打斷了。

那一年我認識我的朋友聖地亞哥。他是我在學校的守護天使，會保護我。每當那些大男生打我的時候，我會立刻告訴聖地亞哥，他就會去找他們。但是他不會幫我對付年紀小的男孩，他會說：「你還好意思哭？如果他比你小，就揍他啊！」聖地亞哥教我保衛自己、罵髒話，他還告訴我男人對女人做的那些事。

我在那個學校一直待到四年級。我的綽號也是從那來的，「中國仔」（*Chino*），因為我的那對斜眼睛。羅貝托開始讀一年級的時候，我讀三年級，然後我一堆架都是因為他打的。可憐的孩子！他從小日子就不好過！他老是遇到麻煩。下課時我看到他邊哭邊被他們拖去校長室，為了什麼事要處罰他，然後我就會火大地去制止那些人。

有一次我弟弟邊哭、鼻子邊流著血跑來我的教室。他說：「法蘭西斯可那隻豬，他沒事跑來打我。」我一句話也沒說就走到那隻豬的教室問他：「法蘭西斯可，你為什麼打我弟弟？」

「我想打就打，怎樣？」

「好啊，你打我啊！」然後他真打我。我走向他，給他重重的一拳。他拿著刀子向我撲過來，如果當時我沒閃開，他一定會在我臉上劃一刀。

他們通知我父親；倒楣的是那天剛好是星期三，他休假而且他在家。那天下午我很怕走進家門，先從門縫看了一下父親的心情好不好。但他那次沒打我。他只告訴我，儘量不要跟人打架。

母親節那天，我回家時唱了一首在學校練過的歌：「原諒我，親愛的媽媽，因為我除了愛，沒什麼能給妳。」我父親在家，他看起來似乎因為某件事很開心又很驕傲。

「不，兒子，我們還可以給她別樣東西，看看我買了什麼。」我看到衣櫥上放著一台小收音機。

「太棒了！爸爸！」我大叫。「給媽媽的嗎？」

「對啊，兒子，給媽媽，也給你！」

我父親當時是這麼跟我說的。他的彩券贏了錢，就用獎金買了這個。但之後，我開始討厭這台收音機，因為家裡常為了它吵架。我父親因為母親太常轉開收音機而生氣。他說那樣會壞掉，而且「這裡的東西都是我付的錢！」他只准他在家的時候打開收音機。

母親死後，外祖母照顧我們好一陣子。我愛她，而且，母親走了之後，她是唯一真正愛我的人。她是我商量事情唯一的對象，如果我沒吃飯，她也是唯一會哭的人。有一次她對我說：「小馬努埃爾，你很任性，你讓我操心。如果我死了，你就會知道，沒有別人會哭著叫你吃飯。」

我外祖母從沒打過我們，但如果我不聽她差遣，她偶而會拉拉我的頭髮或耳朵。我媽媽比較會打我們，尤其是對羅貝托，他非常皮。怎麼說呢？有一次她在叫我弟，他就躲在床底不出來，我母親抓了個熨斗掃過去。正打中他的頭，腫了一個大包。跟母親比起來，外婆是溫柔的象徵。

我父親和我外婆處得很好；也就是說，他們從來沒有不合。她教我們尊敬他，因為他把我們養大。她總是說，我們要感激有這樣的父親，世界上難得有人像他這樣。所有事情她都能給我們建議，還教我們要尊重母親的記憶。

有時候瓜達露佩阿姨會照顧我們。有天晚上爸爸叫我們去外面買糖果。我想他以為我們會買很久，但我提早回來了，而且還看到我父親想要環抱住我阿姨……用蠻力……懂吧？我相信當時他在對她示愛，然後我嚇到他們了。我不是很喜歡那樣，可是，欸，他是我父親，對吧？我不想批評他。

後來我父親開始僱用女人來照顧我們。我不記得第一個幫傭的名字；她菸抽得很兇，牙齒全都是黃的。有一次她在洗碗，我跑過去把手放在她的裙子下面。「不，閉嘴，離我遠點，走開，不然要你好看，你這個殘忍的死小孩。」那個老女孩叫我住手，但我掀了她的裙子還看到她的屁股。哎呀！毛很多而且很醜。

我們從畫家街搬到一個古巴街上的維辛達。我們的房間又小又暗，而且非常破舊，看起來是個窮人住的地方。我父親就是在那裡遇見愛蓮娜的。

我不記得確切的門牌號碼，假設我們住一號好了，那麼愛蓮娜和她丈夫就住二號。我爸爸做的只是把她從二號搬到一號，她就變成他的妻子了。在那之前，我幾乎把她當成玩伴。她又年輕又漂亮，還常叫我唸漫畫書給她聽，因為她不識字。她是我們的朋友，不是嗎？所以當她跟我父親談戀愛的時候，我們有種被背叛的感覺。她先是來我家幫傭，掩飾他們的關係，結果還真變成我們家的女主人了！

有天晚上，她丈夫放話說要見我父親。現在我父親看起來變矮小的，但當時他去了。我看他去之前抓了把刀插在他的腰帶後面。他們兩人把自己鎖在屋內，我超擔心的。我告訴羅貝托：「我們上屋頂去，如果看到那傢伙有什麼動作，我們就跳到他身上去。」我們只是小孩，但我們在屋頂上看著。可是其實我們看不到他們，因為他們甚至連裡面的門都關上。我怕死了，我以為或許那傢伙要把我父親殺了。然後爸爸走了出來，之後，愛蓮娜就搬來我家了。

其他間的人對這件事很反感——愛蓮娜走出了一間又進了另外一間。看我父親多帶種！但是因為這件事，爸爸得要搬家，我們搬到了奧蘭多街。

搬家那一天，我父親提早下班，下午一點準時到家，他喜歡速戰速決，他說：「好了，把床收一收，床墊捲起來。」

所以我們就把床墊捲起來，他為了遮掩汙漬和斑點，蓋了條床單在上面。然後，父親立刻要我們把家具搬一搬，鍋碗收一收。愛蓮娜把它們從鉤子上拿下來，放進盆子裡，這樣她可以帶著走。我們有很多儲水的盆子，因為這個維辛達一直有缺水問題。我們沒租車，東西全部由自己帶著。爸爸請了個挑夫來搬衣櫥，畢竟我們的新家在一、兩條街外的地方。

新家是一個比較大又比較亮的維辛達，我們第一次住進有兩個房間的地方。這讓我很高興，覺得我們好像有錢人。我們的房間在三樓，靠庭院的那一邊只有幾條細欄杆，所以我父親又加了一道真正的柵欄，以免我們掉下去。

但我父親不滿意我們在奧蘭多街的房間，於是我們又搬回古巴街，他在那裡認識了兩個在餐廳工作的女人。其中一個女人有個女兒，胡莉雅，我很喜歡她。我的夢想就是讓胡莉雅成為我的「女朋友」（*novia*），但是她的家境比我們好太多了，所以我有點自卑。她家裝潢得真美，我一看到就決定永遠都不要問她要不要做我的女朋友。

一開始，愛蓮娜想對我們示好。她從來沒生過小孩，所以對我們全都很親切。不知道為什麼，搬回古巴街後，她對我們就沒這麼好了。父親對我們的態度也在那時開始改變。她會略帶挑釁地跟羅貝托吵架，然後父親就會打我可憐的弟弟，比以往任何時候打得更狠。我印象中父親唯一關心羅貝托的一次，是維辛達裡的一隻狗把他的手臂咬下一塊肉。我父親嚇得臉色發白，整個傻了，不知道該怎麼辦；有些鄰居還得來幫忙。

但羅貝托是真的很難相處，甚至可以說無法相處。他很頑固，一點小事就要吵架。愛蓮娜說：「去洗地板。」然後羅貝托就會回：「為什麼要我們洗？妳才是家庭主婦。」每次他們大吵的時候，父親一回來，愛蓮娜就會假哭。於是他就會抓起皮帶揍我們兩個。他叫我們去洗地板和碗盤，愛蓮娜會坐在床上笑我們，讓我們更火大。

有一次我們坐在飯桌吃晚飯，我繼母、我妹妹、羅貝托、父親和我都在。我準備要大口喝咖啡的時候，轉過去看了父親一眼。他瞪著我和羅貝托，然後一副很恨我們的樣子說：「看到你們這些王八蛋吃東西就不爽，沒錯，看你們吃就夠不爽了，你們這些狗娘養的。」我們什麼事都沒做，他就這樣對我們說。從那之後我再也不和我父親同桌。

失去母親後，我們小孩本來應該更親；我們應該要是彼此的依靠。但我們永遠不可能那樣，因為我父親總是擋在我們男孩和女孩中間。他總是阻撓我盡一個哥哥的義務。如果我母親還活著，事情可能就會不同。她是個傳統的信仰者，小的應該要尊敬大的。如果她還活著，也許我兩個妹妹就會尊敬我和羅貝托，而我們也不會濫用我們的威嚴。

在墨西哥這裡的想法是，最大的小孩要照顧那些小的，有點像要把他們管好。但我父親不讓我這麼做，所以我從來不覺得我有妹妹，因為我不能糾正她們。他會說：「你誰啊你，你這個狗娘養的，你有什麼資格打她們？我是在場唯一有工作的人，你們哪個混蛋都沒有權利動她們。」

我的兩個妹妹，尤其是康蘇薇若，老是想要搞壞我們和父親的關係。她知道怎樣讓我父親打我們、拉我們的耳朵。打從一開始，我父親就不讓我們和她玩，也不讓她跑來跑去，因為她太瘦弱了，那也是為什麼，欸，我也不把她當一回事了。康蘇薇若一直都是個很愛唉唉叫的小孩，真的，沒有人比我這個妹妹更會唉了。有時候我輕輕打她一下，她就爆哭。我父親回家的時候，她會揉眼睛，把眼睛揉得紅紅的，然後父親會問：「怎麼了，孩子？發生了什麼事呀，女兒？」於是她會把一點小事說得天大。輕輕拍一下，她也會說成像要叫救護車一樣嚴重。「爸爸，你看，他打我的胸口！」她總是那樣說，因為她知道講那裡我爸爸會很擔心。他老是為她小題大作，因為她很瘦，當然，我們就會被他狠狠打一頓。

「瘦子」──我們都這樣叫康蘇薇若──在我父親面前總是一張聖潔的臉，像修女胡安娜釘死在十字架上一樣。一整個受苦順從，但她藏著又小又尖銳的指甲，你懂我的意思嗎？她總是很自我中心，我那個妹妹，老兄！你知道她把我和羅貝托搞得要瘋了。

我不知道我父親為什麼對我們這麼苛刻，為什麼這麼喜歡女孩。他跟她們講話有一種聲調，對我和羅貝托則是另一種。這可能是因為他就是被這種老套的方式帶大的。他告訴我們，有兩、三次吧，他曾經回想起自己的生活，我祖父對他非常嚴厲，而且打他打得很兇。這就是為什麼他必須決定讓我們尊敬他，他得先是一個男人，然後才是一個父親。我們從不跟他回嘴，我們一直尊敬他，事實上我們是崇拜他，那他為什麼要這樣對待我們呢？

我父親打我們，倒不是因為他很殘酷，更深層的原因是他對愛蓮娜的愛。他的妻子自然比小孩重要，他打我們是要補償她、討她歡心。他心裡也是愛我們的，但他希望我們像樣一點，所以當他看到我們沒做對的時候，就覺得被耍了、失望了。他曾說愛蓮娜是聖人，我們是賤民，我們心地很壞，從來不想了解她或看她高興。但是我的看法是，他對愛蓮娜的愛是混雜了喜歡與感激，而且我父親，欸，是很忠心的。我不覺得他愛愛蓮娜像愛我母親一樣多，因為我母親是他的初戀，是真的真愛。

提到我的繼母，我儘量閉嘴，因為我知道到頭來這樣對我也不好。我總勸羅貝托少說一點，但他說沒道理要他閉嘴，那個女人又不是他母親。愛蓮娜對我的妹妹們比較好，因為她們是女生，而且年紀太小不會反抗她。但我們男生夠大了，知道真正的情況。

有一次我們在閒聊家裡的事，我不小心告訴愛蓮娜，我母親以前有時候會親暱地叫我父親「老湯姆貓」。然後愛蓮娜竟用了一個很髒的字眼說我母親。我真的火了。我母親有她自己愛我父親的方式，才給他取了暱稱，愛蓮娜沒有權利侮辱她。我們大吵一架，父親回來後還修理我。但通常愛蓮娜說一些傷我的話時，我會保持沉默。我呢，很小心，但羅貝托像座火山一樣；你碰他一下他就爆發。

如果什麼事情不對、有什麼漏了，不管是什麼，一定是羅貝托該死。有一次他為了某件我做的事被處罰，從那之後我就一直對那件事很抱歉。那是我唯一一次做出那種事。我朋友聖地亞哥跟我說：「從你家拿件東西出來，這樣我們就可以去看電影了。」我看到的第一樣東西，是我爺爺給我父親的耶穌十字架受難像，所以我拿了，然後我們把它賣了。

那天晚上他們翻箱倒櫃地找耶穌像，怎麼也找不到。於是他們就打了羅貝托一頓，說是他偷了。我很想坦白，但是看到父親這麼生氣，我就嚇得不敢說了。我從沒告訴任何人這件事。總而言之，如果有什麼事情不對，一定一定是羅貝托該死。

媽媽死後，羅貝托才開始從家裡偷東西。大部分的時候，如果有東西不見，他就是拿走的那個人。耶穌像事件後，我再也沒有從家裡拿東西了。羅貝托小時候的偷是小偷，有些是他朋友教唆他的。比方說，爸爸拿一打蛋回家，羅貝托就會抓一、兩個出去，然後賣掉。那是他賺零用錢的方式。我可憐的爸爸養家很辛苦。我們需要鞋子衣服的時候，他總是會買給我們，學校要用的東西也都給我們最好的，但有些日子我和我弟弟身上連五毛錢都沒有。我以前很羨慕同學可以買棒棒糖或零嘴。欸，那時候你總是會覺得不開心。但是爸爸沒辦法滿足我們這麼多。我現在了解了。

我五年級的時候交了第一個女朋友。她叫愛莉莎，是我朋友亞當的姊姊。我以前常去亞當家唱歌，他會彈吉他。愛莉莎的父母看她看得很緊，但我是她弟弟的朋友，所以她父母接受我。我趁機直接問她願不願意當我的女朋友。她年紀比我大，也比我高；我那時十三歲，還得找個東西墊在腳下才親得到她。我帶她去看電影，在電影院可以親她、抱她。不過你對女朋友就只能那樣。如果你和她上床，就等於和她結婚了。

因為朋友的關係，我開始忽略功課。但我的老師埃韋拉多先生是個正直的人，用一種你可能會說是男人的方式對待我，把我當成朋友。我在那間學校還是個新來的小男孩時發生了一件事，日後回想起來還是挺爽的。我班上有個男生叫布斯托司。他是學校的老大，因為他可以用拳頭教訓所有的矮子。上學的第一天，老師們去開會，讓布斯托司管教室。他命令我，但是口氣不是很好，所以我回他：「不要，你這隻蝦子，不准對我吼。」

「不准？」他說：「你很難搞嘛，好，很好。」

於是我回他：「不，我不難搞，但是如果你覺得就憑你長得高就跟我一樣帶種，你錯了，老兄。我從泰彼托來的，我們不跟你這種垃圾混。」

欸，我就在教室裡，往他的鼻子揍了一拳，重重一拳，打得他的嘴巴和鼻子都是血。然後其他的男孩都說：「唉呀！布斯托司，那小子給你難看了。」之後他們給我取個綽號叫「二十號」，因為點名的時候我是二十號。自從我揍了全校最強壯的孩子後，我就出名了，而且大家都說：「二十號、二十號打贏了。」之後再也沒有男孩敢來惹我，因為我雖然矮小，但我很強，手臂很有力。

約瑟法．里奧斯是我第一個真的愛上的女孩，她有一頭金髮，白皮膚，而且非常漂亮。有個男生叫潘喬，他的父母，欸，算是比較有錢，他當然也蠻帥的。欸，我瘋狂愛上約瑟法，但她愛的是潘喬，然後潘喬不理她。我很嫉妒，於是常對潘喬挑釁，想跟他打架，這樣約瑟法就會知道我比他厲害。但潘喬從不中計，因為他知道我揍了布斯托司。

有一次校長的命名日快到了，每個班級都要為她準備表演節目。我們班上什麼都沒準備。有天我提早到了學校，還沒有人到，於是我就唱起歌來，就像我在開心或難過時總是會做的那樣。我沒注意到埃韋拉多老師在聽。他走進來，告訴我：「瞧瞧你，馬努埃爾，你的歌聲很好；校長命名日那天我們有表演節目啦！」但我當時不懂他的意思，直到幾天後事情發生。一年級跳了支舞，二年級朗誦文章，三年級表演了別的節目，輪到五年級的時候，他們宣布：「五年級，第一場，由馬努埃爾．桑切斯．貝萊斯，為校長獻唱一首歌。」老天爺啊！我事先完全不知道，我嚇死了，而且約瑟法就坐在第一排。

我躲在長椅底下不想出來。每個人都在找我，直到布斯托司看到我並把我拉出來。他們像帶犯人一樣把我架上台。欸，我站在台上，唱了一首當時很紅的歌：「情啊，愛啊，你我創造了情、希望帶來了愛……」那一瞬間，我的聲音變得更清澈，真的，我可以唱得更高亢了。我克服緊張與害怕，一邊唱著，一邊看著約瑟法，然後，就像大夢初醒般，我聽到了掌聲，很多掌聲，如雷的掌聲。哇！我覺得好驕傲，約瑟法的手拍得比任何人都用力，然後我說：「啊，全能的上帝，她注意到我了嗎？」欸，那天之後，我希望他們讓我一直唱下去。

那天下午我跟約瑟法說：「我想問妳一件事。以後妳願意讓我見妳嗎？」我還記得她回答我，「六點的時候，我會在我家附近的轉角等你。」我有多開心。我當然高興極了，六點的時候我準時赴約，但是她沒有出現。潘喬那天也和她講話了，所以，她當然和他出去囉，讓我像俗話說的「在山頂吹口哨」。

欸，學期間，我每週至少翹課一次。也是那時候，我開始跟朋友抽菸。我們邊走，就會有人問：「要不要『哈』幾口？」於是菸就交到我手上，我會抽個三口，再遞給下一個人。

我必須瞞著父親我抽菸的事。有一次，他無預警回到家，我甚至把點燃的菸塞進嘴裡。我被他抓過一次，當時我十二歲，在庭院和我的朋友抽菸，他當著他們的面說：「哼！你這個混蛋，已經會抽菸啦？現在你要工作才有錢買菸。等你進屋裡就知道了，你這狗娘養的。」之後，我跟朋友要菸的時候，他們總會笑我：「不，孩子，怎麼可以呢，你爸爸會打你喔！」

直到我二十九歲，我才第一次在我父親面前抽菸。那也算是一點叛逆吧？現在要我做我還是覺得不太自在，但我想讓他知道我是個男人了。

回想起來，我好像沒什麼家庭生活。我和家人不親，在家的時間很少，不記得我們在家都做些什麼。除此之外，我對一些日常瑣事也沒印象。我很討厭日復一日的生活，只有非常好、非常壞和刺激的事，才會留在我的腦海中。

我不想顯得忘恩負義，但是對於我父親……事實上，他一直對我和我弟弟很不好。我的意思是，因為我們睡在家裡、吃他買的麵包，他就以為可以羞辱我們。沒錯，他很忠心又負責，但他硬要我們承受他剛烈的性格，又不准我們表達意見或接近他。稍問他什麼，他就會說：「白痴！你懂什麼？閉上你的豬嘴。」他總是不讓我們回嘴。

某個方面來說，我不回家是他的錯。我從來不覺得我有個真正的家，因為我不能帶朋友回家。下午和晚上，當我父親想看書時，就把我們趕到庭院：「走開，你們這些驢子。一個男人努力工作了一天，還不能安靜地看點書嗎？出去！」如果我們在家裡，就得保持絕對安靜。

也許我太敏感了，但我父親對我們沒什麼感覺，讓我覺得他把我們當成負擔。如果沒有我們，他和愛蓮娜會過得更開心；我們就像沉重的擔子，他逼不得已才要扛。我永遠不會忘記晚餐那天他看著我和羅貝托，那種憎恨的眼神。我還跑到廚房哭，哽咽地吃不下飯。

好幾次我都想對他說：「我問你，父親，我對你做過什麼嗎？為什麼你對我們這麼反感？為什麼你對待我們像罪犯一樣？你不知道有些小孩吸毒，有些小孩就在自己家裡虐待家人嗎？還有人甚至殺了他自己的爸爸。」有一天，如果我敢的話，我會跟他這麼說，當然，口氣會婉轉一點。

但每次我要跟我父親把話說開的時候，就會猶豫起來。我對別人反而有很多話可說，是嗎？但是對他，我喉嚨就卡住了，說不出話。不知道是我對他太尊敬，還是太害怕。也許這就是為什麼我寧願跟我父親，也跟其他家人分開生活。我們之間有道鴻溝，不團結。雖然我很尊重他們，看到發生在他們身上的事而受傷，我還是把自己關起來。沒錯，很自私，但我相信這樣我反而少傷害他們或我自己一點。

我以前經常和朋友出去玩。我幾乎住在街上。我下午去學校；早上有時和朋友一起去製革廠工作，在皮革上雕刻。我只是回家拿書。我還是會在家裡吃，但是吃完我就閃了。我確實做到了這一點，為了免掉跟繼母的麻煩，也免得挨打。我父親沒有為此對我多說什麼，因為，我猜這樣對他比較好。

我還是個孩子的時候很喜歡工作。我一定從很小就開始工作了，因為我第一份工作是我父親叫我做的，而且我一拿到錢就立刻給他。我還記得父親擁抱我的時候我有多開心，他還說：「現在有人可以幫我了！」我當時在幾條街外的鞋店做鞋匠助手，常工作到深夜，有幾次甚至整夜工作，我記得當時應該不滿九歲吧。

我第二個工作是做皮帶，接著又去街上賣彩券，也曾和愛蓮娜的弟弟工作過一陣子，又幫過我外祖母表弟的兒子一段時間，他是個石匠。我還在上學的時候，晚上就幫麵包店看門。我舅舅阿弗雷德在那裡工作，還教我做餅乾。回想起來，我幾乎一輩子的時間都花在工作上了，雖然也不是賺很多錢，但他們怎麼能說我是個懶鬼，還說我是什麼什麼養的呢？

學期末，他們拿了一張不及格的成績單給我。埃韋拉多老師很喜歡我，但他還是把我當了。我爸爸的反應當然讓我很受傷，而且我覺得老師不公平。後來我就對讀書不感興趣了。我的文法和動詞變化很爛，算數只有平平，不過我的世界歷史和地理很好。我覺得那兩個科目很有趣。

說到體力、運動，我是全班第一。我一直很擅長跑步，六年級的時候，我拿下一百和兩百公尺的冠軍。我也很喜歡和馬達相關的事物，有一陣子還夢想成為機械工程師，有一份工作。不過那都是以前的事了。

那時候我們還住在古巴街，靠近外祖母家。她常來看我們，給我們帶一些小蛋糕、糖果和衣服，問繼母對我們好不好。有一次我父親打我，我跑去她家。我想搬去跟她住，但那天晚上我爸爸就來把我帶回家了。

我不是很會記日子的人，但我記得我們搬到卡薩格蘭德那一天，因為那天是父親的命名日，也是我外祖母死掉的日子。當舅舅通知我們她死掉消息的時候，父親說：「對我來說，這是多棒的生日禮物啊！」

那天之前，她叫我們過去，我印象很深刻，因為她知道她快要死了；她死之前意識清楚，看得見也聽得到，她對每個人說了一些話。她對我說：「跪下來，孩子，我要睡了。現在你要好好照顧弟弟妹妹。好好過生活，一定會有些回報。孩子，不要學壞，否則你母親和我的靈魂將無法安息。」她要我們以後以她的名字向天父禱告，這就如同她的糧食一般。然後她祝福我們。我的喉嚨像打了一個結，但那時候我覺得身為男人，一定要忍住眼淚。我的舅舅何塞還是一樣喝醉了，在她的房間外跳舞。

瓜達露佩阿姨和舅舅們幫我外婆淨身更衣，以便下葬。他們在床上放了一條乾淨的床單，讓外婆躺在上面，然後去買棺材。他們四人合力把外婆放進棺材，棺材裡有一個托盆裝著醋和洋蔥，用來吸收離開死者身體的癌（*cáncer*）。守靈的時候，她的頭和腳的兩旁分別有兩根蠟燭。所有人整個晚上都在喝黑咖啡、吃麵包，說一些不入流的笑話，這讓我非常生氣。我父親坐在我身旁，跟我的舅舅們講話。我聽到他說：「你看，阿弗雷德，看看我們。人最終不都是這樣子，我們不合、吵架又有什麼意義呢？」他們總是吵不完，不管如何，我父親還是幫他們出了喪葬費。

好啦，然後我們就開始在卡薩格蘭德的生活了。卡薩格蘭德幫派的男孩會來招惹我，想逼我出手。我在學校打架從沒輸過，那些混混把我圍住，最強壯的那個拚命挑釁，我只說：「來啊，老兄，你死定了你！」

我們打了一架！我們渾身是血，但最強壯的那個最慘。那次之後，只有一個叫驢子的傢伙敢跟我打架，他被叫驢子，因為他有根大屌。有天他把我弟弟一顆牙齒給打斷，所以我決定和他一較高下。那驢子和我打得真是激烈啊！我重重打了他一下，他都哭了，但他一哭就控制不了拳頭，他就咬我。我肩膀上還留著他咬的疤痕。那之後，我們變成好朋友，好到比我親弟弟還親，彼此之間沒有祕密。那驢子現在是我的宗教親屬和最好的朋友，阿爾貝托・埃爾南德斯。

打從我們第一次打架，我就被阿爾貝托給吸引。我很喜歡他，雖然我通常與他意見相反。不知道為什麼，通常他還沒說出他的意見，我就會想到相反的那個。不過在一些重要的事情上，像是有人來找我們其中一個麻煩，我們會站在同一邊。我們每天都會碰面；不管阿爾貝托在哪，我也會在那。簡單來說，我們分不開。我們信賴彼此，快樂和煩惱、成就和祕密都互相分享。他總是請客，因為他有工作，比較有錢花。

阿爾貝托大我一、兩歲，但比我更有歷練，特別是女人那方面。雖然他是個鄉下男孩，講話又像個印第安人，但有著鬈髮大眼，女孩子都喜歡他。我印象最深的是他知道這麼多。我還在學校讀書時，他就在帕丘卡的礦坑工作了，還洗過車，端過盤子，在公路上旅行。他從沒上過學，因為他從小就得養活自己。生活過得比我困難，因為他還在襁褓中母親就死了，父親又拋棄了他。一開始是他母親的母親照顧他，後來換成他母親的妹妹照顧他。他和他阿姨、姨丈住在卡薩格蘭德。

即使我的年紀比阿爾貝托小，他還是跟我講一些床上的事。他跟我解說各種不同的姿勢，女人與「狗」之類的。講到女人，這傢伙真的是畜生！直到今天，他還是對女人很行。我們叫他「一天三次」，因為他實在很該死（*puñetero*），動不動欲火焚身。怎麼說？有一次我們去賣報紙，他站在一台車旁邊，看到一個女駕駛裙子掀起來露出膝蓋，就在那裡，他竟然把手伸進褲襠開始自慰。

我們小孩常去澡堂，從洞裡偷窺女孩洗澡。有一次阿爾貝托跑來跟我們說那個漂亮的女生克羅蒂正在洗澡，我們四個人租了她隔壁的澡間偷看她。我們看到她裸體，什麼都看得一清二楚！我們就在那裡偷窺，手在褲襠裡磨蹭，比賽看誰先射出來。

阿爾貝托和我都是卡薩格蘭德幫的人。我們那時有大概四十人；鬼混或一起講黃色笑話，我們一直都以保有卡薩格蘭德的名號自豪。從畫家街、理髮師街、錫匠街來的那些傢伙都不像我們這麼好。跳舞的時候，我們也會盯著他們看，不讓他們接近卡薩格蘭德的女孩。

每年九月十六日，會有些幫派帶著棍子來找我們幹架。我們會讓他們從一邊的門進來，同時，守衛的兒子也是我們幫裡的人，他會先鎖上另一道門。等到所有混混都進來，他會跑去把第一道門鎖上。然後我們就會在庭院裡用石頭、水桶、棍棒給他們難看。

我們從來沒讓誰搶在前面，阿爾貝托和我總是第一個出頭的……我們以擅長打架出名，也總是一開始就站出來。我們那時候太常打架了，我開始夢到這個。我夢到阿爾貝托和我被五、六個人圍住。我跳起來閃躲他們，結果越跳越高，高得碰到電線，他們都抓不到我。我還說：「唉呀！我會飛！我會飛了！」我把腳伸直往下降，降落在地上，我對阿爾貝托說：「兄弟，上來！」然後他爬到我的背上，我又飛了起來。「看到沒？他們現在拿我們沒辦法了！」我一直飛，直到我們飛過電線。然後忽然間，我的法力消失了，感覺自己在往下掉。這個夢我做了好幾年。

事實上，在我們這裡的環境長大，看到生活現實是如此逼人，於是我們必須學會控制自己。有時候我父親說的話真的讓我想痛哭一場，但正好相反，因為生活、現實，已經教會我戴上面具，我笑了。對他，我不再難過，我無感，我無恥又憤世嫉俗，我沒靈魂……因為我戴著面具。但內心裡，他所說的一字一句我都感覺得到。

我已經學會隱藏我的恐懼，只表現我勇敢的一面，因為我觀察到，你怎麼表現自己，別人就怎麼待你。所以當我心裡真的很害怕的時候，外表是冷靜的。這對我幫助也很大，因為我不像一些被警察抓到就渾身發抖的朋友吃那麼多苦頭。如果一個傢伙表現出他的弱點，還眼眶泛淚、求人憐憫，別人反而會變本加厲對你。在我的社區裡，你要不是硬漢一個，不然就是蠢蛋（*pendejo*）一個。

墨西哥人——我想全世界都一樣——崇拜「帶種」的人。那種不經思考就揍下去的人，就是能出頭的人。有膽站出來對抗年紀比你大、又比你強壯的人，就會受到尊敬。別人對你大聲，你就要更大聲。如果哪個莫名其妙的人跑來我面前說「操你媽」，我會回他「操你祖宗十八代」。如果他進一步，我就退後一步，我就沒地位可言了。但如果我也進一步出手給他難看，其他人就會尊敬我。打架的時候我絕不認輸，就算對方要把我殺了，我也不會說「夠了」。我會奮鬥到死，還會笑。這就叫作男人，真的男子漢。

這裡的生活很原始，但比起有錢人的生活來說更真實。在這裡，一個十歲的男孩不會看到女人的性器官就目瞪口呆。看到扒手偷皮包或拿刀抵著人也不會嚇到。光是近距離看到這麼多壞勾當就夠他面對現實了。再大一點，連死也不會嚇到我們了。我們從很小就得為了討生活而滿身是傷，你懂嗎？身上就帶著傷。傷口永遠不會消失，結痂了，也會永遠留在靈魂上。然後又打了一架、又帶了另一個傷，直到它們像盔甲一樣，讓我們對所有事情都無感。

有錢的人過得起奢華的生活，讓他們的小孩住在美妙的世界，只看得到生活好的一面，保護他們不交到壞朋友、聽不到髒話、看不到血腥的畫面，想要什麼都買下來。但他們等於閉著眼睛過活，對世界一無所知。

我整個童年、甚至長大之後，我花很多時間和幫派混。我們沒有領袖或老大……他得什麼都高人一等……不過男孩們各有長處。我們不像一些壞幫派有壞東西。我知道我們社區有一幫人專偷醉漢的錢去買大麻。我們幫派裡只有一個男孩走偏了，整天與針頭為伍。在我這，我們沒做過比從女孩後面抓住她嚇嚇她這一類更壞的事了。

那時候我很崇拜我的表哥薩爾瓦多，他是瓜達露佩阿姨的獨子。貝克街的幫派雖然很凶狠，但還是怕他怕得要死，他是幫裡的狠角色。但我崇拜他只是因為他很會打架。不然，就憑他跟我阿姨講話的樣子，我對他也沒好感，尤其是他喝醉的時候。他為了一個喜歡的女人變成酒鬼，毀了自己。他有個兒子跟著那個女人，但她又和另一個男人跑了，那個男人終究用冰鑿把我表哥給殺了。

我十三歲左右的時候，幫派裡有些年紀大一點的人想帶我去汀特羅街的妓女戶。「兄弟，免了，不要找我去汀特羅街。我爸保證殺了我。不要！」但他們說：「你這傢伙搞什麼？同性戀嗎？差不多是時候了。我們幫你付錢，你去幹她。」我不想去，因為我怕染病。

我以前就很怕得性病，現在還是。我從小就很怕。有一次，在澡堂的蒸氣房裡，我看到一個男人，他的屌爛了一半，滿滿的膿，光看就把我嚇死了。後來，有人帶我去博物館，我看到小孩得梅毒的照片……還有一個在卡薩格蘭德得了四、五次淋病的男孩。他尿尿的時候都會哭，醫生幫他治療的時候，我聽到他痛得大叫。

有一次我父親也嚇到我了。我差不多十二歲的時候，腳後跟關節痛，我怕痛所以踮著腳尖走路的樣子被他看到了。他以為那可能是什麼別的病，然後有天，他跟我鎖在房裡。「褲子脫下來我看！混蛋，你碰過幾個汀特羅街的女人？我不希望我的孫子變成瞎眼還是跛腳的白痴！褲子脫下來讓我看！」

「不，爸爸，我什麼都沒有，不要！」我父親這樣看我，我超尷尬的……我那裡已經長毛了，而且……欸，我把臉轉過去，因為我覺得很丟臉。但他不滿意只是看看。他帶我去看醫生，那個騙子醫生還開藥給我，但我明明沒事。

這就是為什麼我不想跟那些男孩們去汀特羅街。但他們說，如果我事後在那玩意兒上擠檸檬汁，就什麼都不會得，所以我們去了。阿爾貝托和我，還有另一個傢伙，都找了同一個小姐。我緊張得站不直。我的腳抖個不停。其中一個男孩趴在她上面辦起事來。結束後他說：「該你了！」

我說：「好吧，但如果我染病，你這個王八蛋要拿錢出來讓我醫病嗎？」

「這個白痴抖成這樣，一點都不像個男人。」他們這麼說，我得做給他們看。於是我爬到那個小姐上面。她開始動起來，搖得很誇張，一點都不爽。我當時在想，那個老女孩經驗豐富，任何人想要都可以得到高潮。我一點都不喜歡那樣。但那些男孩對我很滿意，這檔事就告一段落。

從此之後，性那檔子事像發燒一樣，好像把我困住，我走到哪裡都在想這件事。晚上，我的夢全都是女孩和做愛。我想要我看見的每個女人。然後如果碰不到什麼女孩子，我就只好自慰。

我想，那時候差不多也是愛諾埃來我們家幫傭的時候。她是個住在我們這個院子的女人，每天會來家裡打掃、煮飯。她兒子是我朋友之一。欸，我找上她是因為我知道愛蓮娜的哥哥雷蒙睡過她。我心裡想：「哼，為什麼只有雷蒙？其他人也想『插一下』(*taco*)吧？」但她說：「啊，麻煩了(*jodido*)，你得去跟你爸交代。」感覺我爸也跟她有一腿！

我沒那個好運跟我家的幫傭搞在一起，因為我爸都先上了。同樣的事也發生在恰塔身上。她很胖，我不喜歡她。每次放學後她都逼我吃飯，這把我惹毛。如果我不吃，她會說：「你不吃？好啊！表示我可以吃更多。」然後就頂著大屁股坐下開始吃我的東西。

但她畢竟是個女人，有一次我向她提起……那檔事。她說：「不要！你太小了，能幹什麼？」但我很堅持。

「唉唷，妳可能不會感覺到什麼，但我會啊。拜託！答應我啦！」

「嗯，好像也沒什麼不好。」她總算說：「來我家找我。」所以我去了她家，但她又改變心意了。「不要！你只是個小孩，這些事你懂什麼？回家！」然後她還告訴我爸爸的事。

那時候我整天都和學校、維辛達裡的女孩子鬼混，胡莉塔、我表姊表妹、住在院子中間的三姊妹、瑪麗亞……總共大概有八個。不過只是玩「爸爸和媽媽」，因為我太小了，不能對她們怎麼樣。

然後我在舞會上認識了帕琦坦，她真是與眾不同。她是舞蹈冠軍，我們喜歡彼此。跳舞的時候，她會靠我靠得很近，臉紅得像什麼似的。有天晚上我帶她去旅館。

欸，我們進了房間，我開始親她的脖子、手臂，她也回應我的愛撫。我脫掉她的鞋子和襪子……這個過程最讓我興奮……有點抗拒、有點害羞，搞得我越來越嗨。她就是這一型的。我想摸某些地方，她不讓我摸。然後，一步一步，我慢慢深入，然後我感覺到一種……人生前所未有的感受，這個女孩就是我們說的「狗」。你會感覺被吸進去了、緊緊地被吸進去……喔！她是唯一讓我高潮八、九次的女人。她真是個專家，教我很多……不同的姿勢，以及要怎樣忍住。那時候我才知道女人也會享受這件事。但她終究不是我的真命天女，因為我不是她的初夜。跟別人幹過的女人我都不會喜歡。

有個叫老鼠的傢伙……不過他後來被殺了……欸，他想要教我怎麼當個皮條客。他告訴我：「兄弟，不要看起來像個怪咖。鎖定目標，跟她跳舞，讓她愛上你。幫她破處後，讓她去夜總會上班。」他很會跳舞，所以他釣到那麼多女生。我一直拒絕他，因為我不喜歡那樣。然後他帶我和阿爾貝托見他的一個女孩，叫我們跟她跳舞、請她喝啤酒，等她醉了我們就可以幹她。

所以我們去找那個女孩。灌她啤酒，她喝三杯我們喝一杯，直到我們再也喝不下去。我們還讓她吃了兩顆鎮靜劑，但那女生把我們三個都灌醉了！她把我們三個甩掉，還走得直挺挺的。老鼠不信。他說：「這下我成了狗娘養的！那個他媽的女人怎麼可能這樣還沒事？」那個女的真的讓我們跌破眼鏡。

阿爾貝托和我當時很低級，真的，我們是兩個無賴。他奪走一個小姐（*señorita*）的初夜，人家是處女，所以囉，他有個不知道在哪裡的兒子。但他對那段感情不是很認真，只想要甩掉那個女生。他對我說：「兄弟，你去把她沒關係。跟她做愛、跟她睡覺，這樣我就能說：『妳跟我最好的朋友一起背叛我！』」我呢，當時只顧對朋友講義氣，也不明白這個詭計有多下流，還真的幫了他。

當時阿爾貝托在幫他舅舅看管露天市場一個二手衣服攤位。那個露天市場在一個市場外面，攤販擺滿了道路兩旁。他的攤位專賣「白衣服」，也就是內衣，我沒上學的時候就幫阿爾貝托賣衣服。他竄改帳目，沒有把賺來的錢都交回去，所以我們每天都去看電影。這樣整整超過一年吧，我們每一天都去看電影。

有時候我們待在電影院，同一部片重複看三、四次，然後我們會買幾個大捲餅，一個包一堆豆子、一個包一堆米飯，另一個包奶油或酪梨，還會帶很多食物進去。每個人喝兩、三杯汽水、吃柳丁、嗑瓜子、糖果、堅果……哈，我們每次都會留下一大堆垃圾。都是阿爾貝托付的錢。他一天會花上二十五披索，都是他舅舅的錢。

阿爾貝托的舅舅看生意越來越不好，就把衣服攤位賣了，然後我們就再也不能輕鬆賺錢了。接下攤子的是個叫莫德思塔的女生，以前我們會跟她聊天。她喜歡我們，請我們吃玉米餅和汽水。她長得不是很吸引人……臉上滿滿的青春痘，一隻眼睛還有白內障……但她有個很撩人的身材，屁股小小美美的，還有個漂亮的胸部。所以我們沒錢去看電影的時候，阿爾貝托和我會去找她。

有一次我們心裡有個計畫。那個攤位有個櫃檯，後面有面牆，她就坐在中間。我跳過櫃檯說：「莫德思塔，最近怎樣啊？真不得了！妳越來越可口了！」

她回我：「啊哈！你們兩個王八蛋，開始擺攤了嗎？」

「沒有，真的，生意都被妳搶走了啊！這是妳的地盤。」我們就這樣聊天，想挑逗她不是嗎？

最後她說：「聽著，馬努埃爾，你做的時候是什麼感覺？」我想，她那時候還是處女吧？

「哎呀，別傻了。我不能說給妳聽啦。要用做的，才會知道。」她當時坐在長凳上，雙腿打開。

「好吧，我大概讓妳知道一下。」於是我的手就伸到她的兩腿之間……「就是這樣，懂了嗎？」

阿爾貝托對我示意，要我在地上跟她搞。那時候差不多中午了，周圍人不少。在她搞懂狀況前，我已經把她撲倒，帶到櫃檯下面，阿爾貝托丟了條床單把我們蓋住。我解開她上衣的扣子，抓著她的胸部，又親又咬，然後做了起來。

當時人來人往，而床單上上下下、上上下下。阿爾貝托後來告訴我，別人都可以看見床單在動，他一直捏我叫我停下來，但我沒聽到也沒感覺。我在弄她的時候，阿爾貝托從她的攤子抓了兩、三箱小孩的東西，這樣我們就可以拿去賣，又有錢看電影。

我之後去找莫德思塔幾次。有一次我把她的內褲拉下來的時候，竟然看到血，我愣住了。我嚇到了，以為她得病，還是那裡潰爛還是怎樣。我那時才知道女人有「那個」。

月經對我來說一直像是個髒東西，可能是因為我交過的女人很多衛生習慣都不好。嗯！如果有什麼我不能忍受的，應該就是女人的臭味。不只一次，我在床上親啊咬啊，一切都很順利，直到把她的腿打開……喔，有時候那個臭味太糟，我的欲望都沒了，我還得叫她起來洗一洗。我對髒女人一直都很敏感。

在家裡，愛蓮娜病得越來越嚴重。她臉色發白，看起來有點古怪；爸爸帶她去看醫生，結果是肺結核。如果我們讓愛蓮娜不高興，爸爸會打我們打得更兇。有一次他說是羅貝托推她，害她這麼慘。她跌倒後撞到水盆邊角，就撞在肺上，但我不覺得那是她得病的原因。事實是，當時她和羅貝托吵架氣到昏倒，所以才會撞到。後來我父親說是我們把愛蓮娜害死的。

我父親是個極容易嫉妒的男人。我一度相信愛蓮娜在盤算要離開我父親，去跟一個肉販在一起，一個小矮子。我父親發現了，於是有一天他比平常還要早下班回家。他抓了把刀，直接走進那家肉店。羅貝托和我帶著石頭和樹枝跟著，心想必要時幫他一把。我們看到他走進店裡跟那個肉販講話，但什麼也沒發生。他回家後罵了愛蓮娜一頓，但不像以前罵我母親那樣難聽。

還有一次，他對愛蓮娜幾乎失望透頂，是為了他的姪子。我父親和他的家人早就失去聯絡了，卻意外找到他的姪子。我父親碰巧在漫畫雜誌《佩皮》（*El Pepin*）上看到「大衛．桑切斯先生在尋找一九二二年離開瓦琴南果莊園的赫蘇斯．桑切斯先生。」我父親寫信給大衛，於是他從韋拉克魯斯搬來跟我們同住。他是我父親哥哥的小孩。我連我伯父的名字都不知道呢！大衛和他母親是僅存的家人，他們以為我父親也死了。每到了諸聖節[2]，他們還會點蠟燭、放供品以告慰我父親的亡魂。

好吧，我父親給大衛在光芒餐廳找了個工作，我們處得也還好。但有一天，我爸爸回家，看到愛蓮娜坐在大衛的膝蓋上。我對大衛的印象一直沒變，他是個毫無壞心眼的人。所有的親戚裡，我最喜歡大衛。他還保有鄉下人那種純樸，不像都市裡的人那樣墮落。他有一個乾淨的靈魂。所以我說，他並沒有要對愛蓮娜怎樣。是愛蓮娜自己去找他的，然後想當然爾，大衛又回去韋拉克魯斯了。

希望上帝原諒我這麼說，我甚至相信我父親嫉妒愛蓮娜和我。我真的確定，因為當一個人生氣的時候，他看你的樣子便不太一樣，而我父親曾經那樣看著我。我當時沒發現，但今天我確定他當時懷疑我和愛蓮娜有一腿。

為了避免羅貝托和愛蓮娜再吵架，我父親在卡薩格蘭德又租了一個房間。我們小孩子住在六十四號，愛蓮娜和她母親珊蒂多斯住在一〇三號。愛蓮娜的兩個弟弟和她妹妹索蕾妲也在六十四號住過一陣子。我們和他們所有人都處得不錯。珊蒂多斯人很好，很明理。她對我們很好，到現在還是一樣。而且奇怪的是，她從不像我父親一樣，把愛蓮娜的死歸咎於我們。

我對愛蓮娜不再尖酸；我開始同情她。我和她一起去了肺結核診療所，看到他們怎麼施打「氣胸」（*numo*）。他們把一根裝滿氣的管子直接推進她的肋骨。我父親，可憐的傢伙，他擔心死了。他帶她去看他能找到的最好的醫生。他把她送進綜合醫院，常叫我帶水果和食物過去看她。

我記得父親在愛蓮娜住院期間，帶了一整籠的鳥回家。我當時心想：「真是奇怪，父親竟然買鳥。」我記得他和我母親以前常為了母親想要他買鳥的事吵架。隔天，他又買了更多鳥，他一直買，直到我們家的牆壁上都掛滿鳥籠。當這些鳥一起唱歌的時候，有多大聲啊。聽起來不錯，我一度以為我在鄉下或森林裡。

2 譯註：每年十一月一日，天主教紀念所有聖者的節日。隔天就是諸靈節（All Soul's Day），追思亡者的節日。

但父親要我和羅貝托每天早上六點起來餵鳥，就這一點，我很討厭那些鳥。要我早起很困難，每次聽到父親說：「馬努埃爾！羅貝托！起來！」我就覺得很痛苦。

剛開始幾天，我父親叫我的時候我會說：「哎呀，爸爸，我的腳痛。叫羅貝托去餵鳥。」但羅貝托通常不知如何是好，我還是得起來。我們用大彎刀切上好幾公斤的香蕉，混著水果、麵粉和一些菜。然後我們把食物放進每個籠子裡，還要換水、清理鳥兒的排泄物。

有一天我父親說：「馬努埃爾，你去市場賣鳥。」能幫我父親是件好事，我也很高興他覺得我有用。但說到底我覺得那個工作很丟臉。我把鳥籠從牆上拿下來，一個疊一個，然後穿過市場試著把鳥賣出去。

某個星期三，我父親跟著我，看我怎麼賣。當我們站在那裡的時候，一個森林部門的官員冒出來，叫我父親給他看販賣動物的許可證。我爸爸沒有任何許可證，他從來不知有這回事，他當時很緊張。我猜他拿出來賄賂警察的錢比罰金還多。

後來他只把鳥賣給鄰居和跟他一起工作的人；他和陶工街的一個大盤商成為哥兒們後，他多了很多客戶。我認為我父親一開始賣鳥，後來還賣鴿子、火雞、肉雞，還有豬，是因為他在做工這麼多年後，發現自己對做生意還蠻有興趣的。為時有點晚，但他總算知道可以靠這樣賺更多錢。

我大約十四歲的時候，開始聽說我有兩個一半血緣的妹妹——安東妮雅和瑪莉蕾娜。這之前我完全不知道我父親還有別的妻子和孩子。倒是記得有一次，我十歲的時候，父親帶我去光芒餐廳幫忙。回家的路上，我們去了玫瑰街，爸爸說：「你在轉角這裡等。」然後他走進一戶人家裡。我心想：「爸爸在這裡做什麼？他去見誰？」我有一種嫉妒的感覺。我甚至心想，我母親懷疑我父親有另一個女人果然沒錯。

現在我明白，當時他是去找露碧塔。她就是我另外兩個一半血緣妹妹的母親。我小的時候從來不認識她，即使到後來，我跟她講話開口也不會超過三個字。

有天我半夜回家，發現另一個人睡在我妹妹的床上。羅貝托在他地板上的老位置，我父親在他的床上。我躡手躡腳走到那個女孩的床邊，靠過去看看那是誰。我父親，他八成一直在黑暗中看著我，忽然說：「那是你妹妹。」

「我妹妹？」

「是的，你妹妹安東妮雅。」

欸，後來我什麼也沒說；我就上床睡覺了。以前從來沒人跟我提起這個人。我納悶：「這個妹妹是從哪裡來的？」我迫不及待等天一亮，就可以看看我的新妹妹。

以一個女孩來說，她不是那麼吸引人，但她聊天的樣子蠻討人喜歡的。不過她對我們總是有點不友善，甚至頗為怨恨。打從一開始，她就恨我父親，常找他麻煩。她會講髒話，還會跟我父親頂嘴，連我都想甩她一巴掌。怎麼說？有一次我父親告訴她不應該做某件事，她說：「我他媽高興我就做，干你什麼事？誰對誰不公平，誰啊？」這就是她對我爸爸咆哮的樣子。

從此之後我就不喜歡安東妮雅。我盡可能離她遠一點，有一部分是我怕我把她當成一般的女人，而不是妹妹。即使同住一個屋簷下，我們幾乎不講話。

但我弟弟羅貝托愛死她了。我不知道我父親怎麼聽說的，總之他發現了。我分辨不出來羅貝托是把她當成一個妹妹喜歡，還是一個女人，但無論如何他真的很喜歡她。

同時，愛蓮娜在醫院裡病情沒有好轉，於是她又回家了。她的狀況越來越嚴重時，我父親叫我們去請瓜達露佩阿姨找神父來。神父問我們，我父親之前是否結過婚，我們說沒有。於是他過去為父親和愛蓮娜證婚，這樣她的靈魂便能安息。我確定我爸爸還留著結婚戒指。

有一天下午，我回家的時候，瑪塔說：「去愛蓮娜的房間吧。」我走進去，她已經死了。我父親前幾天還滿懷希望，因為她體重慢慢增加了。他覺得那是她變好的跡象，然後她死了。那一幕我記得很清楚。棺材在房間中央，四個角落分別點上了蠟燭。房裡有一些人，我父親站在門邊。他看到我，對我說：「看看你做的好事，你這個混蛋，你，就是你殺了她，你這狗娘養的。」

我可以理解他的悲傷與突如其來的絕望，但我父親一直以來就是那樣。我不懂為什麼，不管發生什麼事，他總是說：「事情都是被你搞砸的，不管你去哪裡，別人都會當著你的面把門關上。」他總是希望我過得不好。那一天，我父親讓我覺得很丟臉，我只好躲在門後面，然後在心裡默唸：「原諒我、原諒我，愛蓮娜，如果我傷害了妳，請原諒我任何過錯。」我只能這麼說。

羅貝托在那裡一直哭、一直哭；康蘇薇若也在那裡，而我父親，大受打擊，把她的死歸咎於我們。不像我母親，她只在那裡躺了兩天，然後我們在同一個墓園葬下她。我父親買了一塊牌子，寫著「不朽」，在墳墓邊砌了圍牆。他還僱了一個人打理墳墓。

欸，她下葬後，我父親對我們的態度越來越粗暴。他對我們的怨恨也不斷增長，他總是責怪我們害他和愛蓮娜不能快樂地生活在一起。家裡的日子越來越難過，我也越來越少在家。

賣衣服的攤位對面有一家餐廳叫「林氏咖啡」，也是我們常打發時間的地方，是一個中國人開的。那裡有個漂亮的女服務生叫格拉雪拉。她有一頭黑鬈髮和白皮膚。我第一眼就喜歡上她。我跟阿爾貝托說：「哎呀，大眼仔（*ojón*）！說真的，兄弟，那女的簡直完美！無可挑剔（*A todo dar*）！看看她多漂亮。賭多少錢，我會把到她？」我只是說說，沒有認真的意思。

「是嗎？你要把她？她連看都不會看你一眼。你想得美！那個公主只跟穿西裝、口袋有錢的人出去。」

那天晚上我們在那裡吃晚餐，我看見格拉雪拉經過。我有點害羞，因為我還不太會用刀叉……在家我們從來不用刀叉，我們都用餅包著吃……但我很快變成一個刀叉專家，因為從那天起，我每餐都在那裡吃。這變成我固定的習慣……事實上，我在那個地方浪費了十四、十五年的生命，還有別家咖啡廳也是。

我向林要一份工作，但那裡沒什麼可以讓我做。他教我烤麵包，後來有時他也讓我用烘焙工作來抵餐費。

總之，我跟阿爾貝托打賭我會追到格拉雪拉，她會變成我的女朋友、我的愛人。我是真的那樣希望。那需要花錢，所以我跟父親說：「聽著，爸爸，我想賺點錢。我還在上學，但我可以一邊工作。」我跟姨丈伊格那西歐說這件事。他說：「喔，跟我一起去賣報紙，如何？」

隔天我就和伊格那西歐一起去賣報紙。我們到了布卡列里街，等待《最新消息報》和《畫報》出刊。報紙每份售價十到十五分，我們可以賺四分半。我拿著報紙，舅舅說：「現在開始跑吧！」

我說：「跑去哪裡？」

「隨便一條街啊！你就邊跑邊喊『畫報！』、『新報！』」我開始跑，從特洛伊屋跑到法蘭西斯可馬德羅，接著從巴西街一路跑到培拉密由，從那裡我又跑了回來，一路還經過我家。我把我的報紙賣完了，又回到憲法廣場。我一回來，就把錢給伊格那西歐，他說：「很好，看來你給你自己賺了兩披索！」我回到家，洗臉、梳頭，然後去上學。

一開始，格拉雪拉完全不理我，完全不理。我很清楚她對我的態度。有一次，我在後面的座位吃晚餐，她沒看到我。我聽到她和阿爾貝托講話，她告訴他：「如果我們去看電影，不要帶馬努埃爾那個跟屁蟲來，我不喜歡他。」

那真的傷到我了，「她為什麼要這樣說？我從來沒有對她做過什麼事啊！」所以我對自己說：「為了給妳好看，我一定要把到妳。」她跟其中一個服務生說：「他人是還好，但他沒工作，沒幹什麼，像個笨蛋，拿著一本小書浪費時間。我打賭他甚至沒去上學。他沒讀書也沒工作，我跟他在一起有什麼好處？」哈，很好，我很高興她這麼說，所以我決定找個工作。

六年級的期末考快到了，我很怕會不及格。老師對我印象不好，想要把我趕出去，但我父親求他們再給我一次機會，他們答應了。我考試通過了，可以畢業了。但我有點失望，因為家裡沒人來參加我的畢業典禮。我希望父親能對我說聲恭喜，或和我擁抱一下，但他沒有。我十五歲生日的時候，或是二十一歲從男孩真正成為男人的時候，他也沒那麼做。他甚至連對我說話的語氣都沒改過！

畢業後，我告訴父親我書讀完了，想去工作。那是我人生最大的一個錯誤，但我當時不知道。我下定決心要讓格拉雪拉變成我的女朋友，所以當時只想著要工作賺錢。對於我不繼續讀個專科，我父親不是很高興。我想，如果他當時像個好朋友一樣和我談談，也許我會繼續讀書。相反地，他說：「所以你說你想工作？你覺得一輩子聽人使喚這樣很好嗎？我都要給你機會了，你自己放棄的。好吧，想當個白痴就去吧。如果那是你想要的，就去吧。」

阿爾貝托已經在一個做玻璃燈具的店裡工作了。他不會讀也不會寫，但他很聰明，懂得賺錢。既然我們想一起工作，我就到他店裡應徵，我告訴師傅（*maestro*）我知道怎麼使用機器和電鑽，他就錄取我了。

但我老是打破玻璃，我的手指因為處理金剛砂，經常流血破皮。因為太痛了，我只好坦承我從來沒有用過這些機器。他們改派我去磨玻璃，磨玻璃很簡單，但那個環境很髒，因為玻璃是用煤灰磨亮的。後來他們教我怎麼從機器做出「墜飾」（*cocolitos*）。你就是用三根手指頭緊緊地按住一片玻璃，靠在輪子邊切出來。我很快就上手了，所以他們讓我做這個工作。愛蓮娜的弟弟雷蒙當時和我們住在一起，我甚至也把他帶進店裡。我們一起操作這台機器，我們聯手，每週可以敲出兩、三千個「墜飾」。

師傅待我們不錯；每逢星期五，他會給我們格鬥比賽的票，如果我們得加班，他會負責晚餐。但他也知道怎麼鞭策我們，那個可惡的傢伙。他真的很聰明，而我們也算是笨蛋。他會對我說：「哎呀，中國仔，雷蒙說他用機器比你還快。」

我說：「什麼？那頭蠢牛？是我教他的，他怎麼可能做得比我還快？」

然後師傅會走過去雷蒙那裡說話，這樣我就不會聽到。「嗯哼，中國仔做的是你的兩倍，是吧？他說他輕輕鬆鬆就可以打敗你了。」於是我們兩個笨蛋聽了師傅的話就開始互相較勁，動作加快，替師傅生產更多東西。這就是他讓我們加倍工作的方法。

薪水很少，而且因為我平常日都和男孩們去快餐店吃午餐，所以到了星期六，我身上便只剩七披索了。那天晚上我回家，對父親說：「你看，爸爸，我全部薪水剩下五披索，收下吧。」但當時我父親為了愛蓮娜的死，對我一直很刻薄。總之他站在桌子旁，我把五披索放在桌子上。他站在那裡，兇惡地看著我，拿起五披索的鈔票往我臉上丟。

「我不需要你的救濟，你這個混蛋！跟你那些該死的朋友去花錢吧。我什麼也不求你。我還強壯，可以工作。」這些話傷我很深，天曉得那是我全部的錢啊！之後我又給了他一次錢，他做了一樣的事。從此之後我一毛也沒給他了。

後來，另一個師傅要僱用我，工作是在玻璃上鑽孔。以片計酬，每片給我三分半。其他的地方給得比較少，我心想著要多賺點錢，所以接下了那工作。欸，我一整個禮拜努力工作、動作也快，我在那裡鑽了上千個洞吧！星期六是一個星期的結算日，師傅說：「來吧，小夥子，來看看你們賺多少。」老的不識字，他讓另一個男孩算工資。「讓我們看看中國仔鑽了幾片呢？」算出來我的薪水總共是三百八十五披索，那老的瞪著雙眼，眼珠子像要掉出來一樣。

「不，不，年輕人，不！我要怎麼付你這個年紀的孩子三百八十五披索啊！這破爛的店還要開下去啊！我也沒賺什麼錢，只是讓你們來玩玩。我好歹也是老闆，老天可憐我吧，我一個禮拜也賺不到五十披索啊！不行！我不能付這麼多給你，問題是你做太快了。」

「可是，師傅，我做多少片，你就付我多少錢，那我動作就要快點，不是嗎？而且你說過，一片付我三分半，不是嗎？」

「是，但我沒想過你會賺這麼多！我最多給你一百披索，要不要隨便你！」欸，我還是得拿那些錢，但從那之後我就很討厭幫別人工作。

我開始工作後，格拉雪拉就變成我的女友。每天晚上下班後，我就去咖啡廳找她，不到十二點不回家。我們去看了好幾場電影，我開始覺得我很愛她，心中充滿了熱情。

我也在那個時候學會打牌、賭博。我第一次打牌那天是星期六，我下班後回到卡薩格蘭德的家。一些朋友在水塔旁邊，有多明哥，有後來因為殺了人、現在在坐牢的聖地亞哥，還有些其他人。聖地亞哥說：「看看誰來了！勤勞的工人唷，那個王八蛋變成工人囉。」

「是啊，你這個白痴智障，一天到晚只會在路上逛，你以為你是皮條客嗎？」我們都是這樣互相開玩笑。然後多明哥知道我口袋裡有我一週的薪水，就說：「來啦，兄弟，來打點小牌。」

「我哪知道這怎麼玩啊，老兄！開什麼玩笑！你覺得我是個笨蛋，是個渾球嗎？」

「我會告訴你，你贏的時候我會告訴你！過來啦，我們才玩五分錢，過來，坐下。」

欸，他們知道我從不說不，於是我們就在水塔後面蹲成一圈，就著庭院透過來的燈光打牌。想當然爾，那次我輸了，但我也學會怎麼打牌。我很認真地學了起來，一整個禮拜都跑去問別人怎麼玩。我有個優點，搞不好也是缺點，就是我學得很快，才一個禮拜我就很會打了。我打撲克牌時總是出奇地好運，這種好運好像沒個止境，甚至有點過頭了。

不知不覺，我掉進打牌的漩渦當中。一天沒打牌，我就覺得提不起勁。我到處找人跟我打上一、兩回。一開始賭五分，但很快我就賭上整個禮拜的薪水。我總是有信心會贏。即使我一直輸，輸到只剩最後五披索，也會想著：「看看老天能不能讓我靠這五披索起死回生。」而且，不說每一次，十次有九次，都像有神力一樣，真的讓我靠那最後五披索翻身。

那些人會說：「怎麼搞的？你作假吧！有人偷偷幫你換牌！一直贏錢……不要搞這種『混帳』把戲……不要在桌底下藏牌，王八蛋，做這種見不得人的事，沒人會相信你！」

反正我還是繼續賭。有一次我輸了七十披索，但那是因為贏錢的德爾菲諾先走了，沒給我們贏回來的機會。那個人有幾輛卡車，是個有錢人，但他看自己贏錢了，就站起來說：「小夥子，我得走了，我……跟人有約，我都忘了。」

當他走的時候，我氣得發抖，因為我連一局都沒贏。我還說：「王八蛋，他把我當白痴耍！」

隔天是星期天，我們照舊在庭院踢球。我去澡堂沖澡，出來後手上還抓著衣服，我撞上了德爾菲諾。

他說：「幹什麼，中國仔？王八蛋想報仇嗎？你只會賭錢和玩球。」

「廢話，你當我殘廢嗎？你等著瞧。」

他去叫跟他一樣來自恰帕斯的兩個同鄉，多明哥和大鳥，然後我們就坐下開始玩。一開始我們玩「碰對牌」，但等我贏了，德爾菲諾就想改玩撲克。

我說：「好啊！誰來我就修理誰（*cualquier culo me raspa el chile*），不管怎樣，這次你要從我這裡贏錢沒這麼容易。」

於是我們就開始玩撲克。欸，那場真是終身難忘！我一開始就下兩披索。後來加到三十披索的時候，大鳥退出了。接著德爾菲諾加碼到五十披索……他手上的牌一定很好……每次他拿到一張牌，都會對著牌吹一口氣，夾在兩腿間和睪丸摩擦一下，要點好運。

「你要把它熱一熱，運氣才會好。」他說：「我拿了三張七了，想不到吧！」他說歸說，也沒亮牌，誰看到了？但我就從這裡開始幹掉他，因為我有三張K和一張J。我很冷靜地又加了五十披索。

「他媽的（*Puta madre*）！你他媽的賤貨！」他說：「你現在很敢了是嗎？媽的，你很看得起你自己嘛！你這個番石榴（*guayaba*）養的粗人！」

「對啊，我要攻破城牆啦！但我知道怎麼保衛自己，我要發啦！不要抖啊，你這畜生。菸拿好，你手在發抖啦！」

他又再次把牌放在兩腿間搓一搓，但我穩贏的，我又抽到一張K。

「你在那邊又吹又磨，但最後還不是都讓我贏走。」

當他看到我有四張K的時候，就說：「操你媽！誰會相信啊？不可能，不可能只是好運，你一定是做牌！」

「喂！是你要下注的，不是我。我只有小精靈幫我。如果上帝沒有幫我的話，那就是我兄弟的靈魂幫我……」

我抓起牌局裡一千多披索。然後站了起來。「我要走啦，夥計……我忘記我和別人有約……該死，我怎麼忘得一乾二淨啦。」

我告訴你，我在卡薩格蘭德出名了一陣子，欸，簡直是個打牌鬼才。打牌時每個人都看著我的手，但我發誓我沒有作弊。我只是超級好運，好到無法擋！我贏到嚇人，一些男孩發誓再也不跟我玩了。他們還叫我去高級的賭場賭，但那裡的牌都有做上記號。他們說會帶我去。我跟我的朋友說：「不了，我在這裡靠我這點運氣就好。可以貼補我的開銷就夠滿足了，對吧？」

我的好運讓我越賭越多；糟的是，我也沒真的賺錢。每次我賭完就跟朋友和他們的女朋友出去把錢花光了。我從沒拿贏來的錢做些什麼。

父親一知道我在賭博，不用想也知道，他非常生氣。但我家裡沒人知道我贏多少錢，也不知道我是怎麼花掉它們的。

我每天晚上到咖啡廳找格拉雪拉。她忙著服務客人，我大多數的時間都在廚房，跟她的朋友寶拉說話，寶拉也在那裡工作。奇怪的是，雖然我很愛格拉雪拉，但我比較喜歡和「小不點」說話，就是寶拉。我發現她比較善解人意，我也得靠她幫我在格拉雪拉面前說好話「加分」。當寶拉看到我為別的男生接近格拉雪拉吃醋，或是因為跟格拉雪拉吵架而心情不好，她就會說：「別擔心，馬努埃爾。不要在意她表面的樣子，我知道她心裡真的很愛你。她告訴我的。」她總是這樣說，讓我好過一點。

事實上，我和格拉雪拉的關係很不穩定。我總是擔心失去她。我還做了她用很低級的方式背叛我的惡夢；因為她，我總是覺得很焦慮。她這麼漂亮，男人都想追求她，她為此在這方面很吃香很幸運。有些客人會給她五十披索的小費。但她看起來是愛我的，不只一次，她也會為我吃醋。我們最終分手了，因為我堅持要跟小不點去查爾瑪。

寶拉早就告訴我，她要和她母親、妹妹黛莉拉一起去查爾瑪。我也打算要去，所以我說：「就妳們三個女人去嗎？真的假的，我們說不定能一起去。」當我告訴格拉雪拉的時候，她說：「喔，是嗎？欸，你不可以去。」

我們意見不合的時候，我多半會找個理由說服她。我總該有我自己的生活吧，而且我也說得很清楚，雖然我真的非常愛她，但不會黏著她。我會說：「我不懂為什麼有些男人為了女人打架。就算妳對我不忠，我也不會為妳打架。」

在我出發去查爾瑪的兩個月前，一個來自普埃布拉、叫安德列的傢伙，他來咖啡廳，我注意到他看了格拉雪拉一眼。我覺得格拉雪拉似乎也有意思地看了他一眼。我要去查爾瑪的那天，把話說開了。

「聽著，安德列，我注意到你和格拉雪拉之間有點曖昧，如果你把我當朋友就跟我直說。跟我講實話，我保證不會動粗，也不會對你怎樣。」

「不，馬努埃爾，格拉雪拉是你的女朋友，你怎麼會以為她想跟我出去呢？」他說：「你是她喜歡的人，我不是那種會對你耍手段的人。」

另一方面，小不點和她母親為這趟旅行準備了玉米餅和水煮蛋，要帶在路上吃。我們把行李扛在背上，搭車到聖地亞哥塔密斯坦果。那一年，我朋友阿爾貝托也跟我們一起去，我們玩得很開心，小不點、阿爾貝托和我，一路上都在唱歌玩耍。我們穿過樹林，清晨時美極了。松樹的香味和鄉間風景多麼美好，有時候從山丘上可以眺望遠方的村莊，還看得見一些印第安女人在做玉米餅。

在抵達聖殿之前大約一小時路程的地方，有一棵巨大的阿維維特（*ahuehuete*，墨西哥落羽杉），朝聖者都會在這裡停駐。這棵樹是前往查爾瑪的路上最好的地標。它掛滿了女人的辮帶、孩子的鞋子，和其他足以見證以及象徵朝聖者誠心的物品，它是如此巨大，我想，要十個男人才能把它圍住。這棵樹在兩座山丘之間，有條小河流發源於這底下。欸，我們朝聖者一路顛簸、精疲力盡來到這裡，帶著一顆虔誠的心，讓河流洗淨疲憊、療癒身心。

查爾瑪的入口有一條蜿蜒小路，直通聖殿。每次我走進教堂，一見到查爾瑪的基督，就在一片黑暗寂靜中跪下，此時心中總是感到極大的滿足。祂彷佛是只接待我一個，而那給我一種非常美好的感覺，因為我心中充滿信心。我向聖人祈求力量，引導我賺足夠的錢和格拉雪拉結婚，並讓她不要背叛我。

在那旅途中，小不點和我當然什麼事也沒發生。我反而還希望阿爾貝托和寶拉變成男女朋友（*novios*），這樣我們四人就能一起出去。我一路上和寶拉不停說著我和格拉雪拉的問題，說了整整七天。然後我注意到寶拉用一種特別的方式看著我。有一次我假裝被毒蠍子咬到了。我作勢昏倒，她嚇壞了，可憐的東西，真的嚇壞了，普通朋友不會嚇成這樣。於是我問自己：「老天哪！這可能嗎？她說不定愛上我了。」但我不知道怎麼和她開始。

我對查爾瑪基督的禱告回到了我身上，因為我們才回去安德列就跟我說格拉雪拉是他的女朋友。我非常生氣，氣得想把他揍得粉身碎骨，但我仍試著不要對他口出惡言。我說：「好吧，安德列，現在就等她親自來告訴我。」

他說：「欸，那不可能，因為從現在起，我希望你和她不要再來往了。」

「不可能？所以現在不是朋友之間的事了。現在是男人對男人的問題，我要讓你知道我比你還像個男人！」然後「砰！」我給他狠狠一拳，他痛得蹲下。我把他拉起來靠著牆，砰！砰！又朝他肚子揍下去。

我去找格拉雪拉談：「晚安，我給你帶了個禮物，一個我從查爾瑪帶回來的粉盒……但安德列告訴我你們兩人的事後，我一氣之下把它踩爛了。」我靠近她，問她：「格拉雪拉，安德列真的是你的男朋友嗎？不要怕，回答我。」

她站在那裡，傷心地看著我。她只是點點頭，沒有說話。我直覺反應想甩她一巴掌。但我不出手打女人；這也表示我非常愛她。我控制住自己。「太好了，恭喜妳，格拉雪拉，我是個賭徒，直來直往，不是贏就是輸。這一次我輸了，對吧？沒關係，格拉雪拉，握個手，我們還是朋友，不需要覺得難受。」

她站在那裡，突然變得非常生氣，然後大哭出來。「搞什麼！」我撂下這句話，轉身走了。唉，這件事讓我很不開心。我換了工作，去幫一個西班牙人做事。我開始有了一天八披索的工資。他們星期天也付我工資，所以我每週有五十六披索的收入。我現在有點小錢了，而且也完全不需要交給我父親。

對於格拉雪拉，我當時想：「她怎麼可以這樣對我，我要照樣奉還，去和她親近的人在一起，讓她真的痛到。我要讓她受苦！」我立刻打起小不點的主意，然後我開始追求她。之後我每天都去咖啡廳找寶拉。我問她要不要當我的女朋友。

「但這樣不對，你還愛著格拉雪拉。你怎麼可以對我說這樣的話？」

「不，實際上，我告訴妳我愛她，是要讓妳去轉告她，讓她以為我真的愛她。但其實我不愛她。畢竟，我每次來這裡不都是找妳聊天嗎？」

我也不知道我哪來這些理由，但事實上寶拉很難追。

我追了她一個多月，但她老是說：「我再想想、我再想想。」最後她總算說：「欸，好吧！」她終於願意當我的女朋友。

寶拉和格拉雪拉為此大吵一架。寶拉說：「妳有什麼好抱怨的？妳自己也跟安德烈玩這種把戲啊！安德列是他的朋友耶。而且，他又不是妳的丈夫，只是妳的男朋友。現在他是我的男朋友了，我愛他。」

然後格拉雪拉說：「問題是，安德列真的不是我男朋友。我這麼說只是想看看馬努埃爾是不是真的愛我，因為安德列告訴我馬努埃爾在玩弄我。」

安德列慫恿格拉雪拉測試我；他們設了陷阱，我就中計了。知道實情後，我不覺得自己愛寶拉了，但出於永恆的虛榮心，還有墨西哥人愚蠢的大男人主義，我不能回去找格拉雪拉，那等於自取其辱。我真的是用我的靈魂在愛她，我多想告訴她：「回到我身邊……我們認真地走下去……」但我把我的自尊和虛榮看得比什麼都重要。我的心告訴我，對她說實話，但我又害怕她會嘲笑我的真心。我們兩個之間像諜對諜一樣，漸漸地，雖然我們誰都不希望這樣，還是各走各的了。

我持續和寶拉見面，也帶她出去。我說服她辭去咖啡廳的工作，她找到另一個工作，專門縫小孩子的外套。

有一次我逮到寶拉說謊，一口咬定她騙我。她說她妹妹病了，要去克雷塔羅看她，但她不在的時候，黛莉拉脫口而出，寶拉跟一個男人和一個女生朋友在韋拉克魯斯。寶拉回來的時候，我問她：「克雷塔羅還好嗎？」

「欸，還好。」

「妳妹妹好嗎？」

「欸，她沒那麼嚴重，你知道的，人們說話很誇張。」

當她這麼說的時候，我甩了她一巴掌。「聽著，不要唬嚨我；妳根本沒去克雷塔羅。別想對我說謊。妳根本是去韋拉克魯斯玩了。」

「誰跟你說的？」

「就是有人告訴我。妳真的去韋拉克魯斯了？」啪！我又甩了她一巴掌。我真的非常生氣，所以打了她。

她開始哭：「馬努埃爾，沒錯，但我以我最珍愛的母親發誓，如果我有做什麼對不起你的事，我母親就會死。其實是我這個女生朋友要跟一個男人出去，叫我一起去，好保護她。」

我很確定寶拉在騙我。於是我說：「不，沒有任何人有必要死，但如果妳這麼容易就跟人上床，那就跟我走，我們去開房間。」

「不，馬努埃爾。」

「不？但妳跟那個男的出去了，不是嗎？如果妳是個阻街的，就跟我搞啊，告訴我妳收多少？不可能超過五十分吧？我可不付妳那麼多。」

她一直哭，一直哭。「聽著，馬努埃爾，你跟我去一個地方。拜託。我求你。」欸，我心裡希望她沒有做什麼壞事。我們去了她朋友家，那女孩證實了她說的話。

我並不完全相信，而且不管她願不願意，當天晚上，我就帶寶拉去開房間。

我應該解釋一下，在墨西哥（至少以我的情況來說），即使我相信我女朋友是愛我的，還是會有點懷疑、不太放心吧？然後有天男人會說：「妳得證明妳對我的愛。如果妳愛我，就跟我走。」我從沒想過要去法院或教堂公證，我就是沒想過，我認識的男人和女人多半也是這樣。我一直相信，如果那個女人愛我，我也愛她，我們希望住在一起，那證書什麼的就不重要了吧？如果我女朋友要求我娶她，為她找個房子，我就會立刻翻臉，對她說：「妳不愛我！妳開這些條件，就表示妳不是真的愛我。」

這也是窮人的無奈。一旦開始想結婚的事，窮人很快就會發現他根本沒有足夠的錢辦婚禮。於是他就只好折衷一下，同居不結婚，懂嗎？他就帶著個女人生活，像我帶著寶拉一樣。再說，一個窮人也沒有什麼好留給他的小孩，自然也不需要靠法律保護他們。如果我有個一百萬披索，或是一棟房子，或是銀行戶頭或其他什麼財產，我就會馬上辦註冊，好讓我的小孩成為法定繼承人。但我這個階級的人什麼都沒有。所以我才說：「反正我知道那是我的小孩，我才不管全世界怎麼想。」

法院註冊雖不如教堂結婚這麼昂貴，但人們也不想負法律上的責任。有句話說：「婚姻是幻覺，上床就醒了。」我總不能冒著日後失敗的風險，負起法律責任吧。我們對彼此的了解又不夠深厚，怎麼會知道我們對親密行為的反應呢？而且這裡大多數的女人也不期盼婚禮；她們甚至相信做個情人的日子比做妻子好。通常的情況是，女人跟男人在一起，過了六個月的蜜月期，她就開始發牢騷，要他娶她。但這就是女人的傳統觀念。她們想要用鍊子把男人綁住！

我們絕對相信當情人是一回事，當夫妻是另一回事。如果我開口要一個女人當我的妻子，那麼我對她就有責任，和真的結婚沒什麼兩樣。結婚不會改變什麼的！對寶拉和我來說就是這樣。

我們持續偷偷上旅館，這樣過了好幾個月，但我不滿足。我覺得在我心底，我一直想找個方法一勞永逸逃開我的父親、離開我的家庭，然後成為一個男人。所以，有天晚上我說：「寶拉，妳必須做個決定。妳看，我要走這條路，妳家是相反的另一條路。從現在起，我不希望妳回去妳家。妳說呢？」

「不，馬努埃爾，我母親、弟弟、妹妹怎麼辦？」

「哦！好吧，那妳不愛我。這兩條路妳只能選一條，只是如果妳選擇回家，那我們就不要再見面了。如果妳跟我走，妳就是我的妻子，跟我一起生活。」

欸！她下定決心，沒有回家，她跟我走。我們就這樣結婚了：我剛滿十五歲，她十九歲。

羅貝托
Roberto

我小時候就開始從家裡偷東西。我看到喜歡的東西就會拿走，沒經過任何人的允許。就是那樣。我一開始是偷一個雞蛋。但不是因為肚子餓，懂嗎？因為我母親把我們餵養得很好。我偷小東西只是為了好玩，還有和庭院裡的朋友分享，還有感覺到自己很重要。

我還只是個小傢伙的時候，五、六歲左右吧，從母親那裡偷了二十分。當時的二十分就像今天十披索。我父親每天給我們五分，但我這輩子總是想要更多，而當我在櫥子上裡看到二十分的鈔票，周圍沒人在，我心想，就拿走吧。我買了一些糖果，但運氣很不好，老闆找給我一堆一分的硬幣。

所以我口袋裡就有很多錢對吧？我晚上回家的時候，他們開始問不見的硬幣。我心想：「好傢伙（*caramba*）！如果他們想到搜我的身，就會馬上找到這些錢，然後我就會挨一頓好打，十年都忘不掉。我最好躲去廁所。」

廁所在房子裡右邊，只有半邊門，我把一堆一分錢丟進抽水馬桶裡時，發出巨大的聲音，然後他們就知道我幹了什麼。即使我把那些硬幣永遠沖掉，他們還是知道。這件事很嚴重嗎？就像我說的，我一出生就是個壞胚子。那天我果然被痛打一頓，我母親、我父親，還有我母親的母親（願她安息）給了我懲罰，於是我再也不這樣做了。

我母親把我們照顧得很好。她愛我，但她最愛馬努埃爾。她很少打我，我知道她很愛我，因為她不管去哪裡都會帶我一起去，比其他人更常。她總是說：「羅貝托，走！我們去買蛋糕邊。」

「好的，媽媽，沒問題，我們走吧。」

我母親和父親大多時候處得不錯，只有一次嚴重的吵架，我一輩子都忘不了。我父親對著母親咆哮，願她安息，欸，我想那天他真的很生氣。我母親的母親和瓜達露佩阿姨不斷阻止我父親打我母親。他打人的時候，鑰匙圈掉到地上，我一把抓起來，然後跑出去。它上面有一個刮鬍刀片，因為我父親脾氣不好，我以為他會用這個傷害我母親。

我阿姨、帕琪塔外婆，還有傭人蘇菲亞，都衝過去抓住他。我回到家的時候，已經結束了。父親帶我到社區門口，他在那裡向聖母禱告。我看到他哭了，我跟著他哭了。他平靜下來後，買了個墨西哥捲餅給我。

每年一月六日主顯節的時候，三賢士會把玩具留在我母親放花盆的架子上（上面有她喜歡的植物）。有一年主顯節，三賢士沒來我們那間破房子，我覺得我是世界上最不幸的小孩。我們小孩子很早就起來了，和所有小孩在那天做的一樣，四處找我們的玩具。我們到放花盆的架子上去看；然後又到火盆上去看，三賢士是不是把禮物放在灰燼或木炭裡。可惜沒有，所以我們只能到庭院去看我們朋友玩他們的玩具。當他們問：「三賢士送你們什麼？」馬努埃爾和我回答：「他們什麼也沒送。」

那是我母親死之前陪伴我們的最後一個主顯節。在那之後，我哭了好幾年。

我們住在特諾奇蒂特蘭街的一間房間。我父親和母親睡在一張床上，馬努埃爾、康蘇薇若和我睡在另一張。等瑪塔長大一點後，她也和我們一起睡。我們並排著睡，第一個是馬努埃爾，然後康蘇薇若，接著是瑪塔，再接著才是我，一直是這樣的順序。

我有個現實的問題。我常尿床，一直到九歲、十歲。他們都叫我家裡的尿床王。我不是唯一尿床的人，因為馬努埃爾和康蘇薇若有時候也會。因為我習慣尿床，父親母親已經給我幾頓痛打，還威脅我早上要把我抓去泡冷水。有一次我母親真這麼做了。當然，我不怪她；她是為了幫我改掉這個習慣，但這習慣跟了我很久。

母親死在父親懷裡的那個清晨，我大概才六歲。她的死對我打擊很大，而且折磨了我一輩子，因為我覺得是我的錯。她死的前一天，我們和阿姨、舅舅阿弗雷德和何塞去了瓜達露佩聖母殿。我們非常快樂。我母親，願她安息，總是會慶祝我們的命名日，所以就一起吃豬肉和那些你知道對身體不好的東西。那些東西會讓你中風，母親中風倒下算在我的頭上。

事實上，那天稍晚的時候，她要我把鳥籠從屋頂拿下來。我母親很喜歡那些鳥兒，你懂嗎？整面牆都掛滿鳥籠，因為她很喜歡那些小動物。我爬上屋頂，一些灰塵掉進我鄰居的家，那裡的

1 譯註：主顯節是紀念及慶祝耶穌降生為人後首次顯露在三賢士面前的節日。在墨西哥，兒童在當天會收到禮物。

女人對我潑水。

「你這個頑皮鬼，看看你幹的什麼？」

我母親跑出去為我出氣，於是和鄰居吵了起來。如果她沒有和鄰居大吵一架，媽媽也不會死。總之，無論我內不內疚，事情就是這樣。

大約凌晨兩點的時候，他們把我們叫醒。我不想起床，因為我尿床了，怕他們處罰我。但我們看到父親在哭，嚇得起床了。我知道大事不好了，因為父親把母親抱在懷裡。當醫生來的時候，我們都在床頭哭。親戚想叫我們先出去，但我堅持留下。

我不想接受母親死了的事實。他們把她擺好，那天晚上，我偷偷跑去睡在她旁邊。他們到處找我，但我睡在母親旁邊，躲在他們蓋在她身上的白布底下。在那個年紀，我已經懂得死掉就是那個人永遠離開這個世界了，雖然我告訴我的哥哥妹妹：「別哭，媽媽只是睡著了。」然後我靠過去我的母親身旁說：「媽媽、媽媽，妳睡著了，對不對？」我摸摸她的臉，但我知道她永遠也不會再醒來了。

我那時很想念我的母親，現在還是。自從她死後，我覺得我再也快樂不起來了。有些人把煩惱跟別人說一說後就覺得好多了，但我已經把這告訴很多人了，還是沒用。只有在離家出走、流浪各地或獨自在鄉下或山上的時候我才感到平靜。我相信如果我的母親還活著，我會很不一樣。或許我會更糟。

母親死後，外祖母是我的第二個母親。我時時刻刻跟著她。我叫她「婆婆」，就像我叫我母親「媽媽」一樣充滿了愛。她總是對我們很好，但個性非常嚴格和嚴厲。畢竟，她老了，而且觀念也很守舊。他們會在各方面都更加正直。

她來和我們一起住，好照顧我們。她在廣場賣蛋糕邊，我以前隨時都會去找她。我想要一直跟著她，因為她了解我，也常給我很多忠告。家裡的其他人，即使是瓜達露佩阿姨，她和我們這麼親，也會叫我「髒黑鬼」（*negro cambujo*）或「壞小孩」。我不懂「髒黑鬼」是什麼意思，但一樣覺得受傷。所以我總是黏在外祖母身邊。

馬努埃爾從來不想和她出去買蛋糕邊或麵包。我是很喜歡跟她去的那個。不知道為什麼，我只是個小孩，但我覺得，如果我一大早就和她一起出門，她就不會出事，謝謝老天，我們也從來沒遇上什麼壞事。有一次馬努埃爾和我們一起去，他把外祖母惹得很生氣。一個攤販在賣墨西哥山楂，他叫著：「墨西哥山楂（*tejocote*）、墨西哥山楂、一個一分！」馬努埃爾老是愛煩我外祖母，開始嚷著：「外祖母、一分錢……一分錢一個外祖母……」欸，她罵了他，想把他抓住，但當然，她從來沒抓住他過。他跑得很快。他當時只是在鬧，但那次他把她弄哭了，這讓我非常難過。

我們當時住在古巴街，是的，古巴街，因為我爸爸才剛認識愛蓮娜，而我外祖母搬出去和瓜達露佩阿姨住。我覺得更寂寞、更想念母親了，因為至少外祖母在的時候，我就不會感覺到媽媽走了。

愛蓮娜變成我的繼母後，我常去向帕琪塔外婆抱怨，說愛蓮娜有的沒的。那些日子我外祖母就像擦我眼淚的毛巾一樣。在她面前，我內心真的輕鬆不少。我甚至偷了盆栽，欸，也不是偷，因為那些是我母親的，我只是不想讓愛蓮娜碰它們，所以我把它們帶到我外祖母或阿姨家。但我也失去了我親愛的外婆，因為不久後她也死了。

打從一開始，我繼母就不喜歡我，我也不喜歡她。我和我年輕的繼母處得不好。對我來說，世界上只有一個母親，即使一百個人來我身邊，想扮演的像我的母親，那也不一樣。再說，我從朋友那裡學到一件事，就是繼母都很壞。

我猜愛蓮娜大約十八歲，或還不到。總之，她太年輕了，缺乏經驗，無法照顧一個帶著四個小孩的喪妻男人。她不懂得怎麼讓我們聽話，尤其是我，我是最叛逆的。如果她能跟我好好說話，我就會握著她的雙手，但她總想控制我、命令我做這做那，左右我的生活。我從小就不喜歡別人指揮我，除了我母親父親。如果愛蓮娜摸我一下，我會立刻反擊。我總是用行動捍衛自己，我從來就不懂得怎麼用說的。

我和愛蓮娜吵得那麼兇，其中一個原因是，因為她，我和馬努埃爾得睡在地板上。有一次我聽到爸爸和愛蓮娜說話。她說我們占用床鋪夠久了，女孩子們正在長。所以父親就命令我和馬努埃爾去睡地板，也不是真的睡在地板上，爸爸買了草蓆給我們。我猜當時他買不起床吧。

我哭了好幾次，但從沒跟父親說過什麼。我覺得很受傷，心裡很悶。我感到很難過，像條狗睡在地上。我那時候好想念我媽媽，她活著的時候，我們睡在床上，比現在好多了。她死後……愛蓮娜來之前……我們也睡在床上，和爸爸一起，後來愛蓮娜占去了那個位置。

我睡在父親身邊的時候很快樂。如果馬努埃爾占了我在爸爸身邊的位置，我就和他打架！我們會打到爸爸說：「全部閉嘴，去睡覺。」啪！燈關掉，腳一蹬把鞋脫掉，褲子脫下放在椅子上，接著就安靜了。

一開始，有件事讓我很不高興，就是之前愛蓮娜和另一個男人住在一起。我很擔心父親的安危，因為她的前夫也許會報復他或什麼的。

我父親賞了我不少責罵和拳頭，都因為我繼母灌輸給他的那些想法。她也不是完全錯，但她又在事實裡加油添醋。有好幾次，她根本就是在挑釁我。如果我跳到床上把床弄髒，她會說：「走開！髒黑鬼！」那傷到我了，我就回她：「妳這個又臭又舊的布袋，為什麼說我黑，如果我是黑的，也是上帝讓我這樣的。」她會打我，我會打回去，讓她哭。

我父親回家的時候，她招呼也不打，就對他吐了滿腹牢騷。父親工作了一天累壞了，聽了這大發脾氣，而且不聽我解釋。他立刻打我一頓。隔天我又跟愛蓮娜槓上了。

我可憐的父親！為了我和那個女人吵架，這女人不知花了他多少錢！五十、上百、三百披索，他為了滿足那位女士，不知買了多少衣服、洋裝、鞋子。我真的很火大！我有時候會偷她存的錢，因為那些都是她從我爸爸那裡拿的。

雖然我從不曾表現出來，但我不僅愛我父親，也崇拜他。小時候，我曾經是他的歡樂與驕傲。比起哥哥他更喜歡我，因為他要去什麼地方總是會第一個帶上我。好幾次就我們兩個人去聖殿或看電影，或只是在晚上散散步。他依然用同樣深的愛來愛我，但他不再表現出來了，因為我不配。

我父親對我們總是很拘謹；他話不多，我們也從不和他討論我們的問題。我試著親近他。我希望他待我們是特別的，像別人的爸爸那樣，跟我們說話、替我們擔心。以前他回家的時候，我們會親親他的手或抱抱他，我好喜歡那樣。我覺得我父親那時候比較了解我，儘管那時我懷念的是一個情感的跡象，一句鼓勵的話。

我一輩子中，父親只有兩次親密地和我說話。他問我：「兒子，你在煩什麼？怎麼了？跟我說你的煩惱。」我聽到他溫柔地叫我「兒子」，簡直覺得自己是全世界最重要又最快樂的人。他通常叫我羅貝托或「你！」然後用粗話罵我。

我一直不喜歡兒子對父親大聲說話。每當父親罵我們，或只是和我們說話，我們都不敢直視他的眼睛，因為他太兇了。當我想要解釋，或釐清一下事情的真相，他也不讓我說。「你，閉上你的嘴」、或「你就只會狡辯」。他訓斥我的時候我從不回嘴。相反地，我會檢討自己。我告訴我的哥哥和妹妹，如果父親對我們不好，是我們的錯。父親總是神聖的，尤其是我父親。他是一個好人，一個很好的人。沒有人像他一樣。

我父親從不打我們，除非有個好理由。他用一條寬皮帶打我們，那皮帶他現在還在用。那條皮帶是一般的兩倍粗，他打我們很用力，特別是打我。他打我們，打到我們也習慣了，就算他氣起來猛抽，也不覺得痛。我很不幸的是有個該死的習慣。當我被抽的時候，會一面用我的頭去撞牆或衣櫥什麼的。我一直拿頭猛撞，不知道為什麼。

後來，大約我十歲的時候，父親改用電線，一條很粗的電線，兩公尺長。他把電線對折又對折，中間打個結。哇！這下我們又可以感覺到處罰了。每次他給我們一鞭，都會留下鞭痕。而且我父親不是打犯錯的人就算了，兩個他都打。這方面他很公平。

父親總是鼓勵我上學。我當初是有多愚蠢才沒有聽他的！我很難解釋為什麼我不喜歡上學。同學被叫到黑板前去回答問題的時候，他們總是回答得又快又正確，但當我被叫上去的時候，總覺得肩膀很沉重，因為我知道大家都在看我。我覺得同學們在低聲談論我。我想要不去注意他們，反而更難專心，得花更多時間解題。

我母親、阿姨，或是我外祖母會帶我去上學；有時甚至要用拉的。當她們離開我，把我留在這一群男生女生當中的時候，我有一種絕望的感覺。比起很多人，我覺得很自卑。

我一年級讀了四年，不是因為我很笨，是因為我常逃學。我二年級讀了一年，但升到三年級只讀兩、三個月就沒再回去學校了。因為朋友的緣故，或因為在家一點自由都沒有，所以我喜歡翹課，常去查普爾特佩克公園。父親一接到學校通知我逃學，就會拿著鞭子在家等我回去。

我們還是孩子的時候，我和我哥哥很親。他總是保護我；有好幾年，馬努埃爾是我擦眼淚的手帕。我以前很膽小也很愛哭，就是墨西哥人說的，很沒用（*rajón*），因為只要有人對我大吼，我就會哭出來。我很怕那些年紀大的男孩。他們威脅我，我就哭，如果有誰碰我，我就尖叫。然後馬上跑去找我哥哥，這個可憐的傢伙，為了我打了很多架。

我三年級的時候馬努埃爾畢業了。我沒有勇氣獨自面對學校裡的男孩子，所以乾脆也不上學了。

不知道為什麼，我總是覺得自己比無名小卒還不起眼。我一輩子，從不覺得有誰注意過我。

我總是被嘲笑……被輕視。我一直想要在生活中有所成就，做我想做的事，不需聽從誰的命令。我想做一隻風箏，在任何領域遨遊。

我想當一個傑出的運動員，或是厲害的賽車手，駕著汽車或摩托車去參加比賽。我一直想當個飛行員，有一天我爸爸帶我去拉古尼亞市場給我買帽子。他問我：「你想買什麼帽子？」我立刻選了有護目鏡的帽子，飛行員用的那種。

我和朋友玩的時候，一定是玩飛行的遊戲。為了更逼真，我會把護目鏡調低，爬到屋頂上，像個飛機一樣在那跑。或是我會繞著庭院跑。我會把繩子綁在水管上，做一個鞦韆。那就是我的飛機，我真的覺得我好像在飛一樣。那是我的夢想。直到今天，每當我看到飛機就會一直盯著，渴望有一天能飛。

我還曾經因為想要飛而撞破頭。我的表哥薩爾瓦多，就是瓜達露佩阿姨的兒子，願他安息，他很愛玩，也很愛捉弄我們。有一次我叫他開飛機載我，就是幫我盪鞦韆。他總是有求必應，所以他拉著我的手腕和腳踝開始轉圈圈。他一下子失去控制，於是「碰！」我高速撞到牆壁上。我的頭破了，我站起來的時候，爸爸、媽媽、所有人都嚇到了。我滿臉是血，但我沒有嚇到。其實，我還蠻享受流血的感覺。我頭上還留下一道疤。

我哭慘了。我常東撞西撞。我的頭還因為別的事情撞破，包括從屋頂上掉下來，或是和朋友打架的時候被石頭砸到。有一次我的一隻眼睛差點瞎掉，我流了很多血，還以為自己會死掉。我當時跑到一半摔倒，手上的玩具鏟子戳到眼睛。它直接戳進左眼，但他們帶我去看醫生的時候，我還看得見。我人生中最嚴重的疤、最可怕的驚嚇，是被狗咬到手。

我哥哥常跟朋友出去玩水，但我比他先學會游泳。我常纏著他們，希望他們也帶我一起出去。我曾翹課到我家附近的游泳池游泳。那裡有個員工叫何蘇埃，我很崇拜他，因為他不只很會游泳，人也很好。他又高又壯，很結實。我告訴你，他身材很好。我希望像他一樣，人好，高又壯，而且被大家稱讚。他曾和我們聊天，告訴我們他遊遍全國的故事。

八歲那年，有次我沒有錢買票進去游泳池。馬努埃爾、他的朋友「驢子」阿爾貝托，還有我，三人站在門外，當時有個醉漢經過，我們想要削他一點錢。那個男人給了馬努埃爾和驢子兩人票錢。然後我說：「我怎麼辦？你也會給我一些嗎？」那男人起身，我說：「聽著，先生，你不給我買票的錢嗎？」

他說：「你是誰？」

「我是那些男孩的弟弟，你剛有給他們錢。」然後我跟他說進去得要多少錢。

「不要，你這狗娘養的小雜種。滾開。你太黑了。」

那番話傷我很深。我哥哥和阿爾貝托丟下我進去了，留下覺得絕望和被羞辱的我。

我翹課的時候，或是被我父親叫去拉古尼亞市場，把他買的東西帶回家時，我習慣帶著我的小妹瑪塔。比起其他兄妹，我一直比較喜歡她。也許是她沒機會得母親疼，或者是我走到哪兒她都跟著我。

我教瑪塔怎麼搭便車：跳到公車的保險桿上，然後抓牢。我還從卡薩格蘭德帶了一隻小白狗，牠也到處跟著我。在那我們自在又快樂，像蒼蠅一樣黏在車子後面，狗兒追著我們跑。每個人都停下來看我們，或從汽車和公車的車窗把頭伸出來看這奇景。我想他們應該很崇拜我們，我很得意。

我喜歡在公車速度很快的時候跳車。瑪塔很勇敢，也學會這樣做。我不只冒著自己的生命危險，也冒著她的，但想不到她樂在其中，讓我大吃一驚。我相信這就是為什我喜歡她多於康蘇薇若或馬努埃爾。

我以前會帶著她一起去查普爾特佩克公園，或去聖殿，我們會攀上那裡最陡峭的山坡。我用三條繩子編成一條粗辮子，一端綁在我的腰上，另一端綁著她。我會找最危險的懸崖先爬上去，再把她拉上來。她愛極了，也從不抱怨。

我要先說清楚，我一直把瑪塔當成我的妹妹。碰到女人會引起生理反應，是吧？但和自己的妹妹不一樣。難過的是，有時候我父親發現我和瑪塔到處晃會疑神疑鬼。他會問：「你們為什麼去那裡？你們做了什麼？」他也會問瑪塔我們是否做了什麼壞事。我曾經在軍醫院的麵包店工作，酬勞是麵包和麵包捲。有一次我帶著瑪塔去，看看他們會不會給我們些麵包捲吃。那間醫院很遠，但當我父親發現我帶她去那裡的時候，狠狠打了我一頓。

瑪塔和康蘇薇若很不同。康蘇薇若比較聰明，比較勤勞，而且喜歡讀書。當她決定做某件事的時候，會堅持到底。她從不像瑪塔那樣跟男孩子玩，就連和女孩子相處時也很保守。她很文靜，而且很瘦，一副受到驚嚇的樣子。

我們小的時候，我和康蘇薇若處得很好。後來，我很訝異我的妹妹怎麼會變這麼多。她會為小事發飆，一杯水也會被她變成暴風雨。她情緒很不穩定，在我看來甚至有點自閉、神祕、暴躁。她枯燥無味，也不與人來往。但除此之外她很好，沒什麼大問題。

我和康蘇薇若的問題始於我繼母搬來和我父親同住。我早餐吃得晚，總是在大家之後才吃，因為不知道為什麼，從小我就覺得，沒做家事不該上桌吃飯。我習慣先打理一下環境，燒木炭生火、煮咖啡、清理鳥籠、餵鳥。沒人叫我這麼做，但吃飯前不這樣做我會很難過。

全家吃完飯後，我就會到廚房覓食。有好幾次，康蘇薇若或愛蓮娜竟當著我的面把剩下的咖啡倒進下水道，或是把我的麵包弄碎。我會說：「哈！哈！你們真好笑，我一點也不餓。」接著抓一根餵鳥的香蕉就出去了。我才不管他們死活，這不是出於憤怒，而是因為她們傷害了我。事實上當她們像這樣把我的早餐丟掉的時候，我內心很焦慮，喉嚨好像卡著什麼。我會哭，但不在她們面前哭，我會在庭院的一間小淋浴間哭。我盡可能不提這些事，因為我知道如果我告訴父親，他可能會罵她們，甚至用皮帶處罰她們。他有時候確實會罵康蘇薇若，但她無動於衷。

但我畢竟是妹妹們的哥哥。我從不無緣無故處罰她們，除非她們不聽我的話、對爸爸頂嘴，或叫我「笨黑人」。我動手打過她們好幾次，想起來心就很痛。我很想求她們原諒，但是一看到她們又失去勇氣。我很內疚，因為男人不該打女人。但我只會用我的手心或手背打她們。而且打的時候，頂多打她們的手臂、後背或頭。

可是，當父親回家時，康蘇薇若會告狀，說我踢她或打她的胸口。哎呀！老天！這些都是謊話，但我父親給我的可不只是摸摸頭而已！我發誓，我從沒那樣打過她。她當時就是個小騙子了，那是愛蓮娜的錯，欸，那個升天的女人現在安息了，上帝讓她去了天堂，但當時她和我妹妹一起控訴我，還誇大實情，我爸爸因此用兩倍粗的電線抽我，那電線裡面包銅線，尾端還有個結。

康蘇薇若和愛蓮娜害我的日子變得多苦啊！我覺得她們處處和我作對，我必須要一直提防。而且我父親偏心那些女人。他總是比較照顧她們，而且對我來說，他似乎比較喜歡我妹妹。其實，他對我們的愛是一樣的，但她們只是比較有機會親近他。他比較喜歡女人。但我不管，也不在意。相反地，我覺得這樣很好，可以百分之百確定，她們永遠不能找藉口，說自己從沒得到父親的愛……

我可以告訴你我為什麼打我妹。倒不是我對她們有什麼仇啊恨的。而是因為我從來就不喜歡我妹妹和其他男生玩耍。她們都不理我，這很合理，不是嗎？因為，欸，小女孩自然只想和小男孩一塊兒玩。

我會這麼覺得是因為我從小對女孩子就很壞，她們就是惹我討厭。我一整個厭惡。偶而沒人在家時，我會帶小女孩去廁所。我試著不讓我們兩個被人看到，然後我會開始摸她們，當然，她是同意的。我從五、六歲就這樣，甚至到了八、九歲，我母親死後，我還是停不了。所以我不讓我妹妹和男孩們玩，因為我覺得其他男孩也會對她們做相同的事。摸她們的胸部，我就是這樣對小女孩。

我們長大一點後，馬努埃爾、我的表妹馬蒂爾德、胡莉亞和我開始會玩在一塊兒。我哥哥和胡莉亞往某處去，我和馬蒂爾德就往另一邊。她是我舅舅阿弗雷德的養女，所以她和我不算是真正的親戚。不幸的是，從我小時候，到現在長大後還是一樣，我只要稍微和女人接觸，輕輕碰一下或握個手，就會有反應，無法自制。我想，所有的男人都是這樣吧。

我想和馬蒂爾德去澡堂。她住的那個維辛達房子裡沒有廁所；他們都要到庭院去上，正好順我的意思。

我說服她跟我走。我叫她躺在角落。我把她的衣服掀起來，脫下她的內褲，在當時，我根本不能說有個老二，那裡只有一點點而已，但我把它放在她的雙腿之間。其實我什麼都不能做，我也不知道該怎麼做，但起碼有經過她的同意，我們兩個人試圖用這種方式做，玩「爸爸和媽媽」的遊戲。

我和表妹做了這種可恥的事，所以我總是看我妹妹看得很緊。

我們搬到卡薩格蘭德的時候，我還很小。我們的第一個房間很小，而且狀況很糟。地板都是洞，還有大老鼠從裡面跑出來。很多東西會掉進這些洞裡，錢、彈珠、梳子。原本那裡也沒有電，我父親付了錢才接起來。我喜歡待在黑暗中，或只點蠟燭，但我父親總是堅持現代的舒適設備。他喜歡寬敞、乾淨的房間，於是我們又搬到更大的房間。

愛蓮娜也喜歡房子看起來好好的。老兄，她老是想要買這個買那個放在家裡，還有把家具搬來搬去。我不喜歡這樣變來變去，但你要說愛蓮娜什麼呢，她把我們家變成一個值得驕傲的地方，家裡又乾淨又整齊，變成鄰居們的模範。只是後來家裡改變很多，也不再博得肯定了。以前大家經過時還讚嘆得脫帽呢。那時候我父親總是和我們住在一起，他從不欠繳房租。相反地，他甚至還提前一個月繳，房東還因此給我們免費的澡堂入場券當作回饋。

卡薩格蘭德的規矩就是……新來的……先打一架。為了進入幫派，我要通過好幾個試驗。他們通常會派最強的「公雞」（*gallos*）或是打手來跟新來的打，看看新來的夠不夠格加入。之前我們常搬來搬去，自然有很多架要打。任何人看到我在庭院裡，就會打我、捏我，或拿石頭扔我。如果我從商店拿什麼東西出來，他們就會搶走，於是我回家得再被處罰一次。總之，人體忍耐疼痛有極限，耐性也有限，你會發現打架是必然的。

有一天我路過庭院，我哥哥和拉米瑞茲家的四兄弟在那等我。有一場架勢必要打。馬努埃爾覺得有義務把我拉進他們的幫派。但我當時還沒加入，因為我是新來的。我哥哥說：「來吧！上！」丹尼爾本來是第一個要測試我的人。我向馬努埃爾求救，但這讓他很生氣，認為我不該當個懦夫。「不要當孬種。保護你自己。我可不能一輩子幫你打架。」

於是他們把豪爾赫．拉米瑞茲推向我，還說：「揍他，不然我們就把你打得屁滾尿流。」所以也不管我願不願意，因為我怕死這些人了，豪爾赫挨了我兩、三拳後跑到一邊哭。我也流血了。後來我又和埃米利歐、丹尼爾……都是好朋友……還有一些朋友打架，這是友誼之戰，雖然也是當真打。我和每個人都戰過，直到我打到最強的「公雞」，我也打敗他了。我發現就是這樣，鄰居搬進搬出，我就得去測試他們，去讓他們進入我們的圈子。如果他們進不了，會過得很悲慘。

我漸漸喜歡上打架。有人打我的時候我不再跑去哭訴，反而直接槓上他。所以，我哥哥免除了替我打架的責任。其實我從來不想和任何人打架，但他們一直來找我。我必須要自衛，而且一輩子都得這樣。

那個最強的公雞，最會打的那個，變成了團體領導小組的一部分。他們的排行像軍中一樣：上尉威弗雷德、中尉伊格那西歐、少尉埃米利歐、中士馬努埃爾、二級中士是我羅貝托等等。當我們和上尉較量的時候，可以決定怎麼比。然後一個接一個設定遊戲規則。

有一個遊戲叫「跟隨領袖」，有十到十五個幫派小伙子聚集在一起，跟著「頭頭」，也就是領袖。如果他跳過下水溝，所有人也必須跳過下水溝。要是有人不照做，我們就排擠他。有一次我當「頭頭」，那一次很多人跑去和我爸爸抱怨。我惹上了麻煩，因為我去跳社區裡小花園的圍牆。我可以輕鬆跳過，但有些男孩不行，跳不過的人就把花園給踩爛了。有一次我打水管的主意。水管高高在上，我常攀著它們爬上屋頂。想當然，水管有些被我扯斷或拉鬆了。

我也喜歡在屋頂走來走去，還不只摔下來一次。大部分時候我先雙腳著地，然後站起來，所以男孩們都叫我「猩猩」。我們踢足球時會把球踢到屋頂上，「猩猩」為了要出風頭，便會爬到上面去找。鄰居會告訴愛蓮娜，或向我父親抱怨，他就會叫馬努埃爾來找我。他對鄰居的抱怨總是很敏感。過一會兒，我回到家後，就伸展一下四肢，準備挨打。

有次愛蓮娜問我父親，她能不能去哈利斯科州的一個村莊看她母親，我求她帶我去。愛蓮娜最喜歡康蘇薇若，康蘇薇若也以為自己會去，但我爸爸派我一人跟著去照顧愛蓮娜，或者說去監視她。總之我們兩人搭火車去了。這是我第一次長途旅行，留下很愉快的回憶。

對我來說，回憶過去就是重新經歷一遍！我很喜歡那裡的生活方式。那個村莊像幅畫，路上沒有鋪面，四處可見泥坯屋。我最喜歡那個村莊的教堂。我也認識了愛蓮娜的家人，她母親珊蒂多斯，她哥哥雷蒙和亞瑟，兩個妹妹索蕾妲和後來死了的康喬。珊蒂多斯女士是個好人，很明理。她和愛蓮娜一樣沒有上過學，也不識字。我喜歡他們全家人。

他們教我怎麼從乳牛身上擠牛奶，我還直接從乳頭喝奶呢！我會把那些小牛小羊推開，躺下直接喝！我們在那裡待了一個月，對我來說是很快樂的一個月。

另一次我和愛蓮娜好好相處的時候是我生病了，照她的說法是受驚（*espanto*）或嚇到了。我一直睡。我沒吃東西，變得蒼白又消瘦，雙眼多了黑眼圈。我到現在還是不知道我生了什麼病。只有愛蓮娜和她母親知道……她們說這是受驚，試著用各種草藥給我治病。我父親很擔心，幫我找了個醫生。愛蓮娜那時很照顧我，我病了，所以我們兩人停戰了。如果她總是像當時那樣對待我，說不定她現在還活著，或至少我們會處得更好。

我大約十一歲的時候還在讀一年級，第一次逃家。我什麼都沒有，背上披了件衣服就去了韋拉克魯斯。我連出發的錢都沒有。那幾天，我的口袋裡沒有超過一披索。我只有平常每天父親去工作前放在我們枕頭下的五分錢。星期天我們會拿到二十分。但我通常都立刻花光，口袋裡從沒剩下一點。一路上我所有的錢是一個司機給我的。

我逃家的藉口是我父親罵我，事實上他常常罵我。真正的原因是我聽到一些男孩說他們冒險的故事，想自己嘗試一下。所以我去了韋拉克魯斯。我選擇那裡是因為我曾和父親母親、馬努埃爾，還有康蘇薇若去過那裡，當時康蘇薇若還是個要人照顧的小嬰兒呢。我祖父死了，一些叔叔把我父親關進監獄，還奪走他繼承的財產。只要一想到這件事我就火大！你想想，叔叔竟對我父親做出這種事！真是無恥又勢利的人！把錢看得比什麼都重要！但我叔叔死了，後來我也不認識其他親戚。

我一下子就在墨西哥普埃布拉公路走了二十三公里。我一直都很喜歡那條路；也很喜歡走路。我曾經從馬特拉塔一路沿著鐵道走到奧里薩巴，大約七十公里，只為了欣賞沿路的植物和美景。火車經過時，我會跳上去（我沒有那種傳統的付費的壞習慣）但我更喜歡用走的欣賞風景。我喜歡沒日沒夜地走，直到我累得倒下。然後我就在公路旁睡覺。到處都有草，我會割一些堆成床。

在公路上我既快樂又自在。吃對我來說不是問題。我只要到附近的房子問問可不可以用工作換墨西哥捲餅，這對我來說很容易。人們會給我點事做，去井裡取水、砍木頭，或任何這一類的簡單活，然後他們就會給我點吃的。很多人會叫我先坐下來吃，也不會叫我幫他們做什麼事。他們會裝一包玉米餅和鹽巴給我，吃完我就走。

我會事先就想好一條路線再照著走。，從國王區走到十字路口就是特斯科科、普埃布拉和韋拉克魯斯公路的交叉口。那些該死的車子就算看到我是個小孩也不會停下來。有一輛公車願意載我一程，問我從哪來的。我知道如果你說你是墨西哥城來的，門一定會關上，所以我會說我來自其他地方。首都的人風評很不好。嘉年華或是慶典的時候，他們若抓到有人偷竊或犯罪，往往都是首都來的。聖週或七月二十四日的嘉年華時，很多嗑藥的人和同性戀會從墨西哥城到韋拉克魯斯。我在那兒看過一些，穿得像女人一樣。誰知道他們為什麼這麼做？真令人作嘔。

我獨自旅行。我從未想要找朋友作伴，因為我一直都喜歡自己走。對我來說自己走比較容易。我會問路。光靠問路，你可以去到羅馬。

我離開家的時候，彷彿擺脫一股沉重的壓力。和別人一起住很難受。我再也不想被家庭綁住了。有時候我拜託別人讓我寄宿一晚，有時候我在某個人家住上幾天。但這樣也不舒服，因為我追求的是自由，所以一直走，像空氣一樣，沒有痛苦、漫無目的、自由自在……人們會問：「你為什麼離家出走？」

「因為我父親罵我，我有一個繼母。」我拿愛蓮娜當藉口！我想這就是為什麼我老是惹她發狂，這樣我就可以利用她作為我說謊的台詞。我有無賴的好運，靠這招每次都得逞！我自稱是無賴，因為我只會利用別人來掩飾謊言。比起我應得的懲罰，我經歷的苦難根本不算什麼。

就像所有的冒險故事，我抵達韋拉克魯斯後，我問人要怎麼去海邊。我找到後，就在海軍的港灣坐上一整天，看著浩瀚的海。海洋是如此美麗、壓倒一切。我在那裡待了一整天，看著遊客，還有看守碼頭貨物的守衛，他們閒來無事，只能釣釣魚。夜晚來臨時，我想著要睡在哪裡，但那不成問題，反正天氣很熱。我決定留在沙灘，最好又最柔軟的位置。夜晚漲潮了，我便退後，離海一些距離。

隔天我想吃東西。前一天我一整天都沒吃。我看海和釣客看得出神了。我走到碼頭，因為載貨的船停在那。我看到很多人忙進忙出。他們是一些大塊頭、黑皮膚的男人，比地獄使者還強壯，像惡霸一樣。我走向船的廚師，問他有沒有工作可以讓我換些墨西哥捲餅。他覺得我很可憐。正是因為那個廚師，我生平第一次當了碼頭卸貨工人。只要是小東西我都搬，他們換了好幾頓飯給我。我們早上八點開工，中午十二點休息，接著十二點半又開始，四點半結束。我就這樣有得吃有得住，他們也讓我睡在船上。

過了一陣子，我發覺這樣很難安頓下來。船來的時候，我就像水蛭一樣巴著。但隔天船一走，我又無家可歸也沒得吃了。我總是在找吃飯和睡覺的地方。但我知道如果有人餓死，一定是因為他很懶。如果你幫免費海灘上的漁夫拉網，他們不會給你錢，但會給你幾條魚。撒一次網，會捕到各種東西，鯊魚或烏龜都有。我把魚賣了，留下一、兩條請漁夫的妻子幫我煮了。

有什麼工作來我就做什麼，這樣我就有得吃。我從來沒有靠工作賺過一個銅板，他們多半給我一些水果。我甚至得吃野生植物，有時候兩個禮拜都嚐不到麵包的味道。我沒得吃的時候，就會拜託守衛給我幾片椰子。當船從塔巴斯科或從其他種水果的地方來的時候，就是我吃大餐的時候！

不久後我就得煩惱睡的地方，因為聽說有警車在海灘附近巡邏，韋拉克魯斯所有的人渣都在海灘附近。任何在沙灘上睡覺的人都會立刻被關進牢裡。我沒出事，因為我睡得淺，而且離海灘遠，在靠山的那一頭。白天我不敢離碼頭太遠，對我來說，靠著海才有得吃。

大概這樣過了三個月。我差不多到了想回家的時間了。我久久一次想起我的家人，每當想起的時候，就想立刻回家。有幾度我鼓起勇氣想離開，但又會打消念頭。我也沒給家裡寫過信，因為我不知道怎麼寫信，也不希望他們知道我在哪裡。我想像爸爸發現後一定會來找我，把我打到死為止。我是這麼想的，但無論如何我還是回家了。

回程比較困難，我得從韋拉克魯斯走到普埃布拉。我花了八、九天。我沒日沒夜地走，沒有任何該死的卡車司機願意載我。我沿著科爾多瓦路走到普埃布拉市區入口的警察局。我的鞋子都走爛了，我父親買給我們的可是那種強韌的礦工鞋。我拜託卡車司機載我一程，但他們都拒絕了。有些人還嘲笑我。我不理會他們，但我第一次有寂寞的感受，像飄在空中的羽毛。我坐在路邊，哭了。

最後，總算有個警察攔了一輛卡車，對司機說：「照顧一下這個小冒險家。他要去墨西哥城。」我上車，深夜抵達了墨西哥城中心、憲法廣場附近的梅賽市場。想像一下，那是我第一次去那裡呢。我去過韋拉克魯斯，卻從沒去過憲法廣場！我穿過國家宮，看到大教堂大鐘指向三點。我人就在那裡，獨自站在廣場。我急匆匆回家，敲了維辛達的大門，看門的（*portera*）讓我進去。

我坐在家門外，想著到底要不要進去。我想我應該會被痛打一頓。我敲敲門，又坐了下來。

然後發生了奇怪的事。我不迷信，但如果你看到我眼中所見，你會覺得我是通靈人。我坐在那裡的時候，看到一個人，穿得像個騎手（*charro*）或牛仔之類的，從屋頂上的水塔附近下來。他點燃某個東西，我想是雪茄，因為火還蠻大的。我繼續盯著看，想知道這人在找什麼。然後雪茄掉到地上，那個人就不見了……就這樣。我猜他一定是在開玩笑吧……但他去哪裡了？

我一直都很喜歡危險緊張的感覺，每當有不尋常的事情發生時，我總想要知道那是什麼。所以我爬上水塔，直上塔頂。我走到小花園和澡堂。維辛達裡一直謠傳這些地方鬧鬼。欸，如果我真的迷信的話，現在早死了，因為我走到澡堂的時候聽到一聲巨響，好像什麼東西摔壞了。我嚇得要死，跑回我家用力敲門。裡頭有人問：「誰啊？」我說：「爸爸，是我。」

我父親立刻開門。「你總算回來了，兒子。好啦，進來吧。」他口氣很好。我以為他會拿著皮帶等我，狠狠揍我一頓。但他對我說：「你吃飯了嗎？」我們沒有煤爐，只在火盆裡點木炭，所以他去升了火。他熱了咖啡和豆子，對我說：「吃吧。吃完把燈關了。」然後他又回到床上。我知道他睡得淺，一大早就要去工作，所以我把燈關了，在黑暗裡吃飯。然後我就去睡覺……他沒罵我也沒打我。

隔天，我父親上工前把我痛打一頓，我活該。然後我注意到衣櫥上的聖安東尼頭下腳上顛倒著，外面還包著我的襯衫。愛蓮娜把祂拿出來說：「欸，聖安東尼先生，祢把他帶回家了，祢可以歸位了。」便又把祂擺正。我真的不知道我是不是一個好的天主教徒……我不喜歡談太多宗教的事，但她這麼做的時候，我笑了。同時，我也納悶這儀式有沒有意義。

那天下午爆發了一場暴風雨，一如我回家前的預期……但也不錯。之後就恢復正常的生活，在維辛達裡，日復一日。我的朋友一直來煩，他們想聽冒險故事，我有點驚訝，他們最遠竟然只知道查普爾特佩克公園。我告訴他們我的故事，沒錢、沒飯吃、沒地方睡的故事，感到蠻得意的。

我扯了一堆謊，說我在韋拉克魯斯和很多女人在一起。我得這麼說，因為我的朋友，甚至比我年輕的男孩，常說他們那個很強、和女人做了什麼跟什麼。他們遙遙領先，為了不要落後，我告訴他們，我在韋拉克魯斯也有一些「襯衣」，我們都這麼說。

我在澡堂工作的時候，看到一個女人，她是我認識的裁縫的妻子，她來澡堂要一間單人浴室。她和一個男人一起來，那個男人在街上經營一些賭博遊戲，是個騙子，然後他在澡堂要她……欸，你知道的。她說：「不行！你怎麼會那樣想。我丈夫發現會殺了我的。」於是男人回答：「對，但妳不會告訴他。」

有個和我在澡堂工作的人聽到這段對話。欸，他說服了她，他們一起進去一號浴室。有個服務生，一個老男人，爬到屋頂上去看。他看了一會兒後下來說：「老兄！他什麼姿勢都來。」所以我也爬上去看他們的性事，我超激動的。那一整天我都在想：「那要怎麼做？那是什麼感覺？」

於是我和男孩們討論這件事，然後大家決定那天晚上去汀特羅街。我想做那件事，但不想跟叫的女人做這個主意，畢竟可能會染病。但男孩們說：「去啦，小黑，不會怎樣。這樣你才知道當男人的感覺啊！」我告訴自己：「喔，所以這就是變成男人要做的事。好吧，那我就得去做。」於是我去了。

我叫的女人說：「過來，小朋友，不要怕。」我真的很想跑出去，但她說：「來，上來。不要怕。你第一次嗎？」

「是啊，小姐，我想我還是走好了。」

「不要怕，很舒服，等等你就知道了。」她拉拉我，然後我只記得我們上了床，開始做……那件事。我蠻喜歡的，所以後來我又去……只有幾次……但沒間斷過。

我那段時間都在澡堂工作，看著置物櫃、遞毛巾肥皂，有時還幫客人按摩賺點小費，但另一個在那裡工作的男孩抱怨我們薪水太少……一個禮拜只有二點五披索，為了補償，我們從收銀台拿了五十披索，但那個混蛋老闆跑去和我父親說我們不只拿五十，所以我父親賠了更多。我丟了工作，也被打了一頓。

之後我朋友米格爾問我要不要去玻璃店工作。得先當學徒，每個禮拜工資兩塊半披索，但我去了，去學如何做生意。大概兩個月後我在荷西・平托的玻璃店工作。當時那只是一個小店，那個人現在有一家很大的店、自己的房子、銀行戶頭，甚至車子。我知道他是個會出人頭地的人。他當時按件計酬，我每週大概賺三十到三十五披索。

那時候我賺的每一分錢都給我父親。我很高興也很驕傲這麼做。我父親曾經對我哥哥說：「馬努埃爾，你應該學學羅貝托。他比你年輕，但他是你的榜樣。他賺的都給我，你呢？」

我聽到他這麼說，自然覺得很高興。我父親給我的錢就夠我用了，車錢和一天一披索的零用錢。我當時不抽菸也不喝酒，而且我喜歡工作。我一輩子都喜歡工作，而且我工作的時候，不瞎扯也不胡鬧。我完全投入，不理會其他事情。

六個月後，我對切割玻璃厭煩了，我舅舅阿弗雷德帶我到麵包店教我烘焙。我去的原因是因為我喜歡吃剛出爐熱呼呼的麵包，但烘焙本身不太引起我的興趣。我表哥托馬斯，就是我姨婆卡塔琳娜的兒子，他是個泥水匠，說要教我行當。我喜歡那行業，因為我喜歡在高樓上工作。我一直都很喜歡在高處……所以我爬到樹上、杆子上、在屋頂上玩……但我還是丟了工作，因為我偷了樓房側邊的一塊鋼板。那塊鋼板閃閃發亮，我把它從牆上切下來。倒楣的是被人看到了。我只好回到玻璃店工作。那裡的情況有點糟，每逢星期六發薪水的時候，老闆都付不出來。他平日都把錢拿去喝酒，星期六就躲起來。

那時候我十三歲了，做過碼頭工人、澡堂幫手、玻璃工人、麵包師傅、泥水匠。之後我又試著去拋光家具。我上工的時候每個人都警告我師傅很狡猾，特別是在發薪日。大家說的是真的。我星期六都得沿著整條街追那個男人，或從家具和所有的衣櫥裡找找有沒有那糟糕的十八披索來付我這週應得的薪水。我追著他好像在追小偷一樣。我跟著到他家，看著他進去，然後他太太會板著張臉告訴我他不在。就算我抓到他，他也不會付我全薪。幾個禮拜後，我累了，所以辭了工作。我也不再找工作，就到處混。

有一次我在庭院和朋友聊我冒險的事。我越講越激動，講到韋拉克魯斯，那裡沿著公路上有多少水果。我很興奮，很想再回去，我想都沒想，回家抓了兩條褲子、上衣和一個紙袋就出發了。我記得我口袋裡不超過二十分錢吧，總之我又再度上路了。

我對韋拉克魯斯真的很熟。因為我有第一次的經驗，或多或少更知道找食物的要領。第二次出走沒什麼印象深刻的事，除了看見龍捲風。我喜歡被風推著走的感覺，同時它也嚇到我了，尤其是看到長滿椰子的棕櫚樹撲倒在地上。我看到海洋怒吼的樣子……把一整面海灣入口的牆捲走，像撕紙一樣容易。

我那次沒去找我父親那邊的親戚。他們住在科爾多瓦，但我根本不知道，直到回家，直到看到大衛在《佩皮》上登的廣告。

我父親一直都會買漫畫雜誌給愛蓮娜和我們小孩子。我們為了等他帶「漫畫」回家，經常吵架。康蘇薇若和瑪塔總是有特權先看。我不知道誰看了廣告，總之有人拿廣告給爸爸看。我父親從來沒提過他的家人……這一次他坐下來寫了封信。看到他寫信真的是一件非常稀罕的事，對我們來說挺新鮮的。

大衛來的那天，我記得很清楚，因為是我帶父親去車站。那天一大早，大約五點鐘，我父親說：「羅貝托。」

「聽你吩咐，爸爸。」我回答他。

「看看你，整天到處混，知不知道從科爾多瓦來的公車停在哪？」於是我帶他去，然後我們靠著戴在衣領上的花認出我堂哥。他塊頭很大，巨人似的，跟我握手的時候力道很驚人！我們搭了計程車回家，整天都在聊天。他告訴我們他住的村莊的事，還有他母親奧莉維亞的事。她是我父親哥哥的妻子，父親的哥哥已經去世了。她現在和第二任丈夫住，是個農夫。

大衛和我們一起住，爸爸幫他找了個工作，在光芒餐廳當警衛。大衛很規矩，我們都很喜歡他。幾年後，愛蓮娜死了，他告訴我一件愛蓮娜的事。他說得很有把握，我不相信馬努埃爾或我妹妹知道這件事。大衛有天躺在床上，愛蓮娜突然坐在他的腳上，應該說是大腿上。他急忙跳起來說：「愛蓮娜，我也許很窮，又像個印第安人，但我不做這種事。你是我叔叔的妻子，我們應該互相尊重，請不要這樣。」愛蓮娜後來很氣他。喔！這件事真的令我很火大。如果愛蓮娜還活著，讓我知道這件事，她肯定難看。他媽的！不用懷疑，女人都很賤！

大衛找了藉口回去科爾多瓦，但後來他和他母親又回來了。他們帶我一起回科爾多瓦。我很喜歡那裡。我和他們住了一個月，不想離開。雖然沒有父親的照顧那麼舒服，但我健康又快樂。我比較喜歡鄉下生活。這裡寧靜又安詳，可以輕鬆呼吸。連睫毛都很舒服！他們是另一種類型的人，正直又有禮貌，是一種不同的生存方式。不像在城市裡，我必須很有警覺，隨時提防任何人或任何事。

我想當個農夫，我在那裡學會務農。奧莉維亞的丈夫教我所有事，耕地、播種、除草、收成，全都教我。他在田裡為我開班授課，我學會種甘蔗、玉米、豆子、稻米。後來這對我很有用，因為我旅行的時候會在田裡工作。國內有一些地方沒有其他的謀生方式。我很想在像科爾多瓦和韋拉克魯斯那樣鄉下的地方工作，因為我愛那樣。我第三次、第四次離家，就直接去科爾多瓦了。

第五次離家，倒不是我自願的，是我父親把我趕出家門。他有理由這麼做。我完全沒幫上他的忙；也沒有規規矩矩生活，不配住在家裡，他常把我趕到街上去。在愛蓮娜煽風點火下，他會打我，又對我大聲訓斥。對我來說，大聲訓斥比動手打我還難過；比起被唸一下，我寧願被痛打一頓。罵人傷害更大，他叫我混混、廢物、豬，就是在羞辱我。他說我不是正派的人，我唯一在行的事就是讓他頭痛或丟臉。真的，我寧願他打我。

羅貝托做錯的事，馬努埃爾和他妹妹也都會感覺到，因為我父親會一起罵。他一直讓我有這種感覺。他心情不好的時候，連蒼蠅都不敢飛。我們沒有人可以靠近他。愛蓮娜死後，我才不必再為愛蓮娜的煽風點火而被打罵。

愛蓮娜死的時候，我就在床腳邊，還能看見她的眼神。我不知道當時她是詛咒我還是原諒我。我永遠不會知道。她的眼神已經呆滯了，還是一直看著我。我在心裡求她原諒所有我對她做過的事，包括惹她生氣。我求上帝原諒她，趕快帶她走，或讓她安息。有人病得很重時，我都為他們禱告。她一直盯著我，我永遠也忘不了那個樣子。後來，她動了動她的手臂，就結束了。

她死了，我父親那一刻好像也死了。每個人都很震驚，忙來忙去。我記得他們叫我拿著她的棉被和枕頭去六十四號，清出一個空間讓她躺著。我幾乎要昏倒了，我走到水塔附近時，有些男孩扶住我，我才沒有倒下。

當年有件事嚇到我了，現在我還很迷惑。我爸爸一直看著我……我覺得他用眼神指責我，彷彿在說是我害的。他總說愛蓮娜生病是我們害的，尤其是我，因為我比其他人更常惹她生氣。

愛蓮娜還在世、但病得很重的時候，我得知我有個一半血緣的妹妹安東妮雅。有天父親提早回家，我們嚇了一跳，因為他以前從來不會這樣。他把我和馬努埃爾叫到面前，給我們一張照片。

「這是你們的妹妹。」

「老天，她怎麼可能是我們的妹妹？」我心裡這樣想。她綁著兩條辮子的樣子，還蠻漂亮的。「她都這麼大了，怎麼會是我妹妹？」

然後他說：「我們得找到這個女孩。」

「好，爸爸。」

「不管你們在哪裡找到她，把她帶到這裡來。」這是我父親對我們下的命令。後來他找了私家偵探幫他找到安東妮雅，我也不知道在哪裡找到的。

她從她母親家逃走；這個安東妮雅和我還長得挺像的。有天晚上我父親說：「羅貝托，上床去。在這裡等著，我要去帶你妹妹回來。」我迫不及待要見她。康蘇薇若和瑪塔睡了，我哥哥出去了，所以我是唯一負責看家還有保護妹妹的人。

他們午夜的時候回到家，那女孩一走進庭院就哭了。她一直哭、一直哭，我看不到她的臉。整個晚上我都想要走過去看看她長什麼樣，聽聽她說話，聽聽她聲音到底好不好聽。安東妮雅在我妹妹的床上哭了整晚。

隔天我父親去工作，我和馬努埃爾找她說話，問她各式各樣的問題。結果她和她母親露碧塔就住在玫瑰街，離我們學校一個街區而已。我記得在街上看過安東妮雅，也記得我喜歡她，但不知道她是我妹妹。

我父親和露碧塔還有另一個女兒瑪莉蕾娜，她也是我一半血緣的妹妹。我從沒機會好好認識她或疼愛她，但她有著堅強、高尚的性格，而且非常虔誠。你和她說話要特別小心，我對她總是特別尊敬。露碧塔還有另外兩個女兒——伊利達和伊莎貝爾，也是安東妮雅一半血緣的姊姊。我也很尊重她們，但她們對我老是不理不睬。

從安東妮雅和我們生活的那一刻起，我就喜歡上她了……老實說，她是我一生的最愛。我之前交過女朋友，但三個裡面我只認真喜歡過茹菲莉雅，她住在我們這個院子。但茹菲莉雅皮膚白，家境又比我們家好，所以我不敢說她是我女友。我只是暗戀她。我第一個女朋友是一個嬌小漂亮的女生，結果她為了一個混蛋耍了我。我喜歡她，但不敢要求要接吻。有一次我親了她，之後立刻跑回家，因為我覺得很尷尬。我們交往了幾個月，但結果她竟然懷了別人的孩子，我和她就這麼玩完了。

我另一個女朋友是隔壁的幫傭。她很喜歡我，而且利用我妹妹來安排約會。她問我要不要當她男朋友，但那不是真的感情，只是小孩玩玩而已。我一生的最愛，讓我煎熬又絕望的，是我那一半血緣的妹妹安東妮雅。

我們年紀差不多，大約都十三、十四歲。我並沒有告訴小雅我對她的感覺。我只是默默看著她。她鋪床、打掃、煮咖啡、做早餐，當然，我和我哥哥很高興有個新妹妹，康蘇薇若和瑪塔也是。所以這也是安東妮雅、那也是小雅的，而且只要她坐在餐桌前吃東西，我就覺得應該坐下來陪她吃。如果康蘇薇若和瑪塔占了我在她旁邊的位置，我就和她們吵架。

相處越久，我越喜歡她。我不是指兄妹情誼，而是對她有別的感覺，但住在一起的那些年，我都沒有告訴她或暗示她我的感覺。她大概沒那個念頭，反而我的感覺一天比一天強。

我以前曾在玻璃接合廠工作。我早上九點上工，晚上六點收工，搭公車回家要一個鐘頭，所以我到家已經七點了。每個人都在吃晚餐，除了安東妮雅。她總是會等我。她知道我喜歡熱豆泥，所以我回家的時候，她會問我：「羅貝托，要不要來點好吃的熱豆子啊？」然後我們兩個就會坐下來一起吃一盤。

安東妮雅和康蘇薇若、瑪塔睡在一張床上，父親睡在另一張。馬努埃爾和我通常睡在靠廚房的地板上，但有時候我們也睡在床上。每天早上，爸爸起來的時候我也起來了，我會在他上班前幫他熱茶，送上麵包。然後到臥室把聖母像前的蠟燭（*veladora*）點起來。安東妮雅會醒來，然後說：「喔！你很討厭！」

「喂，起來穿鞋……很晚了。」我說。

「不要，我們還不想起床。」

康蘇薇若連答都不答。馬努埃爾一如往常，像睡死了一樣。只有安東妮雅和我說話。好幾次她對著我說：「不要走。在這邊躺一下，讓我再睡一會兒。」她會挪一個床上的位置給我。她會躺過去一點，我就躺在床邊，她蓋著她的被子，我蓋我的。她會靠過來，窩在我的背或胸前睡著。

想到這些事我就煩……不過不管怎樣，我對她從來沒有歪念頭……絕對沒有！我很開心她叫我躺下。我大可以躺在別的地方，但她會挪出一個位置給我。我覺得我好像在天堂……和一個你不該愛的人如此親近。但事情就是這樣，所以有時候我想自我了斷。

她對我的關懷，妹妹對哥哥的那種情感，讓我越來越愛她。我不只是愛她，還崇拜她，所以好幾年來，我都過得很痛苦。我的痛苦從她來我家的第一天就開始了。我知道這不合理，我不應該對她有這種感覺，但我控制不了。我不能告訴她我愛她，不是哥哥對妹妹的那種愛，畢竟我們身上流著相同的血啊。據我所知，我父親從沒注意到我的痛苦，我的哥哥妹妹也不知道。

欸，問題就出在我試著阻撓她交男朋友，這麼做當然有很多理由。我一點都不希望她看著任何人，只希望她看著我。最終我還是心碎了，因為她喜歡上其他男生。

所以，因為安東妮雅，我開始離家。這是我開始到處混、到處惹麻煩的一個主要理由。當我覺得自己再也不能忍耐的時候，就抓一些錢和衣服，有好幾次我口袋裡只帶著五分錢，就離開了。

墨西哥沒有哪個州我沒去過。我還曾到邊界兩次……十四歲就想當非法移民啦！我覺得我好像去環遊世界一樣。我每次出走都想著再也不要回來，或至少走得夠遠夠久，讓我忘了一切。離家只是為了走得夠遠，不要告訴她一切。我不能離誘惑這麼近。

安東妮雅生病了。我一開始就覺得她不對勁。但我一直不知道是哪個王八蛋讓她懷孕的。我找不出來是誰，覺得很煩。我們的鄰居約藍達還來挑撥離間，告訴我是我最好的朋友路貝特幹的。我去質問，路貝特否認他和安東妮雅交往過，但從那之後這就像我心頭上的刺，久久不能釋懷。

我知道是露茲來幫安東妮雅墮胎的，她是警察福荷西歐的妻子。她們把一堆沾滿血的破布放進袋子，實際上，那時我人就在屋裡。從那之後，安東妮雅就病了，變得有點神經質，有一些讓人不舒服的發作。她會摳床單、拉頭髮、咬自己。我們得把她的手拉下來，她真的咬得很用力，好像要把自己咬死一樣。她會踢別人，想抓住她很難，她會把人抓得破皮流血。她還攻擊過我父親。她也踢過我胸口兩次，連我都被她踢倒了，那次她神經病發作了，誰也不認得。

後來他們把她送到療養院治療，我沒去看她。那一陣子我很難過，一直很不開心，因為我看別的男孩帶著他們的女友，又親又抱，打情罵俏，但我……有時候我問自己，為什麼我偏偏愛上自己的妹妹呢？

後來我就從軍了，一開始是因為我想當軍人，但真正的原因是，我根本不可能繼續待在家裡了。

康蘇薇若
Consuelo

細數我的童年，除了痛苦和孤單，什麼也沒有。我們都還是小孩子的時候就失去了母親：馬努埃爾才八歲，羅貝托六歲，我四歲，我妹妹瑪塔兩歲。那時候的事我幾乎不記得了。我母親死的時候，我見她兩腿一伸，身上半蓋著床單。她的表情很凝重。有人把我們抱起來親吻她，然後把她臉蓋起來。就這樣。

我覺得孤單，一部分是因為我失去母親，另一部分是我哥哥和妹妹對待我的方式。我和他們不親，不像他們都很要好。他們彼此會分享糖果和玩具，我卻得求他們給我。雖然馬努埃爾會打羅貝托的頭，但他在學校會保護羅貝托，還會幫他做功課。

如果我稍對瑪塔大聲，就會被我哥打，尤其是羅貝托。這些暴力行為傷害我的身體，但看到他們如此憎恨我，那種痛更是撕心裂肺。我繼母愛蓮娜還在世的時候會保護我，儘管他們也常惹她哭。我或愛蓮娜會向父親告狀，他便會嚴厲處罰我哥哥。但隔天哥哥又會處罰我。

我覺得我被哥哥們困住了。我不是真的怕他們，只是會感到一種很沉重的情緒，只能躲在床和衣櫥的縫隙偷哭發洩，我會哭到我累，或哭到幫我們工作的恰塔從市場回來。她會安慰我，叫我「女兒」，我並不喜歡，但也不敢抱怨。

偶而，哥哥會說故事給我聽，或描繪耶穌降生的場景，或送我小禮物，我便會感到快樂。那人通常是羅貝托，因為馬努埃爾從來不會給我們什麼。有時候他會買特帕切（*tepache*）給我們，那是一種鳳梨、糖、醋，還有水做成的飲料，可以搭配晚餐喝。馬努埃爾負責在我們吃飯時在桌子旁糾正我們，他扮老大的樣子讓我們的日子很難過。

他會在吃飯的時間回來，用軍官的口氣命令我們。「瘦子，去叫小胖來！」但瑪塔總是不願意來……我們得拉她的頭髮或架著她。接著她會「砰」一聲跌坐在箱子上（那是她的椅子），裝模作樣，自以為很幽默。我則說：「去洗手，妳這隻豬！」

「干妳什麼事？該死的瘦乾巴！到處亂撒野。」

「閉上妳的豬嘴去洗手！」馬努埃爾總是這樣下令。

「喔，我被你嚇死囉！有膽殺了我啊，你這該死的中國仔。」

於是馬努埃爾會抽出他的皮帶打瑪塔，瑪塔只好站起來，手往白色搪瓷臉盆裡沾一下，在衣服上擦乾，然後掉回她的椅子上，對馬努埃爾做鬼臉。

馬努埃爾會叫我去買特帕切。我會拒絕。「不要！每次都是我！你又不是這裡的國王。你甚至不給吃飯。」但我還是去了。

羅貝托通常在我們吃飯的時候跑進來。如果警衛或誰在追他，他就會爬上屋頂，對追他的人罵些難聽的字眼。然後他會說：「你們吃完了嗎？有留給我嗎？」於是，恰塔或珊蒂多斯，或是某個煮飯給我們吃的人，就會給他一點吃的。他會一把抓起特帕切的瓶子牛飲起來，連倒進杯子裡都省了。這會讓馬努埃爾很生氣。

「王八蛋，你幹什麼一副豬的樣子？你不能喝得像個人嗎？總是那麼邋遢。」

羅貝托就會笑著說：「每個人都有每個人吃法，不是嗎？」接著開始吃他的玉米餅。聽到他狼吞虎嚥的聲音，馬努埃爾就會拿湯匙或玉米餅朝他丟過去，然後就會打起來。每次吃飯就是這樣……馬努埃爾又打又罵，我們其他人則拚命反擊。結局通常是羅貝托到廚房吃飯，瑪塔跑到外面哭，沒吃完，我就安靜地坐著，深怕被打，只有我們的大哥吃得很開心。

這一類的事情只有我們單獨在家的時候才會發生，因為每週三我父親休假，沒人敢在吃飯的時候說話。他一聽到誰張嘴說話，就叫那個人到廚房去吃。通常是那兩個男孩發生這種狀況；瑪塔和我則是常被罵「閉上妳的嘴」、「學著好好吃飯」、「現在是怎樣？畜生在吃飯嗎？」他會轉過頭冷酷地看著我們，那個樣子至少會讓我感到害怕。

每到了星期三，就可以好好清算過去一週哥哥們對我做的事。我哥哥最討厭的事莫過於幫我父親跑腿。我會告訴父親我想要吃巧克力、煎蛋，或是想帶蛋糕（*torta*）去學校。我父親立刻會差遣馬努埃爾或羅貝托去店裡買做巧克力的材料。如果我想要的是蛋，他會叫他們煎給我吃。不管多晚，我都會纏著父親要各種東西。看到哥哥們生氣的臉，我心裡竊喜，還會趁勢陷害他們。「你看，爸爸，他說他不想去。他對你聳肩。他瞪我。」我說的都是謊話，好讓我哥哥們被處罰。

隔天哥哥們會開始報復。我會反擊，但最後身上青一塊紫一塊、嘴巴鼻子流血的還是我。我哥哥羅貝托大概以為他在和男生打架，有一次我們坐在地板，他還踢我，我被迫躲到床底下。我幾乎每次都要向鄰居約藍達女士求助，我有時也會哭著跑去找福荷西歐先生，請他處罰我哥哥，他是警察，和他太太住在六十八號。

我一直是家裡那個生病的人。我很嫌惡我的綽號「瘦子」。我父親以前很擔憂我的健康，因為我常感冒，也常患腸胃炎。我曾經因為生病休學一年。那時父親帶我去看順勢療法的醫生，他開給我小小的藥丸，每半小時要吃一次。他最推薦的療法是用決明葉灌腸，我父親也讓我嘗試。我大半時間都獨自在床上。我父親從不歡迎任何訪客來家裡，我的哥哥妹妹一天到晚都在外頭玩。

爸爸教我們，無論如何都要閉嘴。如果我們因行為不當被責罵，回嘴一個字都不對。永遠、永遠，大人永遠是對的。每當我想對恰塔頂嘴，或抱怨學校的事，我永遠會聽到「尊敬大人」四個字。

對我的父親，我確實感到尊敬，還有懼怕與很多的愛。我還是個小女孩時，只要有人對我說：「妳爸爸來了。」就足以讓我手腳發抖、心跳加速。在卡薩格蘭德，他幾乎從不准我們出去庭院，這是他對恰塔的命令。所以當我和妹妹出去時，會很怕來不及在父親抵達前回到家。我的玩伴們知道我父親的規矩，當我父親出現在路口時，她們會警告我們，大喊：「妳父親回來了！」剎那間，我和家的距離，彷彿無限遠一般。

如果父親逮到我們在庭院玩，就會抓著我們的脖子後頭，跟我們說：「我叫你們來這裡嗎？啐！進屋裡去！沒必要出來，屋子裡什麼都有！」他也會連帶責備照顧我們的人。他會罵她：「小孩為什麼在外面，女士？要妳在這裡做什麼？」恰塔只會回答：「哎呀，先生，但是他們就是跑出去了，他們不聽我的話。」然後我父親就會把這一筆算在我們頭上。

但我不記得他打女孩會像有人來家裡告狀時，他打我哥哥們那樣用力。他打他們打得很重，這讓我很害怕。他用電線或是有皮帶扣的皮帶打人。隔天我就會看到他們皮肉發腫，又青又紫。謝天謝地，我從來沒像我哥哥那樣被真正的打過。

父親從工作的餐廳下班回家後，他會洗腳、換襪子，坐下來讀報。我曾經看他在讀什麼，但不敢開口問，因為他很不喜歡我們打擾他。唯一可以打斷我父親的是瑪塔。他會把她抱在膝蓋上，或讓她坐在桌上，這樣她可以玩他嘴巴上還沒點燃的菸。接著會給她五分錢，讓她去外面玩。

他回家心情好的時候，我父親會坐在餐廳的小椅子上，幫我們抓蝨子、梳頭髮或綁鞋帶。他那樣照顧我們的時候，我常感到無比的喜悅，畢竟他平常表情總是很嚴肅，嘴裡叼根菸，手扶著額頭，腳在桌底下焦躁地跺著。他這個樣子讓我不敢要求他的關心與疼愛，尤其我想跟他說話時，「爸爸」兩字都還沒說完就閉上嘴了。「快說、快說，不然就去旁邊玩。不要吵我。真是討厭鬼！不能讓人安靜看報紙嗎？」

我很少有機會接近我父親。我通常寧願做我的縫紉或是功課，或在靠近廚房的地板上玩我的盤子。我會叫我妹妹「去跟父親要錢買糖果」、「叫他給妳牛奶」。我妹有時候會成功讓父親聽到她的話，有時候也得閉嘴。那麼我就會去叫愛蓮娜或恰塔跟他要一點糖或吃的來玩。

有一件事我記得很清楚，就是小時候我們搬了很多次家。這件事很討厭，因為父親搬家總是無預警。他下班一回家就命令男孩們把床墊捲起來，打包床上的東西，把衣服和廚房的物品丟進箱子裡，接著開始把家具一件一件帶到新家。如果爐子上正在煮什麼，當時照顧我們的幫傭就得帶著鍋子、燒紅的木炭還有其他東西一起走。我當時心想：「討厭死了，來來回回，搬來搬去。」但我從沒說出來。

我母親死後第一次搬家是搬到古巴街的維辛達，我們在那裡認識了愛蓮娜。後來她成為我們的繼母。愛蓮娜當時和她丈夫住在附近。她沒有小孩，常讓我和瑪塔過去和她養的黃色小鴨玩。有一天我父親邀請愛蓮娜來和我們吃飯。那很不尋常，因為父親從不喜歡陌生人進入我們家。我們小孩子不敢問任何問題，只是安靜地吃飯，一邊看著。爸爸對她很好。之後她就留在我們家，和我們一起住。

後來我們又搬到另一個在巴拉圭街的維辛達。我記得那個房子有很多老鼠。每天早上，羅貝托和馬努埃爾會追著老鼠，用掃帚打死牠們。我們沒有在那裡住很久，因為愛蓮娜開始有些暈眩的症狀，得盡可能坐在太陽下。我父親覺得我們的房間對她來說太陰暗潮濕了，所以我們又搬到奧蘭多街一戶兩層樓的房子。在所有住過的房子裡，那是我唯一喜歡的。

我很高興那個房子有窗戶。在我看來很漂亮。我們種了很多植物。小小的飯廳有兩盆卡羅萊納葉，父親把它們照顧得很好。他回到家坐下來讀報時，會一直站起來用手帕擦葉子，他也常告訴愛蓮娜要用肥皂水洗葉子。我很喜歡泥土潮濕的味道，父親會把大花盆的土壤倒在報紙上，好清理裡面的蟲子。我還喜歡把手埋進土裡。但我爸爸總是會把我趕走：「不要過來。不要把自己弄髒了。走開。」

愛蓮娜很盡力照顧我們，但發生了一些事使得父親又搬家了。有一次羅貝托差點被卡車輾過，同樣的事稍後也差點發生在我身上。然後瑪塔從屋頂上跌下來，還好曬衣繩和電線接住了她。為此，我父親很生氣，還打了愛蓮娜和我哥哥們，因為他們沒有照顧好她。隔天我們就搬到卡薩格蘭德。

我一點也不喜歡這個新維辛達，沒有樓梯也沒有窗戶，庭院又長又窄。我們住的房子只有一個房間，電燈幾乎要一直開著。

在卡薩格蘭德，我們也搬了三次家，直到父親找到他覺得滿意的房間。他對環境清潔很挑剔。每搬到一個新的地方，他就要求哥哥擦牆壁和洗地板。六十四號，也就是我們現在還在住的房子，原本骯髒極了，父親把牆壁粉刷成粉紅色，門粉刷成藍色。他還興高采烈地在洗臉盆和廁所之間的小空間做了一個架子，放上愛蓮娜喜歡的植物。

愛蓮娜和我們一起住的時候，我從不覺得我們家很窮，因為我們的房間看起來總是比鄰居的漂亮。我對我們的家很驕傲。房子很乾淨，門上掛著門簾。兩張金屬床架鋪著黃色的床單，衣櫥總是乾淨得發亮。我們吃飯的大桌子鋪著格子桌巾，還有同樣花色的餐巾。當然，這些東西我們以前沒有好好用過，只有小孩子把餐巾拿來當手帕。我們用陶碗和木頭湯匙吃飯，不過愛蓮娜有些美麗的白色杯子、碟子和盤子，當作她自己的收藏。

我們四個人的椅子就在床腳。另有一把較小的椅子，用上了色的草編的，我父親喜歡坐在那裡讀報。我依稀記得我們有一台小小的收音機，是RCA Victor牌的，放在一個專為它做的櫃子。其他一些零散的物品，像是工具、舊雜誌、鞋子、盒子、臉盆、我哥哥睡覺躺的麻布袋，總是妥善收納在床底下或衣櫃下面，小心不讓人看到。

我父親付清桌子和衣櫥的錢後，又買了一個斗櫃。那櫃子閃閃發亮，有三個大抽屜和兩個小抽屜。當櫃子送來時，我父親很高興，還拿著布一直擦，擦得更亮。他讓愛蓮娜決定要放在哪裡，隔天還買了一個花瓶放在櫃子上頭。他開始每隔幾天從市場買花來插——劍蘭、牡丹，還有好美、好美的玫瑰花。然後他還做了一個小小的櫃子，把供奉的燈擺在瓜達露佩聖母的畫像底下。後來，他也幫愛蓮娜買了梳妝台。當時我們的房間裡放滿了家具。

廚房在庭院的角落，小小的，沒有屋頂。雨季來的時候，在那煮飯很不方便。我父親不希望光線和空氣被擋住，於是只砌了半邊的屋頂。但他養了鳥以後，便把整個屋頂都砌起來，鳥兒才不會淋濕。我父親為了裝修家裡做的最後一件事是添購了金屬的湯匙，還有幫房裡和廚房的電燈泡加裝兩片玻璃片。之後，愛蓮娜就生病了，他也不再關心房子的事了。

父親僱了恰塔來幫愛蓮娜，因為我的繼母身體虛弱，無法做太多事。恰塔在我們家幫傭五年，做了所有的粗重活兒。她早上七點就會來，首先熱牛奶、升火，那時我父親已經出門工作了。在等牛奶和泡咖啡的水煮滾的同時，她便動手洗昨天晚餐的碗盤。馬努埃爾和羅貝托要了他們的咖啡後去上學。我和瑪塔在床上等著房間暖和點，如果我們想上廁所，就得光著腳跑到廚房的廁所，因為只穿內衣不停地發抖。吃完早餐後，愛蓮娜會帶著她的菜籃上市場，恰塔把家具都放到床上，好清洗地板。她心情好的時候會讓我坐在床上，透過椅腳看她幹活兒，但通常她打掃的時候會把大家都趕出去。

我們三點的時候會在廚房裡圍著小小的桌子吃午餐。吃飽後，無論我們願不願意，都得跟著愛蓮娜去看電影。她很愛看電影，幾乎每天都去。她會留張字條給我父親，告訴他在哪個電影院可以找到我們，有時他也會過來。等我們回到家，天都已經黑了，我們小孩子吃了麵包喝了咖啡就立刻上床。瑪塔和我睡在一張床上，我父親和愛蓮娜睡在另一張，我哥哥們則睡在地板的麻布袋上。九點的時候，前門就上鎖，熄燈了。

星期六和星期日，我們起床的時間不同，通常是在父親出門工作之後。馬努埃爾是家裡最懶的，總是最後一個起床。他晚起的習慣妨礙到打掃，因為他躺在地上，用被子把自己從頭到腳裹著，當然沒人能掃地。他真的是個貪睡鬼！等他終於醒了，還要花一番力氣伸展，無奈地揉眼睛又打呵欠，披頭散髮的。他不喜歡去理髮也不喜歡自己洗頭。

有天早上愛蓮娜和羅貝托決定點鞭炮丟進他的被子裡。我們在門口等著看會怎樣。鞭炮炸開時，馬努埃爾狂跳了起來、在房間裡橫衝直撞，他頭上還包著棉被呢！我們都笑著看他有多驚嚇和生氣。

有時候星期天，愛蓮娜會帶我們到查普爾特佩克公園、霍奇米爾科鎮或某個地方郊遊。偶而她會讓我們去看我外祖母和瓜達露佩阿姨。一路上，羅貝托和馬努埃爾會讓我和瑪塔坐在肩膀上。外祖母會做些糖果在街上賣，她也會給我們一些。她死後，我們還是會去找瓜達露佩阿姨。

但拜訪我母親那邊的家人這件事必須要保密，我父親若知道一定會處罰帶我們去的人。他不喜歡我母親的家人，他們喝酒喝很兇，還批評他娶了愛蓮娜。我的繼母在這件事情上很寬容，從沒告訴他我們去找母親的家人。她一直都知道，但我們都沒事。

不知道為什麼，我總是喜歡和年長的女人為伴。我哥哥和妹妹在外面和他們那一夥的朋友玩的時候，我總是坐在門口，做些縫紉，和恰塔聊天。她會告訴我她丈夫離開她之前，她有多快樂，還有住在卡薩格蘭德二十七號的楚查女士如何搶走她的丈夫。我朋友很少，但恰塔鼓勵我和楚查太太的女兒坎德拉麗雅當朋友，這樣我就可以監視他們家。坎德拉麗雅長得很醜，但她有一個藍色的嬰兒小床，我很喜歡躺在那上面，假裝是她的寶寶。每次我從坎德拉麗雅家回來，恰塔就會問我她家的事。恰塔很恨楚查女士，常對我父親抱怨楚查這個惡毒的女人老是羞辱她，很卑鄙；尤其是恰塔喝醉的時候。

有天恰塔出去買牛奶，她急匆匆回來後又出門。通常她進出狹窄的門有點困難，她太胖了，但這次她一下子就通過了。我父親在讀書給愛蓮娜聽，我在玩愛蓮娜買給我的玩具家具，瑪塔在地板上玩彈珠。我們聽到一陣大吼和尖叫，於是跑到外面庭院。父親不讓我和瑪塔看見外面發生什麼事，但愛蓮娜爬樓梯上到屋頂，看見恰塔和楚查打了起來。父親很快地把恰塔帶進來。她頭髮都打結了，激動地向父親解釋發生什麼事。

她回家後，我父親和愛蓮娜笑著在聊那件吵架的事，以及那兩個女人在地上滾來滾去有多好笑。隔天恰塔來工作的時候又好像什麼事也沒發生。但坎德拉麗雅再也不和我說話，我從此再也沒走進她家了。

我另一位「朋友」是住在二十八號的安得列亞女士。她看起來有個母親樣，胸部很大。她是家事專家，會教我怎麼縫紉。我幫她照顧小孩。我經常一整天都待在她家，瑪塔或羅貝托常被派來找我。我和她的友誼在她指控羅貝托偷了她的小刀後也終止了。我父親打了羅貝托一頓，得買一把新的還給安得列亞的丈夫。

羅貝托變得頑固又叛逆，家人已經有點無法容忍他了。他和愛蓮娜無法相處，看到我常在愛蓮娜身邊跟前跟後，他也很火大。他會對我說：「笨小孩。她根本不是我們的媽媽。離她遠一點。」他當著愛蓮娜的面前羞辱她，她會打他屁股或扯他頭髮。然後羅貝托就會被父親處罰；他幾乎每天都被打。他也和馬努埃爾打架，下場都很慘。

羅貝托常常消失個一、兩天不見，我們都覺得沒什麼，但一旦超過五天，父親就會開始擔心。有人建議他拿我哥哥的襯衫把聖安東尼像包起來，頭下腳上鎖在衣櫥裡，這樣羅貝托一個禮拜內就會回來了。我父親照做了，羅貝托第七天的時候真的回來了。他跑去韋拉克魯斯找我父親的家人。他出門的時候沒帶衣服也沒帶錢，只知道他們住在一個牧場附近。後來，逃家變成他的習慣。

我第一次上學，是我的繼母帶我去的。她告訴我：「妳待在這兒。過一會兒，我就來帶妳去喝咖啡。」我以為她一下子就回來了。當我發現她遲遲沒來，我的臉色一定很難看，因為老師拍拍我的臉頰說：「小朋友，不要哭。這裡有很多妳的朋友。妳媽媽等一下就來了。」

那天上午是我小學二年級入學，那天很冷，我們排隊等著註冊。幾乎所有的媽媽都在排隊，但愛蓮娜一直沒來，我開始覺得不對勁。我看到女孩們的檔案都準備好，母親們一個一個上前報上名字。愛蓮娜恰好在他們問我第二個姓氏，也就是我母親的姓氏時出現。愛蓮娜看我不知該說什麼，就在我耳邊說：「聽著，我跟他們說我的姓氏，妳不會生氣吧？」我告訴她不會，而這就是為什麼我註冊的名字是康蘇薇若・桑切斯・馬丁內斯。我哥哥和阿姨發現後都說我是笨蛋，愛蓮娜不是我媽媽，如果我這麼愛她就跟她走。

在這個年級，我第一次被搶。我很難過，我哥哥卻嘲笑我。有個女人騙我，說要幫我拿著新帽子和一箱上課的用品，接著她就帶著這些東西不見了。從那天起，我兩個哥哥害怕被打，他們之中必須有一個人把我帶到學校門口，然後反覆告訴我：「如果誰敢跟妳講話……」所以我只要跟父親說馬努埃爾或羅貝托沒有帶我去上學，就夠他揍他們一頓了。

慢慢到了學期中，女士說我們要學用墨水筆，這是多麼重要的事啊。我記得我回家時刻意把書夾在腋下，手空出來，這樣大家就可以看到我的手指上沾著墨水。每次她告訴我們要用墨水寫字，我就會要求父親買新的筆桿給我。我一直要什麼有什麼。我只要把上學用品的清單給父親看，隔天我就會得到我需要的東西。衣服也是；只要是學校用的，幾乎我們還沒開口就有了。

愛蓮娜是第一個教我們禱告的人。晚上她會要我們四個跪在地上，複誦她說的話。最叫不動的總是羅貝托和馬努埃爾，他們會用手肘互相頂來頂去、偷笑，直到被趕到廚房去。至於我，我一開始也不喜歡雙手交叉跪下，眼睛也不准眨一下。我記得我四、五歲的時候，父親晚上會拉著我和妹妹的手劃十字。父親和羅貝托每天早上出門工作前都會劃十字；他們兩人這方面比我們誰都堅持。

我六、七歲的時候，愛蓮娜會告訴我們從家鄉神父那裡聽來的典範故事。故事中總有奇蹟出現，主會在表現良好的人面前出現。有個典範是一個女兒忤逆母親、不尊敬她，便被主懲罰。她去告解，神父告訴她，如果花兒能從指甲縫中長出來，她就會得到寬恕。

我聽到這個故事時，心裡想：「如果有一天，我也這樣，那該有多好。」我常常在房間一片漆黑的時候偷偷地哭，因為一整天都過得不好，我甚至想著能被懲罰受苦該有多好，這樣就會得到寬恕。我祈求主的寬恕，並誠心保證不生我哥哥的氣，不對他們吼叫。從愛蓮娜那裡聽來的典範故事是我首次真正的宗教啟蒙。當她和我們住在一起的時候，我們望彌撒（父親從不帶我們去），學著慶祝宗教慶典，像是亡靈節和聖週。

我第一次參加教義問答是我們搬到卡薩格蘭德之後。有天下午，愛蓮娜和我在喝咖啡看漫畫的時候，我聽到微弱的鈴鐺聲。我望向外頭，看到一些小孩拿著小凳子跑過去。我什麼也沒問，忽然，一個身著黑衣、壯碩的女士出現，她梳著包頭，胸前戴著念珠。她經過我面前，輕敲了鈴鐺。「妳不來教義問答嗎？」我笑了，點點頭。

我徵求父親的同意。他允許了，而且叫我們四個都去。我好高興啊，我抱著我的小凳子跑過庭院。我兩個哥哥和妹妹也帶著他們的凳子。那位女士正在對坐著的孩子們講道。她說的事情我從來沒聽過。愛蓮娜教過我們《主禱文》和《聖母經》，還有向天使祈禱的詩文，但不太一樣。

每次去，她都會給我們糖果。第一天我們急忙跑到爸爸跟前，給他看我們的獎品。我真的覺得很開心。我也把教義問答這件事當成義務。我很氣羅貝托和馬努埃爾不去了。我還跟爸爸告狀。

有一次我看到一群年紀稍長的女孩圍繞那位女士，並齊聲回答她的問題。當那位女士結束後，我問其中一個女孩：「那是什麼？」她回答：「妳不知道！那是上帝的戒律。」我很尷尬，一句話也沒說。除此之外，我也怕那個女孩會打我。

教義問答結束後，我告訴女士，我想學習戒律。她告訴我：「但她們是在準備初領聖體。」我腦海有如被一道閃電擊中一樣。我沒說什麼，但從那時候開始，我一心只想初領聖體，之後就可以死了。我也不懂為什麼心中有如此強烈的希望。我甚至不懂初領聖體的意思，也沒去問。

後來那位女士就不再來教我們教義問答了。我們帶著小凳子，等啊，等啊。我生氣地回家。我爸爸問我：「怎麼了，女兒？」

「沒有，我沒事。」但我有一種沒人會記得我的感覺。有好一陣子不再有人來傳道，但我把學的都記住了。

愛蓮娜的母親珊蒂多斯和她三個最小的孩子也和我們住在一起。他們都睡在地板上。珊蒂多斯很虔誠。她總是身穿黑服，每天晚上都祈禱，當時我覺得這很不尋常。我看見珊蒂多斯拿著念珠禱告，一臉莊嚴，心想她是不是快死了。有天下午珊蒂多斯拿著念珠禱告，我問她主耶穌基督是什麼樣子。謝天謝地，她親自教我道理。這真是不容易。我多麼尊敬珊蒂多斯！她教我《主耶穌基督》，以及《我向祢告解》。我要爸爸買書給我，初領聖體要用的。他答應了，在書裡我讀到在神父面前該做些什麼。

我對愛蓮娜唯一不好的記憶是，她害我對三賢士（*Santos Reyes*）的幻想破滅了。我直到八歲都還相信三賢士會在一月六日那一天帶禮物來給小孩子。我有段時間一直抗拒知道事情的真相。連我哥哥都告訴我許多三賢士的故事。聖誕節期間，夜晚來臨時，羅貝托或馬努埃爾會和瑪塔跟我一起坐在門口，然後指著大熊星座最亮的三顆星給我們看。「你們看，妹妹啊，妳們看到那三顆星了嗎？那三顆星就是三賢士。」我記得那段時間，有好幾年每年睡覺前，我會看著天空，那三顆星彷彿越靠越近。在我的想像中，他們身上散發著閃耀的光芒，即使我睡著也不會熄滅。隔天我就會找到玩具。

有一年我決定監視我父親，看看愛蓮娜說的是不是真的。到了晚上，大家以為我和瑪塔都睡了。最後父親也以為我們睡了，然後我看到他把玩具放進我們的鞋子裡。這是真的！我的夢碎了，我好傷心。隔天父親起床出門工作前，他對我們說了每年都一樣的話：「快點，女兒，看看三賢士給妳們帶什麼來！快去！」我看了看我的禮物，卻再也看不到那些玩具神奇的地方了。那是我唯一一次不喜歡愛蓮娜。

那段時間我印象最深刻的事情是，我們看完電影回家的一個夜晚。通常爸爸會牽著瑪塔，愛蓮娜牽著我。在這個特別的夜晚，什麼都是黑的，突然間大人都安靜了。父親開鎖的時候，叫愛蓮娜抱緊我。我的頭緊緊地靠在她的裙子上。他們叫我閉上眼睛，愛蓮娜牽著我。我什麼都沒聽到，不管是我父親說話的聲音，還是鑰匙開鎖的聲音，什麼都沒有。當我張開眼睛的時候，我已經在床上了。我問他們為什麼要閉上眼睛，父親只說：「現在很晚了。睡覺去。」我便納悶地去睡覺了；隔天羅貝托告訴我，他們看到鬼，修女走在牆上，神父走在她們前面。我不知道那是真的還是假的。父親從不告訴我任何事。

比起我哥哥妹妹，我總是看起來很膽小。有一次，我八、九歲的時候，羅貝托朝著我丟了一坨軟趴趴的老鼠，超嚇人的。我驚嚇過度暈了過去。從此以後，老鼠變成世界上我最害怕的東西。每次我看到，不管是活的還是死的，都會嚇得尖叫，落荒而逃。

我記得住在卡薩格蘭德時，某天早上，一隻又老又醜的老鼠從洞裡跑出來。我原本在睡覺，但聽到床底下有些窸窣的聲音，立刻驚醒。我睜大眼睛無法呼吸，以為某種動物就要爬上床了。那個聲音越來越靠近，我開始叫我父親，一開始輕輕地叫，然後提高一點點音量。當我確定我聽見那個動物在我的床頭時，我發出了瘋狂尖叫聲。我父親像閃電一樣跳起來，打開電燈。那隻動物跑了起來。我不停地尖叫：「老鼠！老鼠！」我哥哥們也從他們地板的床上跳起來，拿著棍子追老鼠。但這隻動物很難抓；他跑來跑去，他們打不死他。最後他們終於成功地擊中他（我一想起來就全身雞皮疙瘩），那隻動物吱的一聲，我又尖叫了。我一直聽到他恐怖又尖銳的叫聲。他們打他一下，我就跳一下。之後，我父親鋪了新的地板。

我一開始就不喜歡卡薩格蘭德，沒想到接下來竟然更恨它，而且在那受苦。我以為愛蓮娜會一直陪著我，但沒有。她死在卡薩格蘭德，她死後家裡一團亂，我父親一天比一天嚴厲，我哥哥們對我的敵意一天比一天深，一連串的苦難緊接而來，那也許是我缺乏個性造成的。

愛蓮娜死之前，我的麻煩還沒這麼多。我覺得我擁有一切，我有父親和愛蓮娜的愛。雖然哥哥會打我，但不是經常發生，出手也不會很重。我甚至從不在意自己真正的母親已經死了。我上學第三年的時候，老師教我們母親的讚美詩，還有許多獻給母親的舞蹈、朗誦、繪畫。我有點受傷。那個時候，對我來說沒什麼比**父親**更崇高的。我心想：「母親、母親……為什麼有這麼多母親的慶典，明明父親是這麼重要？爸爸什麼都買給我們，從不拋棄我們。他們應該為父親慶祝，然後我會穿上印第安服飾或什麼的出門。」

但後來愛蓮娜生病了。之後我們得知她得了肺結核。她必須在太陽下坐上數小時，這樣陽光才能照到她的背。她的頭髮在陽光下看起來紅色中帶點金色。她漸漸消瘦，儘管她吃了很多藥、看了一個又一個的醫生，還是經常暈眩。

我父親很擔心，越來越寵她。他以前就常買漂亮的洋裝、高跟鞋甚至貂皮外套給她，帶她去想去的地方，但現在天天都買禮物給她。

愛蓮娜病得越來越重，她聽醫生的建議，去醫院住了好一段時間。我父親非常難過。現在每天下午，他會比平常晚一點回家，因為先去探望她。他會拍拍我的頭說：「妳想念愛蓮娜媽媽（*madre*）嗎？乖，她很快就會回來。」我便看到他眼眶泛淚。星期三恰塔休假，爸爸會幫我們洗澡、做早餐、洗襪子，叫男孩們做家事。

但房子已經完全不同了；一點一點開始變得黯淡。我們的植物逐漸枯萎，我覺得很可惜。我父親也常抱怨這一點。有時候我聽到他大吼：「他媽的！這裡什麼都種不了。真可恥！沒人能夠照顧家裡了！」恰塔閉上嘴，珊蒂多斯也是。

恰塔試著維持房間整潔，但我們小孩子會跳到床上、桌上，又把房間弄髒。我們吵架或是玩耍時，會從流理台底下的箱子抓一把木炭往對方丟過去，把地板和牆壁弄得滿是黑灰。恰塔會抱怨並用粗話罵我們，把我們趕到庭院去。我們反而去向父親抱怨她讓我們吃不新鮮的麵包和馬鈴薯配雞蛋。愛蓮娜和我們在一起的時候，我們都吃得很好，但恰塔把牛奶和水果藏起來，只為她自己和我父親準備特殊的料理。她對我們一點也不好，但當我們告訴父親時，他要我們閉嘴。

或許因為父親需要更多錢照顧愛蓮娜，又或者因為他喜歡做生意，我父親開始賣動物。他一開始是賣鳥，共有五十隻，他養在各種大小的木製鳥籠裡。我哥哥每天清理鳥籠兩次，儘管如此，家裡看起來還是很髒，而且有些臭味。牆壁和地板總是沾著鳥的飼料和排泄物。一開始我父親只養小的鳥，像是鸚哥、畫眉，但後來他買了鸚鵡、鴿子、野雉，有一次還養了一隻又大又醜、只吃生肉的鳥。我們養過火雞，甚至養過獾，得把牠綁在斗櫃的腳邊。房裡和廚房幾乎所有牆壁的空間都掛滿籠子。我父親把植物丟掉，騰出空間放雞的箱子。他在另一個櫃子放了幾隻漂亮的公雞。我們小孩必須把蛋撿起來，放到碗櫥裡。

愛蓮娜終於從醫院回家，父親把房間重新粉刷，又新買了一些植物。但她依然病得很重，後來她搬去卡薩格蘭德最後一排的一〇三號。父親搬了一張梳妝台、床和床單、門簾、花瓶、床頭燈和家裡其他最好的物品過去，我們不准進去愛蓮娜的房間，但偶而珊蒂多斯會開門讓我們從庭院看她。當她覺得好一點的時候會走上屋頂，我便從底下和她說話，給她看我的縫紉作品。

愛蓮娜搬到她的房間後，我一半血緣的姊姊安東妮雅來了。我父親帶她來的那天晚上我在睡覺。隔天我在家裡見到一個新面孔。她在我的床上，躺在我旁邊。我父親說：「不跟妳姊姊打招呼嗎？」我哥哥和她說話，但我沒有。我沒有跟她說一句話。我只是遠遠看著。我嫉妒極了。我從沒看過父親跟誰在一起。安東妮雅怎麼可能存在？但我不敢問我父親，他也沒多加解釋。

他把她帶來的前幾天，我父親只跟我們這麼說：「我要帶你們的姊姊過來。她已經是位小姐了。她已經讀完六年級了。」當時「小姐」對我來說是有著長鬈髮、戴著眼鏡、身穿深色的訂作服，值得尊敬的年輕女人，所以我很期盼見到我姊姊。但當我看到她時，和我想像的很不同。安東妮雅的臉很瘦，雙眼有點突；她的直髮用緞帶綁起來，穿著一般的洋裝。我一方面有點失望，一方面又有點高興，因為她讓我對自己的外表比較不自卑。

安東妮雅一開始表現非常好，一點一點贏得我們的信任。她整理家裡，家裡看起來又和以前一樣好了，她在門口掛門簾，在供桌上放花。但後來她讓我們四人的日子很難過。我開始恨她是因為父親對她比較好，根本是差別待遇。父親看起來完全變了個人。

第一個徵兆是，有天下午他到家時生氣了。他一進門，看見有張長凳橫在廚房中間，他用腳踢到一邊，對我大吼：「白痴智障！看到東西擺在那裡也不動。把它搬走，快點！」我一時之間不知道該怎麼辦。我不知道要把長凳搬到哪裡。最後我把它拉到水槽底下。我嚇到了。我父親之前從不會那樣對我說話。對哥哥會，直接這樣對我從來不會。

那天晚上我拒吃晚餐，心想結果會跟從前一樣。平常我拒吃，父親會好好的跟我說話，問我想要什麼，然後找好吃的給我。但這次不是。我什麼都沒吃就去睡覺了，我父親完全不理我。他開始讀報給安東妮雅聽。我用床單把自己蓋住，忍著眼淚。我覺得在這個新來的姊姊面前哭，是很丟臉的事。

有無數次，我的眼淚和咖啡一起吞下肚。父親會說：「別胡鬧了，快吃。」他再也不在乎我是否哭了。第一次聽到安東妮雅頂嘴的時候，我不敢相信父親的反應，他對她這種沒禮貌的行為竟然一句話也沒說。換作是我們，他罵人的時候，我們連眼皮都不敢動一下，連年紀最大的馬努埃爾，安東妮雅也可以任意對他大小聲。每次父親買衣服給安東妮雅，一定都比我們的好。父親幾乎每次都先把東西給她，讓她去分配。這一切讓我覺得自己在家裡什麼都不是。

有件事情我父親嚴格禁止，就是去動收音機。收音機一定要轉到他前一晚收聽的那個頻道。還有，除非他允許，不可以隨便搬動家具，否則他會大罵：「誰把東西搬移了位置？在這屋子裡我說的話不算數嗎？搬回去！」有天早上，我看到安東妮雅轉收音機，我告訴她別這樣，否則父親會生氣。她不理我，還轉到別的頻道。我們四個都嚇死了，但我父親知道後，什麼也沒說。

有天父親給了安東妮雅一盒蜜斯佛陀的粉餅，她從收音機的廣告聽來的。她叫父親給我們每人一盒，但他回來的時候只帶了一盒，而且給了她，我看了很受傷。「妳看，康蘇薇若，妳也可以用。」我不屑地說：「不必了，我要那個做什麼？妳自己用。」小雅很不高興，就出去了。

當時我正在給我自己煮些咖啡，聽到摔門的聲音，父親突然站在我面前，我看到他臉上的表情，嚇得從頭到腳都在發抖。「妳對安東妮雅做了什麼？」他質問我。

「沒有啊，爸爸。」我回答他：「我只是跟她說我不需要粉餅。」

「低能！愚蠢，壞女孩！下次妳再這樣，我就甩妳巴掌。讓妳去庭院撿妳的牙。」他邊說邊揮拳頭。我只是低下頭，去門口坐著。那天晚上我沒吃飯就上床了，在黑暗中，我哭著怨嘆愛蓮娜再也不會陪在我們身邊了。

安東妮雅還開始一直對我們說謊。有天下午，安東妮雅打扮好，等我父親回來，他們要出去。他們說要出去看醫生，但其實是要去看電影。我看到父親和小雅走過庭院。她挽著他的手臂，一起出門。爸爸和我們出去的時候，總是緊緊的攬著我們，我們到家的時候我的手臂都受傷了。至於我哥哥們，父親從不讓他們靠近自己。他們幾乎總是只能走在他的前面或後面，不可能走在他旁邊。

我對安東妮雅還有其他不好的意見。她會貼一些半裸的女人或大腿舞孃的明信片在她梳妝台的鏡子旁邊。我們都很擔心，連整天都在外面混、從不管家裡的馬努埃爾也不放心她。我終於受不了跟父親抱怨，叫父親把那些照片拿下來。他沒說什麼，但兩天後，那些照片換成佩德羅・方特和其他電影明星的照片，安東妮雅還找她的朋友們來看。

這又是另一件對我們四個很不公平的事。我父親從來不准我們邀請朋友到家裡來。如果他剛好回家發現她們在，他會把她們趕出去：「出去，小女生。去跟妳們的媽媽玩，現在拜訪別人太晚了。」但他從沒這樣對待安東妮雅的朋友，還會跟她們有說有笑。

我們從來不關心我們的生日或命名日，直到小雅堅持要慶祝我父親的命名日。這是他人生的第一個派對，也是他第一次參加派對。我們還在家裡用特別的玻璃杯喝「雞尾酒」。安東妮雅生日那天，父親什麼都買給她，洋裝、鞋子、絲襪，甚至還有蛋糕。我們只有看蛋糕的份，因為我父親和安東妮雅會把這些帶去她母親露碧塔家，他們會在那裡開派對切蛋糕。

也許是因為自尊，也許是不想被罵，或是為了忍住眼淚，我們從沒開口要過一塊蛋糕。但這件事讓我們耿耿於懷。瑪塔會從床上看著蛋糕，在我耳邊說：「他們只買蛋糕給她，讓他們吃他們的臭蛋糕。一點也不好吃。」有一次我大膽問父親，是誰買蛋糕給安東妮雅，他說是她母親。我不相信，因為露碧塔當時在餐廳弄傷了手，沒有工作。

那次之後，我們也想要生日蛋糕，但父親說：「你們以為我是做什麼的？妳叫我把錢丟進水溝嗎？我要付房租、電燈、食物。要去哪裡拿錢出來？」每次我跟他要什麼跟學校無關的東西，他總是這樣回我。

我受到拒絕的時候，心裡某處總會吶喊、哭泣，尤其看到我一半血緣的姊姊如此受寵。我自己這麼想：「妳怎麼能讓我爹地花這麼多錢。可憐的爸爸，他工作這麼辛苦！妳狠得下心嗎？」我會去約藍達的家，告訴她我的想法。我希望她能安慰我，但她總是叫我忍耐，不要多嘴，這樣我父親才會知道安東妮雅這樣有多不公平。但我等了又等，他從沒發覺什麼。相反地，我覺得父親跟我們越來越陌生。

一開始瑪塔似乎不在意父親的轉變。但過了一陣子後，她變得蠻橫不聽話，也不去上學，父親開始責罵她、用皮帶打她。於是她也開始討厭安東妮雅，暗地責怪她。瑪塔的話對我來說正中下懷，我也在一旁煽風點火。但大多數的時候我心頭很沉重，當父親對我們吼叫或叫我們廢物的時候，我總羞愧地臉頰發燙。

很自然地，我一直問自己為什麼會這樣。到了夜晚，我腦海中的思緒不斷遊走，迷失在房裡的一片黑暗當中。有時我哭泣的時候，安東妮雅會來安慰我，但我總是拒絕她。我不願接受她的關心和安慰。「康蘇薇若，怎麼了？妳為什麼在哭？我父親罵妳嗎？」最後一個問題對我來說尤其殘酷，如果可以我真想甩她一巴掌。晚上我姊姊想說故事或讀報給我們聽，但我一點也不喜歡。我覺得她這麼做只是想贏得我父親的喜愛，所以她開始讀的時候，我會轉過身，讓她們以為我睡了。

我不能理解，為什麼安東妮雅年紀較大就能享有差別待遇。我只知道父親比較愛她。我開始懷疑我是不是真的是他的女兒。看到他對我的冷漠，我心裡就有這樣的念頭，不只是我，還有瑪塔，她以前那麼受寵。現在他會打她，如果安東妮雅告狀的話。他從沒打過我，但他對我說的話比打屁股還糟。我從不頂嘴。我做不到；那些話我說不出口。它們只是跑進我的腦海裡，讓我想要遠離這個地方，誰也不見。

差不多這個時候，我開始做惡夢，半夜滿身大汗哭著醒來。我夢見父親穿著褪色的工作服和吊帶褲，戴著帽子。他毫不留情地鞭打、追趕全家人。趁他還沒追到我，我對著其他人大喊：「快跑、快跑！爸爸瘋了！他要殺了我們！」所有人都跑出去。桌椅都倒了，碗盤都碎了。我從廚房門口看到父親把我妹妹瑪塔綁在床腳，不分青紅皂白地打她。他高高在上，看著她哀求的臉，即使她流血了，他還是一直打她。忽然間，他打中了一直放在屋子裡尿壺，尿壺翻倒了，他的腳濕了。我對他大喊：「爸爸、爸爸。你瘋了！放了她！你會殺了她的！」但他不理會我，繼續抽打瑪塔。就當我大喊的時候，我醒了。我回身繼續睡，只是繼續做著同樣的惡夢。

但這一次在我夢裡，父親把床和供奉聖人的櫃子搬到另一個牆邊。馬努埃爾和羅貝托在臥室，我和瑪塔在廚房。臥室一邊的門半掩，我從那裡偷看。我看見父親靠在床上，手中握著一顆心臟，那顆心臟是他從一個年輕畫家身上擰下來的，他叫歐騰，也住在附近。歐騰躺在床上，臉朝上。我能從他身上看見心髒擰走留下來的洞。我父親高舉著心臟，要將它給某人。我驚嚇不已，哭著醒來，每次我做惡夢都是這樣尖叫。我無法擺脫父親手握血淋淋心臟的畫面。

愛蓮娜死的那天，瑪塔、小雅和我都在家。父親走進來，眼中泛淚，叫我們去和愛蓮娜告別。我們三個跑去她的房間，一路上，我不斷對自己說：「哎呀，親愛的上帝，這不是真的，這不是真的。」我們進去的時候，珊蒂多斯在那握著她的念珠。愛蓮娜臉色慘白，嘴脣發紫，她的頭髮披散在枕頭上。羅貝托在那哭；瑪塔和小雅也在哭。我覺得有個東西哽在喉嚨裡。珊蒂多斯牽起愛蓮娜的手讓我們接受她的祝福。然後父親把我和瑪塔送回家，我們在家哭得像兩隻小狗兒。

隔天是葬禮，我們都哭了，尤其是父親。他雙手環繞著我說：「她離開我們了，女兒啊，她永遠離開我們了。」愛蓮娜葬在多洛雷斯墓園的棕櫚樹下。我們一回到家，父親馬上去她的房間，把她的東西全都清空。大多數都交給她母親，有些賣了。小雅跟在父親身旁，向他要了愛蓮娜的梳妝台和一些好的外套，他給了她。後來，我向他要了一些小東西來紀念愛蓮娜，他給我一個小小的陶瓷娃娃。

之後我開始對自己的家感到懼怕。晚餐一結束，父親就把燈關上，要我們去睡覺。他會和小雅出去一整晚，或在廚房待到很晚。羅貝托和我越來越憎恨彼此。如果他在庭院，我就會進屋裡；如果他在屋裡，我就會到庭院。到了早上，我會向所有聖人祈求他在睡覺，這樣他就不會打我。有時候為了躲他，我沒吃早餐就上學了，我再次害怕回家。

坦白說，我不是天使。知道羅貝托不喜歡門開著，我會故意打開它。如果他關上，我就再去打開，一開再開，直到我們打起來。羅貝托對我恨之入骨，如果可以，他恨不得殺了我。有一次他想置我於死地，推我的頭去撞床頭板。

另一次經驗我永生難忘，他走進門的時候，我背對著他，感到身體左側一陣寒意。我轉身過去看清楚那是什麼，瞬間腿軟，嘴裡一陣苦澀，離我僅有幾公分的地方，有把鋒利的刀插在牆上。我當時只能轉身，看著我哥哥，然後繼續找我的東西。

羅貝托從門口一直看著我。我沒有露出害怕或生氣的意思。他走過來，推了我一下，把我壓在地板上，接著拔出那把刀。當時我感到我的心臟組織一點一點死去，流出一些酸苦的汁液，正要結束我的生命。但我從地上爬起來，我知道如果我激怒他，他會動手。所以我離開，去了約藍達家。

儘管如此，我不得不承認，在我們打架後，羅貝托會走過來對我說：「小妹妹啊，痛不痛？原諒我好嗎？拜託，小妹妹。」我會吼回去：「走開，你這個該死的黑人。我希望你去死！走開……等爸爸來你就完蛋了！」我一邊揉眼睛，一邊痛苦又憤怒地尖叫著。

我父親回家，羅貝托被打了一頓後，他會跑到陰暗的廚房，坐在火盆和碗櫃中間哭，他的頭髮蓋住額頭，鼻涕流得滿臉，吊帶褲的一邊帶子掉了下來。他會啜泣很久，沒人會去安慰他。我們不會注意到他什麼時候走的，但過幾分鐘，又會有人來抱怨羅貝托打了別的孩子或做了什麼讓人討厭的事。

羅貝托用自己的方式試著贏得家人的關愛。我記得有一次，他穿著風衣進門，褲子口袋裡裝滿了堅果。兩天後，他又被父親狠狠地打了一頓，因為有人因為他做的某件事要我父親「付錢」。家裡每個人都討厭他。我現在還記得他回家的時候……穿著灰色的吊帶褲，拖著他的「礦工」鞋，一邊的袖子破了，頭髮上都是灰塵。那時我很恨他，但現在一回想起來卻覺得很美，我哥哥走進家門，拿著他的外套，走向瑪塔、小雅和我，給我們堅果。他把堅果分成好幾堆，一人一堆，還幫我剝殼。但我當時不接受……我知道沒多久後他又會因為某個理由再次打我。

我記得很清楚，有天晚上，當時羅貝托大約十四歲。房間很暗，連供奉的燈都沒點上，我躺在床上，手襯在脖子下面，想著……想知道為什麼父親對我們變了。羅貝托進來，把他的睡覺的麻布袋和枕頭鋪在父親床腳邊的地上，然後躺下。

庭院裡有人在跳舞，我們可以聽見幾句流行歌的歌詞。它大概是這樣：「鼓的靈魂啊，因為我的鼓真的有靈魂，它說因為它是黑的，所以不能安寧。即使你不喜歡膚色黑的人，他們擁有白色的靈魂，心是白色的。」

我不知道羅貝托在做夢還是喝醉了，但那首歌觸動了他的情緒，他開始啜泣，越來越大聲。他責備似地說：「是啊，爸爸，你不愛我，因為我是黑的，因為我的皮膚是黑的，我知道這就是為什麼所有人都不愛我……但我的靈魂是白的！」

聽到他這麼說讓我覺得很難過。事實上我從沒注意過我哥哥的膚色。我恨他是因為他打我，不是因為他皮膚黑。我相信羅貝托在那個時候很希望我父親安慰他、擁抱他。我父親回應了他的話，他輕聲地說：「噓……安靜點，去睡覺……睡覺吧，聽到了嗎？」

有天晚上，我父親坐在桌子旁讀報。八點多了，他已經把他的吊帶褲脫掉，穿著上衣與長褲。他長褲的口袋裡常裝著很多現金，畢竟他是光芒餐廳的食品採購。他長褲外套上吊帶褲是為了防城市市場裡的小偷。瑪塔在臥室的地板上玩；安東妮雅和我在聽廣播劇。我們聽到有人敲門，安東妮雅去應門。

是我哥哥馬努埃爾，他抓著一個女孩的手臂，那女孩有點胖，身穿紫色洋裝、藍色毛衣。她長得不是很美，皮膚黑，但她的黑色鬈髮倒是蠻漂亮的。我哥哥想讓她進來，用手推著她的頭往前。終於他們進來了，我父親站起來迎接他們。馬努埃爾介紹，那是寶拉，父親請她坐下，她很緊張，彷彿坐在「被告席」上。馬努埃爾還是站著，我父親上上下下地打量他。

「爸爸，我跟您提過寶拉……」

我父親說：「我知道。」然後他對寶拉說：「孩子，妳在想什麼？妳相信這個流浪漢會幫妳解決一切問題嗎？」她沒回答。「是的，孩子，他是個只知道和朋友打撞球的廢物。」

然後我父親要我和瑪塔去庭院。我們像兩隻小綿羊一樣聽話。事實是，我父親那麼嚴肅讓我覺得很尷尬。他不應該那樣罵她。我要出去的時候聽到他說：「妳將來後悔一千一百次都不夠，因為這傢伙不是男人。」

在庭院外，我靠著牆。我覺得寶拉很可憐。我去約藍達女士家，告訴她：「想像一下，馬努埃爾帶他的新娘（*novia*）回家。」她說：「喔？他已經結婚了？」我坐下說：「結婚？」我一下子聽不太懂。我開始覺得有點驕傲，現在我可以說我有個嫂嫂了。這就是我哥哥「結婚」的過程。

在學校，我一直喜歡獨處。我曾經覺得我的同學不是很自大就是愛吵架。我會留在教室裡，畫畫、縫紉，或只是望向黑板，看著女士坐在她的書桌前。就算我出去透透氣，也會坐在人較少的一邊吃麵包；或上去屋頂看著我在水塔中的倒影。

我從不覺得我漂亮。我很自卑，因為我又瘦又小。我皮膚太黑、眼睛有點斜視、嘴巴寬、牙齒又不整齊。但我想自己還是有好看的地方。我的鼻子算正但有點大，頭髮又黑又濃密，但不是鬈髮。我希望我皮膚白一點，像瑪塔一樣豐滿，以及有像她一樣的酒窩。我夢想自己是金髮。我盯著水中的倒影，心裡想著：「康蘇薇若、康蘇薇若，好奇怪的名字喔。它聽起來一點都不像個人名。它聽起來很單薄，好像會碎掉一樣。」

通常工友會把我從想像中拉回來，他扶著我的肩膀說：「妳在這裡做什麼？妳不知道不能上來樓頂嗎？去別地方玩，不然我帶妳去見校長。」我會羞愧地整臉漲紅，下去小花園坐在陽光下。等到上課的鈴聲響起，我會等大家都排好隊才過去，不然他們總是會推我。我也默默讓他們推；我很怕他們。

我妹妹瑪塔就不怕，不怕男孩也不怕女孩。她還會和他們一起玩。看到她被男生包圍著，雙腳打開蹲下，一手撐著地板，一手拿著彈珠估算距離，這個畫面讓我很不高興。我曾在她和朋友一起玩的時候去找她吵架，讓她難堪。我也不喜歡她整天跟著羅貝托。他們會蹺課，回家的時候滿身髒。有時我出去找他們，便看到她抓著公車的保險桿搭便車。

我和瑪塔一向處不好，尤其是我想幫她抓蝨子、叫她洗碗或用濕布幫她擦臉的時候。而且我永遠、永遠叫不動她去做縫紉。每次叫她去做縫紉，我們就會大吵一架，她會朝我丟熨斗，把我的手抓得滿是傷。之後她還告狀，說我打她、拉她頭髮，某些部分是真的，但我不記得我曾經「拖著她走遍房間和庭院」，她這樣對我父親講。

只要她挨我一拳，瑪塔就會踢我、咬我、捏我、抓我，什麼都來。我看到她那樣就笑到沒力。我會覺得肚子抽筋，然後我能做的就是抓住她的手，這樣她就碰不到我。當她反擊不成，或我把她鎖起來的時候，她會索性坐下，頭靠在木板上或撞牆壁。她會哭得滿臉通紅，當我其中一個哥哥看到她那樣，不問半句話就會修理我一頓。

恰塔完全不會介入，可能她已經厭煩這種場景了。她會唱著歌，或繼續做她的玉米餅。我拿瑪塔沒輒，只能向父親抱怨，但結果永遠不如我意。除了罵她搭車不付錢、和男孩子玩以外，父親會對我說：「妳有什麼資格打她？」或是「隨便她想跟誰玩！」或是「哪天讓我發現妳打她，我就打扁妳的臉。」儘管如此，我總是想糾正我妹妹，她長大後也一樣。

事實上，我真的不知道怎麼對待瑪塔。我看她就像個糖娃娃一樣，穿著藍色衣服，站在白色的蛋糕上。但其實她一點都不甜。豈止不甜，她根本就被寵壞了，又很自私。我看著這個五歲小孩發脾氣，心想她長大後就會收斂點。我想著：「她現在不想借她的娃娃，長大一點就會……她現在不想分享她的糖果，但過一陣子她會。」

我記得有一次（當時我父親還會給我們五分、十分買糖果），瑪塔從商店回來，裙子裝滿了糖果。我當時站在門口，看著其他人玩。她走進房間。我回頭找她，家裡卻一個人也沒有。我朝床底瞄了一眼，原來她躲在床底吃糖果。

「哎呀，看看妳！真自私！妳躲起來，這樣就不用分給別人。小氣鬼！」

她嘴裡塞滿了糖果，幾乎不能說話。「這不關妳的事，這是我的糖果！」

我笑了，讓她吃她的糖果。但她好幾次都是這樣。我還幫她做功課……有一次，我花了一整個下午幫她畫畫交給老師……還有一次，她要交縫紉作品，我把我的借她。每一次她拿去了，都當成像她自己的一樣。我總說：「喔，欸，沒關係。」然後就不了了之。

有天下午，當時我大概十三歲，我躺在床上，胃抽筋得很厲害。當時我們家裡沒有人來幫忙。羅貝托和瑪塔有說有笑地回來，我叫我妹妹倒杯茶給我。她白了我一眼說：「不要！為什麼？自己起來倒。妳只是到處騙人，好拿現成的。」

我心裡想：「該死的小孩。」又對她說：「好吧，我叫羅貝托幫我。」

「你呢？小哥？你可以倒杯茶給我嗎？我的胃很痛！」

「我？不要！妳在說什麼？」他們兩個又出門了，把我一個人留在那裡，邊哭邊抱著肚子。我等了好久，等我妹妹脫離她的「吝嗇期」，但情況只有越來越糟。

我那一半血緣的姊姊安東妮雅和瑪塔一樣惹我厭煩，尤其是她有點男人婆的樣子，我看著她和其他人從約藍達家走出來，我帶著我的縫紉或筆記本站在家門口，因為我不想留父親一人在家。她們經過我的時候，我會告訴她們，她們看起來像脫韁的野馬，像男人。小雅只會大笑，這讓我更生氣，我會向父親抱怨：「爸爸你看！小雅在庭院跑來跑去，她的裙子都掀起來了。你說說她。」有時候父親會教訓她。其他時候，他連眼睛都不會從報紙上移開，跟我說：「好，去玩。我馬上跟她說。」

小雅和她的朋友約我一起玩，但我從不加入。約藍達也鼓勵我去玩：「去啊，康蘇薇若，去一起玩。妳活像個八十歲的女人一樣，不像個十三歲的少女。妳很快就會老啦，老兄！」但我想到她們跑起來的體態，再想想我自己的身體，就覺得很丟臉，很怕我的衣服會掀起來。難得我心情比較好的時候，看到大家都在笑，就會一起玩「抓鬼」。當我一開始跑，就變得很僵硬，馬上就被抓到了。

我和羅貝托很多的爭執都是因為我完全不想做家事。他會命令我：「喂！去洗碗。」我會回他：「白痴，自己去洗。你憑什麼命令我。」但在鄰居家裡，我會幫忙所有的家事，還幫忙照顧小孩。我會在晚餐時間或在父親到家前回家。恰塔會跟我說：「路上是亮的，你家是暗的。」因為我只幫別人家做事。

到了我在學校的第六年，有很多作業。每當我想要讀書，我哥哥妹妹就會把收音機打開或大吵大鬧。有時候我會到屋頂上去讀書，坐在箱子上，拿塊布遮陽。但即使這樣也沒用；恰塔或安東妮雅會上來晾衣服，或是羅貝托會上來，把一隻老鼠的尾巴綁著，追著牠從這個屋頂跑到另一個屋頂。這時我就會飛奔下去。

後來羅貝托離家從軍去，我才清靜許多。在那之前，我會拜託我的朋友多洛雷斯女士讓我去她家讀書。有時候我會去卡薩格蘭德外面的圖書館，或附近一家店。在陌生人的家，他們不會吵我，我就可以讀書，那真的是我最喜歡的事了。回到家後，我會拒絕所有他們要我做的事情，於是我又會聽到「路上是亮的，你家是暗的」。

比起家裡，我比較喜歡待在學校。我總是得到表現優良的臂章，幾乎每個年級都坐在第一個位置（第一排第一列）。有時候我會輸掉這個位置，退步三、五個，但很快又會贏回去。老師有時在課堂上發問，我總是舉手的人之一，多驕傲啊！

對於我的老師，我很尊敬他們，但我把自己看得很渺小，不敢想像自己有天會像他們一樣厲害。當時對我來說，什麼都是不可能的。我怎麼可能像她們一樣，又漂亮又有教養？我怎麼可能站在一群女孩面前，讓她們聽我的話「起立、坐下。」不！不用懷疑，不可能是我。

有一位老師，葛羅麗亞女士，曾經告訴我們一件令我永生難忘的事。在縫紉課上，有個女孩問她，有沒有想過結婚。老師臉紅著說：「當然有囉。我們每個人總有一天都要結婚。」最敢說的費莉帕．羅培茲問她：「您談過戀愛嗎？」葛羅麗亞女士勉強笑著回答：「愛情是美好的，但我不會輕易受騙。愛情像星星，一閃一閃，但有天會熄滅。妳千萬不可以相信那些年輕男孩對妳說：『我愛妳。』妳要小心，不要為未知的事冒險。很多男人不應該相信他們。」我永遠忘不了她說的話。我想這也是為什麼我從不會被男朋友欺騙，當他們說「我愛妳」的時候，我心裡總是在笑他們，並且不斷告訴自己「不要相信、不要相信」。

我十三歲那一年，初經來潮。那天我在學校，又驚嚇又害臊。我的頭很痛，肚子絞痛了整個早上。坐在我旁邊的女孩瑪麗亞告訴老師，老師准許我們兩個一起去廁所。我在廁所看到我的內褲和衣服都沾上血跡。瑪麗亞告訴我不必擔心，所有的女人都會這樣，這表示我現在是位「小姐」了。我很失望，因為我總是幻想當我成為一位「小姐」的時候，我會穿著高跟鞋，配上漂亮的洋裝，戴著眼鏡，還會擦口紅。但我還穿著襪子和制服！而且後來我注意到每個人對我的態度還是和之前一樣，完全沒發現我有所不同。

老師讓我回家，我試著偷偷把衣服上的血跡洗掉。我肚子絞痛很嚴重，我哭了，而且只好告訴安東妮雅。她對我很好，幫我泡了洋甘菊茶，給我很多建議。我很擔心哥哥會發現，安東妮雅也教我怎麼處理。恰塔從市場回來後，小雅告訴她，她看起來蠻高興的，還說：「哎呀！我們家有位『小姐』啦。」她告訴我父親，但父親什麼也沒說。每次我抱怨肚子痛的時候，他會叫人泡茶給我，或叫我去看醫生、打針。

我不記得整個小學期間，父親曾經來過學校任何一次。他對學校發生的事一無所知，也從不過問。他會在聯絡卡上簽名，但僅止於此。如果有家長會，他會說他工作抽不開身，不能參加，但他會給我錢，或做他們要做的一切。六年級畢業的時候，我向他要求要買一件白色的洋裝參加畢業典禮。他一開始拒絕，但我最後還是得到了。一如往常，他沒帶我去買，我也不喜歡他買的。那是件圓領洋裝，上頭繡著一點玫瑰花。我同學說那件洋裝很美，但我卻覺得，在這麼重要的一天，它讓我看起來很不起眼。

我求父親來參加畢業典禮，但他從沒出現。我不斷把頭伸出陽台外，看他來了沒有。所有的六年級生和家長都坐在午宴的餐桌上了，我還是不斷回頭尋找他的蹤影。我看著同學和他們的父母，心裡覺得很難過。有些父親穿著工作的衣服就來了，因為他們無論如何都要來陪女兒。我多希望奇蹟出現，父親就在我身邊！

把畢業證書收起來前，我拿給父親看。還是和以前一樣，他看了一眼，沒說什麼。維辛達裡的人問：「康蘇薇若，妳畢業了？」又問：「妳現在要做什麼？」我只能回答：「不知道，我不知道我父親接下來要我讀什麼？」我課業上的成就都被我父親丟到地上。

這就是我小女孩時的生活——我在學校的良好表現被忽略，我在家裡說的話被忽略，或受到家人尖酸的對待。這讓我覺得自己很愚蠢，也讓我覺得他們不愛我。但我從不知道為什麼。

我再次入學已事隔一年。我把這一年的時間花在工作上面，先是縫紉，然後又在市區的鞋工廠工作。瑪塔的朋友告訴我，有個洋裝裁縫費德里卡女士在找助手。她說：「我不知道酬勞多少，但她人很好。」這就足夠讓我接下這個工作了。那位女士說她每週會留一些錢給我，但從沒真的付我薪水。

事實上，我根本不在乎薪水。我感興趣的是不必再被人打罵、不必注意我父親的一舉一動。我心想：「待在家裡做什麼？反正父親不喜歡我伺候他，讓安東妮雅幫他服務就好。」小雅和我輪流幫父親準備晚餐。倒楣的是，不知道是我廚藝不好還是怎樣，父親總是不喜歡我幫他準備的。如果食物太冷，他會說那是狗吃的。如果太熱，他會說我不用心。不管咖啡裡的牛奶有沒有結塊，他都說那是豬飼料。他會說：「妳什麼事都做不好，沒用！妳去別人家，他們會當著妳的面把門甩上。妳到底會什麼？」

我想小雅也覺得很被羞辱。她會告訴我：「等等，康蘇薇若，我來給他送晚餐。」但我父親不接受。輪到我就該由我準備。他會說：「蠢蛋！學學妳姊姊。她手腳俐落，知道怎麼做事。妳呢？妳知道嗎？」所以我寧願去做白工。

費德里卡女士一開始教我轉動布條。後來我又學會了車邊、打摺、縫釦子。她本打算要教我使用裁縫車，還答應我，她外出送衣服的時候我可以使用。但我不敢。她不在的時候，我怎樣都不會碰那台機器。我怕它。我怕一踏上踏板，就會把自己的手指和布料縫在一起，而且無法停下這台機器。

她有個年輕的姪子，從我第一天上班開始，每次我去，他就會躲起來。他非常害羞，這對我來說很不尋常，因為卡薩格蘭德的年輕男人臉皮都很厚。他們看到女人，就會說她們是「花」。我覺得自己相貌平平，而當這個男孩躲著我的時候，我更加深信不已。

我從女士那裡回到家大約是晚上八、九點了。如果停電，她哥哥加布里埃爾或她姊姊、姪子會陪我回家，偶而我會邀請他們進來。我第一次這麼做。我走進家門時一直禱告，希望父親不要太粗魯，我想禱告是有用的。父親只是把眼睛從報紙前抬了一下，請他們進來。我請他們喝咖啡，我們吃了晚餐。那是我第一次邀請客人到家裡。

那一年我十四歲，我常去找阿姨，但不如我去找約藍達女士的次數那麼多，約藍達女士知道我的煩惱，我也知道她的。她教我鉤針、棒針、做鬆餅（*panecillo*）和西班牙小餅（*polvoron*）、用隔夜的玉米餅做菜。我是她當時最信任的人。但這段友誼稍後就被破壞了，只留下憎恨在我心中，因為約藍達和小雅變成好朋友後，對我的態度就漸漸變了。小雅給她糖、咖啡，還有餵鳥的死蒼蠅和香蕉。爸爸絕不讓我們四個碰他每天買的水果。如果我們敢碰，家裡的屋頂會翻掉，但小雅想要什麼就可以拿什麼。

約藍達不是沒注意到我父親對我們的改變，她好幾次警告我：「機伶點。看好妳父親，否則安東妮雅會把他整個搶走。」我努力遵從她的忠告，但要怎麼讓父親注意我們呢？當我想跟他談談的時候，即使安東妮雅也做過同樣的事，他也會說：「我不喜歡多管閒事，管好自己就好。」

至於向他撒嬌或幫他做事，我和瑪塔都不行。但他習慣每天下班後讓小雅幫他洗腳、剪死皮。如果小雅弄痛他，他只是笑笑。他每三天去澡堂洗一次澡，從澡堂回來時，她堅持幫他梳頭髮、抹髮油。偶而她找到一根白頭髮，幫他拔起來，他還開玩笑說：「白頭髮？我這麼年輕啊？」然後他們兩人都笑了。但他叫我們拿什麼東西給他，都得用跑的，而且他總是氣呼呼地收下。

後來父親命令我和瑪塔的衣服都再也不准送洗。對我來說，他對我們像是陌生人一樣了。恰塔教我們洗衣服。後來我也得洗父親笨重的工作服。這對我來說更難受了，因為爸爸以前從不讓我做任何家事，他以前曾說：「不要刷地板，傷肺。」、「不要做縫紉，對肺不好。」，或是「不准打她的背！」爸爸總是擔心我會染上和愛蓮娜一樣的病。

我第一次洗他的衣服的時候，躲在水盆旁偷哭，一方面因為我的背很燙，雙手的骨頭很痛，一方面我也害怕衣服洗不乾淨，我覺得我全身的力氣都沒了。做完後，我整個人就像在水裡泡過，

還有地板！我第一次洗完地板後，父親得帶我上醫院。我的雙腿，從膝蓋到腳踝都腫了，雙手因為抓著刷子而流血。血流不多，但就是流血了。對我來說這就是底線了。現在我已經被排除在這個家之外了。父親罵我的時候，我開始在他背後做鬼臉。有一次我想跟他談心，他不理我，從此之後，我再也不說了。

有天晚上，當時我還在費德里卡女士那裡工作，父親對我說：「安東妮雅的姊姊伊利達要帶妳去見一個女人，她會教妳怎麼工作。她早上七點會來會來帶妳，妳要準備好。」小雅兩個一半血緣的姊姊伊利達和伊莎貝爾那時也會來家裡拜訪，我和她們也很熟。我喜歡伊利達，所以隔天早上要和她出去，我很開心。

我們在市區搭車，然後在阿拉美達公園下車。這是我第一次到市中心。我們經過公園的時候，

我幾乎沒聽伊利達在說什麼。我看見樹、紀念碑、穿梭的車輛，還有穿著西裝的男人（不是工作服）匆忙經過。對我來說，那像是另一個世界。我覺得我好寒酸，穿著舊衣服，雖然還算整潔。所有人彷彿都在注視我。我摔了一跤。我覺得很難過。

我們抵達目的地後，伊利達說：「聽著，妳走到頂樓，說要找索菲亞老師（*maestra*）。告訴她是我叫妳來的。」到了樓上，有位女士親切地招呼我。我從彩繪鞋子的邊緣開始。她教我如何拿著鞋子才不會弄髒我的衣服。她對鞋子和皮革很了解，也教過伊利達和伊莎貝爾。所以她們叫她「老師」。以前我以為「老師」都在學校裡。

一點鐘的時候，大家把工具放下，紛紛出去。那位女士說，我們要到屋頂上用餐，那兒有個女人幫「男孩們」煮飯。我說：「男孩們？」「其實是男人。他們看起來不像男孩。」於是我們開始往上爬樓梯。我第一次爬這麼多階梯。我感覺整個人都在晃。我怕爬的速度太快，一直往下看。我怕往上爬的時候若不往下看，就會摔下去。我終於走到屋頂，感覺得救了，大鬆一口氣。

在那裡有一個規定，男人不能打擾女人。男人在一邊吃，我們在另一邊。當索菲亞女士和我一起走到門口時，所有男孩都看著我，我只好低著頭，繃著臉。很自然地，有人開始鬧了：「索菲亞，不要那麼沒禮貌。介紹一下妳的小妹妹啊。」女士笑著說：「為什麼不呢，男孩們？站起來吧，我跟你們介紹這個孩子。」

但他們沒有把我當成孩子。他們都叫我「小姐」。我很想回他們「白痴」。他們這麼叫我是在冒犯我。他們這麼叫的時候，我覺得背後另有含意。後來我倒是習慣了。那裡每個人都很尊敬我，除了一個叫荷西的男孩。他不斷過來和索菲亞說話。我站在那裡、低頭看著地板的時候，他會嘸嘴送我一個飛吻。我努力不笑出來，也不看他，我不相信這麼年輕英俊的男人會注意到我。

有一次我早到了，荷西抓著我的手對我示愛。我聽著但不相信。我就讓他說，等他說完了，我告訴他，我對他來說太年輕了。聽到他說他要娶我，我笑了出來。我甚至無法想像那個字是什麼意思。荷西是第一個問我有沒有被別人親過的人。「親？」我怎麼可能做過那種事？我告訴他，親嘴感覺髒髒的。

但有一次家裡漆黑一片，大家都睡著了，我睜著眼睛做夢。我看見自己穿著一件美麗的禮服，在一個豪華的房間裡，隨著音樂與荷西共舞。或是他穿著深色西裝，在街頭不安地抽著菸等我。我心想：「好極了。讓庭院的其他女孩看看，什麼才是『男朋友』。」

荷西一直想追我。有一次我下樓幫索菲亞裝水，荷西躲在樓梯間，抓住我的手。「康蘇薇若，我想和妳說話。」我們把聲音壓低說話，我說：「荷西，我沒什麼好跟你說的。」看著他緊張的表情，我忍不住顫抖。我怕他。過去這幾天都在躲他。他確定我是認真的，便不再來煩我了。每次他看到我，就搖搖頭。

我慶祝十五歲生日前，費爾明在我家附近住了六、七個月。他是我繼母愛蓮娜的親戚。這個年輕人是個鞋匠，即使他的臉和頭髮經常撲滿鞋店的灰塵、穿著沒有襯衫的老舊工作服，還是難掩他的英俊。他在街上看到我的時候會從背後叫我：「康蘇薇若、康蘇薇若，不要這麼驕傲。轉過來看看我。不要這麼壞。看看我，不然我就趁公車停的時候跳上去追妳。」我半句話也不說，但會笑出來，而且他一跟在我後面，我腳步就會加快，如果我們遇到羅貝托一定會嚇死。我哥哥看到我，一定會把我打倒在地。

因為我不理費爾明，他便試著贏得安東妮雅的信任。有天晚上父親叫我和小雅去買麵包。不知道他們是共謀還是怎樣，我看到費爾明站在路口，穿著整潔，還梳了頭髮。安東妮雅對我說：「妳留在這裡，我去買麵包。」然後就走了。我覺得好像被潑了一桶冰水一樣。我很害怕，因為我以前老是讓他難堪，像是「洗乾淨點再來！」、「墨西哥流氓（*pachuco*）！」、「你是瘋子（*loco*）。」我同時也想到，這個時間，在街上和男人會面，會有什麼流言蜚語。

沒想到他說：「康蘇薇若，我愛妳，我對天發誓，我想和妳結婚。但不要因為我是做工的所以叫我墨西哥流氓。」他對我說話的樣子看起來很荒謬，還用難過的眼神看著我。我忍不住想笑。他繼續說：「每次我看見妳經過，都想要大叫，妳是如此美麗。只要妳告訴我，妳願意和我交往，我就是全世界最幸福的男人。告訴我妳希望我怎麼做。我願為妳赴湯蹈火，告訴我！」我發現他的五官很細緻。他說話的樣子雖然看起來很愚蠢，但是眼神卻很溫柔。我收起了笑容。小雅拿著麵包回來，我急匆匆告訴費爾明：「好，你在我家庭院角落等我一下。」

回家的路上，安東妮雅問我，他說了什麼。她外表看起來不關心，但內心很好奇，我說：「沒事，他問我要不要當他的女孩。」小雅說：「答應他。他很英俊。妳也看到了他是怎麼追妳。」但那天晚上我沒出門。晚餐時父親就坐在我正對面。我聽到外頭有人吹口哨，似乎在叫我的名字，差點打翻了咖啡。小雅對我使了眼色。我快速把咖啡喝完，問父親能不能去找約藍達女士，給她看我的縫紉作品。但我沒成功。

幾天後，我在下班回家的路上遇見費爾明。我向他解釋，我父親很嚴格，晚上不讓我獨自出門。他接受我的解釋，他說至少我那天晚上有嘗試要出門；如果我沒有，他就要來敲我家的門。聖母啊！敲門！整個屋子會垮在我身上的！「好，這次我會去。真的，費爾明。你等我。」

一到八點，我聽到第一聲口哨聲就跳了起來。「妳在做什麼，耍猴戲嗎？」父親立刻訓斥了我。「沒事，爸爸。我想我快睡著了。」我回答得很好，因為這時我父親反而不讓我們立刻睡覺。我便趁機問他能不能出去散散步。他答應了。

我走到瑪塔的朋友伊蕊娜家。我記得她給我的建議：「快去，不要當傻瓜。他們都讓妳出來了，總該有點進展。」

「好，但是如果有人來要告訴我，好嗎？伊蕊娜。」

我飛也似的穿過庭院，像火箭一樣，我抵達的時候還在發抖。費爾明向我打招呼。「晚安，親愛的，我一直在這裡等妳，妳總算來了。」然後他親了我一下。那一瞬間，我摒著呼吸，覺得自己要窒息了。我緊閉雙脣，瞪大眼睛盯著他，而他閉上雙眼。這至少過了好一會兒。費爾明發現我沒有回吻，便移開了身體，然後說他知道我不愛他，但之後我就會改變心意。同時他也謝謝我讓他吻了一下。「我讓他吻了一下！」我鬆一口氣。這下我知道什麼是親吻了。

但我立刻想起他工作的時候有多髒，又感到很噁心。我向他說了再見，回到伊蕊娜家。「妳太棒了！」她邊笑邊看著我用力用手擦嘴的樣子，她還做鬼臉。我想吐。她問我：「妳不喜歡嗎？」

我告訴她我不喜歡，我本以為自己給她做了好榜樣。但她一直說話，我才發現她有很多事情可以教我。

隔天晚上八點一到，費爾明又吹口哨。我成功溜了出去。他一看到我又親我。道別的時候也親了一下。他還對我說：「等我賺了錢，我們就結婚，親愛的。妳等著看我幫妳蓋的房子。不然我們就回我的老家，在哈利斯科。」我靠著他的肩膀，聽他說話，或看著他的雙眼——我最喜歡他的地方。只不過溜出去見他總是很困難，我很少得到父親的允許。費爾明相信我，常等上好幾個鐘頭，有時運氣好，有時運氣不好。即使下雨了，他也在那裡等。我父親並沒有懷疑我。

但唯有工作時我才感到快樂。一回到家，一切又變得難以忍受，我父親只會讀報，什麼都不做，除非我們發出聲音惹他生氣。他用皮帶打瑪塔或羅貝托的時候也會激怒我。但我甚至連話都不敢回。我動彈不得。在那一刻，我真希望自己可以是一陣清煙，就這樣散去。

安東妮雅做家事的時候會打開收音機聽一整天的古巴音樂。她喜歡丹頌（*danzón*）、瓜拉查（*guaracha*）和搖擺樂。她通常在我哥哥都出門的時候跳舞。老實說，我第一次看見她跳舞的時候，覺得很尷尬。我當時大約十二歲，從沒看過那樣的舞蹈。我想我太保守了。她會聽著瓜拉查，接著舞動她的整個身體。喔！看起來好醜喔！每隔一會兒她會拍手，好讓自己更融入音樂。從頭到尾，我只喜歡那個旋律而已，但當時我對自己也不敢如此坦白。怎麼可以這樣批評自己的姊姊！我覺得她很不正經。每當她擺動腹部，凸起凹下的時候，我都想把臉轉過去，但又忍不住一直看。

漸漸地，我不自覺也開始跳舞。我們在掃地和洗碗的時候，會聽著收音機的音樂起舞。小雅會和我哥哥跳舞，我會坐在廚房的小凳子或床的床頭板上看著他們。有天小雅在跳舞的時候，我看見她在抖肩。我立刻從坐著的凳子上跳下來，嚷嚷著：「妳怎麼做的？教我！教我！」她和善地講解給我聽，但我努力試了，還是顯得很滑稽，把她逗笑了。練習了幾天，我終於學會了。

維辛達裡有一個庭院幾乎總是在舉行舞會。但我爸爸當然不會讓我們去。我只能在小雅做家事的時候在家裡跳舞。但那時候我不了解跳舞真正的滋味為何。我仍沉醉在幻想中。我會想像自己穿著藍色的洋裝，梳妝打扮優雅去跳舞，每個人都轉過頭來看我。我是舞會的焦點。將會有一個好看、莊重的年輕男士護送我。沒有人敢對我說輕薄的話；對我只有尊重！我會在緩慢、輕柔的旋律中跳著高貴、含蓄的舞步。我不會像小雅，到處送秋波。天啊！那樣不好！她到處調情，毫無羞恥。

有一次我父親買了新的洋裝給我和小雅。我的是一件金色的洋裝，上面有根樹枝鑲著細小的玻璃珠。這是我有過最優雅的洋裝，我立刻就穿上它。外面準備開始跳舞的喧鬧聲越來越大，我開始移動我的腳步，對小雅示意，要她去徵求父親的同意。她聳聳肩，意思是不要。我焦慮得很難受，渾身緊張。我得自己去問他！好緊張，我得請求父親的許可：「爸爸，讓我去跳舞好嗎？拜託。」我父親短促的聲音沒有打消我的念頭。「讓男孩跟我一起去，爸爸。讓馬努埃爾和羅貝托陪我去，拜託您。」這次成功了。他答應了。

舞會在八十號的庭院。我和兩個哥哥一起去，他們一人站在一邊。我沒穿上毛衣，這樣就可以炫耀我的洋裝。庭院裡滿滿的人。我開始渾身發抖。我哥哥們和我站在某一個角落。馬努埃爾，想當然爾，找了他自己的舞伴就離開我們了。羅貝托站的靠我很近。我雙手抱胸，掩飾我的胸部和興奮。

一首曲子結束了，但沒人邀請我跳舞。我站在那裡，想跳舞想得快受不了！我不停地想會不會沒人來邀請我，抱胸的雙手環得更緊了。氣氛變得非常嚴肅，因為有個年輕男人過來問我哥哥可不可以與我共舞。接著我就發現自己在塞爾吉奧懷裡了，他住在卡薩格蘭德中間庭院那。碰到年輕男人的手讓我心慌意亂，也無法跟著他的腳步。我全身都在發抖。我僵硬得像根棍子。他已經盡力帶我了，但我的步伐十分笨拙。

那首曲子結束了，我心想：「真蠢！我連動都沒辦法動。這下沒人會邀我跳舞了。」我挽著我哥哥的手。下一首曲子開始了。它是首快節奏的流行歌，大概是唱著「中國人、中國人、到了痲六甲海峽（*Chinito, chinito, toca la malaca*）」之類的。我很高興那個男孩又來邀我跳舞。他帶我跳的舞步是我不熟悉的，但我已經稍微熱身過了。我僵硬的肌肉放鬆許多，精神也來了。所有的男孩都在看我。我是那裡的新面孔。我看到他們去找我哥哥，然後轉頭用一種嚴肅的表情看著我。第三首曲子的時候，我哥哥馬努埃爾過來帶我去跳一曲叫作「仙女」（*Nereidas*）的丹頌。我總算能帶著自信跳舞了。我放鬆我的身體，讓它隨著音樂擺動。那天我和那男孩，還有我哥哥跳了八、九首曲子。

接下來不斷地有舞會，我極力徵求父親的同意，但運氣不好。我父親從不允許我參加。「小姐，不行！出去跳舞？門兒都沒有！」我會生氣，不上床睡覺。他們熄燈後，我靠著門緣，坐在黑暗的廚房裡哭，哭到腳麻掉。聽到外面傳來喜歡的曲子，正適合我跳舞！這讓我頭痛。但我無可奈何。

我父親和安東妮雅每週會回她媽媽家一次，這對我來說反而是個好消息。羅貝托那個時候幾乎都在家，但我還是會偷溜出去跳舞。馬努埃爾幾乎不回家，所以我一點都不擔心他。但我真的很恨羅貝托。我在跳舞時，他會過來對我說：「蠢蛋，回家！」我會聽他的，因為我怕和他在庭院吵架，那很丟臉。我也怕他會告訴父親。

有時候，父親晚上沒出門，我就得小心盤算。一開始先請求他答應。接著就是求、哭、發脾氣。但他就是不同意。有天晚上我坐在一片漆黑的廚房門口，手肘靠著膝蓋，臉埋在手裡，感到很絕望。我多想去跳舞啊，我決定偷溜出去。牆上掛水桶的木樁可以當成梯子通往天花板。只要稍用點力氣爬上去，一下就到屋頂了。

我聽到父親打呼後，小心翼翼拉了把椅子靠在牆邊，摒住呼吸，手拿著鞋子，踩著木樁往上爬。到了樓頂，穿上鞋子，大功告成！現在，誰要借我梯子讓我下去呢？幸好，約藍達女士這時候出現了。我作勢叫她不要說話，請她借我梯子。我爬下去的時候約藍達笑了，「孩子，妳在做什麼？」

「噓……小聲點，否則爸爸會聽見的。」她帶我去她家，讓我洗臉還有整理頭髮。我準備好要去跳舞了，不用冒險。羅貝托和我父親都已經睡著了。

我到了舞會，一如往常，到處都是男孩子。有些女孩坐著，有些雙手抱胸，靠牆站著。你從一英里外就看得出來她們多想跳舞。那些幫派的大男孩聚成一圈。有些抖動雙腳、有些拍手，有些只是在觀望，尋找下一個舞伴。另一群年輕的男孩在練習舞步。有一個大約一百瓦的燈泡掛在電唱機那兒。

照慣例，人們會圍著跳得最好的舞者拍手，鼓勵他們繼續跳。男孩們使眼色，心裡有些歪念頭，對著女孩耍壞地笑。如果一個女孩跳得很好，圈子裡的人會推出另一個男孩去表現一番。場子很熱、情緒很嗨。每個人都想表現得不同凡響。

我到的時候，站在離燈有點遠的角落，以免我哥哥來到附近。這樣我起碼有點時間可以逃跑。而且我也不喜歡到場中央，最好的舞者都在那個地方。羅貝托的朋友是我的舞伴：大猩猩埃米利歐、夜來香古斯塔沃、朦朧燈光安和爾、鴨子多曼斯。

我用跟離開時同樣的方法從屋頂回到家。父親還沒醒。往後每當父親不准我出去，或他沒出門的時候，我就故技重施。但是有天晚上，我一如往常開始爬木樁。忽然，我覺得有人拍了我的腿一下。接著又重重打了兩下。我回頭一看，是我爸爸，我感到血液倒流，腳底一陣寒意。「給我下來，快！」我下來的時候，以為他會打更多下。好險沒有。

然後到了我十五歲生日。這是我和我朋友安荷莉卡．里維拉夢想好久的一天啊！有時我們會坐在庭院討論那一天我們想要什麼禮物。她和我一樣，想像庭院打掃乾淨，裝飾得漂漂亮亮，搭了棚子以防下雨，排滿了椅子，還有一個入口，只有賓客可以進入。我父親和哥哥穿著深色西裝，最重要的是，我穿著藍色的長洋裝，貼滿閃閃發亮的亮片。我妹妹也會穿著長洋裝。最後，還有一個小樂隊現場演奏。在費爾明眼中的我是多麼美麗。我和他跳著華爾滋，是多麼耀眼的佳偶，所有人的目光都在我們身上——我父親從桌旁看著我，心裡想著，他的女兒現在是位「小姐」了。這是我和安荷莉卡常常做的夢。她總說：「如果可以的話……」但我會說，這是一定要的，我父親不能讓那一天白白地過。

不幸的是，事情和我夢想的不同。我十五歲那天，連我自己都忘記了。我去工作；後來覺得我那天似乎有什麼事情要做。這才想起那天是我十五歲生日，我心裡多難過啊，一個女孩生命中最重要的一天！我坐在長凳上，穿著圍裙，雙手沾滿鞋子的染料，坐在磨鞋底機器弄出的灰塵中。我正清理著白色緞面的鞋子。我就坐在那裡撫摸著它們。我很想哭，但忍住了。「有一天我會有錢買我想要的東西。有一天父親會明白我不是他說的那麼差。有一天——」我把鞋子清理乾淨，但是當我看到緞面白色的光澤，還有精美的手工時，再也控制不了自己，跑到廁所痛哭。我的靈魂感到痛楚，覺得沒有人在乎我。

我很晚才下班，幾乎沒有回家的欲望。我一個人搭著公車。我一路上想著，我憑什麼？也許我根本不是我父親的女兒。也許這就是為什麼他完全不在乎我。我快到家時遇到羅貝托，他說：「快點，我們在等妳切蛋糕。」

我豁然開朗，對剛才腦中的那些想法感到懊惱。我急匆匆走進家門。沒錯，桌上有一個蛋糕，還用奶油畫了一個玉米穗的圖案。但比起安東妮雅的蛋糕，那個蛋糕看起來好寒酸，我當下覺得很難堪。安東妮雅笑著說：「快看，這是妳的蛋糕！」

我沒有回話。父親叫我切蛋糕。「我現在不想切。我很累。放到一邊吧。」羅貝托白了我一眼；他和瑪塔又對我說了一次切蛋糕。羅貝托把刀遞給我，在蛋糕上放小小的蠟燭，然後點燃它們。看到羅貝托這麼開心，我也軟化了，把蠟燭吹滅。我許的願望是希望以後能繼續讀書。隔天我依舊去工作，誰會希望想起昨晚的事呢？

我現在是個「小姐」了，我再也不想在庭院玩耍。在外面跑來跑去似乎不是很恰當，我也不想留爸爸獨自在家。此外，小雅和她的朋友似乎總是喜歡在庭院說些讓我尷尬的話題。她喜歡玩粗魯的遊戲，像是「驢子」，有一晚我真的和她玩了，小雅當驢子，我騎在她身上，但她無預警地站了起來，我的一條腿就掛在她的肩膀上，真是我畢生的恥辱。我氣得想哭，但我默默忍下來了，心裡想著要討回公道。幾天後，小雅和我吵架，我趁她踢我的時候抓住她的腳，把她的腳抬高，讓她失去了平衡。她摔倒了，雙手遮著臉想掩飾淚水，因為真的很痛。她也忍了下來，沒告訴我父親。所以我們扯平了。

還有一次我們在吃飯，我正準備要坐下。不曉得是故意的還是無心的，小雅把椅子往後一拉，我跌了一跤。湯也灑在我身上，燙傷我的肚子。小雅笑了，但隨即打從心底求我原諒。我沒說半句話，只是轉過頭，很嚴肅地看著她，讓大家都笑了。後來我也扳回一城，她正要把咖啡送進嘴裡的時候，我用力推了杯子一下。我手指撞到她的牙齒，杯子邊緣還撞到她的鼻子。和她先前的反應一樣，我也笑了。但小雅生氣了。「哎呀，妳很粗魯耶！」她說。

差不多這個時候，小雅離家出走了。我不知道她之前是不是也這樣做過，但羅貝托確實曾命令我要注意她的動向。在那個特別的早上，安東妮雅告訴我，我們要去澡堂，她會幫我付票錢。我注意到她包包裡帶了很多衣服，問她為什麼。她說她要送去補。我們出發到佛羅倫薩澡堂，那一間有點遠，但安東妮雅解釋說補衣服的女士住在那家澡堂附近。

澡堂非常擁擠，因為那是每週的特價日。我們先排隊等位置。我在小小的更衣間換衣服，把衣服脫下掛在掛鉤上，用大毛巾把自己包好，去走廊找小雅。但她不在那裡，也不在裸體女人跟小孩大排長龍的淋浴間。淋浴間的氣味很不好聞，還有小孩在哭，所以我去了蒸氣室，地板很滑，我走路得很小心。我曾在澡堂摔了好幾次……瑪塔也是……所以我很怕再次受傷。蒸氣室裡只有幾個很胖的女人，而且還在吵架，因為有人想把蒸氣調高、有人想調低。小雅也不在游泳池，所以我洗好澡、穿好衣服，就在入口大廳等她。

過了很久，小雅還是沒來找我。我無聊得發慌，問櫃檯的員工有沒有看見她。他告訴我她已經走了。氣死我了，我跑回家，心想她一定又在玩惡劣的把戲。我問起安東妮雅，羅貝托嚇得從椅子上跳起來：「不，她還沒回來。」他立刻丟下早餐去找她。她不在她母親家，也不在街上。羅貝托到處找。我猜有人通知我父親，因為他提早回家了。羅貝托也為他的疏忽付出代價；我父親痛打了他一頓。

他們在火車站找到她已經是晚上了，她和一些女人在一起。我父親把她拖回家。她看起來一點都沒有被嚇到，但我嚇死了。我怕她會被打得皮開肉綻，事實上也真的是這樣。父親教訓她後，把她鎖在愛蓮娜去世的那個房間。我們以前就不准進去那個房間，現在更不能靠近。父親命令，她的三餐都送過去給她。無論任何理由都不准她出來。有時候，當我哥哥或恰塔不注意的時候，我會去看她。我覺得她很可憐。她能做的，只有從門的上方探出一點點頭。她告訴我當時的情況：「我離開澡堂後，遇到兩位女士。我告訴她們我想要工作，就跟著她們走了。」一直到很後來我們才知道，那兩個女人是開妓女戶的。

那天晚上，我父親以為我們都入睡後，大哭了一場。聽到他哭，我心裡很難過。不管父親怎麼罵我，我從不會讓他這麼痛苦。但是再怎麼樣，如果他生某人的氣，也得自己放下他的憤怒。我不介意他發洩在我身上，只要他不要生病就好。不管怎樣，父親總是對的。我很愚蠢又笨拙。我想伺候他，但我什麼事都做不好。我老是不知所措又莽撞。安東妮雅離家出走真的很不好，別人會瞧不起她。我永遠不會讓別人說我閒話！我想，當時的我，完全料想不到，幾年後我會改變這麼多。

安東妮雅總算可以回來和我們一起住了。儘管我會和她聊天，偶而也會互相開玩笑，但我還是無法喜歡她。她常和約藍達女士在一起，約藍達女士會告訴我安東妮雅跟她說的所有事情。有一次約藍達說：「照顧好妳父親。安東妮雅說她很恨妳父親，也很恨你們，她小時候受過的苦，要你們付出代價。」她想報復，而且計畫把父親從我們身邊奪走，讓他搬到她母親家。

約藍達也告訴我，我們都不在的時候（馬努埃爾和羅貝托在玻璃工廠工作，瑪塔和我在學校），安東妮雅會和鄰居露茲女士一起作法。她會光著腳，把椅子搬到床上，仔細地用竹掃帚把地板掃一遍。接著去露茲家，露茲的宗教不太一樣，好像是福音教派或通靈派，她們兩人會把水瓶、藥草、鮮花藏在圍裙下，一起回到我們家。她們會鎖上門，在裡面待上約半個小時。

約藍達會從她家門上的一個小洞監視她們，然後假裝去屋頂晾衣服，從屋頂可以看進我們家廚房。她說她看到安東妮雅在火盆裡點火，露茲會把瓶子裡的水灑在地板和牆壁上，口中唸唸有詞。當火燒旺後，露茲會把藥草和鮮花放進去燒。她和安東妮雅站在火焰旁，一邊看，一邊說些什麼。當灰燼冷卻後，露茲把灰燼灑在房間裡，安東妮雅則在此時發下詛咒。

約藍達說，之後露茲會把她的私人物品遮掩起來，立刻走出門外，安東妮雅也會在煙霧散去，水分蒸發後，把門鎖上。之後她會把門打開，打掃家裡，彷彿什麼都沒發生一樣。我不知道這是否屬實，但這是約藍達告訴我的。後來羅貝托也告訴我安東妮雅是女巫，我真的相信，因為她真的很恨我們，想傷害我們。

我不知道這和安東妮雅做的有沒有關聯，但過沒多久，連續三、四個月，我父親每週都去帕丘卡，回來的時候總帶了幾瓶淡黃色的水，裡面有藥草。有時候水是綠色的，甚至是白色或無色。他把瓶子放在廚房左邊角落，嚴格下令不准任何人碰它們。我從沒看過他喝那些水或灑在哪兒之類的，我在家的那段時間，從不知道那是什麼。也許那些水是用來對抗安東妮雅的法力。天才曉得，我不懂。

從那之後，我父親就沒有一件事是對勁的。他開始對我們說些刻薄話：「我受夠你們這些懶惰鬼了！我厭倦了日復一日的工作，你們像豬一樣躺在那裡，只會吃和睡！」對我來說，這些話像鞭子。我很想逃走，但又無法。我只能低頭哭泣。這種事天天上演。羅貝托很常好幾天沒回家。只有我、瑪塔和安東妮雅在家。

我第一次跟我父親頂嘴（沒說粗話，只是極力否認一件事）是某個下午，他說我把雞送給「那個巫婆」，也就是我阿姨。我回答：「那不是真的，爸爸。我從沒拿走任何東西。」我感覺臉上被摑了一巴掌，我瑟縮在火盆和碗櫥的角落。安東妮雅也在那裡，我覺得很羞恥，父親竟然這樣對待我的家人。小雅家人的待遇就大不相同！伊利達或伊莎貝爾來的時候，他會說：「小雅，請妳姊姊喝咖啡。伊利達，坐下來聊天。這是搭公車的零錢。」

後來安東妮雅開始生病。她跟她的男朋友有很多問題，一個住在卡薩格蘭德的男孩，她為他瘋狂。他為了另一個女孩離開她，我猜是因為安東妮雅告訴他，她懷孕了。我這麼說是因為她病了，身體還大出血，而且後來有人告訴我，她吃了一些很強的藥草，把小孩流掉。小雅和她的愛人分手時幾乎已經瘋了。醫生告訴我父親，她是那種一定要和男人在一起、否則會生病的女生。不久之後她便發病了。

有天我下班回家，發現屋子裡一團亂。我已經習慣家裡不整潔又昏暗，但今天真的是死氣沉沉！桌上和水槽裡滿是油膩的碗盤和鍋子，地板沒掃，爐子很髒。臥室的房門緊閉，我父親和哥哥們沮喪地坐在黑暗的廚房中。臥房的椅子和其他東西成堆在地板上。我要開口說話，被父親制止了。「噓，笨蛋！妳會把她吵醒！」那是小雅第一次發病。她把東西又摔又丟，跳上跳下，扯自己的頭髮，發出嚇人的聲音。她醒來後又做了同樣的事，直到護士來打了一針讓她睡著。這持續了好幾天，後來她被送到療養院，住了好幾個月。

後來發生的事情如同約藍達告訴我的。安東妮雅出院後，她和我父親搬到露碧塔家，把我們獨自留在卡薩格蘭德。有天下午，我父親無預警地說：「我要搬到玫瑰街了。我會住在那裡。我會每天回來看你們。你們要過來還是留下？」我說我不想過去。我的自尊阻止我告訴他，不管他到哪裡我都想一起去，我想和他在一起。我看到他把他的藍色箱子扛在肩膀上，聽到他對羅貝托說：「開門！」我覺得我要暈倒了，只好讓自己靠在椅子上。他走了後，我哥哥和我看著對方。我們不知道該說些什麼。羅貝托跑到廁所去哭，我覺得喉嚨和雙眼有股苦苦的味道，但我沒有說任何一個字，也沒有吭一聲。

隔天我父親帶著安東妮雅和她妹妹們回來，搬走了梳妝台、床墊、床單、枕頭套、桌布、花瓶、窗簾，甚至我們的新煤油爐。屋裡空蕩蕩的，再一次被剝了一層皮。我們再也沒有窗簾、枕頭套或鮮花了。如果我和瑪塔想裝修點什麼，我父親會立刻拆下，命令我們保持原狀。

儘管如此，他有遵守諾言。他每天下午都來看我們，並留下生活費。但如果我們留他吃晚餐，他會斬釘截鐵地說：「不用了。」我也不勉強他。

父親離開後，我感到對母親的渴望。我再也無法控制，哭得心好像快要碎了，直到雙眼紅腫，我轉頭望著聖母像，問她為什麼父親要那樣對待我們。

他從沒離開過我們。我們習慣了和他住在一起，每天看見他坐在椅子上讀報、洗腳、檢查牲畜，或命令我們把雞隻洗一洗、換籠子。我父親的存在就是一切；充滿了整個屋子。有他在，我覺得我的家很完整。我現在開始有一種難以承受的想法：「我不是父親的女兒嗎？主啊！孤兒是一種罪嗎？」我不停地問，也為母親哭泣，我苦等著答案。那種感覺多麼悽慘。我從沒這麼絕望地呼喚著母親。我對著母親吶喊、吶喊，希望誰能給我答案，什麼都好。

但只有沉默回應我。

瑪塔
Marta

我的童年比任何一個小孩都快樂。我自由自在……沒有任何束縛，完全沒有。我想做什麼就做什麼，很少被處罰。如果我哭了，我爸爸會安慰我，給我錢。他把我鎖在屋裡，我就從屋頂溜出去。我很沒禮貌，對所有人頂嘴，因為我覺得自己是父親的最愛。我讓繼母和家裡的幫傭日子很不好過。她們多半做不久；只有愛諾埃和恰塔做了四、五年。但我常把她們惹哭，也讓第一個繼母愛蓮娜哭。

我的朋友很崇拜我，讓我覺得自己像他們的頭兒一樣。玩棒球時，我決定每個人的位置；不管我們要做什麼，他們都得先經過我的同意。他們知道我父親什麼都給我最好的，我總是有錢和水果可以分給他們。所以他們總跟在我身邊，想和我一起玩。我從不缺朋友，而且覺得自己在圈子裡最「大」。

打從一開始我就不喜歡學校，我上學只是為了讓我爸爸高興。我不能忍受在一個房間裡安靜坐好，也不在乎學習讀寫或算數。我一年級讀了三年，二年級讀了兩年。五年級結束的時候，那時我十四歲，就不去了。我從來沒想過人生要做什麼，比方說護士或裁縫：我最喜歡的是泰山，我只想做他的夥伴。

我很男性化，也玩男生的遊戲……「驢子」、彈珠、陀螺、骰子，看是什麼季節。那些才是我的玩具，而且我把康蘇薇若收在床底箱子裡的娃娃和扮家家酒玩具弄壞了。我從不和女生玩，但喜歡幫娃娃換衣服。

爸爸待我們女孩子像皇室一樣，他餵飽我們、買衣服給我們穿、送我們去上學，還有不讓哥哥們欺負我們。他幾乎不理他們，除非我們告狀。然後他就會抓著他們，毫不心軟地痛打一頓。

但我不像康蘇薇若。她過得很平靜，幾乎沒朋友。她不能像我一樣常出門，因為父親總是看著她。我們常常吵架：每次我從麵包店買不同口味的麵包捲回家，她總是拿走我喜歡的。父親帶水果回家時，我就拿走她想要的。她會把我的東西裝滿一個小箱子，然後藏起來，所以如果我知道她最喜歡哪個玩具，就去把它弄壞。我老是在她背後使壞。她出去時我會告訴父親，然後父親就會打她。她也做一樣的事，因為她不希望我像個男孩子一樣跑來跑去。

康蘇薇若很悶，不喜歡出去玩。她把自己越弄越糟，因為她總是待在家裡。羅貝托回家的時候會拉她的辮子，馬努埃爾會命令她，她必須聽話，不然就得挨打。

好笑的是，比起康蘇薇若，我更信任我一半血緣的姊姊安東妮雅，還有我嫂嫂寶拉。因為她老是一副了不起的樣子，而且總是往壞處想。她不知道怎麼給什麼正面的建議。我一直覺得她小氣又自私。

我小的時候最喜歡羅貝托，他常給我東西，又把我帶在身邊。但他總是很容易生氣、愛指揮別人，也經常說謊。馬努埃爾跟我們住在不同世界。也許因為他是老大，他總是很有距離感，又很拘謹。對我來說，他比起其他人似乎更虛偽，說話也不誠懇。他走過來的時候，謊話已經在嘴邊了。我小的時候，兩個哥哥都不會打我；我大到可以交男朋友之後他們才對我發脾氣。

馬努埃爾和康蘇薇若的童年大部分都在學校裡度過。他們這對……嚴肅、聽話、安靜。但我比較像羅貝托，是個流氓。我們真的很野。他比我更不喜歡學校，所以會從教室的窗戶爬出去。他教我怎麼把書藏在澡堂，然後不去上課，他會帶我去查普爾特佩克公園。我們會爬上所有禁止進入的地方，然後被守衛追。我哥哥如果有錢，還會租一艘船，帶我去划船。他會塞一堆糖果和口香糖給我，以免我肚子餓，等到放學時間到了，我們會跳上公車，去拿我的書，然後回家。

羅貝托教我如何跳上公車或手推車；我們靠這樣遊遍了整個城市。他會在公園攔住小孩子，恐嚇他們交出全部的東西——鉛筆、原子筆、硬幣，這樣我們就有錢可花。後來他從軍後，穿著制服，事情又變得更容易，因為他會威脅要逮捕他們。羅貝托也會搶女人的錢包，這樣我們就有更多錢；我有一大堆口紅、粉盒和零錢包。

我小時候好快樂喔！有一次，羅貝托和他的幫派帶我去公園，我是十個男孩中唯一一個女孩。我們去了一家遊樂園旁的一家戶外餐廳，點了墨西哥三明治（*tortas*）和柳橙汁。然後我注意到那些男孩一個一個站起來走了，有的去抽菸，有的去廁所，最後只剩下羅貝托、我，和兩個男孩。一個男孩對我哥哥說：「走啊！黑鬼，快帶你妹妹閃人。」我們跟著其中一群人走了，他們又跟著另一群。我們待在那繞了三圈，看到服務生四處找我們。但我們已經跑掉，搭上公車回家了。我們都是這樣吃霸王餐。

每次羅貝托去拉古尼亞市場把父親買的水果、起司和肉帶回家時，他總會帶我去。他會把車錢拿來買糖（我們總是很餓，不停吃東西），接著我們跳上公車後面搭便車。有隻叫拉特（Rat）小狗會跟著我們，羅貝托還教他怎麼帶著一片水果或一包肉。拉特到處跟著羅貝托，我哥哥也像照顧我一般照顧他。但後來有人下毒把他毒死了。

我爸爸開始賣鳥的時候，我大概八歲。有天他帶了一個大籠子回家，籠子的屋頂是紙板，欄杆是藤條做的。他買了一些小嘲鶇（*centzontles*）的幼鳥，馬努埃爾和羅貝托負責對牠們吹口哨，直到牠們學會怎麼唱歌。但那些鳥把藤條撥開，打開一個洞，七、八隻鳥都飛了。愛蓮娜擔心慘了，以為我父親會抓狂。

爸爸回到家時，愛蓮娜告訴他鳥兒已經死了。她看起來嚇壞了，父親忍不住笑了出來。他早就知道鳥兒飛走了，因為全維辛達最愛說閒話的人，也就是守衛的太太，早就告訴他了。他那次沒有生氣。

三個繼母中，我猜愛蓮娜是最好的。她是除了我阿姨以外，我記得第一個讓我坐在她大腿上、幫我梳頭髮，而且對我疼愛有加的人。但我從不像康蘇薇若那樣叫她「媽媽」。我最喜歡愛蓮娜的一點是，她會掩護我做的壞事，也從不打我；即使我討厭她，她也沒有向我父親告狀。

我阿姨說，父親娶愛蓮娜的時候，她才十七歲。我記得她搬來住在我們家之前，還跟我們一起在庭院玩跳繩。她曾經嫁給一個男人，那個人常打她，打得她的肺出了問題。她來我們家的時候已經病了，所以父親請了幫傭來幫她。他從不喜歡她的女人在家工作太辛苦。

康蘇薇若是最喜歡愛蓮娜的人，老是圍著她。我和繼母還不熟的時候，每次康蘇薇若打我，愛蓮娜會說：「由著她吧！瘦子，畢竟她還小，不懂事。」

愛蓮娜幫我在小內院的廚房裡做了一個鞦韆。那裡沒有屋頂，只有塊板子遮雨。她把繩子綁在其中一塊板子上，然後在底下放一小塊木頭讓我可以坐。有天我在盪鞦韆，康蘇薇若想把我拉下來，我哭著抵抗，直到愛蓮娜說：「小胖，過來這裡。」他們都那樣叫我，不叫我的名字。但我又踢又叫，不讓她碰我。康蘇薇若打我，愛蓮娜過來保護我。她真的對我很好，但我太小了，我幾乎不記得她了。

我十歲的時候愛蓮娜死了。我爸爸說是馬努埃爾和羅貝托殺了她的。或許他是對的，但我覺得她主要是被手術殺死的，因為他們把她的肋骨拿出來後，她就一直消瘦，直到死掉。他們說她是結核病死的，但我不相信，因為我父親一直很小心傳染病。我覺得她是得了癌症或其他病。

愛蓮娜下葬時看起來很美。爸爸，或許是她媽媽，買了白色的洋裝和藍色的面紗，把她打扮得像聖母無染原罪（*Purísima Concepción*）一樣。守靈的那天，爸爸很生氣，因為庭院有舞會，吵得要命。他們甚至不把音樂關掉。

在愛蓮娜死之前，我就認識我另一個繼母露碧塔。我一半血緣的姊姊安東妮雅搬來和我們一起住，她曾偷偷帶我們去玫瑰街找她媽媽和妹妹。露碧塔很歡迎我，但另一個一半血緣的妹妹瑪莉蕾娜可不。每次我去那裡她都很不高興。我覺得她很嫉妒我們，也很生我爸爸的氣。不過露碧塔總是對我很好，給我公車錢和小禮物。

以前爸爸每個星期三都會帶安東妮雅去看她媽媽。他不知道安東妮雅和我平常也會去。某個星期三，我想和他們一起去，還開始哭。所以爸爸也帶上我，他告訴我要守規矩，向女士禮貌問好。他都這麼稱她。他從沒說那位女士是他妻子。我們也沒人跟他說我早就認識她了。

安東妮雅來和我們一起住之前，爸爸和我、康蘇薇若睡在同一張床上。另一張床搬去愛蓮娜的房間，她死後就給了她母親珊蒂多斯。安東妮雅占了我父親在我們床上的位置後，他就睡地板上。後來安東妮雅瘋了，跟一些男生跑了，爸爸把她鎖在愛蓮娜的空房間，他又和我們一起睡了。他又買了一張床，但那是給安東妮雅的，他一直和我們睡，一直到我們相當大的時候。

我父親對安東妮雅很好，好到維辛達的人開始說閒話。他們覺得她不只是他女兒，還是他的情婦……要不至少，他們兩人之間一定有什麼。每個人都注意到我父親給了安東妮雅他所有的注意力，什麼東西都買最好的給她。他會叫我們早點上床睡覺，然後他們兩人換好衣服後，就會外出吃飯或看電影。

我朋友安荷莉卡跟我們住同一個庭院，她住在我們對面，她告訴我鄰居們說的話。但我不會怎樣。和我父親有關的事情，我從不干涉。我是個旁觀者，只是聽和看，但閉上嘴。我完全不想告訴父親：「你知道嗎？某某某說……」我怕他會生氣，然後打我。在他面前，我總是有點發抖，非常小心我說的話。

羅貝托和康蘇薇若很嫉妒安東妮雅，每次安東妮雅得逞時，他們總會大發脾氣。羅貝托和安東妮雅像貓和狗一樣打架。我會挺安東妮雅，康蘇薇若會幫羅貝托。當爸爸下午回到家時，他會依著安東妮雅，叫大家都住手。

有一次主顯節，康蘇薇若和安東妮雅大吵一架，因為安東妮雅得到的禮物比較好。她們都想要洋娃娃，但安東妮雅得到一個漂亮的金髮娃娃，康蘇薇若的又黑，又一副死人臉。安東妮雅還得到一只手錶。康蘇薇若氣到哭，她不要那個娃娃；她認清了爸爸比較愛安東妮雅後很傷心。這件事也是兩個女孩的轉折。之後她們變了，而且相處得比較好了。

我開始上學之前，其實不怎麼想念我母親。母親節的時候，所有的孩子都會把親手做的禮物送給母親，只有我一直拿在手上。對我來說，母親節是一年中最難過的一天。我長越大，越覺得需要我的母親。

關於母親的事，都是別人告訴我的。我還曾被人騙，說母親吃太多才會腦血管阻塞死掉，但我舅媽琵葉達（我舅舅阿弗雷德的第二任妻子）最近告訴我，其實醫生警告過我母親，如果不把肚子裡的孩子拿掉，她就不能活到看著它出生。她每次懷孕都病厭厭的，因為她心、肝都不好，腎臟也生病。她不聽醫生的話，所以死了。醫生想救小孩，但爸爸說：「還是讓她帶它一起走吧。」

我阿姨瓜達露佩堅持，媽媽會死是我爸爸傳染了一種嚴重的病給她……因為他和別的女人有染。但在我家幫傭的恰塔又說媽媽是被我哥哥氣死的。她還說我外婆也是因為我們死的，但阿姨說不是，外婆是癌症死的。恰塔覺得我們很壞，壞到可以殺死人。她還說她的身體也是在我家搞壞的，因為我們害她的膽汁分泌不正常，如果不是我父親，她才不會來幫我們工作。我們不喜歡她，常把她氣跑。我爸爸會打我哥哥，又去她家求她回來。他會給她錢去看電影，安撫她。

恰塔以前曾幫我母親洗衣服，也認識全家人。她是瓜達露佩阿姨的宗教親屬，但她們處得不好。恰塔說我長得像媽媽……矮矮胖胖的，像個小桶子，所以比起我哥哥姊姊，爸爸比較疼我。恰塔說我爸爸媽媽很常吵架，他們都是容易嫉妒的人。媽媽和她三個哥哥在巴拉第佑市場工作的時候，她常常得跟一堆男人講話，雖然她對他們很嚴肅，說話很謹慎，但爸爸還是很在意。羅貝托一出生皮膚就很黑，爸爸不喜歡他，覺得我哥哥不是他的兒子。至於我父親，他和那麼多女人好過，恰塔說他一定是把丘比特帶去當鋪當了，忘記贖回來。

恰塔覺得媽媽很愛我們，因為她總是把我們打扮得像娃娃一樣。我媽媽整天都不在家，她早上去市場賣蛋糕邊，下午又去賣二手衣。我喝琵葉達舅媽的奶，因為我母親沒有奶水給我。我出生的時候她得了產褥熱。但母親沒有不管我們，她讓她的母親或她的姊姊照顧我們。

瓜達露佩阿姨幫忙撫養我長大，她告訴我很多關於媽媽和她家人的事。我會一直纏著她問問題，她總是這樣回答：「聖母啊！我怎麼會記得我小時候的事？我猜妳會問我在哪裡出生的？欸，我出生在瓜納華托的一張破草蓆上。我是長女，我很孤單……孤單得像玉米稈一樣……爸爸媽媽去街上賣糖漬水果的時候，我就照顧弟弟妹妹。」

「我猜妳一定以為，我爸爸媽媽也讓我們像妳一樣去跟其他小孩玩？才不！我從小就忙著照顧弟弟。我母親有很多小孩……算一算一共有十八個，但有些流產，有些死掉了。我們之中只有七個長大。保羅、我、伯納德、盧西歐、阿弗雷德、妳母親蕾若、何塞。還要算上一個一半血緣的妹妹，因為那是我爸爸在外面『偷吃』的成果。」

瓜達露佩阿姨一直都很嫉妒我媽媽，媽媽很好命，帕琪塔外婆很疼她。外婆不喜歡瓜達露佩阿姨的兒子，但當媽媽走錯一步、十五歲就和一個鐵路工人生了女兒，外婆還是會照顧她和小嬰兒。我媽媽被她孩子的父親拋棄了，幾個月後，小孩也死於肺炎。那是我母親在光芒餐廳找到一個洗碗的工作，遇到我爸爸的那時候。

父親和母親一開始住在汀特羅街，那裡都是那些壞女人。爸爸不喜歡，所以他們又搬去和外祖母住在一個房間。後來總算有了自己的房間。一開始他們沒有床，得睡在地板上。馬努埃爾和羅貝托出生後，爸爸中了彩券，買了一個大的鐵床，到現在我們還在用。後來，他又中獎了，就買了收音機。我阿姨說，家裡為了收音機大吵好幾次，因為有一天爸爸回到家，看到媽媽在聽收音機。他說：「誰叫妳打開收音機的？妳這個印第安人，笨蛋，妳什麼都做不好。趁妳弄壞前快關掉！」

母親很生氣地說：「聽著，赫蘇斯，我永遠不會再碰你的收音機！」她真的再也沒碰過；她到死前都沒有再打開過它。我阿姨到現在還在為這件事生我父親的氣，她說他只知道吃跟睡，從來不知道一個人需要的更多。他大吼大叫，但其實是個懦夫，連捏死一隻害蟲的膽量都沒有……他的心是紙板做的。我阿姨和我父親一直處得不好。所以她才這麼說。

有一個女人朱莉婭住在我阿姨的維辛達。朱莉婭是我舅舅盧西歐的妻子，她也和我母親很熟。她和我舅舅，還有她的兩個小孩尤蘭達、馬可為歐在我母親的房子裡住了三年。朱莉婭幫我媽媽打理家務，尤蘭達是顧我還有替我善後的那個。他們都睡在我們廚房的地板上，我舅舅盧西歐死後才搬走。

我舅舅受不了他的繼子，打他們打很兇。他嗜酒，也沒給他們家用。吃飯時他還叫小孩們坐在桌底下，他就可以在吃飯的時候踢他們了。我媽媽很同情他們，給他們東西吃；否則那些可憐的小孩就要挨餓了。他們總像傭人一樣工作，連一個玩具也沒有。

尤蘭達告訴我，最快樂的事都發生在她小時候和我媽媽住在一起的那個時候。尤蘭達以前會偷走我爸爸每天早上放在我們枕頭底下的五分錢紙鈔。她也會從我媽媽那裡偷拿蛋糕邊，溜去廁所吃。我們抓到她的時候會告訴盧西歐舅舅，他會重重打她的頭。但尤蘭達當時也沒那麼可憐……她有得吃、有得住……我媽媽什麼都有給她。

朱莉婭說，我爸爸和我媽媽在一起的時候很快樂。他從來沒打過她，而且雖然他不喜歡慶典，只要她想去就會帶她去。他有給她錢花，但她還是去工作，因為想多賺點。她喜歡漂亮的衣服和耳環，出門時總是搭公車或計程車。她從不走路。即使去市場，她也會搭公車。她也會貼補她母親和姊姊，但不想讓我父親覺得他還得養她的家庭。

我舅舅盧西歐和朱莉婭之間的問題，是從她出去做生意時開始的。她認識了一個鐵路工人，但和我舅舅還住在一起就跑去和他同居。我阿姨說朱莉婭迷住了我舅舅，因為他忽然變了。不但沒再打他老婆，還讓步，央求她回來。

她一定給他喝了「椰子水」，因為當我們看到一個妻子可以使喚丈夫，還能去和別的男人調情，就知道她把他吃得死死的了。那女人用這種「椰子水」洗她後面，然後把它給她丈夫喝。有時候女人也會熬一種茶叫作曼陀羅（*toloache*）的草藥，如果她給她丈夫喝了，他腦袋會越來越不靈光。

朱莉婭一定向邪靈禱告過，還幫我舅舅把喪禮的黑絲帶準備好了，因為有天早上，他生病、水腫，然後就死了。我母親怪罪朱莉婭，把她趕了出去。

還曾傳出朱莉婭對她第一任丈夫（就是她小孩的父親）下咒，因為他也是忽然就死掉了。她說這是因為他罪惡深重，而且喝太多酒。他一直在打她。其實幾乎每個人都打那個女人。她有三個丈夫……我舅舅死後，她就拋棄她的小孩，跟那個鐵路工人跑了。那三個男人都嗜酒，又打她，而且三個都是和她在一起的時候死的。她現在和吉列爾莫．古鐵雷斯過得很好，雖然他沒給她錢花用，但從沒打她。

人們告訴我，我的小母親打從一開始就知道爸爸和露碧塔的事。在這裡，總是有些閒話會自己長腳跑去告訴妻子。一個男人還沒從外面的女人床上爬起來，她妻子已經知道了。有一次我媽媽和瓜達露佩阿姨去玫瑰街的慶典，她們發現露碧塔住在那裡。媽媽拿著一把剪刀站在露碧塔家門口，破口大罵，要她有膽就出來。但露碧塔沒有出來，阿姨抓著媽媽的頭髮把她拉走，才有驚無險。

阿姨說，我爸爸也和露碧塔的姪女好過，她也在同一家餐廳工作。阿姨說爸爸把那家餐廳「掃」得很乾淨，幸好老闆是男的，否則也會愛上我父親。爸爸和露碧塔的姪女也有一個兒子，但他從沒幫過她，因為她和另一個男人結婚了，那個男的接受了她的孩子。我從沒看過這一半血緣的兄弟，只有露碧塔知道他繼父的名字。我外婆曾試著想要查清楚，她怕有一天我們長大了，那一半血緣的兄弟可能會愛上我或康蘇薇若。我們只知道他的名字是貝得羅，長得和我爸爸一模一樣。

露碧塔認識我父親之前，在餐廳原本是值晚班，而我爸爸一直都是早班。她當時已經有兩個女兒——伊利達和伊莎貝爾。她告訴我，她其他的小孩都是我父親的。在安東妮雅和瑪莉蕾娜之間還有一個女兒死了。她說每次懷孕後，我爸爸就消失了，忘記他的義務，直到小孩出生之後才會再見到他。有一次他離開她整整兩年。她說我爸爸沒幫過她……雖然偶而會給她一點錢，但不夠支付生活費和房租。他什麼也沒給她，為了照顧她的孩子，她必須去找別人。

照露碧塔這樣說，她吃了很多苦，對吧？她辛苦工作養活自己和她的女兒。然後她手又受了傷，不能工作。但這讓我生氣，因為憑我對父親的了解，他怎麼可能沒有給過她半毛錢，或真的像她說的，沒去看過她。我沒有向露碧塔多問，只有她自己知道實情，但她這樣說我父親，我怎麼可能相信她？反正要說就讓她去說！

直到今天，我還是無法原諒露碧塔在我母親還在世時就和我父親在一起。但這不是我質疑我父親的點，我把好好和繼母相處當成我的責任。她對我們不好也不壞；如果她很疼我們，有試著想親我們摸我們，我反而會生氣。我對她沒有怨言，但我們之間總有鴻溝。

他們說我母親死的時候，我爸爸瘋了，他跳進她的墳墓也想死。從那天起，他變得非常嚴肅，到現在還是一樣。我從沒看過他笑或快樂的樣子。他總是為了錢或其他問題獨自煩惱、難過。

我中斷學業的那時候，母親那裡的親戚沒幾個活著了。只剩下瓜達露佩阿姨，她丈夫伊格那西歐，琵葉達舅媽和阿弗雷德舅舅，還有他們兩個兒子，姨婆卡塔琳娜，她的兒子、女兒和他們的孩子，還有幾個表兄弟。父親那邊，我只認識我堂哥大衛和他母親奧莉維亞。

阿弗雷德舅舅前一陣子死了。他得了肺炎，因為他喝醉回家，他兒子很生氣，讓他睡在潮濕的地板上一整夜。隔天他去瓜達露佩阿姨家借水桶和肥皂要去洗澡。他說他的胸部很痛，他想去蒸氣室。幾天後他就死了。我可憐的阿姨受了很多苦，因為她得親手埋葬她所有家人，她的父母、五個哥哥、她唯一的妹妹，還有她兩個兒子。除了伊格那西歐和我們這一家，她沒有別的家人了。

我差不多十二歲的時候開始比較懂事，也不和男孩子玩了。我喜歡打扮，每天都換不同的衣服。康蘇薇若應該要幫我洗衣服和熨衣服，但她覺得很煩。所以我得學著自己洗一半東西。我也把錢花在買緞帶和飾品上，還在臉上貼了美人痣。有好長一段時間，我在頭髮上別一朵假的康乃馨，我覺得它讓我看起來很漂亮，即使它歪了、褪色了，還露出鐵絲。我父親好像也蠻喜歡看我這樣打扮自己。

有一次，一個女孩把我的美人痣撕掉，我跟她打起來。我氣得把她的洋裝從頭到腳撕破，看起來好像剪刀剪的一樣。我常打架，因為有些女孩真的很惡毒；她們嫉妒別人，說別人壞話，惹是生非。

我也和男生打架。如果他們對我說了什麼或做了什麼，我絕對不會讓他們稱心如意。有次我在庭院奔跑，有個比我強壯的傢伙絆倒我。我摔了一跤，還撞破頭。我沒有嚇到，只是非常生氣，而且等我頭好一點就去找他報仇。我把他猛揍一頓，他母親還來向我爸爸告狀。但我父親完全不理她。

我最好的朋友是伊蕊娜和愛諾埃的女兒愛瑪。琪塔也是我的朋友，但沒有像其他人那麼要好。我們都是一起長大的，會拚命保護對方的每一顆牙齒和每一個指甲。如果誰的家人對她不好，其他人就會邀請她去家裡和他們一起。一個人有的吃，其他人就有的吃，就算只有豆子也會一起吃。我很信任這些女孩，我們什麼事都一起做。

恰塔有個習慣，她每天都叫我去普逵酒吧買一瓶普逵酒，讓她在晚餐的時候喝。她都偷偷來，因為我爸爸禁止我們去那種地方。有一天，我心血來潮，多買一瓶給我和我朋友。我們跑到屋頂喝，這樣就不會被發現。從那之後，我們每個星期天都會買一小瓶龍舌蘭（*tequila*），一起在屋頂上喝完它。有幾次我們醉得很厲害，甚至無法爬下樓梯。如果我當初不懂得節制，就會像現在伊蕊娜和愛瑪一樣上癮了。

我們也會在屋頂抽菸，講一些下流的事。然後再去買口香糖把嘴裡的菸味去掉。伊蕊娜和愛瑪會偷東西——有一次還從學校銀行偷錢——但我從不加入她們。我不會渴望有很多錢或其他東西。我的錢還算夠用，因為學校放假的時候，父親都讓我去家附近的冰淇淋工廠工作。他們一天付我兩或三披索，全部都是我自己花。父親從不會要我把賺的錢給他。所以我喜歡買什麼就買什麼，襪子、糖果、衣服……不過大多數的錢都拿去租腳踏車，或和朋友去游泳池。

我喜歡有自己的錢，所以比起上學，我更喜歡去工作。三年級的時候，我找到一個裝飾鞋子的工作；我從早上十點工作到晚上八點，賺了更多的錢。有一個住在陶工街的朋友叫莉莉雅，她告訴我有個工作更好，就是刻木頭印章。我去了，但只做兩天，因為和老闆發生了一些事。

莉莉雅、另外兩個女孩和我在那個小店工作，小店在老闆睡覺的房間前面。老闆很胖又很醜，是那種讓我看了想吐的人，因為他雖然老了，還是一直盯著女生。我覺得從我去的第一刻，這個王八蛋就有邪惡的念頭，他上下打量我，又對著我笑。我完全不想正眼看他一眼。

第二天老闆叫我去幫他整理床鋪。我在他房間的時候，他進來並開始對我又親又抱。然後掏出他的「小鳥」，叫我把手放在上面。我大叫莉莉雅的名字，但她沒聽到。我嚇死了，對吧？但我沒讓他得逞，他生氣了，還說：「如果我發現你要結婚，一定會插手。我會跟所有人說妳不能結婚，因為我睡過妳了。」

當時大約是晚上六點。我和莉莉雅七點離開。我告訴她發生什麼事，然後一直哭、一直哭。那天晚上我們都喝醉了，之後再也沒回去那裡工作。取而代之的是我在冰淇淋工廠的老工作，那裡的老闆是個女的。

伊蕊娜、愛瑪、琪塔和我加入了一個叫飛蛾（*palomilla*）的幫派，是住在卡薩格蘭德的十二個女孩組成的。加入幫派後，如果妳不保護自己，就只能哭。任何一個幫派裡，至少有一個女孩是以凶惡、打架出名的。怕她的人要不認輸，不然就是逃跑。但如果妳發現她不過如此、站起來對抗她，老虎也就變成小貓，對手就像一面鏡子，能反映你自己的強壯或脆弱。我從不喜歡人家欺負弱小的女孩，我通常會挺身而出幫她們。

我們女孩子常為了男朋友吵架，聊天的內容也大都和男孩子有關。我們常說：「嘿！某某某要和她男朋友分手，妳有機會啦！」或是「她長得像豬，又多嘴，一點也配不上他。」如果某個女孩有男朋友，她會告訴大家那個男生怎麼把她拉去暗處，抱她、親她。我們發現男孩最愛講的一句話是：「如果妳真的喜歡我，就跟我上床，證明給我看。」我們也知道如果女生拒絕，他們就會分手。如果那個女孩真的喜歡她男朋友，她通常就會去。但證明完他們對彼此的愛之後，就沒戲唱了。

我加入幫派那一年，女孩子之間忽然流行起來，一個一個像玉米一樣被剝皮了。從年紀比較大的女孩開始，結束在比較年輕的。蒂娜是第一個，其他人也不想落後。既然如此，我們會互相問：「欸，妳第一次在哪裡？床上還是麻袋上？」大多數的男孩會帶他們的女孩去旅館，一小時左右，如果可以的話，就待上一整晚。有的在阿姨家或嫁出去的姊姊家，或他們能想到的任何地方。

我十二歲的時候交了第一個男朋友。多納托是愛諾埃的兒子，愛諾埃當時是我們的幫傭。他們住在卡薩格蘭德三十二號。他人很好，但長得很醜。我有點瞧不起他，畢竟他母親是我家的傭人。我還想像自己是她的主人呢！爸爸和哥哥對我們都很嚴格，隨時盯著我和姊姊，所以我從沒有機會和他出去。如果我當時大一點就可以應付，但那個時候我六點半就得回到家，八點就得上床。晚上十點，庭院的燈就完全熄滅了，幾乎沒有人出門。和現在很不同，因為現在有電視。鄰居進出別人家看晚上的節目，庭院的燈也開到半夜。

幾年前，大家晚上不敢出門，因為這區就是以罪犯、扒手、毒癮者聞名。當時沒這麼多居民，有幾條大水溝，人們還會在裡面看到被淹死或被勒死的屍體。這個維辛達以前真的是罪犯的巢穴。男人和女人還會無緣無故失蹤，有人說他們很多是被埋到地底下了。這就是為什麼很多家庭會在地板上鋪水泥。

每天都有人被搶、被殺，或被霸凌。聽說在泰彼托區有個女孩，她有個男朋友。是最壞的那種。有一次他約她去看電影。他事先找好了幾個男孩，把她又拖又拉帶到一個市場，在市場裡面一個攤位輪姦她。人們說，太多人要弄她，她的肛門都跑了出來，最後他們還殺了她。

社區裡真的人人自危，沒有人敢出門或抱怨。司法單位不是很重視攻擊的案子，甚至不太理會。後來慢慢地，比較有錢的人搬來這裡，治安才有所改善。

但大家晚上還是會害怕，他們說這裡有鬼，迷失的靈魂會四處遊蕩。有些老住戶說，有錢埋在水塔附近，有時候會有母雞、或穿得像馬伕的人在那裡出現。羅貝托還看過那個人，他睡在屋頂的時候也遇過些奇怪的事情。有一次他睡在樓上，醒來卻在樓下。還有一次，他覺得有人拉他的腳。

康蘇薇若有一次上廁所時，聽到有鬼叫她的名字，嚇死她了。另一次發生在馬努埃爾身上。有天晚上他很晚回家，看到一個老女人拉著一個裝滿家具的手推車。他看到她走進一間庭院的淋浴間，聽到所有家具掉下來的聲音。他跑去幫她……但是那裡什麼也沒有。他回家時整個臉都發白了。

爸爸和我有次經過一個葬禮，聽到有人一路上都在咒罵亡者。爸爸告訴我他們必須詛咒好人的靈魂，他才能安息，否則會出來作怪。我的繼母露碧塔就遇過出來作怪的。他們一直跟著她，她得一直咒罵才能趕走他們。

這附近還有很多很糟糕的維辛達。它們被稱為「失落之城」，由木造房子和泥土地板蓋成。跟它們比起來，卡薩格蘭德像個皇宮一樣。我阿姨家附近的貝克街就是半個街區的「失落之城」。它是我們這一區（*barrio*）最糟糕的維辛達。如果妳稍微穿著正式走過那裡，所有人都會盯著你看。你怎麼穿，他們就怎麼待你。外來的人很怕走過去，但我嫂嫂寶拉的家人一直住在類似的地方，所以我習慣了。

我認識一些幫派的女孩住在我阿姨家附近的「失落之城」，她們沒有一個是處女。那裡的男孩甚至連小女孩都要占便宜。我小的時候，有個叫「阿勇」（Guts）的傢伙就住在那裡，他是社區的恐怖分子。他是個「特白」（*teporocho*），意思就是他都直接喝酒精，而且拿刀速度不可思議地快。他和他的幫派去看電影的時候會坐在陽台抽大麻。你在整個戲院都聞得到這味道，而且如果電影露骨一點，你就會聽到他們在講一些下流的事。

我住這一帶什麼都有，連妓女也有。我們女孩子以前會去汀特羅街，只是想看熱鬧。那條街滿是妓女，剛走進去時你會看到十五、六歲的女孩，再走進去是老一點的，又醜又胖，胸都下垂了。她們一次收個三、五披索，即使這樣，男人也要殺價。我們住過的奧蘭多街，那裡女人比較好，但收費更高。

玫瑰街是最糟的。我去露碧塔家時曾經經過。那裡的女人住在開向街上、小小的店裡。那邊沒那麼多妓女戶，兩、三個女人住在一起。她們各自有一張床、一個隔間和一面鏡子，用門簾隔出自己的空間。她們會在房裡放聖人像、電影明星或裸女的照片。她們會坐在門口，雙腿打開，裙子撩起來。她們沒穿襯衣，所以你可以從尼龍上衣直接看到胸罩。每接完一個客人，她們就會把自己清洗一下（木炭爐子上通常會準備好一壺水），然後直接把水盆的水潑到街上，弄濕路過的人。

早上，這些女人把房間整理好後就去市場，我們看不出來她們和其他女人有什麼不同。但到了下午，她們化妝後，我們就能立刻分辨出來。她們都在某個女人手下工作，每天要繳一部分錢給她。如果她們無法談到理想的價錢，對方出多少都會接受。

我們經常看到很多男人在這些地方出沒，或等，或只是專心地看。沒什麼錢的男人就找他們付得起的女人。我看過一些卡薩格蘭德的人出現，包括已婚的男人和幾個男孩，還有一些其他社區我認識的人……遊民、酒鬼、殘廢或小孩。很多男孩不知道那是怎麼一回事，所以去那裡學學。之後他們就知道怎麼和其他女孩做了。

我只知道有兩個附近的女孩去了汀特羅街工作。如果任何一個卡薩格蘭德的女孩做那樣的工作，她們會儘量去遠一點的地方，才不會被看到。那兩個女孩和男朋友私奔了，男朋友要她們下海，所以才走偏了。女孩子愛上那種男人，真是一點想法都沒有。

我第二個男朋友是馬里奧，又叫軍人，就是後來跟我姊姊私奔的傢伙。人家叫他軍人是因為他走路的樣子。我第一次看到他是在卡薩格蘭德的舞會，每個禮拜，男孩們會租一台唱片機，任何人只要想跳舞都可以來庭院。當時我正在上學，還綁著辮子穿著短襪。那時候才七點，舞會剛要開始，我得在爸爸出來找我前跳到舞。

我和我的朋友們靠著牆，等著有人來邀請我們跳舞。我們還打賭誰能吸引到最多男生。有個女孩說：「馬里奧來了，他叫軍人。」他穿著紅色的毛衣，看起來不像其他男孩那麼邋遢。我第一眼就喜歡上他。他走過來，邀請我跳舞。從那時候起，他就不讓我走。他只和我跳舞，還想知道我的名字。跳舞的時候我從不會說真名，都說我叫愛麗絲。他說隔天想見到我，我告訴他不行，他說他還是會在轉角等我。我們倆都早早就回家了。

隔天晚上我出去買麵包，他真的在轉角。我看過他好幾次，但就是不想要和他出去，更別說擁抱或親嘴了。很久以後，他才知道我真的名字。

維辛達裡面有個叫阿爾貝托·戈麥斯的，是我朋友琪塔的男朋友。後來他開始來找我講話，琪塔說我搶了她的男朋友。我和阿爾貝托跳舞，他有幾次想親我。這段關係沒持續多久，在他成為我男朋友之後我就遇到克里斯平了。

我每天下午都去買牛奶，我朋友常跟我一起去，因為我會在這時候買糖果。如果我的錢不夠花，就會買少一點牛奶，然後再混水進去。我存的錢一直都夠我請客。克里斯平在同一條街上的家具店做拋光的工作。有一天，我單獨走在街上，他從店裡出來，要我當他的女朋友。他告訴我他的名字，我告訴他我的，我們當天晚上就出去了。

我們只是散步聊天；他沒有親我、摸我或怎樣。但回去的路上，我們撞見康蘇薇若和她男朋友貝卓。她大叫我的名字，打了我一拳，還羞辱克里斯平。我很怕她會告訴父親。但之後克里斯平和她談過，她答應讓他和我一起出去。她說她不想看我到處賣弄風騷，但如果我保證會認真和他交往，她就不管了。

我開始和克里斯平交往的時候十三歲。從那一刻起，我的恐懼、擔憂、躲藏和挨打就開始了。我哥哥，尤其是羅貝托，隨時盯著我。我爸爸以前從來沒打過我，打了我三次，一次用鞭子，兩次用皮帶，因為他看到我和克里斯平說話。

克里斯平和我會去散步，但他從來不靠近我家。我們約會的時候，康蘇薇若會幫我保密，不讓我父親和哥哥們知道。她會讓我和他去看電影。我會說：「我去望彌撒。」但其實是兩個人一起去看電影。維辛達裡的人已經漸漸習慣看到女孩子和她們的男朋友去看電影，但如果我爸爸知道，他一定會打我一頓。

克里斯平是第一個真的親了我、又擁抱我的男生，所以我才那麼喜歡他。有一次看電影的時候他親了我很久，「讓我耳根發燙」。我感到有什麼從身體流出。那是第一次我想跟他在一起。他立刻問我要不要去旅館。但我們離開電影院時我比較強勢，我告訴他要等到我十五歲。他一直試，但我總是都能拒絕。

有一次他約我去看電影，我說我不能去。那天稍晚，馬努埃爾和寶拉去看電影，也帶了我一起去。我碰巧坐在一個叫米迦爾的男生旁邊，他以前問過我能不能當他的女朋友。我從沒回他，因為當時我是克里斯平的女友。但那整場電影，我們都只看著對方。

八成是有人告訴克里斯平，因為一個禮拜後他提起這件事。他問我，我和我哥哥去看電影的時候有沒有遇到其他人。我說沒有，他用力甩了我一巴掌，說我騙他。那是我們第一次大吵。我們一個禮拜沒說話。

我們也為了跳舞吵架。我喜歡跳舞，但他會吃醋，不讓我自己去。他還學會了跳舞，這樣我就沒有理由和別人跳舞，但每當我聽到哪裡有舞會，還是偷偷和女孩們去。當時克里斯平就住在卡薩格蘭德的對街，他的店就在我工作的冰淇淋工廠附近，所以他要監視我很容易。他朋友也會幫他，如果有人看到我去跳舞，就會告訴他。克里斯平會跟蹤我，然後把我拉走。即使我只是規規矩矩地跳舞，不像我姊姊康蘇薇若和安東妮雅又搖又擺，他還是會很生氣。

我抓到他跟另一個女孩在一起，抓到兩次，但他告訴我他對她都不是認真的，不過是心血來潮一時興起，我是他唯一在乎的女孩。

同時，我朋友伊蕊娜開始和愛瑪的哥哥、也就是我前男友多納托約會。伊蕊娜的母親是一個非常受人尊敬、莊重的女人，看到一個女孩和男孩走在一起都會辱罵她。但她的小孩全都走偏了。她兒子是眾所皆知的小偷，伊蕊娜也惹了一些麻煩。

伊蕊娜沒有懷孕，但總之她搬去多納托的母親家住。多納托在麵包店工作，會把他少少的薪水拿去買鞋子和衣服給伊蕊娜。她很漂亮，他很醜，事實是，他們並不登對。她根本不甩他。她不在乎他有沒有得吃、有沒有得穿，還把所有工作都讓她婆婆做。多納托也是那種習慣帶朋友回家的男人，但伊蕊娜不喜歡留在那。所以她會來找我聊上好幾個小時。我那時和克里斯平在一起，想盡可能知道關於男人的事情，所以問了她很多問題。

後來多納托抓到她和別的男生去看電影。為了報復，那天晚上他把她帶到他朋友家，就在那裡，在光禿禿的地板上，他們兩人「上」了她。然後把她丟了出去。

她開始一下子和這個住、一下子和那個住，因為她喜歡漂亮的衣服、看電影。她很幸運，和那些男生在一起都沒懷孕。後來她愛上一個叫潘丘的流浪漢。她有這麼多可以選，結果挑了一個最差的！她離開像多納托那樣的好男孩，換成一個懶鬼，一隻豬，一場災難，這男人不工作，還會打她。她就是愛那個野蠻的生物，相信他打她是一種愛的表現。

她住在她婆婆屋子的一角，甚至沒有抱怨。我們常開玩笑說潘丘瞄得比誰都準，她和這麼多男生在一起都沒懷孕，潘丘正中紅心。他就是讓她懷孕的人。

另一個墮落的是愛瑪。她母親愛諾埃在醫院工作，經常不在家，所以愛瑪要和她男朋友上旅館很容易。她去的隔天，告訴了我整個經過。她說：「只是想想，他什麼也做不了，那個蠢蛋竟然非常生氣地離開旅館了。」

我聽了之後說：「如果他沒跟妳做，妳最好現在就和他分手。為什麼要繼續？他已經試過妳了，下一次他就會直接上了。」

但她愛慕他，兩天後，她告訴我最糟糕的事情發生了。她持續和他出去，但運氣不好，馬上懷孕了。然後她的「愛慕」拋棄了她，把她丟給她的家人。

很多時候一個人的朋友比他的父母、姊姊或阿姨還幫得上忙。很不幸，墨西哥的母親不會和她們的女兒談人生，所以她們得自己承受幻想破滅。即使母親對女兒觀察入微，她也沒有勇氣開口問。她無法找到能使女兒得知真相的詞語。她只能放任她，直到傷害已經造成。於是，女兒懷孕了，但男孩已經把她拋棄了，母親都難以接受這樣痛苦的事實，這很羞恥。

所以女孩們不會向母親坦白。如果女孩子說她交了男朋友，就會被打；如果她們要求去看電影，就會被罵，說她是蕩婦、妓女、不要臉的婊子。那些話很傷人，所以當男生邀請的時候，她們會去。很多女孩去，不是因為她欲望高張，而是為了要報復父親、母親、哥哥們。女孩子就像聖水盆，每個人都來沾一下。他不為了這件事打她們，也會為了別件事打。墨西哥的女兒在家其實都被虐待。這也就是為什麼有這麼多未婚媽媽。

現在很少有十全十美的女孩；她們長得漂亮，身材又好，但事實上她們都不是處女。對真正愛她們的男人來說這很可悲；他因此失去了婚姻中真正幸福的機會。很多女孩知道怎麼騙男人以為她們是處女，但丈夫遲早會發現。有些妻子甚至會告訴丈夫實情，但是她們不會因為被接受而更愛丈夫，反而看不起丈夫，他竟然能接受自己不是處女。

墨西哥的女兒之所以受苦，是因為她不相信她的父母。她寧願把祕密和性方面的問題告訴朋友。比如說月經。很多女孩是在家門外學到這件事的……我十三歲的時候初經來潮，我非常害怕。沒有人事先教我該怎麼做。我從朋友那裡知道，妳第一次和男人在一起會流血，所以那天，我不懂我為什麼會流血。當時我的嫂嫂寶拉和我們住在一起，我問她：「我怎麼流血了？」我不曾和任何男生在一起，可是，我竟然在流血。

她的回答讓我更害怕，因為她告訴我血不會停。我兩腿一軟，開始哭。我以為以後永遠都會這樣了。寶拉只說：「去換衣服。」

我很怕我的裙子和襯衣會沾到血，所以我在兩腿之間塞了報紙。後來伊蕊娜告訴我用破布。當時我們還不知道衛生棉是什麼。

克里斯平和我交往了大概一年半。我很喜歡他，我們在一起很快樂，但是他對別的女孩也太感興趣了。有天晚上，我十五歲生日的前四個月，我們吵了一架。我看到他和一個女生走在一起，這讓我很生氣，想和他分手。他說，如果我離開他，他出了什麼事，我要負責。我怕要是他去自殺或做什麼瘋狂的事情，別人一定會怪我。他一直求我和他去旅館。他說：「如果妳真的愛我，就會跟我去。」

我一直有個金色的幻想，就是穿著白紗在教堂舉行婚禮，以及有一個我自己的家。我想把小孩撫養長大，不要婆婆和其他親戚來煩。我知道如果和男生私奔，通常就不會是這樣了。此外，父母會跟著受苦，人們也會說閒話。但當我告訴朋友們我的夢想時，他們大笑，然後說：「拜託，誰想結婚！」他們大部分都沒有結婚，只是自由結合。

現在回想起來，應該有人來警告過我男人的事情，尤其是因為我常常跟男孩們玩在一起。但從來沒有人明白地告訴我其中的危險和誘惑。所以當克里斯平告訴我，如果我願意和他睡，他就要我父親允許他娶我，這似乎很合理。我想我太軟弱了，但我很怕如果不答應就會永遠失去他。結果是，那天晚上，我們為了繼續成為戀人，不繼續做男女朋友了。

首先，我得回家拿一件毛衣。當時我父親已經不住那裡了，他住在安東妮雅的母親家照顧生病的安東妮雅。我進去時只有康蘇薇若在家。我朋友愛瑪和我一起，她要幫我溜出去。她把一件外套掛在手臂上，我把毛衣塞在外套底下，這樣我姊姊就不會注意到。我說我要去朋友家借幾本漫畫，順利溜了出去。我和克里斯平碰面，沒有人知道我們去哪裡，連愛瑪也不知道。

他帶我去監獄附近的一家臨時旅館。我現在已經看過其他旅館，才知道那家真的是最差的一個。那天晚上感覺也很糟。他毫不害羞地把衣服脫掉，但我從沒在男人面前脫衣服，覺得很尷尬。我完全沒睡，因為我很怕我父親。我一直都很怕他，我猜他現在一定火冒三丈到處找我。當我們聽到紅十字會的救護車警報聲，我確定那一定是警察在找我。

隔天早上五點，克里斯平帶我去他母親家。他讓我在外面等。我覺得很丟臉，覺得所有人都在看我，都知道我做過什麼事。我很擔心到頭來克里斯平不會娶我。他讓我在外面等了一個小時，他出來的時候，我開始在想他要拋棄我了。他和他父母說了我的事，但他們不同意我留在那裡。所以他要帶我回我家。

我們在庭院裡遇到羅貝托，發作了一陣。他拿刀威脅克里斯平，用盡各種難聽的字眼罵他，直到克里斯平答應他父母會來我家向我父親提親。

事情的真相在我家是一件醜聞。每個人都想打我。康蘇薇若打了我兩下，但我把她的手抓到流血。馬努埃爾朝我舉起拳頭，但寶拉拉住了他。寶拉是我唯一信任的人，她哭得好像我是她妹妹或女兒一樣。她說我做了很傻的事。我和寶拉從來不親……她很拘謹、嚴肅，脾氣又不好……但我永遠不會忘記，從來沒有人，連我自己的親姊姊也沒有，為我哭成她那個樣子。

爸爸工作結束回家的時候，我待在庭院外面。我不敢面對他，但他一句話也沒說，也沒打我。我已經「失足」了，他表現得像是對我再也不在乎一樣。馬努埃爾告訴他克里斯平的父母要來，但他說他不想知道任何關於我的事，我應該自己處理。當他們來的時候，是馬努埃爾跟他們談的。他警告他們，我完全不會做家事，我直到十三歲才初領聖體，我條件不好因為我沒有母親。他們說沒關係，他們之後會慢慢教我所有的事。我爸爸告訴馬努埃爾，叫他們等兩年，因為我太年輕了。

我父親一個月都沒和我說話，對我的態度也不好。我覺得很恐怖，也羞愧得無法正視他。他以前最疼我了，現在連處罰我都不願意。我很沮喪，有天晚上大哭了一場。我哭個不停，直到爸爸跟我說話。我求他原諒我，他說：「別傻了。我是妳父親，我永遠不會拋棄妳的。」之後我感覺好多了。

克里斯平每天都來我家，帶我去他家或公園。偶而，我們會非常祕密地去旅館。我十五歲生日的時候，朋友帶了一台唱片機來我家，幫我辦了一個慶祝派對。我爸爸原本要幫我辦盛大的十五歲生日派對，讓我穿上新衣服，送我各種禮物，但因為我不再是處女了，就不用再花這麼多錢了，他只送給我一雙鞋子。

一個禮拜後，我去和克里斯平住在他母親的房子，一勞永逸。他再也沒談到我們結婚的事，但我很怕我會在待在他家時懷孕。再一次，我可憐的爹地又得到處找我，因為我不敢告訴他我在哪裡。

第二部

PART TWO

馬努埃爾
Manuel

我沒有家或家具，或任何東西給我妻子。我只有薪水。所以我帶著寶拉到瓜達露佩阿姨家。她和伊格那西歐姨丈兩人住在貝克街的小房間。我告訴阿姨我們要來住，她說：「什麼意思，你要住下？你這孩子怎麼這麼壞？」她轉向寶拉問：「妳說呢？妳愛他嗎？」

寶拉脹紅了臉，低著頭。於是我說：「總之，妳要不要讓我們住？」

「當然好啊，孩子。」她說：「我當然很樂意。你知道我永遠歡迎你們。毛毯在這。鋪在紙板上，別弄髒了。」我阿姨當時沒有床，我們都睡在地板上。我和寶拉就這麼度過我們的新婚之夜。

阿姨和姨丈睡覺時會把祭壇的蠟燭點著，我們得等他們入睡後，才脫衣服做那檔事。那天晚上感覺很糟，因為我們怕他們會聽見我們的聲音。寶拉說：「不要那麼大聲。」我回她：「閉嘴，都妳的聲音。你才是今晚這裡會惹人閒話的那個。」我們整晚都在吵架。

我們的婚姻生活就這樣開始了。我們不用付房租，但我每天給我妻子五披索買菜。我阿姨人很好，但她一直很窮，比我父母窮多了。她幫別人洗衣服或在餐廳幫忙，我姨丈則是賣報紙的，兩人的收入加起來一天只能吃一餐。如果想再吃點什麼，也只能吃豆子和辣椒。但他們從來不曾抱怨貧窮；他們很滿意他們的生活方式。伊格那西歐對於身為送報員工會的一員感到很驕傲，也從沒想過做別的工作。不是因為他腦袋不好，而是他不懂得如何上進。不過說到底，他和我阿姨一直這麼窮的原因，是他們喜歡喝酒。

寶拉和我一直很擔心她母親和哥哥找到我們的時候會怎麼說。我辜負他們的信任，也以為他們會大鬧一番。結果我錯了。從一開始，我岳母就很明理。寶拉和我私奔後，隔幾天，我出門工作時遇到她。「他奶奶的，這下糟了！」我心想。「逃不掉了！」

她說：「早安，馬努埃爾。」

「早安，庫萁塔。」

「寶拉好嗎？」

「欸，她很好。」

「那就好！這下你稱心如意了？」

我覺得很羞愧，一直低著頭。「請原諒我。我不知道為什麼，但事情已經演變成這樣。可是別擔心，我會養她，我們會過得像丈夫和妻子一樣。」

「好，你晚上要不要來家裡？」

「沒問題，庫萁塔。」

我也還沒向我父親交代，我沒問誰也沒跟任何人說一聲就離家了。我遇到我岳母的那一天，父親彷彿感應到我的想法，他叫羅貝托來找我：「爸爸叫你帶你太太回家。」

「完蛋！被發現了！」我心想。

我們到的時候，寶拉不想進去。父親打開門，我推她進去。「進來！」他的臉活像個法官，我覺得我好像站在法庭上一樣。聖母瑪麗亞（*Madre Santísima*）！我嚇死了，因為我對我父親一直都很尊敬。

他坐在桌子的一邊，我們坐在另一邊。「現在你結婚了？哼？小王八蛋！」

「是的，爸爸！」

「那你賺多少？」

「五十六披索，爸爸。」

「五十六披索？什麼？笨蛋！你笨到以為給你妻子吃鳥飼料就行了嗎？你才幾歲就要負這個責任！你玩完了你。」他就在我妻子面前說。有時候我父親也太直接了，是吧？

然後他轉向寶拉：「孩子，妳幾歲了？」她抓著我的手，可憐的寶拉，她在發抖。我父親的臉非常嚴峻，雖然他個子矮小，但聲音很宏亮。

「欸，我十六歲，先生。」她少說了三歲。

「所以現在是怎樣？你們住在哪裡？這個王八蛋對你好嗎？」最後，我爸爸轉向我，對我說：「好吧，現在開始，去工作，行為舉止像個正當的人。你要照顧她；你已經擔下這個責任了！」

最糟糕的時刻結束了。我不記得當時誰在屋裡煮飯，但父親說：「給他們吃晚餐。他們八成一整天沒吃東西了。」我們吃了。可憐的寶拉緊張得臉色發白，我父親一開始並不喜歡她。

我們在阿姨那裡住了超過一年。我也認識了我母親的兄弟，麵包師父阿弗雷德還有何塞，因為他們每天晚上都來。我一度還幫阿弗雷德舅舅工作，但我對另一個舅舅幾乎一無所知。我偶而在街上遇到他，他會給我一點「零用錢」買點心。在瓜達露佩阿姨家，他們會坐在一起喝酒聊天好幾小時，我也花不少時間陪他們。

何塞舅舅給我一些有趣的建議。他說：「孩子，你現在結婚了，我要跟你說一些你一輩子都要放在心上的事。孩子聽好了，女人哪，一開始會摸你的膝蓋。很好。你可以讓她們碰你的膝蓋。接著她們就會摸你的腰。她們那麼做的時候，你就盡情地上她們，但如果你讓她們碰到你的喉嚨，你這一輩子就擺脫不了她啦！」

我舅舅常抱怨他妻子給他下蠱，他常得去找巫醫（*curandero*）驅魔。他說：「那個婊子，根本就是以我為目標，老巫婆。每次我回到家，她就在那裡灑她的草藥，做那些骯髒的巫術。她把我迷得團團轉，我不知道怎麼甩掉她。」他說他被她下蠱了，但事實是，我舅舅，願他安息，把他可憐的妻子打得雙眼、全身都是瘀青。

何塞舅舅打他老婆的時候，我會替舅媽說話，因為我不喜歡看到女人被打。有一次，我看到瓜達露佩阿姨身上有瘀青，我對她丈夫說：「我阿姨的眼圈為什麼是黑的？聽著，你這個雜碎，你打我阿姨，就是跟我槓上了，知道嗎？」我不認為他之後還敢碰她。

但何塞舅舅的忠告蠻好的。妻子要看好。如果你不管教墨西哥女人，她們會像脫韁的野馬一樣。我曾聽到女人說：「我丈夫很好，我在家什麼都有，但我想要一個會管我的男人，不是一個要我管的。」所以我一向把我的女人管住，這樣我才有男子氣概，她們也才感覺得到。

隨著時間過去，我和我姨丈伊格那西歐也有點摩擦。有天晚上，他醉了，問我妻子她什麼時候要付錢給他。寶拉一臉困惑，說她沒欠他錢。他叫她不要裝了，她明知道他在說什麼。我下班回家後，寶拉告訴我這件事，於是我和他吵了一架。我當場很想揍他，但是因為顧慮到我阿姨，我們當天就搬走了，搬去和我岳母住。

我岳母和她丈夫住在皮業達街三十號的一個有廚房的房間。當時她四個孩子，和他們各自的家庭，通通和她住在一起：黛莉拉和她的小孩，福斯第諾和他妻子，蘇格莉托和她丈夫跟三個小孩，以及寶拉和我。房間不大，我們睡的木頭地板粗糙不平，到處都是洞。整個牆壁上都是指印，還有他們掐死臭蟲留下的痕跡。房子裡有很多臭蟲，有時候我真不習慣……因為我父親，你知道的。因為他特別愛乾淨，我們家裡幾乎沒有動物和昆蟲。這裡只有一個在外面的公用廁所，而且總是慘不忍睹。

房裡有一張床，是福斯第諾和他妻子睡的。我們其他人睡紙板，還有鋪散在地板上的毛毯或破布。僅有的其他家具是一個壞掉、沒有門的衣櫥，還有一張桌子，晚上必須搬進廚房，好騰出空間。蘇格莉托和她丈夫、小孩睡在床和牆壁之間的一小塊地方。寶拉和我把我們的被子那些鋪在床腳。我小姨子黛莉拉和她的兒子睡在寶拉的另一邊，我岳母和她丈夫則睡在靠近廚房的角落，就是白天放桌子的位置。這就是我們十三個人、五個家庭，在那小小房間裡的安置自己的方式。

這麼多人一起住在一個小房間的時候，很自然地，個人的自由就得踩煞車、有限度，對吧？我在父親家，還是個男孩的時候，沒有特別注意過這個，只有想跟朋友聊天或想看黃色照片時才有感覺。但身為一個已婚男人，我有很多慘痛的經驗。像那樣住在一起，永遠永遠不可能相安無事。總是會有問題，比方有一次，我小舅子堅持他不在屋裡的時候一定要關燈，因為電費是他付的。

那裡的情況對我來說更糟。我這輩子都在熬夜，晚睡晚起。所以在那裡我很不適應，他們早上起來，又跑又跳又叫，就會吵到我。因為這些噪音，我每天早上起床頭都超痛。

像這樣一起住在一個房間也影響我們的性生活。家人總是在那裡，不可能盡情滿足，因為有人在看，是吧？當我們有機會獨處，好好享受兩人時光時，一定會有人突然敲門，我們只好停止。這時候就會有人覺得很掃興。

有時候真的很尷尬，甚至是好笑。班丘一整晚都在偷看我，我一整晚也半闔著眼，等他和他妻子睡著。我們晚上就是這樣過的，互相等待機會，又怕聽到對方的聲音。

有次發生了一件好笑的事情。班丘旅行回來，自然很想要，對吧？我們都上床了，他們以為我們都睡了，所以開始親來親去。他們兩個感覺正爽的時候，蘇格莉托悄悄爬起來，躡手躡腳去把燈泡轉鬆，以免燈忽然被誰打開。她回到床上，他們繼續情話綿綿，繼續親來親去。班丘準備要跨上去的時候，該死的燈泡竟然亮了，自己亮的，然後他立刻跳了下來。他們都咯咯地笑了，我得用盡全力憋著不笑出來。

有一次我和小姨子黛莉拉有點誤會。有天晚上我工作到很晚，我非常、非常想睡，上床睡在寶拉旁邊。我睡覺的時候，黛莉拉的兒子吉弗列多似乎在哭，他好像喘不過氣，所以我手伸過去輕推了黛莉拉一下。隔天她告訴我岳母和我妻子，我抓她的胸部。寶拉和我那時還為此吵了一架。

我一直都有工作，但是我和老闆吵了一架後辭職了，當時覺得反正很快就會找到另一個工作。我曾在燈泡店、皮革工廠、麵包店工作過，我甚至可以油漆一整間房子。我們有一個觀念，如果一個人什麼都懂一點，他就不會餓死。但不管我怎麼找，就是沒工作。我們真的過了一段苦日子。即使我找到臨時的工作，我們還是很窮，因為薪水少得可以，還得等一個禮拜才拿得到。

我家可憐的女人從不抱怨。她從沒跟我要過什麼，也沒說：「你為什麼這樣對我？為什麼會變成這樣？」因為我們過著這種窮日子，我甚至告訴她：「老婆，聽著，我想要離開妳。妳有權利過更好的生活。我一點都不好。我什麼都不能給妳。我配不上妳。」

但寶拉愛我，甚至比愛更多，她崇拜我，一輩子都很崇拜我。我也愛她。每天出門找工作前，我會告訴她：「這三披索妳拿著，給妳自己買點吃的。我身上就這麼多錢了。」

她會問我：「你呢？你不吃早餐嗎？」

「沒關係，老婆，在市場擺攤的女士會請我。」我這麼說是因為我知道三披索不夠兩個人吃一頓。我當時的盤算是，去找我朋友阿爾貝托，叫他請我喝咖啡或吃點什麼。他總是有些零錢可幫我。

有時候，因為我沒工作，我岳母會嚴厲地看著我，我小舅子福斯第諾也會冷落我。以前我和寶拉還是男女朋友的時候，我、福斯第諾、班丘和阿爾貝托常一起出去。我們喜歡去舞廳找幾個「小貓」，就是女服務生，帶她們去旅館找點樂子，或是帶著我們自己的女人一起去看電影、打牌。但當我沒工作的時候，福斯第諾和班丘對我就沒那麼好了。

那一陣子，我發誓我真的全心全意在找工作。我有個又高又壯的朋友叫璜恩，他有幾台卡車，專門拖運建材。我走投無路的時候去問他：「聽著，璜恩，幫我個忙，兄弟，我求你，給我個工作，不管做什麼薪水多少，只要給我工作就好，我好久沒給我家女人錢了，都吃我岳母的，很丟臉哪！」

「好吧。」他說：「明天早上五點，我去找你。」

當然他真的幫我找了個工作，在佩德雷加爾劈石頭。他們給我一把鐵鎚和鑿子，告訴我，劈一擔石頭付我四披索。「欸，如果我劈兩擔，就賺八披索了。」但想當然我很挫折；從早上五點半到晚上六點，我連半擔都劈不了。握著鐵鎚的手起了水泡，水泡都磨破了，該死的一整天我只賺了兩披索。

寶拉看到我的手，哭了出來。她很心疼我，我也哭了。我很感動，告訴她：「老婆，過來，不要哭，妳這樣讓我很愧疚。去買些黑咖啡和豆子。我知道妳一定沒吃東西。」她個性驕傲，有時候沒吃東西就過了一天，這樣至少她不用去向她母親要東西吃。

隔天，璜恩來找我。我因為昨天的工作發燒了，但我還是起來去工作。在卡車上他對我說：「馬努埃爾，你知道，這工作對你來說太苦了。我還是讓你在車上，你幫我一起送貨吧！」他會給我五、八或十披索，就看他那天載了幾趟。我真的非常感激他。

欸，所以時間就這麼過了。寶拉和我在一起差不多三年，我們沒有小孩。我不是很高興，還說：「我以為我跟男人住在一起呢；妳一點都不像女人。我們什麼時候才會有小孩？」當時我不知道養大一個小孩要花多少，也不知道養不起他們的時候，那種感覺有多糟。我當時都不懂。

我一直和寶拉吵架，我對她有點不信任，因為我和她第一次睡的時候，發現她不是處女。我很氣她竟然騙我，但我又想，反正在我之前的那些人就算了。那不表示在我之後還能有別人。但我不是很信任她，而且她又一直沒懷孕，我就懷疑她是不是吃了什麼藥。我一直逼問她，她只是一直向上帝禱告，求上帝給她一個孩子。現在我懂了，我才是該負責的那個，因為我太年輕；精液太稀了，生不出小孩。

然後，有一天，我太太告訴我，我要當爸爸了。「老兄啊！真的假的？妳不是在騙我吧，老婆？」

她說：「我沒騙你，是真的！」

「感謝上帝！」我告訴她：「看看這會不會讓我們改運。走吧老婆，我們去看電影。」我身上只有八披索。「沒關係，就算得花兩披索看電影，還是要慶祝。走吧！媽媽！」

於是我帶她去看電影，那天我們非常開心。我對她比平常更疼愛，還告訴她我不讓她彎腰或提重的東西。

我持續和璜恩去送貨。但他的工作越來越少。我心想：「欸，我果然是個爛蛋，只會帶來霉運，只要我跟著某人，壞事也會開始跟著他。」

有一次，我們整天沒吃東西，我去找我父親，看他能不能幫我。我進門時，他嚴厲地看著我。我當時很瘦，非常瘦。我的體重只有五十二公斤；現在是七十公斤。我妻子自從跟我一起住後也瘦了很多，但她還是豐滿的。

「你看起來不太好。你都在幹什麼？」

「欸，在工作，爸爸。」

「看看你，鞋子都破了，褲子都是補洞；我不記得何時看過你這樣。」

「欸，是沒有，爸爸，我過得不是很好。」

「這很明顯，不用你告訴我，你這王八蛋。你現在體會到了吧，出門在外，凡事都要折斷腰才能得到！」

「是的，爸爸。」

「我看你是得結核病了。你怎麼了？沒吃東西嗎？發生什麼事？」

「欸，沒事，爸爸，我有吃飯，我怎麼會沒吃飯就去工作呢？」但他當然沒被我騙到。

「好，那坐下來吃個晚飯吧。」事實是，我餓極了，我覺得肚子好像破了個大洞。桌上有炸香蕉……還有很多我很想吃的東西。我吃了一頓好豐盛的晚餐。然後我不知道如何向父親借五披索。五披索，我不知道怎麼開口！但他知道我心裡在想什麼。

「這裡有十披索，你拿去，改天你用得到。」

我幾乎要哭出來，因為我覺得我一點都不像男人，無法養家活口。在那一刻，我很恨自己，我根本不夠資格做人。我心想：「我和別人一樣努力工作，但完全沒有回報。我一點都不像男人。」我離開父親家的時候心裡是這麼想的。

我立刻飛奔回家找我的妻子。我好久沒有一次給她十披索了。我一回到家，看到她因為沒東西吃、沒水喝，雙唇乾澀的樣子。我覺得自己是個混蛋，我哭了。我肚子很飽，吃了很多……我這個廢物在狼吞虎嚥的時候，我的妻子在餓肚子。我不應該吃東西的，所以我哭了。

「馬努埃爾，你怎麼哭了？」

「沒事，趕快去買些東西給妳自己當晚餐。」

我把十披索全部給她，我只說：「幫我買個五分錢的香菸，早上給我公車錢，這樣我就可以出去看看有什麼能做的。」以前我每天早上都是這樣。

寶拉懷孕五個月的時候，勞爾・阿爾瓦雷斯叫我去他的燈泡店工作。他接了一張一萬八千個燈泡的訂單，答應人家兩個禮拜交貨。我的工作就是拿一般的玻璃片，切成各種不同燈泡需要的形狀。我不分日夜地工作，好趕上出貨。

第一個禮拜我就賺了兩百披索，不誇張。

我說：「聖母瑪麗亞！感謝主！」我一回家就告訴我妻子：「妳看看，孩子的媽，這是我賺的錢。我只要拿二十五披索去給我自己買幾雙鞋。妳現在比我更需要錢。給妳自己買些補品；做點什麼，這樣小孩才會健康。我們可不希望他出生營養不良。」

我在燈泡店做了一個多月，後來我小舅子福斯第諾，就是我沒工作時視我為糞土的人，他病了。他從腰部以下都癱瘓了。他對我說：「教父（我是他兩個孩子受洗時的教父），做個好人，幫我去咖啡廳工作好嗎？兄弟，如果我不去，我會丟了我的工作。你先代替我去做個兩、三天，等我好一點。」

我說：「老兄啊，兄弟，你看得出來，我差點養不活自己。勞爾先生才剛給我這份工作，我怎麼可能去問他可不可以讓我請幾天假？」

「喔，拜託，做個好人。」他一臉傷心地看著我，希望我良心發現。

「好吧，我去；但我只去兩天；希望你快點好起來！」

我去了餐廳工作。但福斯第諾復原得很慢，代班兩天變成一個禮拜，又變成兩個禮拜。我一天賺十五披索，但我只給我妻子五披索。其他的給我兄弟付醫藥費、房租和餐費。我心想：「欸，就當成我是借他的，像存錢一樣。到時候他會一次還我，我就能付我妻子住院的費用。」

欸，事情並不如我想的那樣。有一次，我兄弟還沒康復，我的教子丹尼爾病了，晚上我得每兩小時去找一個女人來幫他注射盤尼西林。之後我另一個教子尤菲米亞也病了，所以我得在那照顧他們三個人，並負擔所有的費用。我想，欸，我確實在存錢。我想像我在存錢。這種情況超過一個半月。所以我丟了勞爾先生那裡的工作。

然後有天早上我去餐廳工作時，很驚訝老闆把我攔住而且說：「你現在不能工作了，因為福斯第諾回來了。」他回去工作卻沒有告訴我！三天後，福斯第諾在餐廳裡燙傷了手，傷得非常嚴重，他一定得辭職了。即使是這樣，他也沒有告訴我，否則我就可以再回去工作。他知道我沒有工作，也知道寶拉快生了。我走遍了所有的店家找工作，有時候他們會給我一點事情做。我甚至還去叫賣。我會賺個十披索、五披索，但也沒有再多了。

我妻子的哥哥阿韋利諾喝酒喝得很凶，回到了他母親家。他狀況很糟，兩個禮拜後就死了。為了辦葬禮，我們都有掏錢出來，我小舅子還當了他的手錶，總之東湊西湊，我們總算有足夠的錢把他葬了。兩天後，我妻子開始陣痛。我大舅子星期四死了，而我的小孩星期六在同一個房間出生。我很擔心，因為他們說寶拉可能會得癌症或什麼的，理由是之前屍體放在那裡。

星期六早上，我跑去找產婆。她叫我去買棉花、紗布、臍帶繩和臉盆。我們把寶拉從地板抱到床上，她陣痛的時候給她吃白玉米粥，這樣能補充鈣質。我小孩生出來的時候我人不在屋裡，因為老天同情我，就在那週我找到一個切玻璃的工作，一天十二披索。

我請我老闆先付我工資，讓我請假一天，這樣我就可以回去陪我妻子。沒想到他說：「你他媽的回去做什麼？你要去幫她用力還是怎樣？是她要生還是你要生？我們事情很多，快去工作！」欸，我需要錢付給產婆，所以我留下了。

那真是我人生當中最長的一天啊，是吧？我們要把整個店鋪都清理好，我下班時全身髒兮兮的。那工作和燒煤炭一樣髒。我去市場幫孩子買一些衣服。我在市場裡穿梭奔跑時遇到我弟弟。他對我大喊：「不要跑了，她已經生啦！」

「男的女的？」我大叫，一邊繼續跑著。

「女的。」他回我。

「喔，欸，沒關係。」然後我回到家，我岳母、蘇格莉托、班丘，大家都在那裡，每個人都盯著我，等著看我的反應。我像個笨蛋一樣站在那裡，只說了：「老女孩，我回來了。」她經歷生產，看起來累極了。我親了她的額頭，她讓我看寶寶。「這是我的寶寶嗎？」

「是啊，你不喜歡她嗎？」

「喜歡，她很漂亮。」我一定是做了什麼滑稽表情，不然就是臉紅了，因為大家轟地大笑出來。班丘說：「你那什麼臉，連襟！這是你第一個女兒，所以你才跑著回家。等你再生幾個，我再問你有什麼感覺。」

那就是我女兒瑪莉琪塔出生的時候。那天我特別高興，因為我那從沒踏進我家門一步的父親，也來看他的孫女。康蘇薇若和瑪塔從沒來看過我們，倒是羅貝托來過一、兩次。

寶寶三個月大的時候，我們去拜訪我父親。有天我在街上遇到他，他說：「你們什麼時候要過來？什麼時候要帶寶寶來？你一副你父親沒家人了的樣子，我不知道你這個王八蛋為什麼會這樣。」所以有天晚上，我們去父親那裡吃晚餐。飯後我對他說：「我們要走了，爸爸，晚安。」

「你們要走了？你們要去哪？寶寶沒有要走，你要走就走，寶寶留下。」

「爸爸，寶寶不走是什麼意思？」

「她不走，寶寶和我住在這裡。」他說：「來，寶拉，妳去床上騰出位置，和女孩們一起睡，然後你，把你的床鋪在地板上，王八蛋，然後去睡覺。」

「我們要和您一起住嗎，爸爸？」

「你們當然要住在這裡；別想我會讓我的寶寶離開。」我們就這麼開始和我父親住了。

對於我父親的決定，我一半開心，一半生氣。我開心是因為我父親的屋子比較好，也比較乾淨，我女人在這裡會過得比較好。我真的很討厭住在我岳母家。我現在回想起那裡的情況，心臟都還會抽筋！我把我們的東西一點一點慢慢搬出來，這樣才不會得罪庫萁塔。

但我很氣我父親一件事。從第一天起，他就把我和我妻子分開，不讓我們睡在一起。她和我兩個妹妹睡在床上，而我被命令鋪個麻布袋睡在廚房地板上。我們的生活彷彿沒有任何改變，我父親讓我自己一個人睡！現在我也有兒子了，如果上帝允許我活到他們結婚的那一天，我會讓他們和妻子睡在一起，這很合理吧？這樣他們才覺得自己是個男人啊！

我記性很差，不記得當時住在卡薩格蘭德的有誰。有個幫傭在那，但我不記得是誰。我知道羅貝托當時在軍中，因為我記得他發來的電報，告訴我他惹上一些麻煩。只有瑪塔和康蘇薇若住在家裡。我爸爸當時應該是待在露碧塔家裡。

我開始每週給我父親五十披索，幫忙家裡的開銷。我給了幾個月，然後有一週，老闆沒付我們薪水，所以我也就沒給我父親。家裡沒人說什麼。隔週又發生同樣的事，再下一週也是。後來老闆一次付給我五披索、十披索，在我想起來之前就花掉了。自然而然，我很快就忘記我對家裡的義務。

欸，我甚至覺得，我父親的錢反正夠用。他總是付得出房租，買很多食物回家。我也開始覺得，既然寶拉幫忙打理家裡，洗我父親的衣服，又煮飯，他給她飯吃就像付給幫傭工資一樣。所以我也沒再給寶拉錢。我當時沒有別的女人，但我已經開始忽略我妻子了。

我又開始和卡薩格蘭德幫派的老朋友一起混了。阿爾貝托和我在同一家店工作，所以我們老是一起。某方面來說，他想要模仿我，因為他在我結婚六個月後，也找了個女孩胡安妮塔同居。但阿爾貝托寧願和我出去也不要在家陪她，這一點她很吃味。她不喜歡我，所以常灌輸他一些想法。後來也因為她，我們兩個人漸行漸遠，但對彼此還是無話不說。

阿爾貝托唯一的缺點（因為他雖然不識字，還是非常聰明）就是愛喝酒。一個禮拜他一定會醉一次。他會說：「來嘛！兄弟，我們來喝一杯！」我從來不真的喜歡喝酒。我喝醉過兩次，難受極了。這是我們兩人很大的不同。

另一個不同是，他很安於當一個工人，但我不是。即使在那個時候，我也很不喜歡有個老闆管我，但阿爾貝托不在乎，他只要能多少在工作上偷點什麼就好。他會說：「如果我的老闆因為我的勞力付出賺很多錢，我從他那裡拿點東西作為補償是很公平的。」對阿爾貝托來說，不好的老闆只有一種，就是你無法從他那裡削點什麼的那種。

阿爾貝托辭掉了玻璃店的工作，改當公車司機。薪資很少，但司機可以從車資裡拿一些當作補償。我不喜歡在沒有哥兒們的店裡工作，所以當我女兒的教父桑托斯問我何不開一家鞋店，我接受了他的提議。桑托斯說：「就拿個兩百披索出來。你可以做鞋子來賣，一雙賺個五披索。」我心想：「假設我一星期做個五打鞋子，就是六十雙……這樣一個星期就賺三百披索了。真是不錯！」

桑托斯借我鞋楦和縫鞋機，我跟父親借了兩百披索。我告訴爸爸賣鞋的利潤時，他很驚訝。我聽到他對另一個人說：「想想，一個人把時間浪費在工作的時候，另一邊竟然有這麼好的生意。聽聽馬努埃爾說的，我這卻困在光芒餐廳，像條狗一樣工作了這麼多年！說不定他真的能闖出名堂，有所成就！」

於是我開始做生意。桑托斯和我一起去買皮革，然後我們開始做鞋子。但當時我對鞋子或做生意一無所知，全憑上帝的引導。我從沒列過預算，也不知道要花多少錢。我也從沒注意到我的資本是增加還是減少。我甚至從沒想過一張皮能做出幾雙鞋。桑托斯也沒提醒我，他讓我用次級的皮革，所以好幾張訂單都取消了。至於鞋底，他只教我買橡膠輪胎，沒強調用軋平的輪胎做出來的鞋子才會好看。

我花了很多錢在做生意上。我在卡薩格蘭德租了個小店鋪，找一個人操作機器，三個人製鞋。照慣例會給鞋匠一點「零頭」，就是每天先付給他工資裡的十披索。這裡的鞋匠星期五都要徹夜工作，所以那天我會讓寶拉給我們全部人送晚餐來。

父親問了我好幾次，說我怎麼沒貼補家用，所以我也得給他錢。給了他四、五次，但是後來我告訴他：「爹地，從現在起，我不想再從店裡拿錢出來。我想要擴大營運，老天為證！」他同意了，好一陣子沒再問我錢的事。

我不記得到底發生什麼事……我店裡其中一個製鞋工屈丘跑去狂歡了兩、三個禮拜，每天都喝得醉醺醺的。他後來死在街上，沒人理那個醉鬼，可憐的東西。但我很同情他，覺得工人拿命在換那一點點薪水，所以製鞋工每完成一雙鞋，我會多給他們二十分錢，技工多給十分。我想讓大家知道，老闆該怎樣對待工人。我不想要像老闆剝削我一樣剝削他們。他們都很滿意，沒人抱怨我這個老闆。他們很高興，但很可惜，我完全不是當老闆的料。

我沒賺到任何利潤，反而每雙鞋都在賠。後來我派了一個人去送鞋，二十五雙，我忘記是派誰去的，他收了錢就跑了。一言難盡，我的店倒了，只剩下大約兩百披索的製鞋材料。我用六十披索全賣給桑托斯。做生意難免賠錢，但我真的蠻努力的。

我的生意失敗後，我就放棄去做什麼人生規畫或奮發向上了。我心中僅存的自信也都沒了，只是一天過一天，像動物一樣。每次做什麼計畫，我總是覺得很丟臉，因為我根本沒有那個意志力去實踐。我不能貫徹始終。我了解別人多過自己，我敢向朋友提出建言，告訴他們如何更上一層樓。我幫助過別人，但我無法分析自己的問題。我這個人，就是空虛又乏味。

對我來說，一個人的命運是由一雙神祕的手所控制的。只有少數幸運兒能依照自己的計畫行事；生下來注定要吃墨西哥粽（*tamale*）的人，老天就只會給你墨西哥粽。我們計畫又計畫，但只要一點小事發生，就前功盡棄了。比方說有一次，我想要存錢，於是我對寶拉說：「老婆，把這些錢收著，這樣有一天我們就會有點積蓄。」我們好不容易攢了九十披索，砰！我父親病了，我得全部拿出來給他看醫生買藥。那是我唯一幫過他的一次，也是我唯一一次試著存錢。我告訴寶拉：「看吧！既然一有人生病，我們就得花光積蓄，當初又何必存錢呢！」有時候我甚至覺得，存錢就會有人生病！所以我深深相信，我們有些人生來就是窮，不論怎麼掙扎、奮鬥著前進，還是窮。老天給的只讓我們足以繁衍下去，不是嗎？

欸，我生意失敗後，就再也不在乎鞋子了。我回去找工作。我又去做燈泡了，下班後，我只會打牌，或跟朋友看電影、看棒球和足球比賽。我幾乎不在家。我第二個孩子，我兒子阿拉那斯出生的時候，我父親花錢請了產婆，所有開銷都是他付的。

我一半血緣的妹妹安東妮雅搬回來卡薩格蘭德和我們一起住。她和寶拉變成好朋友，比我的妹妹還親。怎麼說？安東妮雅甚至向我妻子透露我長得像她以前愛過的某個男生。她說真可惜我是她哥哥，因為她很喜歡我！寶拉告訴我，小雅「跟錯人」，因為她懷孕了。我不能告訴你爸爸是誰，安東妮雅不告訴我們他的名字。

小雅吃了一些草藥墮胎，然後病得很嚴重。她發瘋了，真的瘋了。她發作的時候只要看到我的臉，就會更嚴重。她指著我尖叫：「他的臉、他的臉！」之後我父親老是用懷疑的眼神看著我，這讓我很受傷，我對安東妮雅從來沒有邪惡的念頭。她那麼說只是因為我長得像她愛過的男人。

最後，醫生把小雅送去精神病院，她漸漸地好轉。醫生告訴我父親，小雅是那種沒有男人、心理就會不正常的女人。因為這樣，後來她和法蘭西斯可有了孩子，我們也沒說什麼。

安東妮雅心理一定有問題，因為她曾試圖對我父親下咒。瑪塔初領聖體的教父的妻子茱莉亞曾警告我們，小雅盯著我父親看，在測量他。這裡的老人，一般人相信，透過巫術，召喚聖人、用布條測量某人，或是在屋裡灑鹽或灰塵，魔鬼或惡靈就會控制那個人的身體，然後殺了他。

我不相信巫術真的存在，但我住在阿姨家的時候，看過一個女人治療一個雙眼都得了白內障的男人。她拿了一顆她養的雞下的新鮮雞蛋，用雞蛋揉揉他的眼睛，然後把雞蛋打開。裡頭是黑色的，所以她告訴那個男人，他的眼疾是他妻子親手施的巫術！接著給他化解的祕方。

我猜我父親也相信那些迷信的東西，因為有人在吃飯的時候，我們如果打翻鹽巴會被他罵，有一次我帶了一條蛇皮做的皮帶回家，他還對我大發脾氣。他要我在家裡有誰出事前把皮帶給丟了。他發現安東妮雅的行徑後，也去找了巫師。她給他一些水灑在房裡，這樣咒語就不會靈驗。

但安東妮雅依舊是我父親的最愛。只要她想要的，父親都買給她，不管她說什麼、做什麼，他總是說：「很好，很好。」我父親對別人這麼體貼，這麼這麼體貼的樣子真的很令我吃驚，因為他對我們是如此嚴厲。父親想要彌補這些年來對安東妮雅和露碧塔的忽略。而且安東妮雅會幫忙打理家裡。瑪塔和康蘇薇若沒有母親教她們這些，她們在家裡蠻沒用的。

有一件事一直讓我耿耿於懷，就是整個家裡沒人把我當成長子看待。我有些義務，也可以說是權利，比方說，看見瑪塔和克里斯平在一起的時候，我該去阻止她。我真的很想用男人對男人的方式去和那個傢伙說清楚，但我怕父親或瑪塔會扯我後腿，讓我難堪。有一次我叫瑪塔抱我的女兒瑪莉琪塔，然後克里斯平叫她不要，口氣彷彿瑪塔是他的傭人什麼的。我很生氣地開罵了。「聽好，克里斯平，你為什麼叫我妹妹不要抱我女兒？你最好搞清楚，我知道你不只打瑪塔一次。很好，我告訴你，以後你要敢碰她一下，休想再見到她。」

照理說，瑪塔應該要站在她大哥這邊吧？欸，她做的正好相反。她說：「你幹嘛管我的事情？」這就是她的反應。

「妳聽好了，瑪塔。」我說：「我永遠、永遠不會插手，就算我看到妳快死了也不會。就算妳在地板上被人拖著走，我也不會管妳。」

後來，她和克里斯平私奔的時候，我父親就怪我和羅貝托。他從不讓我們干涉瑪塔的事，然後又來怪我們。康蘇薇若也是。一開始我就知道她約會的對象是什麼樣的傢伙。為什麼我會知道？因為我就是那種人啊！

我和我弟弟打了兩次架，都是為了教他怎麼尊敬長輩。第一次，他莫名其妙叫我「烏龜」。「你在講什麼？你這狗娘養的。你知不知道這個意思是你和我太太上床，把我當笨蛋。你汙辱了她，也汙辱了我，白痴！」我話還沒說完，「砰！」他往我臉上打了一拳。他很壯，但我還是打了他一頓，就在庭院那裡。

我們的下一場架是因為康蘇薇若回家的時候在哭，她說他打她。他說她跳舞的時候跟人打情罵俏，像個小婊子。我說：「羅貝托，她怎麼樣不干你的事。你到底對她做了什麼？而且，她要工作……」這次也是一樣，我話還沒說完，他又打過來了。我把他壓在地上，狠狠打一頓，打到他朋友來把我拉開。那次我甚至咬他的鼻子。那些男孩來把我拉開時，我站起來說：「這孩子要學會尊重我。」我想他聽懂了，因為後來他跟他朋友說：「哎呀！我哥哥個子很矮，但他揍人可有力了。這傢伙你們可要小心點。」

羅貝托總是盯著他的妹妹們。他和我父親一樣，覺得正經的女人不該去舞廳。羅貝托發生這麼多事情之後，證明了他的道德觀和我父親一樣。就是說，對羅貝托來說，一個女人……欸，他對女人的貞潔，有一個狹隘又抽象的想法，就是他覺得女孩子應該要絕對純潔。但現在這個時代，真的很難。

今天，如果你約一個女孩去看電影，表現得像個紳士一樣，之後她就會說你是個笨蛋。但一個男人一開始就下手……即使她反抗（畢竟女人總是說不）……欸，那就是她們要找的男人。我弟弟太靦腆了，我不覺得他有可能結婚。

羅貝托心裡有很多複雜的情結折磨著他。只要提到女人，他心裡就暗潮洶湧。不是說他無法找個女人跟他上床。他的性能力和一般人沒什麼兩樣。我會知道這些，是從他來往的一些女人那邊聽說的。羅貝托覺得自己很醜，又黑又醜，他覺得和他結婚的女人一有機會就會外遇。他也知道只要有人耍他，他絕對無法控制自己，後果會很嚴重。

羅貝托的癥結在於他太暴力了。他有辦法隨時抓住一個人，揍得他渾身是血，打斷他的肋骨，或拿刀刺他。不是說他是個犯人，他就是……脾氣非常壞。但當他冷靜下來，想起他怎麼打傷那個人，又會懊悔地哭泣，祈求原諒。我可憐的弟弟充滿了矛盾。

羅貝托真的很高尚，是全家最高尚的。如果他身邊的人都是有文化又體貼的人，他一定會是個快樂的人。他真的喜歡美好的事物。他喜歡和教育程度比他高的人說話，他總是有意識地學更多新字來正確地表達自己。如果他多和層次高點的人接觸，他也會是一個更正直的人。他真的很恨我們所在的這個環境……我們每天都得面對的地方，真的很噁心。

我把他惹的很多麻煩都歸咎於我們一直以來一個錯誤的觀念，就是表現出無所畏懼的樣子，才代表有自尊或有尊嚴。羅貝托還真不知道什麼是怕；他不知道怎麼遠離麻煩。如果有人亮出刀子，他也會亮出刀子，而且還會動手砍人。他喝醉的時候更糟糕。我曾告訴他：「我不知道你怎麼搞的。你就不能好好地喝醉、趴下睡覺，像其他人一樣嗎？這對你來說很難嗎？你偏不，你就是要跑出去，找一個也會鬧事的人跟你打一架！如果你心裡真的這麼憤怒，你為什麼不讓我把你訓練成拳擊手算了？」

他可以成為一個好的拳擊手，只是他不想。他說他討厭打架。他很擅長運動……如果他能加入運動俱樂部好好訓練，說不定會成為游泳冠軍或自行車選手。他真的可以出人頭地。但他只是到處打架偷東西，真的不能這樣下去。哪天他真的殺了一個人，人家的家人會找誰算帳？當然是我！但他從沒想過他這些行為的後果。他就像隻脫韁的野馬。沒什麼能阻止他，不管是打的、罵的、說的，甚至關進監獄……都沒用。像我這樣一般人抒發情緒的管道無法滿足他，他需要更激烈的方式來發洩他心中的烈火。

說到底，我相信他是在怕些什麼。依照我貧乏的見解，是他的潛意識在作祟，為了從不安中保護自己。也許他強烈地感覺到缺乏愛。他的人生真的很可憐，比我和兩個妹妹還要可憐，因為他從來不懂得真愛。

這些日子以來，我一直打聽有關格拉雪拉的消息，也開始去她工作過的咖啡廳走動。她和一個叫萊昂的男人結婚，但三個月後就離開他了，因為他是個小偷，還賣大麻。他才是最糟糕的人，是真正的殺人犯！他身上那麼多疤，簡直像張地圖！我以前偶而會在街上遇到格拉雪拉，每次心裡總是又被挑起些什麼。我大女兒出生的時候，她也生了一個男孩。

我在經營鞋店的時候，知道我和她交往過的朋友會來告訴我：「你知道嗎？格拉雪拉現在在古巴街的咖啡廳工作。」或是「我看到格拉雪拉在康士坦丁街工作。」

有一次我去送鞋子，身上帶了兩百披索，很多錢對吧？我經過康士坦丁街的時候看見格拉雪拉在當服務生。我心想：「我要過去，讓她知道我現在過得多好。」

距離我們上一次交談已經過了很久。她送餐給我的時候，我們禮貌地聊了一下。我還藉機拿出一疊鈔票，可以看出她很驚訝。我想知道她是否還在乎我，於是我又回去那家咖啡廳三次左右。但她消失了，我不知道她去哪裡工作。我心想：「欸，或許這樣比較好。」我和寶拉在一起五年了，那期間我完全沒有跟別的女人發生關係。

有一天我和朋友去佛羅里達戲院看電影的時候，經過一家咖啡廳，我又看到格拉雪拉在那裡工作。我心想：「很好！這下我知道妳在哪裡了。」

後來我真的去找她。我每天都在那家咖啡廳吃飯，變成常客。我慢慢接近她，假裝只是老朋友敘敘舊。漸漸地，她對我舊情復燃。而我，也不斷助長我心中的愛苗，感覺我的舊愛又回來了。我開始約她出去，這費了我頗大的功夫。

有天晚上，她答應和我、還有另一對朋友出去。我們去了一家夜總會，喝了點啤酒。跳舞的時候，我們一直看著對方。我們接吻了，她看起來好像愣住了。接著她熱切地說：「吻我，吻我！」我知道我就快達到目的了，我說：「格拉雪拉、格拉雪拉，妳什麼時候才是我的？」她說：「這幾天、明天、後天……這幾天。」隔天在咖啡廳裡，我提起了她昨天說的話。「如果明天可以的話，何不就現在？」

「你真的相信？」她說：「我只是說說而已。我不是認真的。畢竟，你結婚了，有兩個小孩，我也認識你太太。你怎麼會覺得我們可以？」

我等到咖啡廳打烊，約她出去吃點玉米餅。

「好啊。」她說：「我餓了。我不想再吃咖啡廳裡的食物了。」我耍了點伎倆，帶她走奧勒岡街，然後在哥倫比亞街轉彎，那裡有一家旅館。欸，在抵達旅館前十幾公尺的地方，她恍然大悟，停了下來。

「我們再往前走一點，拜託，格拉雪拉。」

「不要，我知道你想做什麼，門都沒有。」

「不是的，妳聽好，相信我，我對妳無所求。」但後來我還是向她坦承：「好吧，格拉雪拉，我承認，我希望妳今晚成為我的人。」不要、不要，還是不要，我們在旅館前面吵了三個小時，我跟她。我勸她這個、勸她那個，但她就是拒絕跟我去。

我終於火大了，緊緊抓住她的手臂，把門踢開，強迫她進去。我要了一間房間。旅館經理走在我們前頭把門打開，我推她進去。我試著要把她的衣服脫掉，但她不要。其實她內心深處想要，但她的理智告訴她不可以。「不要過來，馬努埃爾，我拜託你不要過來。如果我是你世界上最愛的人，請你不要過來，因為如果我這麼做，我就沒辦法活下去了。你結婚了，你有小孩。我拜託你可憐我，走開。」

但我執意要做。我只想要她。

欸，後來我想尿尿，而廁所在外面，我只好出去。她把房門鎖起來，我敲門也不開。我去找經理，告訴他：「請幫我開門。我想我太太睡著了。」

「好的，沒問題。」於是他拿鑰匙打開了門。她躺在床上，我進了房間。

如此你來我往好一段時間，已經是早上四點半，我又和她拉扯了一個半小時後，她終於屈服了。但到了那一刻，也許是我已經精疲力盡，或是什麼原因，我發現我竟然不舉……

老天爺啊！我全身是汗、丟臉至極。我心想：「天啊，這種事怎麼可能發生在我身上？不，不可能！」我急死了，而且非常丟臉。她已經準備好了，我想：「聖母瑪麗亞，我現在該怎麼辦？」於是我說：「親愛的（*Mi amor*），我知道妳現在願意了，但我要處罰妳。我也要讓妳受苦，就像你對我做的那樣。」我在說謊，因為我不行。所以我點了一根菸，向所有的聖人祈禱：「求求祢，聖彼得、聖保羅、聖加百利，拜託讓我重新振作，讓我可以繼續做。」欸，過了一陣子，我感到我的力氣恢復了，我對自己說，在「它」改變主意讓我又軟掉之前，我最好趕快上。

嗯，我想，那是我這輩子最美好的一個夜晚。我們完全放任自己。彷彿我們倆愛的潮水匯集在一起，沖破了堤防，滿溢出來。她和我一樣渴望。一次、兩次、三次、五次、六次、七次，我們做了七次，黎明破曉時，我們仍在做愛。

天亮了，我們得起來去工作了。她很害怕她母親會怎麼想。但是我說：「妳沒什麼好怕的，妳是一個成人了。如果妳還年輕、未婚，那當然不同。」我們到外面的時候，一切看起來都是黃色的，車子、房子、男人、女人。我們兩個看起來都蒼白又疲倦。她去上班了，就在兩條街外的地方，我去我的。也就是說，我去了鞋店，但是那一天，我就像送奶馬車的馬一樣，邊工作邊睡。

我們兩人持續做愛。我們總是去旅館。我半夜十二點、早上一、兩點回家，我妻子也不覺得奇怪，因為我已經這樣好幾年了。我到現在還是不知道，她有沒有發現我和格拉雪拉在一起。我們也沒為這件事吵過架。我的弟弟妹妹也完全不知道這件事。一直知道所有事情的人只有阿爾貝托。我有什麼問題、煩心的事我都告訴他。

我意識到我和格拉雪拉的外遇對我的各方面都會造成極大的傷害。如果我妻子發現了，她可能會離開我，我不希望那樣，因為我也愛她。我很愛她，但那是不同的愛。寶拉很被動，只要是我想做的事都是對的，但她不會熱情地回應。也許她性子就是這樣；她有其他表達愛的方式。

但她不會讓我那麼興奮。格拉雪拉就會用能滿足我和我的虛榮心的方式回應我。她崇拜我。和格拉雪拉在一起，每一次我碰她，都好像是第一次一樣，彷彿是另一個女人。我熱烈、瘋狂地愛她，我不能想像沒有她我怎麼活下去。我也不用擔心她會懷孕，因為她不能再有孩子了。

我的生活變成了一個活生生的地獄，因為我不能想像少了她們其中一個要如何活下去。我想要同時擁有她們兩個，但又不希望其中一方為此難過。我一直想著格拉雪拉，也一直想著我妻子。我完全不能睡。我整晚翻來覆去，我無法平靜，感到非常痛苦。有一次我還對格拉雪拉說：「聽好，沒有妳我活不下去。我們來找個房子，妳搬出妳母親那裡，我們搬進去。我們總會有個什麼辦法，我就是要和妳在一起。」

但每當我回到家，看到我妻子和孩子熟睡的模樣，我就覺得好慚愧。我恨我自己。我心想：「我怎麼會這麼沒用？我一定要離開那個女人。我可憐的小妻子和小孩就在這裡；他們不該遭受這樣的對待。」

我甚至希望我妻子給我一個理由，讓我離開她。我對她很兇；有一次我真的重重地打她，非常重。你看，我很習慣了她對我絕對地服從，不需要打她就能逼她就範，只要對她大聲一點就好。有天早上，阿爾貝托來找我，我叫小不點拿一樣東西給我，我忘記是什麼了。她當時在廚房，吼回來：「我現在正在忙！不要煩我。」

她以前從來沒有對我那樣回嘴。「阿爾貝托來了，看看妳對我講話的樣子！妳要拿給我，還是要我逼妳拿給我？」

「不要！」她說：「你只會命令別人而已！你要怎麼逼我？自己去拿！」我站起來，當時還沒有非常生氣，我說：「我告訴妳……小不點……」啪！她打了我一巴掌。在阿爾貝托面前！

這一下突如其來，我氣到像瞎了一樣。我覺得有雙紅色的手遮住我的眼睛。我在朋友面前這麼丟臉，於是我追著她打，狠狠地打她。後來阿爾貝托還說：「你也太殘忍了吧！兄弟，你生氣的時候力道有多大啊？」因為我一拳就把她打飛了，她像是個玩偶一樣。阿爾貝托試著阻止我，但阻止不了。她母親也在那裡，正在洗衣服。她一開始沒有干涉，但後來她看到我踢寶拉，過來說：「不要踢她，你不知道現在她肚子裡又有小孩了嗎？」

另一次我打小不點，是因為她在打瑪莉琪塔，打得孩子小小的身上青一塊紫一塊。小不點脾氣很硬、個性很強……她很靈活、動作又快……而且打小孩很用力。那天我很生氣，還說：「聽好，沒有下一次！不要以為我會讓妳對我女兒這樣。妳是她的母親還這樣打她，妳有人性嗎？妳這沒用的女人，如果妳再這樣打她，我們之間從現在開始就結束了。我會把她帶走，妳再也見不到她。如果妳要教她，只准打她屁股，其他地方不准動！」

我就是這樣對她說話，懂了吧？她不懂得怎麼用其他方法把小孩養大，因為她母親一直都是那樣打她和她妹妹。

我跟格拉雪拉因為我的第三個小孩德明哥吵了一架。我告訴她，我和妻子處得不好，已經不碰她了。我必須騙她，這樣她才會繼續和我見面。但格拉雪拉在街上看到寶拉，也注意到她懷孕了。

「你不是不碰她了？哼？我剛剛看到她，肚子裡又有小孩了。」

「唉……」我說：「妳看到她了？不然妳要我怎麼樣，我只碰她一次就中了。」

事實上，我幾乎每天晚上都和我妻子相好。我常這麼做是因為我有罪惡感。我心想：「我不能太冷落我的妻子。我必須履行對她的義務，因為我不滿足她，誰來滿足她？」很多次，我不是想要才做，只是盡我的責任。我無法每天都和格拉雪拉見面，只能每三、四天見一次；有時候甚至一整個禮拜也沒法要好一次。我儘量向她解釋了，而且對她來說，我無法不和我妻子要好，也是合理的。

我對寶拉就像個真正的爛人。羅貝托在科爾多瓦服刑的時候，父親叫我去看他。我不是自己一個人去，而是帶著格拉雪拉。我口袋裡只有一百五十披索……根本不夠帶她去旅館或高級餐廳……所以我帶她去我堂哥大衛家，揩我伯母的油。我向他們介紹，格拉雪拉是我同事，但我伯母沒那麼笨。她被我惹得很煩，看到我上了格拉雪拉的吊床，就叫我和大衛一起睡在地板上。那一整個禮拜，格拉雪拉和我都得在甘蔗田裡辦事。

回到墨西哥城，我每個晚上都泡在咖啡廳。我幾乎沒回家吃上一頓飯。在咖啡廳外的其他地方，吃飯都沒有滋味。有一次，我坐在那裡，我岳母匆匆忙忙地跑進來。「馬努埃爾、馬努埃爾！」她說：「寶拉需要你。」格拉雪拉就站在旁邊。

「她要我做什麼？」

「快！她快死了！」我像彈簧一樣跳了起來，火速飛奔回家。寶拉已經大出血，整個家裡都是血。我超震驚，趕緊去找醫生。我依照醫生的指示，跑去買藥。那次，我妻子很氣我，因為在她最需要我的時候，我不在她身邊。

但一當有人去照顧寶拉後，我又回到咖啡廳。我知道我這樣做很卑鄙。但我真的非常掙扎。我天人交戰的是我以為我能離開格拉雪拉，但我不行，我不行。我只好又回到咖啡廳。隔天寶拉又再一次大出血，醫生對我說：「如果她再出血一次，不用花錢買藥了，買棺材吧。」

「天哪！」我說：「上帝啊！不可能！」我不知道她為什麼會生病，可能是動怒的關係。小孩還沒臨盆，才差不多七個月大。我妻子康復了，我的兒子德明哥還是自然產的。

有一次寶拉對我說：「我要自己治療自己。」

我問她：「為什麼？妳要治療什麼？妳不想再生我的小孩了嗎？我可不想要一個殺人犯當妻子。妳沒有權力奪走一個毫無能力保護自己的生命。殺掉一個沒有能力的胎兒，比冷血殺掉一個人更罪大惡極、更可惡。」而且我們從來沒有失去過一個孩子。

我對女人和生小孩的事情都是從我已婚的朋友那裡聽來的。我妻子也不太懂。她母親或我父親從沒告訴我們這些事。寶拉每個孩子總是會照顧個一年，或照顧到她再懷孕。瑪莉琪塔、阿拉那斯和德明哥之間各差了兩歲，德明哥和我們最後一個小孩康琪塔只差了一歲。我們一直到小孩出生的那一天都還會有性關係，但小孩出生後會等一個月左右，但從沒像人家說的，等上四十天。

德明哥出生後快要一年，康蘇薇若發生了一件事，於是我們得搬出我父親家。康蘇薇若一直都不喜歡我妻子，為了給她難看，她會在寶拉清理好地板後把痰吐在地上。我妻子很困擾，我做的就是出手重重地打了康蘇薇若好幾拳。瑪塔拿起體重計想砸我。於是我抓著她們倆的頭髮，把她們壓倒在床上動彈不得，你懂吧？

但康蘇薇若有超人的想像力，不是嗎？她和瑪塔簡直可以去演戲了。她們小題大作。康蘇薇若說我打她的胸部，還像鞭打馬一樣地打她，結果寶拉和我就得搬離我們兩個兒子出生的地方。

我在馬塔莫羅斯區租了一個房間。我幫我妻子買了一張床，我父親給我們一個衣櫥、一張桌子和一盞煤油燈。後來黛莉拉和我岳母問我們要不要全部搬進一間私人房屋裡的一個房間。我岳母丈夫的姊姊安娜有一棟小房子，有意要租給我們。那個房子很樸素，卻是我第一次搬進有小花園的獨棟房屋，對我來說是件非常好的事。

當我看到別人住的……電影、雜誌、富裕的社區裡那些好房子，那些豪華別墅的存在，就覺得……唉，自己很卑微。我覺得自己很不幸，但同時，也給自己一些動力，不是嗎？那時候我就會告訴自己：「我要爬上去……我一定要爬到那個位子！」因為在現實生活中，沒有一間好的房子，老是要和別人一起住，其實很丟臉，也很令人難過。

我生命中唯一感到真正開心的時候，就是我們住在安娜家的時候。寶拉、我和寶寶們、黛莉拉和她的兒子，還有我岳母和她丈夫，我們同住一個房間。我們相處得很好。這是唯一一次，我可以說我覺得自己像個男人，盡了在家的責任。不只一次，我在週日的時候待在家裡粉刷桌子或椅子，看著我妻子很舒服。

阿拉那斯耳朵痛，睡不著的時候，我會幫他治，就像我母親小時候幫我治一樣。我用紙做了一個錐形筒，尖的那頭放在他的耳朵上。接著，我用火柴把紙點燃，在他能忍受的程度內盡可能地燒。我會做兩、三次，直到晦氣（*aire*）從耳朵散去，他就能入睡了。

當時我也做了我一直想在星期天做的事。我先帶著我的妻子和小孩上市場去買玉米餅、起司、酪梨和煮熟的豬肉，然後到公園吃我們做的捲餅。我又開始工作了，所以每週給我妻子六十披索當開銷，雖然當時我每週賺一百五十披索。剩下的我留著和格拉雪拉出去時用。對我來說，生活非常愉快，我擁有我妻子和格拉雪拉的愛；我兩者都需要，才會快樂。

安娜的房子在殖民社區，離市中心有點遠，當時很少人住在那裡，所以凌晨兩、三點回家對我來說蠻恐怖的。那裡有很多攻擊、搶劫事件，早上的時候會在河裡或田裡發現屍體。但不管怕不怕，我每天還是很晚才回家。

一年後，安娜要把房間給一些親戚住，所以要我們搬走。因此黛莉拉和她母親為他們自己找了個地方，寶拉和我又自己住了。寶拉在那一區的入口外面找到一個房間，因為那裡的房租很便宜。我賺得少，我們也吃得不好。第四個小孩康琪塔在我們搬過去不久後出生了。

格拉雪拉有工作，因此她從不接受我給她的錢或任何東西。她說如果我把小孩需要的錢花掉，她會良心不安。我們會去餐廳吃飯，但她不像其他女人點大餐，只會點咖啡和牛奶。我為此不是很高興，但她總是說：「不，我不餓。」如果我想買條裙子或一些小東西給她，她永遠都說她不需要。真奇怪，我甚至給她兒子買了兩條褲子，但我勸了好久她才接受。

有天格拉雪拉告訴我，有位魯道夫先生一直去她家，她母親想要叫她和這個人交往。「馬努埃爾，我該怎麼辦？」

「親愛的，妳叫我怎麼回答妳？我能說什麼呢？很不幸地，妳得自己解決這個問題。」然後她消失了三天沒去咖啡廳上班。我還是去，像往常那樣。第四天，她回來了。我很生氣，但假裝鎮定。

整個晚上她都在自己忙些小事，不回來跟我坐。我知道一定發生了什麼特別的事。咖啡廳打烊的時候，我說：「妳在隱瞞什麼？現在給我說清楚！」我抓著她的手，把她帶去了旅館。

在房間裡，我告訴她：「聽好，親愛的，我要妳完全明白我對妳的愛。對我來說，妳就像神一樣，所以妳也要對我坦白。告訴我，我們之間發生什麼事？我愛妳勝過全世界，我相信妳。我知道妳沒有做錯事。告訴我，但要坦白。」欸，一直以來，我就是這麼對她講話的。

格拉雪拉坐在床邊。她抬起頭來說：「我要結婚了。」

我彷彿被雷擊中一樣；我四周變得一片黑。她號啕大哭起來。「我用我孩子的生命對你發誓，這樣才能證明我沒有騙你，我愛的人只有你。我知道我會很難過，但請給我一條生路，讓我為我小孩的未來著想。你有你的妻子，很不幸地，你是有妻子的人。讓我活下去，馬努埃爾，不要阻止我。」

我心裡難過極了。我知道她百分之百是對的。她說：「回答我，說話啊！打我，你打我啊，不要不說話。」然後她雙腳跪下，雙臂環抱著我的腿，痛苦地哭泣。

「格拉雪拉，妳知道，妳快走……現在就走，趁我還能讓妳走。我發誓，如果妳現在不走，等一下我就不讓妳走了。妳完全是對的，妳有權利幸福，妳和我在一起只會吃苦，在家裡被打、在外面被人輕視，因為妳和我這個沒用的人在一起。離開這裡，格拉雪拉。」

「不，馬努埃爾，不要趕我走；我不想這樣離開你，馬努埃爾，親愛的老天啊。聽著，即使這是我們這輩子最後一次在一起，馬努埃爾，我也不想就這樣與你道別。」

她不想走，所以我們又過了一夜。到了早上，她說：「我不想結婚了。我不想嫁給任何人。我這麼做只是為了我母親，因為我不想傷害她，但我不在乎我母親，這世界上我誰也不在乎，我只愛你一個，我不跟誰結婚了。」這就是她的立場。

後來，我去拜訪格拉雪拉的母親。我一直都很有辦法說服別人，至少在我這個圈子行得通，所以他們都叫我「金口」。這是真的，因為我能說服格拉雪拉的母親接受我。我告訴她：「聽著，蘇莉達，我能控制我生命裡一切，唯獨對妳女兒的感情。我對她的愛已經到了盲目的地步，她是我人生中最美麗的事物。我很窮，不能給她什麼，但請不要阻止我們在一起。沒錯，我們的情況很曖昧，但我發誓，您的女兒是也將是我此生的最愛。」那位女士非常感性，她還哭了，我讓她站在我這邊了。

差不多那個時候，我妻子告訴我她不舒服。她當時體重沒減少，我發誓，我不相信她真的病得很重。我叫她去公立醫院，看看醫生怎麼說。那天晚上她說醫生要她住院，因為他們不知道她生什麼病。但她不想去，她很怕去醫院。而且她還得給康琪塔餵奶，沒人可以幫忙照顧孩子。

我沒怎麼關心她。我那時整天煩惱的就是我和這兩個女人的問題。我整個人很混亂，像個瘋子一樣。我沒注意到寶拉越來越瘦，她頻尿，經常口渴。她從沒告訴我她健康出了問題。

有天我父親來看我們。他變得很喜歡寶拉，把她當自己女兒一樣。他比我還喜歡她。他發現寶拉老是犧牲自己、努力工作和打掃。她從不抱怨任何事情。他一看到她就說：「看看妳，孩子，妳怎麼了？」他堅持要寶拉跟他回家，這樣他可以帶她去看醫生。

我當時瞎了眼，如此愚蠢，又如此心不在焉，沒看見她病得多嚴重。我以為只是點小毛病，就像感冒。我對她說：「老婆，快點好起來；一定要好起來。我們今年要去查爾瑪。」

「好的，我會好起來。」她發誓如果她康復了，她會跪著走到那裡。但她對我岳母說：「媽媽，我知道如果我去我公公家躺下，就不會再起來了。請照顧我的孩子。」

她一心只想減少我的痛苦，所以告訴我她會好起來。她有預感自己就快死了，但她不告訴我，我這個沒用的人，不值得誰這樣對我。

她去了我父親家，那天晚上，我把一些家具搬到我岳母那裡去。早上我見到她，對她說：「親愛的，我在這兒，但我要去工作了。」

「好，願上帝保佑你。」她對我這麼說。

我晚上工作結束回家時，父親在門口遇見我。「進來，你這個廢物、你這個該死的狗娘養的，看看你幹的好事，王八蛋，你要負責，她如果死了就是你的錯！」我不知道為什麼是我的錯，但我有一種感覺，他說的是對的。他和我說話的時候我不敢正視他。

寶拉聽到他大聲罵我。她看著我，眼神充滿愛……而父親就在她面前說這些話！我的回答？

一句話也沒有！我很想對他大吼，他錯了！但一如往常，我把我的話都吞了進去，因為他是我父親，對吧？只是這一次，我比以往更覺得慚愧。

我跪在床邊。「老婆，我在這裡。」她伸出手抓著我。我還感覺得到她指間的力量，她摸摸我的頭，拉拉我的耳朵。她對我笑，然後躺在那裡，好像睡著了一樣。

寶寶開始哭，我覺得很煩，因為她會吵醒寶拉，然後寶拉就得去餵她奶。那一陣子，每當我看到我妻子病成那樣，對寶寶就有一種討厭的感覺。在我眼中，她吸著寶拉的奶，就好像吸走她的靈魂一樣。她半夜一哭，就會把我妻子吵醒，這讓我很生氣。我對我的幼子懷有一種恨意，持續了好一陣子。

隔天寶拉更糟了，我工作回來，父親一看到我又說：「混蛋！狗娘養的！你看，你沒讓她吃夠。你這個王八蛋，你不能負責任還敢結婚？現在怎樣？如果這個女人死了，你的小孩怎麼辦？」我這輩子第一次想要摀住耳朵，大喊：「閉嘴！閉嘴！」

有人找了神父來，我想是黛莉拉吧，要幫寶拉進行最後的儀式。看到他在那裡嚇到我了，於是我說：「神父，我要娶這個女人。」他轉過來看我。

「哼，她現在快死了，所以你想娶她。你以前怎麼都不想！」他沒有幫我們證婚！我本來要付他錢的……他們來之前通常會問你有沒有錢付……但我不要付給他，因為他不幫我和小不點證婚。他生氣走了。但我也很生氣。他是服侍上帝的人；如果上帝看到祂的子女受苦……不管是誰，祂不會罵他一頓，然後走掉，像那個神父對我做的那樣。

之後我父親叫我去找醫生，寶拉看來快不行了。「是的，爸爸。」於是我跑去，也忘了把公車錢帶在身上。當時已經過了半夜，我急匆匆地一路跑到玫瑰街。拉蒙醫生和露碧塔住在同一棟房子。安東妮雅遇見我，告訴我醫生正在喝酒。我太累了，於是安東妮雅跑上樓去找他，然後很快地帶著一張處方箋下來。

「他說立刻注射這個。」

我得走回卡薩格蘭德。我在店裡已經站了一整天，兩隻腳都是腫的。回到家後，父親給我買藥的錢，我又得出去找還開著的藥局。「媽的！」之後，我在卡薩格蘭德到處敲門，找人打針。當時差不多是凌晨四點半，沒有人開門。

五點的時候寶拉已經昏迷了，我絕望地出去再試一次。這次有個女人醒了，願意幫她打針。她該死地醒了，她該死地幫她打針！我當時不斷咒罵，但現在我相信，那是我妻子的時候到了，也許她注定就是得走，因為沒多久……針打下去過了幾分鐘，安東妮雅就跑過來，大叫著：「不要打針！打了她會死！」

我妻子開始發狂地揮動雙手。我們可以看到她的心臟狂跳。接著醫生跑進來說：「針打了嗎？」他告訴我們，那個藥必須先和血液混合，否則會引起心臟病。然後他從我弟弟身上抽血（他的血型和所有血型相容），接著注射到寶拉的身體裡。她又動了，然後，漸漸地，她張開眼睛。然後死了。她死了。

「爸爸，她死了，我妻子死了！」我絕望地大叫，憤怒、惶恐地叫。父親跑進來，抱著她哭。

我的頭不斷敲著牆壁，我多想乾脆撞破算了。我從靈魂深處狂吼：「不可能！沒有上帝！上帝不存在啊！」我現在知道錯了，但當時居然那樣褻瀆上帝。我那麼有信心她會好起來！我完全沒想過她會死。我記得上帝說過，相信就什麼都可以做到。所以當她死的時候，我褻瀆了上帝。

我相信是那個無能又無用的醫生殺了寶拉。那個混蛋醉死了，沒看病人就開了處方。幾天後他分析了她的尿液，說是糖尿病。我們還找了巴爾德斯醫生，他收費更高，他說不是糖尿病。看到她病成那樣，醫生檢查結束後還去洗手。然後醫生跟我說她中毒了，又或者是胃裡有結核病菌。我父親死咬著那一點，說是我殺了寶拉，是我把她餓死的。

沒錯，我沒有花很多時間陪我的妻子和孩子。我當時每天應該要早點回家。沒錯，我忽略了她。但我發誓，我從來、從來沒有不給她錢吃飯。我也許該多給一點，但至少都給她足夠的錢買吃的。是那支針殺了她！

康蘇薇若說我不愛寶拉，我從沒對她表現出我的愛。但那是因為我遺傳了父親的個性，因為即使當他和愛蓮娜在一起，很快樂的時候，他也從不准自己在我們面前表達對她的感情。我對小不點也是一樣。我表現愛的時候只有在床上、在黑暗中。但在我父親和弟弟妹妹面前，我對她很粗暴。我說話非常謹慎，但她一定也感受到我的愛，否則不會愛著我這麼多年。

我父親不斷在我面前指責都是我的錯……我不是個男人……我忽略了她……我沒及時帶她去看醫生。他甚至說我謀殺了她。我想大喊：「我受的苦還不夠嗎？我失去了生命的一部分，我的心都碎了啊！你說的不是真的。」但他氣急敗壞地一直罵。不管對或錯，他是我父親，他賺錢養我，曾經有一度，他對我有愛的幻想。所以我無法回答他，雖然我知道他說的不是真的。他是我父親。我認為父親可以對我為所欲為。就算他想殺了我，我也不會反抗。

我讓我妻子躺了兩天……一天半……我不知道我留著她多久。我看到她冰冷僵硬地躺著，我想去死。我甚至拿了把刀要自我了結，但我兒子過來，跟我要了五分錢。我痛哭失聲，心想：「我怎麼能殺了自己？我可憐的孩子！」我瘋了，瘋到不知道葬禮花了多少錢。我朋友阿爾貝托和我父親處理了所有的事。很多人來守靈……有些是寶拉以前咖啡廳的同事，或來自我常去的咖啡廳，有些是市場的人，還有維辛達的人。我想要叫他們都走開，讓我和屍體獨處。

她葬在多洛雷斯墓園，和我母親、表哥同一個墓穴，因為通常過了七年，他們會把骨頭移出來，讓另一個人下葬。我對葬禮很恐懼。人家說棺材放下去之前，屍體會起雞皮疙瘩，因為它知道它要被埋下去了。棺材會越來越重，因為屍體不想被埋。寶拉的棺材就是這樣，即使她後來瘦成了皮包骨。

輪到我走的時候，希望我的最後一程，他們就把我放在山頂上吹風，或把我包成像法老王那樣的木乃伊，要不至少，找個醫生把我的腦袋拿掉，這樣我在墳裡就不再受苦了。我不知道為什麼，想到被埋起來我就很害怕。我寧願被山上的野狼分食，也不要被土裡的蟲子吃掉。沒錯，我比較怕蟲子，沒那麼怕野獸。

從那之後我再也沒去過墓園了。我不去，是因為我相信我妻子會感覺到我的出現，這樣一來她就不能平靜，反而讓她苦惱。她在地底下會不安寧，因為她是這麼愛我。知道我去了，她會想從地底出來和我說話、擁抱我，但她再也不能這麼做了。

我相信為死人哭泣只是虛偽的表現，因為我注意到寶拉死後，我常常哭，表示我愛她，我應該在她生前表示我的愛啊。讓一個人哭成那樣的不是愛，是罪惡感。所以我不再去墓園了，除非輪到我走的時候。

我埋葬妻子的那一天，在深深的傷心絕望中，我想著：「我還有格拉雪拉。我還有她。」我依賴著這個念頭，像一個快淹死的人抓著木筏一樣。但格拉雪拉聽到寶拉的死訊時，內心的懊悔和同情交雜，使她做出了她早該做的事情。我埋葬小不點那天，格拉雪拉和魯道夫先生跑了，就是那個她母親一直想撮合的男人。她用她全部的靈魂愛我、崇拜我，不是嗎？但她想要懲罰自己，而她的第一個反應就是和那個男人私奔，她不愛的男人。

所以我一下子失去了她們兩個，我孩子的母親，以及我生命的愛。如果只是為了安慰我，格拉雪拉大可以等一下。我們可以互相扶持，畢竟某個方面來說，我們兩人都有錯。

之後，我走在街上。我身邊都是人，卻感到徹底的孤單。沒有人在乎我，沒有人注意到我的傷痛。我覺得我是世界上唯一受苦的人，隨著時間過去、日子過去，我希望不會再感覺到我妻子走後留下的空虛。但情況卻越來越糟、越來越糟。我妻子死後，我只有更加愛她，就像我母親死後我父親的樣子。我相信我的生命是我父親的倒影，只是他照顧了四個孩子，我沒有。

我在格拉雪拉住的地方等了三天三夜，等她出來。我不吃不睡，什麼都不做。我就是站在那兒。我希望她出來，這樣我就可以殺了她，因為我覺得她背叛了我們之間神聖的感情。

阿爾貝托看我那樣，他說：「兄弟，聽著，我覺得我們最好離開這裡。再這樣下去你會毀了自己。我們最好去打工。走吧！讓我們跨過邊境去工作。」他一直說，直到說服了我。

我只在我父親家停了一下，請他祝福我，還多穿了一件大衣和新的風衣外套。一開始，父親不希望我去，但他終究祝福我。我們去和我哥兒們、也是我的小舅子福斯第諾說再見，沒想到，他巴著我們說要一起去。我說：「好吧，那就我們三個。」

我們出發去加利福尼亞的時候，我口袋裡只有八披索。

羅貝托
Roberto

我加入軍隊，是因為我一直都喜歡槍，渴望冒險，至少喜歡去一些陌生的地方，是吧？嗯，那個叫杜魯門的人，一九四七年三月三日來見墨西哥總統，我跑去看了那個偉人來訪。如果我沒記錯的話，那是有史以來第一個拜訪我們國家的美國總統，很多人去機場看他，我也去了。

我站在前排，正對著司令台，空軍總部就在旁邊，他們掛了一塊招牌寫著：「加入空軍」。就這樣，我想都沒想，就報名了。

我當時還只是個孩子，頂多十六歲，而且很矮，所以上尉一看到我就說：「小朋友，你父母得要同意才行。」

「當然，他們同意了。」我在說謊，我甚至不知道從軍是什麼意思，你懂嗎？欸，無論如何，我通過了所有的測驗，和墨西哥軍隊簽了三年合約。

我回到家告訴馬努埃爾：「你知道嗎？哥，我加入軍隊。我現在是個軍人了。」

「你去那裡做什麼？你比母羊還瘋！」

「真的，我加入了！你很快就會看到我穿上制服，到時你會嫉妒我。」欸，他不相信我，因為我之前從來沒有過什麼極端的作為。

我還沒領到制服前都沒告訴父親。那天我回城裡，還沒踏進卡薩格蘭德的大門，就有些傢伙說：「唷、唷、唷……看看那個黑人穿什麼啊！」

「你喜歡嗎，小子？」

「你怎麼進去的？是那個空軍嗎？你以後會當飛行員嗎？正在受訓還是怎樣？」

「沒有，我只是在空軍裡，就這樣。」我不多說，想讓他們心裡不是滋味。我的好朋友丹尼爾·拉米瑞茲看我穿著制服，他也想加入。我沒有鼓勵他，因為他哥哥們是狠角色，說不定會生我的氣，但我後來還是答應帶他一起去。

晚上，我不需要對父親多說，因為他看到我穿著制服。

「所以，你幹什麼去了？」

「沒什麼，爸爸，我加入軍隊了。」

「什麼時候？誰准你的？」

「欸，前幾天。」

他站在那裡盯著我看，接著說：「好啊，我們就看看會怎樣。當個正正當當的人，老老實實、認真工作，如果你做得到，你就不會有事。」這是他常告誡我們的話。

三個月過去了，我們每天都在接受訓練。我睡在家裡，但是每天早上六點就到營區點名，訓練到下午五點，結束了才放我們自由。有天早上，我們在整隊的時候，馬德羅上尉說：「自願去瓜達拉哈拉的，向前一步。」

我們一聽到瓜達拉哈拉，感覺像是去旅行，我們全部四、五十個新兵全往前站了一步。但上尉又解釋了一下情況，就只剩六個人站出來；其中兩個是我和我朋友丹尼爾。

他們要我們晚上六點半出發，所以我回去和家人道別。我進家門的時候，父親正在讀報。我待了一會兒，接著說：「爸爸，我要走了。」他沒回答我，我又等了一會兒。最後他終於抬起眼睛，看了我一眼。

「很好，什麼時候要走？」

「欸，我要去瓜達拉哈拉。」

「瓜達拉哈拉，什麼意思？」這下他總算抬起頭來好好看我，你懂嗎？他聽到這個消息的時候很驚訝。

我說：「是的，他們派我們去瓜達拉哈拉；我一定得去。」其實不是真的，我是自願的。好吧，父親哭了，還擁抱我，他很少這麼做，欸，我覺得我好像在天堂一樣。我不知道在天堂是什麼滋味，但我覺得這就是了。父親那樣和我說話，甚至擁抱我，我哽咽了，流下喜悅的淚水。他甚至還給了我五十披索。

他說：「收下這個；在路上給自己買些東西。」

「好的，爸爸，謝謝。這個，我要走了，請祝福我。」於是爸爸給了我幾句祝福的話，然後我和我哥哥、妹妹道別。

那天晚上我和一個叫艾維拉的女孩約會，事先已經有人告訴她，我會問她要不要當我的女朋友。我知道她會答應，因為這整件事都是丹尼爾的女朋友，後來成了他的妻子，蘿拉安排的。我之前從沒看過艾維拉，你知道嗎？她來的時候，我也不是很在乎她，只覺得我應該問她要不要當我的女朋友。我們在丹尼爾和蘿拉面前立刻就接吻了。然後我們坐在草地上，我把頭放在她的大腿上。我覺得最好打鐵趁熱，讓那個女孩知道我是老手。我也許很醜，但不是笨蛋！這就是全部了，那天晚上我們就出發前往瓜達拉哈拉。

那天我們都領了些薪水，所以每個人都買了點東西上路。有個傢伙買了一瓶百加得，另一個買了龍舌蘭。大部分的人喜歡喝酒。至於我，因為我還算是個笨小孩，我買了一瓶雀巢牛奶、一條賓博麵包和幾個桃子。我先喝了牛奶，後來太飽了，就分一些給我的同伴。他們也請我他們有的，但我說：「不了，夥伴，我的胃不太好，先免了。」我們抵達瓜達拉哈拉的時候，大部分的同伴都茫了。

有個負責的少尉搞錯了，我們在瓜達拉哈拉上錯車，沒載我們到應該去的營區。所以我們得在泥土路爬上十二公里的坡。我們抵達的時候精疲力盡，身上都是泥土。有個上尉在等我們，牧場主人也都在那，原來所有的軍舍都蓋在牧場裡。他們讓我們休息一個禮拜後，開始分配給我們停機坪、機場、樹林的任務。

我被派去守衛農場，這樣牧場的主人才不會偷走作物。少校對我們在田裡的人很苛刻。我們不准從樹上摘水果；只准吃掉在地上的。我就是這樣染上瘧疾。你以為溫帶地區沒有那個病，但我就是染上了，因為我吃了掉在地上、在太陽底下曬了好幾天的柳橙，所以囉……我們吃了很多那樣的水果，配水吞了下去。

在營裡最初那幾週，我想著安東妮雅，整個人很悶。我不吃也不睡。我像個機器人一樣執行勤務。我想借匹馬，一個人衝進山裡……什麼都不想，只想著我一半血緣的妹妹。漸漸地，我熬過去了。

我第一次喝得爛醉是在瓜達拉哈拉。我們要慶祝軍人節，一個下士和我被派去哈利斯科買龍舌蘭。我們到酒廠的時候，一個在那工作的傢伙叫住我。

「嘿！阿兵哥，過來！聽著，你不想來支山羊角嗎？」

「那是什麼？」

「欸，就是一支裝滿龍舌蘭的山羊角。」

「不了，現在不行。我在執勤，不能喝酒。」

「老兄呀！一支小小的山羊角，不會怎樣的。」

好吧，他們很堅持，所以我就坐下來喝了。龍舌蘭是溫的，剛從蒸餾器裡倒出來，喝起來又香又甜！我喝了三支。下士買好了龍舌蘭，他說：「好了！士兵羅貝托，我們走吧！」

我站起來的時候，感到天旋地轉，差點跌倒。外面一陣陣新鮮空氣像拳頭一樣打在我臉上。想想，這是我這輩子第一次喝酒，他們還使壞，讓我喝溫的龍舌蘭！下士對我說：「年輕人，看看你，幹了什麼好事，變成這付德性？」

「請原諒我，下士，事實上他們給我喝了三支小山羊角，我不知道裡面是什麼。」

我自作自受，酒精開始在我身上發揮作用，我完全茫了。駕駛不讓我上車。我不知道那個地方的人喜歡軍人還是討厭軍人，但我知道他們很尊敬軍人。因為下士堅持，我還是上車了，但我沒有坐進車裡，我坐在車頂放行李的地方，吹風醒酒。他們把我放在那個地方，像放一件破行李一樣。下士陪著我，照顧我。我醉得一塌糊塗，還大唱「哈利斯科萬歲！」好像自己是當地人一樣。

我們下車後還要走一段路回營區。欸，我把地上的泥土都踢了起來，因為我一直走得歪七扭八的。我醉慘了。回去後，我告訴自己：「以後一滴酒也不碰了！」欸，我這輩子沒說過比這個誇張的謊了。

我們回去後，慶祝活動還在進行。牧場主人烤了幾頭小公牛、一頭小牛、豬、還有火雞。派對很盛大，有很多軍人，還有村裡的居民。有馬術表演、賽馬，應有盡有。我們抵達的時候，每個人都說：「坐！下士，還有你也是，羅貝托。」然後給了我們更多飲料。欸，我又抓起杯子和桶子牛飲龍舌蘭。他們說那飲料叫「槍奇農果」（*changuirongo*），就是把龍舌蘭和各種口味的蘇打水攪拌在一起，調成自己喜歡的口味，還有冰塊和新鮮檸檬，後勁超強！

我第一次覺得我命在旦夕。那裡有個傢伙，一等兵，名字叫拉爾，我們叫他大猩猩。他和另一個傢伙卡斯科喝醉了，跳舞跳得很開心。我不知道發生什麼事，反正因為某些理由，大猩猩忽然看我不順眼。他對我說：「過來，士兵羅貝托。」

「是的，下士。」他是一等兵，所以權力相當於下士，而一個下士相當於中士，以此類推。

我問他：「有什麼能為您效勞？」

他說：「你知道嗎？你可以過去操你老母。」

聽到這種話，在墨西哥通常會打起來了，但我只說：「怎麼了，下士，酒精已經到你的腦門了嗎？」

「完全沒有，我沒醉，我很清醒。」他說。

我心想：「情況不妙。」所以我說：「好的，如果您這麼說，那沒關係，就算了。」

「喔？算了？我希望你回話，因為我想把你揍個稀巴爛。我看你不爽，怎樣？我要跟你打架。」

「這個，我不能和您打架，您是我的長官。」這時他從步槍裡拔出刺刀，顯然已經磨利了，然後朝我走過來。同一時間，少尉過來，用他的手槍底部重重打下去，把他制伏。後來我就對這傢伙懷恨在心。

大猩猩抽大麻的時候變得很溫和，他會開始講哲學、文學、神學。欸，就是那些我不懂的東西，我自然也聽不懂。我就是站在那裡聽。為什麼？因為連少尉自己、上校都會站在那裡聽他說。當然，上校是讀過書的人，會回答大猩猩丟給他的問題。他們甚至有個固定的討論時間，老天，我對這件事印象深刻。這是我服役時的美好時光之一。

後來，大猩猩、卡斯科和我成為朋友，可是討厭的大猩猩一直找我麻煩。他要我在農場裡種大麻，他和卡斯科都喜歡抽大麻。我種大麻的理由很單純，因為大猩猩命令我。當然，那是不被允許的，但軍隊不會跑去田裡檢查。

他們把大麻種在農地後面看不到的地方，離軍舍約五百公尺。種子包在大麻葉裡面，而且這植物生長蔓延的速度真的很驚人。他們教我怎麼栽培，我得把地整好、澆水，照顧農地直到收成。

那些傢伙好幾次要讓我抽大麻，但我從沒接受。他們很清楚我不抽大麻，儘管如此，有一次我跟他們要根菸，他們耍我，給了一根我喜歡的牌子，但摻了藥在裡面。我抽了三口就暈了。我覺得腦袋空空的，我眼神怪異地看著大家。我走路的時候，覺得自己不是走在地面上，比較像走在什麼軟綿綿的東西上。我的身體浮了起來，神經也不聽話了。

我感覺到自然的呼喚，於是跑到仙人掌後面，試著爬上去，結果摔了下來，全身是刺。我發現自己這麼個狀況後大笑。我想吐口水，但沒有口水可以吐。大夥兒都在笑我……我想罵他們，但全身無力。我覺得整個身體很鬆。後來我睡著了，甚至錯過了去停機坪執勤。那根菸的作用太糟糕了，我最後竟然落到住院。我覺得我得瘧疾也和這個有關。我再也沒抽過大麻了。

我還差點上了軍事法庭，因為卡斯科、大猩猩和我在大麻田裡被逮到了。而且你知道嗎？我一點也不擔心，我覺得我沒做錯，正義會站在我這邊。我本來會和其他兩個人一起上軍事法庭，但卡斯科救了我。這是第一次，也是唯一的一次，我得到了公平的對待。

口蹄疫散播到墨西哥的時候，另一件重要的事發生了，可能是我人生中最重要的事。疫情很嚴重，於是他們把瓜達拉哈拉周圍整區都隔離了。一隻雞、一顆蛋都不准進出，我們也要撲殺染病的牛群。如果十隻裡面有兩、三隻染病，我們就得整群撲殺，避免疾病擴散。因此，農夫恨透我們了。

牲畜撲殺後，政府要賠償農民損失，但卻不肯支付這些牲畜實際的價值。假設一群牛價值兩萬披索，他們實際上連一千五百披索都拿不到。農夫為此憤怒極了，不滿都發洩在我們這些軍人身上，因為是我們射殺這些牲畜的。但我們也只是聽命行事，對吧？

有一次，我和丹尼爾．拉米瑞茲、法蘭席斯、還有個好像叫克利司賓的，一起騎馬外出。我們一共四、五個人。他們借我們馬，我們要去薩波潘買蘇打水或龍舌蘭。我們得在晚上六點以前回來點名。

欸，天色漸漸暗了，我們快馬加鞭，來到一個叫作魔鬼溪谷的樹林。我們經過的時候，忽然來了一陣掃射，我是說，直接地掃射，我這輩子第一次遇到這種事。他們用三〇步槍和七厘米的毛瑟槍對著我們開槍。總之，我們狂奔離開射擊範圍，但有兩個男孩從馬上掉下來。他們在我身上浪費了一顆子彈，因為只有擦傷我的腿而已。我們看不到是誰開槍；我們只看到火花，懂嗎？我們匆忙逃走了。

丹尼爾和我回去找中槍的男孩。其中一個死了。套一句韋拉克魯斯人的話，「他的皮還在」。我們趕回基地報告這件事，少尉說：「拿槍，列隊！」雖然我受傷了，我要求少尉讓我跟他一起去，但他說：「不行，顧好你自己。」

「不，我告訴你，上尉，我沒事。我想和你們其他人一起去。只要止血就好，真的不要緊。」他同意了，於是我和他們一起去。我們到那的時候，開槍的人已經走了，於是我們搜查了一下附近。四個月後，我們抓到了他們。

是一些牧場主人，有幾百頭牛的，你懂了嗎？如果他們有任何一頭牲畜生病了，他們晚上就把那一頭從牧場帶到山上，以免其他的被殺。欸，有一次我半夜執勤，從半夜十二點到早上六點，我必須要把整個機場走一圈，確保跑道上沒有牲畜閒晃。不誇張，這地方有三公里寬、四公里長。

我在某個哨站聽到一陣騷動，像是牛的叫聲，還有蹄蹬地板的聲音。我跑去報告下士，但他外出吃飯了。我打開大型探照燈，看到一團像雲一樣的塵土。我盡可能快地像那團東西跑過去，大叫：「站住！誰在那裡？」

「是我，長官，不要開槍。」

「叫牠們停下來！」

「我做不到，幾乎所有的牛都跑出來了。」那真的是一大群牛。

「好吧。」我說：「牛停不下來，但我可以把你扣下來，你跟我走。」

「長官，拜託不要。」

「你要帶這些牛去哪裡？你偷來的還是你的？」他說是他的，但我不相信，因為如果是他的，他不會在晚上這個時間帶牠們出來。

他說：「不，真的，聽著，牠們是我的，但我的牧場上有幾隻病了，我當然會殺掉，但其他的沒事，我不希望政府把牠們也殺掉，因為政府不會付我牠們應有的錢。」

然後我們就站在那裡一來一往的討論。最後他說要給我一百披索。

「不，先生，我不能收你一分錢。如果你要給錢，你可以付罰金，保你出獄。」

「好吧，我給你三百。」

「不，先生。」最後他給了五百。我這輩子第一次有那麼一大筆錢。好了，那件事就結束了，牛走了，牧場主人也走了，我回到我的崗位上。

下士回來了，帶著一個阿兵哥。

「有什麼事嗎？新兵。」

「報告下士，沒有。」

「沒有是什麼意思？你不是沒多久前才來找我？」

「呃，是，我來通報發現牛群。我想阻止牠們，但有人把牠們嚇跑了。」

「不要跟我說那些。你過來。」

欸，下士不是笨蛋，是吧？畢竟他也在軍隊待很久了，知道那些規矩，我要怎麼騙他？他把我帶到一邊，問我：「現在告訴我，發生什麼事？」好吧，我知道騙他沒有意義。

「欸，你知道，下士，事情就是：有個男人在趕他的牛，我讓牠們走了。」

「讓牠們走了，什麼意思？你不知道命令嗎？」

我說：「我知道，下士，但他的提議也不錯。他給我一百披索。」

「別耍我。」他說：「一百披索是什麼意思？你只是個無知的年輕人，你要為了一百披索，冒著上軍事法庭的風險？」

於是我對他說：「不，您是對的；老實說，他給我兩百披索。」欸，這下他有點相信我了，但他還是一直教訓我、責備我沒有好好執勤。最後他說：「好吧，給我一百披索，給這傢伙五十，這件事就只有你知我知。」

我說這是我人生中最重要的事件，因為如果當初我沒有讓那個牧場主人走，也沒有收下那筆錢，我就不會變成後來的壞胚子。類似的事又發生了兩次。第三次他們給我兩千披索。但我不知道怎麼利用這些錢。因為這是髒錢，我應該小心一點、掩飾一下，或拿這錢好好投資。我反而亂花光了。我花在朋友身上，跟女人混，或喝酒。我養成了揮霍的習慣。

我很喜歡待在軍隊。我後來升官成為下士，但不用一直駐守在外。我不知道為什麼我總是和別人處不來，可能是我皮膚黑，不然就是我流著不好的血。總之，那個下士一直和我過不去，真的。有五、六次，他莫名其妙想把我送進監獄。我會立即要求和少校談。我們兩人一起去見少校，那個下士說他的那套，我說我的。上校看到他對我不公，就會撤回控訴。他會說：「回去執勤！」那個下士從沒得逞，但總是和我過不去。

欸，有一次，我們在進行近身格鬥訓練，我很倒楣，和那個下士對上。我們在模擬格鬥，但這傢伙完全不是模擬。他說：「防守！」於是我居防守位，握著我的來福槍準備阻擋他的刺刀進攻；他應該配合我的動作，對吧？

但他沒有那麼做。一開始，他做了兩、三個模擬進攻，然後，他真的給了我來了一刺（*fondazo*）。欸，還好我們之前做過很多次刺刀操練，我才能用步槍把他的刺刀推到左邊；我把他擋住，於是他的肩膀撞到我的胸前，我們就那樣站著。

我對他說：「怎麼了，下士？你這次有點過分了。」

「你這狗娘養的，根本沒在注意！機靈點，不然我就殺了你！」

我聽到他罵我，便抓起我的槍揮了一下，用槍的底座揍他的下巴。我當場真的很想殺了他。我揍他的時候，他轉了一圈，因為我那一擊還挺用力的。我想拿刺刀從他背後捅下去，但謝天謝地，我當下忍住了。我立刻恢復理智。如果我拿刺刀刺他的背，就會把他像蝴蝶標本一樣釘在地上。但我只是輕戳了他的臀部一下。

少尉看到這一幕，立刻吹哨。這表示停止，懂嗎？每個人都要在原地保持不動。少尉走向我，對我說：「你做了什麼？該死的蠢蛋！」

「報告中尉，他逼我的。如果我不對他這麼做，他就會殺了我，那會更慘。」

他說：「閉嘴！你還不知道你給自己搞了什麼；總之，你真的有麻煩了。放下裝備！」我脫下腰帶、頭盔，把槍放在地板上。我心想：「很好，黑鬼，這下你要死在監獄裡了。」

他們為了那個下士也太小題大作！他們叫了醫官。他們還幫他包紮。其實一點也不嚴重，只是擦傷。

我跟著少尉走。他說：「聽著，小子。如果我現在把你抓起來送審，憑你剛剛做的事加上反抗上級，至少要關個八年、十年。」

我對他說：「好吧，上尉，我準備好接受懲處了，我活該，但我請求給我辯白的機會。」

「不管你說什麼，都是反抗上級。你趕快跑，跑得越快越好。」然後他手伸進口袋，掏出二十披索給我。「快走，願上帝保佑你，因為我不忍心……」根據規定，他應該要把我提報上去，當場就逮捕我。只有上帝知道他是否安全過關。他做的這件事對我來說意義非凡，我對他的感激一言難盡，否則我此時此刻還在監獄裡。

所以我沒有退伍令或什麼就離開軍隊，還差五個月，我三年的合約就到期。軍隊不是讓你來來去去的地方，一旦簽了合約，不滿三年不可能出來。我不應該就那樣離開。那是犯罪，我逃兵了。就這樣離開，我心裡很難受，你懂嗎？因為我想要光榮地退伍。

我在瓜達拉哈拉有一個女朋友，她真心愛我，我要離開的時候去和她道別。我不該去的，她堅持要我帶她走。她不在乎我們怎麼生活，只要和我在一起。一開始，我告訴她我被調去墨西哥城，但她很堅持，我只好告訴她我是逃犯，不能給她任何未來。儘管如此，她告訴我：「我不在乎，我想要和你在一起。」但我當然還是得離開她。我的感情生活一塌糊塗，除了她。她是真的愛我。

我回到家的時候，馬努埃爾和他的妻子寶拉，願她安息，還有我妹妹，住在卡薩格蘭德。父親住在露碧塔家，因為安東妮雅的狀況還是不好。我去看過她幾次，但後來爸爸叫我不要再去打擾她。他問我那裡有我的事嗎，我為什麼在那裡晃來晃去，像個討厭鬼。原來露碧塔曾對他抱怨，我看著她女兒的樣子不尋常。我覺得很不高興，之後便很少去看她。

有時候我會借台腳踏車，騎去露碧塔家附近的酒吧。我會邊啜吸啤酒，邊偷看安東妮雅是否外出買玉米餅或麵包。我知道她通常什麼時間出門，只要看到她，就是一種慰藉。有一次我騎腳踏車經過時，正好遇見她到維辛達外買火柴。我口袋裡有一包菸和兩盒火柴，但我想不到該說什麼好接近她，只好也進去同一家店買菸。

我騎錯路，騎進了一條單行道，遇到她的時候立刻扭轉車頭，停了下來。她正從店裡出來，從眼角偷瞄我。我正眼看了她一眼，然後進去買我的菸。之後我又回到酒吧，這樣她就看得到我。我又點了一杯啤酒，然後待在那裡。

她對我父親說謊，讓我又惹上麻煩。她說我想騎車撞她，還一直在附近徘徊，監視她。那之後我就不去看她了，直到她又搬回卡薩格蘭德。

同時我也有機會好好認識我的嫂嫂寶拉。我上次見到她，是我哥哥第一次帶她見我父親。我父親當時警告寶拉，我哥哥是個混蛋、懶鬼、沒種的人……他對馬努埃爾很嚴厲，甚至連我都聽不下去。寶拉覺得很難過，也認為我父親的個性太強硬了。但小瑪莉琪塔出生後，寶拉和我父親還能互開玩笑。

我知道我要當叔叔的時候很高興，瑪莉琪塔出生時皮膚白皙，眼珠是藍色的，我多開心啊！我說：「我們家至少有個人是藍眼睛了！」我爸爸開玩笑說：「看看妳，寶拉，妳該不會偷偷作弊吧？」我也是，真不好意思，我也開我嫂嫂的玩笑，跟她說藍眼睛寶寶在我家，八成是走私來的。可憐的寶拉！她臉色一下紅、一下綠，一下又轉成黃色和其他顏色。不過沒多久，瑪莉琪塔的眼睛就變成像馬努埃爾那樣的棕色了。

總而言之，我爸爸擔起了照顧寶拉和一個又一個寶寶的責任。我哥哥開始不盡他的義務，不給他太太花費。我有錢的時候會給寶拉，讓她買鞋子給小孩或帶小孩看病。我每個禮拜都給她一點「零花錢」，這對我來說一點也不困難。我哥哥則一直在打撲克牌和骨牌，變得越來越不負責。我也會賭博（但我從不和馬努埃爾賭，因為覺得這樣很像兄弟相爭），但那時沒有誰得靠我養。

我永遠也不懂為何我哥哥同時有兩個女人。有一次我看見馬努埃爾帶著他的最愛格拉雪拉，我問他，格拉雪拉是不是他的心上人？他說：「是。」又說：「不，她只是個朋友」。「你什麼意思？只是朋友？可憐的寶拉！你這樣欺騙她。」我不知道寶拉是否發現，但我相信她知道，如果男人在外面亂搞，一定會有人跑去跟他的妻子說。

馬努埃爾動手打寶拉的時候，我盲腸炎手術還沒復原。哎呀，我的心真痛啊……我哭著一跛一跛去阻止他，但他居然打我。寶拉真的是個好女人！她知道我要拿刀槍去打仗的時候還為我哭了，之後我被打被踢她也哭了。她一直勸我，告訴我，如果我別再遊手好閒，一定會有前途。她還要我保證不再打架，但在我們社區這是不可能的。

我還是會穿著我的制服晃來晃去，卻因此惡名昭彰，打了好幾次架。大家都知道軍隊裡很多陋習，所以不喜歡軍人。我回家第二天，和康蘇薇若出去買麵包時就捲進一場爭吵。經常有人讚美我妹妹，到哪裡都是。我不介意他們拋出讚美，比方說「再見，美女！」、「那裡來的洋娃娃啊！」，或是「身材真好！」這一類正經話，是吧？但如果有人說：「再見，辣妹，妳看起來真可口。」或對我說：「小舅子，你好不好啊？」我就不能算了。

所以我惡狠狠瞪他，罵他的母親，然後就打起來了。我「長的」看起來就像印第安人養的罵人鸚鵡，也因為那張臉，我常跟別人打起來。欸，我在軍隊的時候是個拳擊手，回來後他們就把我當成職業的了。我的拳頭很快，他們叫我匈奴王。後來我也拿刀傷了幾個人。如果讓我選擇，我當然不會動手，但若招惹我，我就得跟那些該死的人算清楚。

我常因為我妹妹惹上麻煩。一如往常，我在家裡的時候會負責管教她們。我在街上抓到瑪塔和那個叫克里斯平的傢伙兩次，所以我要處罰她。她還太小，而且我一點也不喜歡那個男生。他年紀比較大，比較老成一點，但我知道那種男人。康蘇薇若跳舞和拋媚眼的樣子也讓我很頭痛。

有天晚上，瑪塔沒有回家，我到處找她，暗地裡問了很多人有沒有看到她。我很擔心，想著是不是發生什麼意外，我忽然有個念頭：她該不會和誰跑了吧。我覺得沒看好她是我的錯。我整個晚上到處找她。那天晚上真是折磨死我死了！

到了早上，我遇到她和克里斯平。我看到那個王八蛋和他的嘴臉，憤怒到了極點。我到現在還不能解釋我怎麼可能讓他毫髮未傷就走了。但我打了我妹妹，因為我知道她不再是處女了。我告訴她，她現在是一個懂事的女人了，她一定要結婚，對她的丈夫尊敬、忠心。她說他們會結婚，但根本沒有。

那個卑鄙的傢伙！他很容易嫉妒，常不給我妹妹好日子過。他連我都嫉妒！怎麼說？他們有了自己的公寓後，有一次我去探望瑪塔，然後那個人的姊姊進來。瑪塔和我坐在床上，我的運動衫剛好跑到褲子外面。我不知道那個女人對克里斯平說了什麼，但她暗示了一些不名譽的事。

我這輩子做了很多壞事，但她把我貶低到了禽獸的層次。

我再次看到她的時候，我說：「聽著，女士，妳要感激我們現在是在我妹妹家，而且妳是個女人，因為如果妳再繼續暗示那些有的沒的，我就一拳揍下去。」

然後克里斯平出現了，「不准那樣對我姊姊說話！」

「你去操你媽！如果你再把手放在瑪塔身上，如果你敢動她一根頭髮，你就死定了，等死吧你！」我這樣回他，當然我是認真的。

我真的無法忍受那個傢伙，他還背叛我妹妹。看到我妹妹的遭遇，我真的很心痛。如果他落到我手裡，我一定會像隻發狂的野獸，像我說的輕而易舉就把他殺了，因為他根本不是男人。我認為產婆接生的時候搞錯了才會說他是男人。

安東妮雅搬來卡薩格蘭德住的時候，我更頭痛。那時候我是個上亮光漆的油漆工。我七點上工，十點的時候，他們給我半小時回家吃飯。我覺得不錯，這樣我就有機會監視安東妮雅。有天我進門後，小聲問愛諾埃，安東妮雅去哪裡了。愛諾埃說，我妹妹打扮好出門去了。我非常生氣，而且有不好的預感。

幾天前我說服安東妮雅去相館拍照。我以為她去拿照片了，決定去看看。我抓了把刀插在腰帶上，因為相館的那條街附近有很多黑道聚集。

一點都沒錯，安東妮雅挽著歐登走在路上，我以前看過她和這個男的在一起。我一看到她和她男朋友，眼前一片漆黑，覺得我完全瞎了。我的血全往下流，身體變的冰冷。我覺得很難過，但繼續走，直到我追上他們。安東妮雅把歐登推向一邊，當他看到我的時候，露出一臉擔心的樣子。上次我警告過他離我妹妹遠一點。

我說：「聽著，我知道你不老實。你就像我一樣，甚至更糟，我不希望你靠近她。你配不上她。我現在好好跟你說，下一次就不會這麼客氣了，懂嗎？」我說的時候是認真的，我知道她不可能屬於我，所以我希望她和更好的人在一起。我當時的判斷是對的，歐登現在是一級毒品成癮犯。

安東妮雅脾氣也不好，她當場很氣我。「干你什麼事？」但她夠聰明，我叫她走，她就回家去了。然後我問歐登，他有沒有帶武器，我帶了，他最好準備保護自己。但他不想打架。

「等等，不，羅貝托，冷靜一下，聽我說……我和你妹妹在交往。我問過她，她答應了。」

「別當混蛋，歐登，你在這附近到處搶劫，所以我叫你離她遠一點。你準備接招吧！」我拉開外套給他看我的刀子。

「聽著，我也帶了傢伙打架，但不要為女人打架。不值得為了這個惹麻煩。」

我聽到那句話就朝他臉上揍下去。我聽到他說我妹妹不值得他惹麻煩，整個人都怒了。她值得的比惹麻煩更多！我想和這傢伙打架，但他不要，我只好回家了。

我訓了她一頓，告訴她歐登爛透了……他抽大麻、吸嗎啡、搶劫，是個流氓、混混。我說的也不盡然是真的，欸，但我想勸退她。我甚至說了不該說的話。「沒錯，小雅，這不干我的事。我很清楚我心裡對妳的感覺，我和妳不可能。」

她一定也了解我的感情，因為她說：「很好，你現在懂事點了。」

「是的，我現在知道，在這裡，什麼事都不可能。」我叫她給我一張照片，簽上名，而且把我說的話都忘了。我在皮夾裡放了四張她的照片。

那天晚上，我感到深深的絕望，我想死。我以為小雅會把一切告訴我父親，所以我想自我了斷。我在一杯水裡放了些很強的藥，打算喝下去。我不怕死，但上帝引領我，我沒那麼做。我把藥打翻，杯子也破了。隔天我失魂落魄地遊蕩。連太陽也無法溫暖我。

我失去安東妮雅的愛之後，我是這樣認為的，我決定叫茹菲莉雅做我的女朋友。她知道我對小雅的感情，因為我妹妹搬去玫瑰街的那天，我痛哭流涕。茹菲莉雅進來，聽到我為了安東妮雅走了號啕大哭。她了解，叫我不要哭了，畢竟哭不是件好事。於是我對茹菲莉雅示愛，告訴她，我跟她說小雅的事，只是要引起她的注意。她不知道該怎麼回應，要我給她時間考慮。

她一直拖在那兒，最後答應星期天給我答覆。我在卡薩格蘭德的大門等到不耐煩的時候，安東妮雅的前男友歐登過來說：「喂！匈奴王，來打牌吧。」很好，我覺得自己很男人樣，想要讓他知道我有多厲害，所以我們就坐在那裡打起牌來。茹菲莉雅看到我，然後我想就是因為這樣，她拒絕了我。

她說我是個窮人，我到底能給她什麼？她的男朋友得送她東西，盡一個男朋友的義務，但我看起來不像能給她任何東西。我覺得，她要的不是愛，是錢。剛好我口袋裡有一千披索，因為前一天我才在賽馬場外面搶了一個髮型時髦、上流社會女人的錢包。我本想掏出那些錢給茹菲莉雅看，但我覺得，如果她這麼唯物主義，就不是我想要的女孩。

茹菲莉雅家剛搬來卡薩格蘭德的時候，就跟我們其他人沒兩樣。他們和我們一樣窮，我們都是好朋友。茹菲莉雅的母親不只一次來我家借個一、兩披索，甚至十披索，我們也會。但後來茹菲莉雅的父親學會一點機械的東西，辭去了司機助理的工作，去修冰箱。那時候起，他們家就有錢了。茹菲莉雅的哥哥讀了高中，她父母開始整修家裡。一開始是瓦斯爐，後來有了餐桌、收音機、電話（*tele*），還加蓋了陽台給男孩睡……直到他們成了庭院裡的洛克斐勒。

隨著他們家經濟好轉，他們也不跟鄰居說話了。我不是說因為我曾經幫過他們忙，所以他們就非得跟我說話，但我不懂為什麼他們就是會羞辱我、冒犯我，不然就是完全不理我。我不懂為什麼有些人會改變得如此徹底。看來我對他們來說已經不夠好了。難怪茹菲莉亞拒絕我。

我在追求茹菲莉雅那陣子，卡薩格蘭德發生了一些奇怪的事，有人把那怪到我頭上。有人在茹菲莉雅家門口灑鹽，然後是安荷莉卡．里維拉家，還有其他幾戶人家，然後大家都說是我幹的，因為我要報復茹菲莉雅拒絕我，我要讓維辛達不安寧。當然，那只是他們的說法，我從沒做過那樣的事。

有天早上，茹菲莉雅和她母親，還有肉店的老闆娘都看到，住在九十三號的克洛埃女士從她家門出來，拿起鹽巴和大蒜抹在我家的門口。她們嚇一大跳，還聽到她罵「你這個黑鬼，狗娘養的」和「你他媽的混蛋，生小孩沒屁眼」之類的話。他媽的！我到現在還是不懂她為什麼要那樣。住在九十三號的那一家從不跟人說話，而且一開始我就覺得克洛埃女士對我沒好感。

我從不相信巫術，即使我去過的一些地方到今天仍在施行巫術。我也從沒用過春藥或一些傻子才會買的藥。在首都這裡，男孩們會說一些巫術或迷藥的事，但只是開開玩笑。在我的幫派裡，我們不相信那個。

但我倒是知道有些人因為別人的加害生病。像我爸爸，或是我在科爾多瓦認識的一個男人，他的妻子拿針插進他的照片，然後把照片埋進土裡，把他變成了一個傻子。他胸前長毛，是個很粗暴的人。有一次還因為一些事和我互相開槍。但後來，他不吃不喝，成天只坐在門口。他寸步不離他的妻子，直到他完全瘋掉。

我知道還有個男人被老婆吃得死死的。她對他大小聲，甚至打他，大家都知道她對他下咒。不然你怎麼解釋？我在恰帕斯的時候，他們叫我要小心點，那裡的女人讓男人喝「椰奶」來害他們。她們拿月經時洗陰部的水煮男人的咖啡。只要他喝了，他們說，那男的就會完全受女人控制了。

我一聽到這個，就完全不從住的地方拿食物或飲料了，一丁點也不拿，因為有個特萬特佩克來的女孩愛上我了。他們說，當特萬女（*Tehuana*）想要一個男人，即使那男人在中國，她也會施法讓他過來。事實上，他們真的從我耳裡下了藥，我當時嘴裡含著一點金子保護自己。

我沒工作的時候，通常下午兩點會回家吃飯。這個時間愛諾埃會在家洗衣服。我向來不喜歡傭人給我盛菜，所以我自己弄了米、豆子、燉菜來吃。我坐下吃飯的時候，眼睛被愛諾埃洗衣服扭來扭去的屁股吸引過去。我悄悄站起來，彎下腰看她的裙底。她發現了。「哎呀！你這個該死的黑鬼。走開（*Vaya*）！」然後對我潑水。

「怎麼？妳不喜歡像我這樣的小黑人嗎？是有點醜沒錯，但運氣比錢多喔！」

「哎呀，去死啦你！」

後來，我躺在床上，看她熨衣服。我們開始講話，我也不知道我們為何談到那件事，但她跟我要二十披索。我一毛錢也沒有，但我答應給她十披索，於是她說：「很好，我們來做吧，但是不要告訴任何人，你聽到了嗎？」

「不會的，愛諾埃，別擔心。」她答應了，我很高興。她把兩邊的門都關上，準備好了，但又反悔，還取笑我：「你竟然會相信……？欸，你就跟你父親一樣。他也會跑來摸我！」

當她說我父親也會去找她的時候，我對她的欲望變成了恨意。她為什麼不馬上告訴我，反而引誘我？我丟臉得想死……覺得自己很噁心，但我真的不知道……一個女人居然會低級到敢對我說出這件事。至於我父親，他的地位比較崇高，我不便評論。

有一次，還是在我沒工作的時候，我去查普爾特佩克公園閒晃。我口袋裡只有二十分錢。我也不是第一次身無分文，但是很不幸的，出現了一個偷錢的機會，我不想放過。

剛好有個半醉的男人在查普爾特佩克城堡的陽台上。他搖搖晃晃的，外套底下掀了起來，一整疊鈔票就從褲子口袋露出，看得一清二楚。我大可把他留在那裡，我人就走開。但他也會被其他人搶，這對我也沒什麼不同，對吧？那誘惑太大了，我無法控制自己，於是想也沒想，扒了那一疊鈔票就走了。那一疊有五百披索，對像我這樣一個身無分文的人來說，是一大筆錢。

我不知道我為什麼要那樣做。也不是為了從中得到樂趣，但我從小對屬於別人的東西就有種渴望。我不是偷來買些奢侈品或存一大筆錢；我常拿去喝個爛醉就花光了。我這麼做只是追求刺激，在和夥伴吹噓的時候可以有憑有據。

我從沒給我父親這種錢。對我來說，父親是神聖的，我不能給他這種髒錢。我只給他我正當賺來的錢，雖然沒給他我應給的數目。

我承認，第一次入獄是我自己的錯。我之前惹過幾次麻煩，但從沒像那次一樣。我在一個製造時髦燈座的地方工作。當時的情況是，我們在慶祝領班的命名日，我和另外兩個在那裡工作的男孩跑到老闆的店鋪，其中一個是佩德羅．李歐斯，又叫老虎，一個是埃米利歐。我們喝了些啤酒和普逵酒，離開時已經有點晃了。

我們上了公車，上面只有兩、三個乘客，我們坐在後面的座位。我想抽菸，就像我每次喝酒做的那樣；我像個煙囪一樣，我就是一直抽、一直抽、一直抽。欸，我跟老虎還有埃米利歐要菸。他們沒有，我不介意站起來問前面的人有沒有菸，行行好賣給我。第一個人說：「聽著，我沒有。如果我有菸，會送你，不會賣你。」

「非常謝謝你。」然後我就走了。事情就是這樣，我什麼也沒說就走了，我也沒有理由羞辱他。我回我朋友那邊，老虎說：「那些該死的狗娘養的。」我說：「是啊，他們也不管有人快要死了。我們在這裡下車，去買菸吧！」

但我們開始罵髒話的時候，有個乘客覺得被羞辱了，對我說：「你這個王八蛋是在罵誰？像個混混一樣走來走去，還敢罵我們？」

「不，先生，我沒罵任何人。我只是在跟我朋友講話，但如果你覺得被羞辱了，隨便你，就當你被羞辱吧！」

「你好大的膽子，狗娘養的。」然後他就朝我走過來了。我看到他靠近的時候，想要站起來，但他一拳把我打回座位。他打我的臉的時候，我覺得很生氣，也打了回去。埃米利歐和老虎要把我們兩個拉開，但那個男人變得更頑固。於是我把他打倒。他的眼鏡被揍成碎片，看樣子，我打斷他的鼻子了。

好啦，公車停了，其他所有乘客都下車。司機站起來說：「好了，你們、你們三人居然聯合起來對付這個人！」司機的兒子就坐在他旁邊。於是他對他的兒子說：「打開工具箱，拿裡面的槍給我。」

我打架的時候如果有人提到武器，都會把我激怒，狠狠地激怒。我就是會抓狂。所以我對他說：「好啊，你這個王八狗娘養的！你敢拿出來，我今天就在這裡把你殺了。」然後我假裝要拔刀的樣子。其實我沒有帶刀，我只是想看看他會怎樣。很多人都會講大話，但你一拔刀或槍，他們就縮回去了。

可是他叫我拿刀給他看，然後把我們帶到第五警局，他們把我們扣住了。那時候大概是晚上十、十一點。法官叫我們進去問話，一個接著一個問了我們的故事。他們記下我們的陳述，但扣押了我和埃米利歐。我很高興老虎出去了，但他們只讓他出去也很奇怪。我們叫他去通知我們老闆保我們出去，結果他竟然回家睡覺。

隔天有一些人過來，拿著紙跟鉛筆，大叫有沒有人要他們幫忙傳話回家。如果有人被捕了，沒有時間通知家人，這些人會去通知，但他們到人家家裡時會討點好處，會趁機敲一筆。我們老闆總算到了管區時，我們已經要被送去卡門了。他不可能當場掏錢出來付罰款，於是我們最終還是進了監獄。

我這輩子不曾走進監獄……連去看朋友都沒有。他們憑鼻子流血控告我傷害罪，還有破壞他人財產，因為一副眼鏡。他們就這樣把我和埃米利歐關了三天。欸，在監獄裡面很辛苦。在那裡，你要當個真正的罪犯、大膽的人，不能被那個地方給嚇到。每個犯人都要按指紋，填一張個人資料表。那只是第一步；第二步，他們要搜身，看你是否帶了大麻、古柯鹼、刀子之類的。他們在庭院裡就要你脫個精光。

他們把我們帶進去後就開始搶劫，從警衛開始。你無法想像他們看你的時候那張貪婪的臉。我們進去的時候，其中會有個人大叫：「母獅子生小孩囉！」意思就是有新的一票傻子來了。倒楣的是，我們穿了最好的衣服去參加派對。

警衛叫我們脫掉衣服，他堅持，我們在公正的法庭裡，必須被搜身……公正？等到我們開始把衣服穿上，其中一人說：「讓我們看看那件襯衫。」然後另一個說：「我喜歡這件衣服，拿來。」

「不，朋友（*amigo*）。」

「拿來！」

然後不管我願不願意，他們拿走了我的上衣和褲子，給我一些破舊的布穿上。

第三步，你就進入了拘留區，所有被認為是嫌疑犯的，都得在這裡拘留七十二小時，直到決定他們是被判刑、無罪釋放或保釋。

牢房很小，三乘二公尺，有鋼筋牆和水泥地板，堅固的鐵門上有個小小的開口。監獄從警衛到最末的囚犯都是軍事化管理。每個人都有特殊的位階。強制施行軍事紀律，所以用的是軍人的職稱：少校是最高的，接著是上尉，還有各種軍階。他們問：「你要不要付『清潔費』(*talacha*)？」這裡有一隊人不斷地在打掃。要不你「直接進去」，就是立刻付錢，不然如果你沒錢，他們會說：「我們可以等到有人來看你。」如果之後你一直沒給錢，你的日子就會很難過。

如果一開始你就不打算付錢，他們就馬上送你進去澡堂，用煙燻你的衣服，讓你泡在冰水底下。之後再把你丟進蒸氣室。我們都捱過了，我們還是沒有付「清潔費」，因為家人後來付了十披索把我們弄出去了。

第三天，他們把我們叫到法庭上，宣判我們終身監禁。埃米利歐想一頭撞死。我也想，但我沒勇氣。我得一直看著他，因為如果我不這樣做，他真的隨時會去撞牆。

我們非常驚慌。我完全傻了。我不是很迷信，但我信上帝和瓜達露佩聖母。我發誓如果我能走出去，我會赤腳從「監獄」(peni)走到瓜達露佩聖母殿；我保證把我的鞋子送給某個犯人當作奉獻。我還發誓要走去查爾瑪。

欸，在最後一刻，就在我們正要走進牢房的時候，康蘇薇若帶了一些文件來簽名。我看也沒看，你懂嗎？她幫律師工作，請律師幫幫我們的案子。六點鐘的時候，他們把我們放了出來，只是有附帶條件。我們每個禮拜都得簽到。

我把鞋子送給別人，赤腳走出監獄。埃米利歐的家人在外面等他。沒人在等我，但沒關係。我一路走到聖殿，乞討獻金給神父。我沒有討到很多，但全部奉獻出去的時候，我有股莫大的滿足感。

我走進教堂的時候，感覺自己身負重擔，尤其是良心上。我總是坐在最後一排，門的旁邊，儘管裡面有很多信徒，我覺得自己是獨自祈禱著。就我而言，教堂裡只有我和上帝。當我離去時，感到無比的輕鬆。甚至連衣服都變輕了。所以如果沒有每週都去望彌撒，我就覺得不對勁。

回家以後，我覺得出去外面庭院很丟臉。整個維辛達都知道發生什麼事。對某些人來說，我可能是英雄，但對大部分的人來說，我很可恥。有天晚上，我站在家門口透氣。住在六十七號的屠夫西奧博爾德先生走了過來。包括他在內，所有的屠夫，甚至他們的妻子都很兇狠，我們多數人都離得遠遠的。西奧博爾德的姻親，住在第三區那個，是個真正的罪犯，有很多不良紀錄。他只要看你一眼，就嚇得人汗毛直豎。他甚至恐嚇過我！

但我不怕西奧博爾德，雖然他自以為很會打架。他只要一喝醉就鬧事，踢門又罵髒話，還曾用葡萄彈掃射我和一些男孩。如果任何人對他使個臉色，那個人就死定了。

那天晚上他經過時，已經喝醉了。

「晚上好，黑鬼。」他說。

「晚上好。西奧博爾德先生。」

「你在幹什麼壞事？」

「沒有。只是出來透透氣。」

「操！你這個壞胚子，我告訴你，王八蛋，如果你敢動我家裡的人，或敢踏進我家一步，我當場就殺了你。」

「聽著，西奧博爾德先生，我一直很尊重你的家人，你也很尊重我的家人。你有點醉了，否則不敢這樣對我說話。你最好回去睡覺。如果你清醒的時候想羞辱我，儘管來吧，但到時候我也會回敬你。」

「我管你去死。你覺得你是這院子的老大，但我還是會要你好看。你這個壞胚子，還進過『監獄』，搞不好殺過兩、三個人，但我才不管。我看，你天生欠幹，爛屁股！」

然後他拿出刀指著我。那些動作和罵人的話太過分了，我掏出我剛好帶在身上的點三八手槍。如果他的妻子沒有出現，我不相信我還忍得下去。她站在他背後，跟我示意他瘋了，所以我讓她把他拉進屋裡去。

他是庭院的鄰居中唯一對我挑釁、想打架的人。若跟他打起來，就意味著不是他死就是我活。他挑釁了好幾次，甚至還指控我偷了他親戚的母雞，但我忍了下來，沒和他衝突。

我沒有忘記要去查爾瑪的誓言，也準備要去朝聖。我總算成行，一起去的有馬努埃爾、寶拉還有她兩個寶寶，黛莉拉和她的兒子吉弗列多，寶拉的媽媽庫萁塔，庫萁塔的丈夫，寶拉的弟弟福斯第諾，其他還有誰我不記得了。那趟旅行中有些奇怪的事。晚上我們會跟其他朝聖的人一起走。夜色很暗，唯一有燈的是一個在隊伍前面的男人。我們全都跟著他，因為他是唯一看得見路的人。我們聽著「人聲」好知道什麼時候該轉彎，什麼該小心之類的。

我們轉了個彎後，發現自己在豆子田裡。有人說：「不，不是這條路。」於是他們決定停下來。然後，我們發現拿燈的男人消失了。他不見了。於是有些人開始劃十字，說這是很壞的預兆，那個男人一定是巫婆變的，故意誤導我們，因為朝聖的隊伍中也有小孩。父母們十分害怕，大家圍成一個圈，讓女人帶著小孩站在中央來保護他們。

我當時還穿著制服，很多人開始過來尋求我的建議。於是我和我哥哥變成了那個領導大家的人。我們請大家破曉前不要亂動，有了光，我們就能看到路。事實上，我完全不記得去查爾瑪的路，因為我母親死後，我就再也沒去過了。她以前每年都會拉著我們所有的小孩子去，但我不太記得了。

天微亮後，我和馬努埃爾收集了樹枝升火，因為對女人和小孩太冷了。我發現五十公尺外就是一個懸崖，如果我們晚上繼續走的話，可能都摔下去了。於是大家更相信，剛才一定是巫婆在帶路。

我記得有一次我和我母親去，他們真的抓到一個巫婆。大家抓著她，大喊：「燒了她！燒了她！」說她吸了兩個小孩的血，那兩個小孩就死在河邊。他們抓了這個女人，直接在查爾瑪的廣場用青樹枝燒了她。我看到熊熊大火，但他們不讓我多看。我聽到哭喊、慘烈的尖叫聲，他們告訴我，那是在燒女巫。那時候有很多這種野蠻的事情。說不定那個人是無辜的，但這就是他們伸張正義的方式。

那次旅途中還有另一件不好的事，我們抵達查爾瑪後，找不到睡覺的地方。在那裡，連睡在牆外都要付錢，地上還有很多毒蠍子。我哥哥和我拿被單靠在一棟房子的外牆上，搭了一個棚子，我們都睡在下面。我不知道為什麼，沒來由地，一隻蠍子跑來叮了我哥哥馬努埃爾。我們都嚇壞了，因為被咬的人五分鐘內沒有治療就會死。馬努埃爾已經開始緊咬著牙。

當時懷孕的寶拉在傷口塗了一些口水，聽說孕婦的口水比蠍子還毒，可以以毒攻毒。我只是一直說：「怎麼辦？天啊！」我很怕他會死在我面前。

有人說：「叫他快跑，跑去磨坊。」只有那裡有賣蠍毒的解藥。磨坊主人會製藥，只有他知道配方。以前的人喝下去就沒事了，也不會好奇那是什麼。這個，我不能讓馬努埃爾跑，因為這樣毒素會擴散得更快，所以福斯第諾和我揹著他去磨坊。他說那解藥和膽汁一樣苦，但他喝了就好了，雖然還是有些暈。

我們都很高興他又說話了，也不咬牙切齒了。很多人都是被蠍子毒死的，因為他們來不及走到磨坊。我們到了聖殿後，真的有太多要感謝的了。

我從門口一路跪爬到祭壇。一開始我覺得很累，身負重擔，而且很沮喪，但當我跪下前進，並且發自內心地禱告時，感到無比的輕鬆。每段祈禱文的最後，我都想流淚。我抵達祭壇時，在主的祭壇旁低下頭哭泣。我不再疲累，也不再悲傷。我點燃一根蠟燭，留下一個小小的心型銀飾和幾分錢，我很高興我實踐了諾言。我不相信上帝真的需要這幾分錢，但把這些錢留給比我更需要的人，讓我感到極大的滿足。

欸，回去的路上，我們被暴風雨困住了。全部的人都濕了！女人、寶寶……所有人都濕到骨子裡了。我們又冷又餓，疲憊極了，等回到墨西哥城後，每個人都立刻去睡覺。

隔天我更有精神和元氣，也比較有勇氣走出去。我不再羞於向別人提到監獄的事。我朋友像神經病一樣纏著我，問了很多問題。不管我想不想，我都仔細回答，希望影響他們，別再打鬥和偷竊了。

我又回到和幫派混的日子……總是有些事情發生。聖週和復活節前夕，我們潑水玩樂，大吵大鬧。兩、三個幫派聚集在一起，不只幾個人，大概有五十到一百個人。這是這裡的傳統，但他們那天玩得太過頭了。不只是潑水，很多人還對著公車、汽車、商店櫥窗丟石頭。有些人火大了就打起來，你懂吧？

有一次復活節前夕，礦工街有一場大戰。超過一百人打起群架，一台吉普車上有三個警察，試著平息紛爭。警察想逮捕其中一人，但那些人蠻兇狠的。他們沒在怕的。「啪！」屋頂上掉下了第一桶水，砸在吉普車上，看到沒？那還只是開始，警察根本沒輒，因為後來人們開始丟橘子、番茄、檸檬。還有人丟石頭把車窗打破。警察要追，結果所有人把吉普車團團圍住。動手的男孩就趁警察被擋在那的時候跑了。

又來了四台吉普車鎮壓。那些警察怒氣沖沖，看到他們就不爽，但我們每個人都一臉無辜，像戴著光環的聖人一樣。沒有人動手，當然也就沒人被逮。

另一個我喜歡慶祝的節日是六月二十四日，聖若翰洗者誕日，他們在半夜兩點開放澡堂和游泳池，很多人不管多冷都會去游泳，這是一項傳統。我們就從那一刻開始游泳，持續一整天。在卡薩格蘭德的澡堂，他們提供玉米粥、墨西哥粽，還把梨子和康乃馨丟進池裡。氣氛很嗨，而且女孩子們看起來都很撩人。池子裡很擁擠，就算你不想，游泳的時候還是會碰到女人的胸部。換到大一點的池子也是一樣。還有女人那天去池裡特別讓自己被摸。有些人說自己喜歡運動，但一整年沒去游泳。只有在六月二十四日，他們確實喜歡！

老兄啊！我的最愛，比任何事情都愛的，就是運動。我人生中最開心的時光就是游泳、騎自行車和打獵的時候，因為，怎麼說呢？運動讓我有成就感，感覺自己是個有用的人。我一直都有一種自己很沒用的感覺，也沒人會注意我。當然，本來就是這樣，誰要注意我呢？

我在韋拉克魯斯的時候，有很多和我舅舅去打獵的機會。我們抓到獵豹、野豬、鹿。我有一次被野豬追，要不是有幾顆大石頭，那個黑皮膚的小男孩現在就在天堂和聖彼得一起祈禱了……如果我有幸上天堂的話。

另外一次，我朋友約我去普特拉獵鱷魚。要去這個地方，必須要走上三天的山路，而且那裡的人一句西班牙話都不會說，只會說波波洛卡話（*Popoloca*）。當地人只在腰上圍著一塊布就走來走去，沒人覺得不對。我不奢望你們相信我說的，但事實就是那樣。那裡的人不知道害怕這個字是什麼意思。他們一天到晚都在抓鱷魚，否則鱷魚會吃了他們的牲畜。我沒有待很久，但我在普特拉獵鱷魚真的很愉快。

每一次我出外探險，我會確保及時回來警局簽到。我定期簽到了四個月……到我再度入獄前，我還在簽到。

我第二次入獄感覺真的糟透了，完全是因為抓錯人。我是一九五一年九月被抓的，大概中午的時候，我在查普爾特佩克城堡用彈弓打鳥。我當時在打斑鳩（*tórtolas*），準備帶回去享用。這一次，運氣不好，有兩個守衛看到我。我不能說我沒做錯事，畢竟打鳥是要受罰的。我走過去，告訴他們：「不要找我麻煩，如果是這個彈弓的關係，我會丟了。」我當時身上有兩披索，我要給他們這錢，他們不接受。

其中一人說：「你看，他長得像我們一直在找的那個人。」我才不當一回事，但我在軍隊待過，知道他們會耍什麼伎倆害人。他們對我說：「跟我們走。」其中一人用槍抵著我的背，另一個人手握刺刀。我很不高興……尤其他們拿槍抵著我……可能是因為害怕……我想翻臉來個你死我活，但我說：「我會去，但這是我自願的。」

如果我知道什麼正等著我，以及即將付出的代價，我就不會去了，但我以為這沒什麼。我們到了一個長官面前，他對我說：「嗯哼，我的好朋友，我們又見面了。你不記得你從我這裡跑了嗎？」

我說：「你把我和別人搞混了。」

「你不記得了？」他說。「你看起來簡直像隻小鹿。把他綁起來。」一個軍人拿了條繩子把我的手腕綁住。

「帶他去塔上。」塔就是城堡本身，他們把我綁在螺旋梯的欄杆上。他們用繩子把我的身體整個綁住，繞過我的膝蓋，那樣我就不能走路了。我很火大，但守衛在笑，他們真的很不把一個落單又被綁住的人放在眼裡。

他們指控我搶劫，偷馬、電線、燈和很多東西。他們想逼我認罪，問了我一千遍那些丟掉的東西……我怎麼偷那些東西、拿去哪裡變賣，沒完沒了的問題，但我一概否認。綁我的守衛把繩子繞過我的脖子，用力一拉，好讓他自己靠著欄杆。我只能吐出幾個字：「你這狗娘……」之後我就失去意識了，但沒倒下。我的頭歪倒到一側。

晚上九點的時候，我還是像個普通的犯人一樣被綁著，對著所有人滔滔不絕大罵。其中一個守衛對我說：「唉，老兄，他們真的盯你盯得很緊。他們就連最糟的犯人也不會特別派一個人看著。」我要他幫我鬆開一點手上的繩子，他說：「欸，可以，但我其實不應該這樣。」我想他自己知道，他抓錯人了。

他問我餓不餓，還叫人拿些糕餅和咖啡。我心想：「至少我吃東西的時候他們得幫我鬆綁。」但是沒有，那個守衛用餵的，我就這樣吃下我的糕餅。

稍後巡邏官來了。他們把我鬆綁，帶我去一間辦公室。我說：「唉呀，你知道嗎？還好你們來了。他們一直整我，我甚至不知道為什麼。」

守衛說：「他說謊。」

「才剛鬆綁，他的手和手腕都是勒痕，又發麻。他哪裡說謊？」巡邏官回道。

巡邏官把我帶上運稻子的貨車，載我到第六警局，他們在那裡沒問我任何問題，就寫好我的罪狀，你懂嗎？他們只是一直敲著打字機，我不知道他們在寫什麼，寫好後就要我在上面簽名。他們說，那是我的筆錄，但我完全沒有開口，除了告訴他們我的姓名、出生地、父親的名字之類的個人資料。

我要求他們讓我看他們要我簽什麼，他們不要。所以我不想簽名，因為我知道，簽名之前一定要先看那是什麼。他們說：「簽名，你這婊子養的。否則要你好看。」

「好吧，隨便你們想怎樣，但先讓我看要我簽什麼。」對話結束了，他們把我關進隔離室（*separo*）。

隔離室是他們說的，這是個大約四公尺乘以六公尺的房間，其實就是廁所。當然，連廁所也稱不上，只是一個糞坑。有個犯人朝我走過來。他被指定當老大，因為他以他的拳頭和刀為傲，這樣你懂了吧？是最兇狠的傢伙。他走向我，對我說：「你在幹嘛？不爽什麼？」我告訴他：「沒有，他們說我搶了東西。」他說：「聽好，你，不要當笨蛋；在這裡，有話就說，直接說；在這裡，你看到的都是『布洛薩』（*brosa*）。」

他在對我說卡洛話（*caló*），你懂嗎？這是黑社會的方言。我很久以前學過卡洛話，為了不顯得奇怪，我也用卡洛話回答他，因為那才不失禮。如果我用標準西班牙話回答，只會對我更不利。他說：「這裡你說『德洛丘』（*derecho*），你就在『布洛薩』，沒有人『幾慢』（*se chivea*）。」意思是，這裡是無辜者之家，我們沒有人做錯什麼；但我們都在這裡。

「聽著，老兄，我真的沒有偷東西。」

「好吧，那沒什麼好說的。那現在給根蠟燭如何？」

所以我告訴他：「當然，老兄。」

你知道，照慣例，關進去後要給個一披索或幾分錢，看你有多少，買根蠟燭給聖母。通常他們有個囚犯自己做的小祭壇，讓囚犯心靈堅強，有些人是第一次入獄。在監獄裡，有個特別的牢房改裝成小教堂，裡面有祭壇和日夜都點燃的蠟燭。神父每週會來做一次彌撒。其中一個囚犯的工作就是整理聖母的祭壇。

然後這個傢伙，這個老大說：「拿出你的錢包。」

「我總共只有二十分錢。」

「來瞧瞧。」他對他的助手說：「秤秤他多重。」意思就是他們要把我從頭搜到腳。我很討厭這樣，還抗議，但無可奈何。他們拿走二十分就沒再來煩我了。

第六警局的食物糟透了。他們給你咖啡，加了他們所謂的牛奶，但只是有顏色的水，而且沒人把它倒出來。每個人得自己從大牛奶壺裡拿。第一個去舀的，有乾淨的咖啡，最後一個去舀的，拿到的咖啡是每個人的手都沾過的，灰塵和什麼都有，你懂吧？因為有些人根本沒有杯子，直接伸手去舀。

我在那裡還是得打架，理由很簡單，雖然我們都睡在地板上，一個挨著一個，但每個人總有自己喜歡的地方，對吧？專屬的地方。只要他想躺就躺，不用經過上帝的允許，因為他們總會選最好的位置，就是避開廁所的地方。但總有人得睡在馬桶附近。

我不認為我有辦法闔上眼睛睡覺，因為味道很臭，臭到受不了。好吧，你可以忍，但只有上帝知道你多難過。有報紙可以奢侈地鋪著當床已經是很幸運的了，能躺在紙板上的簡直是奢侈至極！我剛好就跑去坐在那些高級的位置，那些位置是屬於那群兇惡的人中的一個，他踢了我一下，說：「喂！老兄，走開！」

我對他說：「你憑什麼覺得我該走開？」

「哦？不走？走開，不然就給你一點顏色瞧瞧。」我站起來，用拳頭和他互毆。大家開始喧鬧、叫囂了起來。於是那個可以信賴的人，就是跟我要錢買蠟燭的人說：「安靜，『布洛薩』，不然就把你們『巴嘎』（*berga*）。」他的意思是如果我們不冷靜下來，他要介入，有人的臉會被揍爛。但有人說：「讓他們直接打一架，這樣大家就會閉嘴啦！」於是他們安靜下來，我們打了起來。

一言難盡，結果我沒贏也沒輸，因為那個老大喊停。他說：「聽著，這個男孩直來直往，又帶種，誰要槓上他，就是槓上我。」嗯哼，後來就再也沒人惹我了，是吧？我心想：「好，結束了，我已經吃過苦了，現在再也沒人會來惹我了。」

但我真是大錯特錯！他們又來煩我了，這次不是囚犯，是監獄官。我在聯邦政府所在地、墨西哥城的第六警局，被關了六天禁閉，光是「第六警局」這幾個字就代表酷刑，你懂嗎？那裡的刑罰很殘酷，沒幾個人受得了。他們把我關了六天，一天打三次，早餐打一次、晚餐打一次、宵夜點心打一次，有時候半夜又再打一次。

他們這麼做是為了要我認罪，他們宣稱我從查普爾特佩克城堡偷了東西，賣到某個地方。才沒那回事，你懂嗎？但這裡的警察用這種方法讓人認罪。不是因為某人真的有罪，但誰遇到這樣的逼供，都想認罪了事。因為他們真的狠狠地打，你知道嗎？他們猛打我的肚子，我覺得從那之後，我的胃一直都很脆弱。

第一次被打之前，有人大聲撞牢房的門：「羅貝托．桑切斯．貝萊斯，站到前面來！」我很倒楣，被送進城裡關頭號犯人的警局，他們都知道你這樣被叫去是什麼意思。你要被「川燙」了，這是卡洛話的說法，連監獄官也這麼說。意思就是你要被狠狠打一頓了。所以沒人說什麼；他們只是看著你，等著聽你慘叫。

警察把我抓住；囚犯都叫那些警察小羊、劊子手、牧羊人。小羊就是那個面帶微笑，輕聲細語跟你說話的傢伙，所以你很快就認罪了。牧羊人，欸，你可以說他只是在一旁看。至於劊子手，嗯哼，這個名字就告訴你他是做什麼的了。

所以，第一個警察，我是說小羊，他對我說：「聽好了，孩子，不要傻了，你已經進來了，在這裡會過很慘，更糟的是，我們可以把你打到死。但就看你的意思，看你要不要放手，找一些朋友來。你聽好，我們希望你找朋友來，這樣我們可以抓幾個聖人。」聖人的意思是，他要我告訴他，我還知道哪些搶劫犯和其他案子，懂嗎？重點是，他們開始對待我像頭號犯人一樣，問我一堆我根本沒做的案子。事實就是，他們抓到我用彈弓打鳥。我這樣告訴他們。

他們眼看不能從我這裡問到什麼，劊子手便抓住我：「少給我犯賤，婊子養的。」他朝我的肚子揍了一拳，我痛得彎腰，抱著我的肚子。

「哦？你還想狡辯？少跟我來那一套。」然後他作勢要再打我，我手抱著肚子想保護自己，結果他從我的耳朵和下巴之間揍下去，接著就不斷揍我。

「天哪！我要怎麼擺脫？」我心想：「這樣下去，我不知道受不受得了。乾脆認罪，叫他們住手。」我心裡閃過這個念頭，對嗎？但我還是希望我有能耐撐過刑求。我心想，也許他們明天還會再來一次。欸，不，是連續六天，像我告訴你的，一天打三次，有時候四次。但他們還是無法讓我鬆口，說出他們要的答案。

這也多少算是個「暖身」。你聽到他們叫你的名字，其他人便開玩笑大叫：「走吧，兄弟。這裡有點冷，他們要幫你暖暖身子。」最兇狠的傢伙知道自己要被打也會發抖。那六天裡，進去的人都哭著出來，但他們明明看起來都很強壯，像個真男人。大家對禁閉室裡的情況有種病態的好奇，在禁閉室，牆上剛好有個小窗戶對著走道，我們會爬上去看我們可憐的同伴被折磨。

他們對我的折磨叫作「溺水」（*del abogadito*）。他們先讓人從頭到腳脫得精光，只剩內褲，然後趁你不注意的時候，直接揍你的肚子或肝臟，在你還沒喘過氣時，又抓著你的頭髮，把頭壓進水桶。他們壓著你好幾秒，感覺像好幾個世紀一樣久，然後對你說：「現在唱歌。」我連話都說不出來，怎麼可能唱歌，但他們也不給你呼吸的時間，又再來一次。

我每天都對著那些警察罵。我罵他們全家和祖宗八代。反正他們還是會折磨我。有些人被折磨的時候會舉起拳頭，但那下場更慘。除了「溺水」，還有其他刑求，例如「猴子」。「猴子」的情況是，他們把囚犯脫光，要他頭下腳上，膝蓋掛在天花板下的單槓上頭。然後他們會拿一條通電的電線，電他的睪丸。他們說很多人受不了這招，就死了。還有一招是打開電烤爐，把雙手放著，手掌朝上，用火烤。我說這些並沒有誇大，就算想誇大，也無法逼近真實情況。那地方發生的事根本無法用言語形容。

在第六警局幾天後，他們把我送到監獄，之後再上法庭。犯人總是會先被送到總部和第六警局調查。他們的調查方式就是毒打，逼人們承認從沒犯過的罪。謝天謝地，他們沒能逼我就範，我猜他們不像折磨其他可憐傢伙那樣對待我。

那三個警察的臉深深烙印在我的腦海裡。其中一人被殺了。如果另外兩個落到我手裡，我起碼會在打他們之前給他們一點辯護的時間，不會像他們之前那樣對我。但我痛恨所有的警察，不管有沒有穿制服都是。他們代表的正義都是狗屁，如果我有權力的話，我要把他們從地圖上消滅……我會把他們消滅掉！

到了監獄的第二天，他們帶我上法庭。他們帶我到聯邦法院，因為我被控在全國行搶，所以是國家級搶匪。他們把我放進一輛叫「朱利亞」(*Julia*)的貨車。車裡面有個很大的籠子，他們帶我和其他囚犯到古巴街和巴西街的聖多明各法院。

我沒穿鞋子，知道嗎？我還是會穿個褲子，但其實已經破破爛爛了，就和我的襯衫一樣，只是掛在身上的布而已。我的衣服早就被一個兇惡的囚犯偷走賣掉，去換他的大麻（*mota*）。他們在監獄裡賣大麻、古柯鹼、海洛英、鴉片，各種毒品。警衛們多喜歡搜查啊，你可以想像，警衛自己走私那些玩意兒有多少好處。

我還是抱著希望，一直告訴自己：「上帝啊，上帝啊。」如果我還有一點可取之處的話，那是因為我至少對主耶穌基督有著盲目的信心。我希望上帝能把我的情況傳達給我的哥哥妹妹或朋友，讓他們及時出現。於是，當我在囚犯室裡、靠著門的欄杆時，看見馬努埃爾走上階梯。

我又叫又吹口哨，於是他轉過身。他向我走來，但警察制止了他。我對負責我們的警衛主管說：「長官，拜託讓我和我哥哥說話。你看，我被隔離很久了。這是我第一次看到他；沒人知道我在哪裡。」

「好吧，」他說：「就一分鐘，不能更多了。」

我和馬努埃爾說了話。他給我一袋香蕉和一件毛衣。我自然打起精神了，因為我想：「欸，至少他們知道我還活著，如果我死了，他們也知道要去哪裡找我。」

馬努埃爾開始訓我：「你看，這就是你遊手好閒的下場；不去工作，就像父親說的那樣。你總是惹麻煩。」

「好了，哥哥。」我說：「你為什麼不停下來……至少聽我說幾句話。」我開始告訴他事情的經過，但時間有限。他問我什麼時候能出去。我說：「我不知道我什麼時候進來的，更不知道什麼時候能出去。」

然後他們帶我們回牢房，把我放在A區，是專門來關重犯的，看到了嗎？他們總是把我列為重犯。但我現在可以很驕傲地說，我就像飛過沼澤的鳥，不會弄髒羽毛。

我被關進的那區牢房更容易捲入鬥毆；我說不定會被殺，不然就是殺了別人。為了避免那樣的情況，我付了上校一點錢，搬到靠近大門的牢房。我很幸運，那裡一共只有八個人。我們睡在很粗糙的水泥地板，除了身上的衣服，沒有什麼可墊在背下。

我妹妹、馬努埃爾和父親輪流來看我，我父親四處奔走，要把我弄出去。他找了一個律師，但那律師整整耗了七個月。「我們拿到釋放許可了，你明天就可以走了，年輕人。」下次他又會說：「這次是確定的，你下午就走。」或是「你午夜就會被釋放了，你的家人會帶著衣服和鞋子等你，你馬上就要跟他們去瓜達露佩聖母殿，好好謝謝聖母。」我焦急地等待那一刻到來。我也對查爾瑪的基督承諾，如果他能讓那些人知道我是無罪的，我一定再去朝聖。一天過了一天，我不斷向祂祈求……每一分鐘，我的每個心跳都是對神的請求。欸，就這樣過了七個月。

在監獄裡也有人搶劫。有些傢伙把搶劫當成習慣。那些傢伙就是沒人來看的傢伙，懂嗎？他們沒有家人，就算有，因為他們是犯人，所以親戚也沒來看過他們。總之，這些傢伙固定在懇親的時間去中庭，看看誰有他們想要的東西，晚點就可以搶走。

有一次，康蘇薇若、瓜達露佩阿姨、瑪塔和我舅舅阿弗雷德，願他安息，他們來看我，給了我五披索。在那個地方，五披索是一大筆錢。一個毒蟲可是會為了那筆錢殺人的。懇親時間結束後，牢房的門打開，他們便會跳到你身上，大吼大叫。像裡面的人說的，把你「扒一層皮」，他們會把你家人給你的錢、食物、各種東西都搶走。

我拿了五披索後，回到無人的牢房。有幾處地板裂開了，沒有水泥，只蓋了土。我就把錢藏在那些地方，用土蓋著，然後出去拿配給的食物。我一個人走著，手拿食物，有個叫奧雷利奧的開始盯著我看。我意識到可能會發生什麼事，因為毒蟲從出生就泡在大麻裡了。我想如果你打開他的頭殼，不會看見腦袋，只會看見大麻菸。這個毒蟲抽好幾年了。我會知道是因為我們，呃，也說不上是朋友，我們同病相憐，都是他告訴我的，你懂嗎？

奧雷利奧說：「給我點錢買『大麻』。」

「好傢伙！你怎麼不早點說，我可以給你一點錢買菸。你看，你可以找找，我沒錢了，我剛剛分給其他人，下樓的時候又從老大那買了蠟燭，把剩下的錢都花掉了。」

「放屁！」他抓住我的肩膀拚命搖晃。「沒有，你才沒有，少裝了。」

很好，我怒了，對他說：「你不要碰我，拿不到錢買菸，你也沒輒！」

於是他掏出刀，向我揮了過來。幸運的是，他沒刺中我，他是拿著刀背向我揮過來，懂嗎？我們稱這叫「拍」(*planazo*)。我設法舉起手，拿蠟燭擋住他。他暗算我，但我也沒機會搶下他的刀。很好，這讓我更氣。他又走過來，我盡可能保護自己。感謝老天，結果我全身而退。他沒有拿走我任何東西，但他真的把我嚇死了，你知道嗎？這是第一次。

但第二次我就懂了。懇親之後，我走回我的牢房，想收好家人帶給我的食物，這時有個人把我拉進另一間牢房，然後另一個人拿刀抵著我的喉嚨，還有一個人拿刀抵著我的肋骨。他們一共四個人。欸，任何人，只要有點常識，在這種情況，都會識相點，對吧？所以我最好不要輕舉妄動，照他們說的做。

其中一個說：「我們要錢『打針』。」你看，這些人用針筒吸嗎啡。

「好，請便，只要留點錢給我買蠟燭或一點麵包。」

「你身上有多少？」我想我有四、五披索。他說：「好吧，留一『巴勒』（*baro*，一披索）給你。」

這些人真的很危險，相信我。雖然我也很同情他們，因為他們沒藥吸的時候看起來真的很慘。他們痛苦到不行……在地板上打滾，扭著身子，他們說自己整個身體都在痛，是吧？他們覺得自己身上有火在燒。你知道，從一個人的臉就可以知道他是不是毒蟲，而且從一公里外就看得出來，你懂嗎？如果他否認，你就看他的手臂。

欸，那件事情就是這樣，我離開的時候比公牛還生氣。但是我沒有辦法。如果我冒著生命危險打回去，下場更慘。

這種事基本上是不允許的，你懂嗎？但很不幸，警衛看到這種事，只會轉過身去。每個轉角都有一個附電話的哨亭，還有一個配衝鋒槍的警衛。但有人打架的時候，警衛只會看一眼，完全不插手。他大可以打電話給前面的辦公室，叫他們派人來把人分開，因為只要兩個人打架，很快就會蔓延到整個牢房，很多人會受傷。

監獄的生活從早上六點的起床號開始。四個小隊，每個小隊有四排牢房，先是一陣棍棒敲打聲把所有人叫醒。警衛大吼：「起床，你們這些婊子養的，爽日子沒啦。排隊喝粥吧，老天保佑，讓你們永遠出不去！」那些人就是這麼說話！據我所知，他們還可以把我們這些人留在裡面，然後把監獄炸掉。

接著我們下樓排隊等著點名。一段時間後，我成了下士，早上點名是我的工作。我大聲叫名字，他們回答我姓氏。全部點完後，我們會回報給上校。

然後喇叭聲起，表示放飯（*rancho*），我們便去排隊吃早飯。他們發給我們玉米粥和牛奶，一塊麵包和豆子，一壺水。之後便下去操練大約三小時。我不用參加這種軍事訓練，因為很快我就有點「影響力」（*influyente*），懂嗎？意思就是我每個禮拜都付給牢房上校一披索，幫我記錄出席。上校和我們一樣都是囚犯，只是他負責管秩序、受理申訴之類的事。你付了你的一披索給他，就不用六點起床操練。我不想去的原因是我沒有鞋子。

操練後，想回牢房的人就回牢房。你也可以去中庭，走來走去像籠裡的獅子一樣，只能往前和往後。我就是其中一隻獅子。

中午會吹集結號，再點一次名。之後你就拿到配給的午餐，通常是豆子、米、燉肉和麵包。我相信燉肉的肉是馬肉，雖然他們說是牛肉。總之，午餐稍微好一點。之後又會為了三小時的操練或做工，再吹一次集結號。然後就回去牢房了。

晚上六點的時候，他們再度吹起集結號降旗。然後放飯。晚上的飯有咖啡牛奶、玉米粥和麵包。吃完後就回去牢房，稍後門閂會扣上，所有的牢房就都上鎖了。

九點熄燈，但熄燈前「石油工人」通常很忙，儘管他們整天都在動作。他們就是毒蟲的幫兇。他們會假裝走來走去，賣香菸或糖果，喊著「香菸一披索」或兩披索。要買的人會發出「嗤……」的聲音，就像平常在叫小販一樣。「我要一根。有什麼？」

「純山羊。」

「確定是山羊？」

「當然。是小羊尾巴！」

大家還在排隊的時候，即使是在白天，囚犯也會開始幫大麻抓蝨子，就是把籽挑出來。然後他們會用紙捲菸，抽得好像那是世界上最天然的東西一樣。欸，也不會太張揚，畢竟還是有警衛，會稍微遮一下。

其實那裡很糟，很難形容。不管我多努力，還是說不清楚。你一定要自己親身經歷過，至少親眼看過，才能明白那是怎麼一回事。裡面的幫派是我遇過最糟糕的，那些人根本不在乎他們是不是在監獄裡面，他們殺人還是被殺都無所謂，懂嗎？要加入這些幫派，腰間一定要帶上兩、三把刀。雖然幫派是在監獄裡聚集的，但他們被放出去後，還是會在外面一起犯下各種罪行。

幫派的領袖不是任何人都收，而且沒人可以上前去問他。人都是他自己挑的，默默地。他會跟某個傢伙談，接著再和另一個談；囚犯也不會跟警察說什麼，如果敢就死定了，他們倒是會彼此談論自己都做了些什麼。這樣一來，領袖就能打聽到每個人的消息，當他決定要誰加入的時候，你就知道那個人是這群裡面最壞的。

我的牢房沒有幫派，但我無意間發現其他牢房有，因為我以前在犯人髮廊裡當清潔工。然後又在麵包店工作。最壞的通常都在麵包店工作。我當時的老闆是各大幫派其中一個領袖，你懂吧？但他從不會去煩別人，幫派領袖就是那樣，真正的領袖，從不會說什麼，除非他嗑藥了，心智衰弱。那也是他開始搞破壞的時候。

我曾聽到他們在討論幫派，你知道嗎？有一次，一個男孩對我老闆說：「聽著，叫那個小子先出去。」

「不必，你可以在他面前說話，他還算老實。奧雷利奧要刺他的時候，他處理得還行。」他說這番話的時候，一度想要收我進去，懂嗎？所以他們說：「好吧，小子，你聽到什麼，不要告訴別人。」

「好，沒問題。」其實我也沒聽到什麼重要的事。那男孩講很多卡洛語，有時候我也聽不太懂，你懂吧？當時他們在策畫暴動，但後來也沒有發生。

幫派不只管囚犯，也管警衛、甚至典獄長。其中一個人還控制典獄長，有點超過，對吧？有個囚犯還真做過，他的名字叫「青蛙」。那傢伙殺過一百三十二還是一百三十四個人。我記得他以前是步兵，有一次他值勤的時候，遇上學生暴動。大家還不知道到底發生什麼事的時候，他就拿著機關槍朝學生群射。他殺學生就像你殺蒼蠅一樣，用機關槍對著學生掃射。他得為一百多個死掉的人負責，此外，他在監獄裡還殺了一個詐欺犯、一個警衛。

青蛙控制典獄長不只是傳聞，你懂嗎？他在監獄裡行動自如，典獄長來的時候，青蛙就是走在前面的那個人。如果青蛙不喜歡某件事，欸，比方說該為囚犯做什麼事，他就會說：「這件事要處理。」他會提高音量，典獄長聽到了，就得照他說的做。

我和青蛙來往過數次。我在麵包店工作的時候，幫他偷過好幾次東西。我幫他偷過豬油、鬃刷，欸，我沒偷警衛的老母，因為她也沒來過，是吧？當然，我把東西送過去的時候，他總是會付我點錢。我不是在吹噓什麼了不起的事，我不得不那樣，如果不照做，他們會把我當成「皮莫」（*prima*）對待，懂嗎？「皮莫」是罵人的話，意思就是狗屎。

總之我把東西給青蛙，因為他在監獄裡開了一家店。他賣香菸和其他東西。一個囚犯，就算沒有壓著典獄長，只要有點錢還是可以在裡頭開間小店，懂嗎？你得付一大筆錢，但還是可以獲准。有一對有錢的兄弟在裡面開了一家餐廳叫「喬安娜」。他們說它是全墨西哥最好的餐廳。

至於性生活，我告訴你，即使把同性戀跟男人隔開了，還是無比低級、亂七八糟。同性戀在監獄後面有個自己的區域，看到了吧？那些男人，我不知道該叫他們什麼，他們的區域是個木頭搭的棚子，懂嗎？有些傢伙大白天的擦口紅，有些會洗衣服、縫紉、煮飯、做玉米餅，還有人在打情罵俏。

不幸地，很多傢伙在監獄裡很墮落、墮落到谷底了，他們有欲望又沒有女人可以滿足的時候，就會拿個五十分或一披索賄賂警衛，讓他們去「霍塔」（*jota*），就是同性戀區。他去了之後，嗯哼，你可以想像會如何。他選一個他最喜歡的「女孩」。他們平常都穿得跟女人一樣，要檢查的時候，就穿成男人樣。這是規矩，懂吧？

同性戀的事真的讓我印象深刻。有天，監獄麥克風放送新聞，說到有個囚犯強暴了另一個囚犯，受害者是一個十八歲的男孩，因此被送去瑪麗亞群島。以前監獄有女監區，隔離起來，沒人能去。欸，也不能說沒人，因為只要賄賂，在監獄裡哪都能去。如果你賄賂一、兩個警衛，還是可以進去。但至少，你是進去找女人，這比較能接受，是吧？

在監獄裡我從沒找過任何女人，因為總是會遇上困難。而且風險很大；如果被抓到賄賂警衛、擅自離開管區，你會被送去瑪麗亞群島關禁閉。瑪麗亞群島是一個圓形的監獄，只有一層樓，牢房是三角形的。只有一半的牢房有屋頂。下雨的時候，欸，你可以想像那裡有多濕多冷，尤其是晚上。白天的時候你可以待在陽光下，或陰涼的地方，但你不能抽菸，也沒有毛毯或其他東西。

我進去幾個月後，看到拉蒙．加林多在那裡。我從小就認識拉蒙和他的兄弟，雖然他年紀比我大。他們以前在園丁街賣木炭，和我們大家一樣窮。後來拉蒙弄到一台腳踏車，開始做出租生意。我不知道他究竟怎麼做的，不過多少可以想像，總之他把出租生意做得有聲有色。他蓋了一間房子，還開始借錢給別人。他借錢給人一個月要收兩成利息，所以他買了車，很有面子。

後來我聽說他在當地的理髮廳認識很多黑道，經常和他們來往。他以前也很愛喝，常被發現躺在街上，醉得不醒人事，直到有一天他發誓滴酒不沾。他也信守承諾，於是從此一帆風順。他開始跟一些比較安全的朋友悄悄地買一些「燙手」的東西，一夕之間變成社區最有錢的人。

他進監獄是因為在一場街頭鬥毆中殺了一個計程車司機。我遇到他的時候，他已經是監獄裡防身術的講師了。我不知道他怎麼辦到的，但後來他變成囚犯人事主管，最後還和情報單位的主管有密切關聯。事實上，他出獄的時候成了情報員，他的兒子現在都在當警察。他做得乾淨俐落，他一直都在收購贓物。我很清楚，因為我是他的得力助手。

好啦，這些大概就是那七個月我在監獄裡發生的事。我也在那個時候學到關於朋友的道理。在外面，那些說是我朋友的人，我有錢的時候到處跟著我，但我入獄後完全沒來看我，你懂了吧？我出事的時候，我不記得有誰去問候過我的家人。我發現這世界上幾乎沒有真正的朋友。

當我幾乎失去希望的時候，他們把我放了。他們帶我上「朱利亞」，去了法庭好幾次，最後終於和那兩個公園守衛對上了。我被釋放的那天，我人在法庭上，光著腳，穿著很丟臉的衣服，真的是完全的羞辱，那些條紋的衣服讓你看起來像斑馬。我父親和瑪塔也在。律師告訴我，我今天可以重獲自由了，因為他們抓到真的犯人了。法官說：「不好意思。」

我告訴他：「法官大人，您覺得一句『不好意思』就可以抹去我七個月來在這裡經歷的折磨嗎？還有我的家庭受到的極大的道德壓力，以及我這輩子都會被貼上的標籤。」

他說：「現在，不要這樣想，如果你繼續這樣抱怨，就留下來。」我無可奈何，只能閉嘴。如果讓我繼續，我有很多話要對政府說。所以我自由了，只有一句「不好意思」，然後把我放了出來。「不好意思，我們抓到真的犯人了。」

我可憐的父親花了一千兩百披索把我弄出來。他被坑了，因為我的案子其實很簡單，那個律師根本沒花什麼力氣。沒有實質證據對我不利，而且兩個目擊者和另外三個證詞矛盾。我同意，如果有人犯下不正當的行為就該被處罰，但我是被誣陷的。他們對我做出這種不公平的事情之前，我相信法律，但這之後，如果這是正義，世界上還有正義可言嗎？

他們從我的生命中偷走了七個月！我不是在抱怨，但我痛恨所有有關法律的事。警察和情報員只是有執照的小偷。他們會因為任何一點小事打你。我隨時準備當面對著他們開罵。這也是為什麼只要有抗議或暴動，我一定參加，完全不問目的，只為了有機會打警察。而且如果有警察被殺了，我當然不是真的高興，但至少覺得他罪有應得。

這裡沒有法律，只有拳頭和金錢，這才是最重要的。叢林法則才是最強的法律。經濟上強勢的人可以笑。就算他犯下滔天大罪，在法官和警察面前也可以像隻無辜的白鴿，因為他給了一大筆錢。但如果是一個窮人犯點小錯，就大大不同了！發生在我身上的事，可不是千分之一的機率，現在還是不斷在發生在其他人身上。我真的不懂什麼是正義，因為我從沒看過它。

如果有地獄，就是在監獄。就連我的頭號敵人，我也不會希望他進去那種地方。有六個卡薩格蘭德的男孩坐過牢，但只有一個真的犯罪。其他的就像我，打架惹上麻煩，再加上運氣不好。我不是說我不該好好被管教，就算我沒犯下他們指控我的罪，我也做了別的壞事。我是一個壞兒子、壞哥哥、壞酒鬼……我同意我該受罰，但我不會停止抱怨他們冤枉我的事。

墨西哥是我的國家，對吧？我對它也有特別的、深厚的感情，尤其是首都。我們有言論自由，更重要的是，有自由做我們喜歡的事，這是我在其他地方找不到的。我在這裡總是比較容易討生活……即使只是賣南瓜子，也可以活下去。但對於墨西哥人，欸，我對他們沒有好印象。我不知道是不是因為我自己就是行為不檢，總覺得他們心懷不軌。

強者生存是這裡的法則。如果有人摔倒，不會有人去幫忙；相反地，如果可以推他們一把，他們會動手。有人溺水了，就把他壓下去。有人要贏了，就把他拉下來。我不是多聰明的人，但工作上，我總是領先……我賺得比我同事還多。他們發現了，就會在老闆面前設計我，把我攆走。一天到晚都有人說，誰搶劫了、誰殺人了、誰說了什麼，或是誰走偏了。

是因為缺乏教育的緣故嗎？有那麼多人連名字都不知道怎麼寫！他們在說憲政主義……這個字眼聽起來好聽又響亮，但我甚至不知道那是什麼意思。對我來說，我們活下去是靠暴力……殺人、偷竊、攻擊。我們必須隨時求生，長期保持警戒。

大概下午兩點半的時候，他們讓我出獄了。我直奔聖殿去感謝聖母。我告訴家人我發願要去查爾瑪。當時不是一年當中基督的節慶時期，所以沒有人想去。瓜達露佩阿姨要我堅守承諾，所以我自己一人去了。這次我一路光著腳，從聖地亞哥走到查爾瑪，大約三十或三十五公里左右。我一路不停地走。這一趟旅程很艱辛。路上滿是泥濘，我覺得好像踩在口香糖上，我的腳陷了下去，被石頭割傷。

我不顧疼痛。我一心專注實踐我的諾言，不回頭。路程越辛苦，對我越好，肉體上的苦楚愈多，我愈加滿足。對我來說，那就是朝聖的目的，受苦受難，犧牲奉獻。去的途中，我幾乎要被擊垮，感到絕望，但回程的時候，我只感到無比的輕鬆。

不久之後，我又被警察抓了，關進監獄，因為我在牢裡的七個月，沒有去為我第一次判刑的地方簽到。你連續三次沒簽到，民間承辦單位會通知情報局，警察就開始找你。我覺得這不合憲法，因為承辦單位應該有他們自己的私人警察，而不是從司法部門派。總之，我很快就出獄了。我混了一陣子，然後就出發去韋拉克魯斯。

康蘇薇若

Consuelo

瑪塔失蹤的那天晚上，比起瑪塔，我更擔心父親的反應。羅貝托到處找她，我和寶拉在家等。終於，我們聽到父親的鑰匙聲。我記得當時我在縫紉，寶拉和小寶寶在睡覺。父親隨即問：「瑪塔在哪裡？」他的聲音聽起來很乾澀也很疲倦。我不敢回答。和往常一樣，父親一進門，羅貝托就跳了起來，他說：「她還沒回來。」我們等著各種難聽的字眼和訓斥像洪水把我們淹沒，但父親反應出乎我們意料。他說：「哎呀，哎呀，我們去找她。」他們兩人就出門了。

不久之後，我聽到馬努埃爾在吹口哨，於是幫他開門。他從不過問家裡的事，今天也一樣。我什麼也沒告訴他，看著他在地板上鋪他的「床」。父親進門時，他躺在地上。「這是怎麼回事？她回來了嗎？」馬努埃爾跳起來，一臉疑惑。

父親看著他說：「去找你妹妹，混蛋！她人在外面，你還躺在這裡！快走！」通常，馬努埃爾對於命令總是拖拖拉拉，但這次他動作迅速得像根羽毛一樣。

他們三人回來的時候已經很晚了。父親臉色凝重，羅貝托垂頭喪氣，馬努埃爾昏昏欲睡。父親命令我們去睡覺，把燈熄了。

我看見他矮小的身軀，一動也不動，站在廚房，像扎根在地上的水泥塊一樣。他在抽菸，點燃的菸頭在黑暗中燃燒。我無法理解為什麼我妹妹的舉動這麼要緊。我只知道父親又傷心又擔憂。我睡著了，也等待著。

父親一大早就把哥哥們叫醒，要他們出去找瑪塔。他把咖啡廳的電話號碼留給我，然後去工作了。大約下午三點的時候，瑪塔回來了。她綁著辮子，穿著短襪，看起來是那麼的年輕！但她似乎準備大吵一架，我也沒在怕的。我擺出姊姊的權威。「妳昨晚去哪裡了？」她轉過來，輕蔑地看了我一眼，這讓我火了。她開始罵我，我一把抓下掛在門後的皮帶。我打算抽她個幾下，但她不讓我打，一邊尖叫一邊抓我。羅貝托回家後，我們才停下來。

我去庭院的水塔，把手臂上的血洗乾淨，也遇到了伊蕊娜，才知道瑪塔昨晚是和克里斯平過夜，這人後來變成瑪塔的丈夫。我了解了，然後開始傷心欲絕地痛哭。克里斯平的父母來找我父親談，但我沒聽到他們談什麼，因為我被叫到屋外。

瑪塔搬去和克里斯平住的時候，我非常生氣。我夢想她戴著眼鏡、穿著整齊的去上學讀書。我想像她十五歲的生日和她的婚禮，父親牽著她走進教堂！但是現在，我看見我的夢變成一個惡夢，我妹妹沒註冊就結婚，帶著小孩，穿著破圍裙走去市場，頭髮凌亂、鞋子破舊。我的美夢破滅了。

我第一次拜訪克里斯平為瑪塔準備的房間時留下深刻的印象，因為他們需要的東西，床、桌子、椅子、小煤油爐，以及夠用的碗盤鍋子，應有盡有。但是後來他們常常吵架，瑪塔告訴我克里斯平打她，我氣極了。我覺得他是個粗暴、善妒的丈夫，沒有盡到應盡的責任。他們發生爭執時我會介入，也總是站在我妹妹那一邊。但是後來我聽了克里斯平的說法，才發現其實是瑪塔的錯。她堅持要和我哥哥羅貝托，還有她那些幫派朋友出去，就像她結婚之前一樣。要是克里斯平反對，她就揚言要跟羅貝托走。羅貝托什麼都護著瑪塔，因此，克里斯平完全不希望我們任何一個去拜訪他們。我教訓瑪塔沒有把家打理好或不服從丈夫，她便會指責我，說我喜歡克里斯平。在那之後，我就不管他們的事了，但我仍然相信，如果瑪塔循規蹈矩，她和克里斯平也許會過著好日子。

在家裡，寶拉懷了第二個孩子。父親用線綁了一塊布簾在房間裡隔開她的床，阿拉那斯就是在布簾後面出生的。一年後，德明哥來到了這個世界。我的姪子姪女出生時都受到妥善照顧，不過老大瑪莉琪塔一直都是最受寵的。她照亮了整個屋子，我很愛她。

我也學著去愛看起來像聖人一樣的寶拉。她為她的小孩而活，不過她處罰小孩的方式總是激怒我。我的瑪莉琪塔才十一個月大就被她母親呼巴掌。因為某些理由，寶拉要這個小女孩為她弟弟做的所有事情負責。如果他們尿床了、摔倒了、撞到了，瑪莉琪塔就會被拉頭髮或打屁股。我從不敢干涉，但通常會用力甩門，然後出去。

不管馬努埃爾對寶拉有多惡劣，她始終愛他。她會替他掩飾過錯，從不向我們或我父親抱怨。她整天都在縫紉或修補衣服，還有照顧小孩。她很少出去看電影或多買件衣服。馬努埃爾總是不在家，半夜或天亮才回來。寶拉隨時都準備伺候馬努埃爾，半夜開燈，把大家吵醒，就為了幫馬努埃爾準備吃的。有時候半夜三、四點，他會開燈閱讀。這有惹毛我，因為我得一大早起來去工作，但寶拉從沒對這說過任何一句話。

我不記得曾經看過我哥哥對他妻子有任何的愛。他要不講話粗魯，或者一句話也不說，埋頭在雜誌和報紙的故事裡。我不相信他真的愛她。他甚至寧願睡在地板上，也不願和寶拉與孩子們擠在床上，無論如何，他們的婚姻生活不太健全，因為他們毫無隱私可言。偶而他會告訴我們他們要去看電影，但我想他們是去旅館了。

隨著我的年紀漸長，我愈加意識到一大家子住在一間房間裡，受到的限制與要容忍的事情很多。我的情況是，我喜歡幻想、做白日夢，所以我特別討厭我的夢被打斷。我哥哥會說：「喂！妳怎麼搞的！看起來恍神恍神的。」把我拉回現實。或聽見我父親說：「起來，還在做夢！動作快！」

回到眼前的生活，我就得忘記我幻想的美麗房子，只能嫌惡地看著我們的房間。黑漆漆又簡陋的衣櫥，窄得像棺材一樣，塞滿了五個、七個，或九個人的衣服，就看當時多少人住在家裡。那個斗櫃也是，全家人共用。如何穿脫衣服不被看到是個問題。到了晚上，我們得等到熄燈，或躲在毯子底下，要不就是穿著白天的衣服去睡覺。安東妮雅一點也不在乎換衣服時被看到，但寶拉、我和瑪塔非常保守。羅貝托也是，他早上起來會裹著被子到廚房去更衣。我們女人等到男人和小孩出門後才會關起門來換衣服。但總是會有人在外面等，不耐地敲門，叫我們快點。我們從來就不能拖拖拉拉地混日子。

在鏡子面前左顧右盼，整理頭髮、化妝，根本是極大的奢侈；我從來就不能那樣，因為屋裡其他人會挖苦、嘲笑我。我在卡薩格蘭德的朋友也都這樣抱怨他們的家人。直到今天，我還是慌慌張張地照鏡子，好像做什麼虧心事一樣。我想唱歌、舒服地躺著，或做什麼不被家人接受的事，都得忍受他人的評論。

住在一個房間裡，也必須和其他人步調一致，不管你願不願意，都得聽從最強勢的人。我父親之後，主導的就是安東妮雅，接著是恰塔，然後是我哥哥。弱小的人可以贊同也可以不贊同，也可以生氣或不滿，但永遠不能表達意見。例如，我父親一聲令下，我們都得在同一時間上床睡覺。即使我們都長大了，他還是說：「上床！明天要工作。」就算才晚上八、九點，我們一點也不睏，但因為父親隔天一早要起來工作，我們便得熄燈。好幾次，晚上我想要畫畫或閱讀，但才剛要開始，就聽到「上床！熄燈！」我就得把我的圖畫留在腦子裡，故事也未完待續。

白天的時候，安東妮雅是決定我們聽哪一個電台頻道的人，晚上則是由父親決定。我們特別討厭聽「益智兒童」（*los niños Catedráticos*），因為我父親會說：「一個八歲的小孩就懂這麼多……你們這些驢子，也不想讀書，以後你們會後悔。」當我父親或安東妮雅不在家的時候，我們為了收音機，吵得可激烈呢！

恰塔管家的時候，有她自己支配我們的一套。她打掃完畢之前，會叫我們通通在庭院等，有時候因為太冷了，我會想上廁所。她不開門，我會邊大叫邊跳腳，讓所有鄰居都聽得到「哎呀！恰塔，讓我進去。我要上。我忍不住啦！」她為了報復，會把大門打開，路過庭院的人就會看到我在廁所門下的腳。我努力把腳藏起來，求她把大門關上。她總說：「誰會注意一個小孩？」

廁所只有半邊門，完全沒有隱私。而且很窄，恰塔必須斜著身體進去，半開著門才能坐下。安東妮雅老是開上廁所的人玩笑。如果馬努埃爾待太久，他經常待很久，安東妮雅會說：「是要剪短一點，還是要我帶把剪刀給你？」如果是我，她會說：「妳還在裡面？我以為妳已經在聖拉薩羅了！」聖拉薩羅是城裡下水道的出口，所以她的意思是我摔進了排水管。有時候，胡鬧的那個人是我。羅貝托在裡面的時候，我會打開前門大叫很臭。他會生氣大吼：「把門關上，不然要妳好看！」但我會在他出來前躲到庭院去。有人在廁所時，我也會在外面跳腳，吵著說我要進去。我記得馬努埃爾嘴巴咬著雜誌或漫畫出來，雙手一邊拉褲子，怒氣沖沖看著我。安東妮雅還沒好之前，不管外面多吵，絕不出來。通常我得把大家都趕出去，才能用廁所。

有時玩笑會開得有點過頭。安東妮雅便祕，因為脹氣而難受。她試著想忍，但多半笑著說：「如果忍耐會肚子痛，為什麼要忍呢？」可是，如果我們有人因為這樣去廁所，她又會拿這個取笑：「也太大聲了，妳是咳嗽嗎？」我們會回答：「妳半夜像機關槍一樣，我們還看得到被子掀開呢！」我們小的時候，如果有人發出聲音，父親會笑著說：「哎呀，是誰呀？一定是老鼠。」但後來他會兇巴巴罵人，叫那個罪魁禍首去廁所。父親不在的時候，馬努埃爾和羅貝托會互罵「髒鬼」或是「豬」，被罵的那個就會臉紅害臊。如果沒人應，我們就當沒事算了。

但比起當著眾人的面被罵，這些都只是小事。我常想，如果父親私下打我，我也不會那麼介意。但每個人都聽到他把我罵得那麼難聽，就算他們假裝沒聽到，也只會讓我更受傷，覺得更丟臉。哥哥妹妹也都這麼覺得。我們其中一人被罵的時候，其他人也同樣覺得受罰。我父親罵人，會越罵越難聽，直到被罵得狗血淋頭，幾乎要哭出來。

我漸漸盡可能不待在家裡。父親沒和我們一起住的時候，我想跳舞就去跳舞，甚至不管羅貝托反對。馬努埃爾不太管我，但羅貝托仍像隻老鷹一樣盯著我。如果我和同一個男生連續跳了兩、三支舞，他會說：「不要再和他跳了。我看不下去！」他看那男孩的眼神像要殺了他一樣；他們會說光看著羅貝托，就知道他正盯著我。如果我不依他，他會把我從舞伴的懷裡拉走，拖著我回家。但是如果能再回去跳，我就會再回去，讓他知道他不能指使我。只是他會告訴父親，我就會被罵。即使我哭著保證我不會再去，只要音樂一放，我又會忍不住。我會把咖啡留在桌上就跑去跳舞。

羅貝托的朋友佩德羅・李歐斯也住在卡薩格蘭德，我父親搬走之前我就和他開始交往了。佩德羅人很好，不計較我以前刁難他。他最不喜歡的事就是我去跳舞。但我還是會去，反正他也會去喝酒。他會盯著我，我跳舞的時候就把我帶走。

「妳根本是在耍我。」他說：「妳知道我愛妳，所以偏這麼做，但如果妳一直這樣，我們真的會吵架。」

「我戒掉跳舞前就會跟你分手了！」我總是這樣回答他，最後也跟他分手了。

當時，維辛達的男孩會說：「卡薩格蘭德的女生是我們的。」那也是真的。外地人若想找卡薩格蘭德的女孩，通常會很慘，因為男孩們會打他或找他麻煩。佩德羅和其他幫派裡的人說，我們女孩子不該跟陌生人跳舞或說話，但我不理會。只要我喜歡那個人，我就會和他跳舞。我就是這樣認識迪亞哥·托拉爾。

迪亞哥是個皮膚白皙的年輕人，有時嚴肅有時詼諧。他穿的很體面。我得找個藉口和佩德羅分手，才能和迪亞哥交往，可是佩德羅沒有給我任何分手的理由。既然我這麼喜歡迪亞哥，我就和他們兩個都交往。之前我只在跳舞時和迪亞哥見面。如果佩德羅和迪亞哥都去跳舞，我就會離開。有一天迪亞哥約我在一間學校附近見面。我已經告訴佩德羅同一時間在錫匠街的拱門等我了。學校的門有兩邊，佩德羅在一邊等我，而我跑過學校的花園跑到另一邊見迪亞哥。我的心臟噗通噗通跳。「我只能待幾分鐘，你也知道我哥哥是怎樣的人。」這樣迪亞哥就滿意了。

我回到拱門去找佩德羅。他堅持要帶我去花園散步。但我不想，因為迪亞哥說不定還沒離開，我不知道怎麼解釋，但我不害怕，反而一派輕鬆。我心裡偷偷笑著他們兩個。

我和迪亞哥沒有交往很久，他就向我求婚。當時結婚對我來說沒什麼意義，我甚至覺得不可能。迪亞哥說：「妳想要有個裝潢美麗的房子嗎？」

「裝潢？」我不懂那是什麼意思。他向我解釋，但他滔滔不絕的時候，我心想：「你以為我會相信你？哼，才不呢！騙子。你騙不了我的！康蘇薇若，不要相信他，千萬不要。」但我依然甜言蜜語地回答他，我說：「想啊！那一定很棒！」但我內心覺得很可笑，我完全不相信他們任何一人。我也不知道為什麼。可能愛情從來就不是我的理想。

我哥哥羅貝托的朋友就是我的朋友。但感謝他的影響力，加上我自己也不喜歡低級的惡作劇，那些朋友都很尊重我。其他幫派的人都很怕卡薩格蘭德的男生，因為他們都是流氓，又愛惹事。我常聽到卡薩格蘭德的幫派和卡薩維德或陶工街的幫派打架，卡薩格蘭德的人以前會聚在拱門前，人數多到妨礙交通。他們會唱歌、玩耍、鬼扯、遊手好閒。

月亮和星星升起時，我父親口中那些「混帳」和「懶鬼」會聚集在我家門口。佩德羅和我感情好的時候，他們就唱情歌；感情不好的時候，就唱些挑釁或絕望的話，有一次我和佩德羅吵架，吵得很兇，他們就唱：「假惺惺，妳這個假惺惺的人。可惡的人，妳騙了我，說著殘酷的話語毒害我。妳不愛我，我只好一了百了。」我躺在床上，高興地聽著他們的美妙歌聲，像催眠曲一樣，也知道佩德羅在那裡。我覺得那些歌是特別為我唱的。但隔壁的女人對著他們大罵：「懶惰鬼！你們不覺得丟臉嗎？帶著你們的噪音去別的地方吵人！」

之後，有戶人家搬進五十三號，他們有台唱片機出租。五月十日母親節的時候，他們會播生日快樂歌（*Las Mañanitas*）送給媽媽們。每年母親節還有個習俗，就是早上四、五點的時候，為瓜達露佩聖母唱生日快樂歌，並找來神父主持禮拜。我們女孩子和一些社區的女人會早起，穿上層層外衣，因為一天的那個時候很冷。唱生日快樂歌之前，守衛還會放煙火。

每年讓我火大的日子是六月二十四日的聖若翰洗者日。一到午夜兩點，公共澡堂的號角就會響起，震耳欲聾。每個人都會被吵醒。幫派裡大一點的男孩會在那時去澡堂游泳，有些女孩也會去，但我從來沒去過。瑪塔以前告訴我，他們會發玉米粥、墨西哥粽、糖果和花，而且還有游泳比賽，我哥哥羅貝托總會參加。游泳池整天都會播放音樂。他們告訴我真的很好玩，但我總是想著，他們穿著泳衣跳舞，能看嗎？所以我從來不去。

後來又有一個新的玩法變成習俗。復活節之前的那個星期六，大家會互相潑水，直到全身濕透。那可能是源於焚燒猶大的肖像。那天我站在主屋頂上看，一些男生拿紙包的磚塊粉末丟在別人身上。陶工街的幫派在街上走成一個大圈，忽然有人拿一瓶水向他們潑過去。其他人也迅速拿起水瓶和水桶互相潑水，我想這就是那個習俗的由來。

但我真的很討厭潑水。水一潑出去，他們就完全不尊重別人了。在卡薩格蘭德，男孩也會潑女孩。男人女人拿著水潑來潑去。每個人都像洗了澡，即使他們已經打扮好準備要出門，因為那天通常是休息日。女孩們看起來才真的恐怖，披頭散髮，衣服濕透了黏在身上。你幾乎可以說她們裸體了。我從屋頂或門後看著她們，看得津津有味，但也有點不悅。

我比較喜歡聖誕節的慶祝活動，我也會參加。聖誕節前夕所有人會打掃、布置庭院。我們會守著庭院，以免小孩子跑出來扯掉裝飾品。有些人從屋頂拿柴火下來，準備晚上點燃，在路邊堆起小型的營火，慶祝聖誕節的來臨。

但那些工作做完後，父親就不准我出門。我通常整夜都在哭。半夜的時候，澡堂會吹起號角，小孩子會敲著電線桿（是鐵做的，敲起來會很像鈴鐺的聲音），號角聲此起彼落，還有鐘聲，人們會擁抱，互道：「聖誕快樂！」我也想像其他人一樣開心，但那之前，我家就會熄燈，我們全都躺在床上，父親盯著我們，確保我們沒有溜出去。

我熱愛所有宗教的事物，從不缺席宗教的聚會，我把那當成快樂的責任。我將信仰和希望託付基督，凡事都祈求祂的應允。我將學業、工作和我每一天的悲喜都交給祂。每當午後、夜晚，我獨自一人時，我全心奉獻，向祂祈求，並許下承諾。我一直都嚴守第一條戒律，欽崇第一天主在萬有之上，只是我從沒實現第二條，無呼天主聖名以發虛誓。很不幸地，我常需要說謊。

我第一次進到教堂裡，對我而言彷彿進入了聖地，我的意思是，和平的大門閃耀著一道道白色的光芒，為我而開啟。我的禱告總是祈求我哥哥不要學壞，上帝寬恕他們、改變他們，並且給我堅持的力量。我會幫助他們成長、學習、堅強。在教堂裡，我感到自己無比的渺小。上帝是我的一切，祂就在祭壇的那頭。我總是獨自去教堂和墓園，總是承諾會善良且謙卑。「勿允許我驕傲」是我對自己的要求。我希望像聖方濟一樣善良謙卑，但我並沒有。

多年來我不斷央求父親送我去修女學校。我努力了好久，甚至到十八歲都還沒放棄。但是，約藍達和她丈夫阿弗雷德先生告訴我，當修女要先付一大筆錢，我因此就幻滅了。他們還告訴我當修女必要的犧牲奉獻，但那並沒有動搖我。睡在硬床上對我來說是一件可被稱讚的事，是犧牲，沒錯，但那是為了服侍受了那麼多苦難的耶穌。有一次我看了一部電影，是有關耶穌基督偉大的情操，我不停地流淚，甚至想要放聲大哭，多希望我能在那裡，擁抱主，幫祂揹著祂的十字架！那段記憶永遠不會被抹滅。祂所受到的屈辱啊！我對祂的愛比什麼都深。當我哥哥欺負我，我父親訓斥我，或我遇到什麼難過的事情時，我會想著：「祂如此神聖，仍受了這麼多苦難，我這個卑微的人難道吃不了苦嗎？我的苦難和祂的比起來算什麼！」於是我便會感到寬慰。

我十七或十八歲之前不懂得彌撒的意義。有天下午，我和露培一起下班，她是我同事。當時我在會計師那裡工作。她受的宗教指導比我多得多，而且總是會去望彌撒。她問我是否也去望彌撒，一開始我回答「是」，但因為她看起來是個很單純的人，所以我大著膽子問她：「聽著，彌撒是什麼意思？」

「他們沒有告訴妳嗎？」

「從來沒有。我去的時候，大家下跪我就跟著跪，大家起來我就跟著起來，他們說什麼我就跟著說，但我不知道為什麼。為什麼要隨著鐘聲起立、跪下？」

「我告訴妳，他們敲鐘的時候……」於是我認識了彌撒偉大的意義。我沒想到，會有人向我解釋。

我第一次的宗教朝聖是和我姨丈伊格那西歐還有阿姨，一起參加送報員工會的朝聖。我們四人並排前進，有些人帶著花。雖然他們都很窮，卻很守秩序。有些人唱著「哈利路亞」。我只是一直望著遠方的一點，那一點很快變得很近。我很高興我到了。第二次隔了好一陣子，是我從商業學校畢業的時候，所有人穿著學士袍、戴著學士帽去瓜達露佩聖母殿答謝。我從來、從來沒有失去見到主的希望。

有一次，羅貝托的命名日，克里斯平付錢租了唱片機來慶祝。正當我要坐下的時候，克里斯平和瑪塔把椅子從我屁股底下拉開。當然，在場的人看到我摔倒都笑了。我又丟臉又生氣，真想死了算了，但我一個字也沒說，走進屋裡。在屋裡，我不用害怕被人笑，因為父親嚴禁打開家門，他只出借播放音樂的電源。

幾分鐘後我就從瑪塔和克里斯平那裡討回公道。他們在跳舞的時候，我從屋頂倒了一鍋水到他們頭上。瑪塔開不起這種無傷大雅的玩笑，立刻跑去向父親告狀，她大叫：「爸爸，妳看瘦子幹的好事！你叫她不要嚇克里斯平！」

我從梯子上笑著下來，但一看到父親就收起笑容。在大家面前，我被他甩了一巴掌，又罵了一頓：「我討厭幫不值得幫的人！」父親傷我很深，我開始想著隔天要如何離家出走。我真的做了。我帶著幾件衣服，去了珊蒂多斯家。

珊蒂多斯住在一個叫作馬丁內斯殖民社區的小市場裡、用廢棄木頭和厚紙板搭建的攤子。她把一些蔬菜、糖果和藥草放在板子上賣。在她那裡，我吃到用陶板烤的原味仙人掌葉，吃得很開心，睡在只鋪了一層薄薄稻草的泥地上，蓋著幾條被子。那個殖民區在都市郊區，睡覺的時候還有青蛙與蟾蜍的呱呱聲相伴。醒來的時候，我整個背都是跳蚤咬的痕跡，睡覺時我從頭到腳都包得緊緊的，就怕老鼠靠近。

夜晚煤油用盡的時候，珊蒂多斯會點燃她買的小蠟燭，我們兩人坐在長凳上，她會跟我聊些宗教的事或打瞌睡，我手托著下巴，半闔上眼，聽著她溫柔的聲音，讓我感覺到了我一直在尋找的東西——家和母親。

和她住在一起的那一週，我真的很快樂。我覺得自己好像是她的女兒。我沒有跟誰吵架，也不用匆忙趕著做什麼。她從不罵我，也不讓我有一絲悲慘的感覺。如果我父親沒來找我，我就會一直住在那裡。但他來了，用嚴厲的口吻說：「妳給我回家，否則我把妳送進少年管教所。」

「我不想回去，我在這裡很快樂。」我對父親這麼說。但這並不意味著什麼。他依然站在門口等我。我哭著向珊蒂多斯道別。她也哭了，但我還是回到了我家。

不久之後我搬到露碧塔在玫瑰街的家。在那裡我哥哥羅貝托沒找我麻煩，因為他不准進那間屋子。我和一半血緣的姊妹安東妮雅、瑪莉蕾娜看似友好，但我想她們心裡完全不在乎我。好幾次小雅向她朋友介紹我的時候，都只說我是一個熟人；她從不說我是她妹妹。這樣對我很不禮貌，但我並沒有為此和她爭吵，因為我也不喜歡對別人說她是我姊姊。我認為她很粗魯，她用的詞彙跟笑話會讓人臉紅失笑。我父親另一個年幼的女兒瑪莉蕾娜非常善變。我不想理她，因為她對我父親很兇，常隨便頂嘴。

對我較好的人是露碧塔和她另外兩個年長的女兒，伊利達和伊莎貝爾。她們是別的男人的小孩，露碧塔發現那個男人已婚後就和他分手了。我父親也對她隱瞞結婚的事，我想她永遠也不會原諒他。無論如何，即使在她小孩還小、需要幫忙的時候，她也從沒向他要求過什麼。也可以說，安東妮雅八歲之前，即使他和露碧塔都在光芒餐廳工作，他也相當於拋棄了她們。當安東妮雅生了重病，央求見她父親的時候，他才開始每三天，帶著禮物和食物見她們一次。因為他對安東妮雅非常好，露碧塔再次接受了他。即使瑪莉蕾娜出生後，露碧塔對我父親也沒再要求什麼。

一開始，我對露碧塔無感。她對我好，我只覺得虛偽。對我來說，他是我父親的「另一位女士」，是讓我母親受苦的女人。但當我看到她對她自己的女兒有多好，對我的哥哥妹妹也是，我不禁開始懷疑她是否真那麼壞。而且，我看到她家比我們家還小、還窮的時候，我便相信父親對我母親和我們比較好。

比起我父親其他妻子，他不是很關心露碧塔，也許是因為露碧塔比他壯又比他老。露碧塔很不屑男人；他們都是風流又不負責的人。當我問她，我是否該和佩德羅・李歐斯結婚時，我說他是個死板的人，她的回答是：「老天保護妳不被死板的人欺負，妳自己保護自己不被無賴欺負！」在她眼中，男人都嫁不得。但她的挖苦和不信任也沒有傷害任何人，因為她對所有人總是很客氣。她為孩子處處犧牲，從不拋棄她們。她的女兒就是她的世界，對我而言，她是一個理想的母親。

伊利達和伊莎貝爾從不像我一半血緣的姊姊那樣招惹我。有一次我向她們坦承，我覺得自己被拋棄了，伊利達安慰我，她說：「不，康蘇薇若，不要在意別人。畢竟，妳和爸爸在這裡，這是妳的家。」我很感謝她對我說的話，但還是對一半血緣的姊姊有一種抱歉的感覺，畢竟父親待我們不同。

某天開始，我用錢的方式改變了。父親把薪水丟向我的那天起，我就不給他錢了。有一天我照常給了他五十披索，自己一毛錢也沒留下。晚上的時候，我向他要錢買襪子，他不給我。隔天我又問了他一次，但解釋的比較多：「爸爸，給我錢買襪子。我襪子不多，都破了。只要九披索。」我猜父親心情不好，因為他把五十披索往我的臉上丟。「拿去！妳的錢拿去！我一點都不需要妳的錢。我還有力氣工作！」

如往常一樣，我默默走了出去，靠在欄杆上哭。露碧塔過來叫我不要理我父親。我沒有回答，因為我哭得說不出話來。但我心想：「我向自己保證，從現在開始，我再也不會給他任何東西。我自己花我賺的錢。」於是就變成這樣。用自己的錢買東西讓我覺得好過多了。我有工作，想要的話，也能輕易借到錢。我再也沒給父親錢，他也沒向我要。只有一次，我大膽問他，我第一次給他五十披索，他拿去買的小豬長得如何了。他回答我，小豬長得很胖，他要賣掉了。只有這樣。

我的世界在家門外。我起床，梳洗或洗澡後喝點咖啡，整理東西後就去工作。我工作的時候很快樂，下午幾乎沒什麼工作，一整天也不會發什麼脾氣——完全不同。我常收到禮物、聽到奉承的話。也許有點誇張，但聽到「綠色眼睛的女孩（*niña*）」或「康蘇薇若小姐」都會讓我精神振奮。別人請我做事都很客氣，如果我犯了點錯（我經常犯錯），唯一的指責就是「綠色眼睛的女孩」。

我幾乎很少去卡薩格蘭德了，一個禮拜只去一次，看看寶拉和孩子們。馬努埃爾向我父親借了一筆錢，開了間小小的鞋廠，認真工作了一陣子。他專心投入他的事業，看似樂在其中。我記得看過他嘴裡叼著菸，拿著鞋底，在六十四號和鞋店之間走來走去。我總是可以看出他的事情是否順利，他會用堅定有力的步伐快速行進，彷彿想和地球表面多一點接觸。他坐下吃飯、講話更有把握。這表示他口袋裡有錢。每次他累積夠多鈔票時，一定會在我們面前拿出來展現一下。

馬努埃爾哥兒們的爸爸是個鞋匠，有天他在庭院裡把我攔住，對我說：「妳是馬努埃爾的妹妹，對吧？欸，跟妳父親說，如果馬努埃爾不好好檢討一下他的行為，很快就會倒店的。妳哥哥和他們那群朋友八成常打牌，我兒子也是，如果再這樣下去，他們兩個都會沒救的。他們已經關在店裡，打牌打了三天三夜了。」

我聽了那個人的話，但沒有告訴我父親。我哥哥一定賠了很多錢，因為工人會來我家討薪水。馬努埃爾會躲在門後說：「跟他們說我不在。」有一次我大喊：「馬努埃爾，有人找你！」不管他願不願意，他出來了，嘴裡唸著：「多嘴的八婆！愛管閒事，祝妳的豬嘴燒掉算了。」

接下來的那個禮拜，我哥哥的店就空了……他把全部的東西都賣了，我父親大罵馬努埃爾，他只是站在一旁，雙手插在口袋裡，臉別過去。他想說什麼父親都會要他閉嘴。馬努埃爾不只是丟了生意，也丟了父親對他的信心。

後來，小雅看她母親對我好，就和我作對，因為一次激烈的爭吵，我搬離了玫瑰街。我不知道羅貝托為了什麼來找父親。安東妮雅在酒館工作，那天早上醉著回來。她看到我哥哥就把他趕出去。我感到血液在沸騰，不管怎麼說，羅貝托是我哥哥，看到他這樣被羞辱，我覺得很難過。

我不怕面對安東妮雅，好阻止她那些荒唐的行為。自從她生病後，每個人都怕她，她變成了老大。她曾告訴我：「我利用生病的事來對付大家。我只要對他們大叫，他們就會沒輒，這招很有用。」那是真的，那天晚上我以為可以揭穿她的真面目。我會證明她可以乖乖聽話。現在她痊癒了，為什麼大家還是這麼怕她？

小雅看到我憤怒的眼神，於是羞辱我。她打了我一下、又一下、再一下。我試圖反擊的時候，露碧塔和我父親嚇傻了。露碧塔大叫：「天啊！孩子，出去，出去外面，快！她會把妳打成重傷。」

有人推著我出去，拉著我回家。我邊罵邊走了。每次打架必定跑掉的我，偏偏老是遇上打架。

我回到卡薩格蘭德，告訴羅貝托剛才發生的事。我知道他們剛剛那樣對我，羅貝托也會很傷心。我走到外面，坐在小花園的台階上。當時已經超過晚上十點了，四周一片黑。約藍達說得對：「唔，康蘇薇若，你是個孤兒的時候，每個人都會來占妳便宜。我也是個孤兒。他們都想把妳當成抹布一樣利用妳，如果妳放任他們，只會讓自己更慘。」

這位女士曾經警告我的事情都成真了。我們的父親給我們的愛全都被偷走了。所以他在露碧塔家才會變了一個人。在那裡，他會說笑話、和鄰居聊天，很晚才吃飯，晚上十一、二點才熄燈。中午吃飯的時候，還會買汽水給大家喝，出門的時候，也讓我一半血緣的姊姊們跟在後面，才能給她們錢看電影。他還叫露碧塔的小名，對那裡的生活似乎很滿意。

每當我不開心的時候，會抬頭看著夜空，到處尋找，尋找我渴望的愛。我會特別凝望著一顆星，因為有一次阿姨曾經告訴我，我母親在天堂眷顧著我，每天晚上都化成天空中的一顆星星。即使那時候我已經是個大女孩了，我還是多少相信，也這麼告訴瑪塔。現在我開始輕聲和那顆星說話，祈求它給我力量，如果真的是媽媽，求她阻止這一切。為什麼她不能讓我父親明白他對我們的所作所為呢？

我不知道為什麼，過了一陣子，父親又回到卡薩格蘭德。有天下午他就回來，把肩上扛著的箱子放到床底下，一句話也沒說，又出門了。後來小雅也回來和我們一起住。她幾乎不打人了，但變得非常緊張。

一九四九年三月，父親對我和小雅說：「妳們想要學些什麼？難道妳們要一輩子當個廢物嗎？我會盡我最大的能力讓妳們讀書。所以，找一間妳們想要讀的學校。」這些話說得很突然，但我很高興，辭掉了鞋子公司的工作。

我認為工作是很嚴肅的事。所以我非常想去讀書。有個鄰居薇拉，某天下午找我和安東妮雅說話，跟我們說她正在上瑪麗亞拉戈學院的商業課程。她說學校很好，也不貴。「商業課程！」我心想，她學了那個，將來一定會從事重要的工作。安東妮雅雙手交叉，聽了之後笑著說：「好的，我會告訴我爸爸。看看他覺得如何。」小雅告訴爸爸，他同意了。

安東妮雅選了我父親喜歡的課程，服裝製作和設計。我心想：「每天坐在裁縫機前面多無聊，而且那裡的人很煩，只會說『這個打摺不對，還有那顆釦子』。」我告訴父親：「我比較喜歡文學和閱讀。」他也答應了，我讀了速記、打字、西班牙文、檔案管理、商業文件、簿記、書信往來、算數。

在學院裡，我開始覺得我不是那麼沒用的人。在那裡，我可以告訴同學我的夢想，不用怕他們不理我或嘲笑我。我第一年非常用功，並把我們課堂上打字練習的箴言謹記在心：「恆心致勝」、「走正確的道路，成功必定屬於你」。

第二年，我開始變了。我交了一群朋友，我們八個女孩一起蹺課。我不再用功讀書，只想玩。我們簡直無藥可救，老師只好扣我們的分數。老師曾經警告我，我很感謝她這麼關心我，但可惜的是，我被其他女孩影響。儘管如此，我還是會說，這是我一輩子唯一快樂的時光，我不後悔。

上學的時候我就會忘記所有煩惱。我一心想的只有以後可以工作、買衣服、繼續讀書、把家裡裝修得很好，那是我一直以來的心願。我想著：「我希望隔壁鄰居搬走，讓父親租下那房間。我們打掉中間的牆，那間房間可以用來當作客廳，裝上暖爐，放一套好的沙發床，地板打蠟、牆壁修好，這樣就有招待朋友的地方了。廚房也是一樣，兩間打成一間，裝一個好的瓦斯爐，添購刀叉，還可以掛上窗簾，買些花盆和綠色植物一路放到門口。臥房的窗戶對著大街。萬一小偷進來怎麼辦？欸，那我們就在窗戶上加裝鐵窗。還有收音機和美麗的燈。我會幫爸爸付工人還有所有裝修的錢。」

我的理想便是看到一家快樂團圓。我夢想著幫助我的哥哥妹妹，安慰他們讓他們不會有我那種感覺。每次父親讓羅貝托哭泣的時候，我內心總是想叛逆地大喊：「不！不公平！」但我只能保持沉默。看到我哥哥在廚房的角落低著頭，眼淚滑過臉頰，我的心總是很痛。我會過去告訴他：「不要理爸爸，他在氣頭上。」或者我會帶他離開去庭院，這樣就不會再聽到父親說話。

父親的話傷害了每個人，但羅貝托的感受最深。馬努埃爾寧可變得憤世嫉俗。父親罵他的時候，他總是不發一語，過幾分鐘後抬起頭來、吹著口哨走到庭院。到最後他甚至直接轉身背對父親，馬上走掉。羅貝托則是站定在原地哭。

我相信這是我渴望幫助哥哥妹妹的原因。我想要成為指導他們、安慰他們的人（我還真會做夢！）。對於馬努埃爾，我希望他成為律師或老師。羅貝托，我希望他當建築師或工程師。到那時候，父親就不用工作得那麼辛苦。我幻想中彩券，這樣就可以買一座農場和雞給父親，還有舒服的家具。晚上他會坐在暖爐前的安樂椅，穿著睡袍和脫鞋，被所有的孩子（四個）團團圍繞，然後他心想著，或對我們說：「這是我的孩子，我的創作。我教育了他們！」我希望有一天這些願望都會成真。

年復一年，我看著我的家分崩離析，不知有多麼難過失望。我總是和我冥頑不靈的父親衝突，他像個岩石一樣。我想聽到他驕傲地說：「他們是我的孩子！」但我只聽到：「你們就是一群忘恩負義的王八蛋！永遠不能抬起頭來做人。」儘管如此，我還是一直希望有天我能讓家裡變得和諧。這是我的理想、我金色的夢想、我的幻想。後來我開始反抗父親的時候，我夢想著要讀書，向他證明我是個有用的人。我甚至不知道讀書什麼有用，我只是想證明些什麼。

當我從學院畢業的時候，六年級時發生的事，再一次發生了。學校需要的東西，我父親確實都有買給我，也給我錢付學費，但畢業典禮，他沒出現，教堂的彌撒也缺席了。在瓜達露佩聖母殿和其他畢業生合唱舒伯特《聖母頌》的時候，我內心深受感動。我無法解釋為什麼我的感受如此強烈，風琴開始演奏，伴隨著歌聲，起初柔和，接著高亢地將我們的祈禱帶到聖母腳下，傳遞了我們的信心與愛。

我們穿著正式的服裝，黑色的學士袍、學士帽，白色的鞋子、手套，還有斗篷。黑色代表責任，白色代表純潔。校長透過麥克風對我們說，將要離開學校、健康的女孩們，要堅持素養，讓上帝帶領妳們到會讓你幸福的男人面前。「妳們即將離開這個世界，前往另一個、一路上困難重重的世界。妳們會認識形形色色的人，但不要忘記堅持正直、誠實純潔的品格。」我想盡辦法也只聽到這些，因為我坐在後面。

典禮終於結束了，風琴的聲音漸弱，直到無聲。我那位也住在卡薩格蘭德的畢業教母克里斯蒂娜女士，還有我父親的醫生拉蒙大夫，他們帶著一束花在教堂外等我。我拜託父親和我的教父母一起來，但他一如往常說：「我不能丟下工作不管，我不能去。」

我永遠無法理解我父親。好幾次，從背後看著他的背影，我思忖著他那高貴的心所受的磨難，以及他絕對的責任感。他的背影給我一種感覺，這是一個臣服的男人，疲憊的男人，一個激發許多愛與尊敬的父親。但當我看著他冰冷的雙眼和嚴厲的眼神，聽到他刻薄的話，對我來說，他又變成一個永遠不可能握手言和或示愛的對手。他就像一個餵小動物的人，餵牠們吃飯，給牠們穿衣服、住房子，但不帶任何情感，他不知道小動物也會思考，也會感受。如果他不是那麼嚴厲，他會是個理想的父親。

我畢業一個月後，一九五一年一月，我開始為聖地亞哥．帕拉先生和他的妻子胡安娜工作，是做打字員。他們每個月付我一百披索，對我非常好。我知道他們很看重我，因為好幾次，他們帶我去看電影，請我吃飯。

我第一次去他們家的時候只有十六歲。我印象非常深刻，尤其是接待室，我從沒去過那種地方，完全就是我夢想中的家。在那裡，我覺得自己備受禮遇，但同時也非常緊張。不知道為什麼，我感覺得到父親的眼神，還聽得到他說：「愚蠢！妳為何逼自己去一個不屬於妳的地方！」我站在那裡，緊抓著我的檔案夾和錢包，手心都流汗了，直到胡安娜請我坐下。

帕拉先生看我這麼不安，問我：「妳想要喝一杯嗎？」

「見鬼了！」我心想：「他們要喝酒嗎？如果我喝醉回家，家人會說什麼？」我必須承認，我不知道餐前酒是中產階級的習慣。在維辛達裡，喝酒就是要喝醉。我嚇一大跳，但我拿了他們給我的苦艾酒。這是我這輩子第一次喝苦艾酒，和我的新朋友，在比我家高級的房子裡舉杯，我感到很高興，受寵若驚。

晚餐準備好的時候，我們過去飯廳。桌子擺設得非常整齊，鋪了桌巾，放了刀叉。我還拿著檔案夾和錢包（我很怕把它放在錯的地方），坐好後，又擔心不知道怎麼用叉子吃飯。在家裡，我們用湯匙吃，或用玉米餅包著吃，但在這裡，帕拉先生用叉子吃飯。我總算成功吃了一點米飯和魚，雖然食物一直從叉子上掉下來。但是沙拉！那才是更大的折磨！我這輩子沒吃過比那個更苦的東西。用餐完畢後，我的臉色發紅、全身冒汗。更糟的是，胡安娜和她丈夫一直看著我，好像等著我出糗。帕拉先生為了表示同情，伸出手來輕拍我的頭，但只讓我覺得更難過。我覺得只有動物才需要那樣安撫。所以我別過頭，心想：「他覺得我是隻貓嗎？」回到辦公室後，我才鬆一口氣。

一開始，帕拉先生很有禮貌，也很尊重我，但過了一陣子之後，他想跟我上床。他竟然直接問我，還說他已經準備要離開胡安娜，然後要娶我。當然，我沒有答應。我讓他知道我不是隨便的女孩。

倒楣的是，這時候我哥哥羅貝托被關進監獄。隔天我很早就去上班，把自己鎖在辦公室裡哭。我要如何救他？我甚至不知道該為他做什麼。而且一定需要一大筆錢。「喔！上帝，請幫幫我。」

我打開門，看到埃爾南德斯律師，他的辦公室就在大廳對面。他問我發生什麼事。那個時候，面子一點也不重要，不管怎樣我一定會報答他，所以我求他幫我。埃爾南德斯律師說：「來，不要擔心，我們來看現在該怎麼辦。」聽到這番話，我才覺得腳又站上了實地。

我向帕拉先生請了一天假，和律師去了監獄，我覺得自己像個小女孩跟著發糖果的人。當時已經不能探視了，但我之後自己再去，見到了羅貝托和他的朋友埃米利歐。他們沒穿鞋子，衣服破破爛爛的。我嚇壞了；我曾看過我哥哥狼狽的樣子，但沒有像那樣。其他的囚犯打他們，還拿走他們的東西。我想哭，但我心想：「如果我哭，他也會哭的。」

羅貝托說：「聽著，妹妹，帶我出去。我發誓從今以後會規規矩矩。」羅貝托簽了我帶去的文件，然後我就走了。他比我冷靜得多，我看到他在那些看起來又髒又一臉兇樣的囚犯當中，我的心像要碎了一樣。

我為了他的案子上了法庭，同一天律師準備保釋他的文件。回家後我告訴父親，保羅貝托出來要多少錢，他回答：「那隻老鼠，我一毛錢也不會幫他付。他只會惹麻煩。讓他爛在監獄裡算了。跟這有關的我一個字都不想聽到。」

我整夜沉浸在眼淚和焦急之中，想著要如何弄到錢。我可以賣了或當掉我的衣服，或向高利貸借錢，不管利息多高。我不想向我老闆借錢，因為他想要綁住我。保釋的期限快要結束了，我還是沒有足夠的錢，只能一直哭。

帕拉先生一直看著我，終於問我發生了什麼事。我哭著告訴他，於是他很氣我爸爸：「妳父親怎麼回事？他應該要處理這件事啊！為什麼是妳去那個關了惡棍的地方，在那些人面前拋頭露臉？我要和妳父親談。」

「請不要責備我父親，帕拉先生。他知道自己在做什麼，畢竟我們都長大了，沒理由麻煩他。」帕拉先生笑了，拿了兩百披索給我。他說會從我薪水裡扣，但即使這樣，我還是遲疑了。想到羅貝托，我沒有選擇，只好低下頭接受。

保釋之後，羅貝托自由了。但我付出多少代價！離開監獄的時候，我的臉因羞恥而發燙。維辛達的人轉過來看我的時候，我不得不垂下眼。每個人都知道這件事，我到處躲。我以為羅貝托之後會規矩一點，但我錯了。他每個禮拜應該要去監獄簽到，但幾次之後他就不去了。如果我催促他去，就會被甩巴掌。

我哥哥隔年又因為沒有遵守假釋規定而入獄，而我又是那個去救他的人。這次辦公室裡的女孩向我介紹馬羅金律師，他幫了我。羅貝托在監獄裡關了八個月，這期間父親完全不想知道關於他的事，甚至不想聽到他的名字，也不去看他。羅貝托總是會問起父親，然後低下頭說：「還好他沒來這種地方。這裡會弄髒他。」

馬努埃爾只去看過他一次，但瑪塔、我阿姨和我每個禮拜都去，儘量帶些東西給他。我幾乎每天都去教堂為他禱告、點蠟燭。

我哥哥被釋放的時候，律師不接受任何費用，甚至不收我給他的禮物，也沒有暗示什麼不正當的報酬。他對我一直都很有分寸，對此我無限感激。羅貝托還是一直對我很不好。但現在，他想打我的時候，我會威脅他，讓他再被關一次，然後他就會住手。

帕拉先生在辦公室裡開始對我很粗魯，拿文件丟我，如果我犯錯就很兇地訓斥我。有一次讓我覺得很羞恥的是他說：「我等著妳結婚。這樣就比較容易得到妳——妳的身體，就是我想要的。」去他們家吃飯時，他會磨蹭我的腳，或趁他妻子去廚房時摸我的頭，說要親我。我還欠他那筆保釋金，但之後我辭職了，也沒對他妻子說什麼。我和他的妻子多年來一直保持友好，而帕拉先生還是在等我，等到他累了。

之後我去幫埃爾南德斯律師工作。於是我發現當時他幫我，是因為他喜歡我。有天下午，他在交代工作的時候說：「妳的嘴唇像一個梅子，多汁的梅子。像美味的水果，我真想咬一口。你的斜眼睛，讓我想閉上它們。」我沒回答。我覺得受寵若驚，但另一方面，他的話也讓我想起小時候，我哥哥叫我「茶葉花」、「斜眼」、「豬眼」、「中國眼」、「毒蟲眼」、「中國佬」、「貓眼」……把我惹哭。我一點也不喜歡這些外號，因為我看過一個非常瘦、又醜的中國人，眼睛小得像是不見了一樣。像伊蕊娜和她表哥真的有中國血統，一聽到別人這樣叫他們，就會非常生氣。所以我想那八成不是什麼好話。我在埃爾南德斯律師那裡，只做了兩個禮拜，就因為生病辭去工作了。

我再度開始工作是幫一位會計師賈西亞先生服務。他的辦公室在一棟高樓裡，我第一次進去有電梯的大樓。我唯一的同事是傑米．卡斯楚，一個矮小的年輕人，身高不到我的耳際。他有濃密的眉毛，突出的雙眼，小嘴巴配上平平的嘴唇，還有個非常挺的鼻子。他的頭髮很黑，還油得發亮，手指又粗又短。他穿著合身的外套，看起來像蛋糕上的小矮人玩偶一樣。但在工作上，他是個很棒的朋友！

傑米是助理會計，而我只是祕書，他幫我解決任何疑難雜症。我不知道怎麼做事、犯錯的時候，我總是說：「我也不知道，賈西亞先生，傑米告訴我這麼做的。」於是傑米會轉過來對我笑，那一刻我就得救了。

他約我去看電影、喝咖啡、看橄欖球賽、去查普爾特佩克公園，還有獨立紀念日的遊行。他每週固定帶我去不同的地方。也因為他，我知道市區的公園、游泳池、鬥牛場。他送我糖果、花和一些無關緊要的小禮物，想讓我知道，他在想我。

簡單來說，他贏得我的芳心了，我開始對他有好感。他會告訴我他的感情煩惱，我也會告訴他我的。他約我去看電影的時候，我以為他要我跟他做愛，但他什麼也沒做，於是我開始相信他和別人不同。我很高興，我可以隨時和他出去，但不用擔心他別有用意。我有點同情他，但僅止於同情。

我知道傑米因為一段不開心的感情而喝酒。這是他唯一的缺點，但當時我並不在意。我還試著開導他。我到後來才愛上他。他教會我「愛」這個字真正的意義。

我們是非常好的朋友，但他從沒邀請我去跳舞，跳舞一直是我最喜歡的事。跳舞的時候，我好像在飛。我覺得我的雙腳好像騰空一般，所有的疲勞都融化了。我對音樂無法抗拒。丹頌的音符像深入我的靈魂一樣。一個接著一個的音符在我體內起了作用，在我還沒發現時，我已經跳起來了，幾乎是飛起來了。音樂讓我甜蜜到像沐浴在香水裡。女士們會站在一旁看著，批評這種舞步。「什麼！她們有沒有羞恥心啊？我那個年代怎麼可能這樣！」但我毫不在乎。那是我逃避現實的方法。

傑米和我互相愛上對方時，他不讓我去跳舞。他來叫我的時候，我會停下來，直到他走了又繼續。即使我喜歡跳舞，我家的麻煩又那麼多，傑米對我和我家的每一個人還是很好。一天還沒結束，他就已經買了玩具、蛋糕，不然就是洋娃娃給我的姪子和姪女。每逢星期天他固定給我嫂嫂寶拉一些錢，因為他會在我家吃飯。寶拉的命名日那天，他買了一束花給她，還送我們全部人禮物。

他博得我們全家的好感，除了我父親，他不喜歡他，因為他喝酒。他對傑米說：「我絕不同意你們結婚，一定會阻撓你們直到最後一刻！」每次傑米想和他聊天或送他禮物，父親只會回答是或否，而且從不接受禮物。傑米想要獲得他的認同，但沒有成功。

我父親命名日那天，傑米給他買了蛋糕，還給我嫂嫂錢，買做巧克力的材料。但父親不但不覺得高興，還把蛋糕推到一邊去，拒絕吃飯。我覺得很尷尬，因為每次我去傑米家，他的家人總是對我很好。吃飯時，他媽媽讓我坐在上位，還先把餐點分給我。而我爹地卻用盡方法羞辱傑米，我甚至害怕傑米會因此不再愛我。但他總是接受我的道歉，親吻我的額頭，對我說：「是的，親愛的，我能理解。」

聖誕節那天，父親讓我顏面盡失。傑米和我給寶拉錢，讓她做一頓傳統的晚餐、沙拉，還有兩道菜。傑米帶了一瓶汽水和一盆聖誕紅來，寶拉把桌子和房間布置得很美。但同樣的事又發生了。我父親十點左右回來，進屋的時候連個招呼都沒打。我笑著和他打招呼，內心充滿恐懼。「爹地，我們在等你吃晚餐。」

「我什麼都不吃。去睡覺！把這些東西全都拿走。」他立刻把房間的門甩上。他把桌巾丟到其中一張床上，花落到某張椅子上。

「至少讓我把桌子搬出去到廚房裡吃頓晚餐。」

「這裡妳什麼也不准拿走。桌子不准離開這房間。每個人都給我上床。關燈！」寶拉帶著孩子們上床睡覺。

我和傑米出去庭院。外面正好在跳舞。我不知道該對他說什麼。他拿出菸，點了一根。「別擔心，小瘦子。可能誰惹他不高興，所以他才這樣。」

我什麼也沒說。我靠著他的胸膛哭了起來。傑米和我在那裡待了半個小時後，和我道別。我讓他走了，心裡覺得很難過。我心裡想：「他不可能再愛我了，他很快就會變心了。」

我沒猜錯。他開始批評我父親，而且命令我。他要我聽他的話，不准聽我爸爸的，當然，我不會那麼做。傑米的行為就像我們已經結了婚，開始原形畢露。他比以前喝得更多，而且會醉醺醺地來找我。有時候他會在半夜三、四點吹口哨叫我，如果我不出現，他就會用力撞門。我開始覺得很煩，想叫他戒酒。

有天我發現，我一直把我們的婚約當成一回事，實在是太天真了。有一個女孩叫阿德萊妲，她比我晚許多才進我們辦公室工作。辦公室的每個人都知道我和傑米要結婚，所以我不相信這個女孩不知道。有天下午，我提早吃完午餐回到辦公室，坐在賈西亞先生私人辦公室裡的扶手椅上休息。我聽到隔壁的辦公室有人的聲音，就從小電話窗往那看過去。我看到傑米和阿德萊妲在接吻，他還撫摸她的頭髮。他看到我時本來要說點什麼。他整個人呆了。

我站在那裡，心想：「我沒看錯吧？說不定他們在我之前就認識了？」我心裡一陣苦楚、挫敗，而且很氣自己這麼相信他。「大笨蛋！妳沒發現他一直在注意她嗎？妳沒看見她什麼小事都來找他嗎？」我妒火中燒，恨透他了。他試圖解釋，但我的心碎了。我在回家的公車上，整路都在哭。

我到家的時候，想要再次大哭一場，但有個小小甜美的聲音，比傑米還甜的聲音阻止了我。我的小姪女瑪莉琪塔對我說：「姑姑、姑姑，帶我去坐旋轉木馬，我有五毛錢。」我一見到她，心裡的苦楚立刻融化成甜蜜，因為我是如此地愛著這個孩子。「好的，寶貝。把妳的小毛衣穿上，也幫阿拉那斯把毛衣穿上。」

他們的笑容，讓我完全忘記下午所受的背叛。當我們在那個有點寒酸的小市集，我看到我的姪女、姪子那麼快樂，我也很快樂。令人樂陶陶的旋轉木馬，木馬上下擺動，孩子們在我的懷裡，我大聲地笑了。我的小姪女是我的愛。她就像是我自己親生的一樣，連傑米看到我們倆的愛都會嫉妒。他還問我，是要我姪女還是要他，我總回答我寧願要她。

我不希望傑米再來我家，但他還是懷疑又善妒，會來看我是否和別人出去。既然我還愛著他，我讓他來。我真的也需要他的精神支持，因為我父親一直拿我的健康情況煩我。

我變得可怕的瘦，而且不停咳嗽。他很擔心我得肺結核，所以一直帶我去找他的朋友桑托約醫生，他也不是真的醫生，只是恰巧可以治一些病。桑托約醫生也認為我得了肺結核，於是要我一天打兩針，一針是靜脈注射，一針是肌肉注射。後來他又加了第三針，皮下注射。他還開給我奎寧水、藥丸，要我輸血和血漿，我嘴巴裡一直有個碘酒的味道，身體也因為針孔而疼痛。

有時候我不按時去打針，父親就會生氣，狠狠地罵我。他還威脅要把我送到愛蓮娜以前待的醫院：「我要把妳送到那裡妳就知道了。笨蛋！像畜生一樣什麼都不懂！妳待在這裡，只有火葬場可以去！」即使傑米在場，父親也會用輕蔑的眼神看著我說：「妳那個肺結核，咳得像狗一樣，等著去停屍間吧！」我低頭聽著這些話，不敢回嘴。我父親是多麼沒有同情心啊！至於桑托約醫生，他已經幫我安排好入院，告訴我們床位已經準備好。我絕望地哭了。

傑米的母親聽說了，也帶我去看她的醫生。他讓我照了X光，說我一點生病的跡象都沒有。我的前雇主帕拉先生和胡安娜也帶我去看專科醫生，做了一下午的檢查。我的痰、血液、脈搏、肺臟全部都檢查了。我有更多證據顯示桑托約醫生是錯的。我鼓起最大的勇氣，把那些醫生報告拿給父親看。沒想到他完全不相信我，還很生氣我去找了別的醫生，桑托約醫生也很不滿。於是儘管我不願意，我的「治療」還是持續。

我不懂父親在想什麼。事情不能這樣繼續下去。有一天下午，我去找珊蒂多斯，告訴她父親對我做的那些。「為什麼？為什麼？為什麼？為什麼我的父親是那樣的人？」她垂下肩膀，吐了一口菸說：「一定有人在『弄』他。我認為有人在對他施法。」

「哎呀，珊蒂多斯！妳真的這麼覺得嗎？要是我知道是誰就好了！」

於是我和她去找靈媒。靈媒告訴我，我父親沒有被下蠱，但他的本性就是這樣，而我也無須為他煩惱。靈媒沒有幫我解決我的問題，但他從我抽的牌上發現了一件令我非常害怕的事。他說我的意志堅強，能成為一個非常重要的人，但是，如果我不小心，也可能跌到谷底。他要我常去找他諮詢，他可以拉我一把。我給了他三披索，和珊蒂多斯回家了，我覺得很蠢。我不相信他是個好的預言家，但儘管如此，他那番話我記了好幾年。

在家裡，情況越來越糟糕。我的盤子和湯匙都被隔離，孩子們也不准靠近我。我嫂嫂拉著小孩的頭髮或手臂、不讓他們靠近我的時候，我無法形容心裡的感受。瑪莉琪塔不遵守新規定，寶拉打了她一頓。我不能介入，因為我哥哥馬努埃爾帶寶拉回來的第一天起，我父親便說：「要是我發現你們有誰敢不尊敬寶拉，我就扭斷你們的脖子。」她也不會來煩我們，我認為其實我嫂嫂真的是個好人。

那一次馬努埃爾狠狠地打寶拉時，瑪塔、我和寶拉的媽媽庫萁塔都介入了，想要保護寶拉。瑪塔又回來和我們住了，而且帶著她的寶寶，那是她第三次離開克里斯平。我當時在廚房，沒有看到一開始的爭執。寶拉躺在臥室地板，邊哭邊罵他，馬努埃爾不管三七二十一踢她的肚子。他看起來像瘋了一樣，一點都不在乎他拳腳落在哪裡。我嚇死了，尖叫要他住手。我先把孩子帶出去，留他們在庭院哭。瑪塔和庫萁塔拉著馬努埃爾的衣服，但他還是不停打寶拉。她的腹部因為懷孕隆起，馬努埃爾還一直踢她的腹部，她的子宮，珍貴的子宮。

我不知道是誰把我哥哥手上的刀子搶了下來，但謝天謝地，他沒用上它。情急之下，我拿了一個陶瓶打他的頭，把瓶子敲碎了，我很怕他會轉過來報復，但他甚至沒發現。我記得電影裡面是如何把人打昏的，所以我也把雙手合起來，從他的脖子上砍下去，一次、兩次、打了四次！但那個野蠻人不肯停下來，直到他最後累了為止。

我幫了我嫂嫂不只一次，但我不懂為何她要去和馬努埃爾說些有的沒的，害得我和瑪塔被他打。我只知道有天我突然被叫醒，聽到馬努埃爾說：「起來！妳以為妳有僕人是不是？一天到晚只會躺著！」

我不管他，朝地上吐了口痰。我還睡眼惺忪，但感覺到我的眼睛腫了。我揉揉眼睛，坐起來。我看見我哥哥坐在另一張床上對著我罵粗話。我和傑米幫孩子們買的小木馬倒在地上，它飛過來打到我眼睛之後就落在那裡。我不發一語，又吐了口痰。

馬努埃爾對我大吼：「不要再吐痰了！妳自己清乾淨。」但我很頑固，繼續吐，於是馬努埃爾從他的床上跳起來打我。

「你為什麼打我？你以為你是誰啊？王八蛋、白痴、蠢！」他一直打我。然後我妹妹瑪塔也起來打馬努埃爾。

但我們兩個女人，怎麼可能強過一個常在街上打架的男人？馬努埃爾踢著在地上的妹妹時，我嚇壞了。我想幫她，但我無法。即使我有辦法打他一下，他會還手三、四下。我跑了出去，不顧我只穿著內衣，去叫約藍達。我被用力推了一下，一腳踢到庭院外，滾到了隔壁的房間。

馬努埃爾終於停手時，我和瑪塔身上到處青一塊紫一塊；她流血了，我的臉都瘀青，多了個黑眼圈。不過馬努埃爾也被踢了好幾下，身上有抓痕。瑪塔哭個不停。我叫她把衣服穿好，我們要離開家裡，我去弄一些錢。我相信傑米不會拒絕幫助我。我打電話給他，他立刻搭計程車過來。他帶我們去吃早餐，然後去露碧塔家，還說我們應該待在那裡直到馬努埃爾搬出去。我反對，因為我想，如果寶拉離開家，孩子們會吃苦。我知道我哥哥不會照顧他的小孩。他連聖誕節也不管，還是我買玩具送給他們的。

我們告訴父親剛才的事，他說，馬努埃爾才是該搬出去的那個。我們回去的時候，寶拉已經帶小孩離開了。瑪塔和我兩人住在那裡。但寶拉會幫我的瑪莉琪塔打扮好，一個禮拜回來看我們一次。當然，這引起一陣閒話。人們議論紛紛說這小女孩是我的，事實上，我也覺得這個孩子是我的一部分。

我在百加得烈酒公司找了一個寫回郵信封的臨時工作。但這樣一來便沒有人能夠幫忙打理家裡，因為這時瑪塔又搬回去和克里斯平住了。只有我父親、羅貝托和我住在家裡。有天下午，一個叫克勞蒂亞的女孩來找工作。她說她剛從薩卡特卡斯來，身上一毛錢也沒有。我覺得她很可憐，於是僱用了她。那天晚上我告訴父親，他不答應，但我說我會付薪水，儘管父親不答應，她還是留下了。

幾個月過去了，父親說要去把寶拉帶回來，因為她病得很重。我嚇一跳，但因為他總是誇大其辭，所以他說寶拉像具屍體一樣，我不太相信。她離開我們家的時候還很胖。我警告克勞蒂亞工作量會變多，但有說我也會幫忙。衣服送洗就好，家事做不完也沒關係，優先照顧孩子。她答應了。

父親把寶拉帶回家，我一見到她，整個人傻了。父親說的是真的，她病得不成人形，只剩皮包骨。她之所以還能站著，是靠她對孩子們的愛。我振作起來笑著和她打招呼：「哈囉，寶拉，快進來躺著。」

她躺好後，我走進廚房哭。我很愛寶拉，甚至比愛我妹妹還多。現在她病成這樣，我不敢相信這是她。但三個小孩和一個嬰兒證明了是她沒錯。瑪莉琪塔看到我，跑過來抱我，阿拉那斯也是。寶拉用微弱的聲音說：「倒點牛奶給我的小女孩。她肚子餓了。我沒有奶水給她吃。」我熱了牛奶，倒在汽水瓶裡給嬰兒喝。她是個漂亮的女孩，眼睛大極了，體型圓潤，和其他三個現在活蹦亂跳的孩子一樣。

我去工作的時候，克勞蒂亞照顧孩子們。一切都還算順利，我很滿意她的表現。我回家的時候就準備食物，每週打掃房子一次，徹底刷洗——地板、桌子、椅子、爐灶，打掃完後總是精疲力盡。小寶寶才七個月大，我必須一大早起來餵她喝奶、換尿布。

房子現在變得很擁擠。寶拉帶著寶寶和馬努埃爾睡，三個孩子打橫睡在一張床上。羅貝托睡在廚房地板，我睡在我的床上。後來馬努埃爾又回到他的「老地方」去睡，就是衣櫥前面的地板，因為他說「該死的小孩不讓人睡」。晚上孩子有時會尿床，寶拉會拉孩子的頭髮或捏他，讓他哭。我不會冷眼旁觀，反而會把三個孩子帶到我床上睡。我常睡眠不足，但我不會抱怨。

早上的時候更困難，大家都在睡覺，我得輕聲在成堆的衣服、椅子、凳子之間穿好衣服。馬努埃爾的睡姿總是擋住衣櫥的門，我試著要拿衣服時會撞到他。

他會說：「王八蛋，妳在做什麼？」或是「再把我吵醒，小心我打爛妳的嘴！」「看看你有多威風！」我會回：「人真好啊！一毛錢都沒給家裡。」於是我們就會吵起來，一直吵到大家都醒了，小孩也哭了。我會用力摔上前門，臉上帶著笑容，肚子裡只有咖啡而已，就出去工作了。

這種情況沒有持續很久，寶拉不久後就死了。她死的時候，我也差點死了。我寧願死的人是我。我用我的靈魂祈求，希望上帝帶走我的生命，留下她的。我大喊著叫她不要死。只有祂知道這一切是為什麼。

她臨終那晚，在她祝福孩子們之後，我們把孩子帶到另一個屋子。寶拉看起來已經不行了，但人對生命渴望的微小火苗，讓我希望她不要死。拉蒙醫生幫她輸血。巴爾德斯醫生也來照顧她。但她還是死了。這對我的生命而言是莫大的打擊。彷彿忽然間有雙冰冷的手掐著我的腦袋。陽光變得慘白，像我以前在墓地看過的白骨一般。她走的時候，我連自己的感覺也無法分辨。我只是哭。我哭到雙眼刺痛。

我們埋葬寶拉的那天，又起了衝突。我們從墓園回家的時候，我叫羅貝托幫我鋪一些麻袋，讓我可以躺下。我一點力氣都沒有，甚至不想講話。克勞蒂亞伺候我哥哥之前，坐在我父親和我一半血緣的妹妹瑪莉蕾娜旁邊和他們一起吃飯。我看著他們一起吃飯。我看著克勞蒂亞坐在父親旁邊，覺得很憤怒。我懷疑他們兩個人之間不單純。父親罵羅貝托的時候，我再也忍不住了。父親大吼：「你，廢物！拿刀子來做事，地板刷一刷、洗乾淨！」

我不知道哪來的力氣，對羅貝托說：「為什麼你要做？我付錢請那個女孩來就是為了這個。她的工作就是要做這些。」

我話還沒說完，父親就跳起來，當著我的面，怒氣沖天大吼：「妳是誰啊？沒救的玩意，連五分錢都不值！自己照照鏡子！」

那天晚上他要我睡在寶拉死掉的床上。也許他把那樣視為一種懲罰。晚上熄燈後，我開始哭泣，不是因為我身體的痛，而是心裡的痛。

在此之後，我必須忍耐克勞蒂亞的出現。她不是那個得工作的人，我才是。我叫她，提醒她去提水或做其他工作，她就會去向我父親告狀，而我又必須接受侮辱和責備。我完全無法命令克勞蒂亞做任何事。又一次，我覺得自己在家裡不被重視。

但我還是照顧著四個孩子。我父親說，馬努埃爾應該要負責養孩子，我和羅貝托負責家裡的開銷。我在百加得的工作剛好在那時候結束了，但我還不用擔心要付房租和電費。後來馬努埃爾說他賺的錢不夠，我才又得去找工作來打平開銷。

同時，我也和我的小姪子、小姪女相處融洽，我照顧他們，幫他們洗澡，偶而他們不乖也處罰他們。他們開始長胖。我盡全力照顧他們，早上給他們吃切片番茄，灑點鹽，整天都有牛奶可以喝。我讓他們保持整潔，家裡也弄得乾乾淨淨，我自己也胖了點。我不想讓這些孩子受苦。我對家庭的理想和夢想現在也從我自己的家庭轉移到他們身上。

我父親開始表現出對克勞蒂亞的喜愛。他會給她錢，或讓她去賒帳。她每天幾乎都會讓我看她買的新衣服，每次她預支薪水，他都會給，但我要一、兩披索去找工作，卻會被他拒絕。作為一個沒結婚的女兒，我看著自己的權利一點一點被剝奪。瑪塔和她孩子的父親有自己的家庭，安東妮雅、瑪莉蕾娜和她們的母親一起住，我一直住在家裡，而現在寶拉死了，我想要成為家裡的女主人。但我卻感覺到克勞蒂亞的威脅。

父親有天晚上告訴我，他想要娶她。我說，如果他高興就去結婚，但他應該尊重我的權利和我在家裡的地位。我努力讓父親明白我不是反對他娶她，而是他對待我的方式。他罵了我，又鄙視我；他說我自大又驕傲，自以為高尚。他叫我滾開，他受夠我了。他越說越難聽。有天晚上他對我說：「妳看起來就像妳母親那個酒鬼家庭，一看就知道很蠢。」

「爸爸，我母親已經死了，她傷害了你嗎？有什麼話你儘管對我說，不要針對她。」克勞蒂亞就在場，讓他的話聽起來更加傷人。我恨透了那個女人！

隔天我去阿姨家，告訴她父親說的話。我邊哭，緊握拳頭，捶胸頓足，詛咒自己的不幸。我忍不住又問：「阿姨，妳告訴我實話，我不是他的女兒嗎？」阿姨對我父親非常生氣，她說要拿回我母親的照片，那照片還掛在牆上，在我父親的照片旁邊。

她說：「任何人都不准侮辱我妹妹！」我們一起回我家拿照片。我看到父親的照片還說：「他的照片也沒必要在這裡，他怎麼對我們，我就怎麼對他！」我把照片從相框裡抽出來，那相框還是我分期付款買的，我把照片丟在地上，用腳踩了好幾下，克勞蒂亞和阿姨都看得目瞪口呆。

我又哭又喊，把照片撕破時，羅貝托進來了。他見狀氣得打我。但是讓我最傷心的是我的父親，我的聖人已經從他的寶座上跌下來了。那天晚上，他用我完全想不到的方式懲罰我。我很晚才回家，發現他坐著，腿上放著所有我們兒時的照片，眼淚從臉頰上落下。他在抽菸，那很不尋常。他輕聲問我，為什麼要撕壞他的照片，我答不上來。我無法形容當時心中的懊悔。我只能跪在他的腳邊，哭著求他原諒。爹地沒有說話，也沒有動，只是拿著那些照片，不停流淚。

但我的反抗仍然持續，我告訴克勞蒂亞我們不需要她了。父親回來，發現她不在，他把我趕出去我，然後派羅貝托去把她帶回來。「如果那個女孩沒有回來，你們會後悔，你們兩個都會，因為我會把這房子租出去，把你們兩個丟到街上。」克勞蒂亞回來了，想當然爾，更加為所欲為。我幾乎整天都待在阿姨家，只有父親在的時候才回家。

於是我想起寶拉的妹妹黛莉拉。她離開她那個酒鬼丈夫，得為自己和兒子找一個住處。「她身體裡也流著和孩子們相同的血液，她是他們的阿姨，不可能不照顧他們吧？」我這樣告訴父親。我一直堅持克勞蒂亞沒有認真工作，孩子們都被忽略。馬努埃爾失蹤了，也沒寄任何錢回來給他們。我父親被說服了，他去找黛莉拉，但還是留著克勞蒂亞。

我對父親說：「讓黛莉拉來吧，爸爸！」那時候我根本沒想到，後來我會變得那麼恨她！我之前見過她幾次，印象中是個可愛但總是命苦的女孩，需要幫忙。但我現在知道了，她偽裝成那種姿態，好觀察她想要攻擊的對象。然後她就可以取得優勢，占盡便宜。她像一條蜷伏在草地的蛇，監視著肥美的獵物，等著出手。她精明又狡猾，壞到骨子裡。

黛莉拉剛搬進來的時候表現得很好。她把她兒子吉弗列多交給她母親，這樣小孩就不會阻撓她的計畫。我們會聊天、看電影。但事情慢慢變了，或者說，她沒改變，但我父親對我卻越來越苛刻。我再也不准碰任何東西。父親說我會拿東西去給阿姨，所以把我當成小偷。我也不知道為什麼父親比以前更討厭我。

父親覺得傑米很煩，連我也開始受不了，他酗酒變成一種常態。晚上羅貝托甚至要起來帶他回家，或把他送上計程車，但半小時之後他又會回來，用力拍門。他看到家裡發生的事，不但不會安慰我，還搖著我的肩膀，說我覺得他很煩，因為我心裡有別人了。有一次，他完全醉了，還把我的照片砸在門框上。又有一次他要割腕自殺，把我嚇壞了。我無法和他分手，只要我試著那麼做，他就拿性命威脅。他媽媽也求我不要對他那麼殘忍。

有天晚上，我想應該讓他面對現實；父親設的期限快到了。我向父親介紹傑米時，父親說：「三年。」如果我們能撐這麼久，就可以結婚。我告訴傑米，我看三年也快到了，他說：「聽著，小瘦子，我本來存了一些錢要給我們結婚，但那次妳很生氣，所以我就把錢拿去和朋友花掉了。」

我覺得天彷彿要塌下來一樣。我一直以為我們會結婚。他媽媽也向我保證。「妳和我兒子八月會結婚，我們會為妳舉辦很溫馨的婚宴。我會幫妳選一件點綴著滿滿蕾絲還有長面紗的禮服。」

她說她會很驕傲，我父親也會理解的。

她那些話讓我像進入滿是玫瑰的夢境，彷彿自己是十五歲的少女。榮耀父親是我最大的理想；身穿白紗禮服，挽著父親的手，和他一起走進教堂，而那個要給我他的姓氏的男人就在前方等我。我被伴娘圍繞著，跳著華爾滋，看著父親臉上的喜悅，那個他最瞧不起的女兒、最不善待的女兒，讓他如此光彩。婚禮之後，我會有自己的家，布置好家具，每個禮拜，我的家人都會來和我們吃晚餐。我完全不會忤逆丈夫。我會在他身邊，抬頭挺胸。即使我和傑米有那麼多問題，我還是小心翼翼呵護這個夢想。但他的錢沒了，希望也沒有了。

我的煩惱不只有傑米而已。有天早上，黛莉拉在準備早餐，我的小姪子阿拉那斯坐在門口想綁鞋帶。黛莉拉打了他一下，要他去商店買東西。那孩子說：「馬上好，阿姨，我在綁鞋帶。」沒想到黛莉拉竟然對他叫囂，還用湯匙打他的頭。

「妳為什麼要打他？」我說：「不要鬧了。孩子不能一次做兩件事。」

這就夠黛莉拉對我大罵了：「干妳什麼事？我在這裡做得要死，我想叫他們幹嘛就幹嘛。妳少管閒事！」

我看了她一分鐘，然後笑笑地對她說：「喔！好可憐喔！小心做到死，不然就是死在我手上。想對他們為所欲為？不可能！在這裡，妳要先問我！」

「妳以為妳是誰？示巴女王嗎？妳在這個家一點地位也沒有，這是妳父親說的。」

我氣得大罵：「妳這個白痴，今天妳能在這裡，是我叫我父親讓妳來的，我不花一點力氣就可以趕妳出去，看看是誰先走，妳還是我！」

「妳這種女人，跟誰都能上床！」

她想跳到我身上打我。我站起來擋著她，但孩子哭了，所以作罷。我安撫他們；畢竟，沒理由讓他們受驚。

我覺得我花太多精神在那個賤人身上。我去了阿姨家。我在那幾乎待上一整天，沒回家也沒跟父親說話，黛莉拉搶先了一步。我走進家門時，父親用力甩門。他嚴厲地問我：「妳為什麼對黛莉拉那樣回話？她對妳做了什麼嗎？妳為什麼想打她？」我試著解釋。「一派胡言，永遠只會說謊。騙子、垃圾。妳就跟那些狗娘養的沒兩樣，一樣敗類。妳死性難改，無藥可救了。妳就是流著跟妳母親那邊的壞血統，都是酒鬼，都……」

我不讓他說下去。我站到他面前。眼中的淚奇蹟似的乾了，我說：「不要那樣說我母親！不要在這個女人面前提到她的名字。我母親欠你什麼嗎？她都已經死了。她還來敲你的門嗎？就算是我舅舅也沒有！也許他們很窮，但他們從沒跟你要過什麼！」

然後黛莉拉說：「她很生氣，她希望她阿姨能來這裡工作，這樣之後就能從這裡偷東西。」

我走向她，大聲說：「我阿姨沒得罪妳，也沒欠妳。」同時我舉起手想甩她巴掌。我父親抓住我的手，把我推開，於是我跑去朋友家，大哭一場。

事情如黛莉拉所願。我在家裡的地位一天比一天低。每天晚上我回家睡覺，就看到我的衣服不在原位，不然就是我抽屜裡的東西顛三倒四。我姪女告訴我，黛莉拉的兒子早上會翻我的東西。有一次，我的錢不見了。我向父親抱怨。

「爸爸，跟那個女人說，管好她的兒子。他常翻我的東西。叫他學著尊重一下別人的財產。」

我父親當時已經躺在床上了，但他坐起來，用他一貫又粗又響的聲音說：「如果妳不想讓別人碰妳的東西，就把它們從這拿走。這樣就沒人能動妳的東西了。」他順手把椅子摔到一邊：「滾開，給我滾！」

我拿起我的外套。「是的，我要走了，謝謝你的收留。」於是我走了。

我到的時候，阿姨家所有人都睡了，而且有一股很濃的酒精味。我阿姨和姨丈躺在床上，有些客人躺在地上。我忍著淚水，告訴阿姨我要睡在這裡。她醉得聽不懂我的話。我儘量擠上窄窄的床，躺在他們旁邊，用外套蓋住自己。

我想了又想，要怎樣才能逃離這裡。我愛阿姨的善良體貼，但我討厭住在這麼不整潔的地方。我阿姨變得越來越幼稚，像個小女孩一樣，到處跟人交朋友，也不管好人還是壞人。她嬌小的身影、灰白的頭髮、歡欣的笑容，讓我想到壞掉的洋娃娃。她住在一個小小的世界，每天的遊戲就是洗衣服、燙衣服，和姨丈與朋友喝酒。靠著她所有的美德，她喜歡講話、八卦、說粗話，我聽了就頭暈。

他們認識的人和我熟悉的不同。他們真的很尊重我，非常尊重我，但是酒精的臭味、霉味、床上的蟲、狹窄的地方、住在這個維辛達的人……雨季的時候，我阿姨小小的房間得往下走幾階，常常淹水。他們庭院的水龍頭一帶，變成一片泥巴海。我的工作必須要衣著整齊，不能像在這裡一樣。我怎麼能住在這個地方？我一直想，想得頭都痛了。我找不到解答。

壓倒駱駝的最後一根稻草是，傑米清晨的時候來了，醉醺醺地大叫：「妳不出來，我就踢門。」所有的鄰居八成都知道發生什麼事。我沒有選擇，只能出去。「傑米，你又喝到爛醉了！你不能可憐可憐我嗎？拜託讓我們睡覺。」他只是莫名其妙地喃喃自語，搖搖晃晃。他說他能跟六、七個人打架，讓他和我父親或哥哥打。他那天晚上跟很多人打架，全都打贏，他要把這些榮耀歸我。他這麼說的時候，我不哭了。但我又隨即恨起他來，因為他說：「妳該看看妳和貝莉卡有多像。但她聽我的，她會照我的話做。對妳來說我只是個玩具、玩偶。但她不會，她愛我！貝莉卡、貝莉卡！」

最糟的莫過於我還期待傑米的同情和安慰。把他當成一絲希望、一道曙光，帶著我走出內心的黑暗空洞。他不但沒說些甜言蜜語，反而目光呆滯，好像從遠遠的地方看我一樣。

我渴望平靜，哪怕一個晚上也好，卻只有更多災難落在我身上。我每天都要受到雙重的打擊。一邊是我父親的辱罵和我阿姨這裡惡劣的環境：貧窮、家徒四壁；另一邊是傑米，我無法擺脫他，也沒有工作、經常餓肚子。這一切使我神經緊繃，任何事情都會讓我哭出來。

我向神父尋求建議。「妳沒別的辦法，只能獨立自主。如果妳還有其他親戚，就去和他們一起住。離開妳父親，走得遠遠的。」我阿姨也這麼說：「來這裡，女兒。這裡有飯可以吃，雖然只有一些豆子和乾掉的玉米餅。我們有飯就吃，沒有飯就不吃。總是可以撐過去的。妳不要再折磨自己了，離開妳父親吧。」

有天晚上我和阿姨去卡薩格蘭德看別人跳舞。我不知道父親怎麼發現我在那，但他叫我哥哥來帶我回去，我不要。「他叫我回去做什麼？再把我趕出來嗎？」然後我父親出來，和羅貝托把我拉回去。我站起來，和父親面對面，心裡做好了準備。他說：「妳看看妳這是什麼樣子，愚蠢！」他以為我過得多好，到處跟人跳舞，舞伴一個換過一個。「妳想死在街上是不是？」

聽到他那麼說，我怒不可遏。以前我會低著頭挨罵，但自從他為了那個女人把我趕出去，我就變了。我緊握拳頭，回答他：「如果我死在街上，也是你的錯。我所做的一切都是學著你的榜樣。首先，克勞蒂亞，這個你喜歡的女人，在街上隨便找都有。」他甩了我一巴掌，但我沒有任何感覺。「我不會閉嘴的，你愛怎麼打就怎麼打，我不會閉嘴。」然後羅貝托也打了我一巴掌。

我對著他們尖叫：「打我，隨便你們怎麼打，但你們永遠不可能抹去我對你們的怨恨。我是你的女兒，但你以後就會甩掉**這個女人**，也不會有人記得她是誰。我警告你，如果我出事了，就是你的責任，都是你害的。」我氣得瘋了。我感到血脈賁張，眼冒金星。我覺得我腦袋要爆炸了。我可憐的爸爸嚇到了，試著抱緊我，但我尖叫：「不要碰我！我告訴你，你不要碰我！離我遠一點！」

「注意妳的眼神。」他說：「不要那樣看我。」

「我不用掩飾，因為我的良心是清白的。」

我又出去庭院。我一直哭，心裡面千頭萬緒，就是沒有解決的辦法。我看著夜空裡最亮的星，對著愛蓮娜和母親祈求，讓我父親明理一點。我坐在人行道上，手碰到一把刮鬍刀片。這就是解決的辦法——割開我雙手雙腳的動脈。想像一下，父親出門去工作的時候，發現我流著血躺在門口！

「他會後悔的。」我想到傑米，哭得更慘。他會發現我不像他，只會拿死威脅別人。我拿起刀來割手腕的動脈，但會痛。我心想：「傷口會被感染的。」然後我笑我自己。「傷口會被感染的！」不知是我的皮太厚，還是刀片不夠利，或者真正的原因可能是，我沒有勇氣。我只劃了一個小傷口，非常痛。我把刀片丟掉，去了阿姨家。

每當我想起哥哥或妹妹，只會更痛苦，因為他們不願，也無法幫助我。三人之中，馬努埃爾最鐵石心腸。家裡需要他的時候，他從來不在，即使他在，也像不干他的事一樣。對我來說，他像是一個雙腳不曾踏在實地上，倒退著往黑暗裡去的人。他走著走著卻什麼地方也沒去。他只是動動雙腿讓人以為他在走路。他的眼神望著蒼穹中微弱的星星。他想要抓住星星，一旦抓到了，就會坐在無盡的虛空裡，把玩著星星，直到炫目的光芒褪去。然後他便會離開死亡的星辰，任其飄浮在氣流中，他再無止境地找尋下一顆星。

他從不望向別處或低頭看，因為一旦他這麼做了，便會看到底下黑暗的深淵。他怕極了墜落，如果他落地了，就會感受到人們走的路有多顛簸、困難。所以他向上看著天堂，也不抱怨，但一旦掉下來，他會嚷嚷著各種藉口：「我沒看到……我不知道。」

也許他很害怕被指指點點或被擊敗，或害怕發現他得不到救贖。也許那就是為什麼他有兩或三個性格和許多張不同的面孔。他想要展現他有超凡的能力，但那是騙人的。他既膚淺又憤世嫉俗。他有一顆慷慨和感恩的心，從內在閃閃發亮，這也許是因為他擁有母親和寶拉的愛，但為什麼他沒有因此更有人性？他知道他所造成的傷害，但他絕不會說：「對，是我害的。」

為什麼他打架時看起來那麼憤怒，但面對打架的後果，又只是轉身走開？他說很愛寶拉，但為什麼不和她結婚？一個拉丁人，真的想要腳踏實地，不管這個念頭是無中生有還是反覆無常，應該做的第一件事就是結婚。他打牌可以所向無敵，那為什麼父親給他機會開鞋店，他卻無法出人頭地？如果他這麼專心研究賭博，為什麼不肯花一點力氣研究釘子之類的知識？為什麼？

為什麼他總是覺得自己沒有責任？他對任何事都視而不見。想要從他那裡得到支持或幫助根本不可能。我有困難時，他說：「妳需要幫忙的時候，不要指望我。哪天我在酒店碰到妳的話，不要叫我哥哥，當作我們不認識。」他就是如此自我，他從來不能深刻地感受他人的心情，也無法當個稱職的父親。他的人生完全自由，遇到什麼事，就拿自由當擋箭牌。從馬努埃爾身上，只會覺得自由是個討厭的缺點。

我曾試著借住我妹妹瑪塔家。她有自己的家庭，她對我說：「不要，妳來我家做什麼？不，妳不要來。」她和克里斯平還有他的家人爭執過那麼多次，因為他們對她很不好，但她卻對我說這樣的話。我看到她沒穿鞋子或沒錢的時候，會犧牲自己，給她一點東西。我也願意為了保護她去打架，我永遠會傾聽她的煩惱。而現在我最需要她的時候，她卻對我說出那樣的話。我吞下淚水，只說：「聽著，瑪塔，妳最好向上帝祈求，妳的丈夫和家永遠都在，妳永遠不用像我一樣挨家挨戶敲門。向上帝禱告吧！」

瑪塔永遠是我父親和羅貝托的最愛，但她從不會幫助或安慰任何人，除了馬努埃爾打我們的那天早上。那是我第一次感到她心中有一點點的體貼。她一直都不像個妹妹，對她的哥哥也是一樣。她沒有「義務」這種觀念，除非她接受了什麼，否則她不會給別人什麼。對我來說她就是一個虛假的女人。但我最不喜歡、也最不可原諒的，就是她不在乎她小孩的未來。

羅貝托是三人裡面最好的，他總是說：「我覺得妳很可憐，妹妹。我是個男人，可以去任何地方，但妳能怎麼辦？」他很慷慨、富有同情心，而且很真誠，但他沒有錢，居無定所。而且他很孩子氣！他很暴力而且易怒。他以為自己是大力士可以摧毀軍隊，跟馬努埃爾比起來，他只靠情緒行事，但他的情緒又是那麼幼稚。

即使羅貝托長大成人了，他還是像個八、九歲的小孩，穿著及膝短褲、短袖襯衫和笨重的靴子，走在人生這條路上。他是個被嚇壞的小孩，也被這條殘破的路傷害不少聰明才智。他一路上發生不少意外，也摔倒無數次，留下很深的傷疤。他邊走，邊伸出右手，想要抓住什麼……一個女人模糊的身影在他面前晃來晃去。他又哭又叫，要她停下來。有時候，那個影子消失不見的時候，就是羅貝托憤怒地摔倒在地上的時候。

他踢石頭、打它們、丟它們，因為連石頭都像在嘲笑他。他會發脾氣，還會說：「你們憑什麼嘲笑我！我會讓你們知道我的厲害！」但他不明白，他和石頭衝突時，自己也會受傷。等他脾氣過了，又會懊惱自己這麼頑固弄傷了自己。這時候他就會想：「它們其實只是在看我。」

相較於馬努埃爾，羅貝托有一個不變的目標……尋找他要的安全感。他最後找到了，就不會再哭泣了，還會微笑著回顧過去的一切。然後，帶著這個「安全感」，他會開始新的人生。羅貝托是個好孩子，只想要有人關心他的問題，聆聽他的抱怨，分享他的快樂，還有教他怎麼穿衣服。儘管發生這麼多事，他很溫順、易感，這是馬努埃爾從來不懂的。

羅貝托生命裡最困難、痛苦、難過的時光，是他入獄的時候。我知道很多人出來後變得更殘暴、兇狠、充滿怨恨。但我哥哥沒有。他一直保持著心中那一絲希望的微光，從來沒有墮落。他還記得他有個家，保有對其他人愛的感覺。他會想到把自己的衣服披在需要的人身上，還會說：「不，可憐的人，穿上吧！」但馬努埃爾不會！那人八成會想：「不關我的事。那是他自作自受。」

羅貝托眼裡帶著熱情，試著尋找他的理想。對他來說，世界上不可能有人犯罪。他還是容易感到驚訝，不像馬努埃爾那麼世故。對羅貝托來說，很多事情都是神聖的。最好不要有人想要沾染他的神聖，否則他會變成憤怒天使。

如果真的發生了，或羅貝托被忽略了，他不理智的情緒就會被釋放。很多次，當他「站在角落」哭著懺悔時，如果沒有人關心他，那些痛苦就會轉化為怨恨、憤怒、嫉妒。他會被絕望所牽引，不計代價想要得到安慰。羅貝托需要有人引導他，給他道德上的力量，對他說：「如果你這樣做，『邪靈』會找上你；如果你那樣做，巫婆會受到你的召喚。」讓他相信身邊一定會發生什麼不幸的事。

我的兄妹最令我傷心的，就是他們完全不想離開他們所處的環境。他們都安於穿著破爛衣服還有花時間打架。對我來說，我們頭頂上的那片低矮屋頂並不安全，支撐它的柱子可能明天就會倒下。但是他們沒有想到明天。他們全都活在當下。

即使他們想改變，我也不相信他們可以。沒有一個人是人格健全的，也許我自己也不是，雖然我嘗試過。舉例來說，如果有人給馬努埃爾一顆普通的石頭，他會拿在手裡，投以渴望的眼神。過了幾秒鐘它會開始發光，在他眼裡，石頭是銀子做的，又變成金子做的，又變成世界上最珍貴的東西，直到石頭的光芒消失不見。

羅貝托會拿著同一塊石頭，喃喃自語：「嗯，這有什麼用處呢？」但他不會知道答案。瑪塔只會拿在手上一會兒，然後想也不想就隨便丟了。我，康蘇薇若，會驚訝地看著它，心想：「這是什麼？該不會是——可不可能是我一直在找的東西呢？」

但我父親會拿著這個石頭，放在地上。他接著會去找另一個石頭放在它上面，然後另一個，再另一個，不管要花多少時間，他終究會把石頭變成房子。

無論我多麼擔心，我終究搬進了阿姨家。無法避免。結果，我在貝克街住了約六個月。那個維辛達的氣氛，就是窮得徹底。住在那裡的人幾乎像動物。上帝賜予他們生命，但他們完全沒有任何生活必需品，只有日常的麵包，有時候也沒有。多數的女人和小孩必須工作養活自己，因為大多數的父親都醉醺醺的，不負責任。年齡較小的孩子光著身體在外頭玩，大一點的孩子做些奇怪的工作，賺幾分錢。僅有非常少數的人上過一、兩年學校。母親們常常需要典當收音機、熨斗、床單（如果家裡有這些東西的話）、衣服、鞋子，來付房租或買夠給一大家子吃的豆子。

當父親的對妻子和孩子不聞不問，把錢都拿去買醉，或給情婦，情婦說不定也住在同一維辛達。如果妻子有怨言，可能會被打，或攆出家門，因為隱瞞丈夫偷情的事實、不讓丈夫丟臉，是妻子的責任。男人有空就去酒館，到了晚上，妻子常需要去找他們，帶他們回家。

在我阿姨家，我們一天只吃兩餐，和維辛達裡其他人一樣。我早上起床後，會把我的「床」從地上收起來，稍微打掃、整理一下屋裡。然後我會從庭院的水龍頭打一盆水，這樣就能在房間裡梳洗。這一區對外沒有大門或圍牆，所以如果我和其他維辛達裡的人一樣在外面梳洗，街上的人就會看見。我的錢不夠我上公共澡堂。當我做這些事的時候，我的阿姨，我總叫她「我的老小姐」，她會去市場買點東西，張羅第一餐，姨丈伊格那西歐不是在賴床，就是起來去喝他早上的普逵酒。

我會坐在大椅子上，也是我阿姨僅有的家具，早餐是黑咖啡或茶、剩下的豆子或米飯，有時有玉米餅包起司或辣椒。我阿姨一定要我坐在椅子上，表示她和姨丈很歡迎我住在他們家。那張椅子她保存得很好，收藏好幾年了。他們吃的和我一樣，但不喝咖啡，喝普逵酒。他們吃一種很辣的醬料，也吃青辣椒和炸洋蔥。他們說我該跟他們吃一樣的，因為這會促進血液循環、增加食欲。但我實在不習慣，所以拒絕了。姨丈說我不是墨西哥人，很快就會變貴族了。他總是愛說笑。

吃過飯後，伊格那西歐會弄點水沾濕頭髮、洗頭，拉直鬍子。接著劃十字，向聖馬爾定禱告，要供奉苜蓿給祂，這樣人們便會跟他買報紙——《最新消息報》、《新聞報》、《東方報》，他靠賣報賺取微薄的工資，帶回家給阿姨。阿姨會去幫別人洗衣服，或去一家叫莫雷洛斯的午餐攤子當廚工，就在莫雷洛斯電影院對面。她去當廚工的時候，早上八點就出門，晚上八、九點才回來，還會帶一些攤子上剩下的食物給我。如果她是去洗衣服，會在庭院裡用桶子洗，從上午十一點到下午三、四點，休息一下再繼續，七點左右洗完了才休息。

她幾乎什麼也沒吃，直到姨丈伊格那西歐回家，給她幾披索買吃的。如果姨丈只給她兩披索，晚餐大概只有湯麵，如果有個四、五披索，他們會買點麵包和牛奶給我，我也會喝湯。通常我能喝的只有黑咖啡，他們吃豆子，當然還有普逵酒。有時候他們也沒吃飯，但絕不會沒喝普逵酒。

我姨丈還有另一個女人，我阿姨常為了她和他爭吵。他們喝得有點醉的時候，阿姨會對他說：「矮子，我今天不想殺了你，只是因為我不想被你的屍體給嚇到。」他們頭幾次吵架時，我嚇壞了。我快哭了，尖叫著叫他們不要吵，他們看到我嚇成那樣，會冷靜下來。

後來我比較了解他們之後，看到他們吵架反而會笑。他們晚餐喝普逵酒，接著喝山楂酒（*chinchól*，一種酒精飲料，用山楂樹和其他植物的果子做的）。他們多半喝得蠻醉的，但不至於會傷害對方。同樣的事每夜都會上演，直到晚上十一點，他們累了或醉倒了。然後我會回到床上，他們就去睡覺。

在我父親的房子裡，這種事從來沒發生過。我從沒見過我父親跟任何人喝酒。晚餐會在一定的時間，餐桌上什麼都有——牛奶、麵包、奶油、雞蛋，還有一些我們可能會想吃的東西，像是炸雞頭、沙拉、焗烤豆子、烤玉米餅等等。相較於阿姨家，我們家富裕又和諧，至少那個邪惡的黛莉拉來之前是這樣。

在「我的老小姐」家裡，我們吃晚餐的時候，很多朋友會來。他們有的坐在門檻上，有的自己找個空位坐下，等我姨丈講笑話，或講一些自己的趣事，也等著我阿姨給他們一些墨西哥捲餅。我不知道他們究竟如何溝通的，有些人說東、有些人說西。晚餐結束的時候，我的頭通常很暈，因為菸味、山楂酒、普逵酒的氣味，還有他們的喧囂聲，讓我覺得想吐。

晚上我會把「床」鋪好。在水泥地鋪上幾塊墊子、紙板，然後蓋上一條舊棉被。他們給我一個枕頭和另一條棉被，狀況還不錯，還有一件阿姨的舊外套讓我有的蓋。後來我睡在他們床上，他們睡地上，因為我身體虛弱，感冒病得很重。有時候我對於占了他們的床感到愧疚，但他們希望我睡床上，而且似乎完全不以為意。相反地，他們似乎真的把我當女兒一樣愛。

有一次，阿姨叫我磨一點辣椒，她要做辣燒醬（*mole*），慶祝姨丈的命名日。我試了，但不行。阿姨說：「哎呀，孩子，這樣妳結婚以後怎麼辦哪！如果妳丈夫像我第一個丈夫一樣要求很多，妳怎麼辦？我早上三點就要起床磨五卡蒂洛（*cuartillo*）的玉米粉，做玉米餅給他當早餐。我一開始不會做，他還打我，要我去學呢！」

阿姨讓姨丈的生日只是個家庭聚會。她沒有邀請隔壁的太太，因為我一直在她耳邊嘮叨，叫她不要邀請她們。我終於讓她了解那些人不是好鄰居，她們需要食物或幫忙的時候，阿姨會幫她們，但我們需要這類幫忙的時候，她們卻拒絕了。她們借的東西從來不會還。所以來參加的只有我妹妹瑪塔、我哥哥羅貝托，還有兩個姨丈很親的好朋友。為了這簡單的慶生會，阿姨設法買了一箱啤酒和一些普逵酒。

在阿姨家，我更了解宗教的慶典。四旬期開始的時候，在七苦聖母節那天，她會先用一塊白布，再用一層紫色的聖經紙，鋪在供奉七苦聖母的桌上。聖母像的兩邊會各放三個花瓶，插著鮮花、麥芽，還有最重要的，一根蠟燭。到了晚上，她會全心全意向聖母祈禱。姨丈會好好整理供桌。如果有人粗心大意放了枝鉛筆或什麼在上頭，他會非常生氣。

四旬期期間，我們星期五和聖日——濯足節、受難日、聖週六裡都戒絕吃肉。星期三和星期四，阿姨會打掃房間，各種特別的菜也會事先準備好。濯足節那天，如果阿姨有食材的話，她會做藜草燉梨（*romeritos*）、小魚乾（*charales*），還有用辣椒或皮皮安瓜（*pipián*）做的馬鈴薯。

受難日當天我們不做任何家事。她連火都不點，我們吃冷的食物。那天我們早上八點就上教堂，待在那裡見證耶穌受難記。這時候，阿姨說：「孩子，妳看，他們把耶穌受難詮釋得多美！妳看，祂承受了一切，所以我們才免於苦難。」她的意思是，我不應該生我父親的氣，對他忤逆。我了解到自己錯了，也答應不會再那樣。

阿姨對查爾瑪的基督非常虔誠，也喜歡告訴我她年復一年朝聖之旅的經過。我是家裡唯一從沒、從沒去過查爾瑪的人。我阿姨會說：「今年妳和我一起去，孩子，妳會見到聖殿有多好、多美，但妳一定要再回去，否則主會生氣，會懲罰妳。」她這麼說只讓我更不想去，但我喜歡看她從查爾瑪帶回來的紀念品、緞帶和一些故事。

五月，母親節快到的時候，我找到工作，還買了份禮物給我阿姨。她那天會為我外祖母和我母親點上蠟燭，把她們的照片擺在桌上，旁邊放著鮮花。我們那天本想去墓園，但因為我們沒錢，我又得工作，所以沒去。我也注意到亡靈節那天，阿姨總是會供奉很多食物給我死去的母親。在家裡，父親只會點蠟燭、放杯水，沒有更多了。

六月十五日父親節那天，阿姨要我去看看我父親，但那次的拜訪令人既痛苦又失望。黛莉拉也在那裡，父親幾乎沒跟我說話。我很生氣，沒說再見就走了。當時我還會去找父親，因為我希望他承認他還有一個女兒。阿姨通常叫我不要去，「為什麼要去那裡，只是為了讓他把妳惹哭嗎？」我姨丈幾乎不會說什麼，但他們都很討厭那個巫婆黛莉拉，還有她全家。

我找到工作後，我們的情況改善了一點，有錢買食物，也能按時繳房租了。但我還是過得很苦，因為我真的不喜歡住在那裡。如果我沒做家事，姨丈會罵我，說我像個擺在架上展示的娃娃（欸，其實他用的是別的字眼）。他說的這些話不會傳進我阿姨的耳朵。如果阿姨聽到了，她會說：「不要煩她，你這個討厭鬼。離她遠一點，不然我找你算帳。」我其實也很心虛，因為我幾乎不知道怎麼做家事。

有天姨丈告訴阿姨，要叫我洗衣服。我以為阿姨會一笑置之，沒想到她真的給我一塊黑色的肥皂、去汙劑、水桶和洗衣板，對我說：「動起來，懶惰蟲，把衣服洗乾淨，沒洗乾淨我會叫妳再洗一次！」這個命令讓我很不高興，不是因為我不想工作，而是因為每個人，不論在社區裡面還是在外面街上的，都會看到我。

我蹲在地上洗衣服的時候，發現鄰居的女孩在嘲笑我。「喔，妳已經在洗衣服了呀！」莉奧諾拉對另一個女孩說：「該是時候了，姊姊！」另一個人說：「問題是我不是住在有錢人家。我父親已經跟我斷絕關係了。」我什麼也沒說。我知道她們不會理我，而且我已經很沮喪了，回答她們的話只會讓我更難過。

六月底的時候，我病了。我變得非常瘦，還出現神經失調的症狀。阿姨建議我向老闆請幾天假，但我沒有，只是待在屋裡，於是丟了工作。我們很快又開始縮衣節食，因為姨丈賺的錢不夠過上基本的生活。有幾天我只吃午餐，他們吃很少，但晚上還是會喝普逵酒或山楂酒。我吃了他們的辣醬，不過即使他們說喝普逵酒可以強化肺臟、治好我膽的問題，我還是不願意喝。每當我心情不好胃痛，阿姨就讓我喝苦艾茶或洋甘菊茶。

結果我更不舒服，因為我生病的時候不習慣這種照顧。在父親家，他會找醫生來，讓我在床上休息，給我吃藥。但在這個地方，人們很輕忽疾病。即使病得很重或意外受傷，也不會想到叫醫生。每個人，包括病人的家屬，也只會站在那裡若無其事閒聊兩天。然後沒人隔天會記得發生什麼事。

我的感冒和發燒變成支氣管肺炎，胸痛得無法呼吸。阿姨不知道我怎麼了，但她試著替我治療，讓我泡澡，用酒精幫我擦身體，還在我頭上放了兩片他們稱為「無恥之葉」的葉子。泡澡就是把熱水倒進盆子裡，再加點燒剩的灰，把我的雙腳放在水裡，直到水冷了。用酒精擦完身體後，她把我全身蓋住，直到我開始冒汗，阿姨說這樣身體會把所有病痛排出。不可思議地，我的體溫開始下降了，雖然呼吸時胸還是很痛。後來我找我朋友安荷莉卡來幫我打了一針抗生素。我好很多，終於可以起來去看醫生，把病治好。阿姨把我的外套當了換錢，父親什麼也不知道。

我和阿姨住的那幾個月，傑米一直來找我。雖然我求他們，他們還是不敢趕他走。傑米知道怎麼贏得他們的信任和喜歡，所以占了他們的便宜。他可以自由出入家裡，不論時間場合，甚至帶他想帶的朋友一起來。好幾次，他清晨醉醺醺地來，我還得拿著我唯一的外套睡在水泥地上，這樣他才能在床上醒酒。

事實上，阿姨越來越討厭我，因為我沒有工作也沒有錢。我注意到她幫我準備早餐的時候，語氣又酸又嚴肅，不是她一開始時的那樣。但我很餓。我到處找工作。安荷莉卡幫我出公車錢，還一直鼓勵我。我覺得不妨離開墨西哥城，但要怎麼離開？哪來的錢？我沒有車錢，也買不起行李袋。

姨丈開始兇惡地罵我，用一些他從來不曾說過的字眼。早上他看到我在化妝時會說：「妳跟櫥窗裡那些假人沒什麼兩樣。只是站在那裡，臉上亂塗一通。做點事情、賺錢回家吧！我不管妳做什麼。我們需要錢，多少都好！妳要拿錢回家！」其他時候他會說：「妳這麼沒用，結婚那天，要給妳丈夫吃什麼？難道他娶妳只是為了上床嗎？做點事情。妳要賺錢過生活吧！不管錢怎麼來的，妳也看到了，妳阿姨需要錢。我幫不了她什麼忙。」

只是為了上床？他對我說話的樣子，彷彿我就是那樣的女人。他這番話讓我離開家裡的時候，心裡已經有最壞的打算。對我來說，最壞不過就是為了錢把自己賣身給男人。但我做不到，我的羞恥心阻止了我，我躲在教堂裡哭。不幸地，這個羞恥心也開始漸漸沒了。

如果阿姨知道了，她也不會原諒他的。阿姨仍對鄰居埋怨我一點都沒幫上她，我一毛錢也沒給她，她的床都快壞了。我在洗衣服的時候，鄰居小孩說我阿姨抱怨了我很多。但我又能怎樣？我一直很努力看著報紙廣告找工作，但我去應徵時又說不缺人了。要不就是某個男人看我很失望的樣子，就做一些不正派的暗示：「如果妳願意，這裡不需要妳工作。妳只是個年輕小女孩。這個，我不能給妳很多，不過如果妳願意的話——」有兩次，我甩門而出。回去賈西亞先生那裡工作？不可能！傑米在那裡。

傑米來的時候，讓他看到我坐在椅子或長凳上吃飯，我總是覺得又氣又丟臉。他很自豪他的家庭，有好房子，他們一家人圍著桌子吃飯聊天。他說他的家庭和我的等級不同，我很氣我阿姨和姨丈，因為他們聽不出他瞧不起他們。

他覺得他在那間屋子裡的地位比我高，有天晚上還想證明給我看。八點半的時候，他渾身酒味來了。我在床上縫紉，他送給阿姨和姨丈的收音機正播放著，阿姨坐在廚房和房間之間的門口。我抬頭一看，看到傑米搖搖晃晃，抓著門框，襯衫敞開著，領帶歪向一邊，褲子掉到臀部，用條墨西哥流氓皮帶撐著。真是個野蠻人（*Qué bárbaro*）！他以為我對他還抱著希望！

忽然間，他拉著我衣服的袖子，抓著我的手臂。我比想像中還要迅速地站起來推了他一把，他摔在椅子上。我非常生氣。我對著他大罵：「繼續當個墨西哥流氓啊！你想得美，可悲的傢伙！如果你以為我只是你從酒館找的女人，最好走開，去他媽的！」阿姨嚇到了，她說：「冷靜，妳這個女人。冷靜，傑米。你最好快走。」

於是我轉向阿姨和姨丈：「都是你們的錯。我告訴你們多少次，不要讓那個酒鬼進來。叫他滾，不然我叫警察。」傑米輕蔑地看我一眼，指了一下他那台收音機。我把插頭猛地拔下，推倒收音機。「去他媽的。不要以為用這個就能收買我。你這個王八蛋，滾開！」我姨丈在收音機掉到地上前，設法接住了它。傑米開始哭，但他的眼淚再也無法動搖我。我站在原地，緊握拳頭。姨丈叫他出去，讓他走了。

他走了之後，我忍不住顫抖。我不會抽菸，但我不管，抓了一包。阿姨從沒看過我這樣，她默不出聲。姨丈笑著回來：「野蠻人！可憐的傢伙，他這下看到鬼了，是吧。」阿姨對我說：「哎呀，這是怎麼回事？我之前從沒聽妳罵過髒話。這還是第一次。如果妳把收音機弄壞了，要怎麼賠啊？」

「阿姨，我為什麼要擔心他的收音機。讓他拿回去。我不希望他有任何藉口再來這裡。拜託妳不要再讓他進來了，不要再讓他進來了！」

有天我出去找工作，晚上回家時，傑米在我下公車的地方等我。

「康蘇薇若，求妳，我的心肝，我不會耽誤妳太多時間。我知道我對妳來說什麼都不是了。我什麼都不是，但我愛妳。我求妳，幾分鐘就好。」聽到他這些話，我感到心裡的門被打開了，我的舊愛進去了。我答應和他走一小段路。

他不斷說著關於自己有多懊悔，關於他母親、關於他對我的愛，我注意到的時候，我們已經走了很遠。我們走到一個荒涼的地方。那附近沒有燈，遠方的車燈也照不到我們。我告訴他我要回去了。我看到他臉色忽然一變，嚇了一跳。他抓著我的手。我很害怕，但一如往常，我表現得冷靜又穩重。「走吧，傑米。我想回家了。你不用送我。我可以自己走。」

但他不讓我走。他開口說話，一字一句。它們聽起來不一樣，很冷酷、很空洞。「妳以為我會讓妳離開這裡嗎？哼？妳也太天真了。我把妳帶來這裡，就是要妳做個決定。是要和我在一起，或是——」

傑米抽出一把匕首，抵著我的腹部，只要輕輕推一下，就會刺進去。我感到視線模糊，沉默了半晌沒有回答。我只是緊緊抓著我的錢包，內心裡祈求我母親幫我，還有瓜達露佩聖母。最糟糕的是，他完全失去理智了，所以我無法對抗。我已經能感覺到我肚子上那把匕首冰冷的刀鋒。

我一動也不動，身體裡顫抖著，希望我能逃走。我說：「來吧！如果你想殺了我，何不動手？你知道你這也是在幫我。我求你動手吧，算是救救我。你知道的，沒有人需要我，我死在這裡或哪裡都一樣。你這一動手，別人也會感謝你的。你也剛好擺脫這個驕傲、悲觀、無禮又沒用的女人，你不是都這麼說嗎？我不在乎，你動手吧。」接著是一陣沉默，我覺得我要倒下了。

終於，傑米把武器放下，哭了起來。我深吸一口氣。我聽著他啜泣，像個孩子一樣。他把武器丟在地上，抱住我。「原諒我，我的心肝。妳把我搞瘋了，妳如此冷漠。但我愛妳、我愛妳啊！」他的聲音越來越大，直到用吼的。「我不在乎他們看到我哭。我愛妳，我好愛妳。」我利用這個機會。「走吧，心愛的，忘記這件事。畢竟我也愛你。我們為什麼要讓彼此這麼痛苦呢？我們走吧，你這老粗。我保證以後不會對你這麼兇了。我愛你，親愛的。」

我們回到我阿姨家。我覺得自己差不多像死了。我的雙腿不聽使喚，而且開始流汗和顫抖。我的胃痛得要了我的命。「妳怎麼了？」那裡的人問我。我在他們面前什麼都不能說。阿姨泡了洋甘菊茶給我，事情暫時告一段落。我再也沒見到傑米，直到兩個禮拜後，他又醉醺醺地來了，鬼扯著盧貝卡、貝莉卡、愛絲黛拉、尤南達、阿德萊妲，我不知道還有其他多少人。

差不多這個時候，我有機會進一步認識馬里奧。他照顧我，對我說：「我沒有很多東西可以給妳，只有這雙手，會為妳工作。我不是什麼專業人士，但保證我會盡全力，我們什麼也不會少。即使我們只能吃一鍋豆子，至少妳也可以離開這一切。」馬里奧在我阿姨家附近工作，他已經向我求婚兩、三次了。但我還是抱著希望，想要離開這個城市，為我自己展開新的生活，沒有眼淚、沒有羞辱，重新擁有活下去的意志力，甚至繼續讀書。

我又試著進入修道院或宗教團體。「我天生不該在外面。我需要沉澱。我需要平靜。」我當時是這樣想的。「但是錢、錢、一千披索，一千——」有人告訴我進入修道院要付一千披索。我從沒去查證，但我確實問過一位修女，怎樣才能進入修道院。

「妳需要父母同意——」

「我沒有媽媽。」

「這個，妳父親同意的話，妳也可以進來。」

「除此之外呢？」

「妳必須是妳父親合法的孩子。」

這句話冰冷地斬斷我的念頭。我父親從來沒有正式娶我母親，沒有在教堂公證，也沒有到法院註冊。

我找到一個工作，但只是短暫的。我被解僱的那天遇到馬里奧，他答應我，會問問他父親，能不能給我工作。那天我不想告訴阿姨這個壞消息，反正我姨丈一點都不歡迎我，所以我決定去和珊蒂多斯住。我阿姨很後悔，也有點生氣。

我搬到珊蒂多斯家後，在墨西哥工人聯邦找到一個工作。我以前的同學伊爾瑪幫我找到這個工作。我覺得很高興，而且如果我必須工作到晚上八、九點，我就不用再回到阿姨家了。下班後，我會和伊爾瑪一起去舞廳一個小時左右，回到家的時候大約十點了。珊蒂多斯住的那區沒有水、電或人行道，晚上的時候很恐怖。那裡靠近運河，常有搶劫。我能平安到家是因為我把知道的禱告文都唸了，我心臟簡直要從嘴裡跳出來，瞪大眼睛試著看清楚黑暗裡有什麼。

一個在聯盟的女孩離職，她的老闆要我過去接手，打算付我較高的薪水。但我的厄運還是纏著我。伊爾瑪嫉妒我，在我背後搞鬼。我不能再惹任何麻煩，只好辭掉工作，搬回阿姨家。

我心裡想著該不該去馬里奧家住。多諷刺！我曾發誓要像聖人一樣謙卑，追隨聖方濟的腳步，一心想要保有修女的純潔和神父的意志，而我現在竟想要去找這個男人，以求平靜。我漸漸變了。曾經發生過的事深深地傷害了我，但我從沒表達我的感受。我曾經憤世嫉俗。但那能改變什麼？我對所有事情都視而不見，我說到做到。如果連我父親都不在乎，其他人當然也不在乎。

某天下午，我和馬里奧去看電影，回到他家。他說：「留下來，別走。」他並不知道，那一刻，儘管我已經決定怎麼做了，心裡仍像颳了一陣龍捲風。如果我留下，表示我是他的人了。但回家又有什麼意義？只是讓他們把我趕出來嗎？只是讓父親問我回去做什麼嗎？我也無法忍受阿姨了。我沒有工作。我曾希望有人能為我打開家門，但他們沒有。

「聽從上帝的安排！」那一刻，我寧願視而不見。沒有什麼事能引起我的興趣，除了離開這個讓我窒息的世界。我想擺脫眼前刺痛我的一切，擺脫日復一日的羞辱，擺脫飢餓，擺脫傑米。

「好吧！」我對他說，感到腦中一陣暈眩。馬里奧很高興，當然，他告訴了他母親。他母親接受了，但我看得出來她不喜歡我。那天晚上，她讓我和她睡，馬里奧和他父親雷耶斯先生睡。隔天，連陽光都看起來不同了，街上也變得美麗。在那屋子裡，一切都好平靜。馬里奧的母親堅持要在隔壁的街區幫他租個房子。我只有他去工作的時候，過去幫他料理家務。他母親希望我們結婚以前不要同住。馬里奧等不及了，但我對這樣的安排很高興。

有天早上我拿著麵包進去，聽到馬里奧正在和他母親吵架，他母親大吼著，指責馬里奧要她答應他和他女朋友的事。「媽媽，妳不要騙人。我給妳錢，妳接受她吧！」他這麼回答。我裝作沒聽到，但是當他去工作、他媽媽出門去市場的時候，我把所有的衣服丟進一個紙袋，去了阿姨家。我不怕再次出去找工作養我自己。但要我回阿姨家，簡直像要我的命。

馬里奧來的時候，我正坐在阿姨的椅子上喝一杯黑咖啡。他臉色極為蒼白，一看到我就哭了出來。他把所有過錯都推給他母親，抱著我，要我不要停止愛他（我騙他我愛他）。他拒絕回家，還搬到阿姨隔壁的鞋匠家，把他的衣服和東西都賣掉，付房租和買食物。他只剩下一件衣服。

我告訴他，我不喜歡那個社區，那裡傷害過我，我想離開。我成功說服他我們得搬離墨西哥城。那時他也向我坦承，雷耶斯先生不是他的生父。他父親在工會（*Sindicato*）的通訊部門，可以幫馬里奧搬去別的城市。我什麼都不相信。但他父親真的調職到蒙特雷。

所有的街坊立刻知道我要離開了。下午我們在阿姨家互相道別。阿姨告訴我：「給他們點紀念品，女兒。這樣他們會記得妳。」我覺得很奇怪，但還是照做了。只是一些小東西，給這個人一個玻璃杯、給那個人一條舊裙子，但他們很高興地收下。我送了四、五樣東西出去的時候，阿姨說：「你們拿了這個東西，就不會忘記她了吧？」他們向我道謝後走了，要我常寫信給他們。我阿姨哭了。

可憐的馬里奧！他帶我去蒙特雷，希望找到真愛。他要的愛是如此抽象，是摸不到，也無法用言語理解或解釋的。他以為會在我身上找到這種愛。但愛必須要雙方同時感受到，如同一道美麗的光芒，落在男人和女人身上。那道光落在馬里奧身上，但沒有落在我身上。我依然愛著傑米，心裡再也沒有位置容下馬里奧。我只是利用他，像條救命的繩子，把我從深淵裡拉出。我已經計畫好，一旦他帶我到蒙特雷，我就會獨自展開生活。

瑪塔
Marta

在克里斯平家，我婆婆作主，小孩完全不理我公公。克里斯平對他很兇，形同他的同輩一樣。有一次他父親酒醉回家，他還罵他，好像老子是兒子，兒子是老子！

我婆婆很溺愛克里斯平，他是老么。他是那種一定會選邊站、不想在討論時被落掉的人。他和他哥哥安荷爾常常吵架，如果他母親介入，他還會對她說一些惡劣的話。

這個哥哥安荷爾和一個叫娜塔利亞的女人在教堂結婚，也去法院註冊。他們分分合合好幾次，真是名符其實的天主教徒，懂得忍辱負重。安荷爾在阿卡普爾科找到工作，就帶她一起去了。他的工作常得離家一段時間，有一次，他提前回來，看見她和一個男人躺在床上，是個賣水果的。他把他們打了一頓，但是在我看來，他該怪他自己留下他妻子一個人。安荷爾在牢裡待了三天，然後他把娜塔利亞帶回墨西哥城。

我婆婆要安荷爾把娜塔利亞趕出去，但他把她留下，為了報復。晚上我會聽到她哭著求他讓她回家。然後就是呼巴掌的聲音，或是毆打和更多的哭嚎聲。這樣持續了十五天，每天晚上都這樣。克里斯平默許她被打。他支持男女平等，但如果他知道哪個女人背叛男人，他會讓她消失在這世上。

白天的時候，娜塔利亞不准一個人出門，連去澡堂也不行。她去看她母親時，他們也陪她去。她就像個囚犯一樣。我問她為什麼不走，每一次，她都回答，因為他們威脅她要帶走她的兒子，那是她唯一的孩子。安荷爾和她現在還是在一起，而且又生了兩個小孩。

克里斯平的大哥瓦倫丁和他妻子也有問題。他十六歲的時候，那時他們全家還住在普埃布拉，他和一個比他大很多歲的女人結婚。他們的婚禮也經過教堂和法院公證，還有兩個小孩，但這不表示什麼，因為他們搬來墨西哥城後，她就搭上別的男人。她最後還跟那男人跑了，把她的小孩留給瓦倫丁，這倒是不尋常，因為通常女人和別人跑了，會把小孩留給自己的父母。所以瓦倫丁把小孩帶去給他岳母，而且離了婚。

克里斯平的家人一點也不喜歡我，因為我什麼都不會。我幫得上我婆婆的地方很少。她是愛乾淨到誇張的家庭主婦，每八天換一次床單，一天到晚都在刷地板。

我覺得要照顧克里斯平很難。他對衣服和三餐非常挑剔。每次洗他的褲子，我都洗到雙手起水泡，得讓我婆婆接手做完。不管我多努力，就是無法像我婆婆那樣洗、熨他的襯衫。難怪我婆婆那麼討厭我！但我努力過，而且我並沒有像她說的，一天到晚在街上混。

克里斯平想繼續和他母親住在一起，但我受不了了。兩個禮拜後，我們找了我們自己的地方。我們在一個大約有十五戶的維辛達裡，找了一個有廚房的小房間。克里斯平買了一張床，他母親給我們一張桌子和兩把椅子，還有一些鍋子和碗。

一開始我很喜歡那個地方。我承認我們的家居生活很雜亂。我知道我很沒用，不適合當家庭主婦。但我儘量打理家裡；雖然不盡完美，但至少不是太髒。

過了九個月，我都沒有懷孕，克里斯平對這事晚了生氣。他會跟著我去廁所，看我是不是偷偷灌洗。他還帶我去看一個女醫生，檢查我是不是做了什麼避孕。後來他甚至懷疑是醫生讓我不孕！但隔了一個月，我就懷了康瑟絲昂。

前三個月，我覺得噁心，一直吐。我什麼也吃不下，只能喝點流質的東西。所有事情都很煩，我的胸部、肚子、胎動……直到我習慣了。我以為克里斯平會很高興我懷孕，但後來他終於現出原形。你知道他變成什麼樣的人嗎？他是那種想要有妻子和小孩，但不想對他們負責任的人！我懷孕的時候，他開始出去找別的女孩，而且我知道他和其中一個女人還有了小孩。

現在我有了丈夫，我有預感，不能再相信我的女生朋友。我注意到伊蕊娜和愛瑪會向克里斯平訴苦，問他的意見。我等著愛瑪會在我背後搞鬼，但沒想到我弄錯對象，結果是伊蕊娜。她是我最好的朋友，而且結婚了，我完全沒料到她會搭上克里斯平。

克里斯平總是在追女人。他完全沒有道德。有一天他請伊蕊娜喝汽水，然後看電影，又去逛市場。我被婆婆欺負的時候，他在外面可快活了。我還沒發現是伊蕊娜之前就注意到他變了，因為女人總是可以察覺什麼。他會回家打扮。如果我沒給他一件乾淨的襯衫，他會立刻在他母親面前罵我。我試著隨時幫他準備好一件。他一把髒的襯衫脫下來，我就打好肥皂水要洗了。

他出門前從不會對我說什麼，但會對他母親說：「媽咪，我很快就回家。」而他半夜回家的時候，不用鑰匙開門，反而把我叫起來，要我幫他開門。我真的覺得他開始討厭我。他會抓狂，說我沒能耐，世上知道怎麼照顧他的只有他父母。即使他沒喝酒也會為一些小事動手打我，像個醉漢一樣。我就是沒有辦法取悅他。

克里斯平不讓我回家，但如果不能看到父親，我寧願去死，所以我幾乎每天都偷偷回家。我丈夫不喜歡爸爸總是資助我衣服和食物。克里斯平每個禮拜只給我二十五披索，對一個剛開始持家、不知道要去哪裡買東西的女人來說，根本就不夠。所以我爸爸給我十五或三十披索，還會送我牛奶、糖和其他東西。但克里斯平根本不管我錢夠不夠用，他只希望我和家人完全斷絕來往。

有一次我回家，安東妮雅告訴我，克里斯平和伊蕊娜有染。我不想接受，但有一天，我從婆婆家出門要去買煤油，竟嚇到他們倆。我穿過巷子的時候，看到克里斯平在對伊蕊娜打暗號，告訴她什麼時候見面。伊蕊娜看到我，也知道我發現了。但我只是一直走。

隔天克里斯平帶我去看電影。我們回家的路上，看到伊蕊娜和愛瑪在講話。她們看到我們，笑了出來。克里斯平尖酸地說：「她們在對妳笑還是在嘲笑妳？」這搞得我很生氣，我告訴自己：「我一定要把那個賤人伊蕊娜給弄走！」

我出去買麵包的時候，在卡薩格蘭德的大門遇到她。我劈頭就對她說：「妳聽好，伊蕊娜，妳到底想怎樣？想勾搭克里斯平嗎？」

一般已婚的女人遇到這種事，不是保持沉默就是否認，但她沒有，她緊張回答：「都是克里斯平的錯。他堅持要帶我去看電影。我不能不去，不然我丈夫回來，會知道他來我家。」

「妳覺得我會相信嗎?」我問她:「還有,妳和愛瑪在笑什麼?」她竟然有膽子說:「欸,我覺得很好笑,克里斯平原本要約我去看電影,我不能去,他才帶妳去的。」

我對著她大罵,不管有沒有人聽到:「妳小心一點,伊蕊娜。妳勾搭的是結婚的男人。我不打算每次克里斯平去找女人,就把我自己搞得很丟臉,但我警告妳,妳最好離他遠一點,否則妳走著瞧!」

然後我注意到她手腕上有一條銀色的奴隸手鍊。那是我哥哥給我的。克里斯平拿去,說他弄丟了。看來,他是把我的手鍊拿去送人了!我從她手上把手鍊扯下來,然後跑回家處理我那個小氣又混帳的丈夫。我叫他去娶伊蕊娜,留給我和寶寶一點平靜。我也把這件事告訴婆婆,這樣一來,如果我們分手了,她不會怪我。但克里斯平一概否認,他家人也都相信他。那一次我們沒分手,日子又回復正常。

我姊姊安東妮雅第一次告訴我克里斯平出軌的時候曾建議過我,每天半夜對死亡聖神禱告,把克里斯平的照片和羊脂做的蠟燭放在面前,禱告九天。她保證第九天之前,我丈夫就會完全忘記那個女人的事了。我向維辛達裡賣宗教物品的男人,買了九日敬禮(*novena*)的禱告文,然後背了下來。大概是這樣:

耶穌基督,揹負十字架救贖世人!我祈求您,天父,把克里斯平帶回來給我,讓我征服他。

> 以上帝之名，如果他是隻野獸，使他如羔羊溫馴，如迷迭香（*romero*）輕盈；與我分享他的麵包，與我分享他的甘泉。就是此刻，上帝，我要他實現對我的承諾。以您無限的神力，帶他來到我的跟前，鞭打他、捆綁他，實現他的承諾。上帝，您使萬事可能，我堅定向您懇求，應允我。我願以餘生作您最忠誠的信徒。

我學了這個禱告文，但從沒用過。如果他要回到我身邊，一定要他自己願意。我不想逼他回來。

大多數我認識的女人，中午會拿著供奉的蠟燭，在門後放杯水，向約翰之魂禱告，每唸到「我們的天父」就敲門三下。聖安東尼對找回丈夫和情人也有幫助。我阿姨的鄰居朱莉婭對這些東西很有研究，她說聖人很愛祂的孩子，如果妳把祂孩子的照片用緞帶包起來，聖人很快就會應允妳的要求，因為這樣祂才能再看到祂的孩子。聽說拿出軌的男人的衣服把聖人蓋起來更有效。

聖貝尼托也會把丈夫找回來，但祂的方法是，他們和別的女人在一起的時候，就打他們。我不敢向那個聖人禱告。那說不定對我更不利，因為克里斯平可能會氣著回家！

我犯的錯就是，從沒讓我的丈夫覺得嫉妒。我不像別的女人一樣，比方說伊蕊娜，一點羞恥都沒有。我對我父親的尊敬像城牆一樣堅固，也離那些罪惡的生活遠遠的，過著正當的日子。再說，在社區裡根本不可能遇到任何好男人。你很難找到一個負責任、對妻子和孩子全心全意的男人。男人如果不是整天在街上閒晃，就是去買醉或跳舞。除了生更多小孩，我還能指望他們什麼?什麼都不能!

儘管我很矮,也不漂亮,卻沒少過追求者。他們也不在意我有丈夫。克里斯平和我布置好第一間公寓時,我們的一個鄰居盧伯特先生,讓我們接他的電線。他人特別好嗎?才不!後來他跑來跟我說,他想要用他自己的方式拉線。我告訴克里斯平不要再接他的電了……用蠟燭比較好。

事實是,我並不想要再去找別的男人。如果我跟一個都處不好了,找兩個豈不是更糟嗎?但克里斯平帶回家的朋友中,有一個一直對我示好。

有一次,我們和克里斯平木工店的朋友,一起去受洗派對。他們開始喝酒,然後其中一個人邀請我跳舞。我不想,雖然克里斯平已經在和別的女生跳舞了。但是我丈夫那種人有個可怕的習慣,那種人就是只要有人邀他們的妻子跳舞,妻子一定得答應,所以我得去。這個傢伙越摟越緊,連臉都貼上來了。他甚至把我拉到陰暗的角落,還想親我,但我把他甩開了,因為我婆婆站在庭院的另一邊,監視著我。

然後我大姑的哥兒們邀請我跳舞。他和我差不多高,相貌英俊,鬈髮、白皮膚、藍眼睛。他一直盯著我看,問我叫什麼名字。我一直都蠻大膽的,就告訴他了。

「瑪塔!好可愛的名字。」他說:「妳是我夢想的女生。」他的妻子也在派對上,但他不在意。他把我帶到最暗處的角落,臉貼著臉跳舞。他一直說我有多好,約我在別的地方見面。你看到男人的德行了吧?他們就像貓,家裡已經有老鼠了,還要跑到外面打野食。

他不停說:「我喜歡妳。為什麼我們不住在一起呢?我們是天生一對。妳是我的理想情人!」

我想把他打發掉，但他真的想把我接過去住。我開始觀察身邊有多少機會，如果我想要，而且不被我夫家的人發現。但我覺得不要再和他跳舞比較好。克里斯平明明就在，那傢伙卻像條狗一樣，一整晚跟著我！

克里斯平的家人和朋友一直在監視我。他母親說我從不在家，朋友太多。大姑不是說我懶，就是說我髒。我要做什麼或去哪裡，克里斯平明明都知道。她們就是會找我麻煩。

有一次我哥哥羅貝托來看我。我當時病了，大姑蘇菲雅來問我身體好不好，她進來的時候，羅貝托正坐在床上。她馬上就走了，羅貝托也是。但蘇菲雅一定去跟克里斯平說了什麼，因為克里斯平回來的時候兇我：「平時我姪子爬到床上妳就會生氣，妳哥哥躺著你就沒意見？」

你看看！蘇菲雅告訴他羅貝托在這裡又吃又睡，但明明不是真的。克里斯平大罵這個家是給他家人住的，不是給我的，他也不要幫我任何的親戚。

我很生氣，對他說：「如果這是給你家人住的，那你叫他們來住，我搬走啊！」那是他第一次用力打我。

消腫以前，我都不敢去找我父親。我哥哥那次之後就幾乎不來看我了。他一定也知道了。我真的很怕克里斯平。光是看到他生氣，我就渾身發抖。如果我敢在他面前還手，只會更慘。我懷孕三個月的時候，有一次我想要還手，結果他痛毆我一頓。我再也無法忍受那樣的生活，所以有一天，我跟他說我要去廁所（廁所在外面的庭院），然後，我就跑回家了。

克里斯平派他姊姊蘇菲雅來告訴我他會改，要我回去。父親催我回去，求我丈夫原諒。這對我來說一向很難；我回去了，但我沒有道歉。我對他還手是事實，但我是為了保護自己。那之後，他更糟了。他不斷找各種藉口吵架。他還會把收音機打開，這樣就沒人聽到他打我。有一次他從我後腰重重踢了下去，我差點流產。所以我又離開他了。我去露碧塔在玫瑰街的家，我父親和康蘇薇若當時也住在那裡。馬努埃爾和寶拉當時則住在卡薩格蘭德。

我從沒告訴父親或哥哥克里斯平打我的事。他們都注意到了，但沒有做什麼，因為那樣只會對我更不利。父親只說，我想的話，能隨時回家住。告訴他們實情不花我任何力氣，但我承擔不起那個責任，因為在這裡，兩個男人打起來的時候，全世界都阻止不了。羅貝托和馬努埃爾打架的時候也都瘋了似的，我害怕後果會很嚴重。如果只是吵吵架、出出拳頭，我也不會擔心，但他們萬一拿刀呢？而且有必要嗎！結果還不是都一樣？

我女兒出生的時候，我十六歲。我父親陪我在診所，我痛得受不了的時候就抓著他的腿。所有的錢都是他付的，克里斯平連花了什麼都不知道。他也沒問。克里斯平想要男孩，但我看得出來，他很高興有個女兒。他每天都來診所和露碧塔家，還去卡薩格蘭德，藉口說要看寶寶。但我對他已經沒有感情了。我發現自己得負起照顧小孩的責任時，更加恨他。任何小事我都責怪他；他不敢在我父親家打我。

不管他來看我幾次，他從沒給我一毛錢。我的衣服、食物和寶寶所有的花費都是我父親出的。克里斯平會找我父親說話，為之前的事向他道歉。父親問他，為什麼我們兩人無法好好相處，克里斯平怪罪到我頭上，說那些爭執都是我的錯，我很難相處，我從沒照顧他，還有我都不在家。也不想想，在那裡，我大姑和所有人都在監視我，我怎麼可能表現不良！

我婆婆來看寶寶，最後終於開口要我回去和他們一起住。我接受了，但是沒過三個禮拜我又走了，這跟克里斯平的外甥女有關。那個小女孩叫莉迪雅，是克里斯平死去姊姊的女兒，那個姊姊跟一個男人跑了，後來那個男人拋棄她。我也不知道她怎麼死的，總之又是一個沒父沒母的小孩。

有天，我在熨衣服，莉迪雅跑來抱康瑟絲昂，親她全身上下，有點太過頭了。她把寶寶抱得太緊了，過分親熱的樣子有點激怒我。我一直叫她不要碰寶寶。跟她說話就好，不然就去對牆壁說話！我公公是個裁縫，雖然他在家裡工作，但他從不會干涉，也不會叫我說話不要那麼兇。莉迪雅說：「如果妳不讓我抱寶寶，就把她塞回去肚子裡啊！」我公公也沒有訓斥她。

我很生氣，東西收一收就要走了。我公公擋住我的路，他說：「我老婆從市場回來前，妳不准離開這裡。」

「你憑什麼命令我？」我問他，還仔細想過加了幾個尖銳的字眼。

「我是你父親，妳這個忘恩負義的蠢女人，不要臉！」

嫂嫂娜塔利亞也在場，她說：「瑪塔，快跑，等她回來只會更慘。」的確如此。我婆婆回來後，把我趕了出去。我只帶了幾件衣服，但她要我把我的餐具和床都帶走。她說我不適合當他兒子的妻子，說不定連康瑟絲昂也不是他的孩子！我跑出了她的房子。

那天晚上，克里斯平來瓜達露佩阿姨家找我。他大發脾氣。他說我詛咒他母親。我告訴他莉迪雅說的話，但他不相信我，還打我。他就是這樣的人。那次之後，我足足一個月沒見他，但後來他又開始在我們門口外面吹口哨。

我一直說我再也不愛克里斯平了，我父親也沒強迫我回去和他住。但我擺脫不了我丈夫。他不在我身邊的時候，我沒有任何生理欲望，但只要他一直引誘我，我便覺得寂寞難耐。雖然百般不願意，我開始跟他上旅館。但他不滿足，還抱怨說我不夠配合，老是皺著眉頭、繃著一張臉，像根木頭一樣。

他是那種低級的男人，只想要最隨便的女人。我們若待在家裡，不用一分鐘，他就想要；一出門，就說要去旅館。他只是利用我來滿足他的需求。我對他來說很方便，因為我很乾淨，他不必擔心染病。但我無法滿足他，因為他很誇張。他會一直親我、愛撫我。他就只會想這些。他希望我是那種脫光光、很會搖、各方面都很行的極品女人。他一個晚上要個兩、三次，但我覺得我受不了。我的恨意加上他的欲望，我們在一起其實做不了什麼。

康瑟絲昂一歲的時候，我必須讓她斷奶，因為我懷了薇爾蕾塔。儘管懷孕是再自然不過的事，但我懷孕，克里斯平一點也不當一回事。他不管我父親或其他人怎麼講。他認為他是我丈夫，隨時有權利讓我懷孕。他說為了小孩和鄰居，我們應該住在一起。我接受了，不是因為我想，是因為有必要，而且方便。我和我哥哥姊姊相處也有點困難……我想離開我家。

我哥哥羅貝托常喝酒，也偷東西，讓我的日子很難過。在我小時候，他會偷皮包或耳環給我，雖然我擔心用了會被抓到，但我從不干涉他做的事，也不會背叛他跑去告訴父親。後來，他從他工作的工廠拿一些銅、鐵、鋁管等等的東西回來，我怕他被抓，所以告訴父親。但什麼也阻止不了羅貝托。他還會把那些管子、銅鐵拿去泰彼托市場賣。有時候還帶輪胎、輪胎蓋……回來，能拿什麼他就拿什麼。有個卡薩格蘭德的女人來抱怨，她家屋頂一桶瓦斯被偷了，另一個人說我哥哥偷了她的火雞。我哥哥在這裡名聲很糟，我也替他解釋得很累。

然後又有一場架是跟馬努埃爾打的。這件事起於寶拉和康蘇薇若，她們兩個一直都處不好。我嫂嫂對馬努埃爾抱怨，於是他拿德明哥的木馬往康蘇薇若丟過去，打中她的頭，把她惹哭了。她破口大罵，他又打她。我覺得我應該站在我姊姊那一邊，於是也跟著打起來。

那簡直像男人之間的打架，我盡我所能踢他、抓他，康蘇薇若嚇壞了，叫我們住手，不然鄰居會叫警察來。我把他壓在床上，抓住他的睪丸緊捏。他因為太痛無法還手。他求我放手，叫寶拉抓住我，但我停不下來。他第一次認輸了。

鄰居都跑來圍在門口看，罵他不該打妹妹。寶拉開始她的收東西，她覺得我父親來了一定會大發雷霆。她知道他會袒護自己的女兒，而不是媳婦。當然，我爸爸來了，甩了馬努埃爾兩巴掌，告訴他不能和妹妹相處，就滾出去。他和寶拉搬去和寶拉的媽媽還有妹妹黛莉拉同住。康蘇薇若、羅貝托繼續住在卡薩格蘭德，我回去我丈夫身邊。

克里斯平在木匠街租了個地方，就在他姊姊家隔壁，那是我們第二個家。薇爾蕾塔要出生的時候，他帶我去社會安全處的媽媽中心。生薇爾蕾塔比康瑟絲昂更痛，在社會安全處，他們完全不打麻醉。他們讓我該多痛就多痛。

我像個未婚媽媽一樣離開了醫院，因為克里斯平喝醉了，在他母親家睡覺。沒人記得我五天後要出院，所以我身上沒錢、也沒外套，帶著寶寶上了公車。很幸運的是，醫院給我一籃寶寶的衣服，說是聖誕節的禮物，所以我可以幫寶寶穿上。那天是假日，附近有電話的店家都沒營業，我不能打電話或留言給我父親或婆婆。也許因為我又生了女兒，所以我夫家的人沒來。我入院時，以為他們在開玩笑，他們說，如果不是男孩，他們就不會來看寶寶。克里斯平一直都比較想要男孩，看到姪子比看到自己的女兒還開心。

克里斯平和我又開始吵架，一部分是因為我大姑，另一方面，他又搭上另一個女人了。他沒有像之前在那個房子打我打得那麼兇，因為他怕蘇菲雅會聽到。他只有沒人在的時候才會打我，但這時候我也會還手，為了我的女兒們。我為什麼我要讓他殺了我？女兒們會受苦的。

我向他要錢買小孩的衣服，他叫我等等。我們等了又等，最後我說，我得去工作，才能給孩子他們需要的東西。他跑去告訴他母親他要離開我，他母親說：「好啊，兒子。你的家在這。」她沒幫我說話，就讓我自生自滅。之後，她甚至去我父親家，叫我父親不要收留我。

我說我不要搬走，於是克里斯平帶走他的東西。他留給我的只有床和衣櫥，但那些本來就不是我們的。他把電燈泡和電線帶走了，把我和兩個寶寶留在黑暗之中。他就這樣走了，甚至不管他的小孩能不能吃飽。

隔天，羅貝托和我去警察局控告克里斯平。克里斯平和他父親被傳喚，他們說那不是克里斯平的錯，還說他租了個公寓給我，是我跑掉了。他們說謊，但法院的人說，他們不能強迫克里斯平做什麼，因為我們沒有結婚。法律無法幫我。薇爾蕾塔只有三個月大，我又回去了我父親家。

那時候，我嫂嫂寶拉死了，她妹妹黛莉拉搬來照顧馬努埃爾的小孩。黛莉拉只比我大兩歲，已經懷了我父親的孩子了！我以前就認識她，當時她和她母親庫萁塔住在一起，還有一堆親戚，他們都住在皮業達街的「失落之城」，靠近泰彼托市場。寶拉會帶我去那裡參觀。他們的房間很髒，又擠，到處都是髒衣服，床鋪也沒整理，地上都是垃圾，小孩跑來跑去，而且吃飯的時候，尿壺就擺在眼前。他們活得像豬一樣！

寶拉住在卡薩格蘭德的時候，我們房間總是滿滿一票她的親戚。有一次克里斯平和我中午回家，看到他們全在庭院吃飯。他們有一堆食物，但沒有請我們吃。反正我也不吃，因為庫萁塔的丈夫在屠宰場工作，拿了些豬肚和豬心給寶拉煮。他們老是吃那些，豬肚和豬心。而且庫萁塔長得很醜，只要看她一眼，就不會想再進去跟她同一個房間了。她光靠她的臉就能把我們趕跑了！那位崇高的女士常擺一張臭臉給我和康蘇薇若看，還在背後叫我們「懶婆娘」，因為她覺得我們把所有的家事丟給她女兒寶拉做。

我們還是小女孩的時候，我常看到黛莉拉在跳舞。她比我還喜歡打扮，也愛跳舞。她跳到腿軟才罷休，而且她曾懷孕，只是小孩出生時死了。她和那個小孩的父親結婚，不但上教堂，還到法院公證，然後去住在她婆婆家附近。他們還有另一個男孩叫吉弗列多，但當時她丈夫天天喝醉，還追著別的女人跑。後來他因為偷竊在警察那留下紀錄。他沒給黛莉拉任何錢，所以她得出去工作。你相信嗎？她去工作的時候，丈夫就帶著別的女人到他們家上她的床！而且她婆婆也知道。那女人是她兒子的常客！我朋友是他們的鄰居，因此我才知道這件事。

有一天黛莉拉回家，發現所有東西和家具都不見了。她丈夫路易斯把房裡的東西搬空了，只留她對著四面空牆。她上法院告他，和她婆婆打了一架，她婆婆拿剪刀攻擊她。黛莉拉也不是乖乖站在那裡挨打的人，她把所有可以拿到的東西都丟過去。真是一場硬仗！

她接受我爸爸的邀請來卡薩格蘭德住的時候，和她母親住在一起。她丈夫原本也跟著，但她威脅他，如果他敢來煩她，她要叫警察，因為他丈夫有前科就不敢來了。但我又聽說黛莉拉現在會在市場見他，所以我懷疑，她是不是狸貓換太子，騙了我父親。露碧塔跟我說過，我爸爸已經不能再生育了……瑪莉蕾娜是他最後一個小孩。所以我真的不敢相信爸爸還能跟黛莉拉有小孩，或者，寶寶其實是路易斯的。但我從沒跟我爸爸說這些閒言閒語，因為，你知道的，懷疑比失望造成的傷害更大。

所以當我回到家，發現黛莉拉已經變成父親的情婦了，因為雖然她不承認，但事實擺在眼前。爸爸還是自由之身……他不受任何法律約束，只有感情綁得住他。如果他真的變了，老早就拋棄我們了。但你看，他還是在這裡照顧大家，康蘇薇若、黛莉拉和她兒子、馬努埃爾的四個小孩、我和兩個寶寶、安東妮雅和她的小女孩、露碧塔和瑪莉蕾娜。

馬努埃爾去了美國，黛莉拉很氣他帶了她弟弟福斯第諾一起。根據她的說法，馬努埃爾和他的朋友阿爾貝托半夜去他們家，然後帶走福斯第諾。「我可憐的弟弟！他們強行帶走他，現在他得在垃圾堆裡找食物吃。」他們穿越邊界前，在墨西卡利過了幾天苦日子，甚至沒得吃。

但他們一到美國後，日子就好過了，甚至還寄錢回家。那裡一定很好！我想像那是一個很文明的國家，那裡的人一定也很不一樣。在這裡，一個人裡面如果沒有點什麼，沒人會幫他。就算有，你以為他不求回報的時候，他就來討了。這裡的人都太自私自利了。當然，也有好人，但在墨西哥，人是不會進步的。我們有自由，高興做或不做，而且也不會真的餓死，但就像在一個不流動的池子裡一樣……出不去，無法向前進。從我在電影或報紙看到的，北方可不一樣。

去美國生活一直是我的夢想，即使只是一間不起眼的小房子也好。但因為我有孩子，所以會有點擔心，聽說那裡青少年犯罪更嚴重，年輕人也不尊重他們的長輩。父母不能罵小孩，反而是小孩罵父母。還有，在那裡，女人可以跟任何男人出去，丈夫也不覺得不好。在這裡，女人是不可能和別的男人交朋友的，因為他丈夫會打她。還有人說那些美國佬（*gringo*）想要過來統治我們，美國的法律比我們的還嚴格。但我覺得，總不可能期待小魚吃大魚，或是弟弟比老大哥更有權力，沒錯吧？

總之，福斯第諾和馬努埃爾開始寄錢回家，黛莉拉就不再抱怨我哥哥了。黛莉拉和她母親一個樣，善變而且虛偽。如果她對某個人生氣，會把氣出在她遇到的第一個人身上。這一秒鐘她還好好地跟你說話，過不久你知道，她就會背棄你，還把你生吞了。

打從一開始，黛莉拉就很氣我父親幫我。她很羨慕父親給他的孩子或露碧塔的一切。康蘇薇若警告過我，黛莉拉想把我們攆出去。黛莉拉說得很好聽，像個聖人一樣，只要上帝還讓她活著，她一定會照顧她姊姊留下的孩子，但康蘇薇若的說法是，她只是利用孩子來完成她邪惡的計畫。康蘇薇若已經搬去和瓜達露佩阿姨住了，羅貝托也早就不知道去哪裡了。沒有人忍受得了黛莉拉的目光。

寶拉死的時候，我姊姊犯了一個錯，找了一個叫克勞蒂亞的女孩來家裡幫忙。後來康蘇薇若想把她趕出去，因為父親開始送她禮物，好像有意把她留下當情婦。黛莉拉來的時候，克勞蒂亞還在，但康蘇薇若和黛莉拉都很嫉妒她，那女孩受不了，僱約到期就走了。

然後康蘇薇若和黛莉拉互相看不順眼，黛莉拉懷孕後，康蘇薇若比以前任何時候都更恨她。我姊姊也睡在那間房間，所以她知道熄燈後，我父親會爬上黛莉拉的床。她心中充滿嫉妒和憤怒，也毫不掩飾地表現出來。她下班回家，看見黛莉拉在那裡，就會用力甩門，讓每個人都注意到。

她是自找麻煩，對吧？而且擅長非常直接地拐著彎說話（*indirectas*）。她會對馬努埃爾的大女兒瑪莉琪塔說：「哎呀，妳看這裡到處都好髒喔！」或是「家裡再也沒有能吞下肚的東西了！」。她懷疑黛莉拉把所有剩菜都給她母親，所以抱怨她都沒東西可吃。如果她一隻拖鞋或內褲不見了，她就平心靜氣地去拿黛莉拉的。她的意思就是，黛莉拉偷了她的東西。

我父親對於康蘇薇若這些叛逆的舉動很傷心，甚至哭了。我聽說有一次她從庭院，在鄰居面前對他大叫：「你這是什麼樣的父親啊？一直在搞女人！」

有天晚上，我父親在吃晚餐，我姊姊進來，用力甩門，跟他要錢買鞋子。他那天有很多筆帳要付，所以不能馬上給她錢，他說：「妳不是有工作嗎？妳的錢都到哪裡去了？」她不但沒回答父親的問題，還對他嚷嚷：「你沒錢給你女兒，就有錢給你那些女人！」他很生氣，所以說：「我在教我女兒，這樣她們以後可以自立！」

然後她對著他大叫：「不是每個女人都像黛莉拉一樣拿你那麼多東西。你應該先承認你第一個妻子的孩子，不是那些你勾搭上的蕩婦。」

「給我閉嘴，妳這個女孩壞透了！出去，不要回來。我不想再看到妳！」

「好啊！我走！」她說：「我走之前，還有一件事要做。」於是她從牆上拿下我父親的照片，在他眼前，往地板上摔，還踩在上面，大叫著：「買這個簡直是浪費我的錢！」

那之後，我父親幾乎不正眼看她。別人跟我說她做的好事後，我也氣我姊姊。她沒權利干涉他的事。他想跟哪個女人在一起，女兒有權利批評他嗎？後來，康蘇薇若說她是腦袋生病了，我不相信。不管她做什麼，都是故意的。她總是很易怒，一生氣就爆發。

相反地，我運氣很好，交朋友很順利，而且我和克勞蒂亞、黛莉拉都處得很好。我明白我父親和黛莉拉上床不干我的事，雖然我聽到他這種事也覺得很丟臉。房間都是一片漆黑，所以我什麼也看不見，但我聽得到他們說話。有一次，我睡不著，聽到他說，他要幫黛莉拉找另一個房間，因為在這他不能自由行事。後來，我聽到他又回到地板他自己的床上睡。

黛莉拉和我吵架的時候，多半是為了孩子。黛莉拉很溺愛她的兒子吉弗列多，總是放縱他。

她對馬努埃爾的孩子卻很嚴格，一惹她生氣就打、罵，但也常不管他們……放任他們不守規矩。有一次，馬努埃爾的長子，我們叫他瘦子，他竟然打康瑟絲昂。黛莉拉和她母親在廚房吃飯，我叫她管好小孩時，她也不理我。

那個瘦子拉我女兒的辮子，把她弄哭了，我說：「放開她，你這個死小孩！」這下黛莉拉注意到了，她生氣地說：「妳敢叫他名字試試看！如果妳不喜歡住這裡，去叫妳丈夫給你弄個自己的地方住！留在這裡做什麼？」

我說：「因為這是我父親的房子，不是妳的。妳以為我會乖乖讓妳罵，那就太蠢了。小孩該管教的時候，妳怎麼不去罵小孩？不要罵我！」我很生氣：「還有，如果妳這麼喜歡針對我，自己去幫我找房子啊！」

因為這樣，我拿了我的枕頭棉被還有衣服去我阿姨家。晚上我正要在地板上鋪床的時候，爸爸來了。

「把妳的東西拿起來，回家。」他說：「不要理黛莉拉，在我家，我作主。」

「是的，爸爸。」於是我跟著父親回家了。我和黛莉拉好一陣子沒再吵架，雖然她一直很嫉妒我父親給我的每一分錢。父親給我錢買吃的，晚上他還常常叫我坐下來吃飯，或者買我喜歡的濃湯（*pozole*）或一些起司。這又讓黛莉拉更生氣。她會說：「她為什麼不像我們一樣吃豆子？」有時候她也對著我說：「妳父親給妳錢買吃的，但幫妳煮吃的卻是我。」或說：「妳覺得我們會相信，妳小孩的父親都沒給妳任何花費嗎？妳很精明嘛，不是嗎？」

雖然黛莉拉很難相處，但我回去冰淇淋工廠工作時，她還是幫我照顧我的寶寶。我從早上九點工作到晚上九點，一天只有四披索。我真的只是為了不要待在家裡才工作的。老闆會叫我去買她晚餐要吃的肉，所以我又遇到肉販費利佩。

我和克里斯平在一起之前就認識費利佩。我們幫派的女孩子常在肉店附近晃來晃去，因為費利佩長得好看，人又好。有一次，他把我和他反鎖在冰箱，除非我讓他親我，不然不讓我出去。他要我馬上就和他交往，跟他走。他說他會叫他哥哥來找我爸爸。雖然我很喜歡他，甚至比喜歡克里斯平更喜歡，但我拒絕了，因為我太年輕了。

費利佩一眼就認出我，我們聊了一下。然後有一天，有個男孩拿了張他寫的便條給我，要我在某個時候打電話給他。我打了，他約我當天晚上八、九點在法院那裡見面。那天晚上我費了好大一番工夫才出門，但我去了，因為我喜歡他。他很尊重我，完全沒有提到要去旅館。我們一個星期見兩、三次面，直到有一天晚上，他沒出現。

我很受傷，在電話裡責備他，沒給他機會解釋就掛了電話。但我打回去道歉的時候，他又掛我電話。我很想他，向他道歉。於是他對我說了孩子的父親從沒對我說過的話：他不要我去工作，他要養我和我的小孩，他的理想就是和我住在一起，找個公寓安頓下來。他沒有要我和他私奔，或要我跟他去旅館，而且他覺得在孩子面前做愛是不對的。他和克里斯平完全相反。

費利佩有輛車子，所以我們能開車到別的地方，不會被看見。如果我白天和他出去，我會帶著我的孩子。我告訴他，如果他以為我會為他拋棄小孩，他就錯了，但他說他永遠不會那樣想。

不知為何，我爸爸發現我在和某人約會，所以我問他怎麼想。他說，如果我期望任何男人負起我孩子的責任，我就錯了。我也不應該想找另一個人填補父親的位置，因為孩子一定會很痛苦。

我很害怕，怕極了又懷孕，但因為我真的很愛費利佩，我和他去了旅館。我不確定他是不是只想「舉手之勞」，把「好處」留給我。很多男人只是要女人，不管她的下場。這就是為何大家都尊敬我爸爸。因為他很有責任感，他說這是他父親遺傳的。他們都沒有拋棄小孩。

我很容易就會懷孕，我朋友總是說，我這樣不能當個好妓女。但費利佩和我只在一起兩次，所以我沒什麼好擔心的。而且第二次以後，他每天都給我七披索當零用錢，所以我不用去工作，也不用回去找克里斯平。我一點也不想再見到克里斯平，我喜歡費利佩的方式……速戰速決，一點也不浪費時間……比起欲求不滿的克里斯平要好多了。如果當時克里斯平就和我分手，而不是拖到後來，我現在就可以和費利佩住在一起。那時候，費利佩簡直是我的神！

倒不是因為他給我克里斯平沒給的，而是他讓我又想要快樂地生活。我已經憂鬱了好久，足不出戶，對朋友避而不見，也不在乎外貌了。到了晚上，我會哭，呼喚我的母親……我一心想的都是死。費利佩改變一切。讓我找回活下去的動力，而且他也需要我。

他被一個女人欺騙過，也不想再四處遊蕩。他想安定下來，當我孩子的好父親。但我仍然不相信，而且因為我的膽小怕事，所有事情都變了樣。我沒有徹底和克里斯平分手，也沒告訴他事實，反而每兩個禮拜還讓他來卡薩格蘭德。

不是我還在乎克里斯平。我真的很恨他，如果不是他，我和費利佩早就過著幸福的生活。每次我和克里斯平在一起就會吵架。他從他的眼線打聽到我和一個肉販在約會，但我否認。我可以理直氣壯。我很確定沒有人知道是哪個肉販，因為我們一直都非常小心。但我還是失去了費利佩，有一天，克里斯平和我在陶工街，如往常一樣大吵。我沒想到費利佩那時候會在店裡，我們一過街角，他就在那裡，我們走過他身邊。

我感到一陣腿軟。我覺得很丟臉，我知道我永遠不可能再正眼看他了。他一定會覺得我是那種一次和兩個男人交往的女人，而且我把他的錢給我丈夫。我知道男人知道女人欺騙他們的時候會變成什麼樣子。因此，我再也沒和他說過話了。我沒對他解釋，寧願不再見他，也不願聽到他說我很惡劣。

他對我這麼好，而我是這樣回報他！我抬不起頭來，我的愛和羞愧，讓我離他遠遠的。對我來說，失去他是最痛苦的事、最後悔的事……而且都是克里斯平的錯。

我該如何告訴克里斯平，我對他的感情都成了厭惡？他又開始來找我了，但我躲著他。我在裙子工廠找到一個工作，每週四十披索的薪水，但我做不下去，所以又找了別的。康蘇薇若在一個會計師辦公室工作，有天她讓阿姨去告訴他們她病了。我阿姨一直都在找我，問他們要不要把工作給我，所以我在那工作，一週賺五十披索，接電話就好。

我必須走過肉店那條街，到街角搭公車，而且我每天都會看見費利佩。我想要擁抱他，和他說話，但我的羞愧阻止了我。我們四目相交的時候，我看見他仍然在乎我，但我同時也上了公車。

我只和他交往兩、三個月，但無法把他從心裡抹去。

克里斯平持續來找我。他想要靠近我，我對聖人祈求，請他不要碰我。

我說：「你一心只想著上床。」

他會回答：「難道和別人上床嗎？」

他挑逗我，但我通常能把持住。我和他去旅館，他粗魯地摸我時，我會想像我是和費利佩在一起。和他在一起，他喜歡什麼姿勢我都會做。我也會把我所有的衣服脫掉！但和克里斯平，我拒絕，因為我覺得我像隻巷子裡的野貓。

我工作的時候，克里斯平總是懷疑我的老闆。我在會計師那兒工作的時候，他會說：「只有妳和那個會計知道沙發上發生什麼事。」或是「天曉得妳和那個律師上床幾次了。」他還會說：「妳找工作一定不難吧。妳還要我相信妳和密格爾先生沒在儲藏室找樂子嗎？」如果我在店鋪工作，他便說：「妳怎麼能不對山多斯先生有禮貌呢？畢竟他也付妳不少錢，不是嗎？」他總是這樣，我無法工作，因為他會說我和老闆有染。而事實上，每份工作，老闆或員工都會來搭訕我，在這裡，大家都不尊重工作的女人。

有工作的話，就有錢幫女孩們和我自己買衣服，看起來就比較體面。我又開始擦口紅，還去燙了鬈髮。我穿毛衣或外套，不像以前一樣只披件圍巾，還穿著破鞋。比起和克里斯平住在一起的時候，我覺得現在像個皇后一樣。我在市場遇到我婆婆，她很驚訝我現在看起來這麼整潔。我看得出來她認為我和某人正在交往。以前她和我大姑覺得我很邋遢，一點都不想和我出去。但當時我只有三件棉布衣裳，我懷孕的時候甚至還得自己綁鞋帶。克里斯平要我在性上面滿足他，但他從不給我錢買口紅或衣服。他只會說他沒錢。爸爸幫我的方式就是送我圍裙，好讓衣服保持乾淨，還有空的麵粉袋，好做寶寶的尿布。

有時候，克里斯平下班時會來找我，陪我回家。有一次他說要來，結果沒有，我自己回去。隔天晚上，他說我沒等他，訓了我一頓。他明明知道是他沒來，但在回家公車上，他還是一路不停罵我。我保持沉默，因為我怕他會打我，不管他說什麼，我都閉嘴。

他說：「我在跟妳說話！」但我還是不回答。我們下車後，他看起來像是要在街上動手的樣子。我對我自己說：「如果他打我，我一定會還手。」

我們到了學校、走過卡薩格蘭德對街，他甩了我耳光，我真的讓他知道我的厲害。當時我拿著午餐餐盤和水壺，我把這些東西連同提袋一起丟到地上。連我的外套都掉進泥巴裡了。我大叫：「不要打我。你這個可悲的傢伙！」然後我抓他又迅速地打他，他嚇了一跳。我自己也嚇了一跳。

他揍了我一拳，我不但沒有躲開他的拳頭，也沒有像以前一樣哭，我踢了他，把累積已久的怨恨都爆發出來。我們互相毆打，又叫罵，人群聚集旁觀。我一點也不覺得丟臉，還希望認識的人來幫我。但我獨自奮戰，而從那一天起，他再也沒有對我舉起手。

最痛苦的事情是，我懷了第三個小孩崔妮妲。我告訴克里斯平的時候，他說他會照顧我和小孩，不再遊手好閒。我們打架的隔天，他告訴馬努埃爾，他不會再讓我工作了，他會給我零用錢，直到他安頓好一個家。第一個禮拜，他每天都來看我，給我二十五披索，所以我辭掉工作。過了一個禮拜，他只給我二十披索，也沒來我家。第三個禮拜，他就失蹤了。直到隔週的星期二，我才見到他，他來的時候給了我十五披索。我把錢往他臉上丟，告訴他我不是在領救濟金。於是他告訴我，他覺得那小孩不是他的！我不知道他憑什麼那樣覺得，但總之他以此為藉口，不給我錢。康蘇薇若幫我在律師辦公室找了個接線生工作，於是我又回去工作了。

我後來都住在卡薩格蘭德，但我和黛莉拉吵了一架，於是又搬去瓜達露佩阿姨家，這一次我住到小崔妮出生。他們家很窮又很小，在房間裡轉一圈都難。康瑟絲昂和薇爾蕾塔得坐在門口吃飯，我們三個睡在地板的麻布袋上。阿姨會要我和她還有伊格那西歐一起睡在床上，但床那麼小，怎麼可能？

整個維辛達都是蝨子、老鼠和其他害蟲，外面兩間廁所都很髒，但我很快樂。我和阿姨處得很好，也把那裡整理得很好，所以我整個人好很多。但父親不喜歡那裡，我覺得很難過。他來看我的時候，只會罵人，急著要走。

最討厭的事情是，阿姨家總是有很多客人。有時不只一個哥兒們，而是好幾個晃過來，還指名要吃墨西哥捲餅配啤酒或山楂酒。我受不了老是看到這些醉醺醺的臉，而且有些人一整個就是噁心。讓人生氣的是，有些人會偷我的手錶或錢。

在這個維辛達，東西老是會不見，什麼都不安全，所以我姨丈有隻看門狗，其他人也不會不鎖門就出去。每次有東西被偷，受害者就會去占卜，看是誰偷走的，但我不會那樣，那只會引起紛爭。

在那裡，每個人都講粗話，連平常和藹的姨丈也一樣。如果一回家看見我阿姨醉到無法準備晚餐，他會侮辱她媽媽，甚至罵她「婊子」、「妓女養的」。但他們真的很相愛，特別是他不再去找一個叫庫卡的女人之後。除了我阿姨，他還有六個女人，但他總是說那些女人不重要，他們只是聊聊天，我阿姨才是這屋子裡最重要的人，而且他的錢都歸她管。

我姨丈在我面前舉止莊重，也很喜歡我的女兒們。他會跟我說些我母親的事，他說，有時候和她出去賣東西，別人以為他是我媽媽的丈夫，瓜達露佩阿姨非常嫉妒。伊格那西歐喝醉的時候會進一步，但我從不給他機會，他也不會堅持。他抱怨我的小孩吵鬧、我哥哥喝醉的時候，阿姨會幫我們說話。姨丈只會跟康蘇薇若吵架，她每次來都想當老大。

伊格那西歐和瓜達露佩兩人都很矮，雖然他們並不是很老，但都滿頭白髮、滿臉皺紋。我姨丈常說，青春和年歲無關。重要的是你人生中吃了多少苦。他常說：「妳知道一根白髮是幾歲嗎？不知道？每根白髮都有它的故事……它的命運和它的終點。它們來自生命中的挫折，來自妳的失敗，妳見過的那些死去的人。」他叫我阿姨「老樣的年輕人」。他也相信，她會老，是因為她對她家庭的犧牲。

我阿姨的人生真的很苦。她十三歲的時候，被一個三十二歲的人強暴。因為她不純潔了，「完全沒有價值了」，他父親狠狠地打她，逼她去教堂結婚。她婆婆很討厭她，她丈夫也打她，帶她四處去親戚家住，直到她兒子出生。

然後她丈夫從軍去了，她再也沒見過他。她和寶寶沒地方住，還因為沒東西吃，全身水腫，甚至差點餓死。她一路走回瓜納華托，過河時還差點溺死。一個卡車司機拉住她的辮子，不然她根本活不到今天。

在瓜納華托，瓜達露佩得知她哥哥保羅之前為了救一個朋友被殺了，她景仰的父親也悲痛過度死了。她的母親和其他孩子去了墨西哥城，在街上賣熱咖啡賺錢。瓜達露佩的阿姨卡塔琳娜在首都，所以建議她母親也過去。所以我小小的阿姨，帶著她襁褓中的孩子，沿路乞討，去找他們。她抵達的時候，像個乞丐，連她母親都認不出她來。

瓜達露佩的哥哥都患了傷寒，她也染上了。伯納德死了，但其他人恢復了。何塞和阿弗雷德在麵包店工作，盧西歐在普逵酒吧工作，我阿姨和媽媽在街上的小攤賣蛋糕和調味咖啡。在咖啡裡加酒是犯法的，我阿姨因此進了三次監獄，因為她母親付不出錢。她怕再被抓到，會被送進感化院，所以她先改當幫傭，後來去玉米餅店做玉米餅。

我阿姨常抱怨外婆偏心我媽媽，因為她是最小的女兒。她說：「我賺錢養我的小母親，但她對我很兇，願她安息！我小兒子和我老因為她沒給我們帶玉米餅當午餐而哭。她會忘記我們所有人，但永遠不會忘記給妳媽媽蕾若帶墨西哥捲餅。我問我卡塔琳娜阿姨：『唉呀，阿姨，我不是我母親的女兒嗎？為什麼她只愛蕾若？』我阿姨總說我運氣不好，要我認命。」

瓜達露佩的兒子五歲大的時候，她婆婆來把他帶走了。她告訴瓜達露佩，孩子的父親在革命中遇難了……被彎刀砍成好幾塊，還丟進河裡。阿姨向上帝祈禱，原諒她丈夫，也向瓜達露佩聖母發誓永不再嫁。她讓她婆婆把小孩帶走，因為當時她養不起他。但他們教那個小孩忤逆她，還教他變成一個酒鬼。八歲的時候，他們就給他嚐龍舌蘭酒，他因此上癮了。瓜達露佩想拿塊蛋糕或水果給他，他們會當著她的面把門甩上。他最後終於因為酗酒，很年輕就死了，於是她失去了兒子。

我阿姨染上喝酒的習慣是因為他們想用酒精治好她的瘧疾。她去韋拉克魯斯幫傭，回來後生病了。他們給她吃甘蔗和豆薯（*jícama*）根，還放一隻老鼠在她的脖子上想嚇醒她，此外又要她喝苦艾酒和濃咖啡，然後又給她普逵酒。這樣持續了七個月，他們給她試這個又試那個，通常都是酒；直到最後，有個女人用仙人掌葉、辣椒和蜂蜜把她給治好了。

然後有個男人給我阿姨一個「舉手之勞」，但在他們的兒子薩爾瓦多出生前就離開她了。後來她遇到伊格那西歐，他想要和她結婚，把她的小孩當成親生的。她喜歡伊格那西歐，但拒絕和他結婚。伊格那西歐的父親也希望他們能上教堂結婚，因為以前的人比較嚴謹。現在的人只要同住一個屋簷下就說他們結婚了。我姨丈說，聖神——天上的父安排這一切，派聖子來救贖。伊格那西歐的父親就是法律，他教他的兒子要有良心。伊格那西歐從沒有對我阿姨動手，因為他父親總是拿根棍子在保護她。

但我阿姨還是堅持不結婚。她說：「我發過誓，永不結婚，因為我做人家的妻子，吃了很多苦。如果伊格那西歐願意和我這樣生活，那很好。上帝會原諒我的。」所以他們倆就是這樣。

伊格那西歐從一九二二年就開始賣報紙。在那之前，他在家具店當油漆師傅，賺了不少錢，但他說他在那裡「丟了他的肺」，所以接受了上帝安排的第一份工作。不論晴天或雨天，他和薩爾瓦多一起出去賣報紙，並把他們微薄的收入給我阿姨。我姨丈說，他如果能賣掉所有報紙，日子就過得去。但這沒得保證，如果下雨，他就賣不完，雨天真的是攤販的厄運。老天！他跑上跑下只能賺那幾披索！我可憐的姨丈搞不好走在街上就死了，手裡還拿著報紙。

伊格那西歐對薩爾瓦多很好，但我表哥開始喝酒，變得很愛鬧事。他結婚後，情況更糟，因為他妻子帶著他們的小孩跟另一個男人跑了。薩爾瓦多喝醉時，更常砸瓶子了。

我表哥死的時候，我只有五、六歲。他和往常一樣醉醺醺的，站在錫匠街的酒館前面，他妻子的情夫卡洛斯走過來。卡洛斯一看到他就說：「我就是想看到你這樣，狗娘養的！」然後掏出一把冰鑿，朝薩爾瓦多肚子刺下去。

薩爾瓦多雙手摀著傷口，開始跑。當時他和我阿姨、姨丈、阿弗雷德的第一任妻子普魯登席雅住在一條街外。但他沒有去那裡，反而跑去卡薩格蘭德，卡洛斯就追在他後面。到了大門口，卡洛斯轉身，我表哥就跑進我們庭院。

我們剛吃完晚餐，聽到他大叫：「赫蘇斯姨丈！讓我進去！」我爸爸打開門，但他以為薩爾瓦多醉了。

「你又來了？我之前就告訴你了，我不歡迎醉漢。我不想讓女孩們看到壞榜樣。」

薩爾瓦多跌坐在門口，我爸爸看到他身上都是血。他躺在廚房地板，腳底板跨在門檻上。我父親把他的褲子解開，看到傷口。

我們都嚇壞了，我哭了起來。爸爸叫我去找羅貝托，他在朋友家吃飯。羅貝托去找瓜達露佩阿姨和伊格那西歐，他們和普魯登席雅，還有普魯登席雅的兒子跑了過來。有人去叫救護車。那一刀很深，我表哥的腸子都跑出來了；爸爸說他可能撐不久。

救護車把他帶走。他手術的時候死了。我可憐的阿姨！她發狂尖叫，一定是上帝的緣故，她才沒有發瘋。她工作的咖啡廳，那個可惡的老闆不讓她請假，她還得找人陪伴她死掉的兒子。

至於普魯登席雅，她是一個善妒的女人，又壞心，她說不要在她的房間裡守靈，但那是薩爾瓦多唯一的家。我可憐的阿姨告訴我，普魯登席雅從來就不喜歡薩爾瓦多，事實上，沒人喜歡薩爾瓦多，就連他外祖母也要趕他走。瓜達露佩去拜託普魯登席雅，讓他們借用房間的一個角落，結果普魯登席雅對她說：「我的房子就是妳的房子，但沒位置給妳兒子。」

他們之前不知為何搬去和普魯登席雅住，但得忍受她的傲慢和虐待。有時候她會把自己和她的小孩鎖在屋子裡不開門，就算下雨也不開。瓜達露佩、伊格那西歐、薩爾瓦多就得拿報紙蓋在自己頭上，縮在維辛達的門口，直到她願意讓他們進去。所以我阿姨說，寄人籬下真不幸，她出生的時候，天上一定有顆不幸的星星，所以她一輩子都這麼苦。

薩爾瓦多死後，我阿姨還求普魯登席雅讓她把棺材和蠟燭放在庭院。所以是在屋外守靈。幾年後，普魯登席雅的兒子瘋了，被送去精神病院。瓜達露佩阿姨說：「是啊，我們這輩子做的事都要付出代價。上帝的動作也許慢了點，但絕不健忘。」

我認識的女人當中，我最尊敬的是我阿姨瓜達露佩。她是那種懂得吃苦的女人！我希望我有像她那樣的勇氣堅持下去，逆來順受，永遠不被擊垮。真的，她常抱怨沒錢，一天到晚擔心付不出房租，但她就是有辦法，儘管她身上只有一點錢，還是能煮出夠大家吃的食物，她會買五十分的肉、二十分的有傷的番茄、幾分錢的油、乾洋蔥和蒜頭，然後煮出一鍋燉菜！

她說，沒有人給過她什麼東西或幫助她，所以她必須為自己在世界上找到生存之道，就算她有母親，也沒人教她怎麼做。也許因為這樣，她也無法給我真正有用的忠告，或成為我真正的母親。她自己本身就缺乏道德標準了！

要幫她說句話的話，也只有馬努埃爾從沒給過她東西或去探望她。羅貝托和康蘇薇若常常來，如果他們有工作，就會給阿姨幾披索。我和她住在一起的時候都會給她錢買食物，這樣我的孩子也會吃得好。每天我會從國營的福利中心買一公升牛奶，直到他們通過一項法律，買一公升牛奶還得買一顆雞蛋。這樣很難買，因為有時候我有錢買牛奶，但沒錢買雞蛋。而且誰需要那麼多雞蛋？根本只是擾民！

我和那個維辛達的每一個人都處得很好——朱莉婭和她丈夫吉列爾莫、馬可羅米歐和他妻子、尤蘭達和她丈夫拉斐爾、清潔婦安奈、金特羅先生，還有其他人。很多人都是從小就認識我了。尤蘭達和我一起桶子裡洗衣服，上市場。我不知道她怎麼受得了和拉斐爾一起生活。一開始幾年還好，但他母親死後，他開始喝酒，也不給尤蘭達錢了。她和他在一起，只有挨餓、挨打和生小孩。她像個工廠，一個接一個地生。已經有七個窮小鬼，還有一個在肚子裡。

尤蘭達的母親朱莉婭想給她喝冰檸檬加紅酒，讓她的子宮冷卻，這樣就不會受孕，但尤蘭達不聽。我也不想再懷孕了，但我也不喝阿姨給我的藥——她用金戒指和一片牛角煮的水。誰知道我在怕什麼？

我也從沒有想過要墮胎，我倒是知道很多祕方……奧勒岡葉煮的濃茶、醋、肉桂茶、用過錳酸鉀灌洗。這裡的女人不惜代價墮胎，但對於那些子宮很強壯的，只能「徹底清潔」了。產婆通常要收一百五十披索，所以幾乎沒人那樣做。吃藥和手術太貴了，我們只能寄望藥草和家裡的偏方。

在阿姨的維辛達裡，永遠少不了閒話。每個人都會注意誰家有的比較多，誰家比較少，特別是衣服和食物。如果有人買了新東西，就會有人羨慕，甚至懷疑。鄰居會說：「我懷疑他怎麼做到的？」在那裡，家裡有床、床墊、衣櫥的，簡直就是「某號人物」了。我以前住在那裡的時候，大家覺得安奈是「頂尖的」，因為她是清潔婦，兩個女兒又都在工作。她也賣普逵酒，孫子還幫忙做家庭代工。現在朱莉婭和吉列爾莫是「頂尖的」，因為他們有電視機。

維辛達裡的生活聽起來很苦，大家都很窮。男人都在喝酒，妻子們靠不到五披索養一大家子。如果女人買了條新圍巾或裙子，遇到男人來要錢的時候就得藏起來。但除了這一點，大家經常嬉鬧、開玩笑。某人的慘痛經驗反而是其他人的笑話。男人老是在打砲、和女人鬼混。不是某人的丈夫睡了鄰居的老婆，就是某人的老婆和鄰居的丈夫跑了。

男人一說他們要照顧女人的時候，很快就會發現女人早就不純潔了。通常他們一開始都說要建立一個家，或說帶妳去別的地方生活。但我以前被這種殘酷的謊言騙過，所以我完全不相信他們了。他們會帶我走，然後把我丟在半路上！在阿姨的維辛達，好幾個男人追我，拉斐爾、馬可羅米歐、曲秋先生、金特羅先生，但我都拒絕了。

那一群裡面，最好的是金特羅先生，我和他有段純純的友誼。他是個鞋匠，因為我送修我女兒的鞋，我們變成朋友。他大約四十二歲，小孩都長大了，還叫我的女孩「女兒」。他和他太太分居，現在自己一個人住。自然而然，他暗示過幾次我們可以在一起。「別傻了，矮個子。如果妳和妳丈夫在一起不開心，何必留在他身邊？」

我喜歡金特羅先生是因為他說他已經不行了，所以我們可以像兄妹一樣睡在一起。我想要一個不能生小孩、也不會隨時利用我的男人。但我只把那當成玩笑話，我們兩人之間沒認真發生過什麼。

尤蘭達告訴我，安奈的女兒蘇列妲很不高興，因為她以為我和金特羅先生在交往，她喜歡金特羅先生。蘇列妲到處說我是「騷貨」、「淫蕩」，結果所有鄰居都以為我和金特羅先生上床了。閒話傳得跟真的一樣，傳到克里斯平耳裡。他去找金特羅先生，說金特羅是我肚子裡孩子的父親。你想想！他竟然以為**那個**不能行房的男人是崔妮妲的父親！我丈夫永遠都在懷疑女兒不是他親生的，即使我除了他之外沒和別人上過床。然後我還沒跟他有個了斷！

那一年，我第一次去查爾瑪。我一直都好想和我阿姨去，我父親不准，我還會哭。他會說：「去什麼？為什麼要去？愚蠢極了！他們根本不了解上帝，只是去喝醉而已。他們說不定還會把妳丟在那裡。」我結婚後，又變成克里斯平不讓我去。

所以，當阿姨一說她要和我姨丈的姪女瑪蒂去朝聖，我就決定帶著兩個女兒一起去。我們一共有二十五披索、兩條毯子、兩條被子、一些替孩子們多帶的衣服、一罐水、咖啡粉、糖和其他食物，我們得揹著小孩和兩大包行李。

我們在排隊等去查爾瑪的巴士時下雨了，於是我花兩披索買了一件塑膠雨衣給康瑟絲昂。她和薇爾蕾塔得了麻疹，全身都是紅疹……所以我不想讓她們弄濕。我們那天晚上在聖地亞哥下車的時候，雨仍然不停地下，阿姨帶我們到市政廳的庭院，很多人躺著準備過夜。我們把床鋪好，幫阿姨的教女和宗教親屬留個位置，她們搭晚一點的車來。

庭院像個羊圈，有行李、袋子，到處都是人。值班的衛兵看著朝聖的人，以免有人搶劫，但即便如此，還是有幾包東西不見了。整個晚上，一票票的男女吵吵鬧鬧，不停有人來來去去，起來或躺下。我們這群女人睡覺之前，喝了點摻酒的咖啡。

早上三點，阿姨把我們叫醒，說要出發朝聖了。「走吧！」她一說，我們全都起床打包。阿姨的姊妹盧絲帶著她的丈夫和小孩一起來了，所以我們出發時一共有八個人。當時天還沒亮，唯一的光只有沿路的的攤販點燃的煤油燈。我們停在一個前面買咖啡，才知道我們在黑暗中迷路了，得回頭找對的路。我們走上山坡又下來，經過樹林和大石頭，我覺得很快樂。我喜歡在旅途中看見印第安女人賣咖啡、玉米餅、鷹嘴豆、起司和奶油給一群一群經過的朝聖者。

我們走了一整晚，隔天清晨抵達歐庫利亞。我再也走不動了，所以租了一個小屋，一人二十五分錢，休息到隔天。我想花三披索僱一頭驢子來揹行李，因為當時兩個孩子已經走不動了，得一直揹著。我好累，想要回頭，但所有的女人都說：「妳絕不能回頭，因為路途會變得很艱難，妳回不去的。」我不知道那是事實，或只是口耳相傳，但我一直走，直到我們抵達阿維維特。

那是我們第一次去朝聖，我和孩子必須找一個教母，給我們花冠，這樣我們就可以在樹前面跳舞。我們給了兩個老印第安人一披索，幫我們演奏小提琴和吉他。我們跳舞的時候，我覺得全身的疲勞都不見了……然後我們把花冠放在十字架上。

阿姨要我用泉水幫孩子洗澡，因為那水有神奇的療效，能治很多病。女孩們因為發燒全身發燙……連眼睛都有紅疹。我不敢讓她們泡冷水，我說：「哎呀，這兩個孩子就要死在我懷裡了。」她們一路上發著高燒，不斷流汗，阿姨抱著她們沾了沾水。我以為我就要用鋪蓋（*petates*）埋葬她們了，但沒有，泉水一點都沒有傷害她們。

從泉水到查爾瑪路程不遠，大約兩個小時。我們經過喜悅之石，抵達查爾密塔，我阿姨的教母住在那裡。她不僅款待我們，我們去聖地前，還讓我們免費在那裡煮飯。通往教堂的道路兩旁全都是攤位和商店，因此我們不管朝哪看，都能看到錫或木頭做的屋頂。有些舞者，邊跳舞邊吹著雙簧管（*chirimía*），聽起來很悲傷。懺悔的人跪在地上，蒙住雙眼，頭上戴著荊棘，其他人為了還願，胸前背後戴著仙人掌葉。還有演奏的樂師……見到這麼多虔誠的人來榮耀上帝，我激動不已，哭了起來。朝聖者和教堂總是會讓我感動落淚，而在查爾瑪，幾乎所有抵達教堂大門的人都在哭泣。

查爾瑪的主非常靈驗，也很會懲罰。我祈禱父親和我們所有人的得救。我求祂給我一份好工作，但他從未做到，我祈禱如果克里斯平不適合我，那麼為了我和我女兒，請讓他永遠離開我。

回去的路上很無聊。小孩一直哭，我疲累不堪，只想回家。我們在路上把裝水的陶罐賣了，因為當時我們已經沒有足夠的錢買東西吃。我想我身上只剩五披索。我再也走不動了，所以在等公車的地方，我付了兩披索買了兩個座位給阿姨和自己，搭上一台從歐庫利亞到聖地亞哥的卡車，到那我們就可以搭公車了。瑪蒂和其他人繼續待在查爾瑪喝普逵酒，我們便分道揚鑣了。到了聖地亞哥，又要付公車費，一人三披索，我錢不夠，所以賣了身上帶著的另一雙鞋子。你想想，那雙鞋子幾乎是新的，竟然只賣四披索！但我能怎麼辦？我不能把阿姨留在那裡，能嗎？所以我買了兩張票，回到墨西哥城的時候，身上一毛錢也沒有。

我希望一年至少去一次查爾瑪，畢竟去朝聖、祈禱是件好事，對吧？尤其自從我不再上教堂之後。我年輕的時候，週日不能去彌撒或告解我的錯，因為我活在罪惡當中。我在家自己禱告，唸誦《主禱文》和《聖母經》，非常難過的時候，便去聖殿向聖母求助。我生產完，也去聖殿感謝聖母。

我可能不是非常虔誠的天主教徒，但我不是共濟會成員，也不是無神論者。每週二，我都送女兒去卡薩格蘭德上教義問答，為她們的初領聖體準備。如果之後她們還想繼續上教堂，那就是她們自願的，不是為了我。我在家有瓜達露佩聖母和聖心聖母的相片能夠祈禱，就心滿意足了。而且，我從來不喜歡向神父告解我的罪，他和我一樣也是個罪人。很多人說神父會騷擾告解的女人，像其他男人一樣騙她們。我十一歲的時候，向神父告解我偷了家裡的錢，又交了男朋友，他給我一條念珠。初領聖體後，我就再也不去告解了。

我禱告的事情永遠一樣，我請求上帝，如果克里斯平不是我命中注定的人，請讓他永遠離開我；如果他是，請讓他變成一個好人，這樣我們為了孩子，或許能平安地過正常的生活。但比起我的第二個請求，上帝比較聽得進第一個。

其他的禱告多半是父親永遠不要離開我們。如果他走了，我也不想活了。當牆倒了，所有的磚塊也會垮了。到那時，我們沒有任何人能振作起來的。我父親還在世，我們都無法自立了，以後更不可能。像我哥哥羅貝托。如果他現在不結婚、抬頭挺胸做人，他以後還能嗎？

每當我想到死亡多麼接近我們，只有上帝知道誰還有明天，我便覺得，為何不盡力讓別人的生活快樂？比方說，阿姨在這世上時間不多了，我想為她做點事，但所有的好意最後都沒有結果，因為一想到我下一刻也許就不在了，我也不想做任何事。

隨著我的妊娠，我的雙腿發腫，牙齒也痛。在這裡，只要牙痛，就是拔牙，所以我的兩顆臼齒被拔了。我衣服也不合身了，但我沒錢買大一點的衣服。我逼自己去向克里斯平要錢，但他拒絕了，理由是小孩不是他的。他的話很傷人。他說：「不要！妳像個妓女一樣，對誰都打開大腿，我為什麼要給妳錢？」

我很灰心。為了躲避克里斯平和其他人，下班後我會帶女兒去電影院或市場，或只是逛逛街。

我一定帶著小孩出門。她們總是跟在我身邊，否則我會覺得像丟了什麼一樣。她們的父親完全相反，從不想帶她們去任何地方，如果她們看東看西，就罵她們。他也從沒幫她們買過任何東西。我人生中最難過的，就是不能買那些櫥窗裡的好東西給女兒，甚至她們需要鞋子、看病的時候，我也付不起。那些時候我總覺得很傷心，然後我就會氣克里斯平，在小孩面前說他很卑鄙。康瑟絲昂會學瓜達露佩阿姨說：「願克里斯平賺的錢都變成鹽巴和水。」她甚至不叫他一聲「爸爸」！這讓我很難過，畢竟他是她們的父親。如果她現在對他的態度是這樣，那她長大以後呢？

克里斯平現在會來外面吹口哨找我。有時候他會向我道歉，說他沒給我錢，他說他賺得很少，很怕只給我一點點，我家人反而會更討厭他。他建議我去醫院生產（雖然他沒說要付錢），我覺得很為難，因為我付不起那筆錢。他明明加入社會保險，但卻不幫我寫張證明，讓我去婦產科醫院。小崔妮出生前兩個月，他又失蹤了，一直到小崔妮六個月大，我才又見到他。

我產期將近時，父親叫我辭掉工作，搬到卡薩格蘭德。黛莉拉不住在那裡了，因為她又懷孕了，沒臉面對鄰居和我哥哥姊姊。我父親幫她在失子街準備了一個公寓，那時候起，她完全掌握父親了，父親也住在那裡。那是他的主要住處，他在那裡吃、在那裡睡，衣服也都在那裡洗。露碧塔、安東妮雅和她的小孩，還有瑪莉蕾娜都住在金色殖民社區，我爸爸在那裡蓋了房子。她們幫他照顧那些動物，他每天給她們家用，所以她們也沒理由抱怨。

父親通常不太會過問我的事，但他還是會想知道小孩出生的時候誰來照顧我。我想找個產婆，但我告訴他，我找了醫生接生，希望他不會識破我的謊話。我覺得父親對醫生比較有信心，也不會堅持要待著等小孩出生。我不希望他來，他會很緊張，而且我沒臉見他。

爸爸在吃晚餐的時候，我開始陣痛。我一句話也沒說，只是坐在床邊，希望他不會注意到，然後就回家。我開始痛得厲害的時候，他終於回家了。我的姊妹安荷莉卡．里維拉來了，她就住在庭院對面，她和羅貝托忙進忙出，鋪床、準備酒精、燒開水，陪我一整個晚上。薇爾蕾塔醒了，一直哭。我不敢抱她，所以她跑到我背後，拉著我的裙子，跟著我走來走去。大約早上六點的時候，羅貝托去找我產婆那位女士。生小崔妮比其他兩個都還要痛苦，我很虛弱，產婆幫我打了一針。我很同情我可憐的小女兒，因為連到她出生前，她父親都還不承認她。也因為這樣，我愛她比其他兩個女兒要來得多。

第三部

PART THREE

馬努埃爾
Manuel

往邊界的路途很艱辛。我的哥兒們買了前往瓜達拉哈拉的公車票，然後我們搭便車去墨西卡利，因為我們的錢花光了。我們在公路邊下車時，阿爾貝托第一句話就是：「唉，兄弟，我餓了！」

「我也是，兄弟，但我們要省著點花，所以現在先忍一忍，好嗎？」我們找到一台貨車，載我們一小段路，還幫忙裝卸貨。在荒地裡開了一段時間後下車，自己走出馬薩特蘭。那裡只有又長又陡的山坡，可見之處沒有任何一間房子。太陽很大，柏油路燙得冒煙。我們什麼都沒吃，也沒水喝。大家累壞了，特別是福斯第諾。自從他在餐廳燙傷後，就有點半殘廢，行動不便。而且，他的鞋底是汽車輪胎做的，腳底像火在燒。大家都眼冒金星了。

我們找到一台推土機，讓我們坐在推土刀上緩緩移動，然後正當快絕望的時候，又招了一台公車，但身上的錢幾乎都給了司機。接下來兩天，西瓜是我們唯一吃的東西。一路上我們看到很多男人和男孩徒步前往邊界，在埃莫西約火車站過夜的時候，我們看到上百個人躺在那裡，沒飯吃，全身髒兮兮的，就像我們一樣。

我餓得不知道胃在哪裡了，於是把我的風衣拿去換了十二披索和一件舊棉襖。那裡的食物太貴了，所以我們三人吃了兩個麵包捲，一人一條香蕉。隔天早上我們買了更多麵包，接著跳上一台運送貨物的火車。倒楣的是，我們跳上的車廂是載冰塊的。所以我們三人站在冰上，像發抖的苦行僧在冷凍的棺材裡，直到我們跳到另一個車廂，才終於能夠躺下來睡覺，好像睡在臥鋪一樣。我們累得睡了一整晚，錯過了應該下車的聖塔安娜。

於是我們又搭另一輛火車回去聖塔安娜，但那輛火車太快了，福斯第諾無法跳車，所以我們又過站了，坐到班傑明丘。下車的時候是半夜兩、三點，冷死了！我們問守衛能不能允許我們睡在在車站裡。他指了一堆磚塊，說我們可以睡在那後面。我們鋪好報紙後打算睡覺，但全身冷得直發抖。我想到一個方法，就是兩個人先趴在第三個人身上一會兒，那個人就會暖起來。我們輪流取暖，才不會凍死，但也因此完全沒睡覺。

出了車站，到了公路上，又搭不到便車了。一台載滿山羊的貨車停下來。「年輕人，上來吧！但是你們每個人都站到不同角落去，這樣車底才不會壞掉。」貨車有兩層，上層是小羊，下層是成羊。我們在貨車上，拚命閃開這些該死的羊。

天氣熱，羊又臭，我受不了！每次卡車慢下來，羊群就往我這裡倒，我得拚命推開牠們。我站起來去找我兄弟說話，結果我們三個人的重量，加上路上的大坑，把上層地板底下交叉的木條給震壞了，結果全部的小羊和大羊都混在一起。

司機說是我們的錯，我很怕司機把我們趕下車，留在炙熱的沙漠，我們就死定了。所以我們二話不說，立刻動手修理車底，一路上還忙著把該死的山羊推回去。一隻大山羊死了，司機說：「把牠丟到路邊！」所以我們抓起山羊，丟了出去。

「哎呀，兄弟。」我說：「丟掉這麼多肉真可惜。可憐的山羊，一定很美味！」

接著，司機把車停在水池旁。「來吧！年輕人，把羊趕到水邊淋點水……注意盯著啊！知道嗎？不然牠們會跑掉的。」我們先洗了澡，然後把羊帶下去，一隻接著一隻。牠們的肚子都凹下去了，還不停流汗，因為太陽太大一直喘，也沒東西吃……那些可憐的羊就和我們一樣狼狽。

我們把一隻頭上有彎角的公羊帶下去。他搖搖晃晃像喝醉了一樣，喝了水後好點了。他小心地看著我們，然後跑掉了，我在他後面，想要阻止他，但他快跑起來，另外兩個人也追在後面，他跑得更快，我撲向他，但只是跌進沙堆裡。我們全都追著那隻該死的羊，司機大吼著別讓他跑了。欸，我們追丟了，天色也暗了。天曉得那隻羊跑去哪裡。

羊主人說：「除非羊回來，不然我不走。那隻是最好的一隻。我怎麼能就這樣走了？明天早上我們把牠抓回來！」他叫我們捏母羊的奶頭，這樣她們就會咩咩叫。我們聽到遠處傳來公羊的叫聲。「注意點，年輕人。」羊主人說：「因為那個王八蛋晚上會回來。」於是我們就在那裡守著。

我跟阿爾貝托說：「聽著，兄弟，這山羊的生意很有賺頭，不過，你先去找找有沒有咖啡。」我們湊了三披索，派他去附近找住家或商店。我們升了火，果然，阿爾貝托帶了咖啡和一個煮它的陶鍋回來。

我們坐在那裡煮咖啡的時候，司機告訴我們很多美國的事……鮮摘的葡萄有多好……番茄只有第一輪收成的好……接下來兩輪就是「邊緣的」賺不到什麼錢，拿回成本而已。喝了咖啡後，我們倒下睡了。

天剛亮，司機就把我們叫起來。「走吧！年輕人，現在找羊去！」欸，我們追著那該死的羊，整個早上都在山坡跑上跑下。主人氣得火冒三丈，寧可開槍殺了他，也不要讓他跑掉。但最後我們還是離開上路了。快要到這趟旅程終點的科羅拉多河時，我對我朋友說：「年輕人，要不要帶一隻羊？」我話還沒說完，他們就跳到一隻母羊身上。阿爾貝托抱著她，掐住她的脖子，福斯第諾打她的頭，直到她死掉為止。我告訴司機，又有一隻羊死了，我們走的時候可不可以帶走。於是我們在一個可以烤肉的地方下車了。

太陽太毒辣，我受不了，只好坐在一片矮樹叢的樹蔭下，那兩人拿著破罐頭割羊肉。他們把內臟取出來，又升了火。燒羊肉的味道、血和羊皮混著沙，我的哥兒們幾乎生吃羊，血沿著嘴角流到下巴，我覺得很噁心。聞到那味道，我完全吃不下。

我全身無力，而且頭很暈，站都站不穩。我躺在樹蔭下，昏沉又疲憊，聽著他們的聲音遠遠的。我的眼皮像鉛一樣重，只想睡覺。我聽到他們其中一人說：「不要讓他睡，他如果睡著，會死掉的。」他們把我扶起來走路。我覺得好像有點清醒了，我們一路朝著村莊走去。

我說：「聽著，阿爾貝托，你個性好強，不想求人幫忙，但我們快餓死了。我們還剩一披索，一定要拿去弄一點吃的。」到下一個人家的時候，我問主人，可不可以幫她工作，換一頓飯。那位女士上下打量我們，然後走進去。我以為失敗了，但她又走出來，端了一鍋湯和一些玉米餅。

我們當然立刻吃了。我們像在打牌一樣，手臂上上下下，把玉米餅塞得滿嘴。我開始不停流汗，暈眩的感覺終於退去。

隔天我們到了墨西卡利，就是邊界。我們身上半毛錢也沒有，連個鬼也不認識，於是我們懂了，必須立刻偷渡過去找工作。我們像其他賭徒和流浪漢一樣，從籬笆底下的水溝過去。我們心想如果過去了，工作個幾小時有錢買東西吃，到時候他們再把我們丟回來這邊也沒關係。

我們走了兩天，睡在草叢掩護下的圳道裡。我們唯一的食物是從樹上摘的沒熟的橘子。阿爾貝托建議我們跳上火車，才能深入那個國家。欸，我們沿著鐵軌追火車，阿爾貝托和我抓住梯子。但是福斯第諾，可憐的傢伙，他也想追，但追不到。我和阿爾貝托我看你、你看我，結果，我們從火車上跳了下來。不然能怎麼辦？我們沮喪地回到「舊哨所」，從破窗戶爬進去，在裡頭睡一覺。

那天晚上，福斯第諾失蹤了。我們以為他去移民局自首。我們一直罵他，還說後悔帶他來。結果他回來了，他說他去教堂禱告。你想想，我們竟然一直說他壞話！我忽然一陣激動，甚至想哭，你懂嗎？

隔天我們就被帶上五門小客車了。移民局（*Immigrate*）的人從車裡走出來的時候，我大吃一驚。我馬上想到電影裡的畫面。「現在他要拔槍對付我們了。」結果他只是把我們帶上車，載著我們和另一票墨西哥人，把我們集中，關進送貨的火車。牢裡很擠，簡直要窒息了，而且他們什麼也不給我們吃。有一個官員還踢了一個墨西哥人，非常用力，我看了很火大。後來，他們用巴士把我們載回墨西卡利。

我們又餓又累，但還是去了麵包店找工作。沒工作可做。我們看起來糟透了，師傅拿了三披索給我們：「年輕人，收下。為了我好，拿去喝杯咖啡吧！」我有種被侮辱的感覺，好像來乞討還什麼的一樣。

「聽著，師傅，」我說：「我們是來找工作的，不是來要錢的。我真心謝謝你，不過我們不需要施捨。」我猜他懂了，也看到我們內心的難過，因為他說我們明天可以開始工作。

所以，我們去了其中一家「猝死」速食餐廳，點了墨西哥捲餅。有個麵包店的人來，說要給福斯第諾一個烤法國麵包的工作。只剩我們的時候，阿爾貝托趁機問我：「我跟你說，兄弟，我們去酒館找妓女。」

「我的老天爺啊！你在說什麼？我們在這裡都快餓死了，你還想找妓女？一日混蛋，終身混蛋。」

「那當然，不過就去看看嘛，說不定有什麼。我們找幾個小妓女，說不定她不算我們錢……我想我是餓到發瘋了。」於是我們去了酒館，但都有最低消費，而且那裡的女人醜死了。我們又回到速食店，問老闆娘可不可以在那裡坐到天亮，因為我們沒錢。

「真可憐，年輕人，怎麼不早說？」於是她進去廚房拿了玉米餅和豆子，還不讓我們付錢。

福斯第諾早上七點半回來的時候，我們快凍死了。原來他去了麵包店睡覺，因為那裡很暖和。很多像我們一樣的人都住在一間廢棄的海關大樓裡，所以我們也去了。很快我們就遇到約亞秦，他也來自卡薩格蘭德，而且他和我的哥兒們決定在那的院子裡搭一個小小的避難所。他們去找空紙箱和木頭的時候，我跑到角落去睡覺。他們把紙箱和木頭接好，很快就有了三面牆，還有地板和屋頂。南側有個開口，所以我們睡覺的時候能把腳伸出去。我們還到處撿了破布鋪著睡覺，大家一起蓋約亞秦的被子。

我們把屋子搭好的當天，我就在麵包店找到一個兩班制的工作，每一輪的薪資是二十披索。我高興地回家說：「兄弟，不用擔心啦。我現在有錢了……我當丈夫，你們煮飯。」他們已經用磚塊和鐵片做好一個爐灶，還弄到一些空罐頭來當鍋子。從此我們就有足夠的飯吃了。

因為我們老是瘋瘋癲癲的，所以我們的小屋頗具知名度。大家都說我們是「小屋男孩」。到了晚上，那些臨時工心情不好的時候，我會唱歌跳舞、說說笑笑，來振奮他們的精神。我真該去做演員，因為我喜歡講笑話和故事娛樂大家。欸，等我把他們逗得開心了，就會坐在一旁，看著他們嘻嘻哈哈。時間就這樣過了。有一個半月的時間，我們白天到處打工，晚上胡鬧。套一句我們這裡的話，我們隨著上帝的意思過活。

同時，我們也試著合法進入美國。我們每天都去移民局，最後終於把文件都備齊了。下一步就是去美國海關，站在辦公室前排隊等著面試。

那裡充滿全國各地來的人，大家都穿得破破爛爛，全身髒兮兮，而且還餓著肚子。多數的人都很虛弱，在墨西卡利的陽光下，搖搖晃晃走著。我看到一、兩個人，就這麼倒下死了，可憐的東西。真的，他們看起來連靈魂都痛苦不堪。看到這一切，只覺得慘不忍睹。每個人都很想過關，我了解他們的絕望，因為我也一樣。

然後開始了一陣推擠。我告訴阿爾貝托：「你留在這裡排隊……留著就對了。」福斯第諾和約亞奏沒有和我們一起，因為他們抽到比較後面的號碼，要等更久。某個方面來說，我蠻高興擺脫福斯第諾。他什麼事都要我們幫他。因為他的腳綁著繃帶，有好一陣子無法工作。我們每次都要把我們的錢分給他，幫他抽號碼牌，找錢給他拍照……全部的事。他自己完全沒出到力。然後他去工作，就把錢都寄回他家。這讓人看了很不爽。不過，也許他是對的，我們完全不顧自己的小孩，也是不對。

隊伍裡，推擠越來越嚴重。我站在兩個大個子中間，他們高出我許多，就在我快被擠出去的時候，我抓住他們的肩頭把自己抬了起來。他們叫我下去。「下去？什麼意思？」我說：「如果我鬆手，別人會踩死我的。」阿爾貝托一個不小心，就被擠出隊伍。那裡人太多，我一下子就看不見他了。

移民局在樓梯的盡頭。欸，那兩個高個子爬了上去，我就掛在他們身上，不然我根本動彈不得。我們前進的時候，有個可憐的傢伙忽然慘叫一聲，所有的人都轉過去看。那個男孩被擠到扶手上，肋骨就這麼給壓斷了。他就在那，幾乎要越過邊界了，然後他們壓斷了他的肋骨！

我到了辦公室後，開始緊張起來。我們都相信，移民局知道誰在說謊誰沒有，而且去過的人他們都記得。我忽然發覺我的手竟然不是又粗又髒……我忘記先在地上抹一抹。我努力回憶要怎麼採收玉米還有什麼時候種它，但我完全想不起來。該死！他們問我什麼問題，我都搖頭。真是惡夢一場！

最後，我對我自己說：「謝天謝地！我想他們要讓我過關了。」我走過一個鐵絲網，進入中心，他們在那裡給我們做檢查。我在那裡照了生平第一次X光。最後，我到了一個農舍，等著被派工作。

一想到我人在美國！真是令人激動啊……那種未知的感覺……對我來說太興奮了！我心想：「謝謝上帝讓我過關了。至少我不用失敗回家，被我所有的朋友嘲笑。」

我不知道阿爾貝托後來怎樣了。可惡！我討厭自己一個人去。我以為我不會在他來之前得到工作。我有三天的居留時間，所以我等了一下。那裡的人很友善，還會給大家個別建議，時間就這麼過了。

隔天早上，我們聽見鈴聲，大家開始排隊。我不知道這是要做什麼，但我也去排。我的意思是，有人開始排隊，我就跟著去排。早餐之後，他們開始派工作給大家。我一直在找阿爾貝托，希望他快點來。果然，他就在第一台抵達的車上。嘿！我又開心了。「快來啊，兄弟。他們在找人了。」

我們和其他六十個人被派去加州凱特林的農場。我們列隊，驕傲地行進，像軍人一樣。他們採了指紋、做了記號後，便發給我們護照。一台灰狗巴士已經在等待，我們出發了。

車子開了一天一夜，我心想：「哇！美國真美。」我們在一個餐廳下車，所有北美的男人女人，用一種特別的眼神看著我們，我感到很不好意思。我們是蠻髒的，但也不能怪我們。我們一個英文字也不會說，所以直接上了廁所就回到車上了。

抵達宿舍的時候，天是黑的。經理是格林豪斯先生，他在那裡等我們。他不太會說西班牙文，但他會說：「歡迎大家。你們之後就是要住在這裡。然後，好好守規矩。」

他們帶我們去一棟木造的房子，沿著牆壁擺了上下鋪。我占了一個下鋪，阿爾貝托也占了一個，三個上鋪幾乎靠近天花板。房間很小，大約三乘五公尺，我們有十六個人。那裡很髒又很熱，因為蒼蠅和蚊子，晚上我們也睡不著覺。

我必須承認，看到那個地方後，我覺得很失望。我以為房間會有點像旅館……至少是磚頭蓋的……有床的房子，而不是像這樣空無一物。而且也不該把這麼多不同的人丟進同一間房間。事情不該這樣做吧！

於是我們開始打掃，也揪其他男孩一起幫忙。我們拿水管把房間沖一沖，又把宿舍四周的草除一除。我們盡力了，這房間也比一開始我們看到它的時候乾淨許多。

從第一天開始，我就悶悶不樂。以前，我沒有時間去煩惱我的事，還有我究竟是為了什麼離開家。但現在我經常會不斷地回想。我無法相信曾經深愛我的格拉雪拉，竟然如此殘忍地傷害我。我覺得很心痛。我想起我的孩子，也寫了封信給父親。我跟他說，這裡的時薪是九十美分，我每天工作八到十小時，從週一到週六。我也寄信到阿爾貝托家。

從第一天起，神父就很友善。他來宿舍跟我們聊天：「希望明天大家都能來教堂，我要為你們舉辦特別的彌撒。」老天！聽到那種話，你會覺得總算有點人性了。至少我是這麼覺得。但到了星期天，有些人說：「我不去。」還有其他人根本就去打牌了。

我開始告訴他們一些事實：「不要這麼無情。神父好心好意過來，邀請你們去一個特別的彌撒，你們讓他這麼失望。好人不會這樣做。如果有人來約喝酒，你們一定馬上去。老兄，你人生中花這一小時很多嗎？雖然有些神父像你們說的，跟一般人沒兩樣，有些時候甚至更糟，但那樣想也無濟於事吧。不要想成去找神父，就想成去對上帝禱告吧！」

欸，房間裡只有一個人沒去，因為他是福音派教徒。我跟他說：「你知道嗎，你犯了一個錯。對我來說，只要你尊敬、崇拜神，對神有信心，所有的宗教都一樣。雖然我是天主教徒，但我尊重每個人的宗教。」

其實當時我剛讀完聖經，卻漸漸失去對聖人和天主教的信仰。在墨西卡利，一個基督教的牧師給了我一本新約聖經。他在來美國之前告訴我：「馬努埃爾，我知道你的宗教不准你讀這本書，但也許有一天你會需要，所以我留給你。」

我對聖經一直非常好奇，但一直不敢讀它，深怕被逐出教會。我十四歲的時候，因為很喜歡歷史，所以讀了舊約聖經。我也不知道那本聖經從哪裡來的，我父親從沒讓這種東西出現在家裡。有個朋友告訴我可以讀舊約聖經，但無論如何，我都不應該讀新約聖經。

在墨西卡利的時候，有天下午，我閒來無事，所以翻了聖經。那些專有名詞和比喻對我來說很困難，但我試著慢慢打基礎，像是翻譯，對吧？在聖經裡面，沒有什麼模稜兩可的事，事情不是善就是惡。那是真正有力量的東西。

我一邊讀，慢慢克服恐懼，不是因為這和我的教養不同，而是因為我了解到，閱讀經典戒律、自己學習律法後，就會像個律師或法官一樣，知道各種罪狀和懲罰。我自己能跟總統對話，便不需要委託律師或祕書啦！那些先知、聖人，都是用石頭跟泥灰做的偶像，都是人用手做出來的，我為什麼要對祂們祈禱？我發現，有這麼多聖人，我們就跟阿茲提克人一樣有這麼多神，唯一不同的地方是，我們的神長得像現代人！對我來說，神只有一個，神就是愛。

看，我開始分析事情了，對吧？耶穌說：「像這棵無花果樹，看它的果實你就知道是它。」[1]在墨西哥監獄裡，一百個囚犯裡，九十九個是天主教徒！如果我那些小偷朋友出去偷東西前，對著聖人點根蠟燭；妓女把聖人的照片擺在房間裡，點蠟燭祈求更多客人，如果我們這麼扭曲天主教，嘿！那還是真的宗教嗎？

還有神父！我早就對他們幻滅了，他們根本沒有實踐上帝的律法。我認識一個神父，每天在教堂裡打牌喝酒。而且很巧的是，神父好像都有個姊姊或一些姪子住在他們家。我讀完耶穌簡樸的人生後，不禁問：「教宗睡在地板上嗎？他住在拿撒勒嗎？要乞討救濟金、餓肚子、受風寒，四處去教大家要愛自己的鄰居嗎？」

不，教宗過著尊貴的生活，有錢得不得了，因為全世界的教堂都把收來的錢送給他。為什麼？光是星期天在瓜達露佩聖母殿收來的錢，就可以養我和我家人一輩子了！所以，教宗怎麼可能會窮？而且，羅馬有這麼多悲慘的事，他到底行了什麼善？

在墨西卡利，有兩個從加州來的傳教士想對臨時工們傳教。他邀我們這些餓肚子的人去……給我們的不只是食物……我注意到的，是他們的愛、憐憫和真誠。我是泰彼托來的，我看得出來哪些人說謊、哪些人虛偽。我發誓這些傳教士心地很善良，主動付出，好像不花他們半點力氣一樣。

於是我開始思考我所認識的新教徒：福音派、安息日會、聖公會的人。好吧，我從沒看過他們醉倒在路上，他們也不會帶刀、抽菸、嗑藥或罵髒話。他們家裡應有盡有，小孩吃得飽、穿得暖，善待妻子。他們過著健康、平安的生活。但天主教徒的生活，欸，就像我這樣。

我沒有失去信仰……我還是個天主教徒，因為我對戒律沒有強烈的認同，也不想遵守福音派嚴格的規矩。這樣我就再也不能抽菸、賭博、搞女人，老實說，我的確無法遵守上帝的律法。媽的！看來世上最棒的事都是惡魔的功勞！我覺得我不是生來當烈士的。要調教我的心靈，還有好長一段路。

終於到了星期一。一大早我們就聽見卡車抵達的聲音，然後被叫去吃早餐。他們第一、二天給我們的食物比後來好多了。早餐有麵包、燕麥粥、雞蛋，還有加保久乳的咖啡。午餐我們就帶三個三明治和豆子。晚上回來有玉米餅、肝臟、墨西哥風味的馬鈴薯，還有湯。很豐盛……一開始的時候。

1　編註：參見《馬太福音》第六章第十六、十七節：「憑著他們的果子，就可以認出他們來。荊棘上豈能摘葡萄呢？蒺藜裡豈能摘無花果呢？這樣，凡好樹都結好果子，惟獨壞樹結壞果子。」

早餐過後，我要上車時經過廚房，看到滿坑滿谷的髒盤子。洗碗工東尼很生氣，罵不停。我說：「很多工作，對吧？師傅，我以前也當過洗碗工，我懂。這些盤子簡直像山一樣高。」說完，我和阿爾貝托就上車去工作了。

在路上，一個從米卻肯來的年輕人說：「動作不要太快。慢慢來。如果你做得太上手，他們會習慣我們的速度，哪一天我們不想做、想慢下來，就會被開除。」我們一抵達，抓了罐子，就開始摘青番茄了。

我很有幹勁。彎腰、伸手、抓住，「啪！」摘下。每個人幾乎等速地移動。過了一會兒，我停下來休息，接著我坐著移動，不想落後太多，因為有人在監視。我隔壁那兩個人，那兩個王八蛋！看起來跟風車一樣，他們摘得很快！

要習慣農場的環境，他媽的！很難、很難！罐子一裝滿就得抬到肩膀上、跳過犁溝，到籮筐那裡去倒出來。要死了！我的背痛得要命！總之，無論如何，至少我知道晚上我們就可以休息了。

那天晚上，吃過飯後，廚房的工頭問我：「小子，你想到餐廳工作嗎？你會洗碗？」「老兄，當然。大家都會洗碗。」所以他們就把我派到廚房工作了。我的工作是煮燕麥粥和咖啡，準備午餐餐盒。他們付我九個小時的工資，我實際上只做不到三小時。想想，只因為我早上去和東尼講了那些話！阿爾貝托說：「太好運了！誰知道你跟哪個聖人祈禱了。我現在要去田裡賣命了。你怎麼不想想辦法，也把我弄進廚房？」

後來，我吃飯時間以外，也找到其他工作。一個菲律賓人偶而會來找我們去他的田裡工作，一小時付我們一美元。照理說我們不能那樣做，但我們不是去美國花時間睡覺的。有工作的機會我們就得抓住。

我們領到第一筆薪水的時候，阿爾貝托說：「我們去舞廳！」

「不了。」我說：「兄弟，我不去。去那裡只是花錢。一開始是『來杯啤酒！』，接下來你就會發現，身上一毛也不剩了。所以，我不去。」當然事情沒那麼簡單，總之我們去了——搭東尼的車。東尼是墨西哥人，但在美國出生，就是「美籍的」（*pocho*），不算墨西哥人也不算美國人。在舞廳的女孩都是墨裔美國人。她們穿著高雅的洋裝，我們覺得她們不會想跟我們跳舞的。

不過東尼為我介紹他女朋友的朋友伊娜思，我整晚都和她跳舞。她很漂亮，也說西班牙話。她直接跑來跟我說話，找我跳舞，這種感覺很奇怪。結束前，她問我：「明天你要不要來我家聊天？我想多了解墨西哥。七點來。」

欸，那天晚上我夢見粉紅色的大象。我真的覺得很快樂。隔天早上我工作特別有動力，把宿舍所有人都餵飽了。那個下午，菲律賓人帶我去摘石榴。我做了五個小時，賺了六點二五美元。晚上，我去找伊娜思。

我有點不好意思去她家。她和兩個小孩自己住，小孩睡在另一間臥室。她結過婚，但我不知道她丈夫去哪裡了。這個，我去她家，聊天、喝咖啡。後來她放音樂，我們開始跳舞。她看著我，我們親嘴。那天晚上我們就做愛了。我心想：「好像真有這麼一回事。」我交了個女朋友。

隔天晚上，我在我的鋪位睡得正熟的時候，聽到有人敲窗戶。是伊娜思。她來宿舍找我。她說：「我想叫你唱首歌給我聽。」於是我上了她的車，我們就出發了。我跟東尼學了開車，能整晚開著車帶伊娜思到處兜風感覺很好，一路上又唱歌，又接吻。

有天，她直接載我回到宿舍前面，那時候大家剛吃飽飯從餐廳出來，自然引起一陣騷動。大家看著她離開，然後開始評論：「你喜歡她嗎？看看那傢伙！他終於找了一個穿鞋子的。」大家都在開我玩笑。

好吧，伊娜思確實漂亮，但我並沒有愛上她。格拉雪拉的事情之後，我就不想再讓愛情搞亂我的人生了。對我來說，愛情是種折磨。愛不僅殺了我，還留下傷疤。只要我開始對一個女孩心動，我立刻就想起我和格拉雪拉那一段錯誤和傷痛。但我不後悔，因為那是我這一生中唯一的真愛，也是我體會到的唯一真正的熱情。因為格拉雪拉，我在很年輕的時候，就體會到生命的激情，我一輩子都感激她！但我付出好大的代價！

我注意到美國人的婚姻觀念不太一樣。我喜歡夫妻之間互相獨立，又彼此信任。我覺得他們會這樣是因為他們有很強的道德觀。他們對對方越好，自己也越規矩。在那裡，他們不喜歡說謊。他們說「不」的時候，意思就是「不」。就算你跪下磕頭，還是「不」。

在墨西哥就不是那樣。我可以毫不猶豫地說，丈夫對妻子根本沒有忠貞可言，完全就是零。我一百個朋友裡面，有一百個對妻子不忠。他們總是在尋找新的激情，不滿足於只有一個女人，你懂我意思嗎？妻子通常比較忠心……我想，一百個妻子裡，大概有二十五個是絕對忠心。其他的，喔！閱人無數。

宿舍裡一些人漸漸生病了，因為吃得不好。他們向格林豪斯反映，但他說，不滿意的人可以打包行李，終止合約。於是他們就被嚇得閉嘴了。接著，附近鎮上傳來兩百個臨時工食物中毒，大家又開始抗議。格林豪斯決定一個接一個，送走一些人。

因為人變少了，所以他們又叫我去摘番茄。這是第三次採收了，改成論件計酬，因此我們賺的錢不多。我不喜歡這工作，也賺不到錢。我哥兒們阿爾貝托因為急性膽囊炎進醫院開刀。他開刀的時候，我不管怎樣都想陪著他。我心想：「搞不好他們殺了他，我也不知道。」

我肚子側邊有點抽筋，而且真的有點痛，所以我假裝是闌尾炎。我跑去找經理，他帶我去醫院。我想在那裡待個兩天，直到阿爾貝托手術結束。他們在我的肚子上放了個冰敷袋，我說我好點了，他們就打電話給經理，叫他來帶我回宿舍。

但我想回去醫院，所以又裝病。「哎呀，哎呀，我的盲腸。」他們又帶我去醫院，而這一次，我躺在病床上，隔壁是一個北美人。我想，他們又會放一個冰敷袋在我肚子上，然後隔天就送我回去。我平靜地躺在床上，回想我的英語課本，試著跟那個北美人說話。他人很好，甚至邀我們都出院後去他家。他是第一個，也是唯一一個那樣說的北美人，我真希望我當時去了。

然後我看到他們推著一張推床進來。他們讓我躺上去，推我到走廊上，我還在吹口哨，護士說：「好勇敢！好勇敢！」他們都講英文，我也搞不懂他們在對我解釋什麼或要把我帶去哪裡。欸，他們把我推進一間手術室。「躺上去！」我發現他們可能要照X光。這次可不只是冰敷了。

醫生進來，戴著口罩，麻醉醫生和兩個護士也進來了。但我，我一點也不緊張。我以為他們只是要檢查。他們把我的手綁起來。直到那時候，我才緊張起來。我心想：「哎唷！這是怎麼回事？他們要對我做什麼？」他們把我的腳也綁住了，用棉布把我的眼睛蓋起來。我大叫：「不！不！我不要開刀。我不痛了。不！」

但沒有人聽得懂西班牙文，我也不會說英文。他們在我臉上罩上一個口罩，開始麻醉。我一直叫著：「拜託，拜託。我沒事。我不想開刀，拜託。」我覺得像要窒息了一樣，「我要死了……我的心臟，我的心臟……」然後我心想：「他們一定是要把我殺了。」我的心狂跳，又心悸。

我覺得，沒什麼比不能呼吸的時候還要保持不動更恐怖了。我瘋狂地想掙脫，但動彈不得。自從他們那樣對我之後，我就非常害怕被埋葬、被壓在地上，不得動彈。現在我知道了，地獄就是墳墓，我好怕永遠地被埋在地下，我一想到未來會像這樣，就想哭。

我確定他們想在醫院殺了我。但為了什麼？「錢？」我心想：「但這些人會拿到什麼錢？在這樣一間豪華的醫院，要給他們一千美元嗎？你看看，你為何要讓自己任他們擺布？你為什麼相信他們？你來這裡做什麼？」我忍著不呼吸，這樣就不會睡著。

我聽見嗡嗡的聲音，然後覺得自己用一種非常恐怖的速度往下沉，往下沉。我看到一道光，彷彿前方有一輛快車，車頭燈的光以超音速逼近。然後，在那個我不停墜落的無底洞，我看到我妻子站在那裡……我死去的妻子，滿臉憤怒地用生氣的眼神看著我，我叫她：「寶拉，等我。等我，老婆。」她轉身走進深淵。我想降落，但我浮在半空中，四肢展開。我看到我的女兒瑪莉琪塔……她大叫：「爸爸！」

「女兒，你也死了嗎？」我問她。在這無底洞中，我聽見麻醉師說：「可以了嗎，醫生？」我說：「還沒！我還沒睡著，不要動刀。拜託！」然後我就不省人事了。

我漸漸清醒過來，想要起床，卻聽見阿爾貝托說：「不要動，兄弟，你會弄傷自己。」

「是你嗎？阿爾貝托？是你？你聽好，不要讓他們給你動手術。快跑，兄弟！不要管我，快走，不然他們會殺了你。」我感到一陣燒灼，想要把褲子脫掉。是我的繃帶，這下我確定他們動了手術。護士打了一針後，我又睡著了。

隔天，我一直說：「我要見我哥兒們，帶我去找阿爾貝托。」他也動手術了，他在他的房間也說了跟我一樣的話：「我要見我哥兒們馬努埃爾。」我得知他的房號，於是努力起床。我扶著牆壁，慢慢走到他的房間。

他情況很不好。他們打開他的肚子，接了一條管子排出水。我看到那個洞後說：「他們為什麼讓傷口開著？一定會有什麼東西跑進去，你就會死。」他媽的！我真的以為他會在我面前死掉，我該怎麼對他阿姨交代……他的小孩怎麼辦？但阿爾貝托一點也不擔心。

「回去啦！我沒事的。」這時候，護士推著車進來，吆喝著要我離開床邊。

其實每個人都對我們很好。護士教我更多英文單字，糾正我的發音。我到處跑來跑去，沒乖乖躺在床上，也好得很。但醫生來把繃帶打開，要拆線的時候，我看了傷口一眼，再也不想動了。甚至連下床走動都沒辦法了。

我在醫院待了十七天。保險公司付了所有費用……漂亮的房間，高級的病床，還有收音機在床頭……房間裡有電話……所有的一切在墨西哥都是不可能的。而且不花我們一毛。

我在加州覺得自己比較像個人！工作上、醫院裡，大家都對我很好。我喜歡那裡的生活，雖然我也覺得太不真實，太呆板，某個程度來說，那裡的人太像機器了，很精準的機器。他們每天、每小時都有個排定的行程表。也許這種方式可行，因為他們也過得不錯。但政府食物要課稅、鞋子也要課稅，什麼都要課稅。如果我們的政府也想學這裡課稅，一定會引發革命的。人都不喜歡自己的東西被拿走。

我認識的臨時工都同意一件事，美國是「大家的媽媽」（*toda madre*）。意思就是最好的。偶而會有人抱怨……像阿爾貝托說，德州人是狗娘養的王八蛋，因為他們對待墨西哥人跟對待狗沒兩樣。可是我們又看到這裡對黑人的歧視。我們總以為美國的司法非常嚴格又公平……不像在墨西哥，錢或其他因素會影響司法。但黑人犯了強姦罪會被送上電椅，一樣的事，白人就不會被怎樣，我們開始發現美國的司法也是變來變去。

但我們也都注意到即使是不那麼有錢的工人，也會有自己的車子和冰箱。說到平等和生活水準，欸，我這麼說可能會被打，但我覺得美國實際上是共產國家……資本主義裡的共產國家。至少在加州是這樣，因為我曾聽說一個工人對老闆大吼大叫，老闆竟然只是閉嘴。那裡的工人有很多保障，但在墨西哥，老闆都是暴君。

一想到墨西哥的生活環境，我就很失望。原因很簡單，我在美國觀察到，這裡的人看到自己的朋友進步，就會為他高興，你懂我的意思嗎？「恭喜你，你過得很好，我真為你高興！」如果有人買了車或房子什麼的，大家會恭喜他。但在墨西哥，我一個朋友拚命工作、省吃儉用，好不容易想法子買了一台貨車，你知道發生什麼事？他停在他家門口，有一天他出門，車子的烤漆都被刮掉了。如果不是純粹的嫉妒，是為了什麼？

我們不會想要為對方加油，相反地，我們的座右銘是：「如果我是條蟲，我就要讓你覺得自己像蝨子。」沒錯，在墨西哥，你總是覺得自己高高在上。我自己也這麼覺得，所以我才這樣說。畢竟我是墨西哥人。即使你活在社會底層，你還是會覺得自己高人一等。我在撿垃圾的身上看到這一點，連小偷都有階級可言。他們還會吵：「你這傢伙，偷的都是舊鞋。但我，一出手，就要拿好東西。」所以另一個就說：「你！只能喝松節油。我這個可是九十六度的酒精，你沒喝過的。」事情就是這樣。

也不是說我們討厭擁有更多財富的人。我恨個有錢人，其實恨不到三根菸的時間。一直去想，也只是綁住自己，這樣只會更看不起自己。我至少寧願忠於自我。所以我也不想把所有事情都分析得那麼透徹，否則我只能落跑，或不去面對我的現實情況。總而言之，我這個階級裡，討厭一個人通常只是情緒的理由，我想不出什麼經濟的因素。當你怨恨世界的時候，事實上可能是被女人甩了，或被朋友背叛。女人通常是最反對有錢人的，可能因為女人比男人更覺得匱乏，你覺得呢？

事實是，這裡並沒有平等可言。所有事都不成比例。有錢的人很有錢，窮的人窮得沒臉活著。

女人手裡抱著小孩，還有幾個抓著衣角，也得沿路挨家挨戶乞討。很多人像我伊格那西歐姨丈一樣，給他們的女人一天三披索花用，也有人不知道下一餐在哪裡，卻沒有任何人替他們著想。如果有錢人知道窮人是怎麼生活的，他們會覺得那根本是奇蹟。

聽著，有錢人狂歡的時候，洛馬斯那些百萬富翁搞個宴會或招待會什麼的，他們一晚上花的錢可以養孤兒院裡所有的小孩一個月。如果他們願意從寶座上下來，跟他們其他同胞一起生活，看看其他人有多可憐，我相信他們絕對會從口袋裡掏錢出來裝水電，幫幫他們。如果我有錢，一定會減輕窮人的痛苦，至少幫助我身邊的窮人，給他們一些生活必需品。但誰知道呢？搞不好如果我是個有錢人，出門不是坐船就是搭飛機，我就不會記得他們了，是嗎？窮人跟窮人在一起……知道彼此的處境……有錢的人都去希爾頓酒店了。我有膽去希爾頓的那一天，八成又經過一次革命了！

我不懂政治……我第一次投票是上次的選舉……但我不覺得有什麼希望。我們不可能給工人什麼社會福利，因為錢只會拿來讓領導者更有錢。政府裡的人總是會發財，窮人只會更窮。我從來沒加入工會，但我朋友說他們隨時會被開除，也拿不到賠償，因為工會領袖和老闆早就有協議了。是的，我們還有好長一段路要走。我告訴你，進步真的很難。

阿爾貝托先出院了。他一回到宿舍，格林豪斯馬上帶他到公車站，要他回家。阿爾貝托成功溜走，跑去和他的女人雪莉一起住。我出院後，沒有順利從宿舍經理那裡溜走，但我躲在犁溝裡，找到機會，搭了便車去雪莉家。

格林豪斯向移民局報告我們逃跑了，我們不得不躲個幾天。雪莉幫我在地上弄了床鋪，阿爾貝托則和她睡在一起。後來我們在葡萄園裡工作，我手術二十天後，找了一個清沼澤的工作，要扛很重的簍子。工作很辛苦，我病了。我寫信給父親，請他寄一點錢來，這樣我才能回家。但他回我，我給他的錢他都拿去蓋金色殖民社區的房子了。他沒錢可以寄給我。

所以我繼續工作，好存錢回家。我去採棉花，但我發現這工作做不久。我的手也因為採棉花腫得不像樣。最後，我對阿爾貝托說：「你看，我們到現在為止都一起行動，但我看得出來你很喜歡那個女人，所以如果你想留下，就告訴我。我要走了。」

於是他告訴我：「不，兄弟，我現在不能走，因為我的衣服還在洗衣店。」

隔天我搭了巴士到墨西卡利。我已經離家九個月了，急著想看到我的孩子、父親和朋友。在墨西卡利，我搭不到火車或巴士出城。到處都很擠，連旅館都沒空房。我帶著一箱衣服和口袋裡的兩千披索走在街上，很危險。從美國回來的臨時工常被搶劫或殺了，就躺在墨西卡利的街頭。這次，我真的怕了。

我決定搭飛機去瓜達拉哈拉。很貴，對吧？它花了我超過五百披索，但只要九個小時。比起五十二小時的巴士，我省下很多時間。我只想回家。在瓜達拉哈拉，我轉搭巴士回到墨西哥城。

我大約早上六點抵達，那天是十一月二十日——墨西哥革命紀念日。我會記得是因為那天有遊行。我一到卡薩格蘭德，大門才剛開，幾個女人要出去買牛奶，清潔工尼丘先生就在我要進去的西大門附近掃地。

「怎麼啦，馬努埃爾。」他問我：「你去哪裡啦？你這小子。」

「我去美國打工了，尼丘先生。」

「喔！真瘋狂，你也趕上流行啦？」

「對啊，我去看看那裡到底是什麼樣子。」

我很高興回來了，對吧？我走過庭院，站在家門口，心跳得很快。我沒有鑰匙……父親是唯一有大門鑰匙的人……所以我照慣例吹了聲口哨。屋裡傳來腳步聲，有人說：「是我爸爸！是我爸爸！」

父親打開門……他穿著內衣。我看得出來他臉上的喜悅，但一看到我，他就立刻藏起來，忍住他的情緒，板起臉來。

「你終於回來了。」

「是的，我回來了，爸爸。」

我覺得他想抱我，我也有股衝動想抱他，但既然他壓抑了自己，我也是……我們之間，還是有道牆，是吧？

我又看到我的孩子了，我流下了眼淚。他們圍著我蹦蹦跳跳，抓著我的腰抱著我的大腿，笑著大叫：「你買了什麼給我？你買了什麼給我？」

我很難過地跟他們說，我買給他們的玩具和給黛莉拉的手錶，都在墨西卡利的海關那裡。我忘記把標價和包裝撕掉，海關為此要課我奢侈品稅，比東西本身還貴，所以我不想付，有個海關的人想出很低的價錢跟我買。我很生氣，就在他們面前把東西踩個粉碎。我才不要把我的東西給這些王八蛋！我跟他們解釋，然後給孩子們一人一披索拿去花。

我父親去工作前問我：「兒子，你身上有錢嗎？」我拿出錢包，意思要給他裡面的一半，但他一直說：「再多點，再多點。」所以我給了他一張又一張的鈔票。最後我自己只留兩百披索，其餘的都給他了。

他走之後，我注意到父親的床上有一團東西在動。我小姨子本來睡在地上，站起來走向我。她說：「那是你妹妹。」

「什麼意思？我妹妹？」我覺得頭好像被棒子打中一樣，很暈。我像喝醉一樣站不穩。「喂！不會吧？不要跟我說我爸爸還在外面亂搞。」我很混亂，一時完全理不出頭緒。

黛莉拉幫我解惑，她說：「所以你弟弟妹妹都生我的氣。」

這下我懂了。天哪！所以我爸爸和她睡了！想想，一家之主征服了黛莉拉。我更崇拜他了。我真想知道他是怎麼辦到的，他老到可以當她父親了。我以前不覺得她真的愛他。現在敢肯定了，因為她知道他會滿足她所有的需求。他很容易愛上別人，因為他行為很直接。當時她心裡一定想著：「欸，我姊姊把小孩的責任留給我……畢竟他們也是我的外甥，如果我一定要照顧他們，不如乾脆犧牲自己。與其照顧他們又不收一毛錢，不如嫁給馬努埃爾的爸爸。一石二鳥。」

我心裡有點生氣，但我控制自己，對她說：「好極了！妳做得很好，小姨子，不要理我弟弟妹妹。那些瘋子……干他們什麼事。你們兩個都沒錯。」

下午我去找我朋友。我很高興能再次走在我住的殖民社區的街上。我一輩子都住在這裡，這就是我的世界。每一條街對我來說都別具意義：管工街是我出生的地方，在那裡我仍擁有母親的疼愛；在貝克街，西方三賢士第一次送玩具給我，讓我的童年閃閃生輝；特諾奇蒂特蘭街總讓我想起一首歌叫「失去的愛」，我母親的棺木被抬出去的時候，一個鄰居剛好唱著這首歌；這幾條街也住著我的親戚、朋友，和女朋友們。這三條街是我的苦難學校，這裡讓我學會哪些事危險、哪些事安全，什麼時候該真誠，什麼時候該虛偽。

在殖民社區外面，我就覺得我不在墨西哥了。好像離開水的魚一樣，特別是走到一些有錢人的社區，像是洛馬斯或波蘭可，那裡的人會帶著懷疑的眼光看我。我晚上甚至不敢走去那裡，因為我的穿著，他們會以為我是小偷。有錢的人無法忍受看到任何辛苦人，他們馬上會想到，這個人一定是來偷東西的。反正有錢的人講話都是對的，所以唯一要做的就是遠離那些地方。

是的，我的確很高興能回來，但去過美國以後，這裡的一切在我看來又髒又窮。我發現原來我們活在貧窮中，我去市場，看到柳橙和番茄堆在地板的報紙上，心裡就覺得難過，想要立刻回美國。其實，我不是崇洋媚外（*malinchista*），但我希望我在美國，或在其他歐洲國家出生，像是英國……不是義大利那種浪漫主義風景優美的地方……而是在一個文化比較進步的國家。

我回家的時候心裡有很多想像，因為在美國，我學到樂在工作。我想把房子修好，看到小孩吃得好，每天都有雞蛋和牛奶……人人都說我是個認真工作的人，我回來也想保持下去。但回來的第一晚，我就幻滅了，因為我父親讓我睡在廚房地板，墊著麻袋，一如往常。我以為會有不同待遇，這要求不過分吧？就像我說的，我歷練過了。我以為他會說：「不，兒子，不要睡在地板上。睡床上，和你的小孩一起睡。」但不是！我躺在地上，他一個字也沒說。

我花了點時間和家人在一起。因為黛莉拉的緣故，康蘇薇若和羅貝托都離開了。沒人知道羅貝托消失去了哪裡，但康蘇薇若去和瓜達露佩阿姨住。每次見到我妹妹，她總把黛莉拉罵得比蟑螂還不如，這樣她就可以把她踩在腳下。她從一開始就很恨黛莉拉，因為黛莉拉奪走她在家裡的地位。所以儘管黛莉拉向她伸出了求和的橄欖枝，但我妹妹卻把它扔回她的臉上，好像上面有多長的刺一樣。

事實是，我妹妹很自私。她總是只為自己想。自從她讀完書以後，就覺得自己不同凡響，好像自己和我們不再是同一群人了。就因為她多讀了一點書，在家就很叛逆，不再尊重父親是一家之主。她說我父親沒權力把她趕出去，因為他對她有法律責任。她竟然對她自己的爸爸要求法律上的平等，她以為在跟政府打交道嗎？她怎麼可以這樣？他是我們的父親，我們要聽他的！

康蘇薇若拿她和黛莉拉與我父親的問題當成藉口，和某個傢伙跑去蒙特雷。彷彿有了這個當藉口，她就什麼也沒做錯一樣。我妹妹沒有道德勇氣。為什麼，我認識一個女人，她十四歲的時候被父親趕出家門，她沒有拿那個當藉口和她遇到的第一個傢伙跑了。她去工作，到現在還是處女。

康蘇薇若老是說她愛我的小孩，但她從不幫他們洗一件衣服，或煮一頓飯。嘴巴上說愛他們是一回事，但總要行動證明啊，像黛莉拉就做得到。沒錯，我妻子死後，康蘇薇若很好心、很勇敢，又謙虛地照顧他們，但她持續不了兩個禮拜。如果她真是個好姑姑，為什麼不給我父親錢，好照顧孩子們？她買糖果和禮物給孩子們，但如果是買衣服或其他類似東西，她就會來找我，要我還她錢。我的意思是，黛莉拉沒有錢，也沒讀書，但她每天為我的孩子做事，我反而印象深刻。

我對我妹妹瑪塔更加抱歉，因為她絕對比我們任何一個人都可憐。她再次離開克里斯平，帶著三個女兒回家。她不是那種會對別人敞開心胸的人，雖然看起來似乎很開心，因為她還有父親，但我知道其實她吃了很多苦。她覺得人生沒有希望了。她一定覺得自己會孤老一輩子，因為沒有男人會接受帶著三個小孩的女人。

其實我弟弟妹妹，特別是我父親的生活，對我來說都很神祕。我從來不知道我父親怎麼有辦法，而且坦白說我也不想知道。他給我們的飯總是夠吃……他用那麼一點錢照顧那麼多人。一想到這點，我就忍不住禱告，不是我覺得父親做了什麼壞事……他絕對不是個壞人……但畢竟他幫餐廳採購，說不定他向他們多收了點費用，每次都會留個五毛、一塊在身上。也可能是他在市場採買這麼多年，他們給他免費的水果、咖啡、肉等等，因為他是個好客戶。不然憑他一天薪水十一披索，怎麼可能辦得到？

如果我父親每次採購都收個一、兩披索，我不反對。我反而覺得自己很該死，我弟弟妹妹也是，因為他是為了我們才這樣。日復一日，我對父親的尊敬越深，不是因為他幫我養小孩，而是一定要是個男子漢，才能像他一樣。

同時，我又回去玻璃工廠工作。有次星期一我上班遲到，我老闆決定要扣我一個禮拜的工資作為懲罰。「好啊。」我說：「有什麼了不起。」於是我站起來走了。為了殺時間，我去泰彼托市場，也是俗稱的「賊仔市」。

我遇到約亞秦，就是在墨西卡利和我們一起住在紙板屋裡的男孩。他現在是個小販，賣二手貨，肩膀上掛著一件粗呢褲。他說我是笨蛋，在市場賣東西賺得比較多，何必去工廠工作？我覺得那太冒險了，今天有收入，明天不保證有，我可能做不來。

其實自從母親帶我去市場後，我就很喜歡那裡的氣氛。它像一張圖畫一樣，色彩繽紛，就像在郊外的市場，買家和賣家互相認識，講笑話、殺價。那是個很有人情味的地方，像在西爾斯、洛頁巴、帕拉西歐，客人不敢和老闆聊天。在那裡，他們只跟你報價，像機器一樣做事，笑話就是「不能殺價，對嗎？」。客人也沒機會為自己爭取權益，甚至不能像我們在市場一樣，對價錢不滿意還可以自己出價。

市場這種地方對小販來說很有賺頭。古早時代有名的攤販，像是「大熊」、「康多拉」、「美國人」，還有「壞東西」，一天可以賺五百到兩千披索。現在他們都有好房子，甚至有車子了。我大概知道在市場工作是什麼樣子，因為我曾看我母親和舅舅還有其他人叫賣，我知道那種老派的買賣方法。

約亞秦叫我試試一條褲子起碼賣個十五披索，他正要進更多貨，我說好。我注意到街上另一頭有個男孩瞪著褲子。我心想：「喔，你喜歡這褲子？」於是走到對街。

「過來看看，朋友，我算你便宜一點。」我一點也不害羞，馬上就賣了起來。輕而易舉。

「欸，好，但我沒錢。我也在賣東西。」他拿出一只手錶，是名牌錶哈斯特，非常漂亮。他要賣一百二十五披索。

「鑲多少顆鑽？」

他說：「十五顆吧，我想。」

我打開錶，裡面有二十一顆。「沒錯，裡面有十五顆鑽石，但你賣太貴了，朋友。」

這時候，約亞秦和其他三個「土狼」（就是賣家），在我們討價還價時走過來，圍在我身邊。他們只是看，談價錢的時候沒人會插嘴。

我對那男孩說：「這樣吧，我們來做個交易。你喜歡這褲子，剛好是你的尺寸。穿起來正合身。」我把褲子拿起來，比了比他的腰。「這條褲子我賣五十披索，給你，再加二十五披索，換你的手錶，如何？」

「不，不可能，這樣我沒賺到。手錶沒那麼便宜。」

「哎呀，兄弟，我也不是在這裡做生意的……我是要買這錶給自己。」我說：「不然看看有誰要出更多更高的價錢。」

總之，一番周旋後，我給他四十披索還有褲子，所以手錶是五十五披索。我得給約亞秦褲子的錢十五披索。

「不要！」他說：「少來，才給我十五披索，你根本是賺到。」然後他笑了：「好吧！不說了。

算是你在這市場的處女作。新手的好運！」

然後，其中一個「土狼」來了，他想要買手錶。我想要開個七十五披索，現賺個二十披索。沒想到我開口之前，約亞秦就說：「兩百披索！」

「不。」那「土狼」說：「狗娘養的！你別得寸進尺。這只爛錶也不過花你五十五……我給你一百，你賺四十五，懂嗎？」

我本來要賣了，但我的夥伴約亞秦說：「什麼？白痴！不用急。」所以我拿著我的手錶，懂嗎？然後我們走了。

他跟在我們後面說：「不要浪費時間，我給你一百二十五，要或不要？」我堅持一百七十五。「王八蛋，說真的，我是要自己戴的，我不想賣。不要這麼可惡，狗娘養的你。」

欸，他給我一百七十買了手錶，我賺了一百一十五。一分鐘內，幾十秒而已，我就賺了在工廠裡一個星期的薪水。我心想：「我幹嘛像個白痴一樣在那裡工作？」當下我就決定辭職，全心在市場裡做生意。

我喜歡賣東西……我喜歡自由。我有自己的時間，沒有老闆在旁邊監視我。以前我眼光很狹隘，只看得見自己的鼻子。和其他工人一樣，我只知道一件事，就是去工作！即使賺不了錢，工人也不會去試試另一條路子或看看別的世界，還是照做同樣的事。我父親就是那樣，直到他開始養些小動物……那就是他開始進步的時候。我開始預想，我兒子不要再當工人了，如果他們不能成為什麼專業人士，就讓他們去做生意。這是讓他們不用靠任何人就能賺錢的唯一路子。

我已經在泰彼托市場和巴拉第佑市場做了好幾年了。我賣二手貨，衣服、鞋子、金、銀、手錶、家具，什麼都賣。當然做這個工作有點冒險，但對我來說沒什麼壞處。最差的時候，一天也有十二披索，足夠買吃的。

在市場裡，我唯一糊塗的一次是買了一個叫「油印機」的東西。我甚至不知道那個東西是做什麼的，但是，我覺得那個字很新奇，你懂嗎？我心想：「叫作油印機的東西，一定值不少錢。」賣給我這機器的人把我當笨蛋。他耍了我，這種事偶而發生。他對我說：「看到這個小機器了嗎？只賣兩百披索。」

「真的假的！」我說：「所以真的這麼值錢！可是太貴了，我只能給你五十。」我們討價還價了一陣子，後來我有點想作罷。我有一種預感：「搞不好這該死的玩意兒根本不能用，我跟對方扯這麼多。其實我完全不知道這個垃圾能幹什麼。」

那傢伙說：「好吧，就五十。」

於是我付了五十披索。第一個客人出了三十，第二個要付二十五。這樣過了十五天後，我那台眾所皆知的油印機，只剩十披索。最後我把它丟在市場管理中心的辦公室。話雖如此，我在市場收入還算不錯……比我去做任何工作都多。

我發現一件事：如果我現在開始做工，一天可賺法定的最低工資，是十二披索，我永遠不可能提高生活水準。十二披索裡面，我要給我小孩六披索，但一個男人不可能只靠六披索過活。我付不起房租，不能在外面吃三餐，也買不起衣服或鞋子，或靠這六披索買任何東西。如果我的小孩病了，買藥就要花上一百披索……好的藥至少都要這麼多錢……我就得去借錢，每天的利息是五十分。那樣的利息，要還六個月才還得清，而且很可能另一個小孩又生病了。這樣只是惡性循環，工人根本不可能有進步的希望。

做生意的話，我只需要資本。只要有五百或一千披索，我就能做生意，每天至少可以賺上一百披索。市場裡混雜了很多低級又粗魯的人，但他們口袋裡有錢。

事實是，我很怕窮。口袋裡沒有半毛錢，我就會憂鬱。我一覺得自己是窮人、窮到見底，神經就開始緊繃。我看到有人餓肚子，就會恐慌、想哭。我會想起以前我也是那樣，我哭到沒眼淚，哭出血來，因為沒錢養我的妻子和小孩，沒錢請醫生。我真的再也不能忍受那種生活了。我不趕快去賺錢放在口袋裡，心就不安。所以我讓我父親照顧我的小孩，這樣我就不用負責任。

我的想法是，反正我遲早要死，活著的時候，就該對自己好一點，是吧？我怎麼知道來世會怎麼過？如果我口袋裡有十披索，想要吃個甜點，我還是會去買，儘管我還有其他開銷要付。這樣就不用忽略我個人的欲望，是吧？我討厭連這點小事都要忍耐。

我常問自己，生命的盡頭，哪件事比較值得？是所累積的成就，還是所體驗的滿足？我相信一個人的體驗比較值得，不是嗎？雖然我一輩子都在工作，但現在我想要去哪裡，就會搭計程車。我從不搭公車。

如果我去餐廳，就不會只點豆子。我會點炸牛排或雞蛋。想坐下就坐下，如果早上不想起來，就繼續睡。沒錯，我能傳給我孩子的，就是教他們如何生活。我不希望他們變成傻瓜……我以我母親的名字發誓，我不會讓他們變成普通的工人。

在市場也不總是這麼順利。市場管理中心有時候會要求攤販出示證明，或強迫我們加入工會，你懂嗎？管理中心的主任跟他們根本是同夥的。想想，在賊仔市賣二手衣，竟然要給他們看社會福利卡、健保卡、工會卡，甚至警察局的紀錄！我一張卡都沒有，我對這個的意見可多了。我很討厭那樣，我一點都不想服從，你懂我的意思嗎？我在那裡，只是在地上鋪塊布，把貨放在上面，警衛來就想拿走，我當然要跟他們理論，對吧？

有一次，我為了星期六的攤位跟人吵架，因為每天早上門一打開，我們就要跑進去搶好的攤位。攤販沒有固定的攤位，先搶先贏。很像美國西部牛仔，市場門一打開，我們就像賽馬一樣衝出去。我才剛跟人大吵一架，警衛就過來，蹲下把我鋪在地上的布，還有我整個攤子的東西都拿走。

「你可以來辦公室領回去。」他說：「你不屬於任何單位，一張卡都沒有。」

「你聽著，放下我的東西，不然我把你揍扁。」我說：「市場不是為你們這些狗娘養的蓋的，也不是為那些政府單位蓋的。」

他回答我：「去跟主任說啊！」

「不要。」我說：「他只是來這裡幫政府收錢。憲法說，沒人能夠妨礙別人老實賺錢。他憑什麼比憲法重要？你敢碰我的東西，我發誓要踢爆你的頭。」

在市場，我們講話都很狠。這是他們溝通的方式，你懂嗎？誰講話最大聲，大家就最怕他。

有一次我得做一件很不得已的事。我必須踢一個傢伙。在市場，我們都是勇者、硬漢，但每次我在做生意的時候，這個叫「白面」的傢伙就會過來干涉，搶走我的生意。他故意在我面前裝腔作勢，我叫他不要攪局，他用髒話回我。我不想打架，所以忍著，我總是儘量忍耐。終於，有一天，我剛談完一筆生意，買到一些貨，白面這傢伙竟然過來把錢付了。他說：「貨賣給我。」

「你什麼意思？這批貨是我買的！誰叫你付錢的？給你貨？給你屎啦！」

他說：「給我，不然我要動手拿了！」

「你拿啊！」於是，砰！我從他兩眼之間揍下去。他摔倒了又爬起來。我把他抓到牆邊揍他，朝他眼睛又揍一拳。他想踢我，又讓我更火大。後來他倒在地上，我還是踢他，踢到他的肋骨發出聲音。

我心想：「可憐的人。」但整個市場的人都圍過來看，我得跟他做個了斷。不然別人會覺得我是個屁，以後就會不斷來挑釁。雖然我很討厭那樣，我一直踢他，沒有殺了他，當然，只是踢他的側身和後背。我也沒有瞄準他的臉，但他還是血流滿面。最後他說：「夠了，夠了。」我沒把他的錢還他，他也沒有再來找我麻煩。

自從我在泰彼托做生意後，有些人在說我的閒話。他們覺得市場裡面的東西都是偷來的。但那樣說不對，真的不對。真正的情況是，大概只有一半的東西是偷來的。但也只是一些小東西……工人從工廠偷的一些工具、防塵口罩、橡膠靴子，或是有人順手牽羊偷來的腳踏車。如果是收音機，八成是那種幾乎要壞掉的。跟世界上其他地方一樣，真正好的「燙手」的東西，那些好的收音機和機器，是那些大的資本家才買得起。泰彼托這邊沒人有錢買那些東西。

如果我知道什麼東西是偷來的，通常就不會去買。做我這種工作，多多少少要像個心理學家，知道你在跟誰買東西。我可以認出誰是騙子、誰是警察、誰是毒蟲、妓女，或者無辜的人。

我在市場大多數的朋友都是改過自新的騙子。他們有自己的語言，叫作「卡洛」，我很懂卡洛話。小偷要跟你講事情的時候，他會說：「嘿！『尼洛』(ñero)，你要買贓物嗎？垃圾便宜賣，不用多少。」

「你要賣多少？」

「沒時間，一句話，給我一『蘇拉』(*sura*)。」

「蘇拉」就是二十五披索，「尼切」(*niche*)就是五十，「卡巴薩」(*cabeza*)是一百，「格藍得」(*grande*)是一千。有些話還會被中上階級那些男孩們拿去用。它已經變成一種流行語。

十年前市場的買賣比較「熱絡」，因為當時警察沒那麼積極。現在他們把這裡當成金礦，固定來查。就算休假他們也會來看有什麼可以削。對他們來說，這是生意。他們知道，只要把我的同伴抓進巡邏車，抓一個就可以賺個二十、三十，甚至五十披索。警察跟我們要錢的時候，都得給他們。

我個人覺得，墨西哥警察系統是全世界最佳的流氓集團。它是災難、髒東西。我就直說了，在墨西哥講司法，真的是讓我反胃，因為司法是為有錢人設計的。如果有錢人被殺了，警察不會放任不管，因為和錢有關。但有多少窮人在河裡溺死了、背後被捅了一刀或躺在黑暗街角的水溝邊，警察從不、從不去抓兇手。很多人被關進監獄兩、三年，因為沒有人幫他們，或因為他們沒有五十披索可以拿出來賄賂。

很多警察一開始都想要拯救世界。他們一開始都想要當個正直的警察，一毛錢也不收。但一旦他們拿到手槍和盾牌，有了權力，看到什麼就都要收錢……欸，這對他們來說就像得了傳染病一樣。一個大革命時期的將軍說，沒有一個官員抵擋得了五萬披索的轟炸。差不多就是那麼多錢。他們收賄一次、兩次，然後就變成習慣、變成職業了。

假設你被搶了三萬披索，去警察局報案。他們會登記，但你離開前，有人會暗示你要給點小費好「加速」破案。你付錢，他們便會積極起來。

他們會開始問他們的「山羊」，也就是線人，是哪個買家偷了東西或錢。買家不會固定在市場，他們今天在這裡，明天又去別的地方。警察會去嫌疑犯的家，逼他認罪。如果他不承認，就會被帶到警局「加熱」一番。警察遲早會找到被偷走的東西或錢，但你再去警局問的時候，他們也不會還你。他們反而會跟你收「調查」的費用。你進進出出警察局，但是被偷的東西還是不會出現。

警察自有他們的買家來收購那些失竊的東西，他們會把你的東西找到，然後再拿去賣給他們。有些警察也會自己來市場賣一些「燙手」的東西。我跟他們買過，因為那很安全，畢竟來源是「司法」，對吧？

有兩、三次，我從騙子那裡買了「燙手」的東西。風險很高，但我手頭很緊的時候，就會考慮一下，冒個險。不過我買的東西大多數都不是很值錢。

即使我並沒有違法，我也不是一直這麼幸運。有一次我買了一個收音機底盤，還能播放，但沒有外殼。我跟另一個攤販花了五十五披索買的，而且我們不會欺騙彼此，所以我也沒測試。我離開市場的時候，一個傢伙抓住我，他是個警察，我們叫他「大鳥」。他不夠格當警察。他很胖，褲子老是一長一短。他的外套很髒，髒到你拿刀都能刮出油來。他也不是便衣警察，只是一個髒髒的王八蛋。他在市場長大，自從當了警察，就自以為威風起來。

他說：「我看看你的進貨單。」

我說：「聽著，沒有進貨單，因為只是一個底盤。」

「上車！混蛋！」他車上已經有三個騙子。

我想要說服他放我走，但他不要。他說：「你現在還在跟我討價還價就是了？」

「不是，但你想要坑我，我沒東西給你坑啊！」

車子上路了，我聽到騙子在跟他談條件。他想要跟第一個人要五百披索，第二個要兩百披索。我們停了好幾個地方，這樣騙子們才能去籌錢。他放了那兩個人。最後一個，大鳥說：「好吧，孩子，上次你來報到……已經過很久囉！我也很久沒去你家摘花囉！我們來敘敘舊，你說如何？」

這個人說：「不，老大，我最近狀況不好……真的很不好……我很久沒出去做事了。」

「是啊，」那警察說：「你看起來無精打采的。這樣，既然你狀況不好，去弄個二十五披索給我。」

我就在那裡聽了這些對話。事情都辦完了之後，我們開到警察局，去了地下室。大鳥說：「你知道現在是什麼情況嗎？兩百披索。」

「哼，你懂什麼！」我說：「司法在進步！你讓真正的騙子拿二十五披索出來，認真討生活的傻子，你卻要搶他兩百披索。你這下無論如何都要坑我，沒那回事。沒有，我沒有那種錢。」

欸，我們講了又講，我什麼都能還嘴。最後，他說如果我不給他一點零錢，他就要把我列為嫌疑犯。我把我身上全部的五十披索給他了。

「好啦！好啦！就這樣了，我們走吧！」

有一次我真的被警察當場逮捕，花了我好多錢。我不知道那次我是捲進什麼事情。當時我有個合夥人叫「公牛」，我們口袋裡有錢。是那些買賣的現金，我和公牛的口袋一共約有一萬披索。有一天我們在角落賣舊衣服。我吆喝著：「便宜的二手衣……慢慢選、慢慢看……通通帶回家……就在這裡唷……」

我在那裡叫賣的時候，守門人的兒子馬卡里歐走過來。他是我的老朋友，和卡薩格蘭德一個女孩結了婚，現在有一個兒子。他看起來很糟，衣服破爛，無家可歸，因為他有好一陣子沒工作了。我們曾在皮革廠一起工作，我一直記得他是個誠實的人。

「馬努埃爾，」他說：「借我一點錢買吃的好不好？」他還帶著兩個朋友。「借我五披索，兄弟，好嗎？」

「好啊，馬卡里歐。」我心想：「這可憐的傢伙能拿五披索做什麼？五披索，來得快，去得快……」

「來，馬卡里歐，這裡有十披索，拿去。老天人很好，搞不好有一天我也要你幫忙。」

「謝謝你了，兄弟。」他說：「該死，馬努埃爾，我找不到工作。皮革廠薪水又很少。」他準備離開，又說：「對了，馬努埃爾，我有件事差點忘了告訴你。你看到那個戴紅色帽子的傢伙嗎？」

於是我轉過去看了那個人。「怎麼了？」

「聽著，他太太，還有另一個人的太太本來要開洋裝裁縫店，但這傢伙酗酒，連續醉了十五天，他的合夥人就帶著機器，還有五千披索的現金跑了。他們只剩下一匹布，要用來作圍裙的。他們想要賣了。」

只要跟生意有關，我立刻懷疑起來。我相信馬卡里歐，但是，你知道的，以防萬一，我還是問了一些例行的問題。

「不，馬努埃爾，天哪！你都願意幫我了，還以為我在騙你嗎？這男孩很老實。他和我一起在皮革廠工作，我保證他是老實人。」

我說服我的合夥人，決定去買那一匹布，一公尺一披索。一共有一千八百公尺，我得去把它搬回來。

我到那個維辛達的時候，發現那個傢伙又去喝酒了。他的母親在那裡，是一位老邁、斯文、滿頭白髮的女士。布在那裡，全新的布，用鐵線捆起來。我和那位女士聊了一下，然後把布帶出來。

「聽著，太太，說白了，」我對她說：「這東西……沒問題吧？妳知道的，如果出了什麼問題，警察會來查，到最後我們搞不好要幫他們做牛做馬。聽著，我不想惹上麻煩，太太，真的。」

她聽了後一陣臉紅，把我罵了一頓：「先生，如果你有任何懷疑，那你最好就不要買。我們窮歸窮，但總是老實人！我可以保證，可以對任何人發誓。你們市場裡面的人都不正當。獅子以為大家都和牠一樣。」她真的把我訓了一頓。

「好的，女士，不要生氣。如果布有點問題，我也可以買。但妳要告訴我布從哪裡來的，因為如果布就從附近來的，我怎麼可能在這裡賣？主人一定會出現。我只好去圖魯卡或帕丘卡賣。我這麼問不是因為我怕了。我沒什麼好怕的，連死也不怕。」我本來在想，如果她告訴我這些布有點麻煩，我就不碰了。我只想從她那裡知道真相。但她只是罵我一頓，我就相信這布沒問題，你懂嗎？所以我就買了。

於是我們就開始賣這匹布。「來買布喔！一公尺一塊半披索。便宜的布！」一個人過來買了六百公尺，我說：「哈！狗娘養的，媽的一下子賺了三百披索。我們要賺大錢了。」我繼續叫賣：「賣布，一公尺兩披索！」布賣得很快，快到我來不及丈量。那天早上我們賣了超過一千公尺！

下午我們再度把帆布打開，鋪在地上繼續賣。馬卡里歐也來幫我們賣，但他很膽小。

「大聲點，馬卡里歐，你這狗娘養的，不要怕！」我告訴他：「我猜你覺得很丟臉……偷東西才丟臉，賣東西不丟臉，兄弟。你看，做生意很好玩，比做工有趣多了。大聲一點！」市場裡的買氣很好，好到頂了。所有的太太都出來買辣椒和番茄。下午六點，我口袋裡已經有一千八百披索了。

當時我要去我朋友吉爾貝托跟卡洛麗娜開的咖啡廳吃東西。我轉個彎要去咖啡廳，一個男的抱住我。我心想：「完了，我們這下完蛋了！」我說過，我可以聞到他們！我聞得出來警察的味道，我用鼻子就可以分辨了。我從沒看過那個警官，但我一下就知道了。

他果然是來問我那匹布的事。他把我抓得很緊，並把我拖向巡邏車。警察已經在咖啡廳等我一整天，但卡洛麗娜無法派人來警告我，因為警察會跟過來。我不認為那匹布有麻煩，我現在還是不覺得。但警察在這裡有他們特殊的作業方式。

好啦，我們上車後，那個人不再抱著我。他改抓我的皮帶。就警察來說，他不是那種爛警察。他說：「好吧，如果這不是我們在查的東西，我很抱歉，我們作業上也許有所疏失。」我很驚訝。警察每個都這麼跋扈，這裡竟然有個正直的王八蛋！我心想：「他吃錯什麼藥？」他把我推進車子後，我開始解釋我怎麼買到這匹布的。

「哎呀，馬努埃爾，」他竟然開始叫我馬努埃爾，他說：「這件事真是該死的麻煩，債主想要把布拿回去，不然就給他們三千披索，然後我們要兩千。」

「哎呀，不行。」我說：「不行，不可能，這樣我就死定了。」

「不。」他說：「馬努埃爾，不值得啊！想一想後果，你會坐牢，留下前科……只要幾披索，你就有救了。」

「但你們要五千披索啊！五千，我這條爛命也沒看過五千披索！」於是我們去了警察局。一路上，他們還抓了幾個其他的朋友，一些扒手。但他們收了錢就放人。我的警察朋友一直在聊天。

「想一想後果。錢來來去去，但是，好吧，你惹上的麻煩很大。債主很強勢，他想要布。」

「你聽好。」我說：「帶我去見債主，那匹布的主人，看看我能不能說服他，讓我慢慢還錢。我也會給你們一點。你們不會做白工。」

他說：「我們不能談這種條件。」

然後我想起阿布藍，他是我父親的哥兒們，曾經在警局工作。我開始和警察聊起阿布藍，看看有沒有幫助。我嚇死了，因為我一輩子沒坐過牢。他們說我要關上一陣子。我們到了以後，警衛問我有沒有錢。我口袋裡有一千八百披索，但我不打算給這些混蛋。

「我告訴你。」警衛說：「你一進去，他們會把你扒光，拿走你全部的東西。」

「當然、當然，但我什麼也沒有，沒有。」我穿得很整潔，看到沒？我穿著毛呢褲、一件不錯的襯衫，還有風衣外套。欸，他們打開牢房的門，我走進去，快要嚇死了。那裡有一票看起來很邪惡的人，我看過最壞的臉都在這裡了。我心想：「我的媽呀！我要怎樣才能收服這些混蛋？讓我看看我有沒有辦法……」

我一臉生氣走進去，真的生氣。我心裡在發抖，但外表看起來很兇。我要讓他們覺得我很兇狠。我看到一個人坐在地上，砰！我踢了他一腳。

「滾開，狗娘養的！」

「你這王八蛋，你……」

「閉嘴！」我又踢了一下。「閉上你的豬嘴，王八蛋。聽到沒有……走開！」他移開了，其他人讓出一個位置給我。我說：「雜碎！沒種！我操！」砰！我往牆上揍了一拳，看到沒？又往門踢過去。我看起來很生氣的樣子。

「你發什麼神經？」其中一個人問。

「干你屁事？我問你了嗎？混帳東西！」

「冷靜一點。說不定我可以幫你，給你建議吧？我是這裡的常客。我知道他們玩什麼把戲。」

我繼續表現得很生氣。我拿出一根菸，點了火。我注意到另一個傢伙比我看起來更兇狠。我想我把他弄得也緊張起來，所以我對他說：「喂！老兄，抽菸嗎？來根菸吧！」我把菸傳了下去。這樣也算是破冰，我覺得安全多了。

然後有個傢伙過來，看起來蠻有威嚴的人，他問我：「老兄，他們為什麼抓你？」

「聽著，」我一邊說，晃啊晃的站起來，演得很誇張，因為他們也有階級之分。「我有五十台裁縫車、液化器、電視機、收音機，什麼都有……然後那個狗娘養的，賣東西給我的人，竟然告發我。他們什麼都拿走了，老兄，我損失了十萬披索。」我必須給自己一個階級，這樣他們才會尊重你。

我注意到那裡有個傢伙，臉朝上躺著，雙腳打開，像個圓規。他的睪丸都腫了，被警察打的。

每隔一陣子他就會說：「拜託一下，年輕人，臉朝下。」十分鐘後又會說：「再幫我翻個身，拜託。」臉朝上又朝下，他痛得受不了。他的臉都裂開了，還有被手槍底座打的痕跡。真的很令人難過，可憐的傢伙。

接著另一個傢伙說：「你知道嗎？老兄，我之前在『井裡』待過兩個禮拜。那個監獄叫波西多，俗稱叫『井』。你只要跟周圍那些扒手提到波西多，他們就會哭出來。你知道他們那裡是怎樣嗎？他們把你的手綁在背後，把腳也綁起來，問：『是不是你幹的？』然後砰！朝你肚子揍過去，痛得你喘不過氣。然後把你丟進一口井，裡面都是髒水、馬尿，等你快溺死、不省人事的時候，把你拉出來，再來一次。」

這個自稱待過「井裡」的傢伙繼續說：「我在那裡的時候，他們就是那樣對我的。整整十天，我沒的吃也沒的喝。那些混蛋連水都不給我！你知道為什麼？我買了偷來的牛跟豬，反正就是他們拿給我的那些牲畜。但我為什麼要給這些混蛋錢？他們已經坑我很多了。我何必？他們想盡辦法要我認罪！但我不要！死也不說！我在那裡十五天，每天晚上那些天殺的王八蛋都帶我出去。」

你知道嗎？我真佩服那個傢伙。他真的很帶種！他有那種墨西哥人的骨氣，我認為現代人已經沒有那種勇氣了。我在那裡十五分鐘後，他們又來帶他出去。門關上的時候，我可以聽到他們打他的聲音。他回來時已經搖搖欲墜。他說：「不是什麼大事，兄弟。他們可以打死我，但他們不能從我這得到任何東西。」那個睪丸被打傷的可憐男孩又被拖了出去，像條狗一樣。想想，他已經不成人形了，照樣被拖出去打。

我一直在想什麼時候輪到我。聽到我的名字的時候，我真的很害怕。但有我的朋友阿布藍替我說話。最後，我給警察一千披索讓我走，不然我就會幫自己找個律師。我說服那個警察，如果他不收下這一千，我就去找律師。他說：「好吧，看在阿布藍的份上。我們去拿錢吧！」我口袋裡有錢，但他們還是不知道，瞧！

於是我們又開車回去咖啡廳，我叫吉爾貝托借我五百披索。我把一疊錢丟在櫃檯後面，這樣他就看得見，然後他馬上從口袋拿了五百披索給警察。明天再給剩下的。

「好了，馬努埃爾，我們走。」他真的很友善。把我關回去過夜之前，還帶我去吃墨西哥捲餅。我在監獄裡待了一晚，聽那些扒手講他們的冒險故事。我真的很喜歡跟他們在一起。

這個，我常去吉爾貝托的咖啡廳。那裡可以說像我家一樣。我三餐在那裡吃，有時候晚上也在那裡的地板睡覺。我爸爸把黛莉拉和我的小孩搬到失子街的房間。他同時也在市郊買了一個地方，要蓋房子。有時候我一、兩個禮拜都沒見到我的孩子，雖然我裝作沒事，但其實我很心煩。我不知道為什麼，但如果我沒有天天看見他們，對他們的愛也會漸漸變淡，然後麻痺了，所以我就儘量不去想起他們。我問自己為什麼跟小孩會變成這樣，但事實上我害怕分析這個問題。我害怕回答我自己這個問題，因為我覺得我會恨我自己。

我沒有給小孩足夠的關心，因為我想要過著連我自己也負擔不起的生活。我像隻困獸，要為自己找一個出口。我很孤單。我晚上睡不著。我坐下吃飯的時候常想著我的孩子，但這樣一來，連食物也難以下嚥。矛盾的是，我又不去看他們，把這當成對自己的懲罰。我父親或康蘇薇若來咖啡廳，當著我朋友的面斥責我的時候，我就覺得平衡一點。我合理地認為，既然已經被罵過了，做錯的事也算一筆勾消。

吉爾貝托和他的妻子卡洛麗娜是我很好的朋友。吉爾貝托是一流的印刷工人，還是工會會員，卡洛麗娜經營咖啡廳。我本想叫他來泰彼托工作，但他比較想要過一天薪水五十披索的生活，以後還有社會福利和退休金。

吉爾貝托帶我去玩賽馬還有回力球（*jai-alai, frontón*），這也毀了我。我甚至去賭拳擊和鬥雞。真的，我深深沉迷於賭博這個惡習。打牌跟這個比起來只是小事。我一直希望能中頭彩，一次贏個三、四、五萬披索。我就可以跟父親說：「聽著，爸爸，拿去。收下這些錢。」我做夢都會想到那種成就感！因為，說真的，我自己不需要錢。我發誓如果我真的中了頭彩，我一定全部給我父親和孩子。我不愛錢！

有一天，吉爾貝托帶我去賽馬，不幸的是，我花十披索買到一張幸運的票。那一次我贏了七百八十六披索，當下我說：「我幹嘛浪費時間工作，在這裡一把就贏啦！」從那時候開始，我就愛上賽馬。我開始了解各種賽制，研究體重、次數、坡度、距離，全部有關賽馬的事情。我懂很多，開始用科學方法分析。也許這就是我失敗的原因。我應該憑直覺和解夢就好，像吉爾貝托一樣。

我在希波德洛莫賽馬場輸了很多錢。我在泰彼托還不錯，有時候一天至少贏個一百披索，但全部、全部，又投進賽馬裡了。有一次，我帶著一千兩百披索去，回家的時候，口袋裡只剩三十分錢坐公車。那天我連飯都沒吃……我為了賭博可以不吃飯……那天晚上，我在咖啡廳賒帳吃晚餐。我只贏過兩次……一共也才一千三百披索。雖然很不可思議，但有時候我一個月輸掉將近一千披索，或更多。那些錢我應該用來在市場裡做生意的，但我就這樣丟進水溝裡了。如果我沒有染上賭博的話，說不定會更有錢。

不要以為我是賭好玩的！對我來說，這是做生意、是工作……我出人頭地最快的方法。我一直都滿懷著希望。當我輸掉我身上所有的錢，不能再下任何賭注的時候，覺得整個人都要垮了。我全身都在冒冷汗。我罵自己是個笨蛋……選錯號碼……沒有聽吉爾貝托的直覺……把夢給解錯了……還有運氣不好。我告訴我自己要戒賭，說了一千零一次了，但我做生意只要一賺錢，馬上就帶著錢去賽馬場。隔天早上，我又兩手空空回到市場，找個有資金的朋友和我合夥再賺點錢。

還有一件更糟的事，有一個合夥人帶著五千多披索的貨跑了，留下我一人去面對債主。我到現在還揹著一千兩百披索的債。

我哥兒們阿爾貝托在美國多待了三個月，直到移民局抓到他，把他趕出去。我很高興看到他回來，但我們不再像以前那麼要好了。一開始，他跟我說話的樣子和以前一樣，但我注意到他越來越疏遠。他語調裡總有點冷淡，你懂嗎？一定有。這種情況大概有三年吧。然後有一天，他和他阿姨出現在吉爾貝托的咖啡廳，醉得不省人事。

那天早上我在幫卡洛麗娜烤麵包，拒絕跟他喝一杯。他坐下來，瞪著在做事的我。他搖搖頭，難過地看著我。我心想：「這傢伙吃錯什麼藥？」他舉起酒杯，跟他阿姨說：「乾杯！敬我最好、但也背叛我的朋友。」於是他看著我，你懂嗎？

他又說了一次，我不能裝作沒聽到。所以我走過去，對他說：「你聽好，兄弟，我和你之間從來不講廢話。你為什麼對我說那種話？」

「你也聽好，」他說：「如果不是我還有小孩，我發誓我現在就殺了你，兄弟。」

「慢著，」我說：「你在想什麼，混蛋，你瘋了是不是？」

「你不是搞上我的女人嗎？」

「誰跟你說的？」我聽了憤怒至極，心裡像火山爆發一樣。

「我妻子胡安妮塔告訴我的。你不是看到她在酒館，就搞上她了？」

我這下了解是怎麼一回事了。我從美國回來沒多久，遇到一個朋友，他說：「說，中國仔，在卡西諾工作的是誰的女人？你的還是阿爾貝托的？」

我聽了很不高興，因為卡西諾是附近一家便宜的酒館，非常低級。所以我跟那個人說：「這個，我哥兒們很風流，有一堆女人。我哪知道你在說誰啊？兄弟。」

「可能吧！」他說：「不過，那個女的認識你，她還說她和阿爾貝托生了小孩。」

「你在胡說八道，你不會要告訴我，那是他太太吧？他們是法院公證結婚的。那不可能是胡安妮塔！」我忽然冒出個感覺。我覺得那是胡安妮塔，但我裝作若無其事，為了不讓哥兒們沒面子。

那天晚上，我去了卡西諾，想確認一下。這種地方都很暗，一開始我什麼也看不見。我想撒尿，走去廁所的時候，經過一個女人跟幾個男的抱在一起。我出來的時候，看見那個女人的臉，我確定那是阿爾貝托的太太。我覺得糟透了，和看到自己的太太一樣糟。於是我抓住她，說了粗話。

「這是怎麼回事？」我邊說，邊把她拉走，你懂嗎？「你他媽的在這裡做什麼？妳這個婊子！」

她把我推開，說我沒權利干涉，她沒做什麼……

「沒做什麼？賤人！什麼叫我沒權利？妳現在馬上離開這裡，不然我就把妳拖出去。」

「因為寶寶病了，阿爾貝托也沒寄錢給我。難道我要讓我的寶寶死掉嗎？我不得已……才這麼做的。」

「妳胡說八道，這位女士。就在五天前，我本人親自幫阿爾貝托寫了張五十五美元的支票給妳……我本人，親自寫的。」

於是她開始哭，我清醒過來。畢竟，她不是我太太。

我冷靜下來，對她說：「妳聽好，女士，妳沒必要在這裡工作。如果妳需要錢，如果阿爾貝托寄來的不夠，在他回來前我可以先借妳。我快要有工作了。等阿爾貝托回來，他再還我。」

我付給櫃檯二十披索讓她走，又給了門口的警衛十披索，然後送她回家，我覺得我在幫我的哥兒們。

所以阿爾貝托指責我的時候，我覺得很難過。

「聽好，兄弟。」我說：「我不喜歡說閒話。我們也別拐彎抹角。走，我們去你家。」

我們搭了計程車，直接過去。阿爾貝托和他太太是公寓的管理員，我們穿過庭院，走到後面他家。胡安妮塔見到我很驚訝，看起來很緊張。然後我們三人把話攤開講。

「不。」她說：「我不知道為什麼阿爾貝托會那樣想。我跟他說你要借我錢過日子，不是說你要跟我睡覺。」

阿爾貝托站在那裡盯著她。然後他重重打了她兩下。我沒阻止，因為那個女人活該，惹出這些事。他搞不好會因此殺了我，或我殺了他……但何必呢？所以我讓他打她。但他一直打，我想制止他。他簡直像瘋了一樣……盛怒之下，不斷罵著：「賤人！賤人！」那是他唯一能說的。最後我終於把他拉到床邊。

他現在會來找我了，但我們之間也不如從前了。我們認識了一輩子，互相扶持，互相照顧，好吧，他不應該那樣懷疑我。那讓我很受傷。我沒有說，但心裡面有種被背叛的感覺。它甚至動搖了我的宗教信仰。

但我真的很尊敬我這哥兒們。他有鐵一般的意志。他下定決心要做某件事的時候，他就去做。他開計程車，讓兒子都去上學，他買了電視機……煤氣爐……甚至還說要蓋房子。他的夢想是開大型的觀光巴士，我也不懷疑，他一定會實現。

他總是建議我安定下來，不要再做白日夢。他說我比他聰明，一定可以更成功。我不知道他哪來的決心和毅力……也許是因為他不識字，所以不會分心。說不定這幫他更專注在現實面上，對吧？

好吧，我是個鰥夫，而且才二十幾歲。我真的是個很自由的人。我中午起來，下午和晚上就去市場、街上、賽馬場，或一些可以賭博的地方。我有很多朋友，但沒有女人，我覺得很寂寞。我去了妓女戶三次，但三次我什麼也沒做就走了。我受不了那些女人。

後來我在咖啡廳認識瑪莉亞，她是卡洛麗娜的教女。我第一次見到她的時候，她只是個十七歲的孩子。她母親幾年前被她繼父殺了，她和外祖母、有三個小孩的哥哥，還有妹妹住在一起。他們以前還住在舊市場的攤位上，但現在市場拆掉了。我認識她的時候，他們都睡在吉爾貝托和卡洛麗娜房間的小陽台上。

我一開始就看到她的缺點。她很邋遢又懶惰。但她體格很好，年輕又漂亮。坦白說我很想要她。我心想：「耐心點、溫柔點，她會改變的。她以前日子很苦，慢慢地，我會改變她。」

不是因為我愛瑪莉亞，我並不愛她。我愛人的能力已經被扼殺了。這一點我很確定，因為我偶而會在街上看到格拉雪拉，但我內心卻完全沒有感覺。沒有，我追求瑪莉亞的動機是因為方便。

所以我約瑪莉亞和另一個朋友一起去查爾瑪。我原本想要履行我妻子的諾言，代替她從「寬恕十字」（*Cruz del Perdón*）跪著爬到聖殿裡的聖人面前，但他們答應瑪莉亞可以去查爾瑪後，我就忘記這個諾言了。

一路上，我都在慫恿她，你懂我意思嗎？在巴士上，她就妥協了……她說她願意。到了朝聖者步行的起點，我們第一次過夜。我們睡在戶外的草蓆上，結果大失所望。

想想，那一刻即將來臨的時候……她開始反悔……然後我就不行了。我沒反應。她稍微抗拒一下我就緊張起來，就無法……我就是不行。我神經緊繃。為了掩飾，我裝作對她生氣的樣子。我們在同一張草蓆上睡了三天，但就僅止於此。

那一刻起，我一直很失望。我一直想再接再厲，但一切都就緒後，我又不行了。我只覺得睪丸很痛，一整個晚上又生氣又失望。我一直都很威猛的，但自從我妻子死後，就不如從前了。我想，道德的壓力層層壓在我身上。

我心想：「欸，誰知道呢？說不定上帝不希望我碰她。」然後另一個男的開始追她，我還不知道呢，他們就開始交往了。我怎麼可能讓那個兔崽子打敗我呢！畢竟我跟她一起睡過覺。我摸透她的身體，怎麼可以讓他得到她？

所以我開始問她要不要和我結婚。我保證努力工作，滿足她一切所需。我提醒她，我一直都很規矩，很尊重她。「妳看，」我說：「一個正直人竟然受到這樣的對待。妳不好好珍惜。我大可跟妳做了，但我忍住，因為我答應要尊重妳。」

你知道她說什麼嗎？

她說：「你為什麼答應？因為你不行！本來都準備好了，你就是不行。」

我氣得要命，打了她巴掌。「現在妳怪我為妳忍耐就是了？我尊重妳的下場是這樣是不是？」

我又打了她一巴掌。自然，我的男性尊嚴讓我不想承認事實。

後來我們就再也沒說話了。另一個女人開始對我示好。她和一個男的住在一起，我沒有想要她，但她一直追求我，直到最後，我完全沒想到，我竟然接受了。

有一天，瑪莉亞忽然來找我，對我說：「馬努埃爾，你一直要我跟你結婚，不是嗎？好呀，我們現在就結婚吧！」我太驚訝了，在她改變心意以前，我帶她去旅館。原來她嫉妒這個女人，想要表現出她還是可以控制我。

馬上我就看出瑪莉亞沒經驗。她是處女，完全地被動，她任由自己被擺布。因為我很緊張，所以我用盡全力，但還是不太行。之後，瑪莉亞回去睡在她的陽台，我睡在咖啡廳。我們那樣過了好幾個月。

我希望瑪莉亞會改變。但她一直都很被動，每次都是百般無聊的樣子。我不想讓人覺得我很淫亂，但從我的經驗來看，女人也要到達一定的興奮吧！欸，我試了又試……我愛撫她，但她沒反應。有時候我跟她邊說話邊做愛，她竟然就睡著了！誰都會瞬間冷掉，對吧？

我也為此罵過她。「聽著，瑪莉亞，為什麼老是我是主動想要的那個？妳為什麼不能是想要的那個呢？對結婚的人來說這很正常。妳怎麼會從來都不想要呢？」哎呀，我也太可憐了！我以為是因為她不愛我，但她老是說，如果她不愛我就不會跟我住在一起。

儘管如此，她也沒抱怨我不舉的事。我也不是常那樣，而且我總可以裝一下。但真的很折磨！有時候我怪我的大腦，幹嘛不休息一下。即使我在做的時候，也不是很專心。我不是在想事情，就是腦袋裡有音樂。我心裡想著一件又一件的事，但又都不相干。我常心悸，又覺得很沉重，有時候我想太多了，感覺頭都要爆炸開來一樣。有時候我又覺得世界因為我不動了，我沒有做任何事的欲望。街道、噪音、動作，身邊的人……都像死了一樣……連花都沒有顏色。

我和瑪莉亞在一起的時候，會稍微忘記我的煩惱。我想跟她講一些嚴肅的人生話題，但她覺得很無聊。我不是多有文化，但至少我喜歡讀書，稍微陶冶一下自己。但你知道她的興趣是什麼嗎？漫畫書、愛情小說、說人是非……她都跟別人聊這些，但我和她討論事情的時候，她只會回答「是」、「不是」。

然後，她邋遢的樣子也看得我很心煩。「拜託，瑪莉亞，打理一下妳自己好不好。」我常說：「愛乾淨一點。妳晃來晃去像沒救了一樣，好像連魂都沒了。」她對生活一點興趣也沒有。我真想知道她是不是哪裡有問題。

瑪莉亞懷孕的時候，我正想著和她分手。我不是要拋棄她或讓她日子難過。她希望我們能上法院公證結婚。（有人告訴她，未婚生的小孩會長出驢子的耳朵，一輩子都要活在十字架的陰影之下。）但我不要和她結婚，因為這形同背叛了我死去的妻子和我的孩子。我和她的小孩在法律面前享有一切權利，我另外四個小孩會自動喪失他們的這些權利。

差不多也是這個時候，我爸爸要我把小孩帶回去。他說：「我受夠了。我對你的小孩覺得很累又很煩。你得把他們帶走，我再也受不了他們了。」

所以我把他們帶到卡薩格蘭德，瑪塔和她的小孩住在那裡。瑪塔答應照顧他們，如果我給她錢的話。但是，第三天晚上，我去找瑪塔，要給她錢的時候，就發現我的小孩被拋棄了，一整天沒吃東西。我妹妹帶著她的小孩和所有家當跟一個男人跑了！她一句話也沒交代就走了，我到那裡時候，我可憐的小孩像沒飯吃的孤兒一樣。

於是我帶著瑪莉亞到卡薩格蘭德跟我一起住。我想，就算她什麼都不會，起碼可以幫小孩煮飯吧！我父親說，我如果付房租，就可以住在那個房間。他知道瑪莉亞的事情後，只說：「所以你現在又多了一個責任了。這就像有了另一半。」

我又開始有很多布置一個家的想像。然後我父親堅持要把一些家具送去阿卡普爾科給瑪塔和她的男人。康蘇薇若回來拿東西，黛莉拉也回來拿東西，所以很快我們的房間就空無一物，只剩四面牆壁和我們。

康蘇薇若回來，看到我們睡在地上的紙板，她說：「哥哥，我放在露碧塔家的大床沒在用。你要不付我五十披索，去把床搬回來。」

「但是妹妹，」我對她說：「爸爸去看露碧塔的時候都睡在上面。我怎麼能把它搬回來？」

「我不管，」她說：「床是我的。畢竟錢是我付的。我寧願讓你的孩子們睡在上面。」

於是我付她錢，去把床搬回來。瑪莉亞和我睡在上面，我給孩子們在地板上鋪了床墊。我的小女兒蘿莉塔出生後，就和我們一起睡在床上。但康蘇薇若看到，又小題大作。

「你在搞什麼？我給你床是要給孩子們睡，不是讓你……」

我怒了起來，因為她老是有意無意暗示我在虐待小孩。幹嘛？我一輩子都睡在地板上！而且羅貝托和我更慘，我的孩子還有個床墊或床單，我們連這些都沒有。

「康蘇薇若，床不是妳給我的，是妳賣我的。在我家，我作主……我……本人……不是妳。不要過來對我們指手畫腳。只要我一有錢，我就再買一張床。」

吼，那傢伙一直拿床的事煩我。最後我說：「聽著，不要氣到中風。還我五十披索，帶著妳的床，滾遠一點。」但她沒有錢，所以繼續跟我吵。有一次，她甚至在電影院外面等我，我一出去，她就開始跟我爭論。

我對她說：「妳瘋了。」我就走了，不管她在角落大呼小叫。我猜我激怒她了，因為隔天她來家裡，給瑪莉亞五十披索，然後把床帶走。

然後我很好運，在市場買到一個不錯的床組。

瑪莉亞說：「好漂亮的家具喔！」我以為那家具能讓她振作一點，但她還是一樣冷淡又粗心。每次我用手指一抹，都是灰塵、指紋，髒兮兮。

「看在老天的份上，妳這個女人，一整天都在做什麼？」我對她說：「拿塊布、沾點油，把家具擦一擦。試著把房子弄乾淨。」

兩個禮拜後，衣櫥的門壞了。我真的很生氣，什麼話都罵了。她一開始怪我弟弟，後來又怪我小兒子。我不能從這個女人身上知道到底發生了什麼。我只能一直罵。

「如果只是把東西拿去給狗，那還拿回來做什麼？妳喜歡住在灰塵裡面，好啊，我們就住在狗屎裡。我們看看誰先受不了。我們不是很有錢，但至少妳也沒餓肚子。妳該感謝上帝和我了。

多少女人因為有個男人可以依靠，就幸福得不得了，每個人多少會尊重妳，就因為妳和一個男人住在一起。」

「妳可能覺得我太老了。妳覺得被騙了，因為我沒有半夜酒醉回家，一腳把妳踹醒。妳覺得很無聊嗎？瑪莉亞，妳想要什麼？我不想折磨妳。我折磨過一個女人，她就在我身邊死了，而且我發誓，我寧願離開妳也不會讓妳犧牲。我不要妻子當我的奴隸，我要找一個伴。讀點書、去工作，積極一點……」

她只是聽我說。如果我問她問題，她就回答：「是」、「不是」。我不想什麼都怪到她頭上，但如果她不是那副德性，我現在的生活就會截然不同。

後來她的家人開始搬進我家。真的很糟糕。我曾經在很惡劣的環境下生活，但我妻子的家人讓我更吃驚。事情是，她阿姨和外祖母因為沒付房租被趕出她們的房間。她阿姨的一個兒子來問我，能不能讓他住一晚。於是他就住了一晚。

然後有一天他母親愛琵蒂雅帶著她另一個小孩來，小孩發著高燒。外面風很大，那位女士一直說：「我要住在哪裡？想想，這孩子病了，我還得去找地方住。」欸，她也不用暗示我，我跟她說，她可以住下來，直到孩子好一點。

瑪莉亞有個表姊露意莎和她第二個丈夫住在一起。她前夫的小孩也和他們一起住。這個情況真的是誇張到了極點！那個繼父侵犯了露意莎十一歲的小女兒，還讓她懷孕了。做母親的裝作不知道，其實她什麼都知道，但還是和那個男人住在一起。不管我的環境有多低賤，這種事還是不允許。繼父和他的繼女，絕對不可以！

好啦，露意莎帶著這個女孩來我家，狀況很糟。那孩子看起來像隻無辜的小雞，瘦得只剩皮包骨。我帶她去看醫生，醫生說她有嚴重的營養不良跟支氣管炎。他不知道她還懷孕了！我付了醫生錢跟藥錢，看在那可憐的孩子病成那樣的份上，她們就住在我家。

然後瑪莉亞的外祖母和兄弟來了，本來是來探望生病的孩子，敲個門！他們也住了下來。現在有愛琵蒂雅和她兩個兒子、露意莎和她女兒、外祖母、我妻子的三個兄弟，然後還有瑪莉亞的妹妹、露意莎的另一個女兒、我四個孩子、瑪莉亞、蘿莉塔和我。我們一共十八個人住在一個房間！後來我弟弟羅貝托沒地方住，他和他的女人也搬進來。

噁心！噁心！噁心！我每天一進家門，就覺得噁心。他們整天不分日夜躺在地板上。他們亂七八糟，又髒，而且房子很臭。那個外祖母是裡頭最好的。她儘量保持乾淨，但那個阿姨愛琵蒂雅最不知羞恥。她會坐在廚房的角落，幫小孩抓蝨子。依我看來，她從沒洗過手。她還弄東西給我吃，但我怎麼吃？只要看到她的手，我就整個反胃。

瑪莉亞的妹妹鼻涕總是流到嘴邊。廁所明明有味道，但他們走的時候也不關門。小孩永遠在尖叫，尤其是早上我想睡覺的時候。亂七八糟！像是從地獄被放出來一樣。我已經快到精神崩潰的臨界點了。

我父親像往常一樣每天都會來。他從來不多說一句，但我看得出來他不喜歡這些人住在這裡。我當下的反應是想把他們都趕出去，但另一個我又說：「可憐的人，他們沒地方去。今天是他們，明天就是我了。我怎麼能把他們趕出去？」

我對瑪莉亞說：「哎呀，老婆，我不是嫌棄他們，但什麼都是我在付，我的錢快花光了……我只是做個小本生意。拜託妳去跟他們說，看他們能不能幫幫自己。」

「不要。」她說：「我怎麼能叫他們走？你去說！」

「但那是妳家的人。不用趕他們出去，但想個辦法讓他們走。不然也太不公平了，尤其是因為我現在要繳會錢，但你家人一天要花我三十披索。」我在市場的朋友組了互助會，這樣我們就有錢可以運用。每個禮拜，我們有十個人，每人都要繳五十披索，然後輪流拿五百披索。所以我現在一個禮拜要繳五十披索，還要養這一群人！

但瑪莉亞從不對她的家人說什麼。事實是她和他們在一起的時候很快樂。她從沒有看起來這麼快樂。我越來越焦慮了，但我也沒跟他們說什麼。我的錢完全花光了。我只好拜託我父親把我的小孩接回去，因為長期以來，瑪莉亞把錢都拿去給她的家人，只讓我的小孩喝黑咖啡、吃麵包。我可憐的孩子！瑪莉亞和她的家人對他們很差。

我一無所有了。我必須要賣掉床組，帶著瑪莉亞和蘿莉塔去咖啡廳賒帳吃飯。第一個走的是瑪莉亞的外祖母，因為她是最體貼的。她明白我的情況很嚴重，所以她帶著瑪莉亞的兄弟姊妹一起走。我沒有趕走其他人，但他們一個一個走了，因為我沒有東西可以給他們。那個阿姨走的時候，真的是太謝天謝地了！他們跟我們一起住了兩個月，他們走的時候，我完全破產，還欠下很多債務。

我的人生，一直都有糾結不清的情感纏著我。我看起來像是那種喜歡虐待自己的變態。我用盡靈魂所有的力氣，詛咒我自己。我發誓，有好幾個夜晚，我在咖啡廳裡獨自哭泣。我一生就是這麼的無能、無用，這麼不快樂，神哪，有時候我希望我能死掉算了。我是那種什麼也沒留下的人，像泥土裡的蚯蚓，在世界上不留痕跡。我對任何人都沒有幫助，是個壞兒子、壞丈夫、壞父親，什麼都不好。

回顧我的人生，我覺得就是建立在一連串的錯誤上。我無所事事。我什麼都無所謂，活在微弱的光下，不想努力也不要成就，這樣就能滿足。我等著好運降臨……中個一百萬披索，我就能給我的父親錢，養我的小孩，幫助有需要的朋友。我做不了大事，所以乾脆什麼也不做。

但我現在覺得我有點自信、也比較懂事了。我想要建立一個小康家庭，建立一些成就感，讓我的孩子受教育，也多存一點錢。我想在我身後留下一點東西，這樣我死了，大家會懷念我。

聽起來很好笑，但如果我能找到適當的字，有一天，我也想寫詩。儘管我經歷過那麼多邪惡，但我一直想要看見人生的美好，這樣，我對生命才不會完全絕望。我想要用澎湃的情緒讚頌生命和高尚的愛情，用最優美的方式表達最簡單的激情。寫出這種東西的人，一定能讓世界更宜居，他們能把生命提升到不同的層次。

我知道如果我要有所作為，一定要戰勝自己。最重要的是，我必須和自己決鬥、戰勝自己！

羅貝托
Roberto

一九五二年十二月的某個晚上，我進了韋拉克魯斯的監獄。你知道嗎？我剛好在一個妓女戶殺時間，給自己找點樂子。我一直是隻孤獨的狼，沒什麼地方不去的。我在那裡一會兒了，和一位小姐喝酒作伴。我們當時在一個酒吧，看到一個叫「雞仔卡芬」的人進來。那又怎樣？不過就是一個當地的男孩，我是這樣想的。我後來發現他是一個高官的兒子，走到哪裡都有武裝警察陪著，也難怪他這麼囂張。他想罵誰、羞辱誰都可以。講粗話也沒關係，因為他有人罩。

他剛好進來酒吧，站在我後面。我正在喝酒，剛好轉過身去。他站在那裡瞪我，所以我很自然也會看著他，對吧？我一句話也沒對他說，他也沒對我說。我們只是互相看著。

欸，在墨西哥，我們說爭執通常都是這樣開始的。但一開始，我並不想惹事。酒吧裡播起丹頌，是我最喜歡的音樂，於是我邀請那女孩一起跳舞。「當然好！沒問題。」畢竟她和我一起的，對吧？某一首曲子播到一半的時候，那男孩站起來走向我，對我說：「閃一邊去，我要跳舞。」

「可以，但我現在正在和她跳舞。」我說：「你等這首曲子結束。」

「什麼意思?要我等?第一，不准叫我『你』(*tu*)。第二，我現在就要跳舞，因為我想要跳舞。」

「你聽好，我說『你』，因為你就是這樣對我說話。而且，你不能和她跳舞，就算她是妓女，我也不讓她和你跳舞。就是這樣，沒什麼好說的。」我尊重和我在一起的女人，我也要看到她被尊重，我不管她是什麼社會地位。

嘿，接下來就好玩了。他右手揍了我一拳，現在想起來還是很痛，然後我就倒下了。這時候我已經沒辦法脫身，有辦法嗎？如果我這個人值得什麼，就是我從不會打架打到一半逃跑。我站起來，他帶的其中兩、三個警察靠過來要抓住我。這個傢伙的招數就是，只要吵得嚴重打了起來，警察就會加入把敵人抓住，讓他痛打他一頓，打到滿意為止。但他說：「不用，放開他！我自己可以對付這個混蛋。」

警察站到一邊。我們粗魯地扭打了起來。我一度用拳頭揍他，他不是那麼會出拳，所以坦白說，我略勝一籌。忽然，他掏出槍威脅我。我看到武器可是不會怕的。我不但沒嚇得退後，反而更火大，想把他打成肉醬。

他說：「你今天死定了，婊子養的。」

「走著瞧。誰都可以掏出槍來……拿槍很簡單……開槍是另一回事……你有種嗎？」

他說：「你馬上就知道了。」

於是我拔刀砍傷他。我不能說那是致命的一刀，但我確實砍到他。我砍了他三刀，兩刀在身上，一刀在手上。

事情這下嚴重了，警察把我逮捕。他們說：「等著瞧，婊子養的，你死定了。」其實說真的，我知道我死定了。我確定他們一定會殺了我。那些只是敢對他大聲講話的人都被打個半死了。而我，我可是把他砍傷了！事情變成這樣，我也豁出去了。反正我都死定了。

警察說：「你看著辦吧，你他媽的王八蛋，你看著辦……你準備死吧！」

「好，但我死之前，你們幾個先死。」他們拿出槍，但好險，我想是上帝救了我，三個警察中有一個說：「不，先帶卡芬去看醫生，再來處理這傢伙……否則太冒險了，不值得。」

「是嘛，我不值得你們惹上麻煩，你這個婊子養的。」我說：「試試看就知道了……」

他們把我帶到韋拉克魯斯的市立監獄。我掉進去了，像掉進井裡的石頭。我覺得很沮喪。我家人不知道我在那裡。寄封信通知他們也不困難，是吧？但我要怎麼跟他們開口說這壞消息？兩、三天過去了，我的感覺比憂鬱症還要糟，難過不足以形容……我根本到了絕望的地步。

我心裡只有一個念頭，無論如何，不計代價，我一定要出去。但我要想一個最周全的辦法，不能失誤。去法庭的路上就會離開監獄，所以我要求要審訊。他們同意了，也定下了確定的日期。

我把鞋子賣掉買吃的，因為他們給我的東西我吃不下。連豬看到也會把那些食物扔回他們臉上，如果豬會說話，一定叫他們拿去丟掉。我穿著中間有個大膠條固定的那種木屐。我練習不彎腰就可以快速脫掉它，因為穿著木屐沒有辦法跑。我一直練習到審訊的那天。我也沒什麼全盤計畫，但我下定決心要逃獄。

一個武裝警察帶我上法庭，我走在警察和牆壁之間。我們左轉，經過走廊，就會通到街上，街上有武裝的軍人待命。警察問我一些問題，但我不太理會。我一心想著到了街上要往哪一邊跑，附近有多少人……這類的事。警察說：「不要擔心。你很快就會出獄。」聽到這句話，我像子彈一樣，甩了木屐就衝出去，我也不知道我怎麼脫掉的。在那一刻，我之前練習的，全都忘了。

我光腳跑了出去，一路狂跑，像惡魔在後面追我一樣。一開始很順利。然後，我聽到七厘米毛瑟槍上膛的聲音，自從去過軍隊，我就對這個聲音印象深刻。旁觀的人和書記大叫著：「開槍。不要傻了。殺了他。射他的腳！」我沒有回頭，因為如果我回頭看到他們瞄準我，一定會腿軟。

我冒著生命危險逃跑，加上神的幫助，眼看就快要成功了。我跑得像顆子彈一樣，那個警察和其他人在後面追我。路人看到我都自動閃開。我跑到郊區的時候，他們開始開槍。槍聲四起，子彈亂飛，像九月十六日獨立紀念日一樣。這群野蠻人！子彈打在我旁邊……或打在我前面、腳下……像電影一樣。人群一窩蜂追在我後面，連老百姓也是，他們要找個好時機扣下扳機。

我沒往山上跑，反而跑到比較近的咖啡園。但我得先經過一群房子，而那裡有很多守衛和警察。我沒發現我這是羊入虎口。那時候已經累壞了……真的，真的，精疲力盡。我已經跑超過一公里，盡全力跑了。我的心臟和胸腔像要爆炸一樣，眼珠子也幾乎要從臉上掉出來。我真的沒有力氣再跑了。但即便如此，我還是抱著成功逃脫的希望。我大幅領先，應該領先了有兩、三條街之遠。

我必須經過一個私人住宅的中庭，外圍有個籬笆。但籬笆裡藏著電線，我絆了一下。我跌到地上後幾乎站不起來。但我讓自己站起來，跳進另一個庭院。那裡有狗，連狗也追我！我轉進一條街，迎向一個坐在那裡的人。當時我已經不是在跑步了，而是拖著腿走，但我以為我還在跑。

他說：「發生什麼事？你在躲什麼？停下來！」

「不關你的事，」我說：「我沒對你怎麼樣，我欠你什麼嗎？閃開。」但他不讓我走，掏出一把刀，把我抓住了。

我對他說：「我對你做過什麼嗎？拜託，讓我走。聽著，不然你可能會被子彈打到。」

「不，」他說：「我們來看看你在躲什麼。」但我們沒有停下來……反而一起跑，他還抓著我的衣服。我跌坐在地上，心想怎麼樣他才肯讓我走。他跟我一起坐下，還是抓著我，我很快地又站起來，用膝蓋踢了他的睪丸。他拿刀刺我，但我閃開了，只刺到衣服。

接著，砰！槍聲又響起了。我又開始跑，那個人又把我攔住。但我當時真的死定了……完了……連說話的力氣都沒有。其他人也來了，警察，還有那些開玩笑的、官員、書記、老百姓、其他王八蛋，數不清的一大堆人。一些人抓著我左邊的手臂，另一些人抓右邊的。我昏了過去，他們把我扶起來。那個警察手上有槍，他走過來，打算對著我的胸部開槍。但扶著我的人說：「好了，王八蛋，這傢伙跑不掉了。他都倒了，為什麼還打他？我們已經抓到他了，不要打了。」

當下那個警察沒有打我。我們上了一台計程車，那台車剛才也跟著一起追……他們揹我，我連路都走不了。那警察真的很火大。我不怪他，因為如果我真的跑了，就換他被關了，你懂吧？

這好像就是那裡的規矩。犯人在那裡的時候，無論發生什麼事，警察都要負責。

但他沒理由打我。我們上樓進監獄的時候，他一直拿槍打我的後背尾椎那邊的骨頭，很痛。他一直打我，「給我上去！王八蛋，你如果跑了，我不就像你一樣被關了？」每說一句，就用槍揍我一次。我痛得幾乎站不起來。我們到了之後，一個官員說：「哎呀！黑人，你跑得跟兔子一樣快。你如果跑了，我們不知道會怎樣，是吧？把他關進去！」

砰！他們從背後踢我一腳，那個警察開始打我。他拿槍打破我的頭，到現在還留著疤痕。「你是什麼爛東西？」我說：「我連站都站不起來了，你還打我？有點同情心吧！」旁邊每個人都知道他這麼做不對。他們還說：「夠了。不要管他。你都抓到人了。」

回到監獄，其他犯人開始問我：「他們怎麼抓到你的？你怎麼不往這裡……或那裡跑？」他們給我很多路線的建議，但來不及了。我可憐的牢友們現在很尊敬我，你懂嗎？那裡大多數的人都殺過不只一個人。愛德華多，他殺了十八個人，還在那裡臭屁：「哎呀，跑什麼跑！我殺了十八個人，你看，我一點也不怕坐牢。我在休息。」幾年後他就出獄了，當然，付了一筆錢。

你無法想像我在監獄的轉變，甚至有所悔悟。肉體上，我死了；道德上，我被埋了。但我不想讓自己看起來很悲哀，感謝上帝，我總是可以振作，再度微笑。為什麼不能笑？人生如戲，世界就是一個舞台，我們都是演員。

我不知道家裡面怎麼發現我的事情。我寄了封祕密的信給瑪塔，告訴她我在韋拉克魯斯的監獄當信差，請他們不要擔心我。我總不能告訴她我是囚犯，是吧？我告訴她不要告訴父親，但一月六日，主顯節那天，他出現在這裡。

我聽到他們叫我的名字，以為瑪塔給我寫信來了。在這種地方，收到信是件大事，所以我很高興。我太難想像父親來到這裡了，根本不可能，即使他知道，因為他的工作和責任，也不可能來。我還在想，父親如果來了，他來的那天太陽會一片漆黑，月亮甚至會掉落！我很怕他發現，但同時我也為我自己感到難過，禱告著：「上帝，我知道我愚蠢至極，活該受罪，但請憐憫我，讓我的日子好過一點，因為，在這裡，我真的像一顆掉進井裡的石頭。」

天上的耶穌基督一定也在聽，因為我剛剛說完，爸爸就來了。哎呀！他來看我了！我覺得我彷彿在天堂，但是，我當然很害怕，好像監獄會垮在我身上一樣。欸，我們彼此問候，然後，唉，想到就難過，我父親哭了。他忍住呼吸幾秒鐘，把頭往後仰，好像在大口呼吸一樣，他開始說話的時候聲音斷斷續續的。至於我，老實說，我的眼眶忍不住充滿淚水。所以，那天就是這樣。

我猜父親來看我是不是還活著，或者來看看有沒有辦法處理我的事。我說：「不用擔心我。我想不用一年，他們就會把我趕出去了。」一個被關起來的兒子還能跟他父親說什麼？

然後父親開始罵我：「你看，不聽我的話的下場是什麼？這種事只會不斷發生，如果你不好好做人，不聽上帝，你這輩子注定失敗。」這幾句話很簡單，但都是事實。我無話可說，甚至不敢正眼看他。我從來不敢正眼看他。通常，我父親看到的我，都是低頭看著地上。

所以，他給我五十披索找個律師，但我不相信律師，所以把錢拿去投資在床上……在監獄買了兩個鋸木架和木板。我一直都睡在光禿禿的地板上，也沒東西可蓋。我們這裡有一百多個人，睡覺的時候只要有人起來上廁所，就會踩在我的臉上或腳上。有了床，我就「高升」了。那床簡直比石頭還硬，但至少他們不會再踩到我了。

我父親再次來看我，還有康蘇薇若，以及一半血緣的妹妹瑪莉蕾娜。後來我收到一封信，爸爸告訴我，他得去割盲腸，但醫生不確定他能不能撐過去。他想讓我知道，他原諒我的一切，希望我規規矩矩、重新做人。那之後，我有兩個月都沒收到信，你可以想像我的想法有多消極。

「上帝，請給我一個指示，讓我知道我父親沒事。如果他的時候到了，請帶他走，但不要把我蒙在鼓裡。我從心深處求祢，讓他留在我身邊，再一年也好。我會改進……如果可以的話，祢帶我走，該死的人不是我父親。還有很多人需要他，我寧願代替他死。」我這一求就是兩個月。沒有我的信……沒有。郵差每天都來，但沒有，什麼也沒有！哎呀！真的，生不如死。我之前死過上千次了，但那一次我幾乎真的要死了。

我每個禮拜都去監獄的彌撒。即使在那裡，我會跪在聖壇前，不斷劃十字，我心裡也彷彿像在教堂一樣平靜。我被帶走了，如果不是被帶到另一個世界，至少遠離這個世界的邪惡和欺騙也好。當我對上帝說話時，我感覺到祂也在聽。我無法解釋，但我在其他地方從來沒有這種感覺。這是我在監獄裡唯一的慰藉。

有一個囚犯是福音派，他竟然侮辱神父和修女，還要對我們傳教。他常常在讀聖經，懂得比我們多。他批評告解和彌撒，還問我們，信天主教的意義是什麼？我們答不出來。我對天主教真的不是很精通，但我學其他宗教之前，想先了解我自己的宗教，不是嗎？

有一天，那位弟兄，我們都叫他福音派，他對我說：「過來，阿土。」阿土是我在裡面的綽號。「阿土，你覺不覺得，神父和我們其他人一樣，都是罪人？而且修女也是女人，也會有欲望，想要躺在男人身邊，對吧？」

「我不能回答你，弟兄。」我說：「我只能說，你怎麼不去操你那淫蕩的媽，少管我信什麼宗教？」我一提到他母親，這個福音派變成了鬥雞，立刻拿出刀來。那時我在木工店工作，也有把鋒利的刀子。全部的囚犯都是天主教徒，都站在我這邊，但官員插手，叫我去洗庭院的地板，叫「弟兄」去洗廁所。

我的想法很負面，因為我一直計畫著逃獄。反正不是我逃出去，就是他們殺了我！但我死之前，我想懺悔，對世人有所交代。所以我去找了神父，問他怎麼告解，因為我從來沒有告解過。我告訴他我所有的罪，包括愛上自己的妹妹。我告訴他我記憶中偷過的東西，而且為了贖罪，他要我出獄後，盡可能把偷來的東西歸還，或至少告訴人家是我偷的。而且我要唸誦《天父經》、《使徒信經》、《悔罪經》各三次，聖母頌也要多念幾次。

我禱告的時候哭得很慘，但之後覺得平靜又滿足，便不再想著逃獄了。我平靜下來，等待我的聽審與判決。他們說我砍傷的男孩狀況很不好。然後我聽說他死了……後來又說沒死，活得好好的，一如以往。

我在監獄裡初領聖體，當時我二十一歲。他們給我們一人一根蠟燭，一杯巧克力和麵包，之後我躺在床上休息了一整天。我不希望誰來打擾我，因為我感到無比的平靜，與自己和平共處，一點也不想動。

我初領聖體的獎品，我想，就是我哥哥來看我，但我也上了一課。馬努埃爾大老遠從墨西哥城來，把我罵了一頓。「聽著，哥哥，」我說：「我知道，你罵我什麼都是我活該，但想想我在這裡受的罪。你比我年長，我尊敬你，但不要罵我，拜託。」然後他眼眶也泛淚了。我哥哥比我高尚，而且說實在的，我和高尚根本沾不上邊，因為我是混蛋。更糟的是，我自己清楚，而且一直拿這個折磨自己。

好吧，然後馬努埃爾說：「你知道誰跟我一起來嗎？」

「不知道，誰？」

「格拉雪拉，我女友。」

「讓我看看！帶她進來。」他帶她到了大門。她眼睛很漂亮，又有一頭鬈髮。她的聲音很甜美。

「哈囉，羅貝托，你好嗎？這真倒霉，是吧？」

「還好，請不用擔心我。」

然後他們就走了。

我和一個叫巴歐羅的木匠一起工作。他在監獄裡有各種工具，我幫他，不是因為他給我錢，是因為他會給我他煮的東西吃。然後，七月某一天，我和一個可憐的傢伙在打牌，很晚才睡。晚上我起來上廁所，踩過一個又一個人。尿尿的時候，看到馬桶外面的地上閃著一道微弱的光。

公雞站在旁邊——他是監獄裡最兇狠的人，已經在牢裡待十年了，還有幾百年要待。

「那是什麼？」我問。

「閉嘴，婊子養的，不然你就得死。」他抽出他的刀指著我。

「不要鬧了，你那樣嚇不了我的。這是幹什麼？」

「閉嘴，阿土！我們要出去。」

他們已經挖了一個很深的洞，深到可以讓一個人進去。我看到的光就是從裡面發出的。

「我們要從這裡，通到監獄牆外的那邊。」

「你覺得會成嗎？」

「你只要幫我避開他們，你就會知道我們怎麼出去。」他把刀給我，又拿出另一把給自己。

一個叫蓋子的人過來。他是同性戀，而且是他先開始挖的。挖洞的時候，有好幾個人一起……一個挖，一個把土裝起來，另一個把土拿出來。我們用床墊和枕頭把洞蓋起來，這樣就不會被發現。

牢房每個月都會大掃除一次，所有的床墊都會拿起來除蝨子。那裡面一定有臭蟲！「長官」會進來，用棍子戳戳牆壁和地板，看有沒有洞。前一天，我們才剛洗過牢房，我們心臟都快跳出來了。檢查那天挖到早上五點，因為七點要起床。到時候，監獄裡的囚犯會發現我們的事。

那天早上，不到七點，我們就約定好，只要發現有誰去給警衛告密，那人就得死。那天每個人都東張西望。晚上大家列隊，準備要回到牢房，不知為什麼，我們被留在外面。我們以為他們發現了。我的心臟狂跳，公雞甚至準備要殺了第一個過來的警衛。後來發現，我們沒按時進去，是因為他們在修理我們那間牢房的燈。

他讓我們進去後，我們立刻繼續挖。我們終於穿過牆到另一邊。蓋子第一個過去。哇！我們都好高興。公雞說：「小心，阿土，這些人會抓狂，大家會想要同時過去。我們一定要冷靜，才不會被發現。」要讓他們冷靜很難，因為大家都想先過去。

我說：「好，去！下一個！下一個！」然後我說：「你們該不會想把我丟在這裡吧！輪到我了。」我們鑽進去，頭先進去，臉朝下，手伸出去，才能穿過牆。我進去了，但手沒有伸出去，所以爬到一半卡住了。我感覺到有人抓我的腳，我立刻掙扎起來。「哎呀，天哪！他們發現我們跑了！」結果不是，是一個傢伙用頭頂著我的腳推我。我一直不知道是誰，如果不是他，我不可能出去，他也不可能。

到了牆的另一邊，擋在我們面前的是一扇巨大的門。我們摸索著上面的鎖，其中一個開鎖專家把它打開了。我們說好了，沒出事的話，我們一起走出去。但說歸說。門一打開，大家好像在賽道上聽到起跑的槍聲。他們像馬一樣衝出去，我也沒落後。接著，距離我兩條街遠的地方傳來一陣轟炸聲。他們發狠地掃射，又狂吹哨子。一個子彈飛過我身邊，我說：「跑啊！兄弟們，不然我們就死定了！」

一個囚犯大叫：「哎呀！我中槍了！他們打中我了！」於是他倒下。我，這個英雄，回頭了。我不是故意要當個英雄，但我回去把他扶起來。「不，阿土。快走。你這個笨蛋！我已經不能走了。」他的背後中槍，死在我懷裡。「願你安息，原諒我。」我繼續走，我前面的囚犯也倒了，我跑到角落，莫伊塞斯，就是監獄的理髮師，他抓住我，用剪刀抵住我的喉嚨。「等等，莫伊塞斯。」我抓住他的手。

「哎呀！阿土。我差點就要殺了你。我以為你是警察。」

「沒關係，兄弟，我們走吧！」

我們連夜逃跑，經過鐵道，一路跑到山上。我們只能逃跑。跑上山的時候，到處都是警察和警衛，手電筒照著這一頭、那一頭。我們跑到一片荊棘裡，哎呀！我的天！我們全身都是刺！我們必須在地上爬，用樹枝清出一條路。穿過荊棘後，還得停下來拔掉身上的刺。

我們走了幾天幾夜，穿越整個韋拉克魯斯州。當時是雨季，下著傾盆大雨，那種只會下在韋拉克魯斯的大雨，像瀑布一樣。我們撿了甘蔗葉做成雨衣，但一點用也沒有。所以我們得背靠著背，冷得發抖。

我們沿路吃水果，才沒有餓死。路上有各種果樹：芒果、香蕉、紅芭樂、檸檬、香橙。莫伊塞斯身上有四、五披索，到了第一個村莊後，我們買了飲料。之後，我們不分日夜趕路。

在某個小鎮的入口，我們停下來買了橡膠條做的涼鞋（*huarache*）。我們的腳腫起來，又流血，是全身上下最痛的地方。我背對著小鎮，莫伊塞斯面對著小鎮，他可以看到誰出來，我可以看到誰進去。

我們還在拔刺，莫伊塞斯忽然說：「老弟，有人來了。不要動，不要轉身，準備好。」他把他的剪刀給我，自己抓緊剃刀，懂嗎？「他們好像發現我們了。警察來了。」

我從眼角瞄到兩個警察和兩個武裝的平民過來。他們經過我們，對我們說：「午安，先生。」我們回答：「午安，先生」「再見（*Adiós*）……再見。」他們消失在路的盡頭。幾分鐘後，我聽到卡賓槍上膛的聲音。

「小心點，」我說：「他們打算突襲我們。我們最好趕快離開這裡。」我們一動身，就聽到槍響。但那槍聲不是衝著我們來的。那個人對著樹上開槍。哎呀，我們怎麼會知道？剛剛我的心臟都快跳出來了，因為老實說，我嚇死了。

我們一路走到瓦哈卡州，莫伊塞斯以前在那裡幫他朋友工作。我們找到那個朋友，他在那裡用機器剝玉米，於是他給我們兩個工作……還有，更讓我高興的，是有很多吃的。我以前剝過玉米，在那裡我還學了種鳳梨。很快地，我一天就能種八百到一千株鳳梨，每一千株可以賺九披索。

我本來打算在那裡待到有錢再回墨西哥城，但事情沒有那樣發展，我被熱浪和蚊子打敗了。太多該死的蚊子咬我，我投降了。我全身像地上鋪了鵝卵石一樣，被咬得到處都是。我只做了兩個禮拜就告訴自己：「羅貝托，是時候回墨西哥城了。」

為了回去大城市，我又去了韋拉克魯斯。欸，愛喝酒的人會遇見各式各樣的人。你那張嘴就會呱呱不停對著不該說的人說。我跟一個不認識的男孩一起喝酒，開始講我們的豐功偉業。既然我見識比他多，手頭又缺錢，他就約我加入他計畫的小事業。他研究了一間房子，摸清了細節，知道錢在哪裡，也知道怎麼進去。我只要按照計畫……他進去偷，我把風。

他偷了三萬披索的現金，幾只錶、戒指和手槍。我們在海邊分贓……我的份是一萬四千七百披索……然後兩人分道揚鑣。我後來聽說他被抓了，警察也在找我，因為他把我供出來。我上了一艘貨船，帶我到瓜地馬拉。

我們在切圖馬爾靠岸，就在邊界上，我立刻在咖啡田裡找到工作。我白天工作，晚上就約我認識的人去酒吧。我去了妓院和酒吧整整一個月，請大家喝酒和嫖妓。雖然我去的酒吧都很爛，但我一個晚上還是能花上一千披索。嫖妓可能要花個五十、七十五或一百披索，都是我請客。

我的錢就這樣花掉了……這個，也不是**我的**錢，是我從別人那裡拿的錢。我在那裡花了好幾千，而且我向你保證，我一個男人，又是一個懶鬼，但那幾年間，就這麼花掉了一萬五、兩萬披索。

我剩下最後五千披索的時候，又搭船回到韋拉克魯斯。我對老舊的船沒什麼信心，而且說真的，不久前，就有船沉到海裡，死了好幾個人。從韋拉克魯斯到墨西哥城，最簡單的方法就是搭火車。雖然我是個口袋裡有很多錢的大人物，但我還是像平常那樣，花了五十分錢搭火車。

我通常會先買一張三十分錢的票坐豪華巴士到火車站。然後花二十分買月台票，那樣就能上車了。我上車後就混進旅客當中。我知道開車後會驗票，所以就從車廂門外爬上車頂。

為了不要著涼，我會沿著車頂爬到火車頭，那裡有個溫暖的送風口。很安全，也不會有人來找麻煩。這種事問專家就對了！但有時候我也會搭載貨的火車。車廂底部有支架，如果你看過那種車子，就知道那根本是特別為逃票的人設計的，在支架上鋪個板子就可以舒服地坐車，我有一次就是這樣回去的。

我大約早上七點回到墨西哥城，一整天都在家裡等爸爸。馬努埃爾和我妹妹一直問問題，但我什麼都不說，直到父親回來。他走進來，一臉很嚴肅的樣子。

「我回來了，爸爸。」

「你什麼時候回來的？」

「今天剛到。」

「你為什麼被放出來了？」

「這個，他們發現不是我的錯。」我說謊了，你看，面對父親，我就是無法說實話。「他們決議我沒罪，所以讓我出獄了。」

「看看你去工作會不會好一點。你是個大人了，要認真工作，不要做了一、兩個月又休息三個月。」

很不幸地，我就是那樣。不管是什麼工作，只要做到口袋裡有一點錢我就辭掉。那一次，我甚至沒有開始找工作，直到我把口袋裡的五千披索和我朋友一起花光。然後，我就又回去那家做精緻燭台的店切玻璃了。

所有的燭台都是手工作業，切玻璃、塑形、拋光。我技術好到可以當師傅，但我只想當個工人，不想管人也不想負責任。我只想聽命行事，每個禮拜領固定工資，這樣就可以了。當一個小工人的好處是可以享受平靜，安心地吃和睡，沒人會來找碴或是找藉口來責備你的行為。卑微的人大概就是這樣，既沒野心，也不貪心。這種人相信老老實實地工作，有一天就會從洞裡爬出來，這樣也就滿足了。

我也可以自己創業，賺更多錢，但我開始想這件事的時候，手工燭台的生意衰落，因為東西都大量生產了。而且我丟了工作，因為跟人打架。

打架那天我喝得很醉，因為那天是新年。我不在乎喝得爛醉，什麼酒我都不愛，但我就是喝。不用問了！我喝什麼都會醉。不知從什麼時候開始，卡薩格蘭德的男孩和貝克街的那些傢伙就合不來。打起來的時候，有三個人聯合起來打我。我一開始擋住了，忽然有人從我背後偷襲，那是我被打得最慘的一次。我倒在地上，肋骨和腳被猛踢。不管我多努力，就是擋不了。

讓我最生氣的是，我那幫兄弟看到我被打，竟讓我在那裡等死。雖然那不是義務，但有好幾次我是為了幫他們去打架。但這些人卻不幫我！我在維辛達的男生女生面前被打得很慘，這真是一輩子的恥辱。而且還是被那些聽都沒聽過的混混打的！

他們知道我要報仇的時候都很害怕。為什麼，有一次，我找一個傢伙，找了六個月，就因為他趁我喝得爛醉、無法還手的時候打我。他躲起來，每次要走出家門的時候，就叫他妻子和岳母先出來看我在哪裡。因為我會在街角等他，所以他只好翹班好幾天。有一次命名日的慶典，我遇到他，我幾乎都把這件事忘了。他看到我的時候，趴在牆壁上，想要鑽進角落。後來他告訴我：「哎呀，黑鬼，我看到你來的時候，老實跟你講，我整個人就龜縮了。」

他發誓，他如果知道我是誰，一定不敢動我。為了表示對我的歉意，他送我一個強森牌打火機，是他妻子在命名日的時候送他的。那件事的結局是，他妻子和全家，還有我從小認識的人都來勸我，我們又肩搭著肩一起喝啤酒了。

但對貝克街那些傢伙就不是這樣。他們打了我後，我在床上躺了一個禮拜，只喝水配止痛藥「我可舒適」，所以恢復後我馬上去找他們算帳。我真的去了，其中一個還被我砍傷。但那是意外，其實沒有這麼嚴重。那只是擦傷，但他小題大作。他全家都來找我，還叫警察。

我這一輩子，對我的敵人從來不逃避，但自從我和警察交手後，就懂得要離條子遠一點。我想，「走為上策」。有一次我甚至跑到德州去了，在那躲了好幾個禮拜。

當時我得知我此生的最愛安東妮雅和法蘭西斯可同居，還跟他生了兩個小孩，我一點也不在意。我對她的感覺已經越來越淡，雖然偶而在卡薩格蘭德看見她，心裡還是蠻高興的。但法蘭西斯可不是個好人，他和女人鬼混，也沒有每天給安東妮雅家用。我妹妹值得更好的人。

但更傷我的心、甚至傷害我的靈魂的是，康蘇薇若走錯了一步，離家了。我有四個妹妹，但她們沒有人讓我開開心心地看著她們穿上白紗結婚。雖然我父親把康蘇薇若趕出家門是事實，但我妹妹這麼聰明，她也知道一個女人不該以此為藉口，跟男人跑了……那個男的叫什麼名字來著？她不是唯一被我父親趕出去的，我和馬努埃爾也曾經被趕出去過，尤其是馬努埃爾。但她是女人，應該要承擔多一點，跟我父親好好談一談，像跟朋友一樣，不是把他當成父親，而且我相信父親會聽她的話。所以她出了什麼事，都不該怪罪我父親。

我開始到處去找康蘇薇若和馬里奧。我甚至找到機場去，聽說馬里奧在那裡工作。謝天謝地，我沒找到他，否則我一定拖著他去找我父親，說清楚講明白。後來，這件事結束後，康蘇薇若告訴我，她不愛他，是因為失望透頂才離家出走的。「哎呀，哥哥，」她說：「我對那個可憐的傢伙很壞。我把氣全出在他身上，而且我知道這樣對他不公平。」

其實，我妹妹非常誠實，雖然時機過了，還是坦承自己的過錯。你想想！我不知道那個酒鬼傑米是她男朋友，直到她跟馬里奧跑了，比起來，馬里奧是兩個中比較好的那個。他甚至為了我妹妹丟了一份好工作和一切。我相信如果他們繼續在一起，應該會有個結果。

瑪塔和康蘇薇若吵了一架，和一個男人去了阿卡普爾科，你可以說他是我的新妹婿，他叫巴爾塔薩。我完全不知道這件事，直到我回家，我們收到她寄來的信才明白。我父親一知道瑪塔的地址，就派我帶一些她的東西去阿卡普爾科。這次我去，身分是送錢的信差，還帶了一個大桶子，裝滿衣服和碗盤。我搭了夜車，早上抵達。

我用車推著那個大桶子，爬上山坡，到達我妹妹住的街。我看到她帶著菜籃子要下山來買菜。我本來想吹口哨，但我深吸一口氣後，發現她懷孕了。我馬上洩了氣，站在那裡不動。但我很高興再度看到我的小妹，其他的事情都不重要。

「妹，妳好嗎？」

「小哥！真是奇蹟！你什麼時候來的？」

我們打了招呼，她帶我回家見巴爾塔薩。

坦白說，我覺得他看起來很遜。他長得像很多我不得不揍的人。他看起來不是很兇，但有點衝動，好像隨時要跟我槓上一樣。他打著赤腳，襯衫打開露出胸膛。他的耳垂上還戴著一個小小的金耳環，這一定讓他惹到很多墨西哥男人。他解釋戴耳環是因為對聖母的承諾。

巴爾塔薩的房子地板很多灰塵，屋頂是鐵皮，牆壁用板子搭的，有點鬆動。廚房比衣櫥還小，煤油爐很髒。每樣東西看起來都很破舊。

好吧，我要巴爾塔薩解釋，他說他在墨西哥城的麵包店工作時就認識我妹妹了，他要她一起來阿卡普爾科的時候，也知道她有女兒。他叫瑪塔寫信給我父親，但她拖了一個月才寫，因為她怕我們，尤其怕她哥哥會拿著刀來找巴爾塔薩。

「不，」我說：「你完全不用擔心，我不喜歡動刀。但只要是當哥哥的都會生氣，你說是吧？」

當我知道巴爾塔薩是個屠夫的時候，我心想：「喔！你這個王八蛋，我還真的帶了我的刀來。」我不是來這裡打架的，但我帶了刀，如果他要跟我較量，我就動手。不過他很和氣，我也是。他告訴我他家裡的事……是個大家庭，兩個母親、兩個父親，但他跟他們沒什麼交集。他說：「我不想打擾任何人。畢竟他們什麼都沒給我，我也沒什麼給他們。」

我妹妹帶著小孩和巴爾塔薩在一起，看起來似乎平靜又滿足。雖然他也喝酒，但瑪塔每天都有家用，因為他讓她去收帳，每天他也從屠宰場帶肉回來。瑪塔管錢，而且，看到一個墨西哥人跟他妻子要公車錢，或要個幾分錢買菸和買酒，是很新鮮的事。但我同時也覺得那是件好事。

總之，我必須同意巴爾塔薩寬宏大量，接受了瑪塔和三個小孩，雖然我覺得換作是我也做得到。對我來說，像他那樣扶養妻子和小孩絕對沒問題。我並不害怕女人或結婚，只是我自己還不想。

我家人一直叫我要結婚，但我知道自己非常會逃避責任，也無法讓一個女人幸福。我不至於禽獸到要一個女人跟我住，但我也沒遇到值得結婚的女人。我一直都單身，我原本可以利用兩、三個年輕女孩，但我完全沒碰她們，連我女朋友也沒碰。我只跟妓女做過，還有兩、三個和丈夫分居的已婚女人。她們滿足我的性需求。我也從來沒有孩子，至少據我所知沒有，因為我只找不孕的。

我不太好相處，但談到愛，我一直是個男子漢。我說過了，我可以狠狠地操她們，雖然有時候她們也讓我累得半死。我長得很醜，但女人寧願要我。我曾傷過兩、三個女孩的心，但我寧願讓她們失望，也不要折磨她們一輩子。我不想在這方面傷害誰，因為如果發生在我身上，我也承受不起。

如果要我選出最痛恨的事，那就是情人之間互相背叛。看看我有多矛盾！做壞事的時候，我是個不折不扣的騙子，沒人贏得了我。我是個沒希望的壞蛋，全身上下沒一點好。欸，這樣說也沒錯，因為我也是百分之百的壞人，天啊，他們殺了我還比較好。這種人不值得活著。但是，說到愛，我就是不能忍受騙人或被騙。更何況，愛情是謊言和欺騙最常用的藉口。

這個，巴爾塔薩和我處得不錯。他一下子就叫我「你」，讓我覺得和他相處起來更輕鬆。他帶我在阿卡普爾科逛逛，我陪他去了屠宰場、電影院和餐廳（*cantina*）。事實上，他要我跟著他。

有天晚上，我想要喝啤酒。「我們去個能跳舞或有點唱機（*sinfonola*）的地方，我不喜歡像停屍間的地方。」

「好吧，」他說：「那我們去我姊姊工作的『那一區』。」

「你姊姊？你姊姊是做什麼的？」「那一區」都是妓女，我很好奇。怎麼可能……

「走吧，你等等就知道了。冷靜，我們快到了。瑪塔知道我有個姊姊在那裡工作。路易莎是這一帶有名的妓女，但我不常去看她。」

欸，我們到了，路易莎看起來就很適合這個地方。意思是，這樣說吧，她的身材不算走樣。她陪我們喝了很多啤酒。全部都得由我來買單，包括路易莎坐檯的費用。巴爾塔薩還指責她不該收弟弟和小舅子的坐檯費。「不，弟弟，你要知道這是我的事業……如果你不希望我在這種地方工作，就付錢把我帶出去！」總之，我付了錢，然後我們就走了。

我第一次去阿卡普爾科，沒待超過三天，因為我不喜歡白吃白喝。而且，我當時在家這裡的工廠有個工作，我得在丟了工作前回家。所以我說了再見，回到墨西哥城。

那是我做過最好的工廠工作，我真的很喜歡。他們一天付我十二披索，工作八小時，一年還給我三天的假。大約有四百個人在那裡工作，我們全都被迫加入工會。我以前從來沒加入工會，而且我必須說，那個玩笑開大了。我從沒被叫去開會，甚至不知道總部在哪裡。他們也不告訴我們，但從不忘記每個月從薪水扣掉五披索的會員費。

政治也是另一齣鬧劇，因為涉及好幾百萬披索……這個公共工程幾百萬，另一個工程又幾百萬，但這只是一些名目，用來掩飾跑進官僚口袋裡的錢。我不懂政治，但這些抗爭、選舉根本都是鬧劇，我不懂為什麼墨西哥人能接受。這裡的選舉又不自由，因為他們老早就知道誰會當選總統了。

我不是說我懂什麼是自由，當然我這輩子都很自由，一直想做什麼就做什麼。但我在工廠工作的時候不自由，因為他們強迫我投票，而且在我身邊發傳單，要我投給執政黨。投票是祕密的，但他們又威脅我們，如果不照著投，處罰就是扣三天工資。對我來說，這樣早就不是自由選舉了。這根本違憲，但也早已不足為奇了。老實說，我不在乎哪個候選人勝選，因為不管哪一個都會搶劫老百姓。

我在工廠工作那一年，只打了三次架。我們住的環境都是用拳頭解決問題。我不想離開這裡，除非他們把我抬出去。英雄和屍體都是這樣走的。

第一次打架是我和錫匠街三個男孩打撲克牌。我們都有點醉了，尤其是我，因為烈酒在我身上作用比較大。那次打架我很得意。我一個一個把他們撂倒，直到他們停手。我們四個還是朋友。這裡以前的規矩是這樣的，但現在的規矩敗壞了。

第二次打架是有天晚上，我和朋友米格爾在市場附近被一個幫派攻擊。米格爾跑了，留我一個人被五個人打。我那天喝了酒，沒什麼力氣抵擋。他們砍傷我的頭，還把我的眼睛揍得像番茄一樣大。我的嘴唇都翻了出來，因為有個縫了六針的傷口。我沒招惹那些人，但還是被我父親和馬努埃爾罵了一頓。

第三次最慘。那次也不是我惹的，是他們逼我的。我和幾個朋友在討論拳擊賽，討論得好好的。三個警察過來，要我們閃開。

我說：「一個人不能在街上聊天嗎？這是自由國家。」

「不是，這裡不是自由國家。」這個自以為是的人說：「走開，混蛋，乾脆點！」

「好，不要推我，我自己會走。」

然後他們想敲詐我二十五披索，但我沒給，你懂嗎？我身上有二十九披索，但我拿給朋友。

「來，」我說：「拿著這些錢，因為這幾位先生似乎想洗劫我。」

「閉嘴！」於是砰！一個警察用棍子打了我一下，這些警棍都是用硬橡膠做的。他們打你的時候你不會流血，但幾乎會把你打死。他們打的都是內出血。我超火大，非常憤怒，向他揮了一拳。於是他們開始打我、揍我，把我像顆球一樣來來回回地打。他們也踢我，直到大家以為他們殺了我。他們打傷了我的肋骨、頭，給了我可怕的一踹，把我的膝蓋給扭傷了。然後他們踢斷了我的腿骨。

那時候，鄰居已經通知我家人了，康蘇薇若和馬努埃爾來和警察理論。一直以來，所有人和鄰居都對著警察大叫住手，但沒有人出手，一個都沒有。我朋友已經讓我失望兩、三次了。即使之前他們有人背棄我，但只要有人惹了麻煩，我也會去幫忙。但他們現在只是在旁邊看。唉……

警察沒有逮捕我，而是把我留在那裡。我哥哥和妹妹帶我上計程車去警察局報案，但那些警察一個也沒事。所以你就了解了，在這裡，我看到的正義不過如此。付他們一披索，你就得到正義。

那一次被打，我花了好長一段時間復原。我很虛弱，而且真的努力不要再惹上麻煩。很多人會看一個人打架的樣子評論他。看到他掏槍或拔刀會說：「哎呀，這是個男人。他不怕任何事或任何人。」但我不會**那樣**評論一個人。真正的男人，是誠實面對人生的人，面對現實而不畏縮。我從一個人的行為評論他。如果他能面對他的人生、責任，對我來說，他就是男人；簡單來說，一個真正的男人就是像我父親那樣的男人。

而且我的想法是，只生小孩卻不負責任的男人，不值得活著。那個王八狗娘養的克里斯平就是那種人。他完全忘記他的女兒，只記得一年送一次禮物。他最好不要到家裡來，因為他來的那一天，我不知道我們兩個誰會活著走出去。

我不想這麼說，我哥哥馬努埃爾雖然很努力振作，也讓小孩有得吃有得住，但在家庭方面也不是很負責任。我父親本身是這方面的好榜樣，我不懂為什麼馬努埃爾忽略了孩子。在我看來，我哥哥的人生可悲又失敗。他比我讀更多書，甚至比康蘇薇若更聰明。他還是個說故事的高手……派對沒有他就不好玩……儘管如此，他還是浪費了大半的人生。我也沒為我的家人做多少事，不過我隨時準備好要把我的每一滴血奉獻給康蘇薇若、瑪塔、馬努埃爾、我父親，還有我的姪女姪子。

在我心中，家人是最重要的。我人生最大的理想是改善他們的經濟環境，如果我能做些正當的事。我從沒想過要讓自己過得更好，但我希望他們過得更好。我一直很希望我們能團結起來。但我母親死後，我們的城堡崩塌了，地基也毀了，沉到地底下了。

馬努埃爾的妻子死後，黛莉拉搬來照顧孩子們。我父親和她在一起似乎很開心，比起我另一個繼母愛蓮娜，我和她處得不錯。黛莉拉願意照顧我的姪子姪女這一點，讓我很尊敬她。我們沒有人付出得比她還多，連當父親的馬努埃爾也沒有。我尊敬她，也喜歡她，所以我很後悔我們之間發生了一點事。我並不想打她，是她逼我動手的。而且我相信她是故意的。

有天晚上我和我朋友丹尼爾在喝啤酒，我姪子德明哥哭著過來。我問他：「孩子，怎麼了？」黛莉拉的兒子吉弗列多打他。這種事發生很多次了，我很氣，但我一句話也沒說。這次我跑去向黛莉拉抱怨，而且跟我姪子說：「孩子，不要當笨蛋。我跟你說過，不要對任何人讓步。」

「是啊，」黛莉拉說：「你告訴他，去拿把刀，對著吉弗列多的肚子刺下去好了。你老是教他去打架，去惹別人。」

我確實教我的姪子防身，但只是徒手用拳頭，這是每個男人都要學會的。這次我告訴德明哥不要跟吉弗列多說話，也不要跟他玩。黛莉拉聽著，最後她說：「我再也受不了你在那邊廢話。有什麼意見就說啊！因為我跟你父親在一起，你就跟我作對是不是？」

「妳聽好，黛莉拉，妳為何扯到一些不相關的事？我們在講小孩的事。」

她繼續說：「哼，你不喜歡我和你父親在一起，但我能給他的你給得起嗎？」她說的話真的很過分，於是我警告她：「妳最好閉嘴，否則妳會很難看。」

「會難看到哪裡去？你以為你是誰？對我來說，你只是個可悲的混蛋而已！」

我因此揍了她，她跳到我身上。她還算蠻難纏的，所以我打了她四、五拳。我克制住了，因為，第一，她是女人；第二，她懷孕了；第三，她是我父親的妻子。她抓我的臉和手，所以我也得抓她。忽然間她摔倒了，把我也拉倒到她身上。我差一點壓在她的肚子上，但我及時抓住她的手，跪在她旁邊。孩子們跑到咖啡廳去叫馬努埃爾。

他來的時候我已經冷靜下來了，但黛莉拉跟他說我喝醉回家，還抽大麻，又說我拉著她的頭髮到庭院，把她鎖在門外。那完全是胡說八道，我只是抓她的手而已。馬努埃爾沒有問我的說法，就開始罵我、羞辱我。我聽了很受傷，因為我是在保護他的小孩，他不應該這麼偏頗。

我沒等父親回來，就直接去拉蒙．加林多那裡拿了些錢，出發去阿卡普爾科。

瑪塔和巴爾塔薩確實邀請我再去他們家，但他們應該沒料到這麼快我就來了。我發現巴爾塔薩又要帶我去他想去的地方。他要出門的時候總是說：「來吧！我們走！」我好像也很自然地就跟著走。後來我才發現，我妹婿嫉妒我，不相信我和我妹妹。

這次我想找個工作。巴爾塔薩一直說他會跟這個、那個人談，但我不相信他真去談了。如果我有駕照，就可以去當卡車司機了。但我還不能考駕照，因為我有前科。我要存五百披索才能把我坐牢的紀錄買回來銷毀，這樣我才能去申請駕照。在這裡，有錢什麼都好辦！

如果我有駕照，人生就會快活多了。自從我學會開車後，就希望我的人生更充實。我想要做跟車有關的事，像是買賣車輛、經營停車場，或是當司機。如果我能去上職業學校，我會想要當個頂尖的汽車技師。

我差點在阿卡普爾科和一個女孩定下來。不過她是個已婚的女人，在教堂辦過婚禮，有丈夫和小孩，但她又年輕又漂亮，我立刻就喜歡上她了。她很友善，有一天我開玩笑問她要不要跟我回墨西哥城。她說只要我準備好，隨時都可以。她就那樣回答，我們甚至不是男女朋友！不過雖然她都明示了，我還是不敢和她做愛，因為第一，我妹妹住附近；第二，她在教堂結婚。如果她只有到法院註冊，欸，說不定還有機會。

巴爾塔薩要介紹他另一個妹妹給我。他說：「她皮膚跟你一樣黑，但她真的是個漂亮的小妞。你看過路易莎吧？這一個更年輕，還更漂亮。快弄好你的駕照，在阿卡普爾科定下來。在這裡不一定要結婚。如果你不喜歡我妹妹，我再介紹梅拉給你！」我從沒有真的去找他妹妹，但我常開玩笑叫巴爾塔薩大舅子。

我從不覺得巴爾塔薩是個壞傢伙，但他年紀歷練跟我差不多，加上後來發生兩件事，使我更加不信任他。我妹妹瑪塔永遠是我們之間穿越不了的牆。他跟我說他以前有過三十個女人，有些還生了他的小孩，你可以想像我心裡作何感想。而且我們在街上遇過他的前妻。她攔住他，對他說：「聽著，矮子，給我一點新鮮的內臟如何？」然後我們還在街上遇到幾個他的小孩正在玩耍。

他說瑪塔都知道這些事，也都接受，但從那時候開始，我就不喜歡巴爾塔薩了。我不信任他。他搞不好會對瑪塔做出他對其他女人做的事。我沒跟他或我妹妹說過什麼，因為說不定這些只是我的猜測。

我待了幾天，或是幾個禮拜，但墨西哥城一直在呼喚我，我想回去。我想念我的社區，雖然那裡已經墮落，越來越敗壞了。但在那裡，我還是覺得自己比較威風，因為我的拳頭，有人會尊敬我。而且我母親死在那裡，我對那個地方也有特殊的情感。有一天我也會死在那裡，說不定就是明天。我永遠不會拋棄那裡。

所以過了一陣子，我跟瑪塔說：「你知道嗎？妹妹，我要回家了。」

「你回去做什麼？」她說：「你和黛莉拉打架，別指望爸爸會接納你。你知道他是什麼樣的人。」

「欸，是啊，妹，我打她第一拳的時候就後悔了。但又能怎麼辦？事情都發生了，沒辦法改變。我只是回去看看。我會馬上回來，我對上帝發誓。」

她想勸退我，但旅行的蟲在搔我，我很堅持。沒人可以阻止我。瑪塔習慣我的個性和行事風格，所以借我一披索上路，我沿路搭便車回到首都。

我抵達的時候身上一毛錢都沒有，我又去找拉蒙。我不到走投無路的時候不會去找拉蒙要錢，因為他不是幫你忙，是要你幫他工作。那個人對我這種偷東西的人來說總是有優勢。他也很容易報復和利用我們。他有好幾千披索是我幫他弄到的，但我去找他借錢的時候，他總說他沒有多餘的錢。不過如果我可以幫他賺一點……他通常會給我一些簡單的工作，像是把一些「燙手」的東西脫手，或是「拿」一台收音機……或幫他偷他顧客要的東西。我通常都只跟他借個二十披索，但他要我做的事可能會讓我吃上牢飯！

拉蒙的兒子繼承他的事業，我從阿卡普爾科回去的時候，他對我說：「聽著，羅貝托，我要一些汽車收音機的天線，有顧客要。」

我想了一下，回答：「這樣，我手頭缺錢，所以借我一台腳踏車騎去洛馬斯，我看看能找到多少。」那是件簡單的工作，但我拉第一台車的天線運氣就不好。我拉不下來，東扯西扯，還沒拉下來我的手指已經少一塊肉了。

「太倒楣了！為了一件小事，流這麼多血！」我很氣我自己。我迅速騎了回去，把天線交給他，竟只得到區區十披索。

我在路上撿了張報紙把手指包起來，但傷口還是一直流血。我去找我阿姨，她用開水和雙氧水洗了傷口，隨後包紮起來。我住在她那裡，因為我父親還在生我的氣，不讓我踏進他家一步。他跟我哥哥說，我對黛莉拉做的事不可原諒，他永遠都不想再看到我。我父親是我的世界，所以當他們跟我說這件事的時候，我的世界就塌了。

隔天，一九五八年六月二十五日，一個叫安東妮雅的女生（不是我那個一半血緣的妹妹）來看我阿姨。我認識這個安東妮雅好幾年了。她和她母親、哥哥住在附近那個糟糕的「失落之城」。其實我不記得她了，直到後來我才想起來，我向來就不喜歡這種行為舉止的女孩。她是那種站在街上，跟男生大聲說話，又故作親密的女人。我當然也不會想到，她會變成我的女人。

安東妮雅那天一大早就來了，頭髮沒梳，衣服又髒。我從不喜歡邋遢的女人，但我也說不上來，她有些部分頗吸引我。撇開生理上的欲望，我喜歡的是她的專注。我阿姨介紹我們認識，安東妮雅說她手很巧，馬上可以幫我把手指治好。

所以她開始幫我治療，把我的手握在她的手裡，問我有沒有妻子。然後她開始抱怨她丈夫。她說：「他讓我過得像隻狗一樣。」

「為什麼？」我第一次聽到女人抱怨這個。

「唉，因為我和我婆婆住在一起，做什麼都不對。他一天給我不到兩、三披索，還要求吃好一點。我受夠了，一定要離開他。」

媽的！她抱怨個不停。我忽然有個念頭，搞不好我是這個女孩的天使，要來拯救她。我心想：「可憐的女孩！她跟著那個人和他的家庭吃了這麼多苦。」我阿姨也說她的故事是真的，她雖然有點胖，但長得也不醜。那天下午，安東妮雅給我一些她做的墨西哥粽……還問我阿姨我喜不喜歡漢堡，當然，隔天下午就有漢堡等著我了。

相信我，那之後，我對她的感覺就不是一些自私的衝動，而是同情。我的感覺變得高尚了一點，因為我想要幫助她。既然她已經離開丈夫，現在和母親一起住，我打算向她求婚，承諾每天給她家用，相對地，她要負責照顧我……雙方說好，如果相處得好就結婚。我決定之後，就和朋友去喝酒狂歡，慶祝一番。

安東妮雅不介意看到我喝醉，甚至叫我請她喝杯啤酒。我們和她朋友坐在一起，我在大家面前親她又抱她。她答應隔天要和我一起去看電影。

我必須幫拉蒙另外做點事，才有錢去約會，但我和安東妮雅見面後，她說：「我不喜歡看電影。我們還是坐公車去別的地方吧。」我反應有點慢，但我也覺得有點不對勁。我發現她的目的是……她做了一顆好球給我，對吧？

欸，最後我們去了旅館，那天晚上真的是我這輩子最棒的一晚。我們一進房間，她就衝到床上，把我拉過去。她說：「我們辦事吧！」我把她的衣服脫掉，這個，我們很開心。

我帶她到瓜達露佩阿姨家住。我們睡在地板的墊子上，一切都很順利，因為我只要給她錢買菜就好。安東妮雅一開始的幾天完全沒出門，但我丟了工廠的工作，所以每天早上要趕著去玻璃店打零工。如果那天沒工可打，我就去幫馬努埃爾在市場賣東西，賺個十或十五披索。但有時候我也只能給安東妮雅兩、三披索買菜。這時我就會告訴她，我吃過了。其實我沒有，但這樣她就能吃飽。

我和安東妮雅第一次一起出門的那個早上，她的前夫坎迪多在對街跟他的朋友說話。他一定知道他做了什麼好事，我確定他找那些人幫忙一定花了不少錢，因為住在我阿姨家對面維辛達的，都是騙子、黑道，有些人我還在監獄裡看過。我以為會和坎迪多對上，畢竟我搶走他的女人，如果他真的是條漢子，一定會來算帳。我腰帶上一直都帶著刀，襯衫最後一顆釦子不扣，如果坎迪多和他朋友圍過來的話，我隨時可以快速拔刀。我小心翼翼、保持清醒，但這不是難事，因為自從我有了安東妮雅，就沒有喝酒、偷東西或打架的欲望了。我只想安安靜靜過。

我看到坎迪多看著我們，我的血液都沸騰了。我心想：「要來場割喉戰了！」但那時候他只是看著我們，繼續和他朋友講話。隔天，我借了些錢，這樣我和安東妮雅就可以去其他地方的旅館住，但一個房間一天七披索實在很貴，所以我們又回到阿姨家。

我們在維辛達又遇到一些麻煩。有一個鄰居叫朱莉婭，是個母老虎，每次看到我都罵我，因為有一次我喝醉騎走她丈夫的腳踏車，結果弄丟了。她會大罵：「看看那個騙子、混帳王八蛋！不賠吉列爾莫腳踏車也不覺得丟臉。你他媽幹狗娘養的！」然後她會對安東妮雅大叫：「哎呀，發春的乞丐來了。那個婊子，跟誰睡都可以，不挑的！」

如果朱莉婭不是女人的話，我早就讓她閉嘴了。但她是我阿姨的宗教親屬，有一度還是我舅媽，所以安東妮雅和我只會一直走，不理她。後來我私底下告訴吉列爾莫，任何時候，如果他想要，我可以弄一台更好的腳踏車給他。唯一的麻煩是他得改一下數量、安排一些文件，讓這一切看起來合法。吉列爾莫和我處得很好，但他太太真的很惡毒，讓我的日子很難過。

坎迪多還是不斷在附近晃來晃去。看來他沒種跟我說話或單獨面對我。他身邊總是有兩、三個偷東西的「兔崽子」跟著。有一次，安東妮雅和我在鐵軌附近手挽著手走路，他和他的兩個「兔崽子」過來，跟安東妮雅說想談一談。那兩個兔崽子我認識，有點醉了。其中一個大叫：「慢著，黑人，讓我們教訓一下這個臭婊子。她是個蕩婦，是條骯髒的母狗。她去找你，你還幫她拉皮條，那我們也來光顧好了！」

我聽到他們說的話，也用他們能聽懂的粗話罵了他們的老母。「狗娘養的！排隊排好，我一個一個解決你們。最好不要想弄我，不管來幾個，我通通對付！」

我準備好要打架了，但安東妮雅擋在我們中間，不讓我過去。於是我叫她去和坎迪多一次講清楚，看他要說什麼。她去了，我背靠著牆在角落等，以免他們從兩邊或背後突襲我。她一直沒回來，我等得累了，就去了市場幫馬努埃爾賣他從洗衣店買的二手衣。

到了晚上，安東妮雅沒有回家，反而去了她母親那裡。我不想去找她，不是因為我害怕什麼，是因為我了解，那女孩有丈夫，我沒權利干預她的人生。那是我們第一次分開。我努力不再去找她，但她跑來看我，還哭了。我看她那樣，對她說：「好！」於是帶她回來。我父親和黛莉拉已經搬出卡薩格蘭德，只有馬努埃爾和他新的太太瑪莉亞住在那裡，所以我去找父親談，他總算答應讓我和安東妮雅也住在那裡。

那段日子裡，儘管和我妻子有些不愉快，但我很快樂。經歷了那麼多不幸，我能再次談戀愛，是多麼美麗與喜悅的事。當你愛一個人，也有所回報，天啊！好棒！多麼聖潔。我眼裡的一切都不同了，即使是微不足道的小事也有不同意義。愛的的確確就是生命，就像已經達到活著真正的目標一樣。愛就是上帝，是善，是了解。了解另一個人後，生活的精神甚至物質層次也會跟著提高。千真萬確！發生在我身上。但我誤以為安東妮雅會愛我和我愛她一樣多，甚至更多。

我更辛勤工作，也拒絕和朋友去喝酒，他們都很驚訝。工作結束後我就回家，不再外出。晚上我忙著和安東妮雅計畫未來。首先，我要找一個穩定的工作，然後租一個我們自己的房間，還有弄張床，然後一點一點添購必需品。如果順利，我們就會去法院註冊結婚，然後去教堂辦婚禮。你知道嗎？我還打算讓她穿著白紗禮服！

一開始，安東妮雅表現得很好。她整天待在家，一句話也不抱怨。馬努埃爾和瑪莉亞睡在一邊地板的床墊上，我們則睡在另一邊的麻布袋。馬努埃爾也接受我的妻子，雖然我不認為他真的了解她。安東妮雅和瑪莉亞相處得還不錯，還會一起出去。但我不喜歡那樣。一個已婚的女人無論怎樣都不該和朋友出去，我希望我太太自己一人就好。

但有天早上，我太太沒經過我同意就自己出去，直到很晚才回來。她跟瑪莉亞說她去朋友家的慶祝活動。我很不高興，也覺得很受傷，因為她完全沒告訴我。我馬上就往最壞的地方想。等她回來，我一定要處罰她。我拿皮帶用力打她，叫她東西收一收離開。

我說：「我不喜歡這樣的生活，妳想要自己出去玩，想要自由自在。妳想要丈夫，又不想被綁在家裡或被男人綁住。妳只是拿我當幌子。你在大家面前愚弄我，所以妳最好走，去找你的自由。拿著妳的東西離開。」

她哭了，還大發脾氣說她不想和我在一起了，因為我太容易嫉妒。

「妳聽好，安東妮雅，沒錯，我是很容易嫉妒，但妳為什麼不能讓我安心？反而製造更多機會讓我嫉妒。就連我們走在街上，妳也一直轉頭看別人。你有注意到我看了有多不高興嗎？我用我全部的靈魂愛妳。我不只是愛妳，還崇拜妳。這一輩子，從來沒有哪個女人這樣住進我心裡。所以，我拜託妳，不要做出那種事。」

但她聽不下去，把東西塞進麵粉袋就走了。我好一陣子沒再見到她，而我又開始喝酒了。我心情好又喝醉的時候，會去找我岳母，問問他們有沒有安東妮雅的消息，因為她消失不見了。我不分日夜到處找她。我打聽她，但沒人能告訴我一點消息。

有一天，我在她母親的維辛達門口遇到她和坎迪多在一起。我們互相說了些尖酸的話，然後我說：「安東妮雅，妳老實說。妳是不是又要跟這個混蛋走了？」

「對！」她說對，然後往他那裡靠過去。唉！想到就難過！她靠在他身邊，我感覺很糟，不是生氣，是難過。我知道如果我過去打架就太愚蠢了，所以我進去和她母親講話，她試著安慰我。我岳母總是站在我這邊。她是個善良的女人，但安東妮雅不懂，所以不尊敬她。我覺得安東妮雅變壞是因為她母親得出去工作，不能管教她。

之後，我每天晚上都去找我岳母。如果安東妮雅也在，我們可以談談，有時又會為我們之間的事吵架。我還是把她當成我妻子，而且偶而我會帶她去旅館嚐點「甜頭」。

我妹妹康蘇薇若那時有自己的小公寓，有廚房也有浴室。她買了衣櫥和沙發，對我來說，她看起來像個上流社會的人。她一直叫我和安東妮雅過去和她住。她以為這樣我們就能重新來過。安東妮雅願意，但我不想。

「聽著，妹妹，」我說：「我不想跟妳住。以妳的個性，我知道遲早對我們不好。妳還是過妳平靜的日子，我有能力的時候，自己建立一個和安東妮雅的家，這樣我才像個男人。我想要一個可以自己作主的地方，想說什麼就說什麼，吃飯只有我能出聲的地方。」

但康蘇薇若一直慫恿我。「別傻了，哥哥。這是大好機會。好好利用。你不會拖累我，因為等你有了工作就要付我房租。你等著瞧。安東妮雅會很滿意，因為我要工作，你也要工作，她可以自己待在家。」

有天晚上，我發現安東妮雅在一對枕頭套上刺繡，她說是為我繡的。一個寫著「我愛你」，另一個是「獻給吾愛」。

「哇！給我的？太棒了！」

她說她和坎迪多分手了，想要和我復合。

「是的，羅貝托，」她說：「我仔細考慮過了。我想要一個為我建立家庭的男人，我可以自在地說話，沒有人會干涉我的生活。」

「可是，安東妮雅，這就是我一直想做的。給我一個機會，我找到工作後，妳就會知道了。雖然不會奢侈品或財富，但是，是為妳建立的家，我們會盡力好好在一起。」

於是我告訴康蘇薇若搬過去和她一起住的事。「當然可以！哥哥。」她說了，我們也搬過去了，雖然我總覺得，有天桑切斯家傳的性格會跑到她的腦袋，她就會受不了我們。

前幾個月一切都還算不錯。但我沒找到什麼工作，所以我妹妹不但付房租，還借我們錢供應生活開銷。一開始，我就希望安東妮雅和我睡地板，我妹妹睡床上，但妹妹不要。有些晚上她會睡在小沙發上，讓我們睡床上，不過有些晚上她想好好休息，我就去睡沙發，她和我太太睡床上。

我有時候必須罵罵安東妮雅，因為她不整潔，把髒衣服泡在水槽，或對我姪子姪女大吼大叫。於是她就會不經過我的允許又離家出走，如果我因此打她，欸！我妹妹就會跳出來，天就塌在我頭上！兩個女人都來教訓我。

隔天，我從新工作的倉庫下班回家後，安東妮雅已經走了。我再次出門找她。有時候晚上十、十一點，我還會再出門找一下。我不只一次在街上等到半夜三點才逮到她回來。我岳母也跟我一樣，不知道她去哪裡了，於是就去找靈媒，看她會不會回心轉意。安東妮雅的母親非常生氣，還發誓如果安東妮雅不回來，要斷絕母女關係。

我幾乎每天都喝醉，還被幫派趁機打了兩次。我聽說安東妮雅和坎迪多住在一起，我傷心氣憤之下，去找坎迪多，腰間還帶著刀。我想要跟這個王八蛋來一次男人對男人的決鬥，一了百了。但他一直躲我，我根本找不到他。

然後有一天，我在公車上看到他們兩個走在一起。我看到她對他笑，我不知道我怎麼了，但在那一刻，我放過她了。我對自己說：「從今天起，安東妮雅對我而言已經死了。」我喝了很多酒，只記得自己醉得不省人事，身上有幾百披索全都花掉了。心痛的感覺太劇烈了，全部都變成一場爛醉。

我領悟到，安東妮雅不值得。她沒心肝，沒血淚，一點自尊心都沒有。她什麼事都不在乎，連自己也不在乎。我幾乎一開始就知道她是這種人，只是因為我愛她，所以視而不見。我花了六個月的時間，還有幾個其他的女孩，才從這次的情傷復原！

只要說到愛情，我就不知道自己在做什麼。在丘比特的世界裡，沒有人能控制自己的衝動。一個人可以憑他的意志控制這個充滿罪人的世界，甚至掌控全宇宙，但就是無法命令別人的心。已經發生的事，即將發生的事，都是注定好的。它們都已經被寫在某個地方了，即使世界上有先知、預言家，我不相信他們，也不相信有人知道明天將發生什麼事。我們不能決定何時出生、何時死亡。這些都已經安排好了。所以我說我相信命運。該發生的事情，遲早都會發生。世界就是這樣。

康蘇薇若

Consuelo

在蒙特雷，我把身體和靈魂給了馬里奧，或說只有身體，因為我不愛他。你甚至可以說我恨他。我對他很不好，看不起他，甚至敵視他。在火車上，我一再想到，抵達目的地後，我就得開始跟他獨處一室，那裡離家好幾公里，我一個人都不認識，我完全地屬於他了，想到就痛苦。但這是他要我承諾的，之後我就對他很冷淡，心裡只想著，這一次，我沒退路了。

我們第一天住在民宿。我很害怕晚上睡覺的時間來臨。他等待這一刻已經很久了。在他媽媽家是不可能的，因為她一開始就把我們兩個分開來。在我阿姨家更不可能，因為房間太小，他什麼也不能做。

前兩天晚上，我成功讓他去睡了。第三天晚上，他再也受不了。他濃情蜜意地說：「我的新娘，我們終於要變成丈夫與妻子了。」我覺得很害怕，感到一陣反胃，對他說：「喔，不要煩我！」

但他繼續進攻。他撫摸著我的肩膀和頭髮。他親我的臉頰，對我說些甜言蜜語。我不停冒汗，想著要把自己交出去的那一刻。我希望誰能救救我。我把他的手甩開，叫他離我遠一點。他提醒我，答應他的事要做到。我的良心很不安，於是一句話也不說，讓他親我、抱我。

我終究還是成為他的人，但實在讓人難以承受。那一刻，我沒有抵抗，沒有推開他或踢他。他呻吟著，摒住呼吸。他開始平靜地對我說話，然後漸漸地，他征服了我。我很後悔之前那樣對他，只能請求他的原諒。他親吻我的額頭，轉過身背對著我。我看著他白皙年輕的背和黑色的髮。我想，今晚的掙扎到此結束，於是睡了。

到了早上，他又開始愛撫我。我在絕望中醒來，又開始掙扎，但他同樣用甜言蜜語攻破我的抵抗。馬里奧做完了。他儘量不弄痛我，但我還是受不了。我希望該發生的趕快發生，趕快結束就好。終於，馬里奧虛弱又滿頭大汗地停了，可憐的東西。我背對著他，哭了起來。

「小瘦，不然妳以為婚姻是什麼？別傻了。我愛妳，康蘇薇若，相信我。我永遠不會離開妳。別哭了，別哭了。」

但我沒在聽。我心想：「就這樣！我的人生毀了。現在，我不再是位女士了，都是因為那個賤……黛莉拉。我父親也有錯。因為那個女人，父親把我趕出去……父親！只有你才知道你做了什麼。你要為我發生的事負責！」我痛苦地哭著。我想像爸爸的樣子，看到我哭，他也會難過。他會要我原諒他。但已經無法挽回了。馬里奧安慰我，但我推開他。最後，我窩在他懷裡睡著了。

隔天我不想正眼看他。他工作完回到家，過來抱我，完全沒提到昨天的事。我知道他的用意是什麼，但我拒絕了他。他那天晚上沒有得逞。他和我，我們只有碰過幾次。我總是拒絕。他靠近我，要我摸他的頭，要我說句甜言蜜語，不要那麼冷淡，這快把我逼瘋了。我的神經簡直要爆開了。我總是把他推開，冷眼看他。一開始他會屈服於我，但後來我們為這件事吵了起來。

有天晚上，他絕望到了極點而大怒。他把伸手可及的東西都摔壞了，衣服和被子也撕爛了，還把玻璃杯往我臉上丟，全因為我告訴他，我不愛他。聽到他說他該死愛上我，他該死遇見我，我很震驚。我們沒有電燈，只有馬里奧帶來的油燈被風吹熄了，在地板上滾動。我趁黑穿上衣服，躲到房間的角落，靠著牆不敢動。馬里奧一直咒罵，我嚇壞了，後來我摸到了門，光腳跑了出去。

我不只一次絆倒，想要穿過布滿鐵線的籬笆，我弄傷了背，衣服也撕破了。我在發抖，因為我怕馬里奧會追上來打我。我喘不過氣來，被眼前和墨西哥城完全不同的黑暗嚇到了。我坐在一戶人家的門口，覺得很迷惘。我不認識任何人，也沒有帶衣服，晚上這個時候，我能去哪裡？我撥了撥頭髮，搓搓腳掌，想把身上的刺草拔掉。我停止哭泣的時候，聽到喘氣聲，感到有東西在搔我的腳。我跳起來，以為是蠍子。我抖了抖身體才感覺到那個東西掉了。我嚇死了。

我走到房屋的窗邊輕聲說：「先生、女士，請你們行行好，讓我進去。我丈夫喝醉了，我怕他會打我。」謝天謝地，傳來一個女人的聲音。是我們剛到這裡的時候幫我們煮飯和洗衣服的女人。她讓我睡在那裡。隔天她問我要不要回去找馬里奧，我說不要，我想找工作。於是布里琪姐真的為我打開家門。馬里奧去工作後，我回去拿我的衣服。

我身上一毛錢也沒有，只有一副耳環，我把耳環賣了，買了報紙和公車票。我看到一則徵速記員的廣告，便去和帕切科先生的妻子面試。她考了我幾道題後給了我這份工作。當天早上我就開始上班了。那是一家賣辦公室用品的店，我負責回信和記帳。我每個月的薪資只有一百二十五披索，但找到更好的工作之前就先待著。

中午的時候，修理打字機的技工克萊門特和我有時間外出吃飯。我從前天晚上就沒吃飯，餓得胃都要貼到背了。我沒有錢，所以只是看看街上的櫥窗就又回到辦公室。辦公室的門還沒開，我站在門口，雙手抱著咕咕叫的肚子。第一個回來的人是克萊門特。他一定猜到我沒吃飯，因為他堅持要我和他一起去喝杯飲料。

他帶我去他朋友開的餐廳，就在附近。他對女服務生說了一些話，幾分鐘後，普理西安娜送了魚湯和蝦肉沙拉來給我。我覺得很難為情，但面對這美味的食物，我的飢餓感戰勝了意志。整頓飯下來，我很擔心馬里奧或他的郵差同事會經過，那我就慘了。

我以為克萊門特會說一些嘲諷的話，但感謝老天，他沒有。從那一刻起，我們變成了朋友。我不相信我會再遇到像他這樣的年輕人。他幫助別人只是因為他想幫助別人，不要求任何回報。

一段時間後，有個中國人來，看到我做事。隔天他問我要不要到他咖啡廳的收銀臺工作。那個工作一天薪資十二披索，還供三餐。我從早上八點做到晚上九點，中間不休息——帕切科先生的辦公室就有休息時間。工作很簡單，只要記下每天使用的物品，記下花的錢，檢查收支紀錄。

那裡一個女服務生告訴我，我現在是位女士，不能沒有丈夫。她說，我會在意料不到的時候，把自己交給另一個男人，不是因為我愛他，而是因為「身體的需要」。這五個字讓我很害怕。要交給一個陌生人？或是和馬里奧繼續在一起？要選擇的話，我最好還是回到他身邊，比較不會有危險。

馬里奧要找到我並不困難，因為他在郵局工作。他曾經帶我去見郵局主管和其他同事，我受到熱情的接待。所以即使我想躲，也不可能，因為所有的郵差都認識我。我在帕切科先生那裡工作的時候，馬里奧來找過我三次。「康蘇薇若，好好想想。妳一定要回到我身邊。我們都是孤身在這裡。妳需要我，我也需要妳，還有，妳難道沒有需求嗎？」

那時候我很自負。我回答：「我當然不需要你。我可以自己照顧自己。別指望我會回去。」但他走了之後，我又很捨不得他。我見不到他的時候，他就變得重要了。

他每天晚上都來邊境咖啡廳找我。我找到一個月租五十披索的小木屋。裡面一件家具也沒有，我睡在地上。我只有一盞從布里琪姐家拿來的燈，她就住在我對面。但在咖啡廳，我就不知飢餓是何物了。而且我和布里琪姐成為好朋友。我覺得她像親人，像個阿姨一樣。

大家都叫我回去馬里奧身邊。我不要，直到有天晚上，我比平常晚下班，躺在「床」上，覺得很疲憊。左邊的肋骨一陣疼痛，把我痛醒了。我開始哭。我想打直身子，卻痛得更厲害。我全身蜷曲，呼吸急促，我的左腳麻了。我想大叫，但叫不出來。我甚至連一根蠟燭都沒有。外面的月色很美，我看著窗外，想著家裡的父親、妹妹和其他人，大家應該都吃飽了，平靜無憂地睡在床上。

我哭了很久，忍受著疼痛。慢慢地，我又可以移動我的腿，於是我想起馬里奧。如果他在這裡，會帶我去看醫生，不然就是泡茶給我喝。至少，有他陪著，我不會感到害怕。隔天我去找馬里奧，告訴他我會回到他身邊。我辭去工作，布里琪姐借給我們一個床架和毯子，還讓我在她的爐灶煮飯。

奇怪的是，漸漸地，我變得更堅強。同時，有個感覺開始占領我的思緒，不是愛，因為我並不愛馬里奧，也不是真的想要他，而是責任感。我發現要對沒有感覺的人假裝有滿滿的愛，真的很困難，我還是持續對他漠不關心又冷淡。馬里奧說，我有一種優雅的殘酷，因為當他為怒氣所苦……他們把這叫作攻擊……的時候，我完全不會安撫他。他會鎖上門不讓我出去，把所有東西都砸到牆上，撕破衣服，哭、叫，呈現半瘋狂的狀態。而我只會站著不動，像顆石頭，既不恐懼也不憤怒，把視線定在房裡某一點。

他說我喜歡看到他生氣和絕望，但我內心只感到恐懼，害怕他對我出氣。我想逃走，但我像隻被困住的狗，被我的軟弱和恐懼困住。我想哭，想說出那些溫柔的話，「原諒我」之類的，但我已經癱瘓了。

馬里奧經常求我在他情緒激動的時候安撫他。「只要輕輕撫摸我，我就能安靜下來。求妳，康蘇薇若，拜託。你看到我生氣的時候，跟我說話，侮辱我的母親，如果可以的話，妳打我，不要只是站在那裡。妳聽到了嗎？」

可恥的是，我就真的只是站在那裡看他發怒，直到他抱頭痛哭，渾身濕透地躺在床上。沒有一天不吵的，不管我新買了什麼，每天都有幾件摔到地板上。若鄰居擔心地敲門來問道：「他打妳了嗎？」我也總是平靜地探頭答說：「沒事，他從沒打我，只是情緒太激動而已。」

事情的真相是，我才是那個激動的人。我找不到任何出口。我對什麼都不滿意。如果他說：「我們去憲法廣場，讓妳散散心。」我就會回答：「憲法廣場？你對我真好！」如果他說：「我們去看電影。」我就答：「看電影？不要。你知道我不感興趣。跟你朋友去吧！」他老是這樣。他無聊得要命，所以我很後悔回到他身邊。但當他說既然我不滿意，他乾脆離開，我卻又向他保證以後絕不任性。

那段時間，我沒自殺只是因為我不想辜負上帝。但我焦慮到了極點的時候，也會求祂帶我走！黃昏或晚上，馬里奧還沒回家的時候，我會四肢伸開，臉朝上，躺在我的破床上。那張床的邊緣有彈簧，床墊是一大疊紙板和舊衣服，鋪上一條毛毯。加上一個我自己做的靠墊，這些就是我的寢具。房裡點了蠟燭，很明亮。我看著天花板，從內心流出悲喜交雜的淚，我會拜託祂、求祂帶我走。

我的身體屬於馬里奧的，但這對我來說太痛苦了！我這輩子從沒有想過要屬於任何一個男人，一次都沒有！我連想都沒想過！現在，每當他快樂地下班回家，擁抱我，我只感到又死了一遍。這一切令我恐懼。「這一切錯得離譜。上帝，讓我死吧！我不想要這種生活，我不是為了過這種日子而出生的。」我不是隨便說說，這關係我的存在。我所有的情感，內心裡的一切，都在祈求上帝賜給我這個奇蹟。我一直等待著奇蹟發生。你也可以說我已經死了。

馬里奧想盡辦法讓我快樂、滿意。但可悲的是，我裝不出快樂的樣子！我活像行屍走肉，他回家的時候說：「小瘦，妳在哪裡？親愛的，我回來了。妳怎麼了？為什麼哭了？來，我們出去外面吃飯，不然就去憲法廣場。不要難過。」他是如此愛我，卻不知道一分鐘前，我正祈求著結束生命，離開這個世界。

我想要學著愛他，當他母親寄信給他，勸他離開我。「那個女人不適合你。她比你老，又很有心機。離開她。在那裡找個好女人帶回家。我會寄錢給你。」我覺得我好像被千百顆石頭砸中一樣，每一個字都打得我瘀傷。我繼續讀到信的最後，「你兒子沒鞋穿了。寄錢給我買鞋，別浪費在那女人身上。」我轉過身看著他，「原來他有個兒子。」我掩著臉哭了。

事實上，我完全不了解馬里奧。我才開始對他產生的愛意又崩塌了。他向我解釋他兒子的事。於是他告訴我他和那個女人的過去。馬里奧的母親發現卡蜜莉雅懷了馬里奧的孩子後，強迫他們結婚。但都是那個女孩的錯，是她對他死纏爛打。馬里奧甚至一點也不喜歡她，因為她太前衛了。「妳聽我說，親愛的，有些事我沒有告訴妳，是因為要維護男人的自尊，但是卡蜜莉雅她……」結果他媽媽叫警察把他拉去法院，他身上只穿著內衣。他們從那裡又去了教堂——警察、卡蜜莉雅的父母、馬里奧的母親，一起幫他們證婚。沒多久，他剛過十六歲的生日，先是發現他妻子在舞廳和他的朋友亂來，後來又抓到她在她們家和一個軍人在一起；第三次，他看到她和另一個男人從旅館一起走出來。從此之後，他就離開她了。

我接受他的解釋，但心裡只想著，我們永遠不可能結婚了。一點都不可能。知道他有一個兒子後，我更不想靠近他。我覺得自己像個小偷。我還是照樣過日子，但什麼事都無法讓我快樂。生活失去了色彩。活著卻無滋味，是多麼難堪的事。我一無是處，徒有移動的軀殼，卻毫無感受。

到了晚上，他壓在我身上，我必須違背自己，給他我的身體，這是多麼恐怖啊！放棄自我，成為一個工具，沒有比這更悲慘的事了。但馬里奧對我說：「不，親愛的，這不完全只是出於我的欲望。有很多女人比妳更能滿足我。不，不要想歪了，親愛的。我這麼做是因為我想要一個小孩，妳的小孩。妳能想像嗎？一個像妳一樣的小女孩。如果妳能幫我生一個小孩，我不知會有多高興！」

小孩是我最不想要的。我會回答：「小孩？我的小孩一定要跟她的父親姓，你已經把你的姓給另一個人了。如果我跟你有了小孩，他就排行第二，我的小孩一定要排行第一。」

他不斷試著說服我，如果我能為他生一個小孩，是多麼了不起的事。有天下午，我怒氣沖沖說，若我懷了他的孩子，那天必是我的報應日。他從來沒打過我，但那天他動手了。他狂甩我巴掌。我沒有抵抗，因為我知道他是對的。

命運一直背棄我。有天早上，供奉的油燈溢出來，房子燒了，不是全部。但我們也只剩下了兩件馬里奧的衣服和褲子，和三、四件我的洋裝。我只是看著那些燒焦的東西。馬里奧點了一根菸。他說：「妳不哭嗎？」

「為何要哭？都燒掉了。」於是，繼續回到無味的生活。

想起某些事情總是令人很痛苦，有些事即使沒說出口，還是會感到難過。是啊，我本來要當母親了，我沒注意到任何症狀，所以當時並不知情。直到一月的時候我還覺得好好的。我沒有嘔吐，月經也沒有停。這是為什麼我跟馬里奧說我背痛，他還不相信。

「我在想我們是不是有孩子了？」我這麼說。但他對我已經失去信心。他冷漠地看著我：「妳當母親之前，郵局的大樓會先塌下來。我相信妳懷孕的那天就會死。」我只是緊閉著嘴巴，我們之間到後來就是這樣。

但那天晚上，就像其他晚上一樣，我不讓馬里奧睡在我旁邊。我叫他跟以前一樣睡在地板上。我們吵了一架，他很生氣。他哭著罵我，還提到他的妻子，說她重要得多。

「對，卡蜜莉雅比妳厲害。她幫我生了一個兒子，妳生都生不出來。妳一無是處！」我當下受到極大的羞辱，我半裸著躺在他身邊，就只是一直被羞辱。我蒙住頭，這樣就聽不到他說：「卡蜜莉雅、卡蜜莉雅！來吧，我需要妳。只有妳能滿足我的需求！」

他哭著拿一本雜誌打我的臉。他像是氣得喝醉了。我看他抓了他的剃刀，以為他要對付我，但他伸出手，往自己的手腕割下去。無論如何，我設法讓他把刀丟了，把他扶到床上。那一整個晚上，我的腹部劇痛。隔天一早，他不顧我的抱怨去工作了。

我聽到有人叫：「康蘇薇若，北風把妳的衣服吹走了。」雖然很睏，但我立刻起來跑到繩子那裡收衣服。水泥地很滑，我摔倒，昏了過去。我醒來後，已經在婦科病房躺了兩天了，馬里奧在我的床邊哭。我看到他那樣，忽然對他愛憐了起來！他要我原諒他，他鄙視自己竟然不相信我。我笑了。他沒有拋棄我，有他在身邊，我覺得很快樂。我在那裡的五天，他每天都來看我。他不想讓我父親知道。但我覺得很難過，身心支離破碎。感謝布里琪姐，我發了電報：「爸爸，我在醫院，需要錢。」

有天下午，一個新生兒的哭聲把我喚醒。過了一會有個擔架床過來，上頭躺著一位剛生產的女人。我直到那時才覺得，沒看到我的孩子在我身邊有多難過。懷裡有個孩子是多美妙的事啊！我出院後，每次看到小孩在街上玩耍都會感到很難過。每次我都會想到：「我的孩子如果在，現在已經六個月大了。」或者再過一段時間，他又更大了，這個念頭持續了好一陣子。隨著時間過去，我放任自己，想要抹滅發生過的事。

我在家裡等待父親的回覆。一點回音都沒有，這讓我很擔心。他不可能恨我恨成那樣。有天下午，我躺在破布鋪的床上。房間大約六乘六英尺見方，牆壁薄薄一片，天花板是黑色的壓縮紙板，支撐的六根橫樑是用釘子跟瓶蓋釘起來的。牆上有三根水平的橫樑，其中一根當成放聖人像的架子。我的衣服則掛在牆壁的釘子上，鞋子放在木盒子裡。

我就在那小小的房間裡，一個人。馬里奧去郵局工作了。我整個身體都痛。我的臀部和雙腿好像被人用棍棒打過一樣。我雙手發麻，臉頰腫起來，牙齒打顫。而且我耳鳴。我只聽得見嗡嗡的聲音。

然後我的疼痛慢慢消失。我的身體活絡了起來，好像我忽然被分成兩部分。一部分浮在半空中，另一部分躺在床上。「終於……」我喃喃自語，嘴角帶著一抹微笑。我覺得很輕盈，好像從來沒有這種感覺，我看到祂，就在天花板那裡。有一道奇異的綠光穿過，中間有微弱的火焰。彷彿要把我融入其中。我的身體不再感到疼痛。我像一塊薄紗，慢慢地，升到空中。

我找不到言語來形容這種美好的感覺。我只能說，我緩緩進入虛無當中。這是我用畢生等待的一刻。我感受到無限的幸福、無法估量的喜悅。這樣持續了幾分鐘。遠遠地，我聽到鄰居小孩的聲音：「康蘇薇若、康蘇薇若，有人來找妳。好像是妳爸爸。」於是那種感覺消失了。我真希望可以一直那樣。清醒後，腹部一陣劇痛，我抱著我父親。

我們都哭了，等到彼此都冷靜一點，他對我說：「妳上學就是為了變成這樣嗎？妳因為這樣去當速記員？看看妳住在什麼樣的垃圾堆裡！」

我一陣怒氣上來。這之前，沒人敢這樣說我的房子，這裡我作主，這裡東西放在哪裡都隨我的意思，不用怕別人，這裡瑪莉亞或布里琪妲或其他女孩可以來找我聊天，不用不好意思，這裡不會有人說我跟豬其實沒什麼兩樣。我已經愛上我的小房子了。「爸爸，我在這裡很快樂。馬里奧人很好。他沒有給我很多，因為他做不到。但他是好人。」

父親要我跟他回墨西哥城，他帶了另一個醫生來，醫生說我可以長程移動。我想了想，馬里奧跟另一個人在法院和教堂結婚了，不能離婚。他還有一個兒子要養。而且，馬里奧開始羞辱我，說他的妻子優於我。「妳跟她根本沒得比！她的皮膚白多了，妳的皮膚是黑的。她幫我生了小孩。這才叫女人！」我不想和馬里奧行房時，他對我說了這些話。

我答應和爸爸一起走。馬里奧留在蒙特雷。我告訴他：「如果你願意改，我會等你。你知道我的，我不會讓你失望。」我搭了巴士回到墨西哥城。父親想帶我去卡薩格蘭德，意思就是，要再次回去面對黛莉拉。我不想跟她有任何牽扯，所以他帶我去阿姨家。馬里奧馬上就寄了信給我。我還留著那些信來安慰自己，那些充滿愛和柔情的字句。

過了十五、二十天，馬里奧來我阿姨家。我當時康復了。父親付了所有的醫藥費，包括四次輸血、血清和注射。馬里奧說他會還清這些錢，但我已經想著，我們該分手了。我無法再委身於他。我不要再和他去蒙特雷，於是他搬回他母親家。

我現在知道了，當我拒絕馬里奧時，我就失去了在我的人生中擁有自己的家和家庭的機會。他從一開始就對我很好，他替我說話，為我辯護，他賺的全都給我，每件事問我的意見。但我那可惡的驕傲和無知，我不知道該如何珍惜那些東西。

在阿姨家，戰鬥又開始了，而且比之前更激烈，因為我姨丈罵我的時候，不再忍著不罵三字經了。鄰居覺得我很可憐，但也說了更多閒話。我像隻逃回家的敗犬。

我開始找工作。我從朋友那裡得知傑米飛黃騰達，依舊單身。他薪水很高，但對我來說都無意義了。我在二手車行幫魯伊斯先生工作。他人非常好，但我受不了那些技工和經理，他們愛在辦公室打牌，髒亂又粗魯。整天在辦公室，我得保持強硬，那些男人才會尊重我。我找不到其他工作，只好先待在那裡。不過因為這份工作，我得以認識了魯伊斯先生的阿姨，她後來和我變成好朋友，還在我需要的時候伸出援手。

同時，家裡有些變化。父親在金色殖民社區買了一塊地，蓋了一棟小屋。他買彩券中了兩千披索，所以有錢買那塊地。他賣了幾隻豬，賺了錢蓋房子。那是我父親的第一筆不動產，而且他是我們親戚朋友裡面唯一有如此成就的。但那間房子不是給我們住。露碧塔和我一半血緣的姊妹安東妮雅、瑪莉蕾娜住在那裡照顧父親的牲畜。小雅有兩個孩子，但她沒有和孩子的父親法蘭西斯可住，因為他不想，也無法給她一個家。她和法蘭西斯可正式成為伴侶後，父親就一直扶養她和她的孩子。

瑪塔現在有三個女兒，也為了生計離開她丈夫克里斯平。她搬回卡薩格蘭德的時候，家裡很擠。馬努埃爾和四個小孩、羅貝托、父親、黛莉拉和她兒子，還有瑪塔和三個小孩都住在那裡。於是父親決定和黛莉拉搬到失子街，讓瑪塔管理卡薩格蘭德的家。

瑪塔很憂鬱，我試著鼓勵她：「別傻了，妹妹。離開克里斯平是正確的。他不盡他的責任，妳還跟著他做什麼？妳看，妳還年輕，還有時間，但如果妳又懷孕，妳就完了。學點什麼，裁縫之類的……只要花幾個月的時間，妳就可以在家裡工作。附近有個職業學校，去看看要多少註冊費，讓我知道，我來付。你去學校的時候，阿姨會照顧女孩們。去吧，而且要讓我知道。一切都還來得及。」

我坐在床上想說服瑪塔，但她保持沉默。她坐在門邊的凳子，雙眼垂下，看起來很美。但她就像個活雕像。我希望她看我一眼、做個手勢，讓我知道我的話有點作用。我想看她笑、看她對生活有熱情，就像她年輕的時候和女孩子混的樣子。我記得，她笑的時候會露出潔白的牙齒和酒窩，還有她和朋友手勾著手走路的樣子。但現在，她對我的關心毫無回應。她像個兵馬俑一樣，只不過是會呼吸的罷了。

我想幫她找個工作，讓她換個環境。我想讓她知道，在別的地方，還是會有對她好的人，她可能遇到負責的年輕人，能幫她解決家庭問題，教養她的女兒。很長一段時間，我拒絕接受我妹妹和她身邊的人一樣，屬於那種沒教養的階級。

但她總是曲解我的意思，不懂我話裡的善意。她覺得我是那種放蕩或瘋狂的女人，用身體得到一切，這讓我很受傷。我甚至後來才知道，我的妹妹，我親愛的小妹，是那樣看待我。我工作的時候努力打點我的外表，擦口紅、塗指甲油，花時間整理頭髮。儀容整潔才能在公司裡保持地位，別人才不敢來招惹我、踩在我頭上。我不是為了取悅男人而打扮的！我妹妹不懂。對她來說……我現在可以笑笑地講了……打扮自己意味著我是個蕩婦。

我完全沒想到，她寧願尖酸刻薄地回應我的善意，寧願一副邋遢樣，來維持個人的「道德」，或是穿著保守來證明自己的信仰，甚至精簡語言，好讓小孩尊敬她。她的這些舉動，都是為了贏得父親的歡心。我反覆地思考，想要了解她，但我就是無法。我到後來總是說：「喔，可憐的孩子，她沒有和母親相處過。」

瑪塔對我的建議完全不理會，她答應幫馬努埃爾照顧小孩，雖然我知道，她根本不愛他們。我搬去幫她忙。父親每天七點左右會來看我們，留給瑪塔當天的花用。馬努埃爾、羅貝托和我都在工作，一開始過得還不錯，但後來馬努埃爾不想給錢了，羅貝托也常不在。我不能吃我妹妹在家用豬油煮的菜和肉，為了避免和她吵架，我就去便宜的餐廳吃晚餐。那幾乎花光了我賺的，所以我也不給家裡錢了。

瑪塔不需要我幫忙，但我不給她任何東西時，她還是很不高興。我發現每天早上父親都拿肥皂、咖啡、糖、米、番茄、油、巧克力等等給她，還給她十披索，我當然覺得很受傷。他甚至給她錢，讓她一個禮拜去看三、四次電影，還有小孩的鞋子、衣服，她需要什麼都可以。她很享受父親的關心，還有她想要的所有自由。每天早上她都帶著孩子去市場或市區，看著店裡的櫥窗，那時羅貝托在工廠工作，如果她想要什麼，就去向羅貝托要錢。週日的時候，瑪塔就和我阿姨、姨丈出去聖殿或公園，吃總匯墨西哥捲餅、喝普逵酒。我偶而會在卡薩格蘭德看到克里斯平的蹤影。我會問自己，為什麼要幫助她。她讓父親和哥哥都站在她那邊，想出去就出去，甚至去和她丈夫相好，什麼都不用擔心。而且她還有小孩。我只有工作……連在家也不得安寧。

日復一日，瑪塔和我有越來越多意見分歧。她有個壞習慣，讓她小女兒崔妮妲光著屁股出去。自然而然，小孩就在地上或其他地方方便。我一直要瑪塔幫小崔妮把褲子穿上，教她去哪裡上廁所。但我妹妹只會生氣，說我以為我自己是上流社會，或「假洋鬼子」（*pocha*），只會模仿別人。有一天，小崔妮大在地上、靠近瑪塔煮飯的地方，我大發脾氣。我妹妹繼續煮飯，然後把她抱起來，在水槽裡幫她洗乾淨。

我控制不了自己，問她：「妳為什麼不教她坐在尿壺上？妳這樣讓她跟豬有什麼不同！」

「如果妳有潔癖，就搬出去！妳沒拿一分錢回家，又這麼嬌滴滴。妳怎麼不搬去洛馬斯區跟有錢人一起住？」

我妹妹這樣回我，不聽我說的話。我叫她把垃圾桶和煮好的菜蓋起來，以免老鼠跑來；把髒衣服放到洗衣籃，籃子放到床底下，不要成堆放在水槽；食物遠離陽光或爐灶，以免受熱壞掉，但她拒絕學習。我告訴她聖地亞哥先生的家是怎麼樣或我某個朋友怎麼整理家裡，她就會頂嘴，說我看不起窮人。她在朋友面前取笑我，每天對我父親抱怨我，但父親總是袒護她。

瑪塔不喜歡照顧家裡的小孩，還在紙杯工廠找了個工作。她沒告訴我她要去工作，第一天，她早上七點就出門，一直到晚上七點才回家。我和孩子們在家，擔心了一整天，不知她去了哪裡。

我才不要負起照顧小孩的責任。我繼續外出工作，父親於是僱用了一個女人來做家事，她自己有兩個小孩，一起搬了進來。屋裡比以前更吵、更擠。每天晚上我都得吃藥，精神才能安寧。我坐在床邊看著昏暗的房間。電又被切斷了，蠟燭照不到桌子，照不到孩子們蒼白的臉和手上的咖啡杯，也照不到蓬頭垢面、圍裙掉一邊的妹妹，她還在大叫，要康瑟絲昂幫小崔妮洗乾淨。「快點！臭小孩，妳最好趕快把妳妹妹洗一洗！」我的外甥女難過地放下咖啡和麵包，去擦滿地的穢物，看到這一幕，我都要瘋了。

晚餐結束後，大家都上床。瑪塔和她女兒在大床上，我和瑪莉琪塔、康琪塔在我的小床上，阿拉那斯、德明哥和羅貝托瑟縮在冰冷的地上。現在，幫傭和她的孩子也睡地上。一個又一個晚上，在我眼前的，是一幅傷心的景象。我想改善，但那時候，我幾乎不敢說話。他們什麼事都責怪我，連煤油爐的燈蕊點不著也怪我。不只是瑪塔和我父親，連羅貝托也說家裡的爭端都是我引起的。他們要我搬出去，但我不放棄，一定要努力讓他們過得更好。而且我害怕獨居。別人會說我壞話，男人也會占我便宜。

更糟的是，馬里奧和傑米分頭來找我，傑米依舊是個醉鬼。有天晚上，我正離開阿姨家的時候，看見傑米走向卡薩格蘭德。我跑回我們的庭院，他看見我跑，也跟著跑，不過感謝上帝，我比他先到家，趕緊把門鎖上。一天接著一天，傑米都在附近徘徊，直到我和他談話，答應和他出去。他說他依然愛我，想要跟我結婚。我不相信，所以消極應付他，以免惹上麻煩，尤其是他喝醉的時候。老實說，我對家裡很厭煩，在家也吃不好。他帶我去餐廳吃飯、去看電影、送我禮物，於是我也存了點錢。

同時，我哥哥羅貝托建議我用自己的錢買一台錄音機，他說如果我在舞會和節日的時候出租，很快就能回本賺錢。而且如果我需要錢，再賣掉或當掉就好。我喜愛音樂，也想著，如果能有自己的錄音帶該有多好。有一天，我生病躺在床上，羅貝托過來對我說：「妹，我遇到一個人，要賣一台很好的錄音機，他賣四百披索。」

「真的？」我必須承認我不相信羅貝托的話，但他是我哥哥，是我摯愛的家人。我常覺得他是吃最多苦的人，因為我們沒有母親。我想讓他知道，我對他有信心，相信他是出於一片好意，讓他覺得，至少有人相信他本性不壞。總之，我給他錢。他說會立刻把錄音機帶回來。

我在等他的時候，阿姨來跟我收她幫我洗衣服的錢。我告訴她我剛才做的事，她很生氣，說我太笨了，不該給他半毛錢，這分明是在引誘他。

「可是阿姨，他是我哥哥。他怎麼可能會……」

後來，我哭著去找阿姨，因為羅貝托沒有回來，阿姨和姨丈又訓了我一頓。我告訴我朋友安荷莉卡這件事，她也說：「妳這個大笨蛋，怎麼會這麼蠢？妳為什麼要給他這麼多錢？」

「但他是我哥哥！」我哭了，不是因為錢，是因為他辜負我的信任。我在卡薩格蘭德附近的咖啡廳找到他，他和朋友在喝啤酒。我不敢問他錢的事，我怕他在朋友面前丟臉，也怕傷害他的自尊或惹他生氣。

「怎麼了？」我只問這句話。

「沒什麼。」他只答這句話。

我想，找阿姨和姨丈跟我一起去問錢的事可能比較好，於是我去找他們。我們回到咖啡廳的時候，我哥哥走了。他三天沒回家，剛好讓我有時間哭。我再看到他的時候，沒要他解釋，只說：「還我錢，你可以分期付款。」於是他每個禮拜給我十或十五披索，直到他還了將近一半。

他從沒為這件事向我道歉，他只說，那台錄音機不好，他本來要還我錢……我在咖啡廳看到他的時候，他口袋裡還有錢……但他的朋友來，他請他們喝酒。「我會還妳的，別擔心，妹妹。」

我多麼希望我哥哥會改變！我以為給他建議和支持就有用，至於念書……如果他有讀完小學就好了！如果他肯試一試！當我看到事情的真相，震驚不已。我不想相信他永遠不可能改變。

兩天之後馬上又出事了，當我大病初癒，骨瘦如柴的時候。瑪塔和我本來已經睡了，但在卡薩格蘭德門口賣墨西哥捲餅的露茲太太敲門，說警察在打羅貝托。被別人這樣叫醒有多恐怖！我們立刻跳下床。瑪塔睡覺時都穿洋裝，但我得披上老舊的藍色睡袍。我全身嚇得發抖，因為我知道警察會做出什麼事。我飛奔過去，看到羅貝托躺在地上，兩個警察踩在他身上狠狠地打他，打得他都吐了。他鼻子流血，嘴裡還在罵警察，這只讓警察打得更用力。

我大叫：「不，羅貝托，小哥，閉嘴，這樣只會更慘。」

瑪塔對警察說：「放了他！不要這樣。你們看不出來他喝醉了嗎？」

「哼！叫這個王八蛋閉嘴，不然……」他們拿棍棒一直打他。我的天哪！我覺得很絕望！我轉身求救，尖叫著：「他們會殺了他的！誰來阻止他們！」

三個羅貝托的朋友想插手，圍在旁邊的人群也說要出手，但警察拿出槍，把他們趕走。警察看到我哥哥一動也不動就跑了。瑪塔和我哭了。路人建議我們帶羅貝托去警察局，告那兩個警察，於是瑪塔回去抱崔妮妲，她還在喝奶，我回去拿外套。我拿了五十披索的私房錢，去找計程車。一台救護車來把我哥哥和兩個當目擊證人的朋友載到警察局。

我們到的時候，羅貝托正在接受治療，他哭著說他的頭、肚子、兩腿都很痛。他不斷辱罵警察，這讓事情更糟。我用手摀住他的嘴巴……醫生準備把他送到醫院，救護車要走的時候，馬努埃爾到了，知道發生什麼事後，他很生氣。他陪羅貝托去醫院，瑪塔和我留下來想要討個公道。公道！我們在那裡待到早上五點，什麼也沒討到，只是浪費時間。

我陷入絕望當中。我和瑪塔處不好，錢又都花在羅貝托身上，我父親把孩子們帶去給黛莉拉……我覺得如果我再看到他兇狠的臉，聽到他尖酸的話，每天威脅要把我和羅貝托趕到街上，我會生病。我再也忍無可忍，決定搬走。

我老闆的阿姨安德麗亞女士聽完我處境後，清了一個空房租給我，當然，我修飾了一下我的故事。她幾乎是住在城的另一邊了，所以我以為我能逃離這些煩人的事。

但傑米找到我。一開始他很守規矩，我漸漸對他產生依賴。然後又吵架了！「我不希望我家裡的人知道我來找妳。我母親不准，如果我父親發現了，免不了會大鬧一場。但如果妳願意，我可以準備一個房子給妳。」他不跟我結婚，反而要我當他的情婦。

很多男人這樣問過我，有些人甚至在預期之外。有個我們家的朋友，我一直當成叔叔的人對我說：「如果妳想，妳就工作；如果妳不想，也不用，我幫妳安排一個住的地方。」然後是我的親戚：「如果妳願意，我幫妳在別地方找個房子，韋拉克魯斯或瓜達拉哈拉。」我再也不跟他說話。伊利達的丈夫也是，我把他當成朋友，但他說要「照顧我」。

我的心很亂，「天哪！」我問自己：「我看起來像個尋歡作樂的工具嗎？」我想遠離這些惡魔，但好像受到詛咒一樣，他們如影隨形。我開始害怕每個人。有天晚上，傑米來了，喝得醉醺醺，邊罵我，邊踢著安德麗亞太太的門。他在這高貴的房子外無恥地喊叫，吵醒了我，我感到一陣衝擊，頭昏目眩。

那段時間我沒有按時吃飯，有時候因為我沒錢，有時候因為我不餓，不然就是要趕公車。每天工作受的氣一直傷害我的健康。我瘦到他們叫我「肺癆鬼」。我也神經失調。我還哭得整個人都痴呆了。我說話的樣子像個智障或醉鬼，更不用說工作上犯了一大堆錯誤。

我開始做些栩栩如生的夢，其中一個，其實是惡夢，從我在一個沙灘上開始。我游到一座島，發現一個小洞。我過去看裡面是什麼，忽然，腳下的土地裂開。我跌進一個漩渦。我拚命掙扎想回到水面，但漩渦把我捲了進去。我以為我會死。我一直往下跌、往下跌。當我到底的時候，漩渦把我沖到一個土做的房間，中間有一個平台把房間一分為二。一邊有個像印第安人賣的木梯。水從房間的一邊流過，但沒有流進房間。我的衣服都被撕成碎片了，我的頭髮很長又亂七八糟，雙腳被房間的泥土覆蓋。奇怪的是，有個電燈泡掛在平台的樑上。我爬上梯子。忽然出現了一個男人。我可以看到他的穿著，像個海盜一樣，但看不清他的臉。他把一條繩子往下拉，於是泥土開始往我身上傾倒，滿坑的沙和白色的土。我繼續爬，出乎意料的是，平台另一邊有個藍色的湖。但是，我也不知道怎麼搞的，人就在一艘船上了。船上的人救了我，但我一直叫他們讓我走。他們不要。

小船翻了。我又跌進原來的漩渦，被水和沙淹沒。我使盡全身力氣抵抗、掙扎，又逃到那個洞裡。我全身都在水裡，除了頭，頭上還戴了一頂防水帽。水是深綠色的，有一塊板子漂過來，我往那邊游過去。我到的時候，有人把我拉到板子上。我看不清楚那個人的臉，只看到伸出來拉我的手。我精疲力盡，癱在板子上，但還是在漩渦中。我再也沒力氣游泳了，趴在板子上，一直轉、一直轉。

我的身體情況越來越糟。有天晚上我回家的時候，昏倒在公路上。我不知道我在那裡待了多久，直到我醒來，回去安德麗亞太太家。安德麗亞太太以為我醉了，一直規勸我。最終我倒在床上。我害怕黑暗、害怕人群、害怕車子的聲音，我再也無法工作了。

父親把我帶到露碧塔家。我不記得頭兩天的事了。我只記得我看著大家說話，也不記得說了什麼。忽然間，我誰也不認得了。每樣東西看起來都很大，而且像要掉在我頭上一樣。聲音聽起來都既遙遠又奇怪。我頭痛得不得了，不得安寧。晚上他們會用酒精擦我的頭，所有的東西看起來都在遠方，家具很小又離我很遠。還有人的臉孔，他們笑的時候，我簡直要昏倒過去，我分辨不出是誰。好像有個聲音在說，我來幫妳，我猜是露碧塔在那裡。我好一點之後也無法說話，一直結巴。

我第一次自己去醫生那裡的時候，我站在街上。我忘記那個地方在哪裡。忽然間一切又都變了。我開始發抖、哭泣。一個女人過來問我是不是迷路了。

「迷路？我要去哪裡？」我問。

「當然是去妳家？」

「我家？」我不記得了。過一會兒，我振作起來，走到拉蒙醫師的辦公室。他說我不該獨自外出。我父親來找我。回家的時候，我覺得床看起來好小，我根本不可能躺在上面。我從很高很高的地方看著，然後跌到床上睡著了，不知道睡了多久。

我在這片虛無飄渺之中，想要解決我的問題。我覺得很孤單，想要把自己拉起來的時候起床，又聽到其他人嘲弄。我覺得很多東西像漩渦一樣在我面前打轉，很多畫面跳來跳去，都是些我不懂的事情。我覺得人們充滿了敵意和怨恨，想要傷害我，看我墮落。我不知道為什麼事情會這樣，也沒人幫我。我不太理解，但下了一個結論，我再也無法改過自新了。我覺得很害怕，也不知道在害怕什麼，只知道我不是怕死，死亡似乎一直呼喚著我。我到街上的時候一直發抖，雙手出汗。我看到很多人就想跑。過馬路的時候我會很想衝進車道。我病得很重，只有對上帝的信心支持著我。然後我就好起來了。

有天晚上我做了一個彩色的美夢。它給了我勇氣。我在一個很美的房子裡，是學生的宿舍。但首先，它是路邊的咖啡廳，那條路是林蔭大道，人們遠足的時候就走這條路去游泳。在兩層樓的咖啡廳裡，桌子在我後方，屋頂是稻草做的。屋頂和我靠著的梯子之間，一縷縷的青草蔓延纏繞著，有小小的心形葉。我往下看，不遠的地方有樹和一片湖，湖的四周砌著小圓石，湖水是清澈的藍色。突然從某處來了好幾對情侶，走在通往湖的走廊上，手牽著手，男孩深情地回頭望著女孩。我從上面微笑看著他們。有人上來找我，我立刻走下梯子。

我往下走到游泳池，但游泳池消失了，我發現自己坐在紅色的高腳桌旁，隔壁是一個書櫃，靠著棕色的牆。書是深棕色的。書櫃旁邊是一道窗，窗戶下是我的床，非常小的床。又來很多年輕的男人和女孩，我不知道他們從哪裡來。我驚訝地看著他們，手上還拿著一本書。他們大聲地有說有笑。

我被他們的衣服給吸引，有人穿著紅褲子、黃襯衫。男孩們轉身看著他們的女朋友，手拉著她們。他們跳過我的床，然後消失在窗戶外。有個男孩，最後一個，要我和他一起跳過窗。他笑著對我說：「來吧，我們走！」他們看起來都很開心。而我，雖然疲累不堪，也覺得很快樂。他們全都不見後，我的房裡只剩下寂靜。我轉過去看著牆壁，看到不可思議的顏色！是開心果的綠、紅寶石的紅，還有美麗的黃色。我闔上書，把它放在紅色的桌子上。我發現我有一頭長鬈髮，也穿著紅褲子。

我走到窗戶旁，又看到了剛才的年輕人，在房子的遠處，還有一片深綠色的籬笆。地上的草是黃綠色的。年輕人個個都是金髮，儀容整潔。他們跑著，跳過籬笆。最後一個男孩一直要我跳。「來吧！來吧！快點！」但我只是待在窗邊，搖搖頭。

他們消失蹤影後，我有一股難以克制的衝動，想要跟著他們，於是我跳出窗外。穿越林蔭大道、跑到一半時，我回頭看了看房子。那是一座白色的房子，美輪美奐，我很後悔我離開了。但有個聲音告訴我，我再也回不去了，所以我一直跑，想要跟上其他人。我看不到他們。我只聽到他們的笑聲。我想爬過籬笆。終於跨到上面的時候，我定住不動了。我醒來的時候，發現我橫躺在籬笆旁，臉貼在地上，看著綠色的草地和有個紅色屋頂的白色房子。

慢慢地，我恢復力氣，不再膽怯。深深的漩渦逐漸停止，水也清澈起來，慢慢地我浮上來。我再次感到活著，是個全新的康蘇薇若。我的身體結實，不像以前一樣殘缺。我體力恢復了，彷彿回到學生時代。我知道自己重生了，我是一個有用的人，套一句我父親的話，比「一粒花生米」還有用。我開始認識生命的真實面貌。

內心深處，我感受到強烈的痛苦和憤怒，但比從前好多了，因為我已經能夠面對傷害我的人。我真的不希望傷害任何人，尤其不希望傷害我父親，我寧願靜靜地承受沉睡在我體內的痛苦。我可以再次面對傷害我、羞辱我的人，這樣就夠了。我覺得我可以為自己發聲，拒絕別人的傷害。我可以無畏地面對世界，這樣就夠了。

我一直渴望能完成「某件事」，某件與認知不同的事，某件我圈子以外的事，甚至我能力以外的事。我不甘於只在我開始的一個點或一個地方，不管是出生地或是工作。我不想侷限在一個工作，一個科目或一個活動，那沒有吸引力。我也不想照著前人鋪好的路走。我反對到哪裡都聽得到的「命運」這個字。「他生來就是個鍋子，從沒離開廚房。」我從父親、阿姨、朋友和鄰居那裡不知聽過這句話多少次！守靈的時候，他們會說：「這是他的命！」這樣他們就會滿意了。但我不會。我很怕說出我的想法，因為一定會被其他人圍剿。他們會說，妳以為妳是誰，竟敢違背命運？我家人尤其會，他們會說我是最軟弱又最愚蠢的，還是最叛逆的。他們從來就不了解我，所以我也不會說出我的想法。但我會思考發生的事，試著找出原因。我一輩子從沒相信「命運」這種事。

他們會說，「誰都無能為力」、「不要違抗上帝的旨意」。我不能接受這種說法，不惜與教會和神聖的戒律對抗。更甚者，過去我從不敢違抗神的旨意，現在我會研究祂的性格，反覆思量，從各種層面了解祂的想法。我注意到某些人不會向命運屈服，反而會以無法摧毀的意志與命運對抗。我認識一個西班牙人，從事家具生意幾個月後倒閉了。但他不放棄，借了錢重新開始。他重頭來了五次，終於達成他的目標。於是我發覺，那不是命運，是意志力，意志力讓他成功。

我們鄰居裡面，也有一些發達了，變成中上階級。勞爾成為會計師，另一個在電影圈工作，還有一個自己創業。他們當中沒有人加入幫派，穿著髒衣服在街上閒逛，說一些不合文法或低級的話。他們很認真，學習好的穿衣品味，永遠不怕別人批評。堅持、拒絕、不臣服於多數，這就是他們的祕訣。我不知道他們在反對什麼，但他們好像總是不滿某些事。他們會說：「什麼？一定要聽我的！你想都別想！」或者：「不，老兄！你以為我會照你說的做，你就太蠢了！」

我坐在門外的長凳子上或靠在牆上時，會想著這些事情。大家說我想太多了，說我「住在雲裡」，張著眼睛做夢。但我是在觀察人群。我發現，一個人若要抵擋其他人，要有很堅強的性格。人一定要對英俊的面孔、昂貴的褲子或受歡迎的男生完全漠不關心。如果這些男生委屈自己，選了一個年輕的小女孩，或穿著比他隨便的女孩，那個女孩通常會受寵若驚，以為自己拿到冠軍之類的。在舞池裡，這些「高人一等」的男生選我，我會接受，但跳到一半就會把他留在舞池中央。這對任何人來說都是殘酷的懲罰。我這麼做是為了報復他驕傲的態度。

我還發現，最重要的是不要冒犯人。比如說我妹妹開她朋友的玩笑時，通常我會假裝很好笑，即使我聽不懂。但我從不會對茹菲莉雅這樣，因為她會生氣地說：「妳這個笨蛋，妳比我大嗎？憑什麼跟我開玩笑。」自然而然，那樣的人只會讓大家討厭罷了。要找到一個恰好的方式來對抗這個環境真的非常非常難。如果我太認真，就會被排擠，如果我太平易近人，其他人又會騎到你頭上。

我的夢想和我住的圈子裡的人不同。學了速記還不夠，我還想學語言。為什麼？誰知道？我是個打字員的時候，就夢想成為飛機裡的空服員。這個夢想離我很遙遠，但我也沒有放棄。在我腦子裡，靜靜地渴望著的，是錢。我需要錢才能活在不同階級，變成另一個圈子的一員，成為有價值的人，過更好的生活。

我為什麼想要錢來過更好的生活？不是因為我追求物質生活，是因為我覺得，如果我可以跨過這道困住我的牆，慢慢地，我就可以把四個姪子姪女帶出來。錢可以請一個律師把我變成他們的監護人，保護他們，送他們上學，建立一個我與我自己的哥哥妹妹無法成功建立的家庭。我不希望歷史重演，他們一定不能變成另一個馬努埃爾、羅貝托、康蘇薇若或瑪塔！我想要給孩子他們欲求的一切，看到他們好好長大，有正當職業，如此他們才能面對人生不畏懼、不羞愧，踏著堅定的腳步前進。我要他們愛我。

我也希望如果我能離開我的圈子，我哥哥羅貝托也能逃出來，浮出水面，他才可以自由呼吸、無懼地過活。然後等我老了、有成就了，就可以有勇氣露臉，知道自己的人生不是一連串的悲劇，而且我的家人也是有價值的。

我的病痛和環境讓我昏沉，而這些就是驅策我清醒的動力。我以前看不清這個。我只是隨著自己的喜好走，只要我喜歡，不需要別的理由。我一直以為這樣就能成就些「什麼」，完全不往前看，不去注意前方是否有樹幹會掉下來把我擊倒。

我覺得氣力恢復好些後，就找了個辦公室的工作，薪資很少，工時又長。我和露碧塔住在卡薩格蘭德的時候，不需要付房租，我沒小孩、沒丈夫，連男朋友都沒有。我有時間做我自己想做的。我本想利用晚上的時間去上中學，但我太累了，而且得花上好幾年才能畢業。有好幾個月，我從辦公室回家，又從家裡去辦公室，除此之外，沒別的事了。我覺得自己又再度掉進家庭糾紛的大海中。「羅貝托喝醉又打架。」、「瑪莉琪塔眼睛發炎了，馬努埃爾都沒注意。」、「瑪塔又回去找克里斯平了。」、「瓜達露佩阿姨需要三十披索付上個月的房租。」

我必須離開我的家庭，於是我開始物色有家具的房間。我花了兩週，終於找到一個付得起房租的地方。但他們不接受單身女性，我只好說我是別州來的學生，才能在曼薩納雷斯博士街的一位女士的公寓，租到一個月一百九十披索的小房間。

女士也租房間給其他房客，其中一個叫碧特麗思的房客和我變成朋友。她人很好，我也喜歡她，雖然房東警告我她品行不佳。碧特麗思早上會叫我起床，我們在廚房一起吃早餐。她曾說過：「好姊妹，我們都是孤獨一人，所以需要彼此。」有時候我和她會坐在門外的長椅上曬太陽。郵差菲力普會停下來和我們聊天，逗我們笑，碧特麗思的男朋友亞歷山大有時也會加入。房東不喜歡這樣，事後總會罵我們：「只有阻街的女人才會像那樣坐在門口找客人。現在開始，請待在妳們的房間。」但我們的房間又陰又冷，所以我們就不管那個老太婆的話了。

但因為一些事情的關係，她開始找我們麻煩，扔掉我們的食物或任何我們留下的東西，我們想吃飯的時候，就把廚房弄得到處是水，或把垃圾撒在地上。她想調漲租金，因為我一個禮拜至少洗三次澡，十點以後還開著燈。她也不讓我們熱牛奶、豆子或肉，因為那樣耗太多瓦斯；她還會檢查爐上的鍋子，確認我們有遵守規定。

我漸漸受夠了女士。我發現她的公寓沒有租屋登記，牆上也沒有繳稅證明。我算了一下，她從房客這裡的收入一個月大約有一千披索。有次我剛好沒錢，遲交房租兩個禮拜，請她等等，她就生氣了。隔天，廚房又淹水，浮滿垃圾。

我很生氣，跑去她的房間敲門：「女士，妳是什麼樣的魔鬼啊！妳覺得我默不吭聲就表示我會讓妳虐待嗎？」

「如果妳不喜歡，就搬走啊。」

「我高興的時候就會搬走，但我會先去告發妳在這裡私下營業。我想妳有繳稅吧？妳的納稅證明呢？妳只是在這個洞裡隔幾間房間，收我們這麼貴的房租，還敢罵我們是蕩婦。誰知妳是哪個階級的蟲啊！我還知道，妳有前科！」

那個女人一句話也沒說。她只是乖乖地站在那裡。也許我說對了。總之她再也沒來煩我們。我鬆了一口氣，因為我不想搬家，也不想離開碧特麗思，儘管我也開始討厭她的生活方式。亞歷山大是她的男朋友，幫她付租金和全部的開銷，但她跟別的男人出去，把他當笨蛋。我不想再聽到他們吵架了。

我搬過去五個月後，又聽到傑米熟悉的口哨聲。我不知道他如何得知我的地址(可能是我阿姨告訴他的)，但他有次在凌晨三點的時候按了每一戶的門鈴，在庭院中間大叫我的名字，咒罵我，好讓大家都聽得到。他開始跟蹤我上班，監視我。他會走在我後面，一句話也不說，這些舉動幾乎要把我逼瘋了。每次我出門，就不由自主猛回頭看。我又開始覺得神經失調，心想，我又得搬了。

我很幸運在報紙廣告上找到一個兩百披索的房間，是一個古巴家庭要出租。我很喜歡那裡！

房間乾淨，熱水充足，有個可愛的浴室、小客廳，還有電話。我也很喜歡我室友南希、愛密塔和她丈夫、露西和雷爾還有他們的小孩，以及從古巴逃來墨西哥、逃離巴蒂斯塔政權的朋友和房客。我在這裡受到真心的款待，室友們舉止有禮、樂於作陪，屋裡總是充滿歡笑和派對。他們會約我打牌，還很愛開玩笑。男人很敢調情，總說想跟妳做愛，但只要回幾句嚴厲的話，他們就會規矩了。我在那裡很開心，想永遠待在那裡。

但那家庭的經濟狀況變糟了。古巴那裡不再寄錢來，男主人失業了，露西和她男友有點問題，房客也相繼搬出去。愛密塔決定把房子以幾千披索讓給一個新房客。南希搬去和她那已婚的律師哥哥住，我一時之間找不到別的住處，只好先和新的家庭一起住，但我沒那麼喜歡他們。我又開始找別的房間，有一天我回去的時候，發現我的床和衣服擺在客廳中間，因為房東趁我不在的時候找人來粉刷我房間。我當時有支氣管炎，還得睡在客廳幾天。

我在索諾拉街的一棟大樓找到一個公寓房間。租金很高，要兩百五十披索，但那個社區是我住過最好的社區。我的新房東歡妮塔和一個僕人住在那裡，我是唯一的房客。她允許我用她的錄音機和電視機（那時我也自己買了一台小收音機），星期天也可以帶瑪莉琪塔或其他姪子姪女來玩。星期天我會洗頭、洗澡，休息。

某個程度來說，歡妮塔是個好房東，儘管有時候會嚇到我。她罵僕人的時候很兇，笑起來誇張到失態，還對我說了很多關於她自己謊言。她說她出身貴族家庭，但卻常講一些我從沒聽過的、極其難聽的話。我不在乎她的私生活，但她跟我說她的醫生丈夫每週過來兩次，可是這期間，又會有些「舅舅」或男性「親戚」來住上好幾天，我覺得很煩。

我不干涉她的生活，但她卻要我學習她的生活模式。她想介紹她的訪客給我認識，跟我說：「來嘛，康蘇薇若，不要傻傻的。妳還這麼年輕。在猶豫什麼？我有過三個丈夫，我知道男人都是同樣的騙子。妳要懂得怎麼占他們便宜。人生是用來享受的！告訴我，妳在怕什麼？」

「不行，歡妮塔，即使我想，也做不到。如果要這樣，我希望心裡不要有負擔，但我的良心會譴責我。」

「良心？現在不談良心了！只有教會才會講良心，因為它適合它們，現實世界裡，良心是什麼？告訴我，活在這個世界的，哪個不是普通人？在妳還沒老之前，享受生活，把顧慮都拋到一邊去吧！顧慮有什麼用，只是讓我們更蠢而已！很多男人在家都很不快樂，一旦在外面找到能滿足他們的女人，自然就會對她很好。因為這是一種生理需求，身體是誠實的，為何不好好利用機會。」

「可是……」

「不用可是！不要再笨下去了。人生不可能面面俱到。照我說的去做，最後妳就會找到一個人娶妳，給妳一個美滿的家。何樂不為？」

歡妮塔給我看她的手錶、項鍊、戒指。「看到這個鑽石戒指沒有？我其中一個男朋友送我的。我需要錢的時候就拿去當掉。看看它多美啊！」

我對歡妮塔有點尊敬和崇拜。她看起來很成熟，有自信。她擁有一切，漂亮的公寓、傭人、她想要的錢。在她旁邊，我好渺小。我想她八成是對的。我為了賺那幾個可憐的披索如此賣命。但即便如此，我還是看不起她，也無法想像過著她的生活。我生來不是那種人。我心裡想著：「最好走我自己的路，抬頭挺胸。她擁有很多是事實，但她也不知羞恥，對吧？如果我想要洋裝，就自己去買。如果我沒錢，就忍耐一下。我不能需要什麼就用身體去賺錢來付。而且如果我哥哥或孩子們發現了怎麼辦？不，絕不能妥協！歡妮塔，妳現在可能擁有很多，但有一天妳會後悔！」

我們辦公室有個女孩叫作卡美莉塔，也和歡妮塔住在同樣的世界。她很漂亮，有一度我也很喜歡她。她也老實跟我說：「別傻了！能從男人那裡拿多少就拿。妳只要裝可憐，他們就會給妳東西。像歐諾拉多，妳相信我跟那個胖子出去，是因為我喜歡他嗎？才不呢！我還有更好的。」

「對啊，妳當時為什麼答應？」

「老天！妳怎麼會笨成這樣？當然是因為我拿了他的錢，他來這裡，對著我叫：『呦，辣妹。』妳以為我讓他虧免錢的嗎？別以為我這麼不值。我跟他說：『來吧，爹地，要什麼都給你！』沒多久，我就有錢了。」

「但是他結婚了。」

「結婚了又不是被閹了。誰叫他老婆不把他管好？聽著，我介紹列昂給妳，這個老山羊有很多披索。」

她說得我都笑了，於是我讓她教我怎麼化妝。她有很多漂亮的衣服，雖然沒有歡妮塔的衣服貴。我常和卡美莉塔出去，雖然老闆和其他人都警告我最好不要。我喜歡她和大家講話和說笑的方式，尤其是男人，她從那些名車走出來的時候，我也很羨慕。她約我一起去，但我都沒答應。事實上，在她和其他人面前，我很自卑。我看到她那些好車和華服的時候，也不真的喜歡。不管怎樣，我從孩童時期就不懂得占別人便宜。我不懂得使壞、做作、耍心機，但我想學。我想脫離我活著的這團迷霧。

同時，我也繼續尋找更好的工作，然後在我的努力和許多推薦信，我終於能到政府部門上班。工作時間是上午八點半到下午兩點半，一個月薪資五百四十披索。我常常免費加班，因為我主管說這樣會「留下好印象」。我也報名了晚上的英語課，終於可以學外語。我甚至還去申請政府專為公職人員提供的公寓。我申請到的機會很大，因為我朋友的男朋友在住宅部門工作，答應幫我多說好話。我離建立新的生活越來越近，這也是上帝為我的「孩子」立下的美意，就是我親愛的姪子姪女。

我主要的擔憂還是來自我的家庭，只是之前常有的情緒和焦慮減少了。離開他們後，我發現他們自己形成了一個圈子，或說一張網，他們互相糾纏在內。我是唯一在網外的人。靠近他們只讓我覺得更孤單。其實一直都是如此，只是過去我沒有勇氣面對。我知道我不該和他們的人生攪和在一起，我應該為自己奮鬥就好。

如果我只為自己而活，我早就離家出走了。但我對我家人的愛，那種強烈的、墨西哥人的愛，像一個強力的彈簧把我彈回去，把我往下拉。我想往上爬，但它不讓我往上。他們不懂我想要幫他們開創一條道路。我最糟糕的一點就是自認為有義務對他們伸出援手，不是因為他們是乞丐……完全不是！他們比我勇敢，所以能面對人生、面對日復一日的飢餓、羞辱和虐待。他們能面對，但我不能。我太懦弱了。

我多想打包行李，然後遠走高飛！我夢想著去邊界，去加州。也許我會嫁給一個美國佬，那個人一定比墨西哥男人更善解人意。我的個性太木訥……不會撒嬌，也不夠順從這裡的男人。墨西哥的男子漢總是驕傲又虛榮，把女人視為低下，喜歡羞辱她們。「男人永遠是對的，男人的感受最重要。」談話的時候，男人不想知道事實，只想發表意見。開奈許（Nash）的男人被開克萊斯勒的超車時，一定要加速超回去，這樣才能表示自己高人一等。女人不能單獨走在路上，一定要有個有男子氣概的男人在旁「宣示主權」。我所認識的男人，我父親、哥哥、男朋友、男同事，都認為他們居高位，有權發號施令，別人應該服從。

我永遠也無法和強勢、專制的男人相處。我不喜歡權威，也不想覺得自己低等。我甚至挑戰我父親。一件事情不會因為從他口中說出來就是對！男人生理上比較強壯（但道德上不是），而且他們「優越感」的背後，只是蠻力！所以我對拉丁男人一點信心也沒有，而且永遠、永遠無法和他們相處。我想要獨立，走出自己的路，尋覓對的環境。

我勇敢地為自己許下夢想，但當我回去卡薩格蘭德，一看到那裡的情況，又動搖了。我絕不能拋棄四個沒母親的孩子，那是懦弱的行為。黛莉拉和我父親吵了一架，又把小孩送回瑪塔那裡。所以再一次的，我沒有去上英語課，反而回去卡薩格蘭德給小孩吃晚飯，哄他們睡覺。

我永遠不會原諒父親和那個女人，把四個無助的孩子當成各種藉口，先說要為他們結婚，又拿他們來互相威脅。馬努埃爾肯定是個糟糕的父親，但為何我父親不一開始就要他負起照顧孩子的責任？爸爸只會抱怨和責備，老是說一樣的話：「這人怎麼可以這麼懶惰和混蛋？不可思議！我工作做得腰都斷了，他睡到中午。我不知道該拿那個王八蛋如何是好。他甚至不工作！」

想到孩子們沒有未來可言，我心就痛。他們無家可歸，不是被這個人打，就是被那個人打，沒有衣服、玩具，甚至沒有床，難道這是他們的命運嗎？每次看到馬努埃爾「忘記」留下孩子們的伙食費，我就火大。他和瑪莉亞住在吉爾貝托的咖啡廳，連來看孩子們都嫌麻煩。我的責備像沙漠裡的哭喊一樣，我甚至可以感覺到烈日灼燒在我和那四個幼苗身上。

我決定動用蠻力，讓馬努埃爾更正視他的責任。有天晚上，我告訴父親我要去找律師馬羅金先生，他之前幫羅貝托辦理出獄。父親遲疑了一下，還是答應了。之前我是跑到社會服務部控告我哥哥不顧孩子。前兩張傳票他都不理會，但第三次，我叫警察去咖啡廳。馬努埃爾收到那張傳票時臉色發白，隔天就出現在社會服務部。

我早上帶著四個孩子到社會服務部的辦公室，當時我並不確定馬努埃爾會不會來。我在大門口東張西望找他。十點的時候，我看到他在樓梯前。我承認我很怕面對他，但因為他可能不進去就走了，所以我走向他，對他說：「爸爸在裡面等你。」

馬努埃爾又氣又恨地看著我。「妳是在幹什麼？那些人來煩我做什麼？」他嘴裡唸唸有詞，不情願地走進辦公室。我跟在他後面，心臟幾乎要從嘴裡跳出來。

他看到小孩很驚訝。

「他們為什麼會在這裡？」

阿拉那斯躲在我後面。瑪莉琪塔說：「不用擔心，爸爸。他們不會對你怎麼樣。姑姑只是要你買鞋子跟衣服給我們，還有給我們錢吃飯。」我站在桌子另一邊，離我哥哥夠遠。社工歐爾嘉女士問：「你是這些小孩的父親嗎？」

「是的，女士，您儘管吩咐。」

「年輕人，你父親控告你不管孩子。他們是你的親骨肉，但你沒撫養他們。為什麼？你難道不愛他們？」她訓了好一陣子。從頭到尾，馬努埃爾只是冷漠地聽，雙手交叉，偶而回答：「是，我愛他們……不，自然不是……不，我不希望他們出事……」

歐爾嘉女士說得比較直接的時候，馬努埃爾會說：「聽著小姐，我的小孩沒有被遺棄。他們和祖父在一起過得很好。事實上他們沒有被打，也沒有被虐待。我妹妹講話一向都很誇張。輕輕碰小孩一下，她就說你打小孩。完全不對！黛莉拉是聖人。我希望所有女人都像她一樣。我的小孩什麼也不缺。我妹妹希望他們過得像美國人一樣。我沒賺那麼多。不是我不想養小孩，是我沒有固定收入。」

聽到他那些藉口，我很生氣。「真是野蠻人！一天吃三餐就是過美國人的生活嗎？那有床可以睡、有外套可以遮身也很過分嗎？你賺的錢就夠你打牌、賭馬、玩骨牌、賭拳賽！如果你把那些錢給家裡，你的小孩就什麼也不缺了。」

然後馬努埃爾犯了一個錯誤，他伸手跟我要錢。他說：「好啊，給我錢。我不想聽妳說教。

我要的就是有錢買東西給他們。如果你看他們那樣覺得很難過，就拿錢出來。」

當場，他的手還伸在那的時候，社工就控告他拒絕撫養小孩，若他每天不向辦公室繳交十五披索，便要把小孩送到孤兒院，把他送去坐牢。我哥哥百般不情願，但還是得在文件上簽名。我也簽了，同意每週到辦公室拿錢一次，同時把錢交給撫養小孩的人。

我不知道馬努埃爾離開的時候心裡作何感想。除了憤怒和羞愧，應該也想要打我吧。孩子和我不敢離開辦公室，但孩子們已經熱烈地說著想買的東西。果不其然，馬努埃爾並沒有每天去辦公室繳錢，但那之後他確實給了家裡錢，他或瑪莉亞也天天到卡薩格蘭德看孩子們。

聖灰日那天早上，小孩們上學前我就到了。馬努埃爾最小的女兒康琪塔告訴我，瑪塔用冷水幫他們洗澡。那天很冷，我當然很生氣，但為了不吵架，我一句話也沒說。我告訴小康琪不用擔心，把毛衣穿上。瑪塔在廚房，劈頭就過來對我大罵：「關妳什麼事？婊子養的！」她還罵我爛婊子、妓女，以及一些我無法啟齒的字眼。然後她想打我，我也不想做聖人了，就出手抵抗。我不想打架，但她像瘋了一樣，又踢又抓，還罵髒話。我始終無法理解為什麼我妹妹這麼恨我。在孩子面前，她說我每天都跟不同男人睡。我受不了她這麼說我，於是跑到羅貝托的工廠哭著告訴他，又去告訴阿姨和我父親，父親罵了瑪塔，叫她出去找工作，孩子給黛莉拉帶就好。瑪塔很生氣，那天很晚的時候帶著她女兒走了。我們認為她是回去找克里斯平，就是孩子的父親。

馬努埃爾和瑪莉亞搬進卡薩格蘭德照顧四個孩子。一開始一切都還好。然後那個巫婆黛莉拉搬進了父親幫她蓋的新家。她把卡薩格蘭德的東西都帶走了，只留給馬努埃爾一把椅子、一個盤子和一個爐子。她連瑪塔的東西都拿走了，如果可以的話，她可能連地板也會拿走。她還沒來由地把我的速記員證書和學業證明都撕了。我看到馬努埃爾一無所有，擔心孩子們的處境，於是叫他去露碧塔家拿我的小床。我還有一張大床，也讓他帶去給孩子睡。我已經把床墊賣給一半血緣的姊姊安東妮雅了，所以他要自己再買一張。我當時需要錢，所以兩張床賣他一百披索。我覺得這很合理。可惡！他比我年長，又是個男人，我覺得他應該要付我一點。欸，他給我五十披索，其他的就不多說了。事情就是這樣……反正，他是我哥哥。

惹火我的事情是，他沒買床墊，還是讓孩子們睡在地板的麻布袋上，只鋪著床單。他和他太太睡在有床墊的床上，好好地蓋著毛毯。那些可憐的孩子只蓋一條舊薄被，整晚冷得發抖。只有我那沒靈魂的哥哥看不到這有多不公平。

瑪莉琪塔得了支氣管炎，聲音沙啞了三個禮拜，直到我帶她去兒童醫院才好轉。他父親甚至不想付醫藥費！有天晚上，我發現小康琪躺在地板的一堆破布上，發著高燒。瑪莉亞和馬努埃爾竟沒注意到她生病了！瑪莉亞的親戚開始搬進去，整個家變成瘋人院。我覺得我不能一天不去看孩子們，天知道又會發生什麼慘劇。我煩著馬努埃爾，叫他去給他們的床買一張床墊。他叫我不要多管閒事，如果我真的這麼愛小孩，就帶回去養。

「沒錯，我會帶走你的孩子，但我會先看著你進監獄！」我大喊回去。「而且你現在知道我會說到做到。」

我開始帶孩子到我在歡妮塔家的房間住，一次住個四、五天。我多想把他們一直留在身邊！

我真的覺得他們像我的孩子。我希望有一個自己的家，在那裡他們可以自由奔跑、玩耍，在那裡可以只聽到好話，過著正常的童年。慢慢地，我的希望變成我必須為他們做的事。

同時，我們聽說了瑪塔在阿卡普爾科。她懷了第四個孩子——我連一個都沒有！爸爸去看她，回來後說她住在一個連牲畜都不適合住的地方。誰知道他是不是說得太誇張了。但坦白說我不想聽到我妹妹的事。我一心只想著幫自己和孩子找個家，是的，還有我哥哥羅貝托。

羅貝托現在有個女人，他的妻子安東妮雅。他沒房子、沒工作、沒衣服，但沒錯，他有個女人！他們兩個像小孩子一樣，每天都在睡覺。他收留了那個可憐的女人，先是在我阿姨家，後來又在卡薩格蘭德。但爸爸很氣羅貝托打了黛莉拉，所以有天就把他趕出去了。他說：「你不能住這裡！你髒兮兮的，休想拿獎賞！」

我們都很生氣又難為情，因為他當著安東妮雅的面說這些，她聽了後哭了。羅貝托二話不說，告訴安東妮雅：「老婆，拿妳的毛毯，我們走。」

我求父親讓他們住到找到其他地方為止。感謝老天，他答應了。我可憐的哥哥，雖然他還是沒工作，但也得找一個房間安頓。一方面因為他，一方面我也想要有自己的家，我提議我們一起租一個公寓。我無法獨自完成夢想，如果他們不幫忙的話……我得學會如何在有限預算中生活，懂得錢的價值。每兩個禮拜領薪水的那天，我預留一半的房租，還清十或十五披索之前借了買衣服的錢，預留二十披索搭公車、買零食，然後存下一週的伙食費。如果還有剩，我會買一些小東西，很小的東西，給阿姨或給孩子們。但更常的情況是，到下次領薪水前，我就沒錢了，必須有一餐沒一餐度日。

我必須說服羅貝托，一起住是個好主意。「哥，住在一起等於幫了你的忙。我認識一個人，他可以幫你在鐵路局或可口可樂弄到工作，這樣你就可以付一半的房租，也有錢花。安東妮雅可以幫我們洗衣服、煮飯，她整天待在自己的家裡會很開心的。」他總算答應了，於是我們找了一個小小的兩房公寓，在一個樸素的大樓裡面，有廚房和浴室，離卡薩格蘭德不遠。

我很喜歡那個公寓，羅貝托和安東妮雅覺得那簡直像皇宮！公寓有一扇窗，整日都有陽光灑進屋裡，浴室有個柴燒熱水爐，大樓供應自來水，連地板都是磁磚。房間即使沒家具還是很小，但比之前的好太多了，反正我們也沒家具。房租每個月是兩百四十披索。我們得付八十五披索的押金，還要一個保證人簽名。父親斷然拒絕了。安東妮雅和羅貝托誰也不認識，我最後只好去找辦公室的主管幫忙。我叫安東妮雅拿押金去給房東太太，前後兩、三次，而且確定房東太太收下錢了。羅貝托受不了拖拖拉拉，於是生氣了，他一直說：「這個爛公寓，煩死了！」他不知道擁有一個家，還有付房租的意義，所以我想他不感興趣，或有點嚇到了。總之，他說他不想一起住了，我自己住就好。我想拿回押金，但拿不回來，所以我只好租下來。

我把東西搬進計程車的時候，我全部有的只有我的衣服、一台收音機、一個熨衣板。我警告馬努埃爾，如果他不把床剩下的錢付給我，讓我可以付新床的頭期款，我就要把小床拿回來。他不理我，所以我搬家那天，還去了卡薩格蘭德拿床，把床墊留給他們。想當然爾，他和瑪莉亞很生氣，但我怎麼可能睡地板？後來，馬努埃爾夠狠心，讓自己睡大床，孩子們睡地板，地板上可是有老鼠的！我數了數，地上有九個大洞，而我哥哥完全不去補！他買了一個好的床墊放床上，卻讓孩子睡草蓆！

欸，我一直跟他吵這件事，因為我跟他說我賣大床給他，是要他給孩子們睡的。他說他已經付錢了，愛怎麼用就怎麼用。我在街上追著他，他也不跟我講話。是他逼我的！我直接去卡薩格蘭德，把錢拿給瑪莉亞，把床搬上計程車帶走。羅貝托要我把床給他，可是，拜託！經過之前他對我做的那些事，除非他付錢給我，否則我不會給的。最後，我把床用一百披索賣給鄰居了。

我在歡妮塔家過得很好，搬家後就不再那麼舒適了。我沒錢接電，所以第一個月都用蠟燭。沒有衣櫥放衣服，沒有爐灶，也沒辦法熨衣服。上班的路程要一個小時，所以也沒時間吃早餐。我還得把伙食費用在別的地方，所以有好幾天，我只吃咖啡和麵包。幸運的是，每天十點半的時候，辦公室的女孩會湊錢買糖果、餅乾和飲料。

我努力加班，多賺一點錢來安頓家裡，但聖誕節要到了，我還是沒什麼家具。有天晚上，我去找歡妮塔，還之前欠她的錢，對她訴說了我的煩惱。我告訴她，我想要錢，好把我的姪子姪女接過來，以後和我一起住，但依我目前的薪水，那些錢可能要存上一輩子。「我可能要去借高利貸！」

「哎呀！康蘇薇若，多可惜！妳怎麼不去試試電視上那個『素人秀』？你可以唱歌、跳舞！如果妳贏了，就有一大筆錢，還有工作合約！」

我當時一心想著：「我要錢！我要錢！」我面容憔悴，體重下降，臉色蒼白，每幾個禮拜就感冒、支氣管炎或胃痛。但贏錢的念頭讓我堅強起來，於是有天，我去了電視台的辦公室。我通過了唱歌和跳舞的考試，進入最後的測驗。有個評審認為我是跳舞的「料」，不適合唱歌，他們沒讓我去上「素人秀」，反而給我一筆獎學金去藝術學校學跳舞！他們會付清所有費用，而且六個月後如果我表現得好，可以出道，在戲劇、電影或夜總會裡跳舞，就可以還他們這筆獎學金。我想都沒想就什麼都答應了，電話、預約、面試絡繹不絕。四月的時候，我進了現代舞學院。

我每天在政府機構工作到下午兩點半，從四點到晚上八點或九點在舞蹈學院上課。雖然我有獎學金，但還是要借錢買舞鞋、緊身衣，和支付其他開銷。我發狂地練習舞步，好跟上班上其他同學。跳舞很費體力，我流了很多汗。前幾個月的三餐不濟已經壞了我的身體。我還是有一餐沒一餐的……有時候一整天除了可樂和糖果沒吃什麼，一直到晚上十點以後才吃飯。當時，羅貝托跟安東妮雅和我住在一起，為了省幾披索，我會等到回家吃我嫂嫂煮的。我這一輩子從來沒這麼努力工作！我必須調配我的時間和金錢，每一分鐘和每一分錢都要斤斤計較。

這樣的生活過了兩個月，我開始每天嚴重頭痛。我早上起不來，整天累得無法工作。我體重一直下降，精神和健康一直走下坡。我覺得我無法繼續學跳舞了。看來我又得面對另一個失敗，另一個夢想破滅。我該拿我心中如火山爆發的渴望怎麼辦？我想成為一號人物，不想死後沒留下任何痕跡。

於是，舞蹈班裡一個年輕人問我，放假的時候要不要去當臨時演員，我馬上就答應了。透過他，我在丘盧布斯科片廠得到一個工作。身處在那一群電影產業的明星、名人之間，我很高興，也有點害怕。我這輩子沒想過自己會在鏡頭面前演戲，哇！我真的在那裡出外景！我盡可能演得自然，他們看起來很滿意，還把我留在那裡一整個禮拜。這開心的七天裡，我賺了一百九十披索，還附三餐。

我在職員辦公室附近晃來晃去，希望還有別的工作。這部戲的男配角過來，叫我上車，要帶我去出外景。我相信他，便上車了。

「妳想找什麼樣的工作？」

「我？這個，我想唱歌。但我只是個業餘歌手。」

「沒關係，凡是總有個開頭。我們都要從基礎做起，才能爬到頂端。看看我！當年我一無所有，這一點都不丟臉，看看現在我的成就。妳看了我上一部電影了嗎？」

「沒有，我不常看電影。您剛才說您的大名是？」

我們在談話的時候，安赫爾．蒙特羅先生開著他的車出了片廠，上了一條有林蔭的公路。他很英俊，穿著得體，而且……是個演員！他給我看他最近拍的照片，答應要給我簽名照。他也聊到他的角色，他認識的明星。他說他打算開經紀公司，物色一些新人。他需要一個年輕女人在三重奏裡唱歌。他叫我唱唱看。唱完的時候，他看起來很驚訝。

「天啊！老實說，我沒想到妳這麼厲害！我認為妳可以。妳現在需要的就是一些專業指導，把這首歌演繹得更好。我會找歌手莎里塔來指導妳。她是我的好朋友，不會拒絕的。我現在就帶妳過去。」

「安赫爾先生，不好意思，不過我們不是要去出外景？」

「傻女孩！妳不相信我嗎？我不知道別人怎麼對待妳的，但我是個紳士。」

「不，不！我不是那個意思……我很樂意去見莎里塔女士。我只是好奇……問問而已。」

「那就好。聽著，其實，我喜歡妳。妳只要知道，有多少女人……多少機會來找我！我不用去物色，是她們自己上門的。比方說，妳知道有個女演員瑪蒂塔？她……」

他說的時候，我心想：「他認識那麼多女演員，自然不會打我的主意吧。」車開了好一會兒。開始下雨了。他一直說著自己的事和女性朋友的事，我開始擔心起來。

「莎里塔小姐家在哪裡？我不曉得這麼遠呢！」

「天哪！我跟妳說就在附近。妳不相信我嗎？妳讓我覺得自己像個野蠻人似的！」

「安赫爾先生，請原諒我，我只是要見到她太緊張罷了！」

他看起來很生氣，讓我覺得羞愧。忽然間，他轉進一個車道，滂沱大雨中，我看到一個招牌寫著「汽車旅館」。

「安赫爾先生，我不要去那裡！你說我們要去出外景，我才跟你出來的。」

「噓！不要大聲嚷嚷。我不喜歡這樣，像在耍猴戲一樣。我會帶妳去外景地點的，只是我累了要休息一下。」

他把車子停在一間平房前，下車開我的車門。我又緊張又擔心。我覺得喉嚨哽著個東西，想哭但哭不出來，因為害怕，也因為羞恥。我不下車。雨下得很大，他全身溼透了。他把我拉出車子，抓得我手臂很痛。

「我不想進去。放開我！」我覺得受到極大的羞辱！

「我不是在問妳可不可以。少可笑了！真是蠢！我不會花太多時間。多少女孩子希望像妳這樣。她們還覺得光榮呢！妳還拒絕我？妳以為妳是女神嗎？妳該謝謝我！」

我坐在床上。他一臉嘲笑我的樣子，鎖上門，解開他衣服的扣子。

「親我！」

「不，我不要。走開！你是在逼我。讓我走，你弄痛我了！」

「喔！閉嘴！妳在推託什麼？我看妳還是處女吧？來吧，放輕鬆，女孩。這是世界上最自然的事。妳在怕什麼？妳這迷人的小壞蛋，但我不習慣求別人。我可以跟莎里塔和瑪蒂塔做，為什麼不能跟妳做，哼？」

四個月後，我發現我懷孕了。雖然我的月經沒有停，但我知道我懷孕了。我再也沒見過安赫爾先生，我打電話到他曾經出現的片廠或電視台，他們都告訴我他出外景去了。最後我找了個願意幫我動手術的醫生，賣了我的新衣櫥來付手術費。手術後我很虛弱，兩個禮拜沒去工作。

難過的是，我第一次遇上那可惡的、該死的「墨西哥男子氣概」，過程居然如此不堪。我就像其他無數的墨西哥女人一樣，是這場殘忍遊戲的一部分，受制於男人的羽翼下。「我該揍妳還是讓妳自由？」表面上說得振振有詞，其實這是場充滿自我中心和剝削的野蠻遊戲。遊戲中，沒有任何仁慈、高尚或價值，想要自由，就要付出代價。

我身體好了之後，因為太緊張，已經無法再在一個辦公室裡工作了。我負債累累，欠了三個月的房租。我父親拒絕幫我，也沒有人可以拜託。我急需要錢。我回到片廠，想看看是否能在那裡當臨時演員。我遇到一個女孩子，靠著在一部電影當臨演，賺了三千披索。她說我一定要加入電影工會，於是要我去找畢沙羅先生，他是工會的主管，也許可以幫我。

他對我說：「妳沾過演戲的邊，想再嘗試一次，是嗎？」

「是的，畢沙羅先生。其實是，我需要錢。」

「喔？妳還沒填入會資料？妳可以到外地去出外景嗎？」

「可以。」

「很好！妳結婚了嗎？」

「呃……這個……」我看著他。

「老天！我只是想知道妳是不是真的可以自由去出外景。不用擔心。我會幫妳處理文件和所有事情。妳星期一再來。」

這次，我知道自己在做什麼。畢沙羅先生長得不難看。他一定有兩下子才能當主管。他的職位可以幫助我。如果他要我，我會願意……特別是和他到城外去出外景的時候，或至少等我和他熟一點也行。我把頭髮指甲修整好，從當鋪把我最好的洋裝贖回來，之前羅貝托急需要錢的時候拿去當了。外表吸引人也不是壞事！

但我沒想到畢沙羅先生第一天就帶我去汽車旅館，而且像安赫爾先生一樣強迫我！我看起來真的像個容易得手的女人嗎？但我還是試著反抗！當我抵擋不住時，我就乾脆像隻死魚一樣。我完全控制住我自己，沒有任何反應。他很沮喪，用膝蓋把我壓在下面。

「我求你，畢沙羅先生，不要這樣對我！」

「妳想怎樣？放妳出去，以後妳可以嘲笑我？畢竟我是男人，妳想要貶低我的男性尊嚴！為什麼不盡妳身為女人的義務？不要鬧了！妳幫我，我就會幫妳。」

事情如他所願。但我問他出外景的事，他說：「如果我去，妳就去。但我不知道他們會不會派我。明天再打這支電話給我。」

我打了，他不在。我去工會辦公室，也沒有找到他。最後，我只好承認，我被騙了。我不讓自己一直回想這些事，所以把我的心關起來，什麼都不去想。很快地，我搬到一個美國學生的公寓，他來墨西哥度假。他介紹我認識他的朋友。

唉，那之後，還發生了很多事情。我都不知道我哪來的力量！我要怎樣做才能停止懲罰自己？我的不幸是運氣不好，還是我信仰不虔誠？我沒有一天不怨恨，也沒有什麼有力的理由去接受。但對我來說，現在什麼都不重要了，道德不重要，我對家人的愛也不重要。我想要平息胸口的痛苦和焦慮，不再熱切看著我如此深愛的四個孩子。用盡全部的心力、想要給他們好的生活的我，就這樣倒了。這不公平啊！

我沒工作了，剛好給我一個絕佳的理由。現在我看見阿姨病了或心情不好，我可以說：「我沒有工作。幫不了妳。」羅貝托要找律師或要付罰款，我可以說：「我沒錢。不要來找我。」對孩子們也是一樣，雖然我曾經在他們身上寄託那麼多希望。我必須斬斷傷害我、拖著我墜落的鐵鍊，雖然花了我整整五年的時間，還有我所有的道德情操。我會睜一隻眼、閉一隻眼地過活，和其他人一樣，我也會去適應現實。

但雖然我試著讓自己脫離，我還是無法對我家人的遭遇視而不見。天啊！他們一點一點地在毀滅自己。他們耗盡生命，慢慢地消失，像我舅舅、我母親、外祖母、愛蓮娜、寶拉……他們都太早離我而去。現在瓜達露佩阿姨就像供桌上的蠟燭，燭光即將熄滅。瑪塔才二十四歲，看起來像已經三十好幾。每一年，我都以為是羅貝托的最後一年，因為他的生命躁動不安，他什麼都不怕。對他來說，銳利的刀鋒就像天鵝絨一樣。馬努埃爾呢？會的，他會活下來，但又是誰要付出代價？他還要讓他的孩子餓多少次，來測試孩子們對他的愛？他說不定活得比他的孩子還久！想到就覺得可怕。寶拉！妳怎麼讓你自己走的這麼輕易？如果妳知道孩子們過的是什麼樣的生活，又怎麼能如此拋下他們？

瑪塔

Marta

我回到克里斯平身邊的原因……呃……現在回想起來，到底是什麼？當時情況是，那段時間，他母親要求要見孫女康瑟絲昂和薇爾蕾塔。小崔妮一歲半了，克里斯平從來沒過問，也沒幫她慶祝生日或其他節日。十二月的時候，我帶兩個大女兒去看她們的祖母。我和克里斯平談了一些事，其實也沒必要談，因為他自己很清楚，他要為小崔妮負責。

好吧，我們很久沒說話了，只是看著對方，你懂嗎？然後他說：「好吧，妳想怎樣。」

「我想怎樣？」我說：「康瑟絲昂需要鞋子和衣服，她一件也沒有。薇爾蕾塔也是。」我真的沒有其他話好對他說。

他說：「我們星期六去買。」

「好，很好。」

「妳爸爸和黛莉拉在一起？對吧？」

「我不知道。」我想我的臉紅了，因為他接著說：「欸，妳不用不好意思。」

「我沒什麼好不好意思。和一個女人住在一起很丟臉嗎？」

「不是，妳不用尷尬。」

我們就只談這麼多。他說星期六，他會在社會保險部的大樓等我，於是我帶女孩們回家了。

星期六到了，我們幫康瑟絲昂買了鞋子，薇爾蕾塔也有一雙。我完全沒提到小崔妮。那天他只對我說我太驕傲了。我說那跟驕傲無關，是羞恥，他對我做出那些事後，應該連話都不敢跟我講。

「我做了什麼？」他說得一副好像我應該一筆勾銷，回到他身邊，他甚至沒提小崔妮該怎辦。他似乎願意承認小崔妮是他的女兒，好像她現在才要出生。想想，我懷孕七個月的時候他離開我，還想狡辯那不是他女兒。如果一個男人知道他妻子懷的不是他的寶寶，立刻就會說：「好，妳怎麼懷孕的？因為我確定那不是我的。」

但克里斯平沒有，小崔妮出生前兩個月他才拋棄我，在此之前他和我到處走來走去也不覺得丟臉。如果像他說的，小崔妮不是他女兒，他老早就拋棄我了，你說對不對？我真的不懂到底發生了什麼事。他媽媽和姊姊一直左右他，說我和別的男人在一起。我當時根本沒有跟誰在一起。只要有人看到我，我不是自己一人就是和其他女生在一起，所以這一點，我沒什麼好心虛的。

我們買完東西後，我說了再見，準備要走。

克里斯平說：「妳要走了，就這樣？」

「不然你以為呢？你想要怎樣？」我生氣了。「難道要我還錢給你嗎？用什麼還？我的身體嗎？」有次我在街上和他扭打成一團，之後我就常對他說類似的話。可以說從那天起，我就不再受他控制了。那一刻開始，我想說什麼，就不客氣地說。我甚至經常對他說，他沒撫養他女兒，應該覺得很羞愧。這些話我以前不敢說，因為我怕說得太過分。

他說：「不要這樣，瑪塔。」

「為什麼不？那就是你一直想要的，不是嗎？我知道你有什麼期望，你想拿送給女兒的東西來換些什麼。」

他說：「不，不是那樣……我不知道要怎麼解釋。」

「如果你受夠我了，為什麼還要回來找我？」

「我從來沒說我受夠了。」

「事實證明，你什麼都沒說就拋棄我了。」

他沉默，我們繼續走，一直走到一家旅館的門口。

「來吧。」他說。

「不要！」我說。

「有什麼關係。」

「我想做才要做，不然你打我啊。」然後我突然說：「當然，你要有些報酬，不是嗎？」於是我起來，走了進去。過了好一段沒有男人的日子後，我和他去了旅館。

我為什麼要那樣做？因為我想要嗎？因為我有欲望？不盡然。有好幾個男人不只說要帶我去旅館，還說要替我建立一個家。儘管如此，我沒接受，因為我很清楚，小崔妮一歲了，如果我和男人在一起，很快又會懷孕。我總是在女兒一歲的時候又懷孕，就是因為這樣，我卻步了。

但我也不能說克里斯平逼我去旅館，也不是那樣。你可以說，我為了兩雙鞋子又懷孕了。他付錢的時候早就知道我沒有別的辦法還他。我掉了進去，因為我告訴自己：「這個男人不會改變。」

所以我們上了旅館。至於我的感覺……這個，我沒有，因為我很生氣。第二次我們去旅館……那次是，我們去幫康瑟絲昂買衣服，但其實我們什麼也沒買，因為我們直接就去了旅館。那一次我惹火他，因為還沒完事我就跑了。我突然懂了，我是傻瓜，我們又開始以前的相處方式，這令我怒火上升。我們在床上，他正要開始利用我的時候，我一氣之下起床。

「你要去哪裡？」

「我要走了。」

「為什麼要走？」

「因為我就是想走。」

「妳敢走，試試看。」

「你不敢對我怎樣。不管是你還是二十個像你一樣的人都阻止不了我。你不能再像以前那樣騙我了。」

之前這種事也在旅館發生，但我從沒走出門口，因為他會抓住我，把我打到趴在地上。他一定覺得我這次也不敢走。我走的時候，他還躺在床上。我走在街上，心裡很緊張，我怕他會追上，又跟我打起來。

那是十二月的事了。一月的時候，我等著我的月經，但沒有來。我甚至沒機會告訴克里斯平，因為一月六日主顯節那天，他拿禮物來給康瑟絲昂和薇爾蕾塔時還在生我的氣，所以沒進屋裡。那天晚上，我和女孩們要去找露碧塔的時候，在街上看到他。他一看到我們就過馬路，想躲我，但是康瑟絲昂大叫：「嘿！是克里斯平。」於是他又回頭。

「你們要去哪裡？」他問我。

「露碧塔家。」

「去那裡找妳的情夫嗎？」

「情夫？」我受夠了他的多疑，為了轉移話題，我告訴他金色殖民社區有馬戲團。他給我五披索帶女孩們去。

「那我呢？」我問，然後他又給我五披索，然後他對康瑟絲昂說：「女兒，我星期六會去找妳，買糖果給妳。」

那一個禮拜我都沒再見到他。星期六早上，我朋友拉琪耶來我家，她說：「妳知道嗎？克里斯平站在他家門口，那個烏斯塔琪雅也在門口晃來晃去。」

「喔？我倒想看看他們兩人一起的畫面。」

「好啊，我們走吧！」

這個烏斯塔琪雅和拉琪耶的男朋友搞在一起，結果懷孕了。然後她又搭上克里斯平，說孩子是克里斯平的。所以拉琪耶和我都很討厭這女孩。

我們走到克里斯平家，但那裡沒什麼事發生，所以我們在附近繞來繞去。接著就知道了第二件事，我遠遠地看到克里斯平，挽著另一個女人的手，那是他家的一個老朋友。那個女人結婚了，也有小孩，我常在克里斯平家看到她。我總覺得她怪怪的，沒想到她和克里斯平……我當時真是單純，隨便一個人都能耍我。

「看看那條蛇，」我對拉琪耶說：「我來這裡看他和一個女人，沒想到發現另一個。看看那是誰！是阿美莉雅！」

克里斯平走進社會保險部的大樓，阿美莉雅坐在階梯上等他。我走過去，安靜地坐在她旁邊。我不知道她自以為是哪個聖人，但那時候，有個她認識的男人騎腳踏車經過，她過去和他講話，一副不知道發生什麼事的樣子。

我覺得克里斯平很快會出來，所以我躲在角落的美容院，是我朋友妮恰開的。妮恰看到我就問：「妳在幹什麼？最近好嗎？」

「說出來妳會很驚訝的，」我說：「我老公……我前夫，他和那邊那個賤人搭上了，我只是要看到他們在一起。」

「真的？妳真敢，不怕丟臉？」

「怕什麼？我老早就沒和他在一起了，只想抓到他和別的女人在一起。但終究沒辦法告他或要求他什麼。」

我看到克里斯平出來。阿美莉雅則穿過馬路，經過美容院，我躲在窗簾後面看。他走在她後面。他經過美容院的時候，我叫康瑟絲昂去和他打招呼。

「爸爸，給我錢！」

克里斯平轉過身，一臉驚訝。我帶著小崔妮走出去。他對康瑟絲昂說：「星期六，我星期六會去找妳。」他真的緊張了，一直看著阿美莉雅，她也在東張西望。於是我說：「女兒，來。妳看不出來人家不要妳嗎？過來，不要當個討厭鬼。妳在破壞爸爸的好事呢！」

他沒回我：「妳在說什麼？」因為我們已經停戰了，他只說了：「妳和我之間沒什麼好說的。」

我看到他一臉匆忙地去找別的女人，心裡就很不高興。他心裡一定在說：「我已經懶得演戲了。」

我說：「你說得對。我們已經沒什麼好說的了，不要以為我是來吵架的。那你就大錯特錯了。來吧，女兒，我們走。」

我還是很冷靜。但他忽然說：「如果你要我養妳，妳為什麼在外面亂搞？」

「你聽好，我沒有亂搞。我的小孩不是街上來的。你很清楚，小孩是誰的。」

我們站在機械器材店前面，很多人在聽。我繼續說。

「你找上的那些女人都太爛了。我因為你才做了這些改變，但那些女人不會。你喜歡那種早就有一堆笨蛋纏著的女人，這樣你剛好也不用負責任。你只喜歡占女人便宜。真正的男人不會這樣。」

「你最好閉嘴，拉皮條的在等你。」

「沒有人幫我拉皮條，但我會去找一個，就為了打爛你的嘴。」我罵他混帳，還有很多三字經。我對他說很粗的話。「不要再來煩我。我只拜託你這件事。不要再來煩我。」

這是我和他吵過最激烈的一次。我曾經警告過他，我會一直跟著他，直到親眼看到他和別人在一起為止。很多人告訴我他跟別的女生在一起，但我儘量不理會別人的話。但我親眼看到的畫面，永遠也忘不了。我曾告訴他：「我沒看到你的時候小心點，只要被我看到了，你就不要來找我了。」

我應該像其他女人一樣，用一個殼把自己包起來，不去理會丈夫在外面做什麼，特別是我丈夫還試著想挽回我。但我看到他搭上那個老女人，覺得自己像被羞辱一樣，我就控制不住了。我寧願再次放棄一切。我永遠也無法接受他腳踏兩條船的想法。不可能！最好他永遠拋棄我，或我永遠離開他。我上了公車，從那之後，我再也沒和他說過話了。

二月十三日的時候，我和康蘇薇若大吵一架。黛莉拉不想再照顧馬努埃爾的小孩，所以我接手那四個孩子，還有我自己三個。羅貝托在工廠工作，給我一些錢，但後來就沒給了。他就是不想給了，我也不能強迫他。唯一幫助我的人是我爸爸。他每天給我十披索，又給我咖啡、糖和油。馬努埃爾把孩子帶到卡薩格蘭德的時候，答應一天給我十披索的伙食費。他的新妻子瑪莉亞偶而也會來幫忙帶小孩。

馬努埃爾沒給我錢的那天我就警告他了，我沒辦法養他的小孩。我大聲告訴他，但沒有用。

第二次他沒給我錢的時候，我叫小孩去吉爾貝托的咖啡廳找他。我早上給他們吃完早餐後，對老大瑪莉琪塔說：「去找你爸爸，跟他說你們沒吃早餐，因為他沒給我錢。」

我每天忙著把這些孩子餵飽，送他們上學。十二點整，我得去工廠幫羅貝托送午餐，十二點半，孩子們又要吃午飯，之後再回去學校。而且上學之前我一定幫他們洗澡，或至少擦個身體。

就在某天，上學的時間到了。我告訴瑪莉琪塔：「我來不及了。妳幫他們洗澡。但女兒，不要用冷水。」欸，她用冷水幫大家洗澡……阿拉那斯、德明哥、康琪塔還有康瑟絲昂都是。我自己則是在幫薇爾蕾塔和小崔妮洗澡，然後正趕著讓大孩子們上學時，康蘇薇若來了。

欸，康蘇薇若正好看到康瑟絲昂拿著鉛筆和德明哥的筆記本。於是康蘇薇若開始吼她：「我叫妳不要拿妳表哥的東西。」

康蘇薇若和我大女兒吵了幾次，因為康瑟絲昂不想把她的玩具借給阿拉那斯和德明哥，他們什麼都會弄壞。她玩玩具都很小心，自然不想讓男孩子把玩具弄壞。這讓康蘇薇若生氣了。她一直都偏心馬努埃爾的小孩，尤其是瑪莉琪塔，而且她幾乎不送東西給我的孩子。

所以我站了起來，然後說：「康瑟絲昂，妳不了解妳阿姨。妳喜歡被罵嗎？」

康蘇薇若說：「從今天起，我不會給妳妳表兄弟的東西，就像妳不給別人妳的東西一樣。」我聽了很生氣，把鉛筆朝她丟過去。

「這是妳的爛鉛筆。妳想拿回去是不是？」

總之，我們因為一些緣故已經有點不合了，康蘇薇若太愛管我的閒事。我才是那個每天每天幫這些小孩把屎把尿的人，她只是偶而晚上來一下，煮個飯，就到處指揮。

想想！馬努埃爾通常晚上給我明天的伙食費，隔天我才有錢買東西。孩子的晚餐是我準備的，我通常給他們咖啡、牛奶、麵包，還有中午沒吃完的食物。我認識的人都是這樣吃晚餐。但康蘇薇若不是！不是，康蘇薇若那個自以為是的傢伙，會去買蛋給他們吃，好像以為我錢很多一樣。甚至從她開始上學、在辦公室裡工作後，就變成上流社會的人，也看不起我們做事的方式。這位大小姐一直強調我們吃相差……她甚至幫自己買了刀叉……她去買食物的時候，竟然買了玉米片、罐頭湯和番茄汁。她會把家裡的錢拿去買根本不需要的東西。一樣的錢，我可以買肉，給孩子一人吃一片，為什麼要拿去買豆子罐頭？我知道怎麼花錢才能讓大家都吃得好，但她不懂。

好幾次，她給我的錢不超過兩披索。你想想，不到兩披索的錢要怎麼過一天！她這樣已經四次了，但我也沒說什麼，我從爸爸那裡拿錢也沒向他抱怨康蘇薇若，拿的錢還足夠把大家餵飽。我沒有和姊姊吵架，但我們處得不好。

我丟了鉛筆之後，康琪塔跟我姊姊抱怨我用冷水幫她洗澡。這讓康蘇薇若很生氣。她轉過來對我說：「如果妳有點羞恥，就該覺得自己沒臉見人。」

「羞恥？我有什麼好羞恥的？」

「當然。連爸爸都在供應你的生活，連馬努埃爾也買衣服給妳，把妳餵飽，即使如此，妳還是沒能力把小孩照顧好。很明顯是因為他們不是妳的小孩。馬努埃爾給妳錢，妳竟然這樣對待他的孩子！」

「給我錢？他才沒那麼好心。他連自己的小孩都不會給足夠的錢了，還會給別人嗎？」你相信嗎？她竟然對我說出那樣的話，又不是只有康琪塔洗冷水澡，全部都是啊。我姊姊繼續吵。

「妳的小孩有人出錢養了，妳還有什麼資格生氣！」

「有，」我說：「妳也不是出錢的人。我有跟妳要過什麼嗎？」

「喔！」她說：「那把我給妳的衣服通通還我。」

「什麼衣服？」我當時有幾件衣服，但那是爸爸買給我的洋裝改的，或是我自己花錢買的。康蘇薇若給我幾件她穿不下的毛衣和外套。她老闆的妻子給她一堆衣服，但她只給我幾件，因為那些是她不要的。她一直說她給我很多衣服，根本是說謊。如果她有給我什麼東西，絕對是舊的，或她不要的。

所以我站起來走向衣櫥。「來啊！來拿妳的衣服。如果妳覺得這裡有妳的衣服，就拿走。」我很生氣，因為她說我到處亂搞，到處張開腿，所以才會懷孕。「說到亂搞，不知道誰才亂搞！我小孩的父親都是同一個。妳想幫我拉皮條也沒機會，你想嗎？」

聽到她那樣說，我真的很生氣，特別是因為她自己和馬里奧分手後，又去和傑米同居。她真的笨得可以，失去貞潔後還回去傑米身邊，那當然不可能有好下場，他只是在報復她，誰叫她侮辱他。我不知道她為什麼不會懷孕……她說她沒讓傑米碰她，但我覺得怎麼可能，畢竟他們睡在同一張床上。她氣得病了，才總算離開傑米。但後來她又開始化妝、穿漂亮的衣服、修指甲，誰知道她哪裡來的錢。她有工作，但把所有的錢都花在房租、伙食費，還有新公寓的那些東西上。

她賺的錢自然不夠花。

我常對她說：「妳沒小孩不代表什麼！誰知道妳怎麼弄掉的。」我把毛衣拿出來扯破。它對我來說太大件了，我還花錢修改，所以我有權利扯破。

「這是妳的洋裝！」

「可悲的人！」這是她最喜歡的字。「可悲的傢伙！不要撕我的洋裝。住手！」她看到我把衣服撕破，就開始搜括我的衣櫥，撕我的衣服。她大叫：「現在，你好好看著！」

我走過去，和她扭打在一起。事後回想，我們當時是真打起來了，一面抓著對方，還拉扯對方的衣服。那一刻，我氣得失去理智。瑪莉亞那時候懷孕了，過來把我們分開。孩子們都看到了，那天也沒去上學。康蘇薇若何時離開我也不知道。

爸爸下午三點半的時候來了。我看了他一眼，對自己說：「嗯……這下好了。炸彈已經爆炸了。」

「發生什麼事？」他說：「康蘇薇若跑來邊哭邊說，妳用難聽的字眼罵她，還撕破她的衣服。」想像一下，我姊姊跑去咖啡廳煩我父親，對他扯了一堆謊。所以我就站在那裡，閉上嘴巴，讓他罵我。我父親就是那樣，不知道到底發生什麼事，就把人罵得臭頭。

「妳都有小孩了，還不知道怎麼做事嗎？妳就是講不聽，你們四個，沒一個有兄弟姊妹該有的樣子。」

「可是爸爸，不是我的問題。我用冷水幫小孩洗澡她就生氣，我有什麼辦法。」我只說了這句話，儘管我很氣什麼都怪到我頭上來。

康蘇薇若剛才說，我跟很多人生了小孩。我姊姊心裡對這件事耿耿於懷，一想就生氣。我不知道她是嫉妒還是怎樣，她愛吃醋又常生氣，像我姨婆卡塔琳娜一樣……其實事實是，她不喜歡父親幫我。我想這就是她為什麼忍受不了、大吵大鬧的原因。

我其他的家人也是一樣無理，所以我心中充滿怨恨。馬努埃爾也只憑表面來評論我。有一天，我們在討論瑪莉亞，他說：「那個女人只喜歡上街亂逛。我跟她說，如果她在家很煩，出去一下沒關係。我也不是那種人，只會把妻子像兔子一樣關在山洞裡，只為了生小孩。我不希望她像妳一樣，只關在家裡對著四面牆，不打扮也不出去。」

「我沒出去是因為我在家有很多事要做。我沒事去街上做什麼？我看不出來去外面對我有什麼好處。」

我不知道他是故意要叫我兔子還是怎樣，但他的意思就是那樣，讓我很生氣。他以為他在跟誰講話？至少我還會照顧自己生的小孩！他從來不愛他的小孩，也不親近他們。想當爸媽，不只是把小孩生出來就好，還要餵他們吃飯、送他們上學、關心他們。只是像牲畜一樣養大有什麼用？

他妻子才更糟糕。瑪莉亞曾經告訴我朋友愛琳達的女兒，我們瘋了才以為她會照顧馬努埃爾的小孩。她受不了他們，她才不要為他們賣命，那是馬努埃爾的小孩，不是她的，要照顧他自己照顧。理所當然，如果馬努埃爾自己都不管，你覺得她會管嗎？沒有人會比親生父母更在乎小孩。馬努埃爾從來不像個父親，因為他一點也不負責任。他心知肚明，即使他不工作或沒給家用，他在我父親的家裡還是有東西吃、有地方睡。如果父親從小就叫我們工作，跟我們說：「沒工作就沒飯吃。」我們就不是現在這個樣子。

總而言之，我不想再被批評或被責怪，我很累，而且很煩，特別是這一切又不只是我一個人的錯。爸爸待了一會兒，只是罵我。所以我又起來做家事。首先，我有很多髒衣服。我開始整理，從姪子姪女的衣服裡把我的拿出來。父親緊盯著我看。他一定起了疑心，因為他問我：「妳拿那些衣服做什麼？」

「我要洗。」我回答他。

於是他告訴我，他金色殖民社區那裡的房子要分我一半，還要幫我蓋一個房間，就算只是用板子隔出來的，這樣我哥哥姊姊就不能再干涉我的事了。他說他會儘快安排讓我搬到那裡，我一句話也沒說，他就走了。

他一走後，我找了一個麵粉袋，放一條毛毯、床單、三件我和女兒的洋裝進去，還有一些布給小崔妮當尿布。我把所有的孩子都餵飽後，叫瑪莉琪塔去叫瑪莉亞過來。接著我叫康瑟絲昂去問我朋友愛琳達，要不要買我的新手錶，我賣她八十披索。

我一點也不想賣手錶，因為我才買一個禮拜。上禮拜我才從十個鄰居的互助會領了四百披索，拿去買了我自己的外套和手錶。我還帶著小孩和我朋友安荷莉卡・里維拉去了普埃布拉旅行，還剩下五十披索。

瑪莉亞來了，我告訴她我要走了。

她問我：「去哪裡？」

「不知道，但我要走了。這裡每個人對我都有意見。我像聖水盆一樣，每個人都要伸手進來。」

她說：「但妳還能有什麼打算？最好別走吧！」

「不，我不要留在這裡。」

羅貝托來了，他也在生我的氣，甚至沒問我們要去哪裡或其他問題。愛琳達沒錢買我的手錶，所以我帶著女兒們，拿起行李，到庭院對面跟我姊妹安荷莉卡道別。

她說：「最好別走吧。」

「但我無法留下來。妳也看到了這裡的情況是如何。」

我們在講話的時候，瓜達露佩阿姨也來了。她為了某件事來罵我，但我受夠了，所以對她說：「不要再吵我了。我已經厭倦了一切。」我從來沒有這樣對她說話。

她只是看著我：「別這樣，不然我會以為妳當真。」

「妳聽好，」我說：「不要再煩我了。妳以為我是妳女兒還是怎樣？」

我把行李拿起來，搭了公車到中央車站。到那裡之後，只有去阿卡普爾科的車，所以我買了票，帶著三個女兒上車了。

我上車的時候心裡怕死了，我看起來一定像是搶了誰一樣。我的座位是十三號，但我坐在後一個位置。車要開的時候，坐十二號的人上車了。

他說：「這是我的位子。」

我很緊張，又沮喪，坐哪個位子都沒差。我剛上車的時候，有個男孩，看起來不超過十六歲，坐在走道對面的位子。我一上車，他就問我要去哪裡，在阿卡普爾科有熟人嗎？

「沒有，一個也沒有。」

「我也沒有。」他說：「我從我父親那裡跑出來，要去找我的教母。我父親是政府官員。」

然後他給我一些巧克力，又跟我講了更多話。我一點也不想講話。我只想一個人獨處。

「如果妳願意，妳一個小孩可以跟我一起坐，這樣妳就不會那麼擠。」但孩子們不想過去，所以我說：「謝謝，她們不想。」

那時候巴爾塔薩上車了，我得換到十三號座位。他坐在我後面，我沒看到他的臉，也沒和他講話什麼的。坐在走道對面的男孩還是不斷跟我講話。

「我有一個女朋友，她給我一枚戒指。」於是他給我看幾張當鋪收據。有一張是一千五百披索的戒指。他說他有很多錢，但我沒在聽。車子停下來後，他請我去喝杯咖啡，我拒絕了，和三個孩子留在座位上。因為那個男孩，我後來和巴爾塔薩大吵一架。他以為那個男孩是我男朋友，因為我和他一起上車。他甚至以為那個男孩是孩子的父親！

巴爾塔薩一路上都沒和我講話，只說了一句：「其中一個女孩給我。查票員來了，他會要妳再買一張票。」

「再買一張票？」我說：「那我會完蛋的！」所以剩下的路程，我把薇爾蕾塔交給他。

我和另外兩個坐在一起，哭了差不多整趟路程。我想那是我一輩子最傷心的一天。如果我沒有小孩，早就自我了斷了。那不是我這輩子第一次有這個念頭。老實說，有一次我買了老鼠藥（包裝上的名字叫「最後的晚餐」），正當我把它和水調好時，父親在屋頂找到我，阻止了我。我那時還小，還在上學，他罵了我一頓，我不記得為什麼，只是忽然間覺得孤單，不想活了。我真的嚇到父親了。如果他沒注意到我起床爬到屋頂上，誰知道會發生什麼事呢？

後來，和克里斯平在一起的時候，偶而想想自己的處境，我就會覺得很絕望。往阿卡普爾科的路上，我又感到同樣的絕望。我覺得對我來說，一切都結束了。人生是黑白的，所有的門都關上了。哥哥姊姊把妳罵成那樣，不分青紅皂白，所有的事都怪到妳頭上。我從來就不喜歡他們干涉我或孩子的事，尤其是孩子的事。看到羅貝托和康蘇薇若心血來潮就帶著馬努埃爾的小孩去這裡、去那裡，然後又完全不理他們，我就會像火山一樣爆發。我絕不允許這種事發生在我的小孩身上，所以我哥哥姊姊說我很兇，無法溝通。

沒錯，我的脾氣是全家最壞的。沒錯，我很容易記仇，誰惹了我，我**永遠**不會忘記，而且永遠不會再跟他說話。如果是對方的錯，我會更恨他。黛莉拉總說馬努埃爾和我最厲害，因為我們報復別人的方式就是沉默。別人發了脾氣很快就忘記，但我不是。

我希望我和其他女人一樣，像我阿姨或我繼母一樣，默默吃苦。她們從不抱怨命運，也不會自我了斷。但有些人就是無法承受那麼多痛苦，所以會有瘋狂的行為。像我就是個例子。我帶著孩子離開，沒想過未來會發生什麼事。直到我們上了巴士後，開始想：「接下來怎麼辦？我要去哪裡？我該做什麼？我沒有錢……」

這趟旅程快到終點的時候，巴爾塔薩靠過來問我，有沒有親戚在阿卡普爾科？

「沒有，我要去那裡找工作。」

於是他說：「如果妳感興趣的話，我有個阿姨開餐廳。我可以立刻幫妳在那裡弄到工作，這樣妳和孩子就有得吃了。」

我考慮了一下，我可以在那裡工作，就算是洗盤子也好。所以我說：「我試試看。我想要工作。」

「我們到了之後，我會跟我表哥說。」

終於，巴士抵達了阿卡普爾科，我們下車。那個男孩對我說：「妳看，那裡有家旅館。妳先待在那裡如何？」

巴爾塔薩站在我們旁邊說：「妳到底還要不要跟我走？」

所以我就站在他們兩人之間，問自己要跟誰走。我發現那個男孩口袋裡有錢，但不管我們去哪裡，別人都會以為我是他女朋友。而且說不定他那張當鋪收據和錢是偷來的，這樣我會被當成是一夥的。巴爾塔薩長得也不是多好。他的襯衫和棉褲又髒又皺（他後來告訴我，他當時整整喝了兩天酒），而且穿著很便宜的皮鞋。他的襯衫完全沒扣，整個肚子就這麼露出來。我也不喜歡他右耳戴的金耳環。那耳環和他的鬈髮、金牙、像青蛙一樣突出的眼睛，像馬努埃爾說過的，看起來像個外國人。但他比那個男孩年長，我比較相信他。

「走吧，」我對巴爾塔薩說：「我們去找你表哥。」我不想傷了那孩子的心，也不想讓他知道我沒選他，所以對他說：「不如我們一起喝杯咖啡吧！你怎麼說？」

那孩子說：「好，我等等去找你們。我先去買菸。」他走了之後我就再也沒見過他了。

巴爾塔薩帶我去他表哥的快餐店，點了咖啡。他也有他的問題，當時他無家可歸。他跟我解釋他的情況。他開著卡車在阿卡普爾科一帶晃，睡在車上、吃在車上。他在想，要把我安置在哪裡。不是他沒有家，而是他母親和繼父在，他父親和繼母也在，我不知道他有多少一半血緣的兄弟姊妹、阿姨叔叔、表兄表弟。但他和他們都不熟，不想拜託他們幫忙。

他舅舅旁喬來了，他們交談了一會兒。然後巴爾塔薩對我說：「來吧，我們去我舅舅家。他是好人，妳在那裡不會有事的。」於是我就去了，像隻待宰的羔羊。

我想：「這個，如果有什麼不對勁，我至少可以尖叫，是吧？」

我們在旁喬的家休息了一下，然後巴爾塔薩帶我去看拉克夫拉達懸崖、馬雷貢海灘和碼頭。後來我才知道，他把收音機以八十披索賣給他表哥，才有錢安頓我們。我還是不太清楚巴爾塔薩是一個怎麼樣的人。我還是很沮喪、心煩意亂，但我在那裡笑了。我只是一直對著自己說：「謝天謝地，我們平安抵達了。」我當時只能想到這麼多。

到了晚上，我很擔心，因為巴爾塔薩說他老闆要他去阿科帕那幾天。他叫我什麼都不用擔心，他舅舅不會騷擾我。他出門前，拿了肉、豬油和玉米粉給我做玉米餅，還給了我二十披索。

「拿著這些錢等我回來。如果妳需要什麼，就跟我舅舅說。」

旁喬租給我一張小床。我和孩子們睡在上面，旁喬睡在房間的另一邊地板上。他確實是個好人，從來沒騷擾我。我後來才知道，他問過巴爾塔薩，他可不可以跟我睡，但巴爾塔薩說不行，因為他準備把我據為己有。巴爾塔薩回來後，他睡在靠近孩子們的地板上，也沒提到我跟他上床的事。

我一直告訴自己，他一定會要我回報他。「小孩的父親都要我償還了，其他男人更可以要求。」我每天晚上都很不安，畢竟是睡在兩個男人中間。我想不是這一個，就是另一個會過來。我睡不著，即使很熱，我也不脫衣服。我躺在那裡，流著汗，聽著每一個微小的聲音，等著他們其中一個人過來上我的床。

但巴爾塔薩和其他男人不同。十八天來，他給我錢用，但完全沒碰我。我告訴他我要工作，不想成為他的負擔，我覺得讓他養我不是辦法。

「如果妳想的話，」他說：「我可以幫妳開一個水果攤，或賣番茄。之後如果妳還是想走，也沒關係。」

他出遠門回來後，會帶我們去游泳或看電影，晚上睡在我的小床邊，但總會保持一點距離。我們在黑暗中會聊天，我告訴他我家裡的事，也得知他的人生。

他在阿卡普爾科出生，但跟著他的父母到過很多鄉鎮和城市去討生活。不管他們去哪裡，他母親都會在公園擺一個小攤賣吃的，他和他父親賣報紙。巴爾塔薩有記憶以來就在工作，先是照顧他的弟弟妹妹，七歲的時候開始賣報紙、搬水、抓魚、做涼鞋，他父母要他做的任何事都做。他們送他上學四次，但每次都待不到一或兩個禮拜，就因為打架或罵髒話被退學。

巴爾塔薩十三歲的時候，發現他的父親其實是他的繼父。他說其實他心裡一直都知道，因為他父親很兇，對他比對其他小孩更嚴厲。他的繼父會為任何小事打他，沒工作跑去玩也打、沒把收入全部交出來也打、要飯吃也打……他早餐被打、午餐也被打、晚餐又被打。

他們在墨西哥的巴爾塔港賣報紙給夜班火車的乘客，等火車的時候，他繼父會跑去打撞球或上酒館，讓巴爾塔薩一個人在外面，像條狗睡在人行道上。他會被派去樹林後方或墓園旁邊的住家送報紙，但小孩子總是會怕有什麼動物、怕鬼、怕黑。有一次他走了五公里去送報紙，過橋的時候，看見一個沒有頭的人，站在橋的另一端。巴爾塔薩很害怕，但他不能回去，因為他更怕繼父，所以他跑過那個沒有頭的人，繼續送報紙，又一路跑回家。

巴爾塔薩被打得連路人都同情他。有一次在庫埃納瓦卡，有幾個人幫他買了車票，要送他回阿卡普爾科的親戚家，他繼父看到他在公車上就把他拉下車，之後，為了懲罰巴爾塔薩，也不給他東西吃。他媽媽偷了玉米餅給他吃，彷彿他在家裡是個陌生人一樣。

九歲的時候，巴爾塔薩早上在肉店當學徒，晚上在麵包店工作，所以他一次學到兩種手藝。他們給他一塊肉和一些麵包當酬勞，他總算不用再餓肚子了。他的父母回到庫埃納瓦卡後，巴爾塔薩病了，他們把他送到他母親的妹妹家，直到他好到可以出門。從那時候起，他就不再愛他母親了，因為她把他丟給阿姨。他阿姨是那種一旦收了錢就再也不拿出來的人。她很自私地把巴爾塔薩留在自己兒子的屠宰場工作。巴爾塔薩在那裡工作一整天，洗牛的腸子和肚子又倒垃圾。他們只給他吃墨西哥捲餅。如果他說他肚子餓，或哭，或要找媽媽，他們就打他。他媽媽寄錢來給他買車票，但他阿姨把錢收進自己的錢包裡。

後來，巴爾塔薩和繼父打架，因為他繼父想拿鐵鎚打他母親，但他母親醉了，不能保護自己。於是他們把巴爾塔薩趕出去，巴爾塔薩開始自立更生。十二歲的時候，他在屠宰場找到一份工作，一天的薪水是五十分。他們也會給他牲畜的內臟，沒錢的時候，他就洗一洗，曬乾來吃。他也會和其他男孩一起睡在沙灘上，或睡在飯店門口。他們一起抓魚吃，累了就蓋上報紙、躺在沙灘上休息。他自己洗衣服和褲子，攤在石頭上曬乾，曬衣服的時候順便到海裡洗澡。那是很難過的日子。他覺得自己像個孤兒，因為沒有人幫他煮飯或照顧他。

巴爾塔薩十六歲以前都沒見過親生父親。他父親是個漁夫，住在另一個村莊。他是個好人，也接納這個兒子，但巴爾塔薩有好幾年都沒再去找他和繼母，還有那些一半血緣的弟弟。巴爾塔薩有很多女人，但沒有人知道怎麼給他一個家。他說，她們不了解他……他對女人的要求很簡單，乖乖等他，幫他洗衣服、煮飯，如果他喝醉了回家，就幫他脫鞋子，扶他上床，當作沒這回事就好。

我和巴爾塔薩第一次上床，好像事先安排好了一樣。那天他舅舅沒回家睡覺，我也不知道為什麼。我想巴爾塔薩已經忍很久了。我也在等著。總之，我躺在小床上，他躺在地板上。四周一片黑暗。

他說：「瑪塔，我想跟妳聊聊。」

「怎麼了？」

「沒事，過來這裡。」

我聽到這句話，心想：「嗯，這就是他想要的。他等很久了。」所以我說：「不要，我在這裡就可以聽到你的聲音。」我假裝不知道。

「不行，」他說：「聽著，我不想再來來回回了。如果妳要跟我在一起，我不能給妳很多，但至少妳不會餓肚子。」

我說不要，我該走了，還要再等一下……總之不行就是了。我明知自己懷孕了。我要怎麼告訴他，除了這三個，還有一個小孩即將出世？行不通的！

「告訴我為什麼。妳丈夫會來嗎？」他以為我和克里斯平只是短暫分居。我只是一直說不行、不行。

「妳聽好，」他說：「妳留下，如果覺得我不適合妳，妳就告訴我。如果我覺得妳不適合我，我也會告訴妳。現在這樣好像在考驗我，因為我不知道我和一個女人在一起會怎樣。我很久沒有和女人在一起了。」

「哇！正適合我！」我心想：「好久沒有和女人在一起，他就會更想和女人在一起。」我正準備要告訴他我懷孕的事，他就說：「為什麼？是因為肚子裡的孩子嗎？」

「對，就是因為這個。」我對他一直都非常、非常誠實，我和克里斯平從來沒這樣。

「好，那妳要做的就是小孩出生前不要離開。他是無辜的……小孩不該承擔過錯。我自己就是那樣。我的親生父親只是播種。他不知道有我……是另一個男人負擔起養我的責任，我想要透過另一個人，報答這份恩情。我不在乎妳的過去。過去不重要，重要的是以後的事。」

那個時候，我已經從床上起身，向他靠過去。

「小聲一點，不然會把女孩吵醒。」我鑽進他的毛毯。「你跟其他人一樣，什麼都要報酬。」

「不，不要那樣說我。我只想和妳在一起。」

「如果我不想，我就要還錢給你，對吧？」

「不，不要那樣想。不是那樣的。」

「不是那樣，不然是什麼意思。」他抱我的時候，我覺得自己生氣了。我想制止他，但他說：「別這樣，該發生的事就讓它發生，乾脆一點。」總之，我們就做了。

然後我哭了。我說：「沒想到你是這樣的好人。我本打算有一天要還你的。我不是免費取用這一切。我不希望你覺得我是有目的的……要用我的身體賺錢。我現在肚子裡有一個小孩，我怕他們血會混在一起。如果知道事情會這樣，我第一天就會走了。」

但那之後，巴爾塔薩就不讓我走。他不讓我工作。他有各種理由給我錢，也會拿肉回來。之後，我們就開始找別的住處。

在阿卡普爾科的日子很平靜。我能遇到巴爾塔薩，真的是奇蹟，特別是那時候他幾乎已經要錯過了那班公車。漸漸地，我開始關心他。就像俗話說的：「表現良好的丈夫和小孩都會被愛。」巴爾塔薩人很好，很慷慨，雖然他也會罵女孩們，但那是為了不讓她們學壞。他會點燃爐灶，幫忙煮飯。如果我不能出門，他就拿著菜籃去買菜，或幫忙帶小孩，一點也不覺得丟臉。一開始他就給我錢和帳戶。這是克里斯平從來沒做過的事。我不知道為什麼，但我在墨西哥城認識的男人從來不會這樣對他們的女人。

和巴爾塔薩在一起，我不再悲傷。我變得勇敢，至少我從別人那裡得到尊重。以前我是個不被接受的未婚媽媽，連我的哥哥姊姊都說我像妓女一樣隨便跟人亂搞。但是巴爾塔薩不在乎。他不像克里斯平，每天都要，還要不同姿勢。不會，巴爾塔薩也不會胡亂要求，他是個正常人。如果我不想要，他會說：「如果妳不答應，我到哪裡都可以找別的屁股。」有時候我會拒絕，但通常不論我想不想，都會做。

我愛巴爾塔薩的方式也許和愛克里斯平不同，但我們各方面都處得比較好。可能是因為我不怕……因為我知道如何保護自己。我有比較多自由，想說什麼做什麼，隨我高興，想拿什麼就拿什麼。我把房子顛倒過來也不會有人有意見。

我也不怕對巴爾塔薩坦白。我對自己有自信，有時候甚至會說出比較重的話。我會說：「你已經老了，還想怎樣。哪天我和你在一起不開心，我就走了。」或是：「你如果跟別人跑了，我也不會傷心到死掉。」他告訴我，他第一眼看到我就愛上我了，但我也直接跟他說，我不會那樣，只有跟克里斯平的時候是。如果我不愛巴爾塔薩，為什麼還要騙他呢？我不會跟他拐彎抹角，所以他說我很殘忍，鐵石心腸。

克里斯平第一次跟我說話的時候我就愛上他了，這是事實。我印象最深刻的是他的長相和舉止。他很纖細，不高，長得很好看。他的耳朵就像老鼠的耳朵一樣，又小又精緻，他的眼睛是淺褐色的。我覺得他不像社區其他男孩一樣粗魯。我可以從他說話的方式感覺得到他不是普通人。他會用比較好的詞彙，也不會對女生講粗話。他的工作服一向很乾淨，星期天的時候，他穿的襯衫和休閒褲都好好熨過。他不會穿得像墨西哥流氓一樣，頭髮也不像泰山一樣長。那時候，他不抽菸不喝酒，也不混幫派。他的工作穩定，整體來說是個比較優秀的男人。他喜歡我，讓我覺得我很幸運。

巴爾塔薩完全相反。事實上，他非常粗魯。他只會講粗話，在街上或公車上也會大聲說著私密的事情，不管有沒有人聽到。我覺得很丟臉，所以我不喜歡和他出去。還有他的吃相！嘴巴發出很多聲音，我無法和他同桌吃飯，尤其是有其他人的時候。

我常糾正他：「老兄，閉上你的嘴！」、「小聲一點！」、「襯衫扣起來，你丟不丟臉啊？」但他會說：「關別人什麼事？我覺得這樣比較輕鬆。」或者「喔，瑪塔，我太老了，改不過來了。」他在教小孩吃飯的時候也用這些當藉口。「我改不了是因為我走下坡了。但我可以教你們好的習慣，因為你們還小，正在往上長。」

還有他那個有名的耳環！我們搭公車的時候，別人一看到他就開始交頭接耳。我看了很煩，叫他不妨另一邊也戴上，反正他看起來本來就有點娘娘腔。我才不管他是不是發過誓要戴耳環！

是什麼奇怪的承諾，要讓自己像小丑一樣？

巴爾塔薩一直說：「寫信回家吧！寫封信給他們。你爸爸和哥哥會擔心。」但整整兩個半月，想到爸爸，我還是很受傷。我就是不寫。我會說：「我不知道要寫給誰。」但巴爾塔薩一直煩我，我只好寫了。我父親立刻回信了，而下一次，他沒回信，但親自來了。

巴爾塔薩還在睡覺，因為他早上四點到六點在市場工作，晚上又去屠宰場。我聽到敲門聲，就知道是我爸爸。他和我一半血緣的妹妹瑪莉蕾娜一起來，巴爾塔薩帶他們到市場、海灘，然後他們就搭夜車回去了。

我爸爸從沒一天不工作，除非他病得無法去上班。如果我父親沒去開店，咖啡廳就無法準時營業。所以他的老闆很看重他，讓他在那裡工作了好幾年。他很信任我父親，不管是錢還是其他事情，所以我一直以為我爸爸是經理。直到最近，我發現他的工會會員證，上面只寫著助理。而我一直對我的朋友吹噓，我爸爸的工作很重要！

後來羅貝托來了，他帶了一些我的東西來。面對巴爾塔薩，一開始他很嚴肅，問對方的目的和一些這類問題。巴爾塔薩告訴他，他愛我，還有我的孩子。他說：「如果我愛一棵樹，我也會愛樹的根，不是嗎？」

羅貝托很滿意，沒多說什麼。但一開始，巴爾塔薩就不喜歡羅貝托把手放在我的肩膀上，或我們走路的時候牽我的手。我哥哥和我有一種祕密語言，我們在一起的時候講的，我注意到巴爾塔薩也不喜歡。他叫我不要那樣，我說我們在墨西哥城的時候都是那樣。「好吧，」他說：「但你現在在阿卡普爾科。在這裡，如果我們看到哥哥和妹妹那樣，會覺得不正經。我不喜歡。」

他說他以前曾被這種哥哥妹妹的動作「惹火」。有一個他的女人向他介紹她「哥哥」，後來竟然變成她的情夫。他很清楚羅貝托是我哥哥，因為我父親都來過了，對吧？但他以前有過創傷，從此忘不了。

你想想，孩子出生的時候，巴爾薩塔得幫忙產婆。我當時難產。寶寶的頭出來了，但卡住了，因為我沒力氣再推了。巴爾塔薩不知道該怎麼辦，但他用力捏我肩膀連接脖子的一條筋。他後來說，他那麼做是因為這樣會放鬆我的下半身，讓寶寶出來。我痛死了，一直尖叫，然後寶寶出生了。有一陣子巴爾塔薩很生氣，因為他認為孩子長得像我哥哥。

巴爾塔薩剪了臍帶，把寶寶擦乾淨，然後把胎盤埋了。他把什麼都打理好，還照顧其他小孩。隔天，羅貝托和瑪莉蕾娜來了……我父親叫他們來幫我……但他們竟然跑去沙灘，在那裡待了一整天。巴爾塔薩覺得很不高興，想叫他們回家。他們走之前，他告訴他們，他想在教堂和我結婚。羅貝托變得很嚴肅，要他仔細考慮。瑪莉蕾娜也對他說一樣的話，因為婚禮很複雜，要學會教堂所有規矩。巴爾塔薩說，他怎麼可能學得起來，他連字都沒認識幾個。「聽著，瑪莉蕾娜，」他說：「我知道我是天主教徒，因為我上教堂。我把自己託付給聖人，但除此之外就沒了。我甚至不知道怎麼劃十字架！」

她說：「嗯。這樣你就不能結婚。」瑪莉蕾娜是我們全家最懂天主教的人，她知道所有的這些事。她勸退他，但他說：「上帝會告訴我們怎樣才能結婚的。同時，我也會去法院註冊，這樣我就可以領養這些孩子，讓他們成為我的法定繼承人。我要去弄一張『購買證明』，這樣那個狗娘養的克里斯平就不能把他們帶走。赫蘇斯先生說，克里斯平在找康瑟絲昂，那個可憐的孩子一聽到，嚇得都哭了。」

巴爾塔薩不會計較我的過去，也不會責備我，但他怕克里斯平會用探望康瑟絲昂當藉口來找我。他會說：「我打賭你比較喜歡他，想偷偷跟他見面，對不對？我不懂。妳說妳和他沒住在一起，卻幫他生了四個小孩！他是你的皮條客還什麼的嗎？如果他來，我就帶刀去見他，把他切成兩半。而且羅貝托幹嘛反對我跟妳結婚？他自己想要妳還是怎樣？這干他什麼事？」

我聽了會很生氣，說他瘋了。我們常吵架，因為我不任他擺布。但通常他人很好。即使喝醉了，回家心情也很好。他只打過我兩次，在阿卡普爾科。

他第一次打我時，寶寶還沒出生，都是他兩個該死的弟弟害的。他們兩年來第一次來看他。我幫他們熱了晚餐，讓他們在房子外面吃。他們自顧自聊著，講些過去的事，一些巴爾塔薩以前的女人，還有一些我不感興趣的事。他們沒叫我，也沒請我過去一起坐下，所以我以為我在屋裡做自己的事就好。他們走的時候，我躺在床上裝睡。我聽到巴爾塔薩跟我道歉，但那天晚上他沒對我說什麼。

隔天他喝醉回家，開罵了：「妳這老母羊！我弟弟來，妳應該要陪他們，這是妳該做的。但你卻讓我們像狗一樣在外面。妳父親來的時候我是這樣對他的嗎？還是我這樣對妳哥哥了？」然後他用皮帶抽了我兩下。我很生氣，但因為他喝醉了，我怕他會真的發瘋。我只是哭，開始收東西。

「如果你以為我會忍耐，你就太蠢了。」我說：「小孩的父親就是因為打我，我才離開他的，我為什麼要被你打？你甚至不是我丈夫！」我跟他說了，但也就是這樣了。一會兒後，他帶我去看電影安撫我。

第二次他打我，也是喝醉了。他買了一隻豬，是合法的，他們也同意他宰完後再付錢。但那隻豬被法院充公了，因為巴爾塔薩沒有屠宰的許可。他回到家說：「你想想，他們把豬帶走，還要罰錢。」

「我看，」我說：「下一次他們就要帶你走了！」他做事就是這樣，不負責任還抱怨別人怎麼對他這樣。他又下山去辦一些事，就沒回來了。時鐘走到四點、五點、八點，他都沒出現。

「他們一定把他和豬一起抓去關了。他一定在牢裡。」

這件事是在我兒子赫蘇希多出生後的事。我記得非常清楚，因為我已經幫他做好受洗的典禮要用的巧克力了。那天晚上，寶寶和小崔妮都睡了。康瑟絲昂去墨西哥城看她祖母，所以我跟薇爾蕾塔說：「哎呀，女兒，巴爾塔薩可能去坐牢了，都沒他的消息。我們去找他吧！」

一開始我去了撞球館，後來去了酒館。我說：「女兒，從門底下看看，看你爸爸在不在裡面。」我一轉身，看到巴爾塔薩從一個酒館出來，正要過馬路。一想到我擔心他被抓去關，他竟然在外面玩樂，我就很生氣。他還勾著一個女孩。「哼！那個該死的傢伙要為此付出代價！」我這麼告訴薇爾蕾塔。我跟著他們，看到那個女孩走了。然後巴爾塔薩從口袋拿出一些錢給一個朋友。

一台車停下來，他們兩人都上了車，車子開走了，往紅燈區的方向。

「這個可惡又該死的傢伙！他等著瞧！」我直接回家開始打包東西。我存了一百披索，打算在他回來之前離開。「很好，不只喝酒，他還跟女人鬼混。王八蛋！」

他回來了，對我說：「哎呀，老婆，我現在喝醉了。做做好事，幫我脫鞋子，好不好？」

「你狗娘養的！你喝醉對我有什麼好處？」

「喂！老母羊很生氣，哼？妳什麼時候可以這樣對我說話！」

然後他站起來打我。他一發現我的行李，還拿刀割破。我以為他接著就要拿刀對著我了，所以我閉上嘴。我們都很生氣，僵持了一、兩天。後來，他不知該拿我怎麼辦。他帶我去看電影，買這個、那個給我，還怕我被風扇吹到。他以為我會氣消，但他是瘋了，才以為我會被他收買。自從那次爭吵之後，我對他的尊敬少了很多。之前，我從來沒在他面前說粗話，對他也不像現在這麼粗魯。看我說話的樣子，他覺得我真的變壞了，但如果一方不講開來，另一個人就永遠不知道。就像寶拉和馬努埃爾。馬努埃爾和別的女人在一起的時候，寶拉只是保持沉默，不想把事情鬧大。馬努埃爾甚至連她的苦都沒注意到，又怎麼會知道她其實知情？不，當一個男人讓女人吃苦，她應該立刻說出來，這樣上帝也會聽到。如果我和巴爾塔薩在一起後變得很粗魯，也是他讓我變成那樣的。

我在阿卡普爾科過得比較好，但我爸爸要我和孩子們回去，所以我一直告訴巴爾塔薩，我要回家。他不想離開阿卡普爾科。他說：「我不習慣住那裡。我們在這裡，每天有肉吃，還有麵包，不只是玉米餅而已。我手頭緊的時候，有朋友可以調度，還可以去打牌贏個三、四十披索。我們在這裡總是有夠的錢看電影，沒錢怎麼搬去首都住？活得像條狗嗎？」

我很堅持，一直嘮叨。爸爸寫信來，說我們可以住在金色殖民社區的房子，因為露碧塔要搬出去離開他了。那個瘋子瑪莉蕾娜一直說她母親和我父親住在一起是罪惡，如果我父親不能和她結婚，神父說他們最好分開。也許這是露碧塔最終離開的理由，但我相信其實是因為她無法忍受看到黛莉拉贏得我父親的心。他幾乎不去看露碧塔，即使他去，也是去照顧他的鴿子和豬。

所以我爸爸說，露碧塔搬走後，我們可以住在那裡，而且他可以把豬給我們，讓我們成家，這樣巴爾塔薩就可以繼續他的屠宰工作，把肉賣給鄰居。巴爾塔薩覺得這是個大好機會，所以開始籌錢搬過去。他必須撒點小謊，但他這麼做是為了讓我高興。他跑去在衛生所工作的朋友那裡，請他開個證明，說他需要去墨西哥城動疝氣手術。他真的有疝氣，他把盲腸摘掉的時候，醫生告訴他的。所以他帶著這張證明去屠宰場找同事，看大家是否能幫他籌錢。巴爾塔薩當時只有一百披索，但我們搬過去後不能只靠那些錢，是吧？

欸，他從朋友那裡一共募到一百五十披索。但還是不夠，巴爾塔薩到處奔走，彷彿他很痛，情況很緊急。他衛生所的朋友也過來說他情況很不好，所以他又籌到五十幾披索。他同事還說，手術結束後，如果需要錢，他們會再寄過去。

我們倉促離開了。巴爾塔薩想搭夜車，這樣路上就不用花錢買吃的，但我們和司機沒講好，司機開價八十披索，但只負責載家具。我們只好在車站等，又找到一個載家具只要七十披索的司機。巴爾塔薩把床、五斗櫃和其他東西搬到車頂上，又花了四十六披索幫我們買票。接著我們又花了一些錢，買食物給孩子們，買外套給巴爾塔薩，還僱了另一輛貨車，把剩下的東西都載到卡薩格蘭德，這趟路實在很花錢，對吧？

露碧塔還在我父親的家裡，所以我們先搬去和馬努埃爾、瑪莉亞一起住。羅貝托和他的安東妮雅也住在那裡，還有我堂哥大衛、他母親、妻子和四個小孩。晚上有那麼多人躺在地板上睡覺，看起來像軍營一樣。供桌的蠟燭點著，大家都睡了，巴爾塔薩開始抱怨，這種情況他要怎麼排解欲望。在阿卡普爾科，至少我們白天可以叫孩子們出去自己玩。他不猴急，也小心不要抱怨得太明顯，但他還是很想念我的愛撫。謝天謝地，我堂哥一找到地方住就帶著他家人搬出去了。之後，安東妮雅拋棄可憐的羅貝托，所以他搬去和我的上流姊姊康蘇薇若一起住。他沒工作，老是打架。酒瓶是他唯一的慰藉。

所以我們在六十四號，和馬努埃爾、瑪莉亞，他們的小女兒蘿莉塔一起住。馬努埃爾另外四個小孩和我爸爸、黛莉拉住他在伊斯米奇班殖民社區蓋的小房子。黛莉拉懷了第二胎，人們還是閒言閒語說是別人讓她懷孕的，孩子不是我父親的。懷疑人家孩子的父親很不好，我自己有痛苦的經驗。誰會比母親更清楚誰是小孩的父親呢？就我的立場，我寧願相信母親的說法。

這個，我們馬上就有爭執了。我們理應要付一個月的房租，然後馬努埃爾付下個月，但我們搬進去後，房東說馬努埃爾已經欠了五個月的房租，如果他不付清，我父親就會失去這個房間。

巴爾塔薩為了和馬努埃爾有個好的開始，他願意當掉他的新收音機，預付五個月的房租，這樣我們就有個地方住。所以馬努埃爾拿了收音機，付給房東一百六十五披索，還了三個月的房租，只有天知道他把剩下的錢拿去哪裡。他說他只收到一百六十五，但巴爾塔薩不相信，因為收音機值五百披索。一開始，我幫我哥哥說話，但馬努埃爾拿到當鋪收據、賣掉收音機的時候，我站在巴爾塔薩這一邊。

那時候，馬努埃爾和巴爾塔薩是宗教親屬，因為我請馬努埃爾當我兒子的教父。所以巴爾塔薩必須尊重他，但又不能讓他占便宜。他會說：「教父，我們互相尊重，你就不要再亂搞，把收音機還我。」但不論他怎麼說或怎麼做，他再也沒看到收音機，也沒拿到錢。馬努埃爾承諾會慢慢還，但他連一毛錢都沒還，就開始說收音機根本是偷來的，所以巴爾塔薩才會這麼擔心。

巴爾塔薩去屠宰場找工作，但他沒有城裡的執照，他們不要僱用他。他想去麵包店工作，但又需要錢加入工會。我父親幫他在鑰匙工廠找了份工作，但巴爾塔薩不做了，他說那裡的工會被老闆掌控，條件很不利。他因病請假三天，他們就扣他的工資，總之，他們一天只付他十二到十五披索。

其他的工廠又要求太多……要知道他的身家背景、來首都多久了、有沒有小學畢業證書、離職證明、推薦信等等。他解釋說他是外地人，沒辦法拿到任何推薦信，但那些人聽不懂。他們只會說：「推薦信或介紹人……推薦信或介紹人。」

巴爾塔薩開始討厭墨西哥人。他說他們都是狗，自私自利。阿卡普爾科人（*Acapulqueños*）都是誰需要工作就給誰工作，不然那個人何必找工作？墨西哥人都是小偷，如果在阿卡普爾科有人東西被偷了，一定是從首都來的人偷的。他已經準備要回老家了。

我姨丈伊格那西歐要他一起去賣報紙，但我們怎麼可能只靠一點工資過活？最後，馬努埃爾答應教巴爾塔薩怎麼在泰彼托市場當「土狼」。巴爾塔薩一開始先賣我的桌子。他用賣桌子的錢，到洗衣店買一袋沒洗的襯衫，賣掉後再用那些錢買其他東西。家裡有兩個男人當小販，我們的房間裡於是堆滿了鏡子、壞掉的玩具、二手衣服、鞋子和那一類的東西。他們沒東西可賣的時候，瑪莉亞和我就得把我們的衣服藏起來，因為那兩個人會把所有的東西都抓去換錢，好賺家用。有一次馬努埃爾就當場把蘿莉塔的毛衣脫下來，賣給一個客人！

我們有一陣子相處得比較好，因為巴爾塔薩一天給我十披索，全家也吃得飽。他甚至把欠的電費都繳了，家裡又有電了。但後來馬努埃爾連續兩個月沒繳，電又被切斷了，巴爾塔薩就不管了。他說我們用蠟燭比較好，這樣馬努埃爾和瑪莉亞太晚回家時，就不會開燈把我們吵醒。他們都在吉爾貝托的咖啡廳吃飯，每天帶著蘿莉塔去那裡，大半夜才回家。

巴爾塔薩需要資金，所以羅貝托來借二十五披索去阿卡普爾科的時候，巴爾塔薩想起了屠宰場的同事。他瘋到要叫我哥哥去跟他們籌錢，但反正羅貝托要去一趟，賣掉一些「燙手」的東西，不會花到我們的錢。羅貝托還告訴巴爾塔薩，如果他賣到好價錢，還可以買一台收音機給我們。

我不相信我哥哥。我很氣他，因為他當掉一枚安東妮雅跟我借的戒指，後來也沒還我。我當初省吃儉用才買下那枚戒指！如果他要偷走，怎麼不去偷有錢人的，要偷我們的？但他說：「小妹，不要不高興。我改天給妳一枚更好的。」

巴爾塔薩不聽我的話，跟我父親借了二十五披索，再借給我哥哥。四天後，羅貝托從阿卡普爾科回來，但只拿了五十披索給巴爾塔薩。他說其他的錢他拿去花在吃飯、旅館還有搭車。我們永遠不知道那些屠夫拿了多少出來，但巴爾塔薩相信我哥哥一定拿走超過一半。他開始對羅貝托有了恨意。

有一天，我們要開派對，在瓜達露佩阿姨家調雞尾酒，邊調邊喝。他們喝得越多，講越多心裡話，於是心裡的不滿也說了出來。巴爾塔薩告訴羅貝托不要再來卡薩格蘭德了，因為他每次來就像炸彈一樣，大聲推門，好像那是他家一樣。巴爾塔薩已經付了三個月的房租，他覺得自己才是那裡的老大。他也不再讓瑪莉亞的哥哥來住，他說，他有責任不讓任何一個王八蛋騷擾我女兒。

羅貝托說那是他父親的房子，而且身為我哥哥，他有權利想來就來，也可以在那裡吃飯、睡覺，他愛怎樣就怎樣。

「你是說我有責任養你嗎？」

「沒錯，」羅貝托說：「我要你養我，你就要養我。」

「喔，所以我還得付錢買你們的兄妹之情就對了。這是說你在賣妹妹！」

「那又如何？你是誰？你不也是突然跑來就要我父親養你、幫你？白吃白喝，這種把戲你最會了。我父親對你比對自己的兒子還好。」

就這麼你一句、我一句，他們後來罵起對方的母親，還拿出刀子。我阿姨為了架開他們兩個，還割傷了手指。巴爾塔薩後來告訴我，他要回老家了，有沒有我都要回去，因為他不想再依靠我家人任何事情。我花了很多時間讓他冷靜下來。他說：「好吧，我留下來，但如果妳哥哥殺了我，就是妳的責任。」

那之後我再也不跟羅貝托說話了，這是有史以來第一次，我叫他不要再來我家，因為他只會惹麻煩。坦白說，沒有人希望他出現。他知道後又哭又醉的，但感謝上帝，他答應為了孩子不再過來。

露碧塔和瑪莉蕾娜終於離開父親在金色殖民社區的房子，我們搬了進去。那是一個樸素的地方，但四周有高牆，庭院也只屬於我們。這裡乾淨又安靜，有兩間臥室、真正的廚房，每個房間都有窗戶。每天有貨車送水來，而且也有電。總之，我或巴爾塔薩這輩子從沒住過這麼好的房子。我開玩笑地說，我們應該在屋頂裝個天線，這樣鄰居會以為我們家有電視機，是真正的高級人家。

至少，我希望巴爾塔薩了解，一個家的溫暖和親密有多麼重要。他從沒在他的任何一個女人身上得到。她們都是些婊子，愛喝酒，後來都離開他去和別的男人生小孩。他的人生讓我感到很難過，所以我才堅持和他在一起。他像個小孩一樣需要我。我也是，即使我總有地方吃住，有衣服穿，但從來不覺得我有一個家。我見得到我的哥哥姊姊，但我們不團結。我們大可像別人一樣一起工作，為自己建立一個美滿的家，但我們沒有，反而各走各的路。我從來不羨慕有錢人，雖然他們高我一等，因為總是有人低我一等，但我真的羨慕有好家人、好家庭的人。

我想向巴爾塔薩證明我和他認識的那些女人不同。事實也是，我們偶有爭吵，也會叫對方閉嘴，但也沒有比這更糟的了。我們一開始只會為一件事爭吵，就是寶寶，我們叫他小混血。我說巴爾塔薩太寵小孩，這樣對他不好。小混血尿床或尿褲子的時候，我會打他屁股，巴爾塔薩就生氣了。他會為了這樣不讓我幫寶寶穿褲子。他會讓小混血坐在他的肩膀上逛市場、搭公車，週日還會去公園，但只讓他穿一件上衣。小混血尿在他身上，他只會笑一笑。寶寶哭著要什麼，他都給他，甚至女孩們正在玩的東西也給他。小混血只有一歲大，他好像也知道他爸爸什麼時候在家。我不能說：「不要這樣。不要碰那個。」巴爾塔薩還警告我，如果他看到我打小混血，我也會挨打，而且他出門前還會說：「記住，小孩要做什麼就讓他做。」

我從來不會那樣寵小孩。巴爾塔薩說我對他們很嚴格。我想那是因為我經歷的事情、我心中的憤怒，讓我變神經質。我沒有耐性回答孩子們的問題。「媽媽，那是什麼？媽媽，我們要去哪裡？」我會立刻叫他們閉嘴。我越來越像我爸爸。我在讀報紙或週刊的時候，不會讓他們打斷我。我可憐的小女兒變得畏畏縮縮，像康蘇薇若以前那樣，因為我不再親近他們，也不抱他們了。

當我又懷孕的時候，我很平靜地接受了。我覺得，巴爾塔薩值得我為他生一個孩子，特別是我肚子裡有另一個未出生的孩子，他還是願意帶我去法院註冊。我家人相信小混血是他的兒子，我也不拆穿，因為承認克里斯平又讓我懷孕，其實很丟臉。所以儘管我爸爸勸我不要，我還是嫁給巴爾塔薩。爸爸不相信繼父，我也聽說一些繼父對他們繼女做的事情，但只要我活著的一天，這種事就不可能發生在我家裡。

我以為巴爾塔薩會很高興有自己的孩子，但他沒有。他說新來的寶寶只是來搶走小混血的愛，讓小混血生病（*chipil*），嫉妒的病。小混血沒生病，巴爾塔薩卻病了。晚上的時候他會翻來覆去，抱怨他的胸口很沉重，喘不過氣。瓜達露佩阿姨想帶他去聖殿找靈媒治療，但巴爾塔薩寧願和朋友去喝酒。他從那個時候開始變壞，交了些壞朋友，把錢都花光了。

他會搖搖晃晃地回家，我們就會吵架。我說：「如果你在家裡不開心，如果你跟那些市場的爛朋友在一起比較快樂，你最好離我遠一點，去跟他們在一起。」

他抱怨我變了，以前我至少會抱抱他或親親他。我回答：「對，坦白說我對你越來越沒感情了。如果我變了，也是你造成的。」

「很好，」他會說：「這樣的話，哪天我找到別的屁股，就不會在這裡了。」

「但是在你找到之前，在你還在想你要蘋果還是梨子的時候，不要來煩我。去幹別人，我不是你的母狗。我認識你的時候不像現在這樣，我現在吃不好、穿不好，你對我也不好。找另一個男人，跟他要東西，有什麼難的？到處勾搭男人是世界上最簡單的事情，先找一個，然後是兩個，誰來就跟誰走。但我不像你其他那些隨便的女人。只要我父親還在，我就絕對不會那樣。所以巴爾塔薩，你最好向上帝禱告我父親不會死。」

我告訴他，就算我有十幾個小孩，他離開我，我也不會哭，沒有哪個男人值得哭，尤其是酒鬼。那樣的男人最好去死一死，大家都安寧。我寧願去店裡找一個裁縫工作，即使那等於賣掉我的肺，一天也只賺個可憐的八、九披索。我警告巴爾塔薩，他留下來就要工作。「不要以為我會讓你變成我爸爸的累贅。你想跟他其他兒子一樣嗎？那你不如離開，還好上一千倍！」

我們家連一毛錢也沒有了，巴爾塔薩沒錢做生意，所以我們把父親給我們的豬賣掉，那些豬甚至還沒長大。如果父親知道了，他會很生氣，會說我們什麼也留不住，永遠不會進步。我想拿其中五十披索和阿姨去查爾瑪，但我想，錢還是留給巴爾塔薩工作，我們就沒去了。畢竟，如果沒錢，小孩出生的時候，誰來接生？

所以巴爾塔薩拿了錢，又開始工作。我不知道怎麼了，但他給自己找到一個合夥人，叫豬仔，豬仔帶他上酒館，還把錢拐走。我苦苦等著巴爾塔薩回家，因為我需要錢去買藥。爸爸看不慣我這樣子，叫我去看拉蒙醫生，他開了些補藥給我。

巴爾塔薩都很晚才回家，有時甚至沒有回家。我警告過他，喝醉的時候一個人在街上很危險，但他以為這裡是阿卡普爾科。前一天晚上，一堆男孩……都是些混混……沒來由地追著他，他差點逃不掉。我告訴他如果他出了什麼事，他的親戚會來罵我。他們會來把我生吃了，因為他們家的人就是那樣。但他不那麼想。他說我只會罵他和生他的氣，只想把他綁在家裡。

巴爾塔薩在外面待了兩天。他回來的時候，我把處方箋給他。「拿著這個，」我說：「然後跟豬仔拿錢去買，因為醫生告訴我這很急。」他很驚訝我沒有罵他，他想過來抱我。我只說：「不要煩我。我在這裡，和我女兒開心地在一起，你只是來騷擾我。誰叫你來的？哪個魔鬼帶你來的？街上才是你家！」

「什麼？我再也不能回家了嗎？我回來晚了，是因為我去送貨。」

他總是在送貨，哼！我注意到他襯衫上有些口紅印。那時候，他都說他只跟男人出去作樂，沒有女人。我不是昨天才出生的，才不相信他的鬼話，現在有證據了。

「你送貨送到襯衫上有這些？」我問他。

「喔，我沒辦法，我去的地方有些布上面有紅色的油漆。」當時我堂哥大衛搬過來和我們一起住，後來他跟我堂哥說，他跟一個女人跑去汀特羅街跳舞，因為我不再跟他睡了，而且老是生他的氣。我差點相信那真的是紅色油漆！我不是在吃醋。我了解男人永遠不可能只滿足跟一個女人在一起，但是我不能忍受被騙。

好，我叫他去買藥，他隔天早上才回來。他沒有把補藥帶回來，甚至連處方箋都搞丟了。他有點醉，竟然還有臉告訴我豬仔又約他去汀特羅街。巴爾塔薩解釋：「我有說清楚，我不能花太多錢，所以還問了一下價錢。」你想想，那個豬仔竟然還幫他選女人！

「你聽好，」我非常生氣地說：「你不是我第一個男人，也不是最後一個。你最可惡的是，把我當笨蛋一樣耍。只要告訴我你不會回來，我就不會等你。」他知道我不會像在阿卡普爾科一樣，出去外面找他。抓到他跟別的女人在一起對我來說風險更大。萬一他躺在她身邊罵我呢？那樣我會有多丟臉啊！不，我不會去找他，因為我不想抓到他偷吃。

我每天都去梅賽市場，去看看我父親的臉。他事情不順利難過的時候，我也會難過。現在，他很平靜也很滿足，我也比較開心。畢竟，他老了，不能再像年輕的時候那樣操勞。我們沒人可以花錢買生命，所以我得考慮到他隨時會死。父親在的時候，我沒什麼好哭的。但如果他不在了，是的，對我來說，世界就結束了。

一開始我會幫巴爾塔薩掩飾，但現在我什麼都告訴爸爸。「誰想得到，」我說：「那個巴爾塔薩會變成一個忘恩負義的混蛋？他不付房租，還想叫你幫他做什麼？他完全把他的責任拋到一邊了。他知道你不會讓我挨餓，所以現在一毛錢也不給我了。」

爸爸在房子上面損失了很多錢，因為他可以把房子租給別人，一個月租個兩百五十披索。所以我說我們應該把之前養鴿子的地方清理一下，租給我堂哥大衛，這樣爸爸可以賺點錢。這樣一來，他現在每個月就還有一百披索的收入，可以補貼他的開銷。我們沒有人給他錢，相反地，還一直拿走他僅有的。我去市場找他的時候，他一定會給我五或十披索，給孩子一人一披索，才讓我回去。他看著孩子們的衣服和鞋子，如果覺得他們有需要，隔天就會去買。孩子如果生病或感冒了，就罵我沒照顧好孩子，然後給我錢買藥，好像這是他的責任一樣。如果我不要拿，他就說他養三、四個孩子不難，何況是他自己的孫子。他是那種百年難得一見的男人！但他不該給我這麼多的。我還需要巴爾塔薩做什麼？

生產的日子快到了，我很害怕。就像我對巴爾塔薩說的：「你看，我們有地方住有什麼用？小孩出生的時候，我們口袋沒有半毛錢。我什麼也沒準備……沒有毛毯、沒有毛衣，什麼都沒有。」

「快了，」他說：「只要那個誰來了，或某人付了錢……妳等著。」

他對自己一點自信也沒有，也不焦急，我看了心裡就很絕望。等待讓我心急如焚。我在等什麼？我等的是一場空，什麼都沒有！

我從來沒有像這次一樣這麼害怕生產。生小崔妮很不容易，如果巴爾塔薩沒有幫我接生小混血，我想我自己是做不到的。現在，就像我跟巴爾塔薩說的，我覺得我好像快死了，像我母親那樣。我不擔心自己，只擔心我的孩子。如果不是為了他們，我老早就自我了斷了。但我很清楚，他們需要我。如果沒有我，他們就完了，因為沒有人會像我那樣愛他們。他們會被分開送走，克里斯平會帶走康瑟絲昂，別人會帶走薇爾蕾塔，小崔妮又會在別的地方。沒有母親，就會四分五裂了。

巴爾塔薩說：「妳看，我三十四歲，比妳還老，但我還不想死。」

「是啊，」我說：「因為你多多少少像個男人。你到外面去喝酒，分心了就忘記憂愁。但我關在家裡，煩惱比你更多。」

到了晚上，我睡不著的時候就開始胡思亂想。坦白說，最讓我心痛的事情是我和克里斯平分手了。最近，我甚至還夢到他媽媽和姊姊，她們都對我很好。也許，如果我當時再等一下，克里斯平和我就會復合。我和巴爾塔薩在一起，是傷害了自己和孩子。我習慣獨處，也應該一直獨處。我告訴巴爾塔薩，如果他離開我，我不會傷心得死掉。但誰知道呢？等我又看到自己孤孤單單的時候……誰知道呢？

也許我們應該回去阿卡普爾科。巴爾塔薩應該在屠宰場工作，再給我錢和肉。在那裡他不能依靠我父親。他就會知道如果他沒給我錢，我們就沒飯吃。畢竟，在那裡，他唯一的缺點只是喝酒。他了解那個地方的人和土地，會再一次有自信。在那裡，至少我不用再看到我家裡的人惹上麻煩、吃苦、爭吵。我看得都生病了。也許我不會再夢到我和女兒分開來，也不會夢到巴爾塔薩挨子彈。在這裡，我晚上躺下的時候，我會覺得隔天早上就不會再起來了。如果我能熬過這次生產，也許我們應該回去阿卡普爾科。我覺得在那裡比較平靜。

終章
Epilogue

赫蘇斯・桑切斯
Jesús Sánchez

我是那種會生悶氣的人，我對我三個小孩，馬努埃爾、羅貝托、康蘇薇若，有很多意見。我的身體被小孩氣得一半癱瘓了。說到這個，我就覺得很丟臉。一個父親怎麼會有這種兒子。他們交了壞朋友、生活在不好的環境，所以學壞了。他們的朋友對這些男孩沒有好處。但我也很沒用，完全改變不了他們。儘管有我的建議，他們還是不走正路，走了另一條路。

世界上沒什麼比正當工作更好。我很窮又渺小，但做事情都盡全力。他們不能說他們的父親喝醉回家或拋棄他們。他們一個舅舅就是喝酒喝到死掉。看來他們從舅舅身上學的，比從我身上學的還多。我真的不懂。

我兒子沒什麼出息，因為他們不喜歡被別人使喚。他們想要先變成百萬富翁，再去找工作。你怎麼會想要從頂端開始做起？我們都要從基層慢慢做上去，不是這樣嗎？但我兒子，偏偏想反過來。所以做什麼都失敗。

他們也沒有心要工作。他們連一點常識都沒有。他們沒有決心找工作、好好做。找個正當的工作，走在街上就可以抬頭挺胸，為自己感到驕傲。如果他們可以那樣，我會很高興、很滿足。

有一天我跟康蘇薇若說：「我不希望妳變成不應該成為的人，也不希望妳忘記自己的出身。當人讀了點書，行為舉止開始驕傲起來，就會被別人討厭。拿我自己當例子，我一直都是個小工人，我也會一直當個小工人，這樣就沒有人會來招惹我。即使妳多讀了幾年書，也不代表妳就應該覺得自己是上流人士。自己照照鏡子，告訴我妳什麼階級、社會上什麼地位。」她想求進步當然可以，但她也不該大頭病，瞧不起自己人和她這個圈子。我有天晚上告訴她：「不管妳喜不喜歡，我就是妳父親。不管我穿上西裝或有多窮，我就是妳父親，妳改變不了這事實。」

我承認我犯過一些錯誤。我不是純潔的白鴿，但我一直都有照顧他們。很多男人找了新的女人就拋棄小孩。你知道帶著沒母親的小孩是什麼感覺嗎？孤兒會對他覺得無所適從，他也會沒人要。所以，我該怎麼辦？我什麼都供給他們，因為我喜歡那樣。我像個奴隸一樣工作，盡可能拚了老命、勇往直前，大家都看到了。但很多時候，給孩子飯吃，讓餐桌上隨時都有菜，反而是害了他們……他們就不用擔心要為他們自己做什麼了。

我希望他們上學，學做生意。我不要求他們去工作、賺錢給我，反而是我讓他們不愁吃穿。我照顧他們超過二十年，他們從沒缺一碗湯或一杯咖啡。為什麼他們會變壞？我真的不懂。

蕾若死後幾年，我在維辛達那裡遇到愛蓮娜。就像我之前說的，我一定很幸運，因為女人都會愛上我。好像一直都是這樣。為什麼？我也不知道。你想想，這個女人（其實是女孩）——願她安息，和她丈夫住在隔壁，一個想當神父的男人。但他卻不給她東西吃，她當然會來我們家，因為孩子的外婆在那裡賣蛋糕邊，一天都有一籃，看到了嗎？所以她過來這裡買，然後就會看到我家的情況，她一下就喜歡上了。事情變化很快。接著她和丈夫吵架，反正他們的婚姻也沒有法律約束。

你知道，她真的是一個很漂亮的女人，像火爐一樣熱情。她身材很好，女孩身材好，男人就興奮，想要擁有她，是吧？欸，一眨眼，事情就安排好了，她來住在我家，畢竟當時我單身，只有跟孩子住在一起。

她丈夫叫住我的時候，我以為我大概完了。我從不帶武器。所以我跟他說：「現在你看……你妻子來我家當幫傭。如果你想，就進來帶她走。如果她想跟你回去，你進來帶她走，我沒意見，但我知道她不想。」就這樣，面對面講。他沒生氣，也不像很多人一樣破口大罵，掏出槍當場把你斃了。但我真的冒了很大的險。

他在街上把我擋下來兩次，都是半夜的時候。我心裡想：「來了，隨時都會出事。」因為哈利斯科來的人都是兇殘出名的。不管怎樣，她把東西搬出她的地方，但也沒幾樣。那個男人很小氣。節儉是好事，但也不該太過分。什麼東西過頭了都不好。總之，她搬來跟我一起住。而且不要以為她會怕，因為她脾氣還挺硬的。她很年輕，只有十五歲，但她一旦決定做什麼，就會去做。她一點也不怕他。

她對我的小孩像親生的一樣。她愛他們，保護女孩們不讓哥哥欺負。康蘇薇若和羅貝托對母親的死比另外兩個難過。馬努埃爾去庭院玩一玩就忘了。他去上學，但好像沒什麼天分，跟他兒子阿拉那斯現在一樣。他不想讀書，功課也跟不上。羅貝托和瑪塔更糟。唯一能讀書的是康蘇薇若。她很安靜、聽話，但沒有朋友。她是到後來才給我惹麻煩。但男孩子不能接受愛蓮娜。他們讓她日子不好過。

現在，瑪莉亞照顧馬努埃爾的四個小孩，遇到一樣的情況。當然我還在，會看著小孩，要他們尊重瑪莉亞。她沒為他們做很多，但至少偶而照顧一下。這也是愛蓮娜讓人感激的地方。她們的辛勞難以回報。你怎麼能不喜歡、不尊敬這樣的人？

愛蓮娜和我在一起五年。我和她沒生小孩。但有些事我就是不能理解。為什麼我遇上這麼能幹的好人，幫我這麼多忙，偏偏她就生病死了呢？

她是很虔誠的天主教徒，所以要我找神父來幫我們證婚，我照做了。我這麼做是因為她想要我這麼做，不是因為我相信她的靈魂因此而洗淨。不，我才不相信這一套。我要說句難聽的，一個人健康的時候不去做彌撒，要死的時候才軟弱地去找上帝和教堂。那時才找神父懺悔，其實是害怕未知的情況來臨，還有後悔我們一生裡頭做過的壞事。

愛蓮娜生病的時候，我在餐廳的薪水不夠養家，所以我開始賣鳥、養豬。我在市場遇到一個女人，她在郊區伊斯米奇班有個大豬圈。我問她能不能租一部分給我。我買了一些木材，蓋了一個小豬舍。然後我用二十五披索買了幾頭豬，再以一百披索賣出。在伊斯米奇班，豬的價錢很便宜，但我買的豬品種很好，所以從中賺了不少。我每殺一隻豬，就賺六到八百披索，一隻豬賣一千五百披索。別人的種豬交配一次收十披索，我的收五十披索，因為我的豬是切斯特白豬混種澤西豬，又白又漂亮。小豬也幫我賺了很多錢，在伊斯米奇班有一窩。收五十披索確實不少，但那是因為我花了四百披索買種豬。我買的時候他才四個月大，長得很好。我每天幫他洗澡、餵他飼料。豬舍旁邊有個清澈的池子，我只要把豬帶到池子裡，把水潑在他們身上。我就是那樣幫他們洗澡的。幾年來，我每天都去豬舍餵豬、洗豬。

然後有一天，我買了一些彩券，中了兩千五百披索。我坐在這裡，露碧塔的女兒過來說：「爸爸，有個金色殖民社區的人想要賣他有兩間房間的房子。他要賣兩千五百披索。」「那價錢很高。」我說：「帶我去。如果我要買，現在就買吧！」我去和那個人談。我說：「兩千披索如何？我沒錢了。」我問他願不願意帶一隻豬作為補償。

他說：「好啊，我們去看看豬。」

然後他問我豬要賣多少。那隻是種豬，切斯特白豬混種澤西豬。我說：「給我一千兩百披索。」

他說：「不行，太貴了。我給你八百。」

我說：「好，是你的豬了。」我從彩金中出拿出一千七百披索，成交。我們講好，隔天就去房屋公司簽約。事情就辦好了，乾脆又合法。

幾天後，我賣了另一隻豬，買了其他建材，開始整理新房子。同時我每天也去城裡另一邊的豬舍巡豬隻。不論晴雨，我累死了，一上車就會睡覺，如果沒有座位，我就站著睡。但你應該看看我蓋的房子，我都不好意思說像個豪宅了。對我這個什麼都沒有的男人來說……

而那些辛苦的工作，我兒子從來沒有幫我。

後來我在伊斯米奇班殖民社區買了一塊地，想蓋一間小房子，這樣就可以有我自己的養豬場。如果上帝能幫我再中一次彩券的話！那個房子可以給我的小孩。我可以把它分成四份。

是的，我打小孩打得很兇，尤其是羅貝托，因為他開始從家裡拿東西。我這麼辛苦工作買了一張桌子，回家後不見了……難道我不該處罰當事人嗎？而且有兩次，他們因為男孩子太頑皮了，要把我趕出我的屋子。有一次他們在庭院溜冰太吵了，在古巴街那一次則是弄破水管。羅貝托真的很不怕死又暴力，跟他母親一樣。

我把女孩們留在屋裡，並且隨時盯著男孩們，確保他們不會帶什麼東西和染什麼病進家門。他們的外祖母或其他人洗衣服的時候，我會檢查男孩的內褲。他們稍微長大了之後，有一次，我在角落發現一個棉花球，馬上叫他們褲子脫下來檢查。但他們從沒染上什麼性病。這是他們成長的關鍵期。身為父親，我不能對他們明說，但我會看。

欸，其實我不懂我自己的兒子。你也看到了，他們有家，可以去學做生意、讀書，改善自己的生活。他們為什麼不做？我就是個好例子。比起三十年前，我現在的生活好太多了。他們為什麼不要呢？因為他們沒有意志力，就是這樣。他們只喜歡懶散度日。你告訴我，他們還求什麼？換作別的男孩，不知有多感激擁有這兩個傢伙的一切。我用了大半輩子為他們做牛做馬。作為父親，我從來沒有失敗過。我從不逃避我的責任，也沒有拋棄他們。不管發生什麼事，他們都可以來找我，不管是半夜還是清晨要找醫生，要買藥、還是買什麼都可以。

老實告訴你，我也不知道我哪來的能耐，一直努力當個好父親，盡我所有的責任。你看我，一個窮文盲、種田的、沒受過教育——他們的母親死後，我大可拋棄他們，對吧？但我沒有。

我和露碧塔在一起的時候，她已經有一、兩個女兒。她住在玫瑰街，但我不想帶她過來，以免孩子們有爭執。我考慮了一下。你看，家裡需要人洗衣服、做家事、煮咖啡，我都享受不到這些，因為沒有人能做。外婆幫我不少，她也照顧孩子們。但愛蓮娜來的時候她生氣了。她沒理由生氣，因為這個女孩是幫我們全部的人做事，不是為我一個人而已。我大舅子說外婆要搬走了，一件又一件的事情讓她很失望。我告訴他們：「你們到底希望我怎樣？你看到了，也很清楚情況。就算你說你是舅舅，很愛孩子，你也從來沒有幫你外甥帶壺咖啡來。我每天去工作，從來不請假，我不能邊工作邊照顧小孩。我一定要找個人，你想生氣就隨便你。」我不能帶他們去露碧塔家。一半血緣的兄弟姊妹和繼父繼母幾乎不可能處得來。

我愛我的兒子，也愛康蘇薇若，但我再也無法對他們付出感情。他們讓我花了很多沒用的錢。羅貝托在監獄裡的時候，花了我一千兩百披索。他在軍隊的時候，要我幫他調到墨西哥城。我跟上校講，他說要花錢，我只好放棄。畢竟，是羅貝托自己要加入軍隊的。他不想工作，所以去當兵！我不知道他們付他多少。孩子也從不會跟我講任何事情。他們從沒說：「爸爸，我賺很多，這些給你。」沒有！從來沒有。我有兒子，跟沒有一樣。儘管如此，他們現在也是男人了，我還是盯著他們。我罵他們，讓他們知道自己做了不對的事。我常想著他們，如果沒看到人，我就去打聽。

馬努埃爾已經是五個孩子的父親了，他還是不願睜開雙眼。要他為孩子做一點點事，得好說歹說，花我好大力氣。我這些年為了幫他而給他的錢，都可以讓他有一間自己的房子了，要不然也可以幫他的小孩租個房間。他跟市場裡的傢伙合夥，他說合夥人捲款跑了，留下五千披索的債。但他說的話我一個字都不相信。一個人一天到晚都在說謊，真的很糟糕。就算他跟你說實話，你也不會相信。他們總是要你相信明天他就會重新做人。但他們再也騙不了我了。我是他們的父親，我知道他們。

康蘇薇若讓我吃了很多苦，因為她的個性很強。她是個任性的女孩，跟她母親一樣。她很嫉妒安東妮雅。你要知道，一半血緣的兄弟姊妹通常處不來，會起爭執。欸，在我家，沒有爭執，因為我都當中間人。我得把安東妮雅帶來卡薩格蘭德，除了她母親晚上要工作外，還有其他的考量。安東妮雅的成長過程很孤獨，於是交到一些爛人。我得把她鎖在房間裡，以免她去舞廳和酒館。我從來沒給她什麼，一點也沒有，但她來找我，我自然就不得不注意這個女孩。我給她買了一些衣服和東西，不幸的是這一點讓康蘇薇若和其他人不高興。

我儘量跟康蘇薇若談，給她建議，但她不聽。她也沒給我一毛錢。我不是自己需要錢。我絕不是想從小孩那要什麼。感謝上帝，我幫大家工作。我為大家打點一切。就算她給我錢，也是拿來蓋給他們的房子。

你可以想像幾年前康蘇薇若從蒙特雷打電報給我的時候，我有多心痛。我一毛錢也沒有，還要借七百披索，到處去湊錢，一百一百地湊起來。我後來就把這七百披索拿給她，但根本不需要花這筆錢。七百是個大數目。而且我還請了我從沒請過的假，平常我連假日都不會請假。

我犯了一個大錯，就是和黛莉拉在一起的時候沒有搬走。你知道，小孩長大後，父親再婚，他們會很生氣。我前幾天讀到，一個母親再婚，結果被她兩個兒子毒打一頓。在墨西卡利，父親再婚，兒子會殺了父親的，不過那是有遺產的情況。他們要不很野蠻才殺了父親，要不就是醉了！我該覺得感激了，我不用一直維持父親高高在上的形象，兒子也沒有頂嘴或虐待我。

克勞蒂亞來幫我們工作的時候，康蘇薇若說：「結婚吧，爸爸！」好，我真的結了，情況卻變了。康蘇薇若的態度大轉變。這讓我很難過。因為我的孩子不懂，不管富有還是貧窮，我們都需要互相幫助。他們現在才開始學習生活，才慢慢去了解，獨自一人無法做什麼事。他們沒想那麼多，是因為當下他們還年輕力壯，明天不需要別人幫忙。但十根棍子總是折不斷！

這個克勞蒂亞年輕漂亮又豐滿。我想娶她的時候，她大概十五或十八歲。但黛莉拉也來了，她更聰明。一個人立志要得到什麼，只要用點腦筋，就能實現。老實說，我有兩個考量。不只是考慮到我的性生活，我也需要有人幫忙帶小孩。克勞蒂亞想跟我在一起，但當她看到黛莉拉年紀比較大，又帶一個小孩，她就離開了。

我把康蘇薇若趕出去真的是錯了。她非常不滿，一氣之下，就跟一個男人跑了，但她懲罰的不是我，受傷的是她自己。我說：「我的女兒啊！妳的生命從此留下汙點了。」

我去那個男孩的家，跟他母親談。他說他會離婚，會娶康蘇薇若。他承諾東、承諾西的，但都是謊話。他只是一個懶惰的傢伙，不想工作，也不想拿錢回家。所以，加上康蘇薇若的個性……

當然一事無成。現在我女兒得自食其力了。

再想想，瑪塔的三個女兒！我很擔心瑪塔。看看她多不幸。她沒經驗，也不聽人家勸告。我叫她去和克里斯平一起住，因為她和他已經有兩個小女孩。她哭了，說她因為某些理由不想這麼做。我不知道為什麼。但身為她的父親，叫她帶孩子出去獨立生活，看她們怎麼自食其力，錯了嗎？遇上這些事只是運氣問題。就像彩券，有時候你中獎，有時候你沒中。世界上就是這麼多這種事，像我這樣的人，不知有幾千個。

支撐我繼續努力下去的，除了上帝的幫助外，就是我對孫女極大的愛，還有意志力。我一年只休息一天，就五月一日那天。錢的問題總是一直來。你付錢給這邊，就會欠另一邊。我希望死後能留給每個小孩一個小房子。但現在蓋的房子需要花很多錢。為什麼我這麼拚命？老天，我每拿到五十或一百披索，就能買好多沙子和石頭，慢慢地，我就能蓋好給孩子的房子，他們就有地方住。什麼樣的父親會像我這樣拚命蓋一棟房子、隔出房間，留給我那些變成廢物的兒子？

我會承認我犯下的錯和我吃過的苦，是因為我的孩子成長環境並不好。我能怪誰？我運氣不好？我人生經驗不夠？沒人教我？我不知道，但我不會停下來。我一直做，像背上負著重擔的驢子一樣。我花了好大的力氣、功夫蓋自己的房子。我當然希望我兒子也是這樣。看他們認真工作、自給自足，我會比百萬富翁還快樂。

有關宗教，嗯，你也知道，我從父母那裡跟著信這個宗教，當然，讀過書、受過教育的人對宗教會有不同看法。從我的角度看來，我們墨西哥天主教徒的態度是大有問題，因為他們做了很多愚蠢的事。我信天主教的方式是——我很少上教堂，但我還是個天主教徒。我不喜歡出去放煙火或獻花給聖人，這些事只是做給人看的，讓大家知道我是天主教徒。我用自己的方式信教，感覺很自在。至於其他宗教，我覺得也不錯，因為那些人不會像我們國家的人那樣跑出去喝酒、殺人，他們會做些瘋狂的事來表示自己是天主教徒。但我不會，我不喜歡那樣。

就像不久之前教堂裡有一個神父說的，上帝不想要蠟燭，祂不需要這些東西，祂想要的是更多善行。其他的東西都不必要。反正我只能說，那些人要這樣信教是他們的事。但我有我的方式。

不，我不相信靈魂在地獄會受苦。有誰去過回來告訴大家嗎？我們需要證明。我說這個杯子是圓的、白的，因為我看到了。但有人從地獄回來講述他的經歷嗎？沒有，上帝不准誰去了又回來的。如果有上帝，等我死了，很快就知道了，而且我一定會死的。

人家也說巫術存在，但我從來沒看過，可能因為沒有哪個女人對我下蠱。也可能是我剛好很幸運，因為人家說，沒有什麼能阻止嫉妒的女人。沒錯，她們可是會殺人的，這種事常發生。

有人告訴我，有些人的眼睛有特異功能。某個醫生的母親（就是幫我動手術的那個醫生），他母親跟我說過一件很神奇的事情。住在圖魯卡的人養一種會唱歌的畫眉鳥，非常漂亮，一個女人經過，對她說：「女士，把妳的畫眉鳥賣給我，我覺得牠很漂亮。」另一個人說：「不，女士，我不打算賣，牠是我的鳥，人家送我的。」然後那個女人回答：「妳最好賣給我，因為我走了之後，鳥就會死了。」然後那個女人就離開了，她還沒走遠，鳥就摔下來死了。所以也許有些人的眼睛真的有特異功能。

我有一次去了帕丘卡找一個女人，因為有人跟我說我被下咒了。那些賣鳥的女人知道哪裡有解，但她們就是要你的錢，你懂吧？沒有什麼巫術，那是騙術。不是巫術，把錢留在那裡的人都被騙了。

現在我面臨的問題是，我無法勃起，你知道嗎？我和愛蓮娜在一起還好，但有時候我和露碧塔或蕾若一起的時候會不舉。不過，不管什麼時候，濫用一樣東西當然就是傷害它。你喝很多酒，過幾天就會死掉，對吧？那很自然，如果你濫用性生活，你不免變得虛弱。加上我動過兩次疝氣手術。醫生跟我說，有些細微的地方被切到了，我本人和小弟都有點受損。我的醫生桑托約跟我說，有個傢伙縱欲過度，他以前就住在附近，年紀很輕，但就是很愛做。醫生告訴我，他給他打針，也給十五、六歲的男孩打針，他們後來都不知跑哪去了。他們的日子一定過得很慘，不幸的孩子，現在他們有什麼用？不像我，我體格還是不錯。

一個順勢療法的醫生告訴我，女人比男人更熱情。別國的女人我不知道，但你和墨西哥女人在一起的時候，相處時間越久，給她越多，她要越多。最後你就無法滿足她們，她們需求很大。有些女人每天都要找男人。

總之，我剛提到，我去帕丘卡，那個巫醫叫我帶一顆火雞蛋還有一些東西，她拿了道具，開始「淨化」我，做了很多動作。每次去她都收個十、十五披索，我去了五、六次。但沒有改善。我的毛病不是巫術造成的，應該是性功能障礙。

我不知道為什麼我會覺得跟巫術有關。可能是有些女人在搞鬼……我想就在我工作的地方、我住的維辛達。唉，你懂的，你跟一個女人躺在床上，但你讓她失望了，這實在不太好，很丟臉。那些女人會抓著你，讓你日子難過，還會打你。當然，沒有女人打過我。為什麼？如果發生那樣的事，我一定離開墨西哥城！

我沒有再去帕丘卡，我的情況還是一樣，沒什麼好轉。你懂嗎？我的問題是，我需要可以讓我完全找回自信的女人，會親親我、寵愛我的女人。當然，我年老體衰，也累了。我有過幾個女人、好幾段性關係，但我不是二十幾歲的男孩，所以我需要被寵愛。只要有女人來愛撫我，我就可以好好辦事。我需要安全感，比方說在這個房間，如果有人打擾，或聽到什麼聲音、有人說話，那我就不行了，什麼也做不了。

跟黛莉拉辦事前，我們把床墊放在地板，並確定所有孩子都睡了，因為對他們來說是壞榜樣。很糟糕的榜樣。住在墨西哥城這種租來的房很不好，很容易就會被小孩看到。很多女人把月經用的東西丟在角落。小男生和小女生看到，就會問東問西。沒多久他們就什麼都知道了，因為他們在家裡都會看到。

男人要滿足墨西哥女人很難。以前有人跟我說：「喔，親愛的，你停了，但我連一半都還沒到呢！」你可想而知。「喔，親愛的，不如我拿根水管給妳，因為我結束了。」墨西哥女人就是那樣。我聽說一些女人快樂地結婚了，在家一直都很規矩，但偶而悄悄出去逛逛，找她們的情夫，因為丈夫不能滿足她們。我遇過好幾個這種女人。一個男人侍候不了她們。

我懂得照顧自己。一個禮拜兩次，照一般粗魯的說法，給她們插個幾下就對了。我大概就是這樣，因為我在性方面也不是很強。即使我年輕的時候，也不會過度，你懂嗎？最多一、兩次，我是說一個禮拜一、兩次，不是每天。你看得出來，我算瘦小，或者這樣說好了，我不是很強壯，自然是因為我小時候吃得不好，我想，到現在健康多少還是受到影響，性生活也是。我幾年前和露碧塔就沒有性生活了。但和黛莉拉一起就不同。雖然我老了，但她很喜歡我，真的。她是個工作認真的女人，相信我。她是一個很認真、實在的女人。露碧塔很正經，也很實在。你絕不會聽到她說難聽的話，她幾乎什麼都不說。但她發現黛莉拉的事情時，就真的生氣了。我跟她好好談，很認真跟她說：「妳實在沒必要小題大作，第一，妳有地方住，不是每個人都這樣。我跟妳有兩個女兒，但她們都在工作了，可以照顧自己。所以如果妳再繼續嘮叨這件事，妳就搬出去，我也不會給妳生活費了。如果妳不想住，我就把這個地方給我其中一個兒子。」她氣到不行。她還因為風濕病躺在床上兩、三個月。當然，身為男人，我多少還是有點罪惡感，但是我問你，我該怎麼處理我四個孫子？如果沒有黛莉拉來照顧，就形同於拋棄他們，黛莉拉一直像他們的母親，第二個母親。

他們現在都要穿鞋子了，我另外兩個小孩也需要錢買衣服、看醫生、買藥。黛莉拉又懷孕了，如果我有錢，我想讓她去動手術……把她的管子綁起來……這樣她就不會再懷孕了。我跟她說過這件事，但我沒有錢。我有加入社會保險，但我不會去他們的醫院或找他們服務，我在那裡浪費了很多時間，差不多半天。小孩也不能在那裡出生，因為我和黛莉拉沒有結婚。我要有註冊證明才能帶她去。所以我最近在說，我也許會娶黛莉拉……為了孩子。因為婦科醫院的照顧比較好。

我得跟工會指定一個受益人，因為我死的話，會有四千披索的給付。我在想，寫瑪塔的名字好了。黛莉拉會得到伊斯米奇班那間留給孩子的房子和財產。我只需要把文件準備好。

如果不是為了黛莉拉，我會怎麼做？她很命苦，比我還苦，她被兒子吉弗列多的父親打。他是酒鬼，不想工作。唉，可憐的女孩！和我在一起，她過得很平靜，生活也過得好，我希望能一直這麼平順。她這個女人，工作認真，該有人幫她。馬努埃爾的小孩小的時候，她來幫忙照顧。但她曾被孩子們氣到，離開過一、兩個月。其實是康蘇薇若的緣故，她很生氣、很生氣。但黛莉拉還是回來了。

我回想這些事情，也知道原因是什麼，但就像我之前跟你說的，有時候你做一些事是為了生活，而不是看心情或出於性欲。我不是二十或二十五歲的人，當然我還可以上場，但是相信我，這些事情還是為了孩子，因為如果我不叫她過來，我的孫子會餓死，會髒兮兮的，像無家可歸的小孩。

我兒子馬努埃爾不像個父親，他一點用都沒有，我的看法，他不如死一死算了。所以我承擔了全部的重擔，負起他的孩子和我的孩子的責任。他去美國的時候，只寄給我一百五十美元。我得負擔所有的開銷，不管有多累，我都得找法子，都要出門去賺錢給孩子們用。其中一個病了，就要找醫生。另一個病了，也要找醫生。我該怎麼辦？把他們丟到街上嗎？不，我不能這麼做！

我們墨西哥人最大的問題就是太早結婚，沒錢、沒積蓄，連個穩定的工作都沒有。我們一結婚，沒搞清楚狀況，就生了一窩孩子，於是生活陷入困境，動彈不得。說老實話，我們墨西哥人對人生大多缺乏規畫。

在墨西哥，很多人拋棄小孩。一天到晚都有。政府應該想想辦法阻止這種事。像你們美國一樣，我們也是個國家，我希望墨西哥的法律管用，這樣就不會有這麼多廢物在街上……老實說，這些人根本是社會的毒瘤，對小孩、對人民、對國家一點用都沒用。這些有的沒的自由根本就不好。他們應該把八成的酒館關掉，多蓋一點學校，關掉八成的不良場所。也應該多管教青少年與年輕人，還要縮小貧富差距。「告訴我，你有幾個小孩？」「欸，四個。」「幾歲了？」「最小的十五歲了，應該是吧？」「他們做什麼工作？吃穿哪裡來？平常在做什麼？在哪裡工作？」「欸，他們沒工作。」「為什麼沒工作？你叫他們去工作，如果他們不工作，你至少要關一個禮拜。」沒塞錢，關一個禮拜，再發生一次，就關一年，你等著看，如果我們的法律嚴格，社會秩序會變得多好，墨西哥人也會很有規矩。墨西哥人越來越退步，就是因為沒有好的領導，人民沒有信心，結果如你所見，到處都是貪汙。

如果我們這裡有強硬的政府，就可以把每個當過總統的都叫來，對他們說：「把你從人民身上搶的錢都堆到憲法廣場上。」為什麼？這些錢足夠再蓋一個首都了！

只要你跟我們一起生活，就會知道我們日子有多苦，要改善有多麼難。他們沒有徹底地研究問題所在，這些統治階層都開名車，銀行有幾百萬的存款，但都不了解社會底層的生活。為什麼？他們不會開車過來看看，只會待在市區，看著一堆時髦的店，但那些窮人住的區域……他們完全不知道我們過著什麼樣悲慘的生活。今天墨西哥的大問題因此都被忽略了。在首都，有這麼多人一天只吃一、兩餐，政府卻不知道。

錢不夠多，工作又難找，什麼都很貴，每天都在漲價。短短幾天內，每日開銷就會增加。舉例來說，一個有六個或八個人要養的家庭，怎麼可能一天只賺十一披索就養得起？沒錯，他們提高每天最低薪資，一天多了一披索。但你買的東西已經漲了三、四倍了，一披索有什麼用？欸，事情就是這樣。我們要換一個政府，他們真的會仔細研究墨西哥問題，會幫人民想想辦法，尤其是工人和農夫，因為他們是最需要幫忙的。拿在首都做工的人來說，如果他一天能賺兩百披索，他就會在酒館花上一百五十至一百八十披索，拿二十披索回家。人民不知道怎麼花賺來的錢，可憐的母親，小孩半裸著身體！你看有些小孩五歲、十歲就得了肺結核。你覺得原因是什麼？家長沒錢、又沒責任感，當然疏於照顧孩子。他們拿錢在街上到處花，只會做些蠢事，也不管家裡需要。很少有父親會盡他們的責任。一個人只要認真，盡力做他該做的事，就會有辦法帶一些麵包回家給家人吃。

我甚至跑去跟別人說，我希望墨西哥有個美國總統。這樣我們才會看到墨西哥改變、進步。他會把所有廢物、混蛋抓來。「你不想工作？那你下半輩子就去瑪麗亞群島。」這些人全都是寄生蟲，不准讓他們付錢關說，不可以，全都待在那裡。

沒錯，社會是有一些進步，也有些人受惠，感謝政府有考慮到工人。但他們從來沒有幫到我！我的情況比較好是因為我的豬和彩券。我買彩券運氣一直很好。我第一張中獎的號碼是九八七八號。我永遠不會忘記這個給我獎金的號碼。我拿那筆錢買了收音機。同一組號碼又中了，我買了床。我中過的最大獎是五千披索，號碼是一九二二八，我拿一部分的錢蓋了金色殖民社區的房子。剩下的錢我買了掛鐘。我擁有的不多，但我小心利用，就能過好一點的生活。

但我在墨西哥城的三十年，窮人的生活幾乎沒有改善，幾乎沒有。有人說改變很多，卡列斯時期，他們只能賺一塊或一塊半披索，真的很少，對吧？但當時的糖和豆子只要十五分錢，現在你能賺到十一披索，但豆子要三到四披索。這是事實！所以進步在哪裡？舉例來說，有些你想要的商品，昨天賣二十披索，今天漲到三十五披索。但商家又會自己砍兩披索。你問他為什麼，他說：「不，先生，昨天是三十五披索，今天是三十三披索，我們減價了。」減價……但漲了十三披索！這就是他們現在喊價的方式，這樣對人民、對工人、對農夫的好處到底是什麼？依我看，完全沒有，相反地，他們每天只是更加壓榨我們。

我們需要官員研究、觀察窮人的家庭，看看他們活在什麼樣的慘況，才能了解真的有人會餓死。官員為什麼不去看看呢？為什麼有成千上萬的農夫要離開墨西哥？用膝蓋想馬上就知道，因為這裡沒保障，工資低到不行，低到養不活任何家庭。人民自然要去找別的工作，多賺一點錢，補貼家用。

那些政黨才不會讓好人執政。到處都一樣，搞政治的也是會分山頭。阿萊曼執政的時候，我發現——活越久就懂越多，是吧？——候選人開支票，準備把錢給藥廠，還有客運業。他跟老闆們說：「如果我們贏了，就讓你們調高車資五分。」他們贏了，車資漲了。

工會領導也不會幫忙，什麼都直接進他們的口袋。拿我的工會來說，有個幹部有一、兩棟房子，還有十六台計程車。那裡沒有希望了。沒有，先生！我每個月還得付五披索的會費。我們會員很多，上千人呢！如果有人死了，除了每個月繳的五披索，其他會員還要給死者家裡五披索，我們得到什麼？什麼都沒有！這麼多年來，工會也沒有清楚的條文，就只會叫我們每個月繳錢，到發薪日就直接扣錢。如果你欠兩個月，就多扣十披索，如果有人死了，再扣五披索。所以我跟那個人講：「這是給死人還是活人的？」他說：「當然是給活人的，開什麼玩笑！」於是我告訴他：「你聽好，我不知道你一天到晚扣錢，把我們的錢拿去幹什麼。我們賺得很少，現在什麼都貴，薪水撐不了多久，難怪常常有人會死。」事情就是這樣。

我不覺得工會幫到工人什麼，工會只是個坑洞、陷阱，剝削廣大勞工。勞工領袖拿了工人的錢後變得富有，我常在想，政府為什麼允許這種事，難道沒有了這些工會領袖，我們就幫不了勞工嗎？政府可以剷除工會，成立一個特別的部門來調解老闆和勞工的問題，每個月再從工人這裡收錢來蓋學校、醫院，幫勞工的小孩做點事，這樣就不會讓領袖收錢去買房子、車子。

我沒受過什麼教育，但我觀察到，以前工人被剝削，現在工人又被別種方式剝削，這種情況會一直延續下去。墨西哥當然有進步，但工人還是工人，還是一樣窮，直到死為止。薪水漲五十分，但食物卻漲了一、二披索，甚至五披索。所以調漲薪水根本沒幫助到工人，只會繼續造成傷害，因為物價沒有被控制。

所以我完全不擔心我自己，只擔心工作。對政治，什麼蘿蔔馬鈴薯我不懂，我在報紙上看過一、兩篇文章，但也沒認真看。新聞對我來說不重要。幾天前我讀了一些關於左派人士的東西，但我不知道什麼是左，什麼是右，什麼是共產主義。我只關心一件事……賺錢來打平開銷，讓我的家人過著小康的生活。工人應該只要煩惱家裡需要什麼，要怎麼餵飽家人。政治很複雜，讓那些天生想搞政治的處理就好。如果有第三次世界大戰，引起戰爭的人就跟上百萬人一起進墳墓。沒什麼好擔心的。

我不了解共產主義在搞什麼。共產主義從俄羅斯來的，是嗎？他們那裡以前打仗，殺了沙皇和一些人。列寧和另一個叫托洛斯基的殺了很多人。好像有一個死了，還是被他們趕出去了，那個叫什麼名字的？史達林。他們說，他們受不了他，我想他們把他幹掉了，因為他準備清洗軍隊、再來一次大屠殺。他真的是個殺人魔。我問你啊，他們怎麼可以殺掉這麼多人？

我想去俄羅斯看看，去一個月也好，走過那個國家，親眼看看那裡工人的生活，看看社會主義或共產主義是不是對工人比較好。報紙上說，他們比墨西哥還糟。所以我懷疑共產主義對工人真的好嗎？但畢竟我從來沒去過俄羅斯或其他地方，我怎麼會知道？

我想那裡也有個幫派在控制整個國家，報紙說的，有嗎？這裡，什麼都是革命制度黨（PRI）管的，如果有其他候選人，他們就拿機關槍抵著他的臉。所以誰贏？革命制度黨的候選人！這裡就是這樣，像現在是洛佩斯．馬特奧斯被拱出來，革命制度黨找了一堆理由，推他當候選人，其實不用選了，他就是總統了。這是肯定的。

事情在美國應該會不同吧？不過，也許像我們這樣一黨獨大比較厲害，因為一手一枝槍。你不知道有個故事是這樣的，兩個人在打牌，其中一個有兩張么，另一個人問他：「你有什麼牌？」

他說：「兩張么，你呢？」「兩枝槍。」拿么的就說：「好吧，你贏了。」這就是革命制度黨在這裡的情況，他們有槍，任何反對的人，欸，就會被車輾過去。

政府有沒有什麼措施保障鄉下人的權利呢？鄉下人還是過一樣的日子，用土鍋煮豆子、在石板上搗碎辣椒當一餐，大半輩子都穿得破破爛爛，生活不會有什麼改善，也不可能出人頭地。就算人民選出個好人進政府做事，政治幫派也會控制他，不讓他有什麼作為。只要有好人想為人民做點事情，其他人就會阻止他。

沒有什麼比政治更骯髒的事了。真的爛到底了，許多人犧牲了生命，誰知道還會犧牲什麼？要死多少人，一個人才能掌權？那些事都暗著來，不會公開的。當然，人民沒受教育，所以無知，就像羊群一樣，牧羊人趕到哪裡就走到哪裡。他說走這邊，人民就走這邊，他說走那邊，人民就走那邊。你該看看工會開會的樣子，領頭的發落一切。大家都支持嗎？大家當然都投票支持，但是他們連支持什麼都不清楚。隔一個月，我們就被扣了兩次錢，為什麼？大家不是都投票支持嗎？你懂了吧？人民、群眾都跟隨那些專灌迷湯的人，結果自己的情況沒有改善，反而更糟。有時候，你想跟他們說明、讓他們了解、跟他們講道理，告訴他們，他們要投的人對他們不利，但他們根本不會聽你講。

只有高高在上的人、坐在桌子後面的人講話，他們才聽得進去，即使那個人根本沒做什麼好事，懂嗎？他們還為他鼓掌。所以你要怎麼改善，怎麼做？

撇開那些不說，墨西哥人也不團結。他們不團結，一個往東、一個往西。如果人民團結，工會就有力量，講話就大聲，事情就會改變。我知道在別的國家，如果他們不喜歡總統，就去丟一個小炸彈，就能換一個總統，但這裡不可能。他們應該這樣做，但他們沒有。一點氰化物，一點心臟病，沒錯，我們很多總統、官員和警察就需要這個。欸，這些想法不太正當，我也不該這麼坦白，畢竟他們是我的同胞。他們是墨西哥人，但就像我剛剛說的，真理最後還是會勝出。

我努力又拚命地工作，不分日夜做，只為了蓋自己的家，就如你看到的，一個寒酸的家。我和孫子們有很多快樂的時光。首先是上帝的支持，然後是對孫子的愛，我才能不屈不撓地站著。我一到市區，就會注意路上交通。雖然我是個老人，但我不是在照顧自己，而是幫孩子們留意一切。我也許不能給他們很多，但至少讓他們可以好好過日子，好好長大。我也希望上帝讓我陪著他們，直到他們可以自己賺錢生活。

我想留給他們一間居住空間，那是我的目標。我要蓋一個小房子，有一、兩個或三個房間，這樣每個小孩都有家，還能夠住在一起。但他們不想幫我。我向上帝祈求，請祂給我力量繼續奮鬥，我不會太快衰老，也許可以把房子蓋完。我只是要弄一個簡單的空間，讓孩子們不會流落街頭，還會在四周安上籬笆，別人就不會來煩他們。等我躺下，再也起不來的時候，家會保護他們。

後記
Afterword

一九八七年一月五日上午六點，赫蘇斯・桑切斯離開他在市郊的家，前往他已經任職六十一年的墨西哥城的咖啡廳工作。他三十年前在荒郊野外買的不毛之地，現在坐落在交通繁忙的大道邊，周遭工廠與高樓林立。赫蘇斯往公車站的路上，需要經過一段沒有交通號誌、斑馬線或安全島的路。馬努埃爾一直勸他父親退休，終於讓父親答應一個星期只工作兩天，馬努埃爾還不斷警告赫蘇斯注意當地交通。那天早上，赫蘇斯一走到馬路邊便被一輛汽車撞倒，汽車肇事後逃逸。一位見到他躺在人行道上的鄰居通知了他的家人並叫來救護車。在醫院數小時之後，赫蘇斯在未曾恢復意識的情況下去世，享年八十二歲。他有十五名子女，三十六名孫子以及至少四十三名曾孫。

赫蘇斯留下的子女中，有四位是本書的主角，他們仍然健在。馬努埃爾直到前年都與他的妻子瑪莉亞和他們的孩子住在卡薩格蘭德的房間。一九八五年的墨西哥城大地震，造成兩萬人死亡與一百萬人無家可歸，卡薩格蘭德也遭到重創，被政府列為地震後都市更新計畫的拆除維辛達。卡薩格蘭德的居民，包括馬努埃爾的家庭被安置在臨時住所，直到替代房屋興建完成。

羅貝托在二十多年前結婚後便搬離卡薩格蘭德，搬到他妻子昂德莉亞與她姊妹的房子，內有數間房間。經過多年的改善，現在內有電源、水泥地板與現代化衛浴。此外，由於政府道路拓寬，補助減少的房屋面積，他們另興建一間房間出租。

兩位姊妹，康蘇薇若與瑪塔，也早已搬離卡薩格蘭德多年。瑪塔搬到阿卡普爾科，在與巴爾塔薩分手後便沒有其他伴侶。她靠著街頭擺攤的收入，以及她父親的許多幫助，獨自撫養十一名子女。她的子女開始工作後，幫瑪塔蓋了一棟自己的房子。她後來成為一位非常虔誠的福音派教徒。雖然她對自己的成就並不是很有企圖心，卻努力讓孩子有所發展。她才剛與父親和哥哥在墨西哥城共度聖誕節，回到家卻立刻得知父親的死訊。她立刻搭上巴士回到墨西哥城。

康蘇薇若是四個子女中最不穩定的，本書完成後，她兼職擔任路易士於迪坡斯特蘭與波多黎各田野調查的助理（此時她改信基督復臨安息日會）。她於一九六六年結婚，育有二子，但與丈夫於一九八〇年間分手。她結婚期間多半住在新拉雷多，在圖書館做兼職工作。她是赫蘇斯的子女中，唯一未參加葬禮的，因為葬禮在赫蘇斯死後隔天便舉行，也許她想參加，但來不及趕到墨西哥城。

四位子女與赫蘇斯其他兩位女兒安東妮雅、瑪莉蕾娜一直保持聯絡，安東妮雅與瑪莉蕾娜是赫蘇斯和露碧塔所生的女兒，當時他和蕾若仍有婚姻關係。瑪莉蕾娜後來成為修女，在安葬儀式中負責禱告與吟唱詩歌。相比之下，赫蘇斯的四位子女與父親和黛莉拉所生的八名子女並未保持密切聯繫。赫蘇斯過世時，他與黛莉拉的幼子只有十一歲。據說雙方彼此嫉妒，黛莉拉的子女羨慕四名子女因本書所得到的注意力，而四名子女則不滿黛莉拉意圖將赫蘇斯的全部財產過繼給自己和她與赫蘇斯的子女。赫蘇斯實現了在自己房子裡為四名子女興建房間的夢想，但他也想提供其他孩子保障，為此，儘管他與黛莉拉不合，他們自由結合多年後仍正式註冊結婚。[1]

他的四名子女未繼承任何財產，但他們表示，他們毫無期待。對他們而言，更難過的是，對父親的喪葬事宜完全沒有表達意見的餘地。黛莉拉將赫蘇斯安葬在她母親的墳地，而四名子女則希望安葬在赫蘇斯長子的親戚之間。赫蘇斯本人從未因為後來出生的子女而拋棄年長的子女，他與他們持續保持聯絡，擔心他們的未來。在本書中，儘管四名子女對父親有所批評與怨言，他們對於百折不摧的父親倒下不再起來，皆感受到巨大的傷痛。如瑪塔說的，對她而言，他是父親，也是母親。

十六年前，桑切斯一家人接到奧斯卡．路易士心肌梗塞過世的消息，也同樣不可置信。他甚至不到五十六歲。路易士認識這一家人後，直到過世前，他一直與他們保持聯絡，也與其中幾位共同合作研究計畫。從他們的弔唁信中可一窺他們之間感情之深厚：瑪塔表示，她失去了「比一位比父親更像父親，偉大而親愛的朋友」，而羅貝托稱路易士為「我的靈魂之交」（*mi compadrito del alma*），他承諾，一定會設法前往路易士在紐約的墓地致意。即使是一向保持距離的赫蘇斯也去信

1　赫蘇斯死前不久曾答應黛莉拉提出的離婚要求。他告訴茹絲．路易士，他正打算變賣自己的財產。那些財產相較於他購置的時候，已經大幅增值，他將給他妻子一半的收益。然而，他在著手安排之前就過世了。

茹絲．路易士，表示今後會持續寫信好使她不會忘記他。在這段真摯的情誼下，茹絲的孩子在墨西哥生活期間，也與桑切斯的孩子與孫子成為朋友，以他們的交情，她與子女是不可能忘記這一家人的。

茹絲持續拜訪桑切斯一家人，並與他們通信。一九八六年十二月，她準備了長長的問卷，再度前往墨西哥，想了解孫子與曾孫們的近況。赫蘇斯顯得身強體壯，髮色烏黑，甚至展現多年來少見的幽默。茹絲與這一家人聊天，共同慶祝節日，懷念過去相處的時光，然而，相處越密切，她發現彼此之間有道防線已被跨越：「我們的關係變得如此深厚與複雜，他們如此了解自己，也了解我們。我再也無心問他們那些冷血的問題，無法把他們當成研究對象了。所謂社會科學客觀性，我真的厭倦了。」[2] 於是她從此放下鉛筆，沒想到一週後，她得出席赫蘇斯的喪禮。赫蘇斯的家人圍著棺材，茹絲就站在他們後方。雖然她不是家族成員，但也不再是客觀的研究者了。最後馬努埃爾過來站在她身旁。

茹絲再也沒有回去墨西哥，但直到她二〇〇八年過世前，信件與電話從不間斷。她的壽命比書中主角都長，僅次於瑪塔與康蘇薇若。馬努埃爾與妻子瑪莉亞住在卡薩格蘭德附近的新房子近四十年，他於二〇〇二年去世，享年七十四歲。羅貝托和他的妻子婚後一直住在同一個房子，他於二〇〇一年過世，享年七十一歲。他們唯一的兒子，也是路易士的教子，在二十多歲時便過世了。康蘇薇若現年七十八歲，在一九八〇年代便與茹絲斷了聯絡，也與其他家人疏遠。瑪塔現在也近八十歲，有時住在已婚的孩子家，她的孩子住在阿庫尼亞，在附近的加工出口區工作。

伴隨本書在墨西哥出版後所引發的爭議，路易士與桑切斯兩家人之間的關係引發了許多討論。在意識形態戰爭的那幾十年，不意外有些人會以帝國主義與剝削的語言來對之進行討論，並把路易士與桑切斯兩家視為主從關係。然而，做出這樣論斷的人，很難相信他確實讀過本書並了解桑切斯是怎樣的一家人。桑切斯家的父親，只參與他願意參與的部分，有話要說才會開口。他驕傲、自負、拚命工作，在他自己的世界裡野心勃勃，也就是說，他不會把目光投向遙不可及的領域。但他對於拖累他的政治與經濟體制不滿，也不畏懼直接表達看法。馬努埃爾與康蘇薇若有豐富的字彙能力，路易士希望桑切斯一家人說出他們對生活、貧窮的觀察，以及夢想之路上的阻礙，如他常說的：「讓窮人為自己發聲。」路易士夫婦對於出版的內容有最終的決定權，但在本書出版前後的整個過程中，桑切斯一家人要投入多廣、多深，路易士則沒有意見。

參與本書的人沒人可以預見這本書在墨西哥所造成的轟動，當記者們開始尋找這一家人的真實身分時，路易士非常希望他們能繼續維持匿名，但瑪塔是五個人當中，唯一沒有洩漏身分、也沒有利用與本書的關係來獲得個人利益的人。（當然，不論路易士多不願，他們絕對有權利這麼做。）事實上，赫蘇斯和馬努埃爾偶而會主動尋求媒體幫助，舉例來說，一九七〇年，路易士死之前的幾個月，赫蘇斯接受《雋永》雜誌訪問時就投訴他的雇主，說自己為他工作四十五年，不僅被強迫退休，還得不到令人滿意的遣散費。赫蘇斯藉此讓雇主無法為所欲為。

2 茹絲・路易士的語錄來自蘇珊・里登於一九八七年一月與二月的訪談錄音。

赫蘇斯與馬努埃爾皆吹噓他們參與到路易士研究中的功效，馬努埃爾說本書是他的「社會保險」，也說他覺得他們因此對世界有所貢獻，不再只是「一隻在地表蠕動的蟲」。另外一個卡薩格蘭德的居民，在路易士開始在這裡工作時出生。他告訴前來報導一九八六年拆遷事件的《波士頓環球報》記者：「我們以前可是世界聞名，現在都煙消雲散了。」這一點恰好呼應馬努埃爾所說，《桑切斯家的孩子們》把他們留在地圖上了。[3] 墨西哥總統米格爾・德拉馬德里在參加位於卡薩格蘭德舊址的新住宅完工典禮時，也肯定卡薩格蘭德於墨西哥現代都會歷史的地位。

路易士夫婦也意識到他們與桑切斯一家人共事中有所獲得，而這不僅僅只是「喚醒社會良知」的滿足感而已。茹絲表示，這份工作留給他們的是一種對人的崇敬感，在看過人們所經歷的事情、看他們處理各項問題、了解他們面臨的困境，以及他們在這中間展現的精神與堅強的意志之後油然升起。

——蘇珊・里登

3 菲力普・貝內特，〈貧窮的文學象徵消失了〉（Storied Symbol of Poverty Is Gone），《波士頓環球報》，一九八六年八月二十日。

譯名對照

三畫

大鳥 Bird
大衛 David
山多斯 Santos

四畫

丹尼爾 Daniel
切斯特白豬 Chester White
切圖馬爾 Chetumal
反貧困作戰 The War on Poverty
《天父經》*Padres Nuestros*
天使長米迦勒 Archangel San Miguel
尤南達 Yolanda
尤菲米亞 Eufemia
尤塔琪亞 Eutakia
尤蘭達 Yolanda
巴拉圭街 Paraguay Street
巴拉第佑市場 Baratillo Market
巴蒂斯塔 Fulgencio Batista
巴爾塔港 Puerto
巴爾塔薩 Baltasar
巴爾德斯 Valdés
巴歐羅 Paolo
戈麥斯，阿爾貝托 Gómez, Alberto
文化經濟出版公司 Fondo de Cultura Económica
方特，佩德羅 Infante, Pedro
毛利西歐 Mauricio

五畫

丘盧布斯科片廠 Churubusco Studios
《主耶穌基督》*Señor Jesucristo*
主題統覺測驗 Thematic Apperception test
主顯節 the Three Kings
加布里埃 Gabriel
加林多，拉蒙 Galindo, Ramón
卡列斯 Plutarco Elías Calles
卡西諾 El Casino
卡門 El Carmen
卡洛斯 Carlos
卡洛麗娜 Carolina
卡美莉塔 Carmelita
卡斯科 Cascos
卡斯楚，傑米 Castro, Jaime
卡塔琳娜 Catarina
卡蜜莉雅 Camilia
卡薩格蘭德 Casa Grande
卡薩維德 Casa Verde
古巴街 Cuba Street
古根漢基金會 Guggenheim Foundation
古斯塔沃 Gustavo
古鐵雷斯，吉列爾莫 Gutiérrez, Guillermo
《另一個美國》*The Other America*
失子街 Street of the Lost Child
尼丘 Nicho
布卡列里街 Bucareli Street
布里琪妲 Brígida
布紐爾，路易斯 Buñuel, Luis

布斯托司 Bustos
平托，荷西 Pinto, José
民主社會主義 Democratic Socialism
民族誌的寫實主義 Ethnographic Realism
汀特羅街 Tintero Street
瓜納華托 Guanajuato
瓜達拉哈拉 Guadalajara
瓜達露佩 Guadalupe
瓜達露佩聖母 the Virgin of Guadalupe
瓦哈卡 Oaxaca
瓦倫丁 Valentín
瓦琴南果 Huachinango
皮業達街 Piedad Street

六畫

伊利達 Elida
伊娜思 Inez
伊格那西歐 Ignacio
伊莎貝爾 Isabel
伊斯米奇班 Ixmiquilpan
伊斯米奇班殖民社區 Ixmiquilpan Colony
伊爾瑪 Irma
伊蕊娜 Irela
光芒餐廳 La Gloria restaurant
列昂 León
吉弗列多 Geofredo
吉列爾莫 Guillermo
吉爾貝托 Gilberto
多明哥 Domingo
多洛雷斯 Dolores
多洛雷斯墓園 Dolores cemetery
多納托 Donato
多曼斯 Tomás
安和爾 Angel
安奈 Ana
安東妮雅（小雅）Antonia (Tonia)
安娜 Ana
安得列亞 Andrea
安荷莉卡 Angélica
安荷爾 Ángel
安德列 Andrés
安德麗亞 Andrea
托拉爾，迪亞哥 Toral, Diego
托馬斯 Tomás
曲秋 Chucho
朱莉婭 Julia
死亡聖神 Santa Muerte
百加得 Bacardi
米卻肯 Michoacán
米迦爾 Miguel
米格爾 Miguel
米德，瑪格麗特 Mead, Margaret
艾維拉 Elvira
西勞 Silao
西奧博爾德 Teobaldo
西爾斯 Sears
西爾斯百貨 Sears Roebuck and Co.,

七畫

伯納德 Bernardo
何塞 José
何蘇埃 Josué
佛羅倫薩 Florencia
克利司賓 Crispín
克里斯平 Crispín
克里斯蒂娜 Cristina
克洛埃 Chole
克勞蒂亞 Claudia
克萊門特 Clemente
克雷塔羅 Querétaro
克羅蒂 Clotilde
坎迪多 Cándido
坎德拉麗雅 Candelaria
希波德洛莫 Hipódromo

我可舒適 Alka Seltzer
《我向祢告解》*Yo Pecador*
李奧普多 Leopoldo
李歐斯，佩德羅 Ríos, Pedro
杜蘭戈 Durango
沃爾沃斯超市 Woolworth's
貝內特，菲力普 Bennett, Phillip
貝克街 the Street of the Bakers
貝卓 Pedro
貝得羅 Pedro
貝莉卡 Bélica
那瓦列德，伊菲赫尼亞 de Navarrete, Ifigenia M.
里奧斯，約瑟法 Ríos, Josefa
里維拉，安荷莉卡 Rivera, Angélica

八畫

亞瑟 Arturo
亞當 Adán
亞歷山大 Alejandro
《佩皮》*El Pepín*
佩德雷加爾 Pedregal
《使徒信經》*El Credo*
奇瓦瓦 Chihuahua
妮恰 Nicha
屈丘 Chucho
帕切科 Pacheco
帕丘卡 Pachuca
帕拉，聖地亞哥 Parra, Santiago
帕拉西歐 El Palacio de Hierro
帕琦坦 Pachita
帕琪塔 Pachita
拉古尼亞市場 Lagunilla Market
拉米瑞茲 Ramírez
拉米瑞茲，丹尼爾 Ramírez, Daniel
拉米瑞茲，豪爾赫 Ramírez, Jorge
拉克夫拉達懸崖 La Quebrada
拉莫塞德市場 La Merced
拉斐爾 Rafael
拉琪耶 Raquelle
拉爾 Raúl
拉蒙 Ramón
昂德莉亞 Andrea
《東方報》*El Este*
法蘭西斯可 Francisco
法蘭西斯可馬德羅 Francisco I. Madero
法蘭席斯 Francisco
波西多 El Pozito
波妮亞托斯卡，愛蓮娜 Poniatowska, Elena
波蘭可 Polanco
玫瑰街 Rosario Street
社會科學研究委員會 Social Science Research Council
社會現實主義 Social Realism
金色殖民社區 El Dorado Colony
金特羅 Quintero
阿卡普爾科 Acapulco
阿布藍 Abram
阿弗雷德 Alfredo
阿拉那斯 Alanes
阿拉美達公園 Alameda
阿科帕那 Acopana
阿美莉雅 Amelia
阿韋利諾 Avelino
阿庫尼亞 Acuña
阿特利斯科 Atlixco
阿茲提卡 Azteca
阿萊曼 Miguel Alemán Valdés
阿爾瓦雷斯，勞爾 Álvarez, Raúl
阿爾貝托 Alberto
阿德萊妲 Adelaida

九畫

保羅 Pablo

南希 Nancy
哈利斯科 Jalisco
哈斯特 Haste
哈德威克，伊莉莎白 Hardwick, Elizabeth
哈靈頓，麥克 Harrington, Michael
威弗雷德 Wilfredo
恰帕斯 Chiapas
恰塔 La Chata
查普爾特佩克公園 Chapultepec Park
查爾密塔 Chalmita
查爾瑪 Chalma
洛頁巴 Roebuck
洛馬斯 Lomas
珊蒂多斯 Santitos
科塔薩爾 Cortázar
科爾多瓦 Córdoba
科羅拉多河 Río Colorado
約亞秦 Joaquín
約翰之魂 the soul of Juan Minero
約藍達 Yolanda
胡安妮塔 Juanita
胡安娜 Juana Inés de la Cruz
胡佛村 Hoovervilles
胡莉雅 Julia
胡莉塔 Julita
迪坡斯特蘭 Tepoztlán
革命制度黨 Partido Revolucionario Institucional, PRI
韋拉克魯斯 Veracruz

十畫

哥倫比亞街 Colombia Street
埃米利歐 Hermilio
埃韋拉多 Everardo
埃莫西約 Hermosillo
埃爾南德斯 Hernández
埃爾南德斯，阿爾貝托 Hernández, Alberto
娜塔利亞 Natalia
庫卡 Cuca
庫埃納瓦卡 Cuernavaca
庫萁塔 Cuquita
《悔罪經》*Yo Pecador*
旁喬 Pancho
格拉雪拉 Graciela
格林豪斯 Greenhouse
桑切斯，赫蘇斯 Sánchez, Jesús
桑切斯．馬丁內斯，康蘇薇若 Sánchez Martínez, Consuelo
桑切斯．貝萊斯，馬努埃爾 Sánchez Vélez, Manuel
桑切斯．貝萊斯，羅貝托 Sánchez Vélez, Roberto
桑托約醫生 Dr. Santoyo
桑托斯 Santos
泰山 Tarzan
泰彼托市場 Tepito Market
泰彼托區 Tepito section
烏斯塔琪雅 Eustakia
特拉司帕納 La Tlaxpana
特洛伊屋 Caballito de Troya
特斯科科 Texcoco
特萬特佩克 Tehuantepec
特諾奇蒂特蘭街 Tenochtitlán Street
班丘 Pancho
班傑明丘 Benjamin Hill
索菲亞 Sofía
索諾拉街 Sonora Street
索蕾妲 Soledad
茱莉亞 Julia
茹菲莉雅 Rufelia
馬丁內斯 Martínez
馬卡里歐 Macario
馬可為歐 Maclovio
馬可羅米歐 Maclovio
馬努埃爾 Manuel

馬里奧 Mario
馬特拉塔 Maltrata
馬特奧斯，洛佩斯 Adolfo López Mateos
馬塔莫羅斯 Matamoros
馬蒂爾德 Matilde
馬雷貢海灘 Malecón
馬德羅 Madero
馬薩特蘭 Mazatlán
馬羅金 Marroquín

十一畫

國王區 Los Reyes
國家科學基金會 National Science Foundation
國家宮 Palacio Nacional
培拉密由 Peralvillo
密格爾 Miguel
崔妮妲（小崔妮）Trinidad (Trini)
康喬 Concha
康琪塔（小康琪）Conchita (Concha)
康瑟絲昂 Concepción
康蘇薇若 Consuelo
曼薩納雷斯博士街 Dr. Manzanares Street
梅拉 Melania
梅賽市場 Merced Market
理髮師街 Street of the Barbers
畢沙羅 Pissaro
荷西 José
莉迪雅 Lidia
莉莉雅 Lilia
莉奧諾拉 Leonora
莎里塔 Sarita
莫伊塞斯 Moisés
莫雷洛斯 Morelos
莫德思塔 Modesta
《貧窮文化：墨西哥五個家庭一日生活的實錄》*Five Families: Mexican Case Studies in the Culture of Poverty*
陶工街 Street of the Potters
雪莉 Shirley

十二畫

傑米 Jaime
凱特林 Catlin
富安蒂斯，卡洛斯 Fuentes, Carlos
《尊主頌》*Magnificat*
斯諾，查爾斯・珀西 Snow, C. P.
普埃布拉 *Puebla*
普特拉 Putla
普理西安娜 Priciliana
普魯登席雅 Prudencia
《最新消息報》*Ultimas Noticias*
《最新消息報》*Prensa*
猶加敦 Yucatán
琪塔 Chita
琵葉達 Piedad
畫家街 Street of the Painters
《畫報》*Gráfico*
菲力普 Felipe
萊昂 León
費利佩 Felipe
費爾明 Fermín
費德里卡 Federica

十三畫

園丁街 Street of the Gardeners
塔巴斯科 Tabasco
塔庫巴 Tacuba
塞爾吉奧 Sergio
奧里薩巴 Orizaba
奧勒岡街 Orégano Street
奧莉維亞 Olivia
奧雷利奧 Aurelio
奧蘭多街 Orlando Street

十四畫

十五畫

歐騰 Otón
潘乃德，露絲 Benedict, Ruth
潘丘 Pancho
潘納德羅斯 Panaderos
潘喬 Pancho
穀倉麵包店 El Granero bakery
諸聖節 All Saint's Day
魯伊斯 Ruiz
魯道夫 Rodolfo

十六畫

憲法廣場 Zócalo
璜恩 Juan
盧西歐 Lucio
盧伯特 Ruperto
盧貝卡 Rebeca
盧佩 Lupe
盧絲 Luz
錫匠街 Street of the Tinsmiths
錫那羅亞 Sinaloa
霍奇米爾科 Xochimilco

十七畫

蕾若 Lenore
薇拉 Vera
薇爾蕾塔 Violeta
黛莉拉 Delila

十八畫

薩卡特卡斯 Zacatecas
薩波潘 Zapopan
薩波潘聖母 the Virgin of Zapopan
薩爾瓦多 Salvador
薩爾瓦多 Salvador
「雞仔卡芬」"Chicken" Galván

十九畫

羅貝托 Roberto
羅夏測驗 Rorschach test
羅培茲，費莉帕 López, Felipa
邊境咖啡廳 Café Frontera

二十畫

寶拉 Paula
礦工街 Street of the Miners
蘇列妲 Soledad
蘇格莉托 Socorrito
蘇莉達 Soledad
蘇菲亞 Sofia
蘇菲雅 Sofia

二十一畫

露西 Lucy
露茲 Luz
露培 Lupe
露意莎 Luisa
露碧塔 Lupita

二十二畫

歡妮塔 Juanita

二十三畫

蘿拉 Lola
蘿莉塔 Lolita

左岸 | 人類學309

桑切斯家的孩子們

一個墨西哥家庭的自傳（原書名《香吉士一家人：墨西哥底層生活紀實》）
The Children of Sánchez: Autobiography of a Mexican Family

作　　者　奧斯卡・路易士（Oscar Lewis）
譯　　者　胡訢諄

總 編 輯　黃秀如
責任編輯　孫德齡
企劃行銷　蔡竣宇
校　　對　蘇暉筠
封面設計　楊啟巽
電腦排版　宸遠彩藝

社　　長　郭重興
發行人暨出版總監　曾大福
出　　版　左岸文化／遠足文化事業股份有限公司
發　　行　遠足文化事業股份有限公司
23141新北市新店區民權路108-2號9樓
電　　話　02−2218−1417
傳　　真　02−2218−8057
客服專線　0800−221−029
E-Mail　rivegauche2002@gmail.com
左岸臉書　https://www.facebook.com/RiveGauchePublishingHouse/
團購專線　讀書共和國業務部　02-22181417分機1124、1135

法律顧問　華洋法律事務所　蘇文生律師
印　　刷　成陽印刷股份有限公司
二　　版　2020年4月
定　　價　600元
ISBN　978-986-98656-4-7

國家圖書館出版品預行編目資料

桑切斯家的孩子們：一個墨西哥家庭的自傳 / 奧斯卡.路易士
(Oscar Lewis)著 ; 胡訢諄譯. -- 二版. -- 新北市 : 左岸文化出版 : 遠足
文化發行, 2020.04
688面 ; 14x21公分. -- (左岸人類學 ; 309)
譯自： The children of Sánchez, autobiography of a Mexican family.

ISBN 978-986-98656-4-7(平裝)

1. 貧民　2.生活方式　3.墨西哥

542.54　　109003975